2004
THE REPORT OF CHINA'S DEVELOPMENT ZONES

中国开发区发展报告

国家信息中心信息资源开发部
《中国开发区发展报告》编辑部

中国市场出版社

谨以此书献给 ——

中国火炬计划实施十六周年

中国开发区成立二十周年

为中国经济高速发展

做出卓越贡献的开发区建设者

中国国家级开发区

中关村科技园区 www.zgc.gov.cn	北京经济技术开发区 Beijing Economic-Tecnological Develpment Area	常州 高新区	长春高新技术产业开发区 Changchun High-technology industries Development Area	SCEPZ 成都出口加工区	张家港保税区
成都经济技术开发区 CHENGDU ECONOMIC & TECHNOLOGICAL DEVELOPMENT ZONE	D 网 DDPORT.COM 大连高新技术园区 DALIAN HI-TECH ZONE	大连开发区 www.ddz.gov.cn	上海松江出口加工区	DYB 惠州大亚湾经济技术开发区	丹东边境经济合作区
東山經濟技術開發區	FETDZ WWW.fdz.com.cn 福州经济技术开发区	GET 广州开发区 www.getdd.gov.cn	中国桂林 www.guilin-ctp.net.cn 国家高新技术产业开发区	国家级 贵阳经济技术开发区 http://www.geta.gov.cn	30 海南洋浦 WWW.ypdelp.com
HHTZ 杭州国家高新技术产业开发区	HETZ 杭州经济技术开发区 浙江杭州出口加工区	武汉东湖新技术开发区 www.wehdz.gov.cn	西安高新区	ZHFTZ 珠海保税区	KETDZ 昆明国家经济技术开发区 www.ketdz.gov.cn
KETD 中国昆山经济技术开发区 CHINA KUNSHAN ECONOMIC & TECHNICAL DEVELOPMENT ZONE	兰州经济技术开发区	连云港经济技术开发区	CETZ www.cetz.com 重庆经济技术开发区	南京高新技术产业开发区	南京经济技术开发区
NNETDA 南宁经济技术开发区	NETDA 南通经济技术开发区	NETD 宁波经济技术开发区	QETDZ 秦皇岛经济技术开发区	青岛经济技术开发区	PUDONG 上海浦东 http://www.pudong.gov.cn
上海外高桥保税区	SMDC 上海闵行经济技术开发区	CAOHEJING HI-TECH PARK WWW.CAOHEJING.COM 上海漕河泾新兴技术开发区	沈阳经济技术开发区 SEDA	SEID 国家级石河子经济技术开发区管理委员会	石家庄国家高新技术产业开发区 SHI JIAZHUANG NATIONAL HI-TECH INDUSTRY DEVELOPMENT ZONE
SND 苏州高新区 www.snd.gov.cn	中国－新加坡 苏州工业园区	TJPFTZ www.tjftz.gov.cn 天津保税区	TEDA www.teda.gov.cn 天津经济技术开发区	天津新技术产业园区 Tianjin Hi-Tech Industry Park	wetdz 温州经济技术开发区
乌鲁木齐经济技术开发区	WND 無錫新區 http://www.wnd.gov.cn	WEDA 芜湖经济技术开发区 WUHU ECONOMIC & TECHNOLOGICAL DEVELOPMENT AREA	WEDZ 武汉经济技术开发区	西安经济技术开发区管理委员会 WWW.XETDZ.COM.CN	QHXN 西宁经济技术开发区
厦门火炬高技术产业开发区	XETZ 萧山经济技术开发区	YEDA 业达之窗 www.yeda.gov.cn	杨凌 示范区	郑州国家高新技术产业开发区 http://www.zzgx.gov.cn	国家郑州经济技术开发区 ZHENGZHOU NATIONAL ECONOMIC & TECHNOLOGICAL DEVELOPMENT AREA

中国开发区内知名企业

IBM	Microsoft		3M	FIAT	Bayer BAYER
hp invent	Coca-Cola	Panasonic	SAMSUNG	PEPSI	LG
	ALCATEL 上海贝尔	L'ORÉAL	KELON 科龙	PHILIPS	SHARP
	RICOH	DBTEL	HOYA	SIEMENS	MOTOROLA
	Schneider Electric		NTT	上海大众汽车	TCL集团股份有限公司 TCL CORPORATION
伊利	Colgate	VOLVO	EPSON	北京现代	
PERLOS	Logitech		HITACHI Inspire the Next	ERICSSON	BRIDGESTONE
TOSHIBA	Roche	神龙汽车有限公司 DONGFENG-CITROEN AUTOMOBILE CO.,LTD	CASIO	FUJITSU	ERICSSON Mobile Phones
JMC	JVC	NORTEL NETWORKS	APP 金光集团 亚洲浆纸		ABB
Haier	ExxonMobil	DELL	SONY	NEC	Seagate We turn on Ideas

国家信息中心

State Information Center

烟台经济技术开发区

烟台经济技术开发区是1984年国务院首批设立的国家级开发区。20年来，开发区全力打造透明高效政府，创建生态工业园区，营造了良好的投资环境；引进一大批先进的工业项目，培育了一批具有核心竞争力的企业群体，构筑起主导性产业体系，形成了较强的科技创新能力。烟台开发区已经成为中外投资者的创业乐园。

面对经济全球化的新形势，烟台开发区将进一步确立和全面推进经济国际化战略，在发展理念上实现新的突破。在功能定位上，紧紧把握世界经济走势和入世契机，将开发区建设成为区域对外开放和经济发展的龙头、高新技术产业的基地和高标准的城市新区；在工作目标上，立足高点定位、速度一流，继续保持快速增长势头，用3～5年时间，力争将开发区建设成为一流国家级开发区；在发展战略上，面向“两个市场，利用两种资源”，主动融入国际经济大循环，积极引导企业加快“走出去”的步伐，在全球范围内实现资源的有效配置，在开放中推进产业结构的优化调整，在市场竞争中推动企业的发展壮大；在引进资源上，坚持引进外资与内资并重，引“资”与引“智”并举，不断提升区域竞争能力。

http://www.yeda.gov.cn

http://www.qda.gov.cn

青岛经济技术开发区

青岛经济技术开发区是1984年10月经国务院批准成立，1985年3月28日正式动工兴建的国家级经济技术开发区，位于胶州湾西海岸，与青岛老城隔海相望，海上最近距离2.26海里。现有规划管辖面积277平方公里，总人口36万。建区近20年来，累计投入190多亿元。

青岛经济技术开发区规划布局了行政商务中心区、国际物流仓储加工区、石化产业区、临港工业区、综合旅游区、生态观光农业区等六大功能区。建成区面积截至2003年底已达54平方公里。有20多个省市、53个国家和地区的客商前来投资，累计批准三资项目1630个，总投资84.96亿美元，合同利用外资67.83亿美元，实际利用外资30.6亿美元。世界500强投资项目40个。

青岛开发区未来的发展目标是：以现代港口、先进工业、商贸物流和旅游度假为主要特色的现代化国际性的新城区，成为大青岛新的经济发展重心。

（摄影：杨同玉）

http://www.qetdz.com.cn

秦皇岛经济技术开发区

作为经国务院批准设立的首批14个国家级经济技术开发区之一，秦皇岛经济技术开发区经过20年的开发建设，已经成为一个环境良好、功能完善、发展强劲的外向型经济区。初步形成了粮油食品加工、冶金及金属压延、汽车零部件、高新技术产业和服装加工等五大特色产业及链条，有31个国家和地区的客商在此投资兴业。区内有外资企业550多家，包括德国德马格、英国TI、韩国LG等一批世界知名公司；内资企业达到2700多家。

2003年，秦皇岛开发区实现国内生产总值52亿元，工业总产值135亿元，财政收入6.83亿元，出口创汇2.6亿美元，实际利用外资1.07亿美元。国内生产总值、财政收入、实际进入外资、出口创汇等主要经济指标继续在河北省开发区中保持领先地位，成为带动秦皇岛市经济发展的龙头。

长春经济技术开发区是1993年4月4日经国务院批准设立的国家级经济技术开发区，享受沿海开放城市经济技术开发区的各项优惠政策。具有得天独厚的区位优势和科研优势。

经过10年的开发建设，长春经济技术开发区累计投资83亿元人民币用于基础设施建设，30平方公里范围内已经实现“九通一平”；开发区已经通过了ISO14001环境质量管理体系认证。同时推行CIS导入工程，为进区企业提供优质服务。现在，已有美国的百事可乐公司、德国的爱尔铃公司、英国的皮尔金顿公司、法国的圣戈班公司、意大利的梅罗尼公司、马来西来的金狮集团、泰国的正大集团等26个国家和地区的53个跨国公司在开发区投资兴业。

截至2003年底，在开发区注册的内外资企业累计3454户，其中内资企业2980户，注册资本164亿元人民币；三资企业474户，注册资本18.6368亿美元；全区累计实现经济总量2322.56亿元和财政收入85.6487亿元。

如今开发区已形成了汽车零部件、光电信息、生物制药、粮食深加工、新材料等5大主导产业，设立了10大工业园区。一个功能齐全、结构合理、设施配套、管理先进、环境优良、综合优势明显、能与国际经济接轨的现代化工业新区展现在世人面前。

http://www.njxg.com

南京经济技术开发区

南京经济技术开发区成立于1992年9月18日，紧临中国内河第一大港——南京新生圩外贸港和南京长江二桥，先期规划面积13.37平方公里。

1993年11月，经江苏省政府批准为省级开发区；2002年3月15日，经国务院批准为国家级经济技术开发区；2003年3月10日，国务院正式批准在区内设立国家级出口加工区，当年9月28日封关运作。

建区10多年来，开发区各项建设事业迅猛发展。截至2003年底，已有来自20多个国家和地区的1379家企业入区，总投资400多亿元。其中外资企业295家，总投资38.8亿美元，合同利用外资29.8亿美元，实际利用外资11.4亿美元；世界500强在区内投资企业19家。区内已形成电子信息、生物医药、轻工机械、精细化工、新材料、物流储运等六大特色支柱产业。其中以TFT-LCD为代表的新型平板显示器件产业在开发区发展尤为突出，目前已有乐金飞利浦、瀚宇彩欣、华日液晶、新华日液晶等4家代表全球领先技术的TFT-LCD制造企业及众多配套项目进区，开发区将建成为全国乃至亚洲最大的新型平板显示器件生产基地。

近年来，开发区各项经济指标保持了快速增长势头，2003年实现GDP60亿元，技工贸总收入320亿元，出口创汇10亿美元。开发区多次被省、市评为“先进开发区”、“建设新南京有功单位”、“利用外资先进单位”。

http://www.czxd.gov.cn

常州国家高新技术产业开发区

常州国家高新技术产业开发区于1992年11月9日经国务院批准成立，规划用地面积5.63平方公里；1995年5月，在开发区的基础上设立了常州新区，地域面积扩大至115.88平方公里；2002年4月，在新区的基础上设立了常州市新北区，下辖3个街道、6个乡镇，总面积439.16平方公里，人口38.23万。

常州高新区位于常州城北，北枕长江，南靠沪宁铁路，拥有常州境内的全部长江岸线资源，具有建设深水港的天然条件，已建成国家一类开放口岸长江常州港；位于区内的常州民航机场已与国内20多个大中城市开通航班；沪宁高速铁路、京沪铁路、338省道及规划中的沪宁高速铁路、沿江高速公路等穿区而过；藻江、德胜、新孟3条内河航道纵贯全区，连接长江和京杭大运河，构成了四通八达、快速便捷的水、陆、空立体交通网。

建区以来，通过大力实施“国际化带动、城市化推进、科教兴区、区乡共同发展和可持续发展”五大战略，坚持以经济工作为中心，以招商引资为抓手，全力发展外向型经济，着力加快科技进步，大力推进城市化进程，全区经济呈现出快速健康发展的态势，特别是近几年来，主要经济指标保持了30%左右的增幅。2003年实现国内生产总值104.10亿元，比上年增长22.5%；实现财政收入18.25亿元。

经过近10年的开发建设，高新区已成为常州市最大、最富活力的经济增长点和对外开放的主要“窗口”、最大的高新技术辐射源和产业基地。

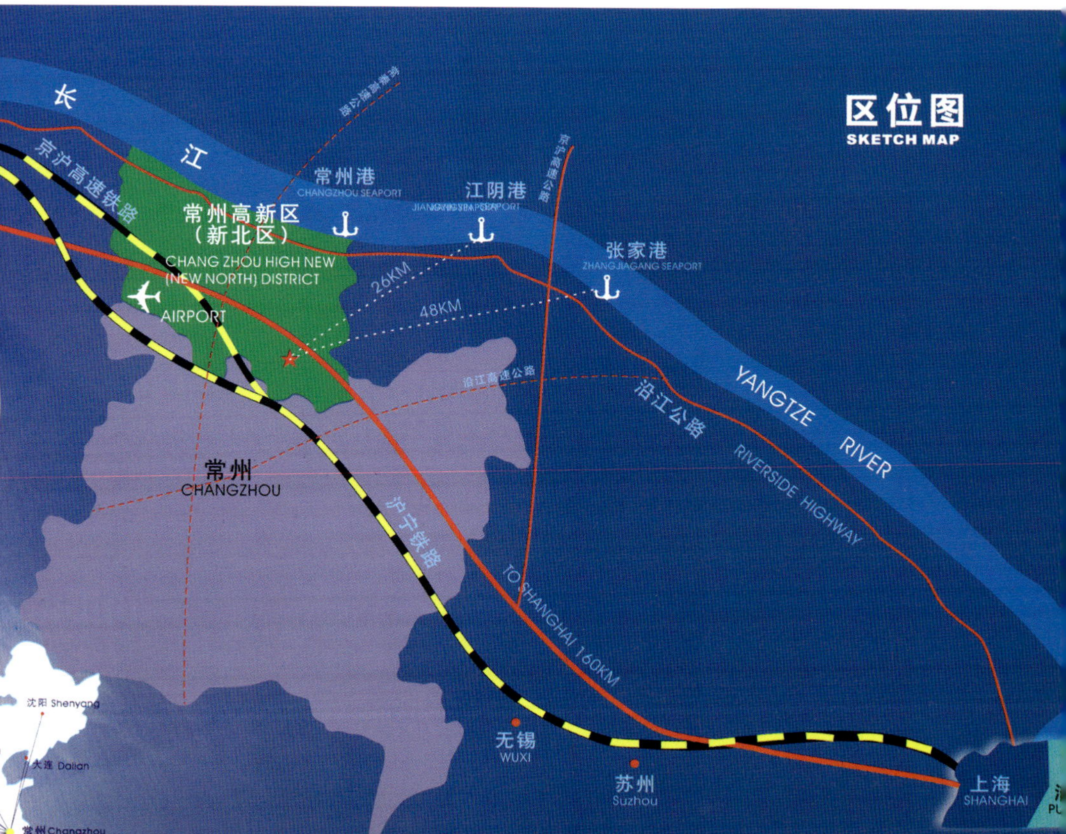

民航路线
Air-routes of Changzhou Civil Airport

山西榆次开发区

山西榆次开发区党工委、管委会几年来坚持以“三个代表”为工作指针，以率先发展为奋斗目标，以招商引资为发展主题，不断创新管理体制和运行机制，营造优良的投资环境，培育以医药为主体的特色经济，形成了“一区多园”的发展格局，实现了经济的速度、结构、质量、效益的同步发展，快速提高。经济指标连续3年实现两位数的增长，经济建设保持了持续、快速、健康的发展态势。

招商引资成绩显著是榆次开发区快速发展的特征之一。“一区多园”的开发模式是榆次开发区健康发展的特色，以商引商、园区招商的手段构筑了三个省级工业园、三个特色基础园，随着山西医药工业园、山西民营科技园、留学人员山西创业园三大园和华北纺机工业园、台商工业园、机械加工园三小园的迅速崛起，客商纷至沓来的局面已经形成。几年来，入驻榆次开发区的企业已有1000余户，引进到位资金累计32.56亿元。

山西榆次开发区繁荣的投资环境和“一亲三优”的服务理念促进了榆次开发区的迅猛腾飞，一个全面贯彻现代化、科学化管理的高起点规划、高标准建设、高效率服务、高速度发展的榆次开发区现代化工业城正在崛起。

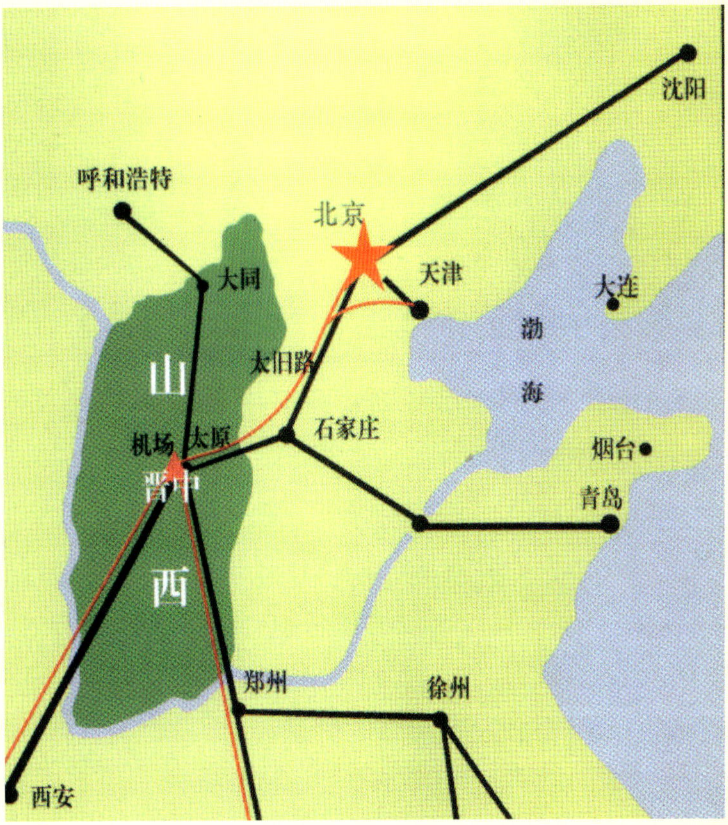

沧州经济技术开发区

沧州经济技术开发区于1992年7月31日经河北省人民政府批准建立，总体规划面积15.165平方公里，位于沧州市区东南部，是沧州市重点发展的现代化新型工业区。

沧州经济技术开发区处于海陆交通枢纽的重要地带，东临渤海，北靠京津，是大北京经济圈内最具有发展潜力的投资热土之一。

沧州经济技术开发区本着“创造完善的投资环境，提供全方位的优质服务”的宗旨，开发区进行了大规模的基础设施建设。目前，区内已具备了水、路、电、讯、热、有线电视、宽带网、天然气和土地平整“九通一平”条件，可为客商提供周到的生活服务。

截至2003年底，沧州经济技术开发区共注册企业156家，包括日、美、韩、意、德、马来西亚、俄及中国香港、台湾省等十几个国家及地区的企业在开发区投资兴业，形成了以医药、食品、轻工、机械、电子为主的产业群体。

http://www.cedz.gov.cn

国家信息中心推出

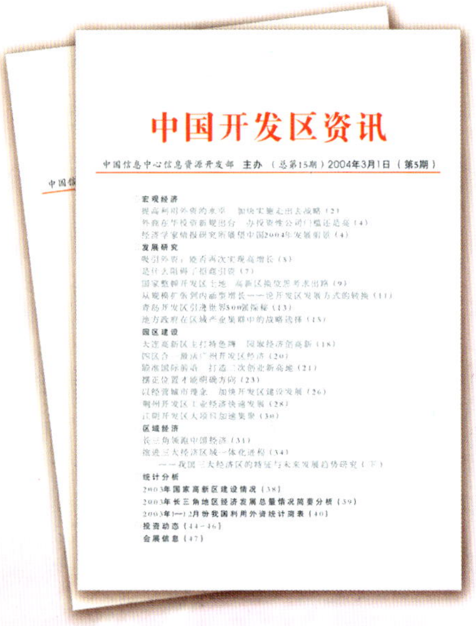

《中国开发区资讯》

《中国开发区资讯》印刷版半月刊

《中国开发区资讯》是由国家信息中心主管、国家信息中心信息资源开发部编辑的半月刊内部资料。设有政策法规、宏观经济、发展研究、园区建设、区域经济、统计分析、投资动态、权威数据、会展信息等栏目。

本刊具有权威性、时效性、专业性等特点，是开发区及研究部门重要的参考资料。每月1日、15日出刊，每期48页，标准16开本，全年24期，提供印刷版或电子版。

《中国开发区周刊》（电子版）

《中国开发区周刊》电子版周刊

《中国开发区周刊》是由国家信息中心主管、国家信息中心信息资源开发部编辑的电子信息产品。旨在为开发区发展提供参考依据和引资机会，在政府、开发区及国内外投资者之间架起一座桥梁。本刊具有权威性、时效性和实用性等特点，是行业内管理者重要的决策参考资料。

主要栏目有：投资趋势、世界500强动向、招商经验、引资案例、行业发展简报和开发区动态等。

提供电子版，全年50期，每期30页。

中国开发区发展报告

国家信息中心信息资源开发部
《中国开发区发展报告》编辑部 编

中国市场出版社

图书在版编目（CIP）数据

中国开发区发展报告.2004/国家信息中心信息资源开发部．《中国开发区发展报告》编辑部 编
—北京：中国市场出版社，2004.2
ISBN 7-80155-669-0

Ⅰ.中… Ⅱ.国… Ⅲ.开发区－经济发展－研究报告－中国－2004 Ⅳ.F127.9

中国版本图书馆 CIP 数据核字（2003）第 102660 号

2004 中国开发区发展报告

出版发行: 中国市场出版社
地　　址: 北京市西城区月坛北小街 2 号院 3 号楼（100837）
责任编辑: 刘　勇　许　慧
经　　销: 新华书店
印　　刷: 北京雅龙印刷厂
开　　本: 889 × 1196 毫米　1/16
印　　张: 35
字　　数: 800 千字
版　　次: 2004 年 2 月第 1 版第 1 次印刷
书　　号: ISBN 7-80155-669-0/F·472
定　　价: 280.00 元

《中国开发区发展报告》总顾问

厉以宁　　全国政协常务委员会委员
　　　　　北京大学光华管理学院院长
高尚全　　中国经济体制改革研究会会长
马颂德　　科技部副部长

《中国开发区发展报告》顾问

（按姓氏笔画排序）

王一鸣　　国家发展和改革委宏观经济研究院副院长
王志乐　　商务部跨国公司研究中心主任
朱　民　　中国银行行长助理
江小涓　　中国社会科学院财贸所所长
汤　敏　　亚洲开发银行驻中国代表处首席经济学家
陈东琪　　国家发展和改革委宏观经济研究院副院长
茅于轼　　北京天则经济研究所常务理事
胡鞍钢　　清华大学国情研究中心主任
海　闻　　北京大学中国经济研究中心常务副主任
樊　纲　　国民经济研究所所长
魏　杰　　清华大学经济管理学院教授

《中国开发区发展报告》编委

（按姓氏笔画排序）

王瑞明　　中国高新技术产业开发区协会副理事长
朱明春　　国家发展和改革委政策司副司长
杨伟民　　国家发展和改革委规划司司长
狄　娜　　国家发展和改革委中小企业司副司长
胡景岩　　商务部外资司司长
胡祖才　　国家发展和改革委外资司副司长
赵玉海　　科技部火炬高技术产业开发中心主任
徐漳河　　国家信息中心副主任

主　编

沈大风　国家信息中心副主任

副主编

陈海阳　国家信息中心信息资源开发部副主任

执行主编

刘晓黎　国家信息中心信息资源开发部

《中国开发区发展报告》专家小组

高国力　国家发展和改革委宏观经济研究院博士
付晓东　中国人民大学区域经济与城市管理研究所博士
李　青　中国社会科学院数量与技术经济研究所博士
刘　锋　科技部中国科技促进发展研究中心博士
刘卫东　中国科学院地理科学与资源研究所博士
陈润田　国家统计局原高级统计师
张永军　国家信息中心经济预测部博士
高辉清　国家信息中心发展部博士
曹广忠　北京大学环境学院城市与区域规划系博士

《中国开发区发展报告》编辑部

主　　任　刘晓黎
责任编辑　刘　勇　　许　慧
编辑人员　杨　晶　　陈润田　　王　琦
版式设计　吕雪玄　　吕荣恩
设计总监　奚宇捷

《中国开发区发展报告》总顾问

厉以宁　　全国政协常务委员会委员
　　　　　北京大学光华管理学院院长
高尚全　　中国经济体制改革研究会会长
马颂德　　科技部副部长

《中国开发区发展报告》顾问

（按姓氏笔画排序）

王一鸣　　国家发展和改革委宏观经济研究院副院长
王志乐　　商务部跨国公司研究中心主任
朱　民　　中国银行行长助理
江小涓　　中国社会科学院财贸所所长
汤　敏　　亚洲开发银行驻中国代表处首席经济学家
陈东琪　　国家发展和改革委宏观经济研究院副院长
茅于轼　　北京天则经济研究所常务理事
胡鞍钢　　清华大学国情研究中心主任
海　闻　　北京大学中国经济研究中心常务副主任
樊　纲　　国民经济研究所所长
魏　杰　　清华大学经济管理学院教授

《中国开发区发展报告》编委

（按姓氏笔画排序）

王瑞明　　中国高新技术产业开发区协会副理事长
朱明春　　国家发展和改革委政策司副司长
杨伟民　　国家发展和改革委规划司司长
狄　娜　　国家发展和改革委中小企业司副司长
胡景岩　　商务部外资司司长
胡祖才　　国家发展和改革委外资司副司长
赵玉海　　科技部火炬高技术产业开发中心主任
徐濬河　　国家信息中心副主任

主　编

沈大风　国家信息中心副主任

副主编

陈海阳　国家信息中心信息资源开发部副主任

执行主编

刘晓黎　国家信息中心信息资源开发部

《中国开发区发展报告》专家小组

高国力　国家发展和改革委宏观经济研究院博士
付晓东　中国人民大学区域经济与城市管理研究所博士
李　青　中国社会科学院数量与技术经济研究所博士
刘　锋　科技部中国科技促进发展研究中心博士
刘卫东　中国科学院地理科学与资源研究所博士
陈润田　国家统计局原高级统计师
张永军　国家信息中心经济预测部博士
高辉清　国家信息中心发展部博士
曹广忠　北京大学环境学院城市与区域规划系博士

《中国开发区发展报告》编辑部

主　　任　刘晓黎
责任编辑　刘　勇　　许　慧
编辑人员　杨　晶　　陈润田　　王　琦
版式设计　吕雪玄　　吕荣恩
设计总监　奚宇捷

前 言

更好地发挥外资的作用。抓住新一轮全球生产要素优化重组和产业转移的重大机遇，扩大利用外资规模，提高利用外资水平。结合国内产业结构调整升级，更多地引进先进技术、管理经验和高素质人才，注重引进技术的消化吸收和创新提高。继续发展加工贸易，着力吸引跨国公司把更高技术水平、更大增值含量的加工制造环节和研发机构转移到我国，引导加工贸易转型升级。进一步改善投资环境，拓宽投资领域，吸引外资加快向有条件的地区和符合国家产业政策的领域扩展，力争再形成若干外资密集、内外结合、带动力强的经济增长带。

——摘自《中共中央关于完善社会主义市场经济体制若干问题的决定》

对外开放是我国的一项基本国策，吸引外资是我国对外开放基本国策的重要组成部分，我国在加入WTO后将会进一步改善投资环境，积极利用外资，中国开发区将越来越发挥重要的作用，中国开发区的健康发展将会进一步促进中国经济持久稳定的发展。

实践证明，我国开发区在对外开放、吸引外资、改革实验、提高科技水平、促进区域经济结构和产业结构调整等方面，起到了窗口、辐射、示范、带动作用。开发区以其高速的经济增长、明显的科技进步、良好的效益和体制优势已经成为我国国民经济新的、重要的增长点、外贸出口的生力军和外商投资的热点地区。

为全面反映中国开发区的发展情况，集中展示其建设成就和发展经验，国家信息中心编辑出版了《中国开发区发展报告》一书，系我国关于开发区领域的专业性发展报告。

《中国开发区发展报告》以中国开发区的发展建设为核心，客观真实地反映中国开发区的发展轨迹，为国家对开发区的宏观管理和开发区自身更高层次的发展提供决策参考，同时为政府、开发区与国内外投资者之间架起一座桥梁。

《中国开发区发展报告》主要内容由三部分组成：

第一部分 发展研究

主要包括政策法规篇、宏观经济篇、发展研究篇、区域经济篇和行业发展报告篇。

第二部分 中国开发区发展成就

重点收集整理中国开发区在发展建设过程中的发展经验，同时展示了我国开发区在招商引资、发展经济、扩大出口等方面的建设成就。特别推出中国高新技术产业“火炬计划”实施15周年和中国开发区土地市场整顿等专题栏目。

第三部分 信息库

重点整理收录了我国各类开发区的发展数据、外商投资数据、中国开发区名录、中国开发区发展大事记及附录等内容。

本书在编辑过程中,得到了国家发展和改革委员会、国家科技部、国家商务部、国家统计局和其他部委的大力支持,得到了科技部火炬高技术产业开发中心、中国高新区协会及各地开发区管委会的大力支持与协助，在此一并表示感谢。

总有一种感动让我们久久难忘；

总有一种激励让我们奋然前行。

春天是播种的季节，辛勤耕作必将结出丰硕果实。希望各开发区树立全面科学的发展观，求真务实，开拓创新，进一步改变政府职能，增强服务意识，为中国经济注入一份新的活力。

特别鸣谢： 国家发展和改革委宏观经济研究院

科技部火炬高技术产业开发中心

几年来关心和支持我们工作的开发区领导者和广大读者

各地开发区管委会办公室、政策研究室的通讯员

由于时间仓促，难免有不足和疏漏之处，望批评指正。

《中国开发区发展报告》编辑部

2004年2月·北京

目 录

第二部分　中国开发区发展成就

第三部分 信息库

综　述

2003 年中国经济航船一路乘风破浪，驶向全面建设小康社会征程：

全年国内生产总值突破 11 万亿元，GDP 增长创下自 1997 年以来最高增幅，达到 9.1%；人均国内生产总值达到 1090 美元；全年进出口总额突破 8400 亿美元，增长 35% 以上；全年规模以上工业企业实现利润预计突破 8000 亿元；全年生产轿车 206.9 万辆，同比增长 80.7%，销售 204 万辆，同比增长 92.8%；全年新增电话用户 11200 万户，这个数字相当于英国和法国两国人口数字的总和。

2003 年是中国经济发展史上最重要的里程碑，GDP 的增长达到了 9.1%。

2003 年，工业生产强劲增长成为我国经济快速增长的主要原因，投资的高速增长成为经济快速发展的主要拉动力。

中国经济的迅猛增长，让我们每一个中国人倍感自豪，这一切得益于改革开放25年来创造的经济奇迹。其中奋战在招商引资最前沿的国家级开发区做出了卓越贡献。

一、高新技术产业产值占全国50%以上

2003 年，尽管受到“非典”等不利因素的影响，国家高新区依然保持了强劲的增长势头，根据 2003 年国家高新区统计快报显示，53 个国家高新区的营业总收入首次突破 2 万亿元大关，达到 20194 亿元，同比增长 32%；工业总产值 17307 亿元，同比增长 34%；工业增加值 4272 亿元，同比增长 30%；实现净利润 1024 亿元，同比增长 28%；实现各项税额 964 亿元，同比增长 26%；出口创汇 570 亿美元，同比增长 73%。

从高新区工业增加值指标的增长情况看，2003年国家高新区工业增加值占全国工业增加值 61778 亿元的 7%，增长速度高于全国 7 个百分点（全国工业企业工业增加值的增长速度是 12.5%）。

北京中关村科技园区和上海高新区营业总收入超过1500亿元，无锡、南京、深圳、苏州、西安、长春、天津、广州、青岛、沈阳、武汉、杭州、成都、吉林、长沙等 15 个高新区的总收入超过 400 亿元，相当一批国家高新区已经成为所在城市新的经济增长点。

国家高新区现已成为我国走新型工业化道路的先导区、改革开放的示范区和科技创新与高新技术产业的重要基地。国家高新区高新技术产业产值已占全国的50%以上。北京、上海、天津、深圳、西安、大连、武汉、成都等地的国家高新区通过建设科技企业孵化器，采取招商引资措施，完善科技中介服务和科技成果转化平台，有力地推动当地高新技术企业的发展，形成了一批以微电子、

光电子、通信、计算机及软件、生物医药、先进制造技术、新能源、新材料等领域为主体的高新技术产业。

随着高新区的不断发展，高新区土地开发的经济社会效益逐年提高，大部分指标都呈现加速增长趋势。据统计，全国53个国家高新区总规划面积为724.90平方公里，其中新建区为490.10平方公里，开发建成的土地面积为485.05平方公里。在建成的土地面积中，用于工业用地的为60.4%（工业用地没有包含道路、公用设施和公用绿地）。

当前，国家高新区正在积极实施以增强技术创新能力为核心的“二次创业”发展战略，努力贯彻落实党的十六届三中全会精神和“三个代表”重要思想，进一步完善创新创业环境，不断增强企业的技术创新能力，进一步确立“以人为本”的高新技术产业化发展观，大力培养、造就和吸纳高素质的技术开发、企业经营与管理、国际市场与贸易及投融资等方面的人才，为拓展就业渠道和就业岗位努力做出新的贡献。

二、我国吸收外资最集中、经济发展最快的区域

据统计，截至2003年底，47个国家级经济技术开发区实现GDP3110亿元，占全国GDP的3%，出口总额275.4亿美元，占全国的8%，实际使用外资77.4亿美元，占全国的15%以上。

吸收外商投资最集中的经济区域

中国的54个国家级经济技术开发区，累计吸收的外商直接投资占全国外商实际投资总额的15%左右，一些城市外商直接投资的30%～40%都集中在开发区。许多国际著名的大企业纷纷来开发区投资。

据不完全统计，约有200余家世界著名的、实力雄厚的国际大公司、大财团在经济技术开发区投资办了400多个工业项目，都取得了较大的发展和很好的经济效益。

经济发展最快的区域

国家经济技术开发区成为国民经济发展“新的经济增长点”，这是以其经济技术突飞猛进、快速增长的实践为依据得出的公认结论。

十几年来开发区主要经济指标长期保持了两位数的高速增长，大大高于全国的平均增幅，有的开发区（如北京），近几年以三位数增长。

以2002年为例，全国49个经济技术开发区实现GDP3100亿元，比上年增长29.4%；工业增加值2200亿元，占GDP比重达71%，同比增长28.3%；工业总产值7900亿元，增长25.5%；税收500亿元，增长23.1%；外贸总额536亿美元，增长36%，其中出口275亿美元，增长33.8%；引进外商投资合同金额150亿美元，增长31%，实际利用外资金额77亿美元，增长23.4%。开发区主要指标增幅一般高于全国的10～20个百分点。

其中中西部16个开发区的增速尤为明显，各项指标的增幅除出口额外，普遍高于东部地区开发区10～20个百分点。尤以实际利用外资、合同外资额、工

业总产值的增幅最多，分别比东部开发区高出75、46和24个百分点。不论是东部或是中西部，经济技术开发区都是当地经济发展的排头兵，有的城市新增经济的一半是由经济技术开发区提供的，已普遍引起国内外各界的刮目相看。

资金技术密集型企业占主导地位

经济技术开发区以发展资金、技术密集型企业和产品出口企业为重点，高新技术产业迅速崛起。开发区内的外商资企业平均每个项目的投资规模高出全国平均水平一倍多，拥有一大批外商投资额在1000万美元以上的大项目，不少项目外资达到3000万美元，有的甚至上亿美元。

高新技术产业占有相当比重区域

高新技术产值占相当大比重，有的开发区已达50%以上。开发区的产业结构日趋合理和高级化，形成了自己的支柱产业。目前已拥有一大批有实力的电子、信息、计算机、汽车及配件、生物工程、制药及医疗器械、精细化工、精密制造、家用电器、新型建筑材料、新能源、高档日用品、食品深加工等行业，有的已初步形成一定规模的产业链。开发区内的各类高技术园区、创业园迅速崛起，有的开发区已是国家发展高新技术产业的重点区域，有的已与当地的高新技术产业开发区合成一体，他们大都建立了科技项目“孵化器”、“创业中心”，有的还建立了科技发展风险基金等，以扶持高新技术项目的发展。

我国加入世界贸易组织后，开发区为应对对外开放的新要求，纷纷进一步完善经济运行机制，认真转变管委会的政府职能，简化了审批程序，减少了行政性收费，有的已成为“零行政收费区”，加强了中介组织的作用，密切了与企业的联系与交流，提高了政府机构的服务功能，使开发区的运行更加接近WTO规则和国际惯例，开发区已成为中国对外开发程度最高的区域之一。

国际组织预测，2004年世界经济增长将由2003年的3%提升到4%左右，世界贸易增长也将提升到5.5%，从国内看，我国经济正处于新一轮经济周期的上升阶段。展望猴年，中国经济快车仍将持续、高速、健康地发展。

2003年是非同寻常的一年，中国高新技术产业火炬计划实施15周年来取得了丰硕的成果；2004年是国家级经济技术开发区成立20周年纪念。20年来，伴随改革开放的进程，开发区为我国经济的高速发展做出了卓越贡献。

在此，我们祝愿各开发区再接再励，创造新的辉煌！

《中国开发区发展报告》编辑部

2004年2月

第一篇

政策法规

关于清理整顿现有各类开发区的具体标准和政策界限的通知

发改外资[2003]2343号

各省、自治区、直辖市人民政府，国务院各部委、各直属机构：

经报请国务院同意，现将《清理整顿现有各类开发区的具体标准和政策界限》印发给你们，请各地严格按照《国务院办公厅关于清理整顿各类开发区加强建设用地管理的通知》（国办发〔2003〕70号）、《国务院关于加大工作力度进一步治理整顿土地市场秩序的紧急通知》（国发明电〔2003〕7号）的精神和《清理整顿现有各类开发区的具体标准和政策界限》的要求，切实做好现有各级各类开发区的清理整顿工作，国土资源部将会同有关部门对开发区清理整顿工作进行核查和验收。

附件：

清理整顿现有各类开发区的具体标准和政策界限

根据《国务院办公厅关于清理整顿各类开发区加强建设用地管理的通知》（国办发〔2003〕70号）和《国务院关于加大工作力度进一步治理整顿土地市场秩序的紧急通知》（国发明电〔2003〕7号）的要求，提出如下清理整顿开发区的具体标准和政策界限：

一、清理整顿的原则和目标

按照国办发〔2003〕70号文件确定的清理整顿开发区范围，依据开发区由国务院和省、自治区、直辖市政府(以下称“省级政府”)两级审批的规定，以及国家土地管理法律法规、土地利用总体规划、城镇体系规划和城市总体规划，对各类开发区进行整改，坚决纠正违规擅自设立开发区、盲目扩大开发区规模的现象，切实解决开发区过多过滥、违规用地等突出问题，促进开发区规范、协调发展。

二、清理整顿的具体标准和政策界限

(一)国家级开发区和国务院所属部门批准设立的开发区

国家级开发区是指经国务院批准设立的各类开发区。对现有国家级开发区未经国务院批准擅自扩建的部分凡不符合土地管理法律法规、土地利用总体规划、城镇体系规划和城市总体

规划的，要一律予以核减，依法收回所占用的土地；符合土地管理法律法规、土地利用总体规划、城镇体系规划和城市总体规划，且原批准规划面积已充分利用，确有扩建需要的，要按照规定上报国务院审批未获批准的，一律予以核减。

对国务院所属部门未经国务院同意擅自批准设立的各类开发区，一律摘牌，由相应省级政府按省级以下开发区的整改要求，统一组织进行整改。

(二)省级开发区和省级政府所属部门批准设立的开发区

省级开发区是指经省级政府批准设立的各类开发区。对现有省级开发区，凡布局不合理、功能重复、占用土地过多的，要进行整合，该缩小范围的要缩小范围；长期得不到开发、项目资金不落实的，要坚决予以撤消，依法收回所占用的土地。

对省级开发区未经省级政府批准擅自进行扩建的部分，凡不符合土地管理法律法规、土地利用总体规划、城镇体系规划和城市总体规划的，要一律予以核减，依法收回所占用的土地；符合土地管理法律法规、土地利用总体规划、城镇体系规划和城市总体规划，且原批准规划面积已充分利用，确有扩建需要的，要按照规定程序上报省级政府审批，未获批准的，一律予以核减。

对省级政府所属部门未经省级政府同意擅自批准设立的各类开发区，一律摘牌，由省级政府按省级以下开发区的整改要求，统一组织进行整改。

(三)省级以下开发区

省级以下开发区是指违反国务院规定的两级审批制度，由省级以下各级政府擅自批准设立的各类开发区。省级以下开发区由省级政府按照“撤消、核减、整合”的要求统一进行整改。

对县级及以下政府批准设立的各类开发区，一律撤消。开发区现有项目用地纳入城镇规划统一管理；不能纳入城镇规划的，要坚决收回所占用的土地。

对地级政府以及国务院和省级政府所属部门批准设立的各类开发区，凡不符合土地管理法律法规，不能纳入土地利用总体规划、城镇体系规划和城市总体规划的，以及虽然符合土地管理法律法规、土地利用总体规划、城镇体系规划和城市总体规划，但布局不合理、开发程度低、项目资金不落实的，一律予以撤消，坚决依法收回所占用的土地。

对地级政府以及国务院和省级政府所属部门批准设立的其余开发区，要按照减少数量、缩小规模、合并功能、调整布局的要求，提出整合方案。对整合后确需保留的开发区，待省级政府将清理整顿情况报国务院后，再按规定程序逐一审批，并报国务院备案。

(四)瞒报、漏报的开发区

对瞒报、漏报等未纳入清理整顿工作范围的开发区，一律撤消，坚决依法收回所占用的土地。

(五)突击审批和突击设立的开发区

对在今年7月18日《国务院办公厅关于暂停审批各类开发区的紧急通知》(国办发明电[2003]30号)下发后，地方和部门突击审批和突击设立的各类开发区，一律予以撤消，并追究有关领导人和责任人的责任。

对撤消的开发区，要取消其名称，撤消其管理机构，收回各项管理权限。对依法收回的土地，能够复垦的，由当地政府组织复垦后无偿交还农民耕种；能够恢复其它农业用途的要予以恢复；严禁撂荒闲置。

关于外商投资举办投资性公司的规定

中华人民共和国商务部令

[2003]第1号

现决定将《关于外商投资举办投资性公司的暂行规定》(对外贸易经济合作部令[1995]第4号)、《〈关于外商投资举办投资性公司的暂行规定〉有关问题的解释》([1996]外经贸法发第124号)、《〈关于外商投资举办投资性公司的暂行规定〉的补充规定》(对外贸易经济合作部令[1999]第3号)、《〈关于外商投资举办投资性公司的暂行规定〉的补充规定(二)》((对外贸易经济合作部令[2001]第1号)、《关于修改〈关于外商投资举办投资性公司的暂行规定〉及其补充规定的决定》(对外贸易经济合作部令[2003]第4号)合并为《关于外商投资举办投资性公司的规定》，并于2003年6月10日第2次部务会议审议通过，现予发布，自公布之日起30日后施行。

部长　吕福源

2003年6月10日

附件：

关于外商投资举办投资性公司的规定

第一条 为了促进外国投资者来华投资，引进国外先进技术和管理经验，允许外国投资者根据中国有关外国投资的法律、法规及本规定，在中国设立投资性公司。

第二条 本规定中投资性公司系指外国投资者在中国以独资或与中国投资者合资的形式设立的从事直接投资的公司。公司形式为有限责任公司。

第三条 申请设立投资性公司应符合下列条件：

(一)1.外国投资者资信良好，拥有举办投资性公司所必需的经济实力，申请前一年该投资者的资产总额不低于四亿美元，且该投资者在中国境内已设立了外商投资企业，其实际缴付的注册资本的出资额超过1000万美元，并有三个以上拟投资项目的项目建议书已获得批准，或者；2.外国投资者资信良好，拥有举办投资性公司所必需的经济实力，该投资者在中国境内已设立了10个以上从事生产或基础设施建设的外商投资企业，其实际缴付的注册资本的出资额超过3000万美元；

(二)以合资方式设立投资性公司的，中国投资者应为资信良好，拥有举办投资性公司所必需的经济实力，申请前一年该投资者的资产总额不低于1亿元人民币；

(三)投资性公司的注册资本不低于3000万美元。

申请设立投资性公司的外国投资者应为一家外国的公司、企业或经济组织，若外国投资者为两个以上的，其中应至少有一名占大股权的外国投资者符合本条第一款第(一)项的规定。

第四条 符合本规定第三条第一款第(一)项规定的条件的外国投资者可以其全资拥有的子公司的名义投资设立投资性公司。

第五条 申请设立投资性公司的外国投资者符合本规定第三条第一款第(一)项规定的条件的，该外国投资者须向审批机关出具保证函，保证其所设立的投资性公司在中国境内投资时注册资本的缴付和属于该外国投资者或关联公司的技术转让。

以全资拥有的子公司的名义投资设立投资性公司的，其母公司须向审批机关出具保证函，保证其子公司按照审批机关批准的条件完成对所设立的投资性公司的注册资本的缴付，并保证该投资性公司在中国境内投资时的注册资本的缴付和属于该母公司及其所属公司的技术转让。

第六条 申请设立投资性公司，投资者应将下列文件经拟设立投资性公司所在地的省、自治区、直辖市、计划单列市外经贸部门审核同意后，报商务部审查批准。

(一)设立合资的投资性公司的项目建议书、投资各方签署的可行性研究报告、合同、章程；

设立独资的投资性公司外国投资者签署的项目建议书、外资企业申请表、可行性研究报告、章程；

(二)投资各方的资信证明文件、注册登记证明文件(复印件)和法定代表人证明文件(复印件)；

(三)外国投资者已投资企业的批准证书（复印件）、营业执照（复印件）和中国注册会计师出具的验资报告（复印件）；

(四)依法审计的投资各方近三年的资产负债表；

(五)依据本规定第五条应提交的保证函；

(六)商务部要求的其他文件；

上述文件除已注明为复印件的，一律应为正式文件。

非法定代表人签署文件的，应出具法定代表人的委托授权书。

委托依法设立的中介机构代为办理申请手续的，应出具由投资者法定代表人签署的委托授权书。

第七条 外国投资者须以可自由兑换的货币或其在中国境内获得的人民币利润或因转股、清算等活动获得的人民币合法收益作为其向投资性公司注册资本的出资。中国投资者可以人民币出资。外国投资者以其人民币合法收益作为其向投资性公司注册资本出资的，应当提交相关证明文件及完税凭证。出资应在营业执照签发之日起两年内全部缴清。

第八条 投资性公司的注册资本中至少应有3000万美元作为向其投资新设立的外商投资企业的出资，或作为向其母公司或关联公司已投资设立外商投资企业（已依法办理完毕股权转让手续）未缴付完毕的出资额的出资，或增资部分的出资，或用于购买中国境内内资公司股东的股权。

第九条 投资性公司的注册资本不低于3000万美元，其贷款额不得超过已缴付注册资本额的四倍。投资性公司的注册资本不低于1亿美元，其贷款额不得超过已缴付注册资本额的六倍。投资性公司因经营需要，贷款额拟超过上述规定，应当报商务部批准。

第十条 投资性公司经商务部批准设立后，可以依其在中国从事经营活动的实际需要，经营下列业务：

(一)在国家允许外商投资的领域依法进行投资。

(二)受其所投资企业的书面委托（经董事会一致通过），向其所投资企业提供下列服务：

1.协助或代理其所投资的企业从国内外采购该企业自用的机器设备、办公设备和生产所需的原材料、元器件、零部件和在国内外销售其所投资企业生产的产品，并提供售后服务；

2.在外汇管理部门的同意和监督下，在其所投资企业之间平衡外汇；

3.为其所投资企业提供产品生产、销售和市场开发过程中的技术支持、员工培训、企业内部人事管理等服务；

4.协助其所投资企业寻求贷款及提供担保。

(三)在中国境内设立科研开发中心或部门，从事新产品及高新技术的研究开发，转让其研究开发成果，并提供相应的技术服务。

(四)为其投资者提供咨询服务，为其关联公司提供与其投资有关的市场信息、投资政策等咨询服务。

第十一条 本规定所称投资性公司所投资企业系指符合下列条件的企业：

(一)投资性公司直接投资或与其他外国投资者和/或中国投资者共同投资，投资性公司中折算出的外国投资者的投资单独或与其他外国投资者一起投资的比例占其所投资设立企业注册资本的25%以上的企业；

(二)投资性公司将其投资者或其关联公司及其他外国投资者在中国境内已投资设立的企业的股权部分或全部收购，而使投资性公司中折算出的外国投资者的投资单独或与其他外国投资者的投资额共同占该已设立企业的注册资本25%以上的企业；

(三)投资性公司的投资额不低于其所投资设立企业的注册资本的10%。

第十二条 经中国人民银行批准，投资性公司可向其所投资设立的企业提供财务支持。

第十三条 投资性公司可以作为发起人发起设立外商投资股份有限公司或持有外商投资股份有限公司未上市流通的法人股。投资性公司也可以根据国家有关规定持有境内其他股份有限公司未上市流通的法人股。投资性公司应视为股份有限公司境外发起人或股东。

第十四条 投资性公司设立后，依法经营，无违法纪录，注册资本按照章程的规定按期缴付，投资者实际缴付的注册资本额不低于3000万美元且已用于其所投资企业的投资的，投资性公司经所在地的省、自治区、直辖市或计划单列市外经贸部门审核同意，向商务部提出申请，并获批准的，还可依其在中国从事经营活动的实际需要，经营下列业务：

(一)受所投资企业的书面委托（经董事会一致通过），开展下列业务：

1.在国内外市场以经销的方式销售其所投资企业生产的产品；

2.为其所投资企业提供运输、仓储等综合服务。

(二)以代理、经销或设立出口采购机构的方式出口不涉及出口配额、许可证管理的国内商品；

(三)购买所投资企业生产的产品进行系统集成后在国内外销售，如所投资企业生产的产品不能完全满足系统集成需要，允许其在国内外采购系统集成配套产品，但所购买的系统集成配套产品的价值不应超过系统集成所需全部产品价值的50%；

(四)为其所投资企业的产品的国内经销商、代理商以及与投资性公司、其母公司签有技术转让协议的国内公司、企业提供相关的技术培训；

(五)在其所投资企业投产前或其所投资企业新产品投产前，为进行产品市场开发，允许投资性公司从其母公司进口少量与所投资企业生产产品相同或相似的非进口配额管理的产品在国内试销；

(六)为其所投资企业提供机器和办公设备的经营性租赁服务；

(七)为其母公司生产的产品提供售后服务；

(八)依照国家有关规定，参与有对外承包工程经营权的中国企业的境外工程承包。

第十五条 投资性公司进口系统集成配套产品或者进口试销产品应按有关规定办理手续，并应使用投资性公司注册资本中的现汇出资、外汇利润或境外外汇借款资金。上述进口金额每年累计不超过公司注册资本中现汇出资的35%。当年进口金额未超过公司注册资本中现汇出资的35%的剩余部分，不得转入下年度使用。

第十六条 投资性公司申请经营本规定第十四条规定业务的，应当向商务部报送下列文件：

(一)投资性公司法定代表人签署的申请书；

(二)投资性公司董事会决议；

(三)修改后的投资性公司章程；

(四)投资性公司的批准证书（复印件）、营业执照（复印件）和中国注册会计师出具的验资报告；

(五)中国注册会计师出具的所投资企业的验资报告。

第十七条 根据投资性公司拟设立的项目性质，按照国家有关外商投资企业经营期限的规定核定投资性公司的期限。

第十八条 投资性公司投资设立企业，按外商投资企业的审批权限及审批程序另行报批。

第十九条 投资性公司投资设立企业，投资性公司中折算出的外国投资者的投资单独或与其他外国投资者一起投资的比例不低于其所投资设立企业的注册资本的25%，其投资设立的企业享受外商投资企业待遇，发给外商投资企业批准证书和外商投资企业营业执照。

第二十条 投资性公司设立分支机构应报商务部审批。投资性公司申请设立分公司，必须符合以下条件：

(一)投资性公司的注册资本已按照合同、章程的规定按期缴付并且已缴付的出资额不低于3000万美元；或投资性公司已投资设立或拥有10个以上外商投资企业；

(二)拟设立分公司的地区应为投资性公司投资集中地区或产品销售集中的地区。

第二十一条 投资性公司在中国境内的投资活动不受公司注册地点的限制。

第二十二条 投资性公司的税收按中国有关法律、法规办理。

第二十三条 投资性公司应切实履行项目投资计划，并将第一年度的投资、经营情况于下一年度的前三个月内，按照规定的内容和格式报商务部备案。上述材料将作为投资性公司参加联合年检申报的必备材料之一。

第二十四条 投资性公司与其投资设立的企业是彼此独立的法人或实体，其业务往来应按独立企业之间业务往来关系处理。

第二十五条 投资性公司与其投资设立的企业应遵守中国的法律、法规和规章，不得采用任何手段逃避管理和纳税。

第二十六条 投资性公司不得直接从事生产活动。

第二十七条 台湾、香港和澳门地区的投资者在大陆投资举办投资性公司的，准用本规定。

第二十八条 本规定由商务部负责解释。

第二十九条 本规定自公布之日起30日后施行。本规定施行之日，《关于外商投资举办投资性公司的暂行规定》、《<关于外商投资举办投资性公司的暂行规定>有关问题的解释》、《<关于外商投资举办投资性公司的暂行规定>的补充规定》、《<关于外商投资举办投资性公司的暂行规定>的补充规定(二)》、《关于修改<关于外商投资举办投资性公司的暂行规定>及其补充规定的决定》同时废止。

外商投资创业投资企业管理规定

对外贸易经济合作部
科学技术部
国家工商行政管理总局　　令
国家税务总局
外汇管理局
[2003]第2号

《外商投资创业投资企业管理规定》已经2002年10月31日对外贸易经济合作部第11次部务会议审议通过，现予以公布，自2003年3月1日起施行。

部长 石广生
部长 徐冠华
局长 王众孚
局长 金人庆
局长 郭树清
2003年1月30日

外商投资创业投资企业管理规定

第一章 总 则

第一条 为鼓励外国公司、企业和其他经济组织或个人（以下简称外国投资者）来华从事创业投资，建立和完善中国的创业投资机制，根据《中华人民共和国中外合作经营企业法》、《中华人民共和国中外合资经营企业法》、《中华人民共和国外资企业法》、《公司法》及其他相关的法律法规，制定本规定。

第二条 本规定所称外商投资创业投资企业（以下简称创投企业）是指外国投资者或外国投资者与根据中国法律注册成立的公司、企业或其他经济组织（以下简称中国投资者），根据本规定在中国境内设立的以创业投资为经营活动的外商投资企业。

第三条 本规定所称创业投资是指主要向未上市高新技术企业（以下简称所投资企业）进行股权投资，并为之提供创业管理服务，以期获取资本增值收益的投资方式。

第四条 创投企业可以采取非法人制组织形式，也可以采取公司制组织形式。

采取非法人制组织形式的创投企业（以下简称非法人制创投企业）的投资者对创投企业的债务承担连带责任。非法人制创投企业的投资者也可以在创投企业合同中约定在非法人制创投企业资产不足以清偿该债务时由第七条所述的必备投资者承担连带责任，其他投资者以其认缴的出资额为限承担责任。

采用公司制组织形式的创投企业（以下简称公司制创投企业）的投资者以其各自认缴的出资额为限对创投企业承担责任。

第五条 创投企业应遵守中国有关法律法规，符合外商投资产业政策，不得损害中国的社会公共利益。创投企业在中国境内的正当经营活动及合法权益受中国法律的保护。

第二章 设立与登记

第六条 设立创投企业应具备下列条件：

(一)投资者人数在 2 人以上 50 人以下；且应至少拥有一个第七条所述的必备投资者；

(二非法人制创投企业投资者认缴出资总额的最低限额为1000万美元；公司制创投企业投资者认缴资本总额的最低限额为 500 万美元。除第七条所述必备投资者外，其他每个投资者的最低认缴出资额不得低于 100 万美元。外国投资者以可自由兑换的货币出资，中国投资者以人民币出资；

(三)有明确的组织形式；

(四)有明确合法的投资方向；

(五)除了将本企业经营活动授予一家创业投资管理公司进行管理的情形外，创投企业应有三名以上具备创业投资从业经验的专业人员；

(六)法律、行政法规规定的其他条件。

第七条 必备投资者应当具备下列条件：

(一)以创业投资为主营业务；

(二) 在申请前三年其管理的资本累计不低于 1 亿美元，且其中至少 5000 万美元已经用于进行创业投资。在必备投资者为中国投资者的情形下，本款业绩要求为：在申请前三年其管理的资本累计不低于 1 亿元人民币，且其中至少 5000 万元人民币已经用于进行创业投资；

(三)拥有 3 名以上具有 3 年以上创业投资从业经验的专业管理人员；

(四)如果某一投资者的关联实体满足上述条件，则该投资者可以申请成为必备投资者。本款所称关联实体是指该投资者控制的某一实体、或控制该投资者的某一实体、或与该投资者共同受控于某一实体的另一实体。本款所称控制是指控制方拥有被控制方超过 50% 的表决权；

(五)必备投资者及其上述关联实体均应未被所在国司法机关和其他相关监管机构禁止从事创业投资或投资咨询业务或以欺诈等原因进行处罚；

(六)非法人制创投企业的必备投资者，对创投企业的认缴出资及实际出资分别不低于投资者认缴出资总额及实际出资总额的1%，且应对创投企业的债务承担连带责任；公司制创投企业的必备投资者，对创投企业的认缴出资及实际出资分别不低于投资者认缴出资总额及实际出资总额的30%。

第八条 设立创投企业按以下程序办理：

(一)投资者须向拟设立创投企业所在地省级外经贸主管部门报送设立申请书及有关文件。

(二)省级外经贸主管部门应在收到全部上报材料后15天内完成初审并上报对外贸易经济合作部（以下简称审批机构）。

(三) 审批机构在收到全部上报材料之日起45天内，经商科学技术部同意后，做出批准或不批准的书面决定。予以批准的，发给《外商投资企业批准证书》。

(四)获得批准设立的创投企业应自收到审批机构颁发的《外商投资企业批准证书》之日起一个月内，持此证书向国家工商行政管理部门或所在地具有外商投资企业登记管理权的省级工商行政管理部门（以下简称登记机关）申请办理注册登记手续。

第九条 申请设立创投企业应当向审批机构报送以下文件：

(一)必备投资者签署的设立申请书；

(二)投资各方签署的创投企业合同及章程；

(三)必备投资者书面声明（声明内容包括：投资者符合第七条规定的资格条件；所有提供的材料真实性；投资者将严格遵循本规定及中国其他有关法律法规的要求）；

(四)律师事务所出具的对必备投资者合法存在及其上述声明已获得有效授权和签署的法律意见书；

(五)必备投资者的创业投资业务说明、申请前三年其管理资本的说明、其已投资资本的说明，及其拥有的创业投资专业管理人员简历；

(六)投资者的注册登记证明(复印件)、法定代表人证明（复印件）；

(七)名称登记机关出具的创投企业名称预先核准通知书；

(八)如果必备投资者的资格条件是依据第七条第（四）款的规定，则还应报送其符合条件的关联实体的相关材料；

(九)审批机构要求的其他与申请设立有关的文件。

第十条 创投企业应当在名称中加注创业投资字样。除创投企业外，其他外商投资企业不得在名称中使用创业投资字样。

第十一条 申请设立创投企业应当向登记机关报送下列文件，并对其真实性、有效性负责：

(一)创投企业董事长或联合管理委员会负责人签署的设立登记申请书；

(二)合同、章程以及审批机构的批准文件和批准证书；

(三)投资者的合法开业证明或身份证明；

(四)投资者的资信证明；

(五)法定代表人的任职文件、身份证明和企业董事、经理等人员的备案文件；

(六)企业名称预先核准通知书；

(七)企业住所或营业场所证明。

申请设立非法人制创投企业，还应当提交境外必备投资者的章程或合伙协议。企业投资者中含本规定第七条第四款规定的投资者的，还应当提交关联实体为其出具的承担出资连带责任的担保函。以上文件应使用中文。使用外文的，应提供规范的中文译本。

创投企业登记事项变更应依法向原登记机关申请办理变更登记。

第十二条 经登记机关核准的公司制创投企业，领取《企业法人营业执照》；经登记机关核准的非法人制创投企业，领取《营业执照》。

《营业执照》应载明非法人制创投企业投资者认缴的出资总额和必备投资者名称。

第三章 出资及相关变更

第十三条 非法人制创投企业的投资者的出资及相关变更应符合如下规定：

(一)投资者可以根据创业投资进度分期向创投企业注入认缴出资，最长不得超过5年。各期投入资本额由创投企业根据创投企业合同及其与所投资企业签定的协议自主制定。投资者应在创投企业合同中约定投资者不如期出资的责任和相关措施；

(二)投资者在创投企业存续期内一般不得减少其认缴出资额。如果占出资额超过50%的投资者和必备投资者同意且创投企业不违反最低1000万美元认缴出资额的要求，经审批机构批准，投资者可以减少其认缴资本额（但投资者根据本条第（五）款规定减少其已投资的资本额或在创投企业投资期限届满后减少未使用的认缴出资额不在此限）。在此情况下，投资者应当在创投企业合同中规定减少认缴出资额的条件、程序和办法；

(三)必备投资者在创投企业存续期内不得从创投企业撤出。特殊情况下确需撤出的，应获得占总出资额超过50%的其他投资者同意，并应将其权益转让给符合第七条要求的新投资者，且应当相应修改创投企业的合同和章程，并报审批机构批准。

其他投资者如转让其认缴资本额或已投入资本额，须按创投企业合同的约定进行，且受让人应符合本规定第六条的有关要求。投资各方应相应修改创投企业合同和章程，并报审批机构备案。

(四)创投企业设立后，如果有新的投资者申请加入，须符合本规定和创投企业合同的约定，经必备投资者同意，相应修改创投企业合同和章程，并报审批机构备案。

(五)创投企业出售或以其他方式处置其在所投资企业的利益而获得的收入中相当于其原出资额的部分，可以直接分配给投资各方。此类分配构成投资者减少其已投资的资本额。创投企业应当在创投企业合同中约定此类分配的具体办法，并在向其投资者作出该等分配之前至少30天内向审批机构和所在地外汇局提交一份要求相应减少投资者已投入资本额的备案说明，同时证明创投企业投资者未到位的认缴出资额及创投企业当时拥有的其他资金至少相当于创投企业当时承担的投资义务的要求。但该分配不应成为创投企业对因其违反任何投资义务所产生的诉讼请求的抗辩理由。

第十四条 非法人制创投企业向登记机关申请变更登记时，上述规定中审批机关出具的相关备案证明可替代相应的审批文件。

第十五条 非法人制创投企业投资者根据创业投资进度缴付出资后，应持相关验资报告向原登记机关申请办理出资备案手续。登记机关根据其实际出资状况在其《营业执照》出资额栏目后加注实缴出资额数目。

非法人制创投企业超过最长投资期限仍未缴付或缴清出资的，登记机关根据现行规定予以处罚。

第十六条 公司制创投企业投资者的出资及相关变更按现行规定办理。

第四章　组织机构

第十七条 非法人制创投企业设联合管理委员会。公司制创投企业设董事会。联合管理委员会或董事会的组成由投资者在创投企业合同及章程中予以约定。联合管理委员会或董事会代表投资者管理创投企业。

第十八条 联合管理委员会或董事会下设经营管理机构，根据创投企业的合同及章程中规定的权限，负责日常经营管理工作，执行联合管理委员会或董事会的投资决策。

第十九条 经营管理机构的负责人应当符合下列条件：

(一)具有完全的民事行为能力；

(二)无犯罪记录；

(三)无不良经营记录；

(四)应具有创业投资业的从业经验，且无违规操作记录；

(五)审批机构要求的与经营管理资格有关的其他条件。

第二十条 经营管理机构应定期向联合管理委员会或董事会报告以下事项：

(一)经授权的重大投资活动；

(二)中期、年度业绩报告和财务报告；

(三)法律、法规规定的其他事项；

(四)创投企业合同及章程中规定的有关事项。

第二十一条 联合管理委员会或董事会可以不设立经营管理机构，而将该创投企业的日常经营权授予一家创业投资管理企业或另一家创投企业进行管理。该创业投资管理企业可以是内资创业投资管理企业，也可以是外商投资创业投资管理企业，或境外创业投资管理企业。在此情形下，该创投企业与该创业投资管理企业应签订管理合同，约定创投企业和创业投资管理企业的权利义务。该管理合同应经全体投资者同意并报审批机构批准后方可生效。

第二十二条 创投企业的投资者可以在创业投资合同中依据国际惯例约定内部收益分配机制和奖励机制。

第五章 创业投资管理企业

第二十三条 受托管理创投企业的创业投资管理企业应具备下列条件:

(一)以受托管理创投企业的投资业务为主营业务;

(二)拥有三名以上具有三年以上创业投资从业经验的专业管理人员;

(三)注册资本或出资总额不低于100万元人民币或等值外汇;

(四)有完善的内部控制制度。

第二十四条 创业投资管理企业可以采取公司制组织形式,也可以采取合伙制组织形式。

第二十五条 同一创业投资管理企业可以受托管理不同的创投企业。

第二十六条 创业投资管理企业应定期向委托方的联合管理委员会或董事会报告第二十条所列事项。

第二十七条 设立外商投资创业投资管理企业应符合本规定第二十三条的条件,经拟设立外商投资创业投资管理公司所在地省级外经贸主管部门报审批机构批准。审批机构在收到全部上报材料之日起45天内,做出批准或不批准的书面决定。予以批准的,发给《外商投资企业批准证书》。获得批准设立的外商投资创业投资管理企业应自收到审批机构颁发的《外商投资企业批准证书》之日起一个月内,持此证书向登记机关申请办理注册登记手续。

第二十八条 申请设立外商投资创业投资管理公司应当向审批机构报送以下文件:

(一)设立申请书;

(二)外商投资创业投资管理公司合同及章程;

(三)投资者的注册登记证明(复印件)、法定代表人证明(复印件);

(四)审批机构要求的其他与申请设立有关的文件。

第二十九条 外商投资创业投资管理企业名称应当加注创业投资管理字样。除外商投资创业投资管理企业外,其他外商投资企业不得在名称中使用创业投资管理字样。

第三十条 获得批准接受创投企业委托在华从事创业投资管理业务的境外创业投资管理企业,应当自管理合同获得批准之日起30日内,向登记机关申请办理营业登记手续。

申请营业登记应报送下列文件,并对其真实性、有效性负责:

(一)境外创业投资管理企业董事长或有权签字人签署的登记申请书;

(二)经营管理合同及审批机构的批准文件;

(三)境外创业投资管理企业的章程或合伙协议;

(四)境外创业投资管理企业的合法开业证明;

(五)境外创业投资管理企业的资信证明;

(六)境外创业投资管理企业委派的中国项目负责人的授权书、简历及身份证明;

(七)境外创业投资管理企业在华营业场所证明。以上文件应使用中文。使用外文的，应提供规范的中文译本。

第六章 经营管理

第三十一条 创投企业可以经营以下业务：

(一)以全部自有资金进行股权投资，具体投资方式包括新设企业、向已设立企业投资、接受已设立企业投资者股权转让以及国家法律法规允许的其他方式；

(二)提供创业投资咨询；

(三)所投资企业提供管理咨询；

(四)审批机构批准的其他业务。创投企业资金应主要用于向所投资企业进行股权投资。

第三十二条 创投企业不得从事下列活动：

(一)在国家禁止外商投资的领域投资；

(二)直接或间接投资于上市交易的股票和企业债券，但所投资企业上市后，创投企业所持股份不在此列；

(三)直接或间接投资于非自用不动产；

(四)贷款进行投资；

(五)挪用非自有资金进行投资；

(六)向他人提供贷款或担保，但创投企业对所投资企业1年以上的企业债券和可以转换为所投资企业股权的债券性质的投资不在此列（本款规定并不涉及所投资企业能否发行该等债券）；

(七)法律、法规以及创投企业合同禁止从事的其他事项。

第三十三条 投资者应在创投企业合同中约定对外投资期限。

第三十四条 创投企业主要从出售或以其他方式处置其在所投资企业的股权获得收益。创投企业出售或以其他方式处置其在所投资企业的股权时，可以依法选择适用的退出机制，包括：

(一)将其持有的所投资企业的部分股权或全部股权转让给其他投资者；

(二)与所投资企业签订股权回购协议，由所投资企业在一定条件下依法回购其所持有的股权；

(三)所投资企业在符合法律、行政法规规定的上市条件时可以申请到境内外证券市场上市。创投企业可以依法通过证券市场转让其拥有的所投资企业的股份；

(四)中国法律、行政法规允许的其他方式。所投资企业向创投企业回购该创投企业所持股权的具体办法由审批机构会同登记机关另行制订。

第三十五条 创投企业应当依照国家税法的规定依法申报纳税。对非法人制创投企业，可以由投资各方依照国家税法的有关规定，分别申报缴纳企业所得税；也可以由非法人制创投企业提出申请，经批准后，依照税法规定统一计算缴纳企业所得税。

非法人制创投企业企业所得税的具体征收管理办法由国家税务总局另行颁布。

第三十六条 创投企业中属于外国投资者的利润等收益汇出境外的，应当凭管理委员会或董事会的分配决议，由会计师事务所出具的审计报告、外方投资者投资资金流入证明和验资报告、完税证明和税务申报单（享受减免税优惠的，应提供税务部门出具的减免税证明文件），从其外汇帐户中支付或者到外汇指定银行购汇汇出。

外国投资者回收的对创投企业的出资可依法申购外汇汇出。公司制创投企业开立和使用外汇帐户、资本变动及其他外汇收支事项，按照现行外汇管理规定办理。非法人制创投企业外汇管理规定由国家外汇管理局另行制定。

第三十七条 投资者应在合同、章程中约定创投企业的经营期限，一般不得超过12年。经营期满，经审批机构批准，可以延期。

经审批机构批准，创投企业可以提前解散，终止合同和章程。但是，如果非法人制创投企业的所有投资均已被出售或通过其他方式变卖，其债务亦已全部清偿，且其剩余财产均已被分配给投资者，则毋需上述批准即可进入解散和终止程序，但该非法人制创业投资企业应在该等解散生效前至少30天内向审批机构提交一份书面备案说明。

创投企业解散，应按有关规定进行清算。

第三十八条 创投企业应当自清算结束之日起30日内向原登记机关申请注销登记。

申请注销登记，应当提交下列文件，并对其真实性、有效性负责：

(一)董事长或联合管理委员会负责人或清算组织负责人签署的注销登记申请书；

(二)董事会或联合管理委员会的决议；

(三)清算报告；

(四)税务机关、海关出具的注销登记证明；

(五)审批机构的批准文件或备案文件；

(六)法律、行政法规规定应当提交的其他文件。经登记机关核准注销登记，创投企业终止。

非法人制创投企业必备投资者承担的连带责任不因非法人制创投企业的终止而豁免。

第七章 审核与监管

第三十九条 创投企业境内投资比照执行《指导外商投资方向规定》和《外商投资产业指导目录》的规定。

第四十条 创投企业投资于任何鼓励类和允许类的所投资企业，应向所投资企业当地授权的外经贸部门备案。当地授权的外经贸部门应在收到备案材料后15天内完成备案审核手续并向所投资企业颁发外商投资企业批准证书。所投资企业持外商投资企业批准证书向登记机关申请办理注册登记手续。登记机关依照有关法律和行政法规规定决定准予登记或不予登记。准予登记的，颁发外商投资企业法人营业执照。

第四十一条 创投企业投资于限制类的所投资企业，应向所投资企业所在地省级外经贸主管部门提出申请，并提供下列材料：

(一)创投企业关于投资资金充足的声明；

(二)创投企业的批准证书和营业执照（复印件）;

(三)创投企业（与所投资企业其他投资者）签定的所投资企业合同与章程。

省级外经贸主管部门接到上述申请之日起45日内作出同意或不同意的书面批复。作出同意批复的，颁发外商投资企业批准证书。所投资企业持该批复文件和外商投资企业批准证书向登记机关申请登记。登记机关依照有关法律和行政法规规定决定准予登记或不予登记。准予登记的，颁发外商投资企业法人营业执照。

第四十二条 创投企业投资属于服务贸易领域逐步开放的外商投资项目，按国家有关规定审批。

第四十三条 创投企业增加或转让其在所投资企业投资等行为，按照第四十条、第四十一条和第四十二条规定的程序办理。

第四十四条 创投企业应在履行完第四十条、第四十一条、第四十二条和第四十三条规定的程序之日起一个月内向审批机构备案。

第四十五条 创投企业还应在每年3月份将上一年度的资金筹集和使用情况报审批机构备案。

审批机构在接到该备案材料起5个工作日内应出具备案登记证明。该备案登记证明将作为创投企业参加联合年检的必备材料之一。凡未按上述规定备案的，审批机构将商国务院有关部门后予以相应处罚。

第四十六条 创投企业的所投资企业注册资本中，如果创投企业投资的比例中外国投资者的实际出资比例或与其他外国投资者联合投资的比例总和不低于25%，则该所投资企业将享受外商投资企业有关优惠待遇；如果创投企业投资的比例中外国投资者的实际出资比例或与其他外国投资者联合投资的比例总和低于该所投资企业注册资本的25%，则该所投资企业将不享受外商投资企业有关优惠待遇。

第四十七条 已成立的含有境内自然人投资者的内资企业在接受创业投资企业投资变更为外商投资企业后，可以继续保留其原有境内自然人投资者的股东地位。

第四十八条 创投企业经营管理机构的负责人和创业投资管理企业的负责人如有违法操作行为，除依法追究责任外，情节严重的，不得继续从事创业投资及相关的投资管理活动。

第八章　附　则

第四十九条 香港特别行政区、澳门特别行政区、台湾地区的投资者在大陆投资设立创投企业，参照本规定执行。

第五十条 本规定由对外贸易经济合作部、科学技术部、国家工商行政管理总局、国家税务总局和国家外汇管理局负责解释。

第五十一条 本规定自2003年3月1日起施行。对外贸易经济合作部、科学技术部和国家工商行政管理总局于2001年8月28日发布的《关于设立外商投资创业投资企业的暂行规定》同日废止。

中华人民共和国进出口关税条例

中华人民共和国国务院令
第392号

《中华人民共和国进出口关税条例》已经2003年10月29日国务院第26次常务会议通过，现予公布，自2004年1月1日起施行。

总 理 温家宝
2003年11月23日

中华人民共和国进出口关税条例

第一章 总 则

第一条 为了贯彻对外开放政策，促进对外经济贸易和国民经济的发展，根据《中华人民共和国海关法》（以下简称《海关法》）的有关规定，制定本条例。

第二条 中华人民共和国准许进出口的货物、进境物品，除法律、行政法规另有规定外，海关依照本条例规定征收进出口关税。

第三条 国务院制定《中华人民共和国进出口税则》（以下简称《税则》）、《中华人民共和国进境物品进口税税率表》（以下简称《进境物品进口税税率表》），规定关税的税目、税则号列和税率，作为本条例的组成部分。

第四条 国务院设立关税税则委员会，负责《税则》和《进境物品进口税税率表》的税目、税则号列和税率的调整和解释，报国务院批准后执行；决定实行暂定税率的货物、税率和期限；决定关税配额税率；决定征收反倾销税、反补贴税、保障措施关税、报复性关税以及决定实施其他关税措施；决定特殊情况下税率的适用，以及履行国务院规定的其他职责。

第五条 进口货物的收货人、出口货物的发货人、进境物品的所有人，是关税的纳税义务人。

第六条 海关及其工作人员应当依照法定职权和法定程序履行关税征管职责，维护国家利益，保护纳税人合法权益，依法接受监督。

第七条 纳税义务人有权要求海关对其商业秘密予以保密，海关应当依法为纳税义务人保密。

第八条 海关对检举或者协助查获违反本条例行为的单位和个人，应当按照规定给予奖励，并负责保密。

第二章 进出口货物关税税率的设置和适用

第九条 进口关税设置最惠国税率、协定税率、特惠税率、普通税率、关税配额税率等税率。对进口货物在一定期限内可以实行暂定税率。

出口关税设置出口税率。对出口货物在一定期限内可以实行暂定税率。

第十条 原产于共同适用最惠国待遇条款的世界贸易组织成员的进口货物,原产于与中华人民共和国签订含有相互给予最惠国待遇条款的双边贸易协定的国家或者地区的进口货物,以及原产于中华人民共和国境内的进口货物，适用最惠国税率。

原产于与中华人民共和国签订含有关税优惠条款的区域性贸易协定的国家或者地区的进口货物，适用协定税率。

原产于与中华人民共和国签订含有特殊关税优惠条款的贸易协定的国家或者地区的进口货物，适用特惠税率。

原产于本条第一款、第二款和第三款所列以外国家或者地区的进口货物，以及原产地不明的进口货物，适用普通税率。

第十一条 适用最惠国税率的进口货物有暂定税率的，应当适用暂定税率；适用协定税率、特惠税率的进口货物有暂定税率的，应当从低适用税率；适用普通税率的进口货物，不适用暂定税率。

适用出口税率的出口货物有暂定税率的，应当适用暂定税率。

第十二条 按照国家规定实行关税配额管理的进口货物，关税配额内的，适用关税配额税率；关税配额外的，其税率的适用按照本条例第十条、第十一条的规定执行。

第十三条 按照有关法律、行政法规的规定对进口货物采取反倾销、反补贴、保障措施的，其税率的适用按照《中华人民共和国反倾销条例》、《中华人民共和国反补贴条例》和《中华人民共和国保障措施条例》的有关规定执行。

第十四条 任何国家或者地区违反与中华人民共和国签订或者共同参加的贸易协定及相关协定，对中华人民共和国在贸易方面采取禁止、限制、加征关税或者其他影响正常贸易的措施的，对原产于该国家或者地区的进口货物可以征收报复性关税，适用报复性关税税率。

征收报复性关税的货物、适用国别、税率、期限和征收办法，由国务院关税税则委员会决定并公布。

第十五条 进出口货物，应当适用海关接受该货物申报进口或者出口之日实施的税率。

进口货物到达前，经海关核准先行申报的，应当适用装载该货物的运输工具申报进境之日实施的税率。

转关运输货物税率的适用日期，由海关总署另行规定。

第十六条 有下列情形之一，需缴纳税款的，应当适用海关接受申报办理纳税手续之日实施的税率：

(一)保税货物经批准不复运出境的；

(二)减免税货物经批准转让或者移作他用的；

(三)暂准进境货物经批准不复运出境，以及暂准出境货物经批准不复运进境的；

(四)租赁进口货物，分期缴纳税款的。

第十七条 补征和退还进出口货物关税，应当按照本条例第十五条或者第十六条的规定确定适用的税率。

因纳税义务人违反规定需要追征税款的，应当适用该行为发生之日实施的税率；行为发生之日不能确定的，适用海关发现该行为之日实施的税率。

第三章　进出口货物完税价格的确定

第十八条 进口货物的完税价格由海关以符合本条第三款所列条件的成交价格以及该货物运抵中华人民共和国境内输入地点起卸前的运输及其相关费用、保险费为基础审查确定。

进口货物的成交价格，是指卖方向中华人民共和国境内销售该货物时买方为进口该货物向卖方实付、应付的，并按照本条例第十九条、第二十条规定调整后的价款总额，包括直接支付的价款和间接支付的价款。

进口货物的成交价格应当符合下列条件：

(一)对买方处置或者使用该货物不予限制，但法律、行政法规规定实施的限制、对货物转售地域的限制和对货物价格无实质性影响的限制除外；

(二) 该货物的成交价格没有因搭售或者其他因素的影响而无法确定；

(三) 卖方不得从买方直接或者间接获得因该货物进口后转售、处置或者使用而产生的任何收益，或者虽有收益但能够按照本条例第十九条、第二十条的规定进行调整；

(四)买卖双方没有特殊关系，或者虽有特殊关系但未对成交价格产生影响。

第十九条 进口货物的下列费用应当计入完税价格：

(一)由买方负担的购货佣金以外的佣金和经纪费；

(二)由买方负担的在审查确定完税价格时与该货物视为一体的容器的费用；

(三)由买方负担的包装材料费用和包装劳务费用；

(四)与该货物的生产和向中华人民共和国境内销售有关的，由买方以免费或者以低于成本的方式提供并可以按适当比例分摊的料件、工具、模具、消耗材料及类似货物的价款，以及在境外开发、设计等相关服务的费用；

(五) 作为该货物向中华人民共和国境内销售的条件，买方必须支付的、与该货物有关的特许权使用费；

(六)卖方直接或者间接从买方获得的该货物进口后转售、处置或者使用的收益。

第二十条 进口时在货物的价款中列明的下列税收、费用，不计入该货物的完税价格：

(一)厂房、机械、设备等货物进口后进行建设、安装、装配、维修和技术服务的费用；

(二)进口货物运抵境内输入地点起卸后的运输及其相关费用、保险费；

(三)进口关税及国内税收。

第二十一条 进口货物的成交价格不符合本条例第十八条第三款规定条件的，或者成交价格不能确定的，海关经了解有关情况，并与纳税义务人进行价格磋商后，依次以下列价格估定该货物的完税价格：

(一)与该货物同时或者大约同时向中华人民共和国境内销售的相同货物的成交价格；

(二)与该货物同时或者大约同时向中华人民共和国境内销售的类似货物的成交价格；

(三)与该货物进口的同时或者大约同时，将该进口货物、相同或者类似进口货物在第一级销售环节销售给无特殊关系买方最大销售总量的单位价格，但应当扣除本条例第二十二条规定的项目；

(四)按照下列各项总和计算的价格：生产该货物所使用的料件成本和加工费用，向中华人民共和国境内销售同等级或者同种类货物通常的利润和一般费用，该货物运抵境内输入地点起卸前的运输及其相关费用、保险费；

(五)以合理方法估定的价格。

纳税义务人向海关提供有关资料后，可以提出申请，颠倒前款第（三）项和第（四）项的适用次序。

第二十二条 按照本条例第二十一条第一款第（三）项规定估定完税价格，应当扣除的项目是指：

(一)同等级或者同种类货物在中华人民共和国境内第一级销售环节销售时通常的利润和一般费用以及通常支付的佣金；

(二)进口货物运抵境内输入地点起卸后的运输及其相关费用、保险费；

(三)进口关税及国内税收。

第二十三条 以租赁方式进口的货物，以海关审查确定的该货物的租金作为完税价格。

纳税义务人要求一次性缴纳税款的，纳税义务人可以选择按照本条例第二十一条的规定估定完税价格，或者按照海关审查确定的租金总额作为完税价格。

第二十四条 运往境外加工的货物，出境时已向海关报明并在海关规定的期限内复运进境的，应当以境外加工费和料件费以及复运进境的运输及其相关费用和保险费审查确定完税价格。

第二十五条 运往境外修理的机械器具、运输工具或者其他货物，出境时已向海关报明并在海关规定的期限内复运进境的，应当以境外修理费和料件费审查确定完税价格。

第二十六条 出口货物的完税价格由海关以该货物的成交价格以及该货物运至中华人民共和国境内输出地点装载前的运输及其相关费用、保险费为基础审查确定。

出口货物的成交价格，是指该货物出口时卖方为出口该货物应当向买方直接收取和间接收取的价款总额。

出口关税不计入完税价格。

第二十七条 出口货物的成交价格不能确定的，海关经了解有关情况，并与纳税义务人进行价格磋商后，依次以下列价格估定该货物的完税价格：

(一)与该货物同时或者大约同时向同一国家或者地区出口的相同货物的成交价格；

(二)与该货物同时或者大约同时向同一国家或者地区出口的类似货物的成交价格；

(三)按照下列各项总和计算的价格：境内生产相同或者类似货物的料件成本、加工费用，通常的利润和一般费用，境内发生的运输及其相关费用、保险费；

(四)以合理方法估定的价格。

第二十八条 按照本条例规定计入或者不计入完税价格的成本、费用、税收，应当以客观、可量化的数据为依据。

第四章 进出口货物关税的征收

第二十九条 进口货物的纳税义务人应当自运输工具申报进境之日起14日内，出口货物的纳税义务人除海关特准的外，应当在货物运抵海关监管区后、装货的24小时以前，向货物的进出境地海关申报。进出口货物转关运输的，按照海关总署的规定执行。

进口货物到达前，纳税义务人经海关核准可以先行申报。具体办法由海关总署另行规定。

第三十条 纳税义务人应当依法如实向海关申报，并按照海关的规定提供有关确定完税价格、进行商品归类、确定原产地以及采取反倾销、反补贴或者保障措施等所需的资料；必要时，海关可以要求纳税义务人补充申报。

第三十一条 纳税义务人应当按照《税则》规定的目录条文和归类总规则、类注、章注、子目注释以及其他归类注释，对其申报的进出口货物进行商品归类，并归入相应的税则号列；海关应当依法审核确定该货物的商品归类。

第三十二条 海关可以要求纳税义务人提供确定商品归类所需的有关资料；必要时，海关可以组织化验、检验，并将海关认定的化验、检验结果作为商品归类的依据。

第三十三条 海关为审查申报价格的真实性和准确性，可以查阅、复制与进出口货物有关的合同、发票、账册、结付汇凭证、单据、业务函电、录音录像制品和其他反映买卖双方关系及交易活动的资料。

海关对纳税义务人申报的价格有怀疑并且所涉关税数额较大的，经直属海关关长或者其授权的隶属海关关长批准，凭海关总署统一格式的协助查询账户通知书及有关工作人员的工作证件，可以查询纳税义务人在银行或者其他金融机构开立的单位账户的资金往来情况，并向银行业监督管理机构通报有关情况。

第三十四条 海关对纳税义务人申报的价格有怀疑的，应当将怀疑的理由书面告知纳税义务人，要求其在规定的期限内书面作出说明、提供有关资料。

纳税义务人在规定的期限内未作说明、未提供有关资料的，或者海关仍有理由怀疑申报价格的真实性和准确性的，海关可以不接受纳税义务人申报的价格，并按照本条例第三章的规定估定完税价格。

第三十五条 海关审查确定进出口货物的完税价格后，纳税义务人可以以书面形式要求海关就如何确定其进出口货物的完税价格作出书面说明，海关应当向纳税义务人作出书面说明。

第三十六条 进出口货物关税，以从价计征、从量计征或者国家规定的其他方式征收。

从价计征的计算公式为：应纳税额＝完税价格×关税税率

从量计征的计算公式为：应纳税额＝货物数量×单位税额

第三十七条 纳税义务人应当自海关填发税款缴款书之日起15日内向指定银行缴纳税款。纳税义务人未按期缴纳税款的，从滞纳税款之日起，按日加收滞纳税款万分之五的滞纳金。

海关可以对纳税义务人欠缴税款的情况予以公告。

海关征收关税、滞纳金等，应当制发缴款凭证，缴款凭证格式由海关总署规定。

第三十八条 海关征收关税、滞纳金等，应当按人民币计征。

进出口货物的成交价格以及有关费用以外币计价的，以中国人民银行公布的基准汇率折合为人民币计算完税价格；以基准汇率币种以外的外币计价的，按照国家有关规定套算为人民币计算完税价格。适用汇率的日期由海关总署规定。

第三十九条 纳税义务人因不可抗力或者在国家税收政策调整的情形下，不能按期缴纳税款的，经海关总署批准，可以延期缴纳税款，但是最长不得超过6个月。

第四十条 进出口货物的纳税义务人在规定的纳税期限内有明显的转移、藏匿其应税货物以及其他财产迹象的，海关可以责令纳税义务人提供担保；纳税义务人不能提供担保的，海关可以按照《海关法》第六十一条的规定采取税收保全措施。

纳税义务人、担保人自缴纳税款期限届满之日起超过3个月仍未缴纳税款的，海关可以按照《海关法》第六十条的规定采取强制措施。

第四十一条 加工贸易的进口料件按照国家规定保税进口的，其制成品或者进口料件未在规定的期限内出口的，海关按照规定征收进口关税。

加工贸易的进口料件进境时按照国家规定征收进口关税的，其制成品或者进口料件在规定的期限内出口的，海关按照有关规定退还进境时已征收的关税税款。

第四十二条 经海关批准暂时进境或者暂时出境的下列货物，在进境或者出境时纳税义务人向海关缴纳相当于应纳税款的保证金或者提供其他担保的，可以暂不缴纳关税，并应当自进境或者出境之日起6个月内复运出境或者复运进境；经纳税义务人申请，海关可以根据海关总署的规定延长复运出境或者复运进境的期限：

(一)在展览会、交易会、会议及类似活动中展示或者使用的货物；

(二)文化、体育交流活动中使用的表演、比赛用品；

(三)进行新闻报道或者摄制电影、电视节目使用的仪器、设备及用品；

(四)开展科研、教学、医疗活动使用的仪器、设备及用品；

(五)在本款第(一)项至第(四)项所列活动中使用的交通工具及特种车辆;

(六)货样;

(七)供安装、调试、检测设备时使用的仪器、工具;

(八)盛装货物的容器;

(九)其他用于非商业目的的货物。

第一款所列暂准进境货物在规定的期限内未复运出境的，或者暂准出境货物在规定的期限内未复运进境的，海关应当依法征收关税。

第一款所列可以暂时免征关税范围以外的其他暂准进境货物，应当按照该货物的完税价格和其在境内滞留时间与折旧时间的比例计算征收进口关税。具体办法由海关总署规定。

第四十三条 因品质或者规格原因，出口货物自出口之日起1年内原状复运进境的，不征收进口关税。

因品质或者规格原因，进口货物自进口之日起1年内原状复运出境的，不征收出口关税。

第四十四条 因残损、短少、品质不良或者规格不符原因，由进出口货物的发货人、承运人或者保险公司免费补偿或者更换的相同货物，进出口时不征收关税。被免费更换的原进口货物不退运出境或者原出口货物不退运进境的，海关应当对原进出口货物重新按照规定征收关税。

第四十五条 下列进出口货物，免征关税:

(一)关税税额在人民币50元以下的一票货物;

(二)无商业价值的广告品和货样;

(三)外国政府、国际组织无偿赠送的物资;

(四)在海关放行前损失的货物;

(五)进出境运输工具装载的途中必需的燃料、物料和饮食用品。

在海关放行前遭受损坏的货物，可以根据海关认定的受损程度减征关税。

法律规定的其他免征或者减征关税的货物，海关根据规定予以免征或者减征。

第四十六条 特定地区、特定企业或者有特定用途的进出口货物减征或者免征关税，以及临时减征或者免征关税，按照国务院的有关规定执行。

第四十七条 进口货物减征或者免征进口环节海关代征税，按照有关法律、行政法规的规定执行。

第四十八条 纳税义务人进出口减免税货物的，除另有规定外，应当在进出口该货物之前，按照规定持有关文件向海关办理减免税审批手续。经海关审查符合规定的，予以减征或者免征关税。

第四十九条 需由海关监管使用的减免税进口货物，在监管年限内转让或者移作他用需要补税的，海关应当根据该货物进口时间折旧估价，补征进口关税。

特定减免税进口货物的监管年限由海关总署规定。

第五十条 有下列情形之一的，纳税义务人自缴纳税款之日起1年内，可以申请退还关税，并应当以书面形式向海关说明理由，提供原缴款凭证及相关资料：

(一)已征进口关税的货物，因品质或者规格原因，原状退货复运出境的；

(二)已征出口关税的货物，因品质或者规格原因，原状退货复运进境，并已重新缴纳因出口而退还的国内环节有关税收的；

(三)已征出口关税的货物，因故未装运出口，申报退关的。

海关应当自受理退税申请之日起30日内查实并通知纳税义务人办理退还手续。纳税义务人应当自收到通知之日起3个月内办理有关退税手续。

按照其他有关法律、行政法规规定应当退还关税的，海关应当按照有关法律、行政法规的规定退税。

第五十一条 进出口货物放行后，海关发现少征或者漏征税款的，应当自缴纳税款或者货物放行之日起1年内，向纳税义务人补征税款。但因纳税义务人违反规定造成少征或者漏征税款的，海关可以自缴纳税款或者货物放行之日起3年内追征税款，并从缴纳税款或者货物放行之日起按日加收少征或者漏征税款万分之五的滞纳金。

海关发现海关监管货物因纳税义务人违反规定造成少征或者漏征税款的，应当自纳税义务人应缴纳税款之日起3年内追征税款，并从应缴纳税款之日起按日加收少征或者漏征税款万分之五的滞纳金。

第五十二条 海关发现多征税款的，应当立即通知纳税义务人办理退还手续。

纳税义务人发现多缴税款的，自缴纳税款之日起1年内，可以以书面形式要求海关退还多缴的税款并加算银行同期活期存款利息；海关应当自受理退税申请之日起30日内查实并通知纳税义务人办理退还手续。

纳税义务人应当自收到通知之日起3个月内办理有关退税手续。

第五十三条 按照本条例第五十条、第五十二条的规定退还税款、利息涉及从国库中退库的，按照法律、行政法规有关国库管理的规定执行。

第五十四条 报关企业接受纳税义务人的委托，以纳税义务人的名义办理报关纳税手续，因报关企业违反规定而造成海关少征、漏征税款的，报关企业对少征或者漏征的税款、滞纳金与纳税义务人承担纳税的连带责任。

报关企业接受纳税义务人的委托，以报关企业的名义办理报关纳税手续的，报关企业与纳税义务人承担纳税的连带责任。

除不可抗力外，在保管海关监管货物期间，海关监管货物损毁或者灭失的，对海关监管货物负有保管义务的人应当承担相应的纳税责任。

第五十五条 欠税的纳税义务人，有合并、分立情形的，在合并、分立前，应当向海关报告，依法缴清税款。纳税义务人合并时未缴清税款的，由合并后的法人或者其他组织继续履行未履行的纳税义务；纳税义务人分立时未缴清税款的，分立后的法人或者其他组织对未履行的纳税义务承担连带责任。

纳税义务人在减免税货物、保税货物监管期间，有合并、分立或者其他资产重组情形的，应当向海关报告。按照规定需要缴税的，应当依法缴清税款；按照规定可以继续享受减免税、保税待遇的，应当到海关办理变更纳税义务人的手续。

纳税义务人欠税或者在减免税货物、保税货物监管期间，有撤销、解散、破产或者其他依法终止经营情形的，应当在清算前向海关报告。海关应当依法对纳税义务人的应缴税款予以清缴。

第五章 进境物品进口税的征收

第五十六条 进境物品的关税以及进口环节海关代征税合并为进口税，由海关依法征收。

第五十七条 海关总署规定数额以内的个人自用进境物品，免征进口税。

超过海关总署规定数额但仍在合理数量以内的个人自用进境物品，由进境物品的纳税义务人在进境物品放行前按照规定缴纳进口税。

超过合理、自用数量的进境物品应当按照进口货物依法办理相关手续。

国务院关税税则委员会规定按货物征税的进境物品，按照本条例第二章至第四章的规定征收关税。

第五十八条 进境物品的纳税义务人是指，携带物品进境的入境人员、进境邮递物品的收件人以及以其他方式进口物品的收件人。

第五十九条 进境物品的纳税义务人可以自行办理纳税手续，也可以委托他人办理纳税手续。接受委托的人应当遵守本章对纳税义务人的各项规定。

第六十条 进口税从价计征。

进口税的计算公式为：进口税税额 = 完税价格 × 进口税税率

第六十一条 海关应当按照《进境物品进口税税率表》及海关总署制定的《中华人民共和国进境物品归类表》、《中华人民共和国进境物品完税价格表》对进境物品进行归类、确定完税价格和确定适用税率。

第六十二条 进境物品，适用海关填发税款缴款书之日实施的税率和完税价格。

第六十三条 进口税的减征、免征、补征、追征、退还以及对暂准进境物品征收进口税参照本条例对货物征收进口关税的有关规定执行。

第六章 附 则

第六十四条 纳税义务人、担保人对海关确定纳税义务人、确定完税价格、商品归类、确定原产地、适用税率或者汇率、减征或者免征税款、补税、退税、征收滞纳金、确定计征方式以及确定纳税地点有异议的，应当缴纳税款，并可以依法向上一级海关申请复议。对复议决定不服的，可以依法向人民法院提起诉讼。

第六十五条 进口环节海关代征税的征收管理，适用关税征收管理的规定。

第六十六条 有违反本条例规定行为的，按照《海关法》、《中华人民共和国海关法行政处罚实施细则》和其他有关法律、行政法规的规定处罚。

第六十七条 本条例自2004年1月1日起施行。1992年3月18日国务院修订发布的《中华人民共和国进出口关税条例》同时废止。

外商投资图书、报纸、期刊分销企业管理办法

中华人民共和国新闻出版总署
中华人民共和国对外贸易经济合作部 **令**
第18号

《外商投资图书、报纸、期刊分销企业管理办法》已经2002年12月17日新闻出版总署第3次署务会和2003年3月7日对外贸易经济合作部第4次部务会通过，现予公布，自2003年5月1日起施行。

新闻出版总署署长　石宗源
对外贸易经济合作部部长　石广生
2003年3月17日

外商投资图书、报纸、期刊分销企业管理办法

第一条 为扩大对外交流与合作，加强对外商投资图书、报纸、期刊分销企业的管理，根据《中华人民共和国中外合资经营企业法》、《中华人民共和国中外合作经营企业法》、《中华人民共和国外资企业法》和《出版管理条例》等有关法律、法规，制定本办法。

第二条 本办法适用于在中华人民共和国境内设立的外商投资图书、报纸、期刊分销企业。

本办法所称图书、报纸、期刊是指经国务院出版行政部门批准的出版单位出版的图书、报纸、期刊。

本办法所称分销业务，是指图书、报纸、期刊的批发和零售。

本办法所称外商投资图书、报纸、期刊分销企业，是指外国企业、其他经济组织或者个人（以下简称外国投资者）经中国政府有关部门依法批准，在中国境内与中国企业或者其他经济组织（以下简称中国投资者）按照平等互利的原则，共同投资设立的中外合资、中外合作图书、报纸、期刊分销企业，以及外国投资者在中国境内独资设立的图书、报纸、期刊分销企业。

外国投资者参股或并购内资图书、报纸、期刊分销企业，是设立外商投资图书、报纸、期刊分销企业的一种方式。外国投资者参股或并购内资图书、报纸、期刊分销企业的，该企业应按本办法办理变更为外商投资企业的相关手续。

第三条 申请设立的外商投资图书、报纸、期刊分销企业为有限责任公司或股份有限公司。

第四条 外商投资图书、报纸、期刊分销企业从事图书、报纸、期刊分销业务，应当遵守中国法律、法规。

外商投资图书、报纸、期刊分销企业的正当经营活动及投资各方的合法权益受中国法律的保护。

第五条 外商投资图书、报纸、期刊分销企业在选址定点时，应当符合城市规划的要求。

第六条 国务院新闻出版行政部门和国务院对外贸易经济合作行政部门（以下简称国务院外经贸行政部门）负责外商投资图书、报纸、期刊分销企业的审批和监督管理。

县级以上地方新闻出版行政部门和外经贸行政部门依照各自的职责分工，负责本行政区域内外商投资图书、报纸、期刊分销企业的监督管理工作。

第七条 设立外商投资图书、报纸、期刊批发企业应当具备下列条件：

(一)中、外投资方能够独立承担民事责任，具有从事图书、报纸、期刊分销业务的能力，最近三年内没有违法违规记录；

(二)法定代表人或总经理应取得出版物中级以上发行员职业资格证书，发行专业人员应取得出版物初级以上发行员职业资格证书；

(三)有与批发业务相适应的固定的经营场所，营业面积不少于50平方米，独立设置的经营场所营业面积不少于500平方米；

(四)注册资金不少于3000万元人民币；

(五)经营期限不超过30年。

第八条 设立外商投资图书、报纸、期刊零售企业应当具备下列条件：

(一)中、外投资方能够独立承担民事责任，具有从事图书、报纸、期刊分销业务的能力，最近三年内没有违法违规记录；

(二)法定代表人或总经理应取得出版物中级以上发行员职业资格证书，发行专业人员应取得出版物初级以上发行员职业资格证书；

(三)有与经营业务相适应的固定的经营场所；

(四)注册资金不少于500万元人民币；

(五)经营期限不超过30年。

第九条 中方投资者以国有资产参与投资（包括作价出资或作为合作条件），应按照国家的有关规定办理国有资产评估和评估结果的确认（或备案）手续。

第十条 设立外商投资图书、报纸、期刊分销企业，应先向企业所在地省、自治区、直辖市新闻出版行政部门提出申请，并提交下列申请文件：

(一)设立外商投资图书、报纸、期刊分销企业申请书。

(二)投资各方法定代表人或总经理签署的、由各方共同编制或认可的项目建议书及可行性研究报告。项目建议书应当载明下列事项：

1.各方投资者的名称、住所；

2.拟设立外商投资图书、报纸、期刊分销企业的名称、法定代表人、住所、经营范围、注册资本、投资总额等；

3.各方投资者的出资方式和出资额。

(三)各方投资者的营业执照或注册登记证明、资信证明文件和法定代表人的有效证明文件以及职业资格证书。

(四)中外合资、中外合作企业的中方投资者以国有资产参与投资的，应提供国有资产评估报告及评估结果的确认（或备案）文件。

省、自治区、直辖市新闻出版行政部门自收到申请文件之日起15个工作日内提出审核意见，报送国务院新闻出版行政部门审批。

第十一条 省、自治区、直辖市新闻出版行政部门向国务院新闻出版行政部门报送外商投资图书、报纸、期刊分销企业的申请，应提交下列文件：

(一)本办法第十条规定的申请文件；

(二)省、自治区、直辖市新闻出版行政部门的审核意见；

(三)法律、法规规定的其他文件。

国务院新闻出版行政部门自收到申请及审核意见之日起30个工作日内作出批准或者不批准的决定，并由省、自治区、直辖市新闻出版行政部门书面通知申请人；不予批准的，应说明理由。

第十二条 申请人获得国务院新闻出版行政部门批准文件后，按照有关法律、法规向所在地省、自治区、直辖市外经贸行政部门提出申请，并提交下列文件：

(一)本办法第十一条规定的申请文件和国务院新闻出版行政部门的批准文件；

(二)由投资各方法定代表人或其授权的代表签署的外商投资图书、报纸、期刊分销企业的合同、章程；

(三)拟设立外商投资图书、报纸、期刊分销企业的董事会成员名单及证明文件；

(四)工商行政管理部门出具的企业名称预先核准通知书；

(五)法律、法规规定的其他文件。

省、自治区、直辖市外经贸行政部门自收到申请及有关文件之日起15个工作日内提出审核意见，报送国务院外经贸行政部门审批。

第十三条 省、自治区、直辖市外经贸行政部门向国务院外经贸行政部门报送外商投资图书、报纸、期刊分销企业的申请，应提交下列文件：

(一)本办法第十二条规定的申请文件；

(二)省、自治区、直辖市外经贸行政部门的审核意见；

(三)法律、法规规定的其他文件。

国务院外经贸行政部门自收到规定的全部文件之日起30个工作日内做出批准或者不批准的书面决定。批准设立申请的，发给《外商投资企业批准证书》。

第十四条 外商投资图书、报纸、期刊分销企业的申请人，获得批准后90天内持批准文件和《外商投资企业批准证书》到省、自治区、直辖市新闻出版行政部门领取《出版物经营许可证》。申请人持《出版物经营许可证》和《外商投资企业批准证书》向所在地工商行政管理部门依法领取营业执照后，方可从事图书、报纸、期刊的分销业务。

第十五条 经批准设立的外商投资图书、报纸、期刊分销企业，申请变更投资者、注册资本、投资总额、经营范围、经营年限的，应依照本办法第十条、第十一条、第十二条、第十三条、第十四条办理相应变更手续和注册登记手续。

外商投资图书、报纸、期刊分销企业其他事项变更，按有关外商投资企业的规定，报国务院外经贸行政部门批准或备案。外商投资图书、报纸、期刊分销企业变更企业名称、住所、法定代表人、主要负责人以及经营期满终止经营活动的，应当在30天内向所在地省、自治区、直辖市新闻出版行政部门备案。

第十六条 外商投资图书、报纸、期刊分销企业经营期限届满，确需延长的，应当在经营期限届满180天前向国务院外经贸行政部门提出申请，国务院外经贸行政部门应当在收到申请书之日起30天内做出批准或不批准的书面决定。获得批准的，应当在30天内向所在地省、自治区、直辖市新闻出版行政部门备案。

第十七条 香港特别行政区、澳门特别行政区、台湾地区的投资者在其他省、自治区、直辖市设立图书、报纸、期刊分销企业，适用本办法。

第十八条 外商投资图书、报纸、期刊分销企业从事网上销售、连锁经营和读者俱乐部等业务的，按照本办法第七条至第十四条的规定办理审批手续。

第十九条 本办法自2003年5月1日起施行。

本办法中关于设立外商投资图书、报纸、期刊批发企业的规定自2004年12月1日起施行。

第二篇

宏观经济

加强和完善宏观调控
保持国民经济持续快速发展

国家发展和改革委员会副主任 朱之鑫

2003年以来，面对错综复杂的国际政治经济形势，面对突如其来的非典型肺炎疫情的冲击，面对多种自然灾害的频繁发生，以胡锦涛同志为总书记的党中央从容应对，果断决策，适时调控，紧紧抓住发展这个党执政兴国的第一要务，带领全国人民万众一心，扎实工作，赢得了抗击非典的阶段性重大胜利，战胜了各种重大自然灾害，国民经济发展呈现出速度和结构、质量、效益相统一的良好势头。

一、经济快速增长 效益大幅提高

2003年前三季度，虽受非典的影响，国内生产总值增长迅速，是近年来同期的最高增长速度。

国内需求增长加快，是拉动经济增长的主要力量。全社会固定资产投资增长30.5%，比去年同期加快8.7个百分点。工业企业技术改造的积极性进一步提高，更新改造投资增长49.3%；房地产开发投资增长32.8%，继续呈现旺盛势头。国债投资进一步向重点领域倾斜。2003年发行的1400亿元长期建设国债中，安排用于改善农村生产生活条件325亿元；启动突发公共卫生事件医疗救助设施建设等公共卫生投资88亿元；环境保护和生态建设投资106亿元；用于技术进步、产业升级和东北等老工业基地调整改造、采煤沉陷区治理209亿元，对于促进固定资产投资增长和结构优化起到重要作用。

居民消费受非典影响曾一度放慢，但其后很快恢复，社会消费品零售总额7、8月份当月分别增长9.8%和9.9%，前三季度累计增长8.6%。住房、汽车、电信等消费热点促进了居民消费较快增长。全国商品房销售额3736亿元，增长41.4%；限额以上批发零售贸易业汽车类零售额增长77.5%，通讯器材类零售额增长74%。年初居民消费价格总水平扭转了自2001年11月以来的下降趋势，前三季度累计上升了0.7%。食品、服务和居住价格上涨是带动价格总水平上涨的主要因素，分别上涨2.2%、2.2%和1.8%。

在经济快速增长的同时，增长的质量也进一步改善，效益大幅度提高。2003年前三季度财政收入16132亿元，增长22.5%。企业效益不断改善，工业企业实现利润5728亿元，同比增长49%，其中国有及国有控股企业实现利润2862亿元，增长60.8%。39个工业大类行业中有37个行业利润保持增长。工业企业产销衔接情况进一步向好，产销率达到97.67%。

二、结构调整取得新进展 经济自主增长能力增强

农业种植结构进一步调整，全年粮食播种面积15.12亿亩，比2002年减少3%，棉花面积增加20%以上，油料和蔬菜面积分别增加4.3%和3%。优质专用农产品生产继续扩大，夏收优质专用小麦和“双低”油菜面积所占比重达到34%和68%，比2002年分别提高7个和2个百分点。优势农产品生产区域化程度提高，东北地区优质专用玉米、大豆面积分别占全国的48%和64%，冀鲁豫三省优质专用小麦面积占全国的52%。农业产业化经营进一步发展，订单农业面积继续扩大，以农产品为原料的加工业快速增长。

技术含量较高的制造业成为工业增长的主导力量。2003年前三季度，全国规模以上工业增加值增长16.5%，其中电子信息产品、交通运输设备、电气机械、化工、冶金等5个行业贡献了8.4个百分点。通信设备、微型电子计算机、大规模集成电路等高技术产品产量大幅度增长，发电设备、环保设备、金属切削机床等投资类产品产量增幅均在38%以上。汽车产量达到326万辆，同比增长35.7%；其中轿车产量144万辆，已经超过2002年全年的产量。能源生产较快增长，为工业发展提供了重要支撑，其中原煤产量增长16.8%，发电量增长15.6%。

西部大开发稳步推进。重点项目建设进展顺利，青藏铁路已从格尔木铺轨到可可西里；西电东送的南部通道贵州至广东、中部通道三峡第一条送出线路和北部通道托克托二期送出工程投产；西气东输控制性工程南京长江盾构隧道和延水关黄河隧道全面贯通，为确保年底向上海送气奠定了基础。生态环境保护和建设进一步加强，农村基础设施建设投入不断增加，人才开发力度加大。在充分调研的基础上，党中央、国务院下发了《关于实施东北地区等老工业基地振兴战略的若干意见》，做出了加快体制创新和机制创新，全面推进老工业基地结构优化升级，推进资源型城市转型等一系列重大决策。这项工作的启动将为地区经济的协调发展打下更为坚实的基础。

国有经济布局和结构战略性调整积极推进，国有大型企业加快重组。非公有制经济活力明显增强。集体和个体投资增长同比加快9.6个百分点。集体私营企业出口增长79.3%，对出口增长的贡献率超过20%。

三、各项改革有序推进
经济社会发展的体制环境进一步改善

国务院机构改革顺利完成，省级机构改革稳步推进。政府职能转变加快，行政审批事项继续减少，在2002年取消789项的基础上，2003年上半年又取消了406项，另将82项移交行业组织或社会中介机构管理。

国有资产管理体制改革迈出重要步伐，设立了国务院国有资产监督管理委员会，颁布实施了《企业国有资产监督管理暂行条例》，明确了国有资产管理的基本制度，目前有关部门正在研究制定配套实施办法。

金融业监管体系进一步完善，设立银行业监督管理委员会，对银行、资产管理公司、信托投资公司及其他存款类金融机构实行统一监督管理，实现了货币政策与银行监管职能分设。证券业、保险业监督管理也得到进一步加强。

农村改革进一步深化，国务院下发了《关于全面推进农村税费改革试点工作的意见》，农村税费改革试点工作在全国范围内展开。条件成熟的地区，对部分农业特产品不再单独征收农业特产税，改为征收农业税。安徽省和其他一些地方进行了对农民直接补贴的改革试点。农村金融体制改革开始启动，制定出台了《深化农村信用社改革试点方案》。

党的十六届三中全会胜利召开，对进一步完善社会主义市场经济体制进行了全面部署，提出要按照统筹城乡发展、统筹区域发展、统筹经济社会发展、统筹人与自然和谐发展、统筹国内发展和对外开放的要求，更大程度地发挥市场在资源配置中的基础性作用，增强企业活力和竞争力，健全国家宏观调控，完善政府管理和公共服务职能等。《决定》的贯彻落实，将为全面建设小康社会提供强有力的体制保障。

四、对外开放继续扩大
“走出去”战略实施取得新进展

2002年我国外贸进出口总额突破6000亿美元，列世界第六位。2003年以来进出口继续保持高速增长势头，前三季度已超过去年全年水平，达到6063亿美元，增长36.2%。出口总额3077亿美元，增长32.3%。其中，机电产品出口增长41.4%，占出口总额的比重超过50%，高新技术产品出口增长58.4%。服装、鞋类等传统产品出口也进一步扩大，分别增长24.7%和15.6%。进口总额2986亿美元，增长40.5%。一些重要商品进口增加较多，原油、成品油、钢材和汽车进口量分别增长29.8%、54.5%、48.7%和41.6%，棉花、大豆等农产品进口也大幅增长，增幅分别达到5.8倍和11.3倍。进出口相抵，累计实现贸易顺差91亿美元，同比减少108亿美元。

2003年我国继续认真履行加入世贸组织的承诺，在外商投资图书报刊分销、开办旅行社、合作办学、设立合资外贸公司等方面出台了一系列规定和办法，进一步拓宽了外商投资领域和改善了投资环境。服务业利用外资增长加快，资金技术密集型制造业项目明显增多，带动了利用外资快速增长。前三季度，合同外资金额792亿美元，增长36%；实际使用外资金额402亿美元，增长11.9%。先后签署了内地与香港、澳门关于建立更紧密经贸关系的安排，为促进内地与港澳之间经济贸易技术等方面的合作提供了更加广阔的空间。各类企业“走出去”取得新进展。新批投资设立境外非金融类企业355家，中方协议投资额13.1亿美元，同比分别增长48.5%和68.1%。境外投资主要投向石油、天然气、矿产等资源开发，以及轻纺、电子等我国具有比较优势的领域。对外承包工程和对外劳务合作营业额分别为81亿美元和22亿美元，分别增长28.4%和8.1%。截至2003年9月末，国家外汇储备达到3839亿美元，比2002年末增加975亿美元。

五、人民生活继续改善
困难群众基本生活保障力度加大

2003年前三季度，城镇居民人均可支配收入和农民人均纯收入实际分别增长9%和3.8%。城乡居民储蓄存款增加13903亿元，比去年同期多增3441亿元。

中央关于就业和再就业的各项政策措施正在逐步落实。继首次召开全国再就业工作会议后，中央又召开全国再就业工作座谈会。国务院办公厅下发了《关于加快推进再就业工作的通知》，建立了由13个部门和单位组成的国务院再就业工作部际联席会议制度，统一协调推动全国再就业工作。国家安排国债资金33亿元，用于加快服务业发展，增加就业岗位。中央财政在继续对地方提供100亿元下岗职工基本生活保障补助资金的基础上，安排再就业专项转移支付资金47亿元。到9月底，新增城镇就业岗位650万个，下岗失业人员再就业350万人，其中40～50岁人员再就业98万人。全国城镇登记失业人数793万人，城镇登记失业率为4.2%。

困难群众基本生活得到保障。针对部分行业和个体经营者受非典影响，经营困难，收入下降的情况，国家及时出台税费减免、稳定就业等方面的政策措施，并将符合条件的特困群众纳入城市居民最低生活保障范围。截至9月底，全国有2180万城镇居民得到了低保救助，比去年底增加115万人。国务院出台了《城市生活无着的流浪乞讨人员救助管理办法》，各地在城市困难群众医疗、教育、住房救助等方面进行了积极探索，社会救助制度进一步完善。截至9月末，养老保险参保人数15259万人，医疗保险参保人数10432万人，失业保险参保人数10189万人，比去年末分别增长523万人、1032万人和7万人。下岗职工基本生活保障向失业保险并轨的工作稳步推进。农村基础设施建设投入力度加大，以工代赈规模继续扩大，农村生产生活条件有新的改善。灾区群众得到及时救济，灾后重建工作有序推进。

六、各项社会事业蓬勃发展

目前，促进经济社会协调发展正在逐步成为全社会的共识，科教文卫、生态和环境保护等各方面的工作都取得新的成就。

首次载人航天飞行获得圆满成功，标志着我国已经成为世界上独立自主地完整掌握载人航天技术的国家之一。这是改革开放和社会主义现代化建设又一伟大成就，是中华民族在攀登世界科技高峰征程上完成的一个伟大壮举，是我国高技术发展的又一里程碑，对于推动我国高科技事业发展，增强经济、科技和国防实力，激励全国人民全面建设小康社会具有重大的现实意义和深远的历史意义。

教育事业有了新的发展。中央召开了全国农村教育工作会议，提出要把农村教育作为教育工作的重中之重，对进一步加强农村教育工作进行了全面部署。农村义务教育“以县为主”的新体制初步形成。国家继续推进“贫困地区义务教育工程”和“农村中小学危房改造工程”，启动“农村中小学远程教育工程”试点示范项目。支持西部和少数民族地区加快教育发展与资助家庭经济困难学生的政策措施进一步完善。

公共卫生体系建设力度加大。安排国债资金27亿元，用于全国疾病预防控制网络建设。积极推进建立新型农村合作医疗制度试点工作，继续加强乡镇卫生院、妇幼保健院等农村医疗卫生基础设施建设，逐步提高农民医疗卫生保障水平。

环境保护和生态建设进一步加强。国务院制订颁布《中国21世纪初可持续发展行动纲要》，可持续发展战略加快推进。三峡水库135米水位以下地质灾害治理工程和库区清库工作基本完成，京津风沙源治理等重大工程正在加紧实施。

2003年以来国民经济和社会发展取得显著成绩，是党中央、国务院坚持以邓小平理论和“三个代表”重要思想为指导，紧紧依靠全党、全国各族人民聚精会神搞建设、一心一意谋发展的结果；是新一届中央领导集体统揽全局，针对经济运行中出现的新情况和苗头性问题，适时适度进行调控，加强引导的结果；也是多年来坚持扩大内需方针，实施积极财政政策和稳健货币政策累积效应的结果。

从2004年情况看，我国经济发展的环境总体上比较有利，仍具备较快增长的条件。世界经济有望进一步恢复，据一些主要国际组织预测，全球经济增长可达3%～4%，世界贸易增长5%以上，均高于2003年；扩大内需政策效应会进一步显现，经济发展的物质技术基础增强；经济发展的体制环境进一步改善，党的十六届三中全会关于完善社会主义市场经济体制若干问题决定的贯彻实施，将为经济发展提供新的动力；政府在多年的实践中也积累了宏观调控的经验。我们必须抓住发展机遇，把各方面加快发展的积极性珍惜好、保持好、引导好，积极加强和完善宏观调控，保持国民经济持续、协调、快速、平稳发展。

一是要树立全面、协调、可持续的发展观。要统筹城乡发展，发挥城市对农村的带动作用，稳步推进农村富余劳动力向非农产业和城镇转移。统筹区域发展，继续推进西部大开发，实施好东北地区等老工业基地振兴战略，推动东部地区通过加快结构升级提高国际竞争力。统筹经济社会发展，全面把握宏观调控的各项目标，积极推进社会事业全面发展。

二是要切实转变经济增长方式。引导各方面量力而行，切实把工作重点转到调整经济结构、提高增长质量和效益上来。坚持以结构调整为主线，提高国民经济整体竞争力。厉行资源节约，加强生态和环境保护，促进人与自然和谐发展。决不能以过度消耗资源和破坏环境为代价追求一时的高增长。

三是要坚持扩大内需的方针。继续实施积极的财政政策和稳健的货币政策，保持政策的连续性和稳定性。进一步丰富积极财政政策的内容和手段，注意保持财政和经济的可持续发展。改善货币政策传导机制，进一步增强金融对经济增长的支持作用。

四是要坚持以人为本，保护好人民群众的切身利益。从人民群众最现实、最关心、最直接的问题入手，千方百计帮助群众解决生产生活中的困难和问题。坚持“多予、少取、放活”的方针，在增加农民收入上狠下功夫。把增加就业放在更加突出的位置，完善社会保障制度，加大扶贫开发力度，保障困难群众基本生活。

五是要积极推进改革开放，为经济社会发展提供新动力。认真贯彻十六届三中全会精神，坚持社会主义市场经济的改革方向，把改革的阶段性目标和总体目标有机统一起来。处理好改革发展稳定的关系，协调好改革进程中各方面的利益。完善对外开放的制度保障，提高利用外资的质量和水平，增强参与国际竞争与合作的能力。

（本文系作者在2004年中国行业发展报告会的讲话）

研究和实践新的发展观

国务院发展研究中心主任 王梦奎

新发展观是一种先进的发展理念，是我们必须长期坚持的指导思想和努力方向。统筹兼顾是实现新发展观的根本要求。

在十六届三中全会决定里提出“五个统筹”，即统筹城乡发展、统筹区域发展、统筹经济社会发展、统筹人与自然和谐发展、统筹国内发展和对外开放。这一系列“统筹”，都是从对经济改革和发展的要求来说的，都是实现全面、协调、可持续发展所必须的。

一、统筹兼顾是新发展观的根本要求

统筹就是兼顾。对于政府来说，统筹兼顾具有极端重要的意义。这“五个统筹”，都是从对经济改革和发展的要求来说的，都是实现全面、协调、可持续发展所必须的。其实质是在全面建设小康社会和实现现代化的进程中，选择什么样的发展道路和发展模式，如何发展得更好的问题。

统筹城乡发展、统筹区域发展、统筹经济社会发展、统筹人与自然和谐发展、统筹国内发展和对外开放，这“五个统筹”，在十六届三中全会的决定里，是作为对完善社会主义市场经济体制的要求提出来的。这是经济体制改革指导思想和改革观的丰富和发展，就是说，改革不仅要有利于促进生产力的发展，而且要有利于全面体现社会主义现代化事业的根本宗旨，实现社会和谐和全面进步。

这几个重要方面的统筹发展，也是实现新发展观的根本要求。其实质，是在全面建设小康社会和实现现代化的进程中，选择什么样的发展道路和发展模式，如何发展得更好的问题。

(一)统筹城乡发展的实质，是解决“三农”问题，促进二元经济结构的转变

我国正处在深刻的社会转型过程中，即从城乡二元经济结构向现代社会经济结构转变。这将是今后几十年我国社会经济发展的基本走向。二元经济结构是发展中国家走向工业化和现代化必经的过渡形态。我国在特殊的历史背景下快

速推进工业化，实行优先发展重工业的方针，严格的城乡分割政策，人民公社制度和计划经济体制，强化了这种过渡形态，延缓了社会转型的进程。突出的表现是城市化滞后于工业化。按照所谓适度城市化、过度城市化和滞后城市化的划分，我国城市化显然是属于滞后型的。城市化水平低，城乡差距持续扩大，是现阶段我国社会经济发展的重大制约因素。

在温饱问题尚未解决的发展阶段，“三农”问题主要是发展农业生产问题。全面建设小康社会和实现现代化，在围绕“农”字做文章的同时，要注重从“农”字以外找出路，通过“三化”——工业化、城市化、市场化，促进“三农”问题的解决。就是说，用先进技术改造农业和整个农村经济，通过工业化和城市化实现大量农业人口向非农产业转移，通过深化改革把农村经济纳入全国统一的市场化和社会化的轨道。

我国农村人口众多和地区发展不平衡的基本国情，决定了改变城乡二元经济结构是个长期过程。为了积极而又稳妥地实现这种转变，避免大规模社会变迁所可能产生的混乱和震荡，需要同时从城乡两个方面进行努力：一方面，是充分发挥城市对农村的带动作用，城市的规划和建设要注意为进城务工农民创造就业的机会和生存的条件，以及加强公共管理，等等；另一方面，是妥善处理农村土地问题，避免还没有长期稳定的非农职业或者根本没有非农职业的农民因丧失土地而沦为流民。在这两个方面目前都存在着许多尖锐矛盾，有许多政策问题需要研究解决。

（二）统筹区域发展的实质，是把握“两个大局”，促进共同发展

鼓励沿海地区先发展起来并继续发挥优势，这是一个大局；支持和帮助内地发展，实现地区协调发展和共同富裕，这也是一个大局。这是“三步走”发展战略的组成部分。保持比较发达地区快速发展的势头和扶持落后地区发展，都是国家的既定政策。东部沿海地区已经有了比较好的基础和继续发展的能力。国家为扶持中西部落后地区发展做了很大努力，包括实施“八七”扶贫计划和《中国农村扶贫开发纲要》——在592个贫困县中西部地区占80%以上，支持少数民族地区发展，实施西部大开发战略和东北等老工业基地振兴计划等等，取得不同程度的进展。影响今后一段时期地区差距发展趋势的，是两种起相反作用的因素：

一方面，是抑制差距进一步扩大的因素正在形成，包括国家对地区差距扩大问题日益关注，对经济落后地区给予更大的支持，在经济体制、政策和发展战略方面造成有利于中西部地区发展的环境；中西部具有后发优势，可以借鉴先发展地区的经验，实现跨越式发展；东部地区进一步发展需要加强和中西部地区的衔接和融合，可能给中西部地区带来新的发展机遇；沿海地区生产要素成本的提高将有利于某些产业向内地转移；在城市化进程中，中西部地区人口向东部地区转移，这种转移在一定程度上可以替代产业转移；等等。

另一方面，是导致地区差距扩大的因素，例如自然地理条件、经济发展基础、市场发育程度的差异将继续存在，有些因素的影响还有可能进一步强化。支持西部快速增长的某些因素，例如，利用国债投资进行基础设施建设，国家

财力支持的退耕还林生态建设，能否长期持续还存在不确定性，西部产业发展滞后于基础设施建设，都是值得注意的问题。

衡量地区发展差距的指标也是值得研究的问题。现在通常用的指标是人均GDP，此外还有居民消费水平、城镇居民人均可支配收入和农民人均纯收入，以及人类发展指数等项考核指标。不同指标考核结果是不均衡的，例如，城乡居民人均收入和人类发展指数的差距，要小于人均GDP的差距；就是说，居民生活水平和社会进步方面的差距，要小于用GDP表示的经济发展水平的差距。这主要是因为国家发展战略和财政转移支付政策的结果。现行的以户籍人口计算人均GDP的统计方法是有缺点的，发达地区因为未计入创造财富的外来劳动力而被高估，劳动力流出地区则被低估。如果按实际人口计算，考虑到劳动力流动的因素，城乡之间和地区之间人均GDP在统计上的差距会有所缩小。

地区差距不仅表现在东部和中西部之间，表现在省、自治区之间，也表现在省、自治区内部。统计资料表明：省、自治区内部不同市、县之间的差距，甚至大于东部和中西部之间以及省、自治区之间的差距；经济发达地区的省内差距，一般要大于经济落后地区。这也是中国经济发展不平衡的表现，是地方政府在经济发展指导上应该引起关注的。

地区差距在相当程度上是城乡差距的问题。不同地区城市之间的差距，要小于区域内部城乡之间的差距。一般说来，经济比较发达的地区工业化、城市化和市场化的程度比较高。因此，归根结底，地区差距问题要在工业化、城市化和市场化的发展进程中逐步得到解决。老工业基地的问题性质有所不同。

(三)统筹经济和社会发展的实质，是实现社会全面进步，增进全体人民的福利

随着温饱问题的解决和改革的深入，经济发展中的社会问题日益凸显。只有统筹经济和社会发展，切实解决失业、贫困、社会保障、国民教育、公共卫生和医疗，以及社会分配等方面的问题，才能满足广大群众的迫切需要，保证经济持续发展，维护社会稳定，达到全面建设小康社会和实现现代化的既定目标。

经济是基础，经济建设为中心不能动摇。没有过去20多年的高速增长，就没有今天的大好局面。诸多社会问题的解决，也是以经济持续发展为基础的。这是一方面。另一方面，经济发展和体制改革中取得的成就和存在的问题、国内外的经验和教训都说明：社会经济发展的战略目标，不是单纯追求经济增长，更不是单纯追求GDP的增长——GDP是全世界通用的重要经济指标，具有综合性和简便易行的优点，也有不能反映经济增长结构和质量、不能反映人们实有的福利水平的缺点——而是在经济发展基础上实现社会全面进步，增进全体人民的福利。经济不发展天下不会太平，社会问题不解决也不可能长治久安，甚至酿成严重的危机。经济增长并不等同于社会发展。一些拉美国家人均GDP超过3000美元，个别国家超过5000美元，城市化水平达到70%以上，由于贫富差距悬殊和其他社会经济原因，频繁发生经济危机和社会动乱，经济发展受到严重

挫折。这从反面说明，即使撇开经济发展目的性之类的理念不说，也不能把解决社会问题看做影响经济发展的消极因素，相反，解决社会问题是经济持续发展的必要条件。我国经济的持续增长有赖于内需的扩大，社会问题的解决会形成新的经济增长点，新的经济增长空间是扩大内需的重要途径。近年来物价低迷，消费率偏低和农民收入增长缓慢是重要原因。

社会发展领域存在的问题，许多同经济转轨过程中政府职能不到位有直接关系，需要转变政府职能。毫无疑问，在市场经济体制下，在社会发展领域，例如社会保障、科学技术、文化教育、公共卫生和医疗，乃至文学艺术和体育，也会受到市场竞争的深刻影响，市场机制也会在不同程度直接或者间接地发挥作用但这些领域有其特殊性，政府必须承担起应负的责任，不能简单地提“市场化”或“产业化”的目标和口号。由于认识上的偏差、利益的驱使以及政府投入不足，这方面有些问题并未得到强有力的解决，有些不恰当的做法还在作为“经验”推广。

(四)统筹人与自然和谐发展的实质，是人口适度增长、资源的永续利用和良好的生态环境

由于基数过大和增长惯性，我国人口呈低增长率和高增长量长期并存的态势。综合各方面的预测结果，2020年总人口将达到14.5亿～14.9亿，2035年前后达到峰值15亿或者稍多一些。人口问题是三句话：稳定低生育水平，提高人口素质，解决因老龄化带来的社会经济问题。各方面的“统筹”，都要从中国有十多亿人口的基本国情出发。

我国是人均资源比较少的国家，人口增长使人均资源占有量持续下降，经济快速增长使资源消耗急剧增加，经济发展与资源短缺的矛盾与日俱增。资源约束将是伴随工业化、现代化全过程的大问题。工业化和城市化道路的选择，发展模式、发展战略和技术政策的选择，乃至社会生活方式的选择，都不能不考虑这种基本事实。例如，水资源短缺很难通过国际贸易解决，在缺水地区不能发展高耗水工业，城市化要考虑水的承载能力。GDP翻两番，资源消耗绝不能翻两番，甚至不能翻一番。一靠技术进步和节约，二靠产业结构调整和优化，因为第三产业资源消耗少。过去20年经济增长9％以上、能源消耗增长4.2％的经验证明，这是可以做到的。

环境问题我们早已有所觉悟，提出避免走发达国家先污染、后治理的老路，实际上仍然没有能够避免。这和发展阶段有关。总的情况是：局部有所改善，整体环境质量恶化的趋势尚未得到根本扭转，未经处理的污染物排放量将继续增长。在环境方面面临着巨大的国际压力。国内有研究报告估计，大气污染造成的经济损失占GDP的3％~7％。有报告称，在人口达到高峰之前，环境恶化的局面很难根本扭转。工业化和城市化道路的选择，发展模式、发展战略和技术政策的选择，乃至社会生活方式的选择，都不能不考虑环境的承载能力。这也直接关涉人类生活质量。人和自然是一对永恒的矛盾，从古代的屈服和崇拜自然，到产业革命以来的大规模征服自然以至破坏自然，发展到现在强调人与自然和谐，这是人类觉醒的标志。

（五）统筹国内发展和对外开放的实质，是更好地利用国内外两种资源、两个市场，顺利实现中国经济的振兴

中国正迅速崛起为世界经济大国，国际经济地位正在发生带有根本性的变化。现在我们面临着和改革开放初期甚至和十年前完全不同的外部环境，这是谋划国内发展时必须考虑的。

我国需要进口大量资源，对国际市场的依赖程度将逐步提高。总的说，大量进口资源支持了国内发展。对我们有利的是，10年来国际市场多数资源性产品供大于求，除石油（上涨45%）、天然气（上涨26%）、铁矿砂（上涨3%）外，价格均呈下降趋势；因为有大量出口和外汇储备而具备购买能力。适当增加资源密集型产品进口，更多引进先进技术，是有好处的。

我国产品对国际市场的依赖程度也在迅速提高，不少劳动密集型产品和有一定技术含量的电子产品，已占有世界市场的相当大份额。这使我国进入国际贸易摩擦的高发期。2002年中国出口占世界出口总额的5.2%，针对中国的反倾销案占16.5%。对我进行反倾销立案的，从发达国家迅速向发展中国家蔓延，1995年以来针对我国的反倾销案例发展中国家占60%以上，说明我国不仅同发达国家、而且同发展中国家经济上也存在摩擦。还有针对我国的技术性贸易壁垒，以及加入WTO不利条款对我国出口的限制。市场是生死攸关的问题，为了经济的持续增长，在积极扩大出口的同时，必须大力开拓国内市场。

中国经济高速增长是对世界经济增长的积极贡献。据世界银行公布的数字，1980～2000年间，按购买力平价法计算，中国经济增长对世界GDP增长的贡献率是14%，仅次于美国的20.7%。据亚行研究报告，中国2010年可能成为亚洲最大出口国，2005年就可能成为亚洲最大进口国。净出口占我国总需求比重很低，且呈下降态势，近期即可能成为逆差。中国对外经贸关系发展是“共赢”的局面。

统筹就是兼顾。对于执政党和政府来说，统筹兼顾具有极端重要的意义。这一系列“统筹”，都是从对经济改革和发展的要求来说的，都是实现全面、协调、可持续发展所必须的。真正做到这“五个统筹”，还有赖于制度的创新，以及科学技术的进步。或者也可以说，发展观有狭义与广义之分：单纯讨论经济发展问题可以说是狭义的发展观，经济发展也有如何发展得更好的问题；追求经济可持续发展与社会全面进步是广义的发展观，这同样存在如何发展得更好的问题。人们认识的规律，实践的进步，是从狭义的发展观逐步走向广义的发展观。

实行这“五个统筹”，也有一个如何相互协调、突出重点和分阶段实施的问题。“五个统筹”是从全国总体情况提出来的，有普遍指导意义。在实践中要根据不同发展阶段的需要、不同地区发展水平的差异，相对集中地抓好某些方面的统筹协调。例如，在农村经济比重大的地区和城市化水平比较高的地区，在对外开放程度比较低的地区和比较高的地区，在自然条件比较好的地区和自然条件比较差、生态环境比较脆弱的地区，统筹协调的重点应该有所不同。

二、需要把握的几个重大原则

现在我们面临着经济发展不协调，经济发展与社会发展不协调，各个领域改革的推进也不协调的矛盾。现在解决问题的物质条件比过去好得多，矛盾的复杂性和尖锐程度也是前所未有的。

研究和实践新的发展观，我以为以下几点是重要的：

(一)要把积极探索的进取精神和循序渐进的务实态度结合起来

既要有紧迫感，又要看到艰巨性和复杂性。新发展观是一种先进的发展理念，这是党和政府的宣言，也是民族的追求。这是我们必须长期坚持的指导思想和努力方向。理想的实现是一个过程，每个时期实现的程度，受到社会发展阶段和经济发展水平的制约，相关的制度和政策设计不能脱离社会主义初级阶段和全面建设小康社会时期的基本国情。例如人的全面发展，这是一个很高的理想，现在只能逐步做到努力满足人民在温饱解决之后的更多方面的需要。在城市和乡村之间，各个地区之间，实现这种新的发展理念的进程也会表现出很大的不平衡性，不可能齐头并进。要充分考虑各地区自然、社会、历史文化传统的差异，不能追求单一的发展模式和单一的经济结构。现在越来越多的地方认识到，差异就是特色，特色就是优势和竞争力，根据比较优势谋划本地的发展战略，取得很好的成绩。每个地区选择最适合本地实际情况的发展道路，形成有竞争力的特色经济，这也有利于形成全国协调发展的局面。

(二)要统筹推进改革、发展和社会稳定，实现改革、发展、稳定三者关系的协调

正确处理改革、发展、稳定的关系是我国改革开放和现代化建设的一条基本经验。根据不同时期的需要，提出过以改革总揽全局，提出过稳定是压倒一切的，提出过发展是硬道理，作为处理当时主要矛盾的指导思想。现在我们面临着经济发展不协调，经济发展与社会发展不协调，各个领域改革的推进也不协调的矛盾。现在解决问题的物质条件比过去好得多，矛盾的复杂性和尖锐程度也是前所未有的。根据新的发展阶段的实际情况，实践新的发展观，需要强调各个领域发展和改革的协调推进，强调整个现代化进程的协调推进。当然，这样说并不是否定在特定时期需要突出强调某些方面。现代化是极其广泛而深刻的社会变革，惟有统筹兼顾，强调协调推进，防止或者减轻大的社会震荡，才能比较顺利地达到预期目标。

(三)正确处理政府和市场的关系

“统筹”的主体是党和政府，是对指导思想和对工作的要求，不是把什么都“统”起来，不是要求政府干预企业的生产经营活动。完善社会主义市场经济体制，要求更大程度地发挥市场在资源配置中的基础性作用，增强企业活力和竞争力。政府职能转变的方向，一方面是纠正“错位”现象，把不该管的事放给市场；一方面是“到位”，健全经济调节和市场监管，加强社会管理和公共服务，把精力进一步转到全局性、战略性事务的谋划上来。中央政府和地方政府都需要这样做。中央政府和地方各级政府在实现新的发展观中的权限和责任，也需要进一步明确。

(四)增强科学性和预见性

现在国内外环境比过去复杂得多，要解决的问题也比过去复杂得多，只有增强科学性和预见性，才能趋利而避害。

为了实现全面、协调、可持续的发展，有许多重大问题需要深入研究。我们要密切关注实践的进程，及时发现和提出问题，发挥政策研究咨询机构的研究带头作用和研究人员的聪明才智，为新发展观的牢固树立和顺利实施做出应有的贡献。

入世后行业竞争格局和结构调整方向

商务部外资司司长　胡景岩

我们在谈到行业发展和国内竞争格局时，不管怎样都绕不开外商投资问题。加入世贸组织给我国经济社会各方面都带来了相当大的变化，外资的进入也是其中一个重要方面。加入世贸组织以后，国内市场的进一步开放，为外商创造了新的投资机会；另一方面，外商投资的进入也为我国各个行业的现有竞争格局及未来发展带来了新的机遇和挑战。

一、加入世贸组织对我国吸收外商投资的影响

总的来讲，加入世贸以后，我国的市场开放大大地向前迈进了一步。我国加入世贸组织历时15年的谈判当中，谈得最艰难的就是市场准入问题。现在，通过关税减让、取消部分进口商品的关税以及非关税壁垒，我国的市场开放程度大大提高了。除了这些直接意义上的市场准入问题以外，我国与世贸规则的逐步接轨，比如实行国民待遇、提高监管透明度等，这些行动本身在实质上也是一个开放市场的过程。参与经济全球化就要遵照国际通行规则。加入世贸组织这一年多以来，我国修改了2300件涉外法律法规，修改或删除了很多不符合世贸规则的规章条款，比如过去的国产化程度要求、外汇平衡要求等。过去我国对外商进入的一些歧视性待遇以及非国民待遇也将会逐步取消。

此外，我国加入世贸的协议里还有一些承诺，对分销、电信、旅游都有很多市场准入安排和具体的时间表，其结果就是为外商更多地、更好地、更方便地进入我国提供方便。从吸收外商投资角度上看，这也给我们带来了更多的机会。

加入世贸以后这一年多以来，外商投资进入中国出现了很多新的态势，对我国国内整体产业结构的发展变化也起了相当大的促进作用。

二、外商投资对我国经济发展的重要作用

外商投资的加快进入，对我国的国民经济发展和整个社会的发展的作用越来越突出。改革开放25年来，外商投资企业在我国经济社会中起的作用从来没像今天这么重要，因此全国各地从上到下对吸收外商投资都格外重视。2002年我

国吸收外商投资总额为527亿美元，居于全球首位，并且这是在全球2003年整个国际投资下降情况下取得的全球投资由2000年14000亿美元降到2003年6500亿美元。在我国累计批准40多万家外商投资企业中，现在真正开业投产的有23万家。这23万家企业在整个经济生活中起的作用越来越重要。主要有以下几点：

1.拉动出口

2003年我国出口增长对GDP实现8%的增长速度起了相当大作用，这其中，外商投资的出口起了很大作用，占我国对外出口总额的54%。此外，外商投资企业出口产品的技术含量也很高，2003年出口增长最快的两个产品——机电产品和高新技术产品中，前者外商投资企业占68%，后者外商投资企业占85%。增长较快、附加值较高的出口产品中，很多都来自于外商投资企业。外商投资企业对促进我国的产业结构调整、出口结构调整，保持较好的总体出口形势，发挥了重要作用。

2.促进工业增加值增长

目前我国很多经济发展比较快、新增建设资金投入比较多的地方，相当一部分资金都来自于外商投资。外商投资企业工业增加值目前占我国全部工业增加值的27%。

3.增加税收

统计数字显示，外商投资的税收占我国整个税收的比重是20.5%，并且在所有税源中是增长最快的。

4.扩大就业

外商投资进入创造了很多的就业机会，目前在外商投资企业就业人数2300万，占我国城市人口的10%左右，极大地缓解了我国当前的结构性失业的压力。由此而言，外商投资给我国经济、社会带来的影响是方方面面的。

5.提高了我国国内市场的国际化程度

加入WTO以后，我国越来越成为整个世界市场的一部分，并且国内市场与国际市场的一体化趋势越来越明显。现在跨国公司之间激烈的竞争，已经逐渐体现在国内市场上。我国已经是跨国公司产品争抢世界市场份额的一个重要领地，不论机电产品还是日用产品，轻工产品还是IT产品，包括汽车和化工产品都是如此。一方面，加入世贸以后我国的进口关税降了下来，外国产品通过贸易更多地进入中国市场；另一方面，跨国公司越来越多地到中国投资，由于很多行业都是同时有多家跨国公司进入，因此，这些跨国公司的产品要想在中国市场上销售，或者从中国出口到国际市场上，必须使用最好的技术。

6.外商投资的技术含量不断提高

有些人担心市场开放了，外资进入了，外资引进的技术到底怎么样？总体来看，我国通过吸收外商投资来引进技术这个战略是成功的。国内一些发展比较快的工业行业中，很多领域都是外资进入比较多的，比如家电、IT产业等等。现在中国市场是全球市场，这里蕴含着巨大的消费能量，跨国公司要进入中国市场，不带进最好的技术就很难在市场竞争中占据有利位置。从技术引进统计数据来看，从开放初期到10年前甚至5年前，我国很多技术引进都是利用外汇或者通过技术转让从外国购买进来的；而近几年我国的技术引进的主体是外商投资企业。有些人担心技术即使转让过来也不是我们掌握，那是站在国有企业的角度，现在大家观念应该变了，这些企业即使是独资企业，也是中国企业，这个企业生产好了、产品好了，就能多出口多创税，多提供就业岗位。合资企业同样也是这个道理。外商投资进入中国，从他们的角度来讲，要不断带进最新技术，从我们角度也鼓励他们带进最新技术。跨国公司在我国设立的研发中心越来越多，最近两年共设立研发中心400多家。

7.外商在中国投资逐渐形成一些产业的配套群体

十几年前，很多产品都是只有外资加工企业进入，现在很多产品，不管是IT、机械还是石化行业产品，都在逐渐形成产业链条。比如说东莞，生产电脑产品需要的所有零部件中，98%都能在东莞本地找到。产业链条的延伸形成产业群体，进而逐渐发挥产业聚集效应。

三、未来几年我国吸收外商投资的产业导向

1.从政策上讲，我国鼓励外商投资进入政策是保持平稳的

我国特别鼓励外商投资采用先进的技术，投入到国家对外商投资实行鼓励政策的产业里去。政策始终不会变。我国这些领域的发展需要外商投资，需要引进先进技术。有些外商担心说，加入世贸以后，中国实行国民待遇，对外资企业的这些优惠政策是否都会取消。我跟大家明确地讲，我国吸收外商投资政策总体保持稳定。目前大家也没有看到我国要把这些优惠政策取消的苗头。世界上发展中国家吸收外商投资都有这样那样不同程度优惠政策，我国吸收外商投资远没有到饱和状态，今后经济发展仍然需要开放，仍然需要吸收外商投资。我国会不断采取一些具体鼓励性政策，鼓励外商进入的高新技术领域——正如大家看到的，对于设立研发中心等，政府采取了很多优惠政策。

2.进一步加强产业目录的引导作用

现在外资进入到中国和十年前不一样了，十年前我国还没有一个明确的产业政策方向，1995年我们公布了第一个《吸收外商投资产业指导目录》，最近这个目录还在不断调整。应该说对于引导外资进入各个产业领域，哪个鼓励、哪个限制、哪个禁止、哪个允许，这个目录是非常清楚的。外资想进入中国基本按这个方向走。而且，针对中西部地区发展不平衡的情况，我国还专门制定了《中西部地区产业指导目录》，这个目录还需要进一步调整。此外，2003年商务部跟科技部联合发布了《鼓励外商投资高新技术产业目录》，明确列出了在我国哪些产品是高新技术产品、鼓励外资进入。2003年后我们引导外资进入总的方向还是这个方向。至于说投资生产我国已经过剩的或者污染环境的产品，这个不符合产业政策，我们肯定

不欢迎，产业目录里定得非常清楚。

3.在产业政策引导方面，继续鼓励外商投资高新技术产业,进入高新技术领域；同时也鼓励外商投资多发展一些配套产业

每年将500多亿美元都投向高新技术领域和新兴领域，这也不可能。应该看到我们国家自身行业的发展特点，我们还有相当多的传统产业、传统工业。国际上这几年是产业结构调整时期，我们国家抓住了这个有利时机，吸纳了包括IT产业和机械制造行业在内的大量制造业、加工工业。我国的原材料水平、工艺水平、管理水平，特别是优秀的低成本劳动力，都为国际制造业的大量进入提供了非常有利的条件。从今后几年来看，我们同样需要抓住这个机遇，如果不抓住这个机遇，这种产业肯定会转到印度去，转到菲律宾去，转到越南去，他们劳动力成本也不高。所以我们要创造条件，多发展一些配套产业，一个产业龙头产品进来，其配套产业最好也能同时进来。劳动力丰富是我国的比较优势，我们要继续发挥这个优势。

4.进一步开放服务贸易市场

服务贸易领域始终是我国经济发展中的一个薄弱环节，这也为外资进入提供很多机会。服务业开放是我国根据经济发展的需要，以及加入世贸组织的承诺逐步进行的。根据经济发展需要，服务业开放在不断纵深，但总体上和工业的开放程度相比还有一定限制，比如外资进入方式、进入地域、经营业务范围等等。物流配送、连锁经营这些都是我们加快鼓励外商进入的领域，我国目前工业发展很快，调整得很好，但流通环节对生产制约矛盾比较突出，所以不论在生活资料上还是在生产资料上我国都要加快物流业发展，为企业创造好的环境。

5.借鉴国际上一些新的引资方式，特别是投向老工业基地和传统产业的外资

国际上投资增长主要靠并购，即使2002年6500亿美元中也有3500亿美元是并购的，但是这种方式在我国始终发展得比较慢。过去由于受到一些政策上的限制、市场发育程度的限制，以及法律法规不完善的限制，有些问题解决不了。比如并购首先涉及到富余人员安置问题，我国国有企业中，不管在岗工人还是下岗的、离退休的都由企业负担养老，外商并购时候首先面临人员安置问题。西方工人失业以后，失业救济金、养老金等社会保障体系都比较发达。我们现在条件逐渐好了，大家看到从中央政府到地方政府都用相当大财力建立社会保障体系，这为并购也创造了有利条件。另外，过去在评估国有资产时，价格如何确定也存在很大障碍。国际上往往按市场价格衡量，与评估价格形成很大差价，现在并购法律把这些逐渐明确下来了，并购操作、价格评估和作价等，将越来越按照国际通行做法进行。加之我们出台了一些关于外资并购的规定、法规，为外资通过并购方式投资创造了更多的便利条件。总之，我国今后的产业结构调整，老工业基地调整改造，以及国有企业改组改造，都会为外资并购提供很多新机遇。

6.创造良好的经营环境

不管进入什么领域、生产什么产品，都需要很好的外部环境。改革开放25年来，整个投资环境、外商投资企业的经营环境应该说是在不断改善。但是还面临一些问题，比如对企业乱罚款的现象仍然存在，对假冒伪劣商品生产者以及侵犯投资者的惩罚不力，以及对知识产权缺乏有效保护措施等。尽管问题越来越少，但是这些问题降临到哪个企业投资者身上，其后果都是灾难性的，所以政府就要为外国投资者尽可能创造好的环境。从政府角度来讲，我们也有信心有能力把企业的外部经营环境搞得越来越好，强化政府对企业的服务职能，简化审批程序、提高服务效率。

总之，从今后的发展方向来看，外商投资进入我国的前途非常广阔，机会也会越来多，并且，外资企业与内资企业在国内市场的竞争，也会带动和促进整个行业的发展。

我国经济和产业布局的战略构想

国家发展和改革委员会发展规划司司长　杨伟民

目前已启动“十一五”规划编制的前期工作。产业布局或经济布局是重点研究的课题之一。这一问题非常重要，当今世界的发展，一靠科技实力，二靠区域整体竞争力。经济布局不合理，不仅影响国家的整体竞争力，而且影响人的居住和发展，损害可持续发展能力。如何在未来15年更好地引导我国的经济布局，使之更合理，目前还没有成熟意见，更没有形成共识。但基本的指导思想和原则是十六届三中全会提出的坚持以人为本，树立全面、协调、可持续的发展观，以及“五个统筹”、“五个坚持”。

一、引导经济和产业布局要遵循空间均衡的原则

正确引导经济和产业的布局，首先要把握区域协调的科学内涵。区域协调不是要全国31个省区市的GDP都同样大，更不是全国332个地级市州、2860个县、5万个乡镇之间的GDP都同样多；引导经济布局，不是要使全国960万平方公里的每一寸土地都要布满工厂、成为先进制造业基地。按GDP总量衡量，美国、日本经济总量最多的地区与最少的地区之间的差距不比我国小，但没有人认为美国、日本存在区域不协调的问题。缩小地区差距，主要不是缩小GDP的差距，重要的是缩小人均GDP和居民收入的差距，最终是缩小各地区间人民生活水平和公共服务的差距。摆脱贫困，核心是人要脱贫脱困，不是单纯的“地区脱贫”；共同富裕，实质是生活在各个地区的人民要富裕。一个地区的GDP再多、增长速度再快，但如果失业很多，许多人生活在“低保”水平之下，这种GDP和增长没有意义，是典型的“有增长无发展”。

实现区域协调，要遵循空间均衡的原则，要按照以人为本的发展目的，促进人口、就业、经济在一定空间协调分布，并与该空间的资源环境状况相适应。

1.经济与人口在一定空间要协调

经济的布局或空间分布与人口的分布密切相关。农业社会，人随着耕地走，耕地是就业岗位，耕地是分散的，人的居住也是分散的。现代社会，人的就业岗位主要不在农业，是工业和服务业，工业和服务业是相对集中的，人口也是相对集中居住的。所以，引导经济向何处布局，实质是引导人口向何处集中。坚持以人

为本，不仅要关注经济布局，更要关注人的居住区问题，使人口分布在适宜人居住的空间，不能把人口引导到高山峻岭、戈壁荒滩上。有矿产资源的地区，往往是不太适宜人居住的地区，也是其他产业发展条件较差的地区。在这类地区，可以开采矿产资源，但不易轻易地把人口引导过去，形成人口密集的城市。否则，一旦资源枯竭，城市的可持续发展将面临很多困难。我国许多资源型城市已经出现了类似问题。我国许多城市布局在自然灾害频发的地区。今后将有几个亿的农村人口进入城市，如果不正确地引导经济布局，继续引导到灾害频发地区布局经济，人口也会集中，今后的灾害损失更大。我国GDP增加很快，但每年因各种自然灾害的损失也很多。这是人民感受的生活水平提高没有GDP增加快的原因之一。

2.经济、人口与资源在一定空间要协调

其中最主要的是要与水资源相适应。淮河以北，水资源为全国的19.5%，人口占46.5%，GDP占45.2%，耕地占64.8%。经济与人口是协调的，但水与人、水与经济的分布严重失衡。水资源可以跨区域调动，但资源移动不能过度。400个城市缺水，163个严重缺水。如果都调水，全国将密布调水网。既使经济上是可行的，但生态效率差。地下水超采，也会引起各种地质灾害。

3.经济、人口与环境在一定空间要协调

大城市病的实质是经济和人口的集中程度超出了环境容量。经济集中，人口必然集中，公路、铁路、飞机，以及废气、污水、垃圾也会集中。当自然界难以自行调节时，要么是忍受恶劣的环境、污浊的空气，要么是化大价钱治理。因此，经济和人口的集中在一定空间也要适度、密度合适。目前近1个亿的流动人口，主要流向了长三角、珠三角和京津地区，因为就业岗位在这里，经济和产业布局在这里。经济发展没有尽头，但空间资源是稀缺的。按现在的占地势头，一些地区几年、十几年后将无地可用，所有的空间都将变成高楼、公路、厂房。这不是以人为本的发展观，不是科学发展观中的发展。因为没有了绿色空间，人民的生活质量不会高。企业、外资遵循市场原则，哪便宜就在哪生产，不会考虑空间均衡问题，但政府若不考虑，这种增长是不可持续的。

二、引导经济和产业布局要遵循生态效率的原则

过去发展经济、引导经济布局，不太考虑自然的感受，较多地讲经济效率，较少地讲生态效率。坚持科学发展观，要树立人与自然和谐友好的理念，也就是在人与自然的关系上，多一点和为贵，少一点斗争哲学；多一点顺其自然，少一点人定胜天。我国人口众多、资源短缺、生态环境脆弱，再与自然“斗”下去，太危险了。科学发展观是在尽可能不改变或尽可能减少改变自然的前提下实现经济的发展，从迫使自然与人口分布、与经济分布相适应，转为主动地使人的分布、经济的分布与自然相适应。

坚持生态效率的原则，才能在不损害可持续发展能力基础上引导经济布局。在物质产品短缺时代消除、基础设施瓶颈制约基本消除以及加入WTO、国内经济越来越融入全球经济的情况下，完全用一个行业的国内总供给是否大于总需求来判断重复建设，从而确定鼓励或限制的产业政策等是欠科学的。一个行业单纯看近期需求，单纯看国内需求，难以判断是否属于重复建设。但是，问题在于国内的资源环境是否能承受。目前许多地区的增长、许多产业的增长，是用政府补贴了的、低廉的，仅仅核算了资源开采成本，没有核算资源和环境成本换取和支撑的。如果一些地区的水价中，包括了开采地下水、超采地下水、跨区域调水的生态环境成本，其产品的竞争力会大打折扣。汽车是很有前途的产业，从未来看、从全国看，要大发展，但放在哪里生产。在开发密度很高的地区布局汽车厂，可能现在是有竞争力的。但工厂过来，就业、人口也会流动过来，水资源紧缺的矛盾、生态环境的矛盾也会加大。这些负的社会效果、对可持续发展能力的损害，企业不负担，本届地方政府也不负担。这些成本是以后的政府、全体人民、我们的子孙承担了。所以，引导经济布局，不仅要遵循经济效率的原则，也要遵循生态效率的原则。

三、引导经济布局要遵循因地制宜的区域调控原则

引导经济布局要因地制宜，通过区域规划，实行差别化的有针对性的区域调控政策。国家的总体规划要强化空间指导与约束功能，把区域规划的编制和实施放在突出位置。在东中西三大地带划分的基础上，根据不同区域的发展条件，明确各类区域的主体功能和发展原则。

对重点开发区域，具备经济发展和人的居住和全面发展条件的地区，要引导经济向这里布局，集中力量，加大投入，尽快改善发展环境，形成新的增长极，吸引人口定居。对开发密度已经较高的、需要进行整合的区域，要加强空间开发的指导与约束，限制大规模、无节制的盲目开发，保留必要的绿色空间，形成良好的人居环境，防止一些地区出现过密问题。对生态脆弱、天然林和水资源保护地区，以及其他各类自然保护区，要适当限制开发活动，有些地区，不仅要退耕还林，也要“退人还林”；洪水频发地区，不仅要加强工程措施，也要“人退水进”。对水资源严重短缺地区，要控制高耗水产业的继续发展，控制城市规模盲目扩张，避免地下水超采导致的地质环境恶化。对贫困地区，要从“地区脱贫”的出发点，转向“人口脱贫”的出发点和落脚点，把开发式扶贫与异地扶贫结合起来。对大规模开采资源的地区，要充分考虑人口居住和其他产业发展的条件，不可轻易形成新的资源型城市。

实行因地制宜的区域调控，要树立促进人口流动的方针。人是最活跃的生产要素，是生产力的决定性因素。在市场经济下，要素是流动的。要破除按行政区发展经济、按行政区层层分解经济指标、考核政绩的思路和做法。要明确基层政府的主要职责，市县政府的主要职责应该是做好公共服务和社会管理，而不

应该是仅仅去壮大本辖区的GDP。要按照公共财政服从和服务于公共政策的原则、公共服务职责与其财力相适应的原则深化财税体制改革，对不适宜大规模开发的区域，通过教育培训，提高人口转移能力，通过加大财政转移支付力度，使当地人民逐步享有与其他地区基本相同的公共服务。

实行因地制宜的区域调控，要把编制和实施跨行政区的区域规划放在重要位置。国家发展和改革委将会同有关部门组织编制几个大的经济区的区域规划。区域规划不是纯粹的指导性和预测性规划。要划定主要功能区的"红线"，把经济中心、城镇体系、产业聚集区、基础设施以及限制开发地区等落实到具体的地域空间。

总之，宏观调控要加强对区域发展的指导和引导。宏观调控不仅要关注产业发展和产业结构调整优化，更要关注区域发展和区域协调；对产业发展的调控，也要逐步从对产业总量的调控，转到对其空间布局的调控。

发挥产业政策引导作用
促进重点产业健康发展

——高增长主导产业群与产业政策导向

国家发展和改革委员会产业政策司副司长　朱明春

发达国家经济发展的历史经验表明，国民经济的快速增长，总是伴随着产业结构的加速变动，并且依托于一组组具有巨大增长潜力的主导产业群的形成、发展和轮替。2002年下半年以来，我国经济发展逐步进入新一轮快速增长期，首先得益于高速增长的出口和固定资产投资需求拉动，但同时，也是以住宅、汽车、电信、冶金、城市基础设施建设等一批高速增长产业群体的形成为标志的。这些产业群体的形成，一方面支撑着固定资产投资的高增长，另一方面也标志着消费结构由衣食向住行的升级趋向，反映着不同发展周期的结构特征。因此，保护好、引导好、发展好这些重要产业，对于保护好、引导好、发展好当前国民经济加快发展的势头，具有关键作用。

为此，当前制定和实施产业政策要从全面、协调、可持续的科学发展观出发，注意处理好以下几个重要关系：

一、处理好制止重复建设和鼓励竞争的关系

建立适度竞争的市场结构是产业组织政策的核心目标。就当前情况来看，关键是要在制止所谓重复建设和鼓励竞争之间掌握好分寸。正如对宏观经济是否过热存在不同认识一样，对这批高速增长的产业群是否已经过热，出现了严重“重复建设”，目前争议较多。这两个问题本来就是互相联系的，经济过热论的主要依据一是需求总量上投资需求和信贷增长偏快，通涨压力加大；二是供给结构上房地产、钢铁、建材、有色、汽车、纺织等行业存在盲目投资重复建设倾向。应该说，虽然在需要警惕、需要预警、需要微调方面基本存在共识，但总体上看，我国当前处于新一轮快速增长期，而这些产业本身是国民经济发展中具有较大增长潜力的支柱产业，投资增长较快应该是正常现象，“过热”或“重复建设”目前还是局部或苗头性问题，在治理这些重点行业重复建设问题上应当

避免一刀切。周期性发展是市场经济的客观规律，和盲目投资一样，盲目的硬性调节也会造成巨大的损失。

所谓重复建设，在市场经济条件下严格地说，应该表述为过度进入。重复建设是计划经济中行政性的概念，例如各地同时引进多条技术相当的同类产品生产线就比较典型，重复是相对计划安排的事先供需平衡要求而言的。市场调节的供需平衡，则往往是事后的、通过竞争和价格杠杆实现的，一定的重复则是竞争有效开展的基本前提。在计划条件下是计划外重复了计划内，在市场中谁重复谁呢？最多是新竞争者“重复”已存业者。但不同于计划条件下建设内容至上而下或各地相互模仿，重复概率高，市场竞争中的新进入者往往有备而来，他们技术更新、成本更低、机制更灵活，对已存业者是巨大威胁，也是行业进步的主要推动者。在这种条件下，反对重复建设，往往保护的是已存业者，许多时候是保护落后。

当前重复建设的形成主要有三方面原因：首先，缺乏正常的市场准入和竞争，在一定形式垄断下形成超高行业利润，形成了集中投资、重复建设的诱因。例如，正常情况下国际吨钢材平均利润为10美元左右，而我国目前大约高出五倍以上。其次，缺乏正常的市场退出，不能有效新陈代谢，也是重复建设的重要原因。因为“重复”的形成是以现有生产能力能够满足需求条件下仍有新资源投入为前提的，但如果考虑现有能力的结构、质量、价格等因素，有进有出，就不仅能够促进产业素质的提高，更好地满足需求，而且也可以避免出现“重复”。第三，根本原因还是投资风险与责任主体不落实，重复建设背后总有国有企业投资管理不当的问题，也有一些地方政府行为和国有商业银行贷款的推波助澜。

所以，解决这一问题既要治标又要治本。已经采取的加强信息引导、严格依法管理土地占用等办法，对控制某些热点产业的盲目投资倾向，起到了积极作用。着眼长远，根本措施还是深化投融资体制改革，并建立正常的市场进入和退出机制，做到能进能出。当前，一方面要加快建立汽车、钢铁等行业公正、规范、透明的行业市场准入制度，特别是要设立比较严格的环境、质量、能耗、水耗等方面的技术标准，对投资加以有效引导；另一方面要从加快产业退出做文章，淘汰落后生产能力。特别是一些在竞争领域而又缺乏竞争能力、不断消耗资源的国有企业，必须结合国有经济的战略性调整和加强社会保障体系建设，加快改革改组步伐，实现有序的市场退出。此外，对目前一些投资热点产业可能出现的不良后果也要及早有所准备，在积极调控的同时，对几年后可能出现严重供过于求和行业性衰退问题，也要有应对办法，以减轻市场波动幅度及其对国民经济发展的不良影响。

二、处理好产业发展的市场约束与资源约束的关系

过去在短缺经济时代，资源瓶颈制约曾经给企业生产经营造成很大影响，能源、原材料的供给也是企业考虑投资发展的重要约束条件。近些年来，我国经济发展已经基本摆脱了短缺经济的阴影，一般工业品甚至已经进入相对过剩状

态，市场需求约束成为企业投资发展的关键因素。从计划经济的“以产定销”到市场经济的“以销定产”，的确反映了企业市场意识的不断增强。但是，也要避免有市场需求就有一切的片面观点。从人均水平看，我国在许多方面都是资源贫乏的，原油和铁矿石等进口依赖度也很高，如2002年的进口量分别达到6900万吨和1.11亿吨，约占国内消费量的30%和45%。资源对经济发展的制约既是长远问题，也是越来越突出的现实问题。对部分行业的投资发展，甚至已经是最为关键的制约因素。当前特别要强调树立全面、协调、可持续的发展观。

以钢铁为例，近几年国内钢材需求增长很快，预计2004年钢产量将超过2.1亿吨，钢材消费量将超过2.4亿吨，而业界预计到2010年我国钢材消费量可能达到3.1亿吨，在一个相当长时期，市场需求潜力较大。但按照目前的在建项目情况，2005年钢生产能力就能达到3亿吨以上，相当于2010年的市场需求量，将出现结构性、阶段性市场失衡。从资源与环境制约看,问题更加明显。未来几年，稳定获得低成本原材料的能力将成为钢铁企业竞争力的核心要素之一。

再如，钢铁产业是典型的高消耗、高排放产业，每年能耗占全国10%左右，其中电力消耗1400亿千瓦时，约占工业总消耗的11%，洁净水40亿吨，约占10%；粉尘排放约110万吨，也占到13%左右。如果不从技术进步入手提高其能源、水资源等使用效率，解决好环保问题，我国钢铁工业的可持续发展就会是一个巨大问号。仅按2005年产钢2.5亿吨、吨钢新增水耗14立方估算，全行业耗水增幅就达到40%，而且新增能力相当一部分分布在严重缺水的华北地区，这种情况很难行得通。从目前企业市场意识大为增强的实际情况看，国家产业政策应更多地关注资源、环境等可持续发展方面的约束条件，从“发展什么”转向“如何发展”，尽快修订出台针对有关产品、生产能力、工艺的鼓励、限制和淘汰政策措施，鼓励企业采用节能、节水、环保的先进技术，强制淘汰那些消耗高、污染大、质量差的落后生产能力、工艺和产品，靠技术进步走内涵式发展道路。

三、处理好发挥规模经济与产品多样化的关系

产业集中度低、企业发展存在小散乱现象是我国产业组织不合理的重要表现。在新一轮的投资发展中，这一现象有加剧的趋势。例如，我国炼钢企业目前280多家，平均规模不足70万吨，超过500万吨规模的企业不到10家。而据中国钢铁协会估计，未来两年，我国高炉炼钢能力增长48%，其中规模较大的会员企业增长35%，而非会员企业增长122%，炼钢能力将更加分散。汽车等其他行业也有类似问题。发达国家产业集中度的提高以至最后集中到少数几个大企业，是经历了一个充分竞争过程的，而我国产业发展中这一过程还需要补课，特别是民营企业近些年发展较快，实力增大，跨国大公司在我国加入世界贸易组织后，开始更大规模地进入，主要产业发展格局重新洗牌不可避免。

有一个问题是投资结构和产品结构的趋同化倾向。即期需求巨大而技术成熟

的品种往往易形成共同关注的热点，但也会带来结构趋同的问题。同样以钢铁为例，线材、螺纹钢、窄带钢等本来就是长线品种，但受短期市场驱动近年来投资迅猛，既无助于改善产品结构，又会给未来留下严重过剩隐患。对于汽车、大件耐用消费品等最终消费产品，随着居民收入水平提高，市场需求多样化程度更高，企业更需要注意研究和细分市场，解决好产品的市场定位问题。

针对这一形势，必须加强有关产业组织政策、技术政策的制订和实施，引导现有企业特别是国有企业加快重组步伐，鼓励民营企业和外资参与国有经济战略性改组，形成可以抗衡的规模和实力。另一方面，在注意规模经济的同时，要重视产品结构问题，提倡按市场需求多样化发展，注意避免产品的趋同化进而导致恶性竞争的倾向，提高产品的非价格竞争能力。对企业研发投资、新技术新产品推广，也要有相应的鼓励措施。

四、处理好自主研发和技术引进的关系

促进技术进步、实现比较利益的动态升级是提高国家产业竞争力的核心命题。当前我国产业技术进步的主要渠道一是引进国外先进技术，二是自主研发。对于一些重点产业的关键技术，由于研发投入大、周期长、支撑条件要求高，目前还处于引进为主的状态，典型的如汽车的整车开发和发动机总成等，这无论从市场可行性和经济合理性来看，都是无可厚非的，有其客观必然性。然而，重引进、轻开发倾向的危害也不可忽视。当前学术界有一种观点认为，依靠引进技术并不影响我国成为制造业大国或世界制造中心，没有必要过分强调技术的自主开发。这种观点有两条主要依据，一是新技术研发投入高、周期长、风险大，而且许多情况下其资金回报率甚至低于享有规模经济的制造环节；二是目前国际上技术来源多样化，引进技术渠道基本稳定可靠，不必过分担心恶意封锁或勒索高额垄断利润。从经济合理性考虑，这种观点不无道理，而且在一般工业领域也可能行得通。但是作为一个发展中大国，完全依赖国外技术并不可取：一是一些关键领域、关键技术还不是市场上可以自由贸易的，真正前沿技术和经济潜力巨大的核心技术靠引进拿不来；二是没有自主研发必然会丧失国际竞争的自主权和制高点，在按比较利益分工的国际经济体系中，只能被动处于技术低端领域。因此，以引进为主实现技术进步对于部分一般性工业领域或许可行，但从全局和长远来看，必须重视和引导企业集中力量，在一些关键领域实现自主研发为主的技术进步。

技术进步关键在于有效的激励机制、相关投入和支撑体系的建设。当前，我国鼓励企业技术创新和技术进步体系还不够健全，特别是缺乏鼓励企业研发和采用先进技术的创新激励机制。技术创新不如引进成熟技术市场效益好，本身就反映出这一问题的客观存在，也直接制约着企业研发投入的增加。因此，当务之急一是研究制订鼓励企业增加研发投入的激励政策，二是对新技术、新设备特别是国产化的新设备的市场化应用，要有相关的配套推广办法。此外，还要进一步加强信息服

务、软件服务、研发服务等技术创新支撑体系的建设，为加快企业技术进步创造良好条件。

五、处理好新型工业化与加快服务业发展的关系

近年来我国服务业发展出现了增长速度趋缓、吸纳就业弹性下降的不利苗头，特别是为生产者服务的现代商务服务业发展缓慢。造成这一问题有很多原因，但在认识上也存在我国现阶段处于新型工业化时期，服务业发展应该放在次要位置等片面性。事实上，我国过去产业发展方面的一个重要偏差，就是没有处理好工业化与服务业发展的关系，把工业化片面地等同于工业的发展。工业化是一个伴随工业发展的社会经济全面变革与发展的过程，其中服务业具有突出重要地位。没有服务业发展的支撑，工业化就只能停留在比较初级的阶段，无法深化下去。

随着工业化的发展，人们已经认识到，工业制造业与服务业特别是生产服务业的边界越来越相互交融，工业生产成本的降低、竞争能力的提高，已不再仅是靠要素投入的进一步增加和扩大规模化经营，而是越来越依赖于产业分工的深化，依赖于现代物流与营销服务、研发技术服务、人力资源开发服务、软件与信息服务、金融服务、会计审计律师等专业化生产服务和中介服务的发展。例如，美国采购协会1997年调查显示，年收入8000万美元以上的公司，外部采购服务的年增长率超过25%，其中主要是信息技术服务（约占30%）、人力资源服务（16%）、市场和销售服务（14%）和金融服务（11%），外购服务对降低企业成本、提高企业竞争力起到关键性作用。在我国，生产服务业发展对促进新型工业化的作用也在日益显现出来，例如据世行估计，我国目前社会物流成本大体相当于GDP18%左右，而美国20世纪90年代中期就已达到10%以下，每降低1个百分点，每年就可节省1000亿元以上，潜力十分巨大。因此，发展现代服务业是新型工业化的客观要求。新型工业化必然会促进产业分工的深化，对信息服务、商务服务、物流服务、金融服务等带来巨大的需求，从而带动服务业特别是新兴的现代生产服务业的发展。

重点产业健康发展是新型工业化的关键环节，处理好这一问题对这些产业同样意义重大。从产业政策上，应当考虑引导企业进一步推进主辅分离，有条件的应提倡外包相关的专业服务，而不是依旧搞“大而全”、“小而全”，这样既有利于现代生产服务业的发展，也有利于提高企业的核心竞争力，可以说是一个双赢的选择。

从当前的情况看，对于重点产业的健康发展，除了以上五个重要关系以外，还有产业区域布局和地区间协作等许多重要问题，值得进一步探讨。

2004年宏观调控政策取向的一些思考

国家发展和改革委员会综合司司长 韩永文

2003年，我国有效地应对了突如其来的非典型肺炎疫情的严重冲击，赢得了抗击非典的阶段性重大胜利，战胜了各种各样的自然灾害，克服了许多困难，取得了改革开放和现代化建设新成就，保持了国民经济较快增长和社会事业全面发展。国民经济和社会发现呈现出以下特点：经济快速增长，企业利润大幅提高；经济结构调整取得新进展，各类企业自主增长能力明显增强；进口和出口高速增长，外资进入和内资“走出去”都有新发展；公共卫生体系建设得到明显加强，社会保障和社会救助力度加大；城乡居民收入进一步增长，人民生活继续改善。这些都将为2004年我国经济发展奠定一个比较好的基础。

一、正视经济发展中存在的问题 有针对性地进行宏观调控

尽管2003年我国经济和社会发展取得了1998年以来的最好水平，但经济发展中存在的一些深层次矛盾还没有得到有效解决，在经济运行中又出现了一些新的情况。这些矛盾和问题对于保持国民经济持续快速健康发展形成了很大制约。需要围绕逐步解决这些矛盾和问题，来研究和制定2004年的宏观调控目标、调控政策和具体措施。我国经济发展和运行中的主要矛盾和问题是：

1.农民收入增长缓慢，农村消费需求潜力大但消费能力不足

受非典疫情和各种自然灾害影响，2003年农民家庭人均纯收入增长将低于上年，这将使农民消费增长出现困难，并使完成“十五”计划确定的年均增长5%的目标难度加大。多年来，由于农民收入增长缓慢，使有巨大需求潜力但缺乏足够消费能力的农村消费市场一直没能很好地启动和开发出来。

2.就业形势严峻，社会保障和社会救济压力加大

2003年国家采取了许多措施，使年初确定的新增800万个就业岗位、实现下岗再就业400万人的预期目标能够实现。但仍有下岗失业人员约1400万人，2004年新增劳动力可能还有1000万人左右。经济发展能够提供的就业岗位与就

业需求之间的矛盾仍然很大。目前，全国还有3000万左右的农村贫困人口，部分受灾转移安置群众和城镇贫困人口的生产生活还比较困难。随着人口老龄化比例继续提高，城镇人口增加，企业改革和结构调整力度加大，养老保险、医疗保险、失业保险和城镇最低生活保障等面临更大压力。

3.经济增长的素质不高，粗放经营的状况还比较严重

目前，我国经济增长的投入产出比很不合理，根据统计资料计算，2002年新增1元GDP需要近1.18元的固定资产投资，2003年新增1元的GDP仍需要约1元左右的固定资产投资。根据有关资料计算，我国单位产值能耗是世界平均水平的2.6倍、美国的3.1倍、日本的6.4倍；单位产值石油消耗是世界平均水平1.9倍、美国的2.3倍、日本的3.8倍；单位产值粗钢消耗是世界平均水平的5.4倍、美国的10倍、日本的7.6倍。经济增长的成本代价大，资源约束矛盾越来越突出。

4.2003年以来，在部分行业和地区出现了盲目投资和低水平重复建设

据调查，许多地方和企业过度依赖银行信贷搞建设，加上金融机构内控机制不健全，导致信贷资金投放增长过猛。在建和拟建的钢铁、汽车、纺织和电解铝规模巨大，地区产业趋同化比较严重，潜伏着生产能力过剩、企业破产、失业增多、银行呆坏帐增加的风险。一些地方相互攀比，竞相兴办各类开发区，滥占耕地，土地资源闲置浪费现象严重，导致部分农民失地失业、生活无保障。

二、2004年经济工作中需要高度关注的几个问题

2003年，我国经济发展面临的环境总体上仍然比较有利。主要表现在，世界经济增长呈继续回升趋势，据一些国际经济组织预测，世界经济和贸易增长将比2004年有所加快；我国扩大内需的政策效应还将继续显现；对外开放程度进一步提高，国内投资环境会有新的改善；贯彻党的十六届三中全会精神，将进一步加大完善社会主义市场经济体制和发挥市场配置资源的推进力度；抗击非典取得胜利、战胜各种自然灾害和成功实现载人航天飞行，进一步增强了中华民族凝聚力，全国上下全面建设小康社会的积极性空前高涨。我们要利用好这些有利条件，把各方面加快发展的积极性珍惜好、引导好、保持好。贯彻十六届三中全会精神，树立全面、协调、可持续的发展观，协调好各方面的关系，统筹城乡发展、统筹区域发展、统筹经济社会发展、统筹人与自然和谐发展、统筹国内发展和对外开放的要求；坚持以人为本，把广大人民的根本利益作为经济工作的出发点和落脚点，改善城乡居民生活，促进国民经济持续稳定发展和社会全面进步。在政策安排和把握上应该更加关注以下一些方面：

1.以提高农民收入为重心，统筹城乡经济协调发展

农民收入增长缓慢是制约扩大消费、制约扩大内需，影响国民经济发展的全局性问题，必须把解决好"三农"问题特别是增加农民收入作为经济工作的重中之重。继续巩固农业的基础地位，实行最严格的耕地保护制度，保护和提高

粮食生产能力，加大对农业和农村中小型基础设施、农村公共设施建设的投入力度，改善农村生产生活条件。发挥城市对农村的带动作用，推动农村富余劳动力向非农产业和城镇转移。坚决纠正侵害农民利益的行为，进一步减轻农民负担，千方百计提高农民收入。

2.坚持经济发展与扩大就业并举，把增加就业放在更加突出的位置

做好就业和再就业工作，关系到人民群众的切身利益和改革发展稳定的大局。要把创造更多的就业机会作为各级政府在安排经济工作、进行宏观调控的重要内容。实施积极的就业政策，积极做好就业技能培训和就业服务体系建设工作，抓住经济增长和扩大就业的结合点，扶持和发展劳动力容量大的产业和企业，积极培育新的就业增长点。

3.统筹协调经济和社会发展，推进卫生、教育、科技等社会事业建设

要认真总结吸取经济建设和社会发展中不平衡问题，扭转重经济建设、轻社会发展的倾向，注重全面把握宏观调控的各项目标，在计划安排、政策支持、资金投入、体制改革等方面加大对社会发展的支持力度，更加重视公共医疗卫生体系建设、农村基础教育、生态建设和环境保护工作，在经济发展基础上实现社会全面进步。

4.将扩大内需的着眼点放在扩大消费上，增强消费对经济增长的拉动作用

经济增长与发展最终要靠消费来支撑。要加强政策研究，采取有针对性的宏观调控措施，控制投资的过快增长，约束资源消耗高、污染严重、产品质量低劣生产能力的扩张，促进形成投资和消费增长相协调的增长关系。要注意发掘城乡居民消费需求潜力，进一步发展汽车、住房、电信等消费热点，发现和培育潜在的和新的消费热点。继续做好改善消费环境、规范市场秩序、保护消费者权益，增强城乡居民消费信心和安全感。

5.以提高质量和效益为中心，加强推进经济结构调整

要通过政策导向、法律约束和必要的行政措施，引导各方面把工作重点转到调整经济结构、厉行资源节约、提高增长质量和效益上来，推动发展循环经济。促进转变经济增长方式，通过市场机制作用引导地方和企业在提高自主开发能力和产业竞争力、加快第三产业发展、推进西部大开发和东北等老工业基地调整改造等方面取得积极进展。

6.积极推进改革开放，为经济社会发展提供新动力

我国经济生活中一些深层次的体制性障碍，严重制约着经济潜力的发挥和市场优化配置资源的活力，滞缓了我国国际竞争力提高的步伐。必须按照十六届三中全会的战略部署，坚持社会主义市场经济的改革方向，有重点、分阶段地推进改革，进一步扩大对外开放，为国民经济和持续发展提供强大动力和广阔空间。

三、保持宏观调控政策连续性 适当调整政策实施的结构和力度

保持国民经济持续协调稳定增长、防止大起大落，应该是2004年经济发展和宏观调控需要把握的一个重要指导思想。为此，必须坚持扩大内需的方针，继续实施积极的财政政策和稳健的货币政策，保持政策的连续性和稳定性。在协调确定2004年经济增长预期目标和调控政策取向时，要注意使宏观政策指向更加有利于引导各方面确实树立可持续发展的思想，引导各方面将发展的着力点放在深化改革，推进结构调整，提高经济增长质量和效益上，避免片面追求增长速度，减轻资源和环境的压力。

当前，我国经济供大于求的总体格局尚未根本改变，经济自主增长的基础还不稳固，改革和结构调整的任务很重，中西部地区的发展在相当程度上还需要国家的扶持；按照十六届三中全会的要求，完善政府社会管理和公共服务职能，加快解决多年来政府在公共基础设施建设、社会发展建设、生态建设和环境保护等方面欠账过多的问题，需要加大政府在这方面的投入；尽快完成结转在建国债项目，使其尽早发挥效益等等。2004年还需要保持必要的长期建设国债发行规模。根据近两年我国宏观经济形势趋好、企业效益改善，民间投资日趋活跃的实际情况，可以逐步适当调减国债发行力度。

根据形势的发展变化，应适当调整国债的使用结构，在保持国债资金拉动经济增长的同时，注重调整国债资金投入方向，解决机构性矛盾，发挥好国债投资对促进结构调整的作用。国债建设资金的投向要加大向农村“六小”工程等基础设施建设、公共卫生、农村基础教育等社会事业发展、大江大河治理和大型水利枢纽建设、生态建设和环境保护、支持西部大开发和东北等老工业基地调整改造、促进技术进步和产业升级、支持生产安全改造、对促进就业和再就业、改善消费环境扩大居民消费有积极作用等的建设领域倾斜。

同时，应进一步丰富积极财政政策的内容和手段，在加强税收征管、增加收入的基础上，适当调整税收结构和税率结构，如对农业税进行适当的结构性调整，降低农业税率，加大调整财政支出结构的力度，使财政支出的重点进一步向解决“三农”问题、建设公共卫生体系、扩大就业、保障低收入群众生活等方面倾斜。还应加快研究和建立完善的政府公共投资机制，努力形成稳定的、与财政收入增长相协调的、与经济和社会发展要求相适应的政府公共投资增长机制和资金渠道。

我国经济发展正处于新一轮增长的上升期，在这一背景下，需要继续实施稳健的货币政策，保持货币供应量和信贷规模的合理增长，警惕和防范出现新的金融风险。应注意改善货币政策传导机制，综合运用各种货币政策工具，注重进行货币政策的“预调”和“微调”。加强信贷结构调控，推进信贷政策与产

业政策的进一步协调配合，增加信贷对经济结构调整、扩大消费、扶持中小企业发展扩大就业的支持力度。深化金融企业改革，健全金融调控机制，发挥金融监管机构的作用，加大金融监管力度，进一步完善金融机构的内控机制，合理考核国有商业银行不良贷款指标和利润指标。针对我国资本市场发展慢、融资规模小、间接融资比例过大、融资渠道和金融风险都过于集中在银行的状况，需要高度重视，认真研究发展资本市场、扩大直接融资渠道问题，探索有效扩大资本市场和建立更多的、规范的直接融资方式，提高直接融资比例，拓宽融资渠道。

从投资看中国经济增长

国家信息中心发展部处长　高辉清

一、2003年中国经济再次成为世界关注的焦点

这些年来，中国经济虽然始终保持了较快增长，不过，成为世界关注的焦点时间并不是很多。但有两次例外，第一次是2001年美国新经济危机爆发，将全球几乎主要的经济体都拖下了水，当时中国经济以“一枝独秀”的态势吸引了各国的眼球，人们衷心希望中国经济这条船别再沉下去，以便给世界经济的复苏留一点念头；第二次则是2003年，2003年的中国经济由于具有以下四个特点，从而再次成为世界关注的焦点。

第一个特点：启动非常快

中国经济的突然启动从2003年初就开始了。春节刚过，许多专家就在为经济是过快还是过热而争论不休。随后，SARS疫情从天降，犹如一盆冷水浇在了发热的经济上。然而，进入第四季度以后，经济再次逐月升温，再现锐不可挡态势。

第二个特点：过程曲折

在这一年中，我们跨过了三道大坎：分别是SARS疫情、汇率战和热钱冲击。现在看来，SARS疫情对全年国内生产总值的影响大约是0.8个百分点。这一数字显然大大低于专家们的一般估计，也大大低于市场的普遍预期；汇率战开始逐渐平息，热钱冲击开始减弱，三道大坎基本平稳度过。

第三个特点：结局完美

2003年的中国经济以年内最高点收盘，全年GDP按照可比价格计算比上年增长9.1%，到达1997年以来的最高水平；按购买力平价衡量，GDP总量已居全球第二，外贸总量已经列为世界第四；人均GDP首次突破人均1000美元，到达1090美元。再加上，物价小幅上涨，几乎达到了理论上的最佳状态。

第四个特点：为世界经济复苏做出了自己的贡献

许多迹象表明，2003年下半年以后，世界经济的突然复苏在一定程度上还是由中国经济所拉动，这在过去几乎是前所未有的。由于中国经济活动异常活跃，国内需求旺盛，导致进口坚韧快速地增长。全年进口4128.4亿美元，增

长39.9%，增幅提高近20个百分点；全年实现贸易顺差255.3亿美元。贸易顺差低于上年303亿美元的水平。在进口商品中，初级产品进口增长强劲，钢材、汽车进口增长迅速。其中，2003年全世界1/3的可贸易铁矿石都用在了中国。全世界的水泥产量15亿吨，中国2003年消费了8.2亿吨，相当于全世界55%的水泥都倒在了中国的土地上。在全球海贸货增量中，中国就占了近八成。

二、辨析“中国经济过热”的困惑

国际社会关注中国经济，还有一个重要缘故，那就是对“中国经济到底是否已经过热”感到心里没底。2003年中国经济的启动，而且在遭受天灾人祸的情况下依然出现飞速增长，不仅国际社会看不太懂，就连国内经济学家们也看不太懂，以至于连一个过去看来是非常简单的问题，即“经济是否过热？”从年头争论到年尾都没有得出结果，成了一个没有结论的争论。最近，中央有关领导又明确表态，2004年的宏观调控需要防止通货膨胀，需要提高一些产能过剩的行业贷款门槛，同时也希望偏快的投资能发展平稳些。这一切使得“经济是否过热”再次成为人们关注的一个焦点。

1.三个理由说明，经济并未过热

第一个理由是，并未出现通货膨胀。目前物价虽然出现明显上涨，但总体幅度较小，涉及商品范围不太大，而且缺乏持续快速上涨的动力。这种状况不仅不能说经济已经过热；相反在笔者看来，这是有利于经济健康发展的最佳物价环境。

第二个理由是，前几年民间资本没有启动时，经济增长已经“七上八下”。2004年民间资本刚启动，虽说薄积厚发，有点猛。但如果因此就说已经“过热”，就未免太轻率了。因为以此逻辑推理，经济则除了“偏冷”，就只有“过热”了，不冷也不热的正常态就永远不会出现了！

第三个理由是，从经济周期的视角看，当前经济增长速度还远未并达到过热的水平。“经济是否已经过热”实际上也是一个争吵了一年却没有一个令人信服答案的问题。现在，2003年全年的经济增长速度出来了，又为这一问题的剖析提供了一个新的工具。许多人现在开始用现实GDP来与潜在GDP进行比较了。然而，潜在GDP只是一个理论上存在的东西，而且是个动态的概念，在现实中受各种因素影响，永远得不到一个大家认可的潜在GDP。于是，大家就采用一个取巧的方法，即用一段较长时期的平均GDP来代替潜在GDP。然而，计算出来的数据再次展现出了一个矛盾的结果，即以近十年的平均水平来衡量，2003年9.1%的水平有所偏高，而以近二十年的平均水平来衡量，9.1%又有所偏低。实际上，如果以历史数据来衡量的话，有一个更简单的方法可以判断出：9.1%的速度并不高！因为我们只要考察上一个经济周期（按谷-谷方法划分）中历年的经济速度，就会发现从1990～1998年9年中只有3年的时间GDP速度低于9.1%，换句话说，2003

年经济增长虽为近7年来最快，但实际上还不到上一个经济周期的正常水平！

2.四个理由说明，所谓的“局部过热”迹象在一定程度上是因非经济因素而带来的扭曲表现

第一个理由是，“三荒”（煤、电、油）主要由电荒引发，而它主要来自重化工业、高能耗和宏观控制的失误。

第二个理由是，粮价上涨也是由政府在这方面的工作失误所导致，因为前几年粮食产量就持续下降，而且一些地方撂荒严重，但没有得到及时纠正。

第三个理由是，高投资率有合理性。经济结构调整和升级，重化工业发展需要高投资来支持；城市建设、基础设施和公共设施建设即是投资需求，也是最终需求，另外，计入房地产投资的绝大部分也是最终需求，所以，现在投资需求大于消费需求，似乎不相匹配，实际上没有必要担心。

第四个理由是，行业产能过剩，不等于经济过热。2003年，一些本该淘汰的高能耗、高污染和低质量的小企业死灰复燃，一些行业由于投资增长较快，一些行业投资急剧增长，可能导致2、3年之后的产能大量过剩，如纺织、电解铝和钢铁等。这是决策层认为经济存在局部过热的最重要原因。然而，在过剩经济时期，产能过剩的行业永远存在，这很正常，所以，不应该认为产能过剩就是经济过热，否则将永远没有不过热的时候。更不应该用供给制时代的观点来看待它，以为“产能过剩并不等于经济过热就是浪费，浪费就是犯罪”。

综上所述，我们认为，历时一年多的“经济过热论”之争可以休矣。有研究表明，如果没有这些扭曲制约，中国的资源得到充分利用，中国的潜在GDP应当在12%以上。

三、中国经济增长的奥秘在投资

我们认为，要了解中国经济增长的奥秘，关键的一点在于要分析清楚这一变量，即推动中国经济的主动力——投资。统计局的数据表明，2003年社会消费品零售总额增长了9.1%，可以说是不算冷也不算热；全年实现贸易顺差255.3亿美元，低于上年303亿美元的水平。只有固定资产投资表现出色，全年全社会固定资产投资是55118亿，增长26.7%，扣除物价影响，2003年投资为改革开放以来之最。从上述增长的格局看，2003年中国经济单轮驱动特征非常明显，投资是绝对的大主力。

因而，如果上述“经济过热”能够成立的话，那也就只能说是“投资的过热”了！但是投资过热了吗？我们只要将支持中国投资增长的动力剖析清楚，这一问题将不辩自明。下面，我们从三个角度、六个方面来分析一下：“中国投资增长的动力来自何方？”

1.第一个角度：投资主体

2003年投资主体毫无疑问是民间投资和地方政府。在中央政府投资下降的情况下，民间投资唱了主角，地方政府是配角。

(1)民间投资

过去，我们一直有些忽视中国民间投资的力量，曾以为它只能起一些拾残补缺的作用，但现在这个观点被彻底地改变过来了。经过20多年的快速发展，虽然还有很多居民尤其是农民的生活水平没有得到实质性提高，但毫无疑问民营资本已经被大规模地积累起来了。2003年，在许多领域国进民退、地方政府优惠招商和新一轮经济上升周期开始形成的刺激下，民间投资的力量在短时期内集中地爆发了出来。

民间投资不仅进入过去传统的轻工业、低端服务业，而且大规模地进入重工业。比如，2003年，中国钢铁投资增长幅度高达130%，汽车投资的增幅也超过了70%，是投资增长速度最快的领域。这其中的投资主体就是民营企业。据说在国外，年产500万吨钢的企业只有40个，而仅在中国唐山周围的钢铁企业就有56个，大部分都是近年出现的民营钢铁企业，而且目标都是500万吨。在汽车领域，仅浙江一个省就有40多个民营企业在进行汽车方面的投资。

(2)政府投资

2003年推动经济增长的力量从资金来源看，毫无疑问是民营资本，但地方政府力量依然非常明显。尤其是因为对现行的土地批租行为，没有一个规范的条例进行约束，导致了有关土地开放的非理性膨胀。有关调查表明，根据24个省区市的初步调查上报结果，当前我国开发区（园区）数量有3500个之多，规划面积更高达3.6万平方公里，甚至都超过了现有城市建设用地总量。

地方政府之所以热衷于此，主要是把土地批租当成了一个没有任何风险，同时又能获得巨大收益的摇钱树。另外，对一些地方领导来说，在这过程中，既可以建设面子工程和政绩工程，同时还可以伺机进行权利寻租，开展钱权交易，何乐而不为呢？

2.第二个角度：改革

(1)国退民进

随着改革的不断深入，国有经济从竞争领域退出的速度越来越快，而民营资本和外资可介入的领域越来越多。这几年一个集中的体现就是，在过去，几乎全部由国有经济垄断的公用事业领域，民间资本和外资进入的速度非常快。进入领域范围很广，包括航空、港口、教育、文化和市政。其中，市政公用行业就包括城市供水、燃气、供热、公交、污水垃圾处理、城市路桥和环卫等行业。虽然各地对内开放速度不一，但由于公用事业中所涉及到的行业几乎都是业务和收入都较为稳定有保障的行业，只要政府开一条缝，民间资本和外资就蜂拥而至。

(2)户籍改革与城市化

2003年，许多地方开始实行了户籍改革，许多城市居民人口在一年之内几乎翻番。在户籍改革推动下，过去被抑制的城市化建设速度明显加快，工厂、道路和其他基础设施项目纷纷上马，从而拉动了投资相应高速增长。有人估算，2003年基础项目投资对中国整体投资增长的贡献在40%左右。

3.第三个角度：产业发展

(1)产业转移

产业转移体现在两个方面：

一是以制造业为代表的国际产业向中国的转移。现在国际社会越来越意识到有必要将制造业转移到中国去。第一，中国几乎是唯一可以肯定继续保持快速增长几十年的国家；第二，中国的质量不断提高的廉价劳动力无可竞争；第三，中国具有各类产业相互配套发展的基础，从而容易形成产业聚集效应；第四，中国具有巨大的内部市场孵化新兴产业；具有纵深的地区可以实现产业的梯度转移。这些优势几乎都是中国特有的，如果在其他地区投资制造业将难以获得与中国境内企业的竞争能力。2003年，国际汽车制造业进入中国势头就异常迅猛。

二是中国境内的梯度转移。有关这一点，国内几乎还没有学者注意到。中国实施了多年西部大开发战略，国家财政投资了不少，高速公路建设了不少，但西部地区经济发展似乎依然没有实质性的提高，许多人因此还在不断指责政府前几年的积极财政政策。然而，他们忽视了一点，虽然西部地区经济没有出现突飞猛进的发展态势，但与东部沿海地区对外开放和西部大开发都无缘的中部地区，这几年投资和经济却飞速发展。一个最重要的原因就在于，许多东部沿海地区的企业都沿着这几年新建起来的高速公路转移到了成本更低廉的中部地区了。

(2)重化工业

人们常说，中国将成为“世界工厂”或者说成为“制造业加工基地”。然而，不管是“世界工厂”还是“制造业加工基地”，带来的一个必然结果就是，带动中国的产业结构升级。2003年，在城市化、消费高级化、国际产业转移、民营资本的介入等一系列因素的作用下，2003年中国工业基本上已经由轻纺工业升级到重化工业，并为以后升级到高新技术工业做好准备。我国重工业的加速发展必然也就要求高投资率来给予支持，而且重工业产业链条较长，同时带动了一系列相关产业投资的增长。

四、从投资看中国经济改革对经济增长的促进作用

从前面分析可知，中国投资增长内生力量很强，足以推动GDP保持20年长期快速增长。但是，其中也包含一些不合理因素，比如政府主导和银行贷款过多，现在采取了一些治标方法，然而，治本的方法是改革。

1.改革将有效弥补投资发展中出现的缺陷

2004年中国改革的两个重头戏就是与政府主导投资和银行贷款过多相对应的投资体制改革与金融体制改革。

(1)投资体制改革实际上是经济领域的政府改革，将从体制上杜绝政府主导投资现象的发生。由发展和改革委起草的《投资体制改革方案》在国务院常务会议上被原则通过，在完成最后一个阶段修改之后，将向社会公布。《投资体制改革方案》首先要做的就是：让诸神归位，尽量减少政府对投资项目的参与。

为了防止地方官员的“政绩工程”和“面子工程”的出现，政府投资建设项目还要过三关：一是完善咨询评议论证制度；二是对于重大项目要实行专家评议制度；三是政府投资项目要建立公示制度。西方谚语：“阳光是最好的杀毒剂”。能够真正通过这三关考验的项目，贪污腐败的病毒大概也就能杀得差不多了。同时，为加强投资效果的监管，新方案提出完善和健全审计监督制度，强化政府投资制衡机制，并提出了“建立投资责任追究制度”。

(2)“WTO倒逼效应”下快速推进的中国金融改革将理顺货币政策传导机制，可以防止未来再次出现货币增长失速事故。中国金融的新一轮改革也始于2003年，政府在监管机构设置和监管政策，以及金融机构和市场改革方面都做了大量工作。但总体判断，前期所作的这些都还是一些外围准备工作。真正触及核心的改革则始于2004年，并以中央银行将450亿美元外汇储备向中行和建行注资为标志。新一轮的金融改革要做的事情虽然很繁杂，但改革要实现的目标主要有三个：一是法制化，以立法的形式规范各类机构的治理结构和有关行为；二是市场化，市场能做的事情就让市场去完成，尽量削弱政府的审批权限；三是国际化，逐步放开金融业的管制，从各方面加速国内与国际的接轨。

2.改革将保证投资和经济增长的高质量

从国际经验看，一个国家由发展中国家迈入发达国家的行列，一般需要20年左右的经济腾飞就够了。但在中国，改革开放历时20多年了，这期间我国经济也一直保持了高速的发展。按照国际经验，我们现在理应属于发达国家才对，然而，现实却是我们不仅依然还是一个发展中国家，而且在许多地区人民的生活水平还非常低。

为什么会出现这种局面呢？为什么经济快速发展了，社会财富却没有同步增长呢？为什么在“一部分人先富起来”之后，其他人却没有跟着富起来呢？这一切都说明，我们的经济增长质量出了问题。

如果从构成GDP的三大需求角度来看，问题主要就出现在投资上。理由有二：

(1)出口是难以进行实质性调控的和随机变化的；消费是被动的，很大程度取决于收入的增长。因而，我国的经济增长在很大程度上体现为投资拉动的特征。

(2)三大需求、出口和消费市场化程度都较高，意味着效率也相对较高，只有投资的市场化程度最低，实际上效率也最低。

在三大需求中，投资领域始终是我国政府干预最大的地方，这一点在地方表现得尤其突出。长期以来，由于我国事实上存在的将“GDP”作为政绩考核标准，地方政府主要就是拿投资来做文章。从理论上讲，高质量、有效益的投资实际上要求市场导向型，符合市场运作规律。但政府的投资或者说政府主导下的投资必然是领导人利益导向型，有时可能只符合人事运作规律。由于这两种导向和这两个规律几乎完全不一样，所以在绝大多数的情况下，投入产出率都非常低。

通过改革将能改变这种现状。未来有投资，就要有收益。当然，改革的作用不仅是体现在提高投资效益上，主要是体现在逐步建立一个更能适用社会公平发展和经济协调、可持续发展的大环境上。

第三篇

专题研究

关于国家高新区管理体制的调研报告

科技部火炬中心 科技部政策体改司

经过10年的发展，我国高新技术产业开发区（下称高新区）建设取得了令人瞩目的成就，为国家的经济建设、科技进步和社会发展做出了突出贡献，高新区管理体制建设也取得了一定的进展。进入新世纪，深化高新区管理体制改革，进一步推动全国高新区及高新技术产业的快速发展，是一个十分紧迫而又重要的问题。根据徐部长的指示，我们就国家高新区管理体制改革与创新问题进行了调研，调研工作采取了问卷调查、实地考察和召开座谈会等方式进行。

调研情况报告如下：

一、目前高新区管理体制的主要模式

高新区发展的实践证明，党中央、国务院做出建立高新区的决策是十分英明正确的，特区化的管理体制是高新区快速发展的前提和重要保证。即使在今天，高新区的管理体制仍在聚集各种创新要素、促进高新技术产业的发展上发挥着不可替代的作用。

高新区管理体制的一大特点，是具备基本行政职能而又精干、高效。在对47家高新区的问卷调查发现，在政府职能上，近100%的高新区都已具备了财政、项目审批、土地管理和劳动人事部门，近50%的高新区还设有税务、工商、外经贸机构和社会事业管理部门，少数的高新区有审计、社会治安等部门。在人员编制上，41家国家高新区行政编制2502人，平均49人；事业编制675人，平均16人，只是管辖相同区域及人口的一般行政区划的1/4左右。

根据各地不同的实际情况以及高新技术产业发展的特点和要求，高新区在管理体制上不断探索和创新，逐步形成了现有的基本模式，主要有以下几种类型：

一是政府委托管理（派出机构）型。这种类型高新区的主要决策和管理权都由政府派出的高新区管委会行使，高新区作为当地政府的派出机构。地方政府除了在发展方向、大的政策决策以及任命管委会主要领导方面行使权力外，主要起支持和保障作用。这种类型的特点是高新区管委会权力集中，有利于体制的改革与创新，有利于提高效率，但需要省市政府及权威领导人强有力的支持，并选好管委会的带头人。

二是政府直接管理型。这种类型高新区的宏观管理和财政、项目审批、土地、规划、人事等主要决策权由政府（或由政府部门组成的领导小组）直接行使，政府有关部门分别管理相关事务，高新区管委会主要是协调和具体事务的管理。这种类型高新区的特点是政府直接领导，有关部门介入较多，需要协调的事很多，高新区的发展受所在地政府及有关部门的行政效率影响很大。

三是政府开发管理型。这种类型的高新区主要是由政府组建开发公司，进行区域开发和建设。政府授权部分管理职权给开发公司，但由于授权有限，开发公司无法协调解决高新区改革和发展中出现的新情况、新问题。这种类型的体制不适合现实国情，一些原来是这种类型体制的高新区正在转型。

目前，大多数高新区的管理体制都属于第一种类型，即政府委托管理型。这些高新区在实践中逐步形成以下三个管理层次：第一层是当地政府的领导小组。一般由高新区所在市的主要领导任领导小组组长，市直有关部门负责人为成员组成，作为高新区管理与发展的决策层。第二层是管理层，即高新区管委会。管委会是市政府的派出机构，集中了市政府的部分管理职能，负责对高新区各项事务，包括高新区的建设与发展规划进行组织实施，管理区内高新技术企业等。第三层是经营服务层。一般包括开发建设总公司、创业服务中心以及各类中介服务机构等，通过基础设施建设、投融资、技术引进、产品展销、提供生产经营场所、资金支持、信贷担保、技能培训、信息服务、后勤保障等方式为区内企业提供管理和服务。这种类型高新区在上述三个层次上也存在着一定差异，名称不一，机构设置也不尽相同，所赋予的管理权限和级别也不尽相同。

二、高新区的发展仍存在急需解决的问题

我国高新区管理体制的基本模式是伴随着社会主义市场经济体制的形成，经过新旧体制的不断碰撞、不断调整而逐步形成的。进入新世纪，世界科技日新月异，竞争日趋激烈，高新技术产业的发展出现了许多新的特点和趋势。我国即将加入世贸组织，行政管理体制改革逐步深化，许多优惠政策与法规必须适应WTO的规则框架，聚集在高新区内的高新技术企业将直接面对国际竞争。如何适应新形势的要求，发现问题，找出对策，深化高新区管理体制改革是我们当前的重要任务。通过调研，从发展的要求来看，现有高新区在管理体制上还存在以下主要问题：

1.高新区的行政主体地位不明确

到目前为止，高新区的行政主体地位问题还很不明确。虽然部分省市已经由地方人大通过或以政府令的形式制定出台了关于高新区的地方性法规，其法律地位问题得到了一定程度的解决。但是，大部分高新区仍缺少行政执法的主体资格，不能建立强有力的行政执法体系，使管委会无法在环境建设、减少行政审

批、提高办事效率、保护高新技术企业合法权益等方面发挥其应有的作用。一个典型案例是，当某高新区合理扣留经常在夜间往高新区倾倒垃圾的车辆时，反而被告上法庭，原因是高新区仅是一级派出机构，没有行政执法的资格和权限。行政主体地位不明确，已经成为制约高新区发展的重要因素。

2.管理权限授权不够，落实不足

高新区作为地方政府的派出机构，虽然多数拥有所在市的市级经济管理权限，但在实际运作中关键权力往往不能下放给高新区，致使高新区产业规划、土地征用、工商注册、人才引进、资金融通等方面受制于所在地方的其他有关部门和有关政策条文的制约，所授权力落实困难，得不到有效调度和合理发展。由于权力、利益、责任划分等方面的问题，高新区与区外原有体制的摩擦时有发生。个别高新区内地方派驻机构的运行机制往往与高新区内设机构不合拍，经常出现矛盾和扯皮现象，导致高新区的管理体制在运行中出现了种种困难。

3.内外新旧管理体制的矛盾冲突，导致个别地方出现了体制上“复归”

多数高新区大胆探索，按照高新技术产业发展的特点，初步建立了适应社会主义市场经济体制的新管理体制模式。但是，由于在实践运行中遇到了一些高新区自身无法解决的困难，比如地方各级政府部门都要求上下对口，一些高新区把已精简转变的政府职能又转回去，开始增加机构设置和人员编制，办事手续繁杂，管理体制出现了“复归”，以致于有的区内企业建一座大楼仍要盖上百个公章，等几个月时间，背离了机构精简的原则。还有的高新区用人制度改革进展缓慢，增加机构和人员，未能面向社会公开招聘所需人才，反而成为安排亲属、子女就业、安排照顾干部的地方，导致高新区管理人员整体素质不仅不能提高，还有下降的趋势。

4.中介服务体系的地位没有得到充分肯定，作用没有得到充分发挥

虽然大多数高新区都成立了诸如行业协会、商会，以及金融、投资、证券、贸易、人才、知识产权、信息、法律、会计、审计、合同仲裁等各种中介服务机构，但很多高新区内的中介服务体系的地位还是没有得到充分的肯定，没有充分发挥他们在产业发展、企业管理、环境建设、投融资服务等方面的积极作用。行政机构与中介机构争活干，把本该由社会和市场做的事，高新区大包大揽下来，致使事务性工作太多，高新区管委会工作人员工作负荷不断加重，一定程度上影响了高新区行政效率和服务质量的提高。

5.管理模式出现了多样性的特点，如何分类指导是一个必须认真对待的问题

适应不同地区的特点和高新技术产业发展的要求，各地的管理体制在不同的层次上有很大的差别。如在西部地区，大多实行比较集中的管理体制，高新区也希望具备更多的职能，使区内企业在高新区就可以解决尽可能多的问题。而在一些沿海发达地区，如深圳市就实行一种相对开放的模式，高新区很多的工作由市有关部门和社会力量来完成。在苏州则完全是一种基本具备行政区划职能的新区政府，功能齐全，高新区代企业来办大量的对外事务。针对上述不同的情况和特点，如何分类指导，选择适合的体制，是高新区，特别是那些潜力还没有得到充分发挥的高新区加快发展的一个重要问题。

九届人大四次会议通过的《国民经济和社会发展第十个五年计划纲要》指出，“我国已经进入必须通过结构调整才能促进经济发展的阶段，经济发展和结构调整必须依靠体制创新和科技创新”。“十五”期间，国家高新区继续肩负着发展高新技术产业、促进结构调整和经济发展的任务，高效的、符合市场经济规律和现代高新技术产业发展需要的管理体制是加速发展的前提和基础。进入新世纪，随着我国各项改革的进一步深入，目前的问题将会更加突出，新的问题还会不断出现。应当看到，我们面临的环境是严峻的，我们的改革任务是繁重的，深化高新区管理体制的改革势在必行、任重而道远。

三、高新区管理体制改革与创新的建议

先进生产力的发展，必须有先进的生产关系与之相适应，促进我国高新技术产业的发展，必须继续坚持体制创新，深化高新区管理体制改革，在若干问题上取得突破。为此，针对目前现状和存在的问题，对今后高新区管理体制改革与创新提出如下建议：

1.支持和鼓励有条件的各地根据各自发展的实际情况来制定高新区管理条例

通过制定高新区管理条例，对项目审批、规划建设、土地征用、劳动人事、工商登记及知识产权保护等事关高新区发展大局的诸多方面加以明确，依法调节高新区内行政、事业、企业等各类主体的行政和民事行为，保护各类主体的合法权益。

支持和鼓励各类企业、大学和科研机构探索在自愿基础上建立高新区的技术性民间组织的尝试，不断完善法律和法规，保护各类社会团体的合法权力和合法行为。增强企业和行业的自律能力和自我保护能力。

2.应当继续坚持高新区的发展方向和思路

应使高新区能够从有利发展的角度出发，在各个方面率先探索，创造一个有利于各种创新要素聚集和融合的环境。同时在改革的总体思路和国家宏观政策的指导下，充分发挥地方的优势和积极性，将中央和地方的资源与优势有机地结合起来，以地方为主，大力促进各地高新技术产业的蓬勃发展。

根据各地不同的发展情况，可以采取适应本地发展的相对灵活的体制，基本原则是：在社区服务相对发达的地区，应进一步精简机构，下放权力；在社区服务相对落后的地区，近期内高新区仍应承担相应的社区职能。

3.高新区的管理必须坚持精简、高效、服务的原则，防止体制“复归”

高新区的管理必须坚持精简、高效、服务的原则，管委会代表所在地人民政府集中行使社会经济管理的各项职能，有关部门在区内设置的派出机构要尽量减少，必须设立的派出机构，应当接受高新区的管理和协调。

对政府授权充分的高新区，要提倡和推广“一站式办公”、“一个窗口对外”以及“限时答复”等制度，加强服务意识，提高服务质量，使企业能够在高新区内得到方便、快捷、全程的服务和管理。对政府授权不充分的高新区，应要求开发区统一承担对外协调职能，代表区内高新技术企业与政府部门沟通协调。

在高新区的内部用人机制上，推行部分高新区已经成功运行的“公开招聘、竞争上岗、年度测评、末位淘汰”的用人机制，从制度上防止体制的“复归”。

4.充分发挥社会中介服务体系的作用

高新区应加快建立健全社会中介服务体系，充分发挥社会中介服务体系的管理和服务作用。减少行政审批，规范审批行为，强化监督机制。对于行业协会类型的中介组织，要给予鼓励和支持，更多地发挥其在行政管理和行业自律方面的作用。对于金融、财会、评估等类型的中介组织，要完善制度、优化环境，使其完全按照市场经济体制得到充分的发展，充分发挥其服务功能，为高新技术企业的培育和发展创造良好的条件。同时鼓励和支持社会力量办中介服务机构，如允许企业办孵化器、允许企业建立风险投资公司等。

5.鼓励建立以民间投资为主体的风险投资基金，加大民间资本比例

政府要加大完善软硬环境的非竞争性公共产品的投资力度。对经济效益显著、民间资本乐于投资的产业，政府财政资金尽量不参与，绝对不能控股，最大限度地减少政府对企业经营活动的干预。在高新区开发和建设中，引入竞争机制，进一步开放工程项目市场。允许有实力的建筑开发商参与公共设施和工程项目的投标，同时要采取有力措施，防止哄抬地价和房地产价格。

国家高新区管理体制改革与创新，对于我国经济体制、科技体制和行政管理体制改革的深入具有一定的示范和带动作用。应当在充分调研的基础上，尽快出台关于国家高新区管理体制改革与创新的若干意见，以指导全国高新区建设，促进高新技术产业的加速发展。

跨国公司在华投资新趋势

商务部跨国公司研究中心主任 王志乐

中国入世对于跨国公司在华投资和经营带来深远影响。新世纪初，全球经济版图正在进行新的调整。跨国公司的全球网络也在重新调整。跨国公司的全球网络也在重新调整。管理运营中心、制造中心和研发中心等是跨国公司全球网络中心的主要环节。中国已经是许多跨国公司的制造中心。中国也正在成为一些跨国公司的研发中心。入世后，由于金融、批发、零售等服务业开放，中国也有可能成为跨国公司的管理营运中心。

入世意味着中国全面融入经济全球化潮流。中国适应世贸组织要求修订了有关外商投资的法律，制定了促进外商投资的新政策，包括法制环境、政策环境和行政环境在内的投资软环境得到进一步改善。

入世使跨国公司全球战略在华的实施有了可能。因此，面对中国入世前景，世界著名跨国公司根据全球战略的需要，开始重新考虑其在华的全球战略中的定位，调整在华的经营战略或策略，把中国全面纳入其全球经营网络。

一、投资力度强化
跨国公司开始在华新一轮投资热

据商务部统计，2002年1～12月，我国新批合同外资金额827.68亿美元，同比增长19.62%；实际使用外资金额527.43亿美元，同比增长12.51%。截至2002年底，全国累计批准设立外资企业424196个，合同外资金额8280.60亿美元。

从1979年到2001年，外商在华投资大体经历了三个阶段，从1979年到1991年，外商开始进入中国。这个时期著名跨国公司在华投资并不多。从1992年起，外商在华开始了一轮投资热。从2001年起，外商投资明显增加，新一轮投资热正在形成。

台商是新一轮投资热的先驱，近年来，以东莞为代表的珠江三角洲和以昆山为代表的长江三角洲地区吸引了大量台湾投资。20世纪70～80年代，欧美日等地区的跨国公司把制造业转移到台湾。现在，台湾又把制造业向祖国内地转移。事实上，这也是跨国公司全球战略的一个组成部分。

新一轮台商投资主要集中在电子信息产业。台湾8个主要的笔记本电脑厂商都已经进入中国内地。仅在苏州地区就有台湾6家笔记本电脑厂商投资。电脑零部件和外围产品供应商业随之来到内地。过去，电子工业的基础零件——大规模集成电路厂商在北京、上海等地投资兴建制造厂。例如上海宏力和中芯国际两家公司都是投资10亿美元以上的芯片制造项目。继前些年台湾传统制造业掀起新一轮大陆投资热后，最近，台湾服务业企业也纷纷进入中国大陆，包括银行、保险和律师事务所等专业服务机构。

2001年，日本企业在华投资数量激增。1998年亚洲金融危机之后，日本企业在中国投资下降。1999年在华投资29.7亿美元，2000年在华投资29.2亿美元。2001年，日本企业在华投资合同外资54亿美元，同比增加47%；实际到位资金43.5亿美元，同比增加49%。

中国加入WTO及服务市场的开放，为日本跨国公司启动“中国市场战略”带来了新的契机。加强中国地区总部的战略企划、市场营销筹统功能，构筑营销及技术服务网络，加强针对中国市场的研发功能，寻求与强势中国企业的战略联盟机会等，成为日本跨国公司在今后2~3年内的主要工作内容。按照中国加入WTO的服务市场开放时间表，中国将在2004年末，向所有外资企业开放贸易权及国内分销权，日本跨国公司正配合这一开放时间表确立各自的“中国市场战略”与支撑这一战略的运行体系。

中国和东盟地区是日本企业生产基地海外转移的两大首选地区。而中国拥有坚实的工业基础与支撑型产业群，投资环境良好，且拥有1.5亿左右富裕消费者群，特别是以上海为龙头的华东地区，将是今后5~10年日本跨国公司对中投资战略展开的重点地区。

上世纪90年代，日本企业把中国作为加工基地，在中国的投资往往是成本导向型投资，这种投资技术的含量和资本含量比较低，在中国入世前后启动的新一轮投资热中，日本企业把中国企业作为互利互补的合作伙伴，开展市场导向性投资，资本含量和技术含量显著加大。

东芝公司在2001年4月决定把数码彩电、大屏幕彩电转移到中国大连生产，2002年6月又在杭州出口加工区取得40万平方米土地使用权，在此建立东芝全球化IT生产基地，投资超过70亿日元。第一个进入这个基地的是东芝信息机器（杭州）有限公司。这是一个集笔记本电脑的生产、销售、维修和研发为一体的企业，计划2003年年产笔记本电脑75万台。2002年7月，东芝收购于1994年成立的“无锡华芝半导体有限公司”中方合作者的股份，更名为“东芝无锡半导体有限公司”，同时增加对这家公司的投资，其注册资金达到1500万美元。东芝为扩大这家公司的半导体产量，计划再投资50亿日元，使企业产量增加10倍。2001年东芝在华销售收入3000亿日元，按照东芝最新的中国业务发展计划，2005年计划达到6000亿日元，2001年东芝在华员工11000人，2003年将达到20000人。换言之，未来4年内，东芝在华业务总量将翻一番。

松下公司在华也有新的战略考虑，松下认为中国作为“世界的工厂”，应当成为全球供给基地，同时还是拥有13亿人口的“世界巨大的市场”，在21世纪，谁在中国取得了胜利，谁就赢得了世界，从中长期考虑“在中国打造第二个松下”，2001年，松下在华企业营业收入200亿元人民币，占松下全球营业额的5%。按照规划，到2005年，松下营业收入将达到700亿元，其中1/3营业额通过在华总部中国有限公司的销售实现。如同台湾企业和日本企业一样，其他跨国公司也纷纷调整在华战略，扩大在华投资和经营规模，成为新一轮在华投资热的主要推动力量。

二、投资项目系统化
跨国公司在华投资领域的调整

1.继续投资制造业——使中国成为“世界工厂”

中国制造业已经具备了相当大的实力。在不少消费品制造领域，中国企业已经拥有了相当强的竞争力。对于这些领域，跨国公司往往不再投资建立新的制造厂。他们往往下订单进行采购，或者对某些制造业项目进行收购。这是最近世界著名跨国公司纷纷加强在华采购力度的原因。

值得注意的是，在制造业上游，即基本原材料和零部件等项目，跨国公司还在加大投资。目前中国政府批准正在进行的4个大型石油化工一体化项目就是属于这类项目。这类项目规模大，投资额高。

德国巴斯夫公司2000年启动的总投资26亿美元的石油一体化项目。壳牌石油公司在广东惠州与中国海洋石油总公司等公司合资的项目投资超过40亿美元。拜耳公司和英国石油公司（BP）在上海分别投资石油化工项目，两个项目投资额均达到30亿美元。

我国每年生产大量消费类电子产品。作为电子工业的上游项目——大规模集成电路（芯片）我国自给率不高，每年依赖大量进口。北京、上海和天津等地批准外商投资若干电子芯片项目。这些项目每个都需要投资超过10亿美元。

2.投资研究与开发——使中国成为地区研发中心

中国入世后，跨国公司在中国加大投资研发项目发展趋势得到加强。过去，主要使IT行业在中国投资研究开发事业，现在，其他制造业企业也积极在华设立研发中心。如GE公司在中国入世前已经设立了研究中心。2002年3月，GE研究中心注册为独立法人。研究中心是GE研发总部在华投资的项目，注册资金2900万美元。研究中心在浦东正在建设一个建筑面积达到2万平方米的中心大厦。中心建成后，将把GE在华各个部门的研发力量集中，一期人员达到1000人，二期土地面积已经买下，是一期的1.5倍，那时研发人员将达到2000人。

入世后跨国公司在华的研发投资出现了以下6个变化：

(1)从逐步进入到大幅度转让技术；

(2)由被动技术转让到自觉的技术投入；

(3)由单纯技术转让向研究开发经营战略转变；

(4)产业结构升级与技术投入同步进行；

(5)技术投入与发展配套相结合；

(6)对技术控制加强。

3.投资生产服务业——使中国成为地区管理营运中心

随着中国入世承诺的兑现，跨国公司逐步进入中国服务业领域。包括银行、保险和证券在内的金融业，包括增值电信和基础电信在内的电信服务业以及包括法律、会计、管理、公关等业务在内的专业咨询业，都成为跨国公司进入的热点。

随着跨国公司进入这些新开放领域，他们有可能在中国实现投资业务的横向一体化。在此基础上，跨国公司有可能在中国设立地区总部。

一段时间以来，不少跨国公司正在酝酿把在中国的投资性公司（俗称伞形公司）升格为公司在中国或者在大中华区的地区总部。有的公司则把中国地区总部作为亚太总部。与此同时，不少跨国公司还在中国设立运营中心。他们在地区总部之下，往往还有采购中心、销售中心、研究开发中心、培训中心、财务结算中心、政府事务中心、媒体事务中心等。根据公司运营需要，跨国公司主要在中国华南、华东和华北设立这些运营中心。

我们可以发现，跨国公司在中国入世前后进行了相当深刻的和广泛的投资领域的调整。在加强制造业原有项目投资与经营的同时，他们加强制造业上游和下游项目的投资，即纵向项目一体化投资；他们也加强与制造业相关的服务业项目投资，即横向项目一体化投资。通过纵向一体化和横向一体化的投资，跨国公司初步实现了投资项目的系统化。系统化投资恰恰是大型跨国公司不同于一般外商投资的主要区别。把在华投资系统化，必将大大增强跨国公司在华的整体竞争力。

三、投资地点集中化
跨国公司投资地域的调整

跨国公司投资地点的选择与我国各地政府招商引资竞争往往是一场持久的博弈。

石油化工和芯片等制造业上游项目对于基础设施等投资硬环境比一般的制造业项目要求更高。这些项目往往要求设立在沿海港口地区或者制造业中心地区。研究开发和金融流通等服务项目需要有高素质的人才，而且临近制造业中心地区以便为制造业提供服务。符合这些条件的投资地点往往集中在中国东部沿海地区，特别是集中在以京津地区为中心的环渤海经济圈、以上海为中心的长江三角洲和以香港为龙头的珠江三角洲地区。

2001年以来，这些经济开发中心地区的跨国公司投资呈快速增长之势。

表一：5年来实际使用外资地区分析

年份	东部 %	中部 %	西部 %
1997	85.99	10.58	3.43
1998	87.26	9.72	3.02
1999	87.88	9.29	2.82
2000	86.62	8.83	4.55
2001	87.15	8.75	4.1

资料来源：商务部《中国外资统计》

截至2001年，改革开放22年来，外资85.96%分布在东部地区，8.78%分布在中部地区，5.26%分布在西部地区。但是，近几年来，投资在东部地区的外资比例都超过86%，甚至超过87%。而投向西部的外资比例一直低于22年来的平均数。

上述数字表明，最近几年跨国公司在华投资并没有像人们希望的那样增加在中西部地区投资，而是仍然把东部地区作为投资的重点，而且还有加大在东部投资的趋势。

跨国公司来华投资主要当然不是为中国做贡献。跨国公司在华投资是企业行为。既然是企业，在选择投资地点时就要考虑企业收益的最大化。跨国公司选择最有利于企业经营和发展的投资地点投资，从企业经营角度当然是合理的，如前所述，中国入世时的跨国公司比较容易按照市场经济规律和企业发展规律在中国投资与经营。跨国公司的企业行为与中国宏观经济发展目标显然会有偏离。

四、投资方式多样化
跨国公司投资方式的调整

1.从新建投资到并购投资

近年来，跨国公司在全球范围进行投资时常常采用并购方式。目前跨国公司绝大多数跨国投资是通过跨国并购实现的。但是，与全球跨国并购趋势相比，中国跨国并购数量还不多。据联合国贸发会议的统计，在中国的跨国并购每年大概十几亿，二十几亿美元。中国每年引进的外商直接投资是300亿到400亿美元，其中约1/20是跨国并购，其他多数是新建项目的投资。

值得注意的是，入世前后，跨国公司加大了在华并购力度。其前提是经过20年改革开放，中国经济发展到一个新阶段。实施并购的有利条件逐步增加了。

第一，中国成长起一大批有价值的企业。从上个世纪80年代后期开始，中国企业引进外国企业技术和生产设备，建立了一大批制造企业。1992年以后，一大批跨国公司进入中国，也建立了一大批现代制造业企业。许多企业拥有良好的装备，由于重复建设或者由于经营不善而设备闲置。这些企业具有收购的价值。

第二，从观念看，过去人们创办企业从来不考虑将企业出售，又由于片面强调保护“民族工业”和防止“国有资产流失”，因此，对于跨国公司并购国

有企业的趋势难以接受。现在，人们的观念已经发生了很大变化。对于跨国公司在中国的并购能够从企业发展战略的角度给予理解和接受。改变了过去片面地从意识形态角度看跨国公司并购的片面的情绪化的思路。

第三，一些地方政府和行业主管部门以及不少企业都有参与并购的强烈需求。人们把跨国公司的并购作为促进产业结构调整、盘活现有资产的重要途径。

中国政府正在积极研究和制定相关政策和法规就集中反映了上述变化。

商务部已经制定外资参与中国企业并购的具体政策与规定。国有企业并购破产工作将进一步推进。中国政府鼓励跨国公司通过受让股权、买断资产等不同方式参与国有企业的改组、改造；允许国有企业向外商出售股权、资产；除关系国民经济命脉和按照我国对外承诺必须由中方控股的企业外，将根据产业政策和行业特点适当放开外商投资所占的股权比例；外商投资企业上市和国内上市公司向外商投资企业转让部分股权工作正在进行积极探索；在符合国家有关法律和外商投资产业政策的前提下，允许金融资产管理公司向外商出让其企业股权、实物资产和债权。在这样新条件下，入世前后，跨国公司并购活动开始活跃。

2.从合资到独资

从1997年以来，中国新批外商独资企业项目数一直多于合资企业数量。从1998年起，合同外资金额中外商独资企业一直多于合资企业。实际使用的外资金额则从2000年起独资企业超过合资企业。从发展趋势看，新批企业数量和外资金额独资企业超过合资企业越来越多。例如，2001年中国新批外商独资企业15643个，合同金额430亿美元；新批外商合资企业8894个，合同外资金额176亿美元。独资企业项目数量是合资企业项目的2倍，金额则是2.4倍。

跨国公司最初进入中国市场时，对于中国市场不熟悉，缺乏在中国市场运作的经验。为了弥补自己的缺陷，他们往往在当地选择一个合作伙伴，建立一个合资企业。另外，当时中国政府也积极推进外商与中国企业的合资合作。中国方面认为，通过合资合作，中方企业可以近距离学习跨国公司的经验。而且一些重要行业，例如汽车、通讯器材等规定必须与中国企业合资才允许外商投资。因此，合资是跨国公司进入中国后的主要投资和运营方式。

跨国公司与中国当地企业合作有一个相互学习的过程。经过十几年的合资合作，跨国公司逐渐了解并熟悉了中国法规、中国市场、中国竞争者。他们积累了在中国投资经营和竞争的全过程经验。应当承认，在相互学习过程中，多数情况下跨国公司学习比我们当地企业快，比我们当地企业好。现在，他们已经完成了学习，已经“毕业”，可以单干了。从大量实践看，中外合资企业虽然也有不少成功案例，但是确实也有不少合资企业存在内耗乃至内斗。跨国公司为了在中国更快的发展，当然希望变合资企业为独资企业。而且近年来，地方政府从实践中发现，独资企业往往比合资企业为当地更快地带来经济利益。他们从鼓励合资到不反对独资，进而到鼓励外商独资。

跨国公司最初的措施是增资扩股，成为中外合资企业的大股东。最近的措施则是干脆收购合资企业中方股份，把合资企业变成独资企业。

过去中国政府和企业在吸引外资时，一般都鼓励中外合资项目。现在，跨国公司明确地把投资方式从合资向独资转变，应当如何看待这一变化，我们认为，跨国公司愿意在中国建立独资企业，事实上反映他们对当地投资环境的认可。如果当地投资环境糟糕，外商往往希望与一个与当地政府关系良好的中国企业合资，以此降低风险，加强与当地政府打交道。同时我们也应该看到，跨国公司建立独资企业，虽然不需要中国企业伙伴，但是他们必然会与当地其他机构，包括政府机构合作，事实上也是一种合作企业。因此，对于跨国公司投资方式的转变不必拘泥于过去鼓励合资的观念而加以阻碍。

3.从单个项目到产业链投资

与一般中小企业投资不同，大型跨国公司在华投资不是单打独斗，而是带动整个产业链投资，进行群体竞争。能够带动整个产业链一起投资，或者在中国建立健全的配套体系的跨国公司，就能够取得在华竞争的主动。诺基亚公司在北京经济技术开发区星网工业园的投资就是一个典型的产业链投资的案例。

星网工业园以北京首信诺基亚移动通信有限公司为龙头，带动30多家国内外著名的移动通信设备配套厂商共同投资兴建，主要从事有关移动通信产品及零部件的研究开发、制造、销售、服务等业务。该项目占地100公顷，总投资金额超过100亿元人民币。据介绍，整个科技园预计三年内建成，是诺基亚全球最大的生产基地之一。全部投产运营后，可提供1万多个就业机会，年销售额将达到500亿元人民币。届时，产品的国有化率将达到60%。这个高效的移动通信专业园区，将逐步发展成为世界先进的综合性移动通信制造和出口基地、中外合作的创新典范。

星网（国际）工业园以名牌产品为龙头，以全球市场为驱动，以关联产品为纽带，开创了产业链各环节企业相互合作共同投资的新模式。这种模式减少了企业之间的交易成本，适应了市场的快速反映，提高了市场竞争能力，降低了企业的营运风险。

为了保持竞争优势，星网（国际）工业园还将建成现代化的仓储、物流、后勤、服务设施，并由专门的物流公司统一规划管理。

园内各相关企业之间都设有网络联线，以保证物流和信息流的即时连接和直接沟通，有的配套厂商甚至准备专门建造直接通向诺基亚组装厂房的超大型传送带，诺基亚的零部件供应商们可以在每天的早上从全球各地调来各种元器件，并在星网（国际）工业园内进行研发和生产，下午便可以提交给诺基亚进行组装，当天的晚上，这批刚刚生产出来的手机便可以坐上飞机，出口到世界各地，两到三天内应能实现资金回收，以便进行再投入。其所谓的“零”库存（其中还包括生产的“零”距离以及资金上的“零”运营成本）所具备的竞争优势在这里表露无疑。这种产业链各环节企业共同投资的模式实现了缩短流程、摒弃库存、降低成本的目标。

台商投资聚集长三角

商务部研究院 胡石青

一、台商的优势与特点

台湾经济半个多世纪以来，产业重点依次从民生工业—轻工业—重工业—高科技产业逐次转移，形成了以外向型为主要特点、以对外加工为主要生产经营方式的产业体系，在制造业上建立了独特的产业优势。随着上个世纪80年代中期以后台商走上向外投资发展的道路，这些发展中培养起来的产业基础也正是其对外投资的依靠与重点，同时这也成为了我国台商在祖国投资的优势与重点。

与港资以金融业及劳力密集型产业为主不同，台商的产业优势集中于中高度劳力密集型与技术密集型制造业，岛内相关产业的基础相对于香港薄弱的制造业而言，具有更大的投资发展空间与潜力。特别是进入新世纪以后，香港制造业基础的薄弱性暴露得更加明显，对大陆的投资日益偏重于服务业，而台商对祖国的投资始终就是以制造业为主，岛内的制造业迄今为止，也并未因为台商的外移而出现明显的“空洞化”，反而仍在继续发展，并且成为台商对祖国投资的持续热潮的后续源泉。

同时，相对于投资来说，台资又与港资一样，在大陆具有文化与血缘的同质性，在企业管理成本上具有无可争议的优势，并且这一优势越往北越累加。港资因为具有较强的地域性，往北发展，管理成本的优势反而递减。同时由于台商的发展即发端于岛内外向型经济，而这一形态的经济方式也造就了台商极其灵活的经营手段与敏锐的自我调节能力，在世界经济大潮中争得了自己的一席之地。正是具有了这些独到的优势，台商投资祖国虽然一直受到了两岸关系中政治因素的干扰，却持续不断掀起一波波高潮，未来仍具有良好的发展前景。

二、入世以后内地经济形势的改变

2002年两岸相继加入世界贸易组织后，我国遵循入世协议中做出的承诺，逐渐取消了对港台资金的特殊待遇，港台资本登陆过去曾经享有的特殊优惠待遇与日递减，在祖国其不仅将面临如何与本地资金建立合纵连横的关系，如何解决与外商特别是跨国公司在祖国的竞争合作关系也显得非常重要。港台资金相对于外资，在成本上的明显优势已经不在，而在管理与成本控制上以及企业经营、产业技术上又远远落后于跨国公司，如何为未来确立长久的竞争优势在今后将长期影响到港台资金在祖国的发展前景。目前经过两地的友好协商，港澳资本借由与祖国的特殊关系，以“一国两制”为基础，通过签署两地间的经贸安排(CEPA)，取得或即将取得祖国市场先入权待遇。而台商由于两岸政治关系的阻隔，甚至连两岸间的直接通航都还没有达成，两岸间的人货交流与调度中存在着很大的不便，这就削弱了台商相对于港商在祖国的优势。台商除绕经香港，争取取得视同港商的待遇以外，势必要更加重视对投资地点的选择，当地所具有的劳动力、土地与市场资源、发展潜力以及产业配套性成为更为现实与迫切的考虑。

据台湾方面的测算，由于两岸不能直航，海上运输增加约一半的运输时间；空运每年增加旅客旅行时间860万小时，货物运输时间26万吨小时。因不能直航而造成的运输成本与货主的时间及费用等额外成本，每年台湾方面的成本增加约为258亿元新台币。这些有形与无形的额外成本在很大的程度上削弱了台商的既有优势，两岸关系的僵局也使得两岸间谈不上建立真正意义上的互利互惠。对台商而言，更直接的损失还在于由于两岸无法直接“三通”，他们就无法在两岸建立一个完整便捷的产业布局，充分利用入世后两岸经济管理政策的调整所带来的发展机会。如果被动地等待两岸产业快速变化，台商就无法抢在外商之先取得先入的优势，也会丧失其在祖国可以掌握的产业与文化优势。

三、长江三角洲已经成为台商投资的重点

台商在进入祖国初期由于地缘与当时条件所决定，首先选中了以东莞为中心的珠江三角洲地区作为投资集中地区，珠江三角洲地区因此成为最早出现台商群聚效应的地区。而随着后续形势的演变发展，在区位比较优势的作用下，长江三角洲地区在入世后迅速跃居为台商投资的最集中地区，各种产业的群聚效应也正在扩大中。长江三角洲地区的经济优势主要可归纳为以下三点：

1.长江三角洲发展腹地广阔

除上海是全国最大的经济中心外，还包括苏南、苏中南部及杭嘉湖平原等全国传统经济发达地区。上海地理位置适中，先天上就具有良好的经济发展条件。建国以后，上海依靠其雄厚的产业基础，长期为全国其他地区的经济发展提供强有力的支持。改革开放以后，上海充分发挥了产业基础优势与便捷的海陆交通运输条件，再次焕发出经济上灵活与务实的经商特性，并且带动起周边地区的产业发展。1990年上海浦东大开发以后，长江三角洲地区更成为全国经济发展最活跃的地区。

2.占据经济上连接南北的中枢地位

长江三角洲地区位处中国经济中间地带，占据经济上连接南北的中枢地位，

是企业向北、向西进一步发展前的必经之地，特别适宜于台资科技产业对外销售与对内拓展的需要。外向型经济发展的首要条件，便是要求有便捷的交通设施，尤其是成本与货载量优势明显的水运系统，而集货集客能力的大小又决定了当地经济规模与产业特点。长江三角洲地区港口众多，相较于珠江三角洲地区，具有更大的经济发展的回旋余地，长江航道历来就是黄金水道，集货集客能力即使在全国范围内看，也稳居首位。

3.江浙地区招商引资工作积极，建立了良好的投资环境

上海作为全国最早对外开放的城市之一，具有吸引与利用外资的传统，是典型的商业城市，在与全国各大城市投资环境综合比较中，具有明显领先的优势。而苏南在昆山率先示范的带动下，招商引资工作蓬勃开展，以苏州工业园区为龙头的产业基地建立了较为完备的配套基础设施，为外商提供了良好的投资环境。

以上这些优势使长江三角洲地区成为目前全国经济发展形势最被看好的地区，当地为招商引资所表现的热情与积极，也令众多台商动容。据台商对祖国投资金额分布情况来看，1991到2002年底，台商对江苏地区投资金额为104.84亿美元，占对祖国投资金额的39.40%，超过广东的84.57亿美元与31.78%，若加上浙江地区的14.44亿美元与5.42%，超出广东10个百分点以上。单以2002年为例，台商投资集中度则更加明显，江苏占投资金额的47.19%，浙江占7.61%，合计超过广东的24.32%一半以上。

四、台商在长三角地区的分布概况

台商目前在长江三角洲地区基本形成了以高科技产业主导，以传统产业配套的产业布局，经济上群聚效应日益凸显，大致上分成以下四大区块：

1.上海及周边地区

这一区块由于是目前跨国公司在大陆的集中地区，主要台商基本上都在当地投资设点，作为在祖国发展的重要基地。较重要的除还在上海郊区淞江选点建设过程中的台积电公司外，主要有台资色彩浓厚的上海宏力、中芯两家8英寸芯片厂，传统产业的远东纺织、中兴纺织等，在服务业中有太平洋百货公司等。

2.苏州、无锡地区

苏州、昆山地区目前是台湾高科技产业，特别是笔记本电脑生产的重点区域，岛内所谓一线与二线的笔记本电脑生产厂商，几乎全部都在苏州地区设厂生产，包括仁宝、大众、华宇都在昆山、吴江建立了生产厂。无锡也随苏州地区的发展，成为部分台商的选择地区。

3.南京地区

南京地处长江三角洲地区的最东端，最初只是吸引一些规模较小的台商投资，目前也有了和桐石化集团设立的石化厂等大型投资项目。部分高科技产业如英业达电脑公司也开始将发展重点向东移到了南京地区。

4.杭州与宁波地区

杭州作为台商在上海地区的延伸地区，主要吸引了一些较次要的生产企业，日月光半导体封装测试厂的进驻则大大提高杭州地区台商的技术层次。而宁波地区是以台塑为首的台湾传统产业的投资集中地区。

台商集中投资长江三角洲地区的同时，在珠江三角洲地区的投资发展也并未因而中止。居东莞市公布的资料，2003年上半年，东莞市新签订台资项目272件，合同金额4.8亿美元，较上年同期增长37%。到6月底，东莞市共引进台资企业5547家，协议利用台资85.56亿美元，实际利用台资54亿美元，其中已投产台资企业4700家。这显示出台商向长江三角洲地区集中，并不是以削弱对珠三角地区投资为代价，而是同步发展，长江三角洲仅仅是因为发展更快而取得领先的地位，与此同时，台商对京津冀鲁组成的环渤海经济区的投资也在快速发展当中。台商投资大陆的区域分布并不是相互排斥，更多的是基于企业发展的多方面考虑。

中关村科技园区土地开发利用和产业发展情况报告

中关村科技园区管委会副主任　张贵林

中关村科技园区是经国务院1988年5月正式批准成立的中国第一个高新技术产业开发区。她已经成功地走过了15年的发展历程，取得了令人瞩目的成就。特别是1999年6月国务院“关于加快中关村科技园区的建设”的批复以来，中央领导同志和北京市委、市政府提出中关村科技园区建设要实现“一年一个样，三年大变样，五年上台阶，十年创一流”的奋斗目标。中关村科技园区管委会在中央有关部委和市政府相关部门的大力支持下，认真贯彻落实国务院的批复精神和中央领导同志以及市委、市政府的指示，按照“三个代表”的重要思想，并根据现代知识经济特征和市场经济规律，坚持可持续发展的原则，稳步推进中关村科技园区的建设。国务院关于整顿土地市场的电话会议召开后，中关村管委会及时组织园区相关建设公司进行认真学习并开展了自查自纠，有关情况汇报如下。

一、发展历史与政策调整情况

1988年5月10日，国务院批准成立北京市新技术产业开发试验区（中关村科技园区前身），确定试验区用地面积为100平方公里。

1994年4月25日，国家科委下发了《关于北京市新技术产业开发试验区调整区域范围的复函》，对政策区进行了首次调整。增加丰台园、昌平园各5平方公里，并在原区域范围内扣除玉渊潭公园等相应的等量面积，总面积保持100平方公里不变。

1999年1月8日，国家科技部下发了《关于同意北京市新技术产业开发试验区调整区域范围的函》（国科发高字[1999]006号），对政策区进行了第二次调整。调进两个区域：北京电子城（面积10.5平方公里），北京经济技术开发区（局部，面积7平方公里）；调出两个区域：清河地区（农田住宅面积

10.5平方公里），马连洼地区（农田住宅面积7.5平方公里）。调整后的试验区总面积仍保持在100平方公里不变。

2001年6月12日，根据国务院1999年6月5日的批复精神和园区建设与发展的实际需要，国家科技部再次下发了《关于同意调整北京市新技术产业开发试验区区域范围的复函》国科发高字[2001]200号），对中关村科技园区政策区域范围进行了第三次调整。将昌平园政策区不可利用的部分面积调出，调入相同面积；将电子城科技园中不可利用的3平方公里面积调出，将望京新兴产业区约3平方公里面积调入；将科技园区中公园及绿化用地、中央单位办公用地和成片居住用地等共计28.9平方公里的不可利用面积调整出科技园区，将清河西部地区、马连洼地区、朝阳区大屯地区和西城区德外大街以西地区，中关村软件园、生命园共25.7平方公里面积调入科技园区政策区。

经过上述三次置换调整，中关村科技园区政策区范围仍保持在100平方公里不变，但实际用于高科技产业发展用地得到了一定程度的加强，有力地保证了阶段性园区建设与发展的实际需要。

二、土地开发利用和产业发展情况

（一）土地规划及开发利用情况

中关村科技园区政策区包括：海淀园（72.5平方公里）、丰台园（5平方公里）、昌平园（5平方公里）、电子城科技园（10.5平方公里）、亦庄科技园（7平方公里）。其中海淀园是中关村科技园区的主体，经调查统计，已用于科技产业发展的用地仅有20余平方公里（含海淀园中心区和发展区），而且多数用地位于城区内。

1999年以来，在海淀园内进行规划的成片开发和改造建设项目主要有：上地信息产业基地北区（0.51平方公里）、软件园（1.39平方公里）、生命园（2.49平方公里）、永丰产业基地（4.53平方公里）、中关村西区（0.51平方公里）、清华科技园（0.13平方公里）、北大科技园（0.20平方公里）、环保科技园（3.59平方公里），累计占地面积13.35平方公里。

园区已开工建设的项目全部符合市有关规划和土地利用规划，除环保科技园（目前正在进行前期准备工作）外，全部位于园区政策区范围并已办理完毕相关建设手续和分期实施的土地征用手续。

（二）产业发展情况

中关村科技园区成立以来，平均每年保持20%以上的增长速度，特别是1999年国务院批复后，园区产业进入了快速发展的轨道，园区技工贸总收入和增加值两项指标，1998年分别为687亿元和157亿元，2002分别达到2404.8亿元和519亿元，分别是1998年的3.5倍和3.3倍。1999年园区实现税收29.9亿元，2002年园区实现税收99.6亿元，是1999年的3.3倍。园区高新技术企业总数已超过1.2万家。按照2002年技工贸总收入指标核算，园区实际用于高科技产业发展用地每平方公里实现技工贸总收入约达80亿元，科技发展用地的经济效益约相当于北京同时期的传统工业用地的4~6倍。目前，在完成三年大变样的基础上，制定了“五年上台阶”的行动纲要，到2005年，预计技工贸总收入可达到4000亿元，实现税收190亿元。园区的产业发展主要有以下两个特点：

1.为地方和全国的经济发展作出了贡献，起到了辐射示范作用

2002年，园区高新技术企业已达到12161家。园区经济占北京市GDP的比重逐年提高，2002年为16.6%，技工贸总收入在全国53个高新区中占1/6。世界500强企业中有52家在园区设立了分支机构，28家跨国公司在园区设立了研发中心。园区已形成了全国最大的软件和集成电路设计公司群体，软件销售收入约占全国的1/3。此外，中关村科技园区已成为全国最大的技术交易市场和技术辐射源。2002年，园区技术合同登记数约1.1万份，技术合同成交总金额112亿元。向北京以外地区输出技术合同数为5474份，输出技术合同额为62亿元，占当年技术合同成交总金额的55%。其中，输出到境外（含港澳台地区）的技术合同总数为103份，合同额为13亿元。

2.在城市建设和土地利用方面取得了良好的经济和社会效益

以上地信息产业基地为例，其土地利用效益在全国名列前茅。上地南区于2000年底基本建成，占地1.81平方公里，建筑面积约200万平方米，其中科技产业用地0.9平方公里。1999年实现工业总产值142亿元，创造了每公顷用地3.65亿元的工业总产值，被誉为“钻石效益”。截至2002年底，进驻企业达到634家，员工就业人数超过3万人。2002年实现工业总产值315亿元，上缴税金10.05亿元。上地北区占地面积0.51平方公里，于2000年6月20日开工建设，预计2004年底基本建成，建成后的北区可容纳20家大型高科技企业及200余家中小创业型企业，预计实现年工业总产值200亿元，年税收将达到5亿元以上。

三、园区建设的基本原则和特点

(一) 坚持规划先行 分布实施的原则

中关村科技园区严格按照国务院批复的北京市总体规划、北京市土地利用规划开展中关村科技园区的规划建设工作。依据上述规划制定了中关村科技园区总体规划、产业发展规划、各专业园区的控制性详细规划、修建性详细规划以及海淀园发展区生态规划，确保园区规划建设有据可依，有章可循。为科技园区土地开发利用的合理有效提供保障;在建设中根据园区产业发展需要和招商具体进展情况，统一规划，分步分期实施，避免园区土地闲置，实现土地的科学合理利用。

(二) 坚持政府主导的土地一级开发 实施政策倾斜

1.在科技园区专业园的建设过程中，依据统一的园区规划，由政府主导，企业参与，组建股份制公司，或采用公开招标方式确定主体，受政府委托不以盈利为目的，实施园区土地一级开发。

2.成立了北京市土地整理中心中关村科技园区分中心，配合市国土房管局、市土地整理储备中心，依据市政府有关规定，对高新技术企业发展用地，原则上可采用协议出让方式；对经营性用地在中关村科技园区率先推行了公开出让方式。截至目前，通过挂牌、招标等方式成功地确定20多个经营性地块的受让主体，总公开出让面积达到35.13万平方米。

上述两种方式充分体现了国土资源部、市政府的有关精神，有利于土地的集约化和高新技术产业发展，避免了科技园区内土地资源浪费，杜绝了圈地现象，使有限的科技园区产业发展用地得到了最大的产出，同时也保障了政府对经营性土地收益的最大化。

(三) 坚持土地利用与产业结构调整相结合原则 切实保障农民利益

在推动专业园区建设的同时，重视解决当地的农业结构调整和农民就业安置问题。启动了西北旺小城镇建设，专项用于农民拆迁安置。各专业园在建设的同时，组建了以解决当地农民就业为主要目的的园区物业管理公司和园林绿化公司，解决了部分农民的就业问题，推进了农村城市化进程和城乡结合部管理体制改革，园区的建设为当地农民真正地带来了实惠。

(四) 坚持园区建设生态优先 可持续发展的原则

为保证科技园区的可持续发展，保护海淀山后地区丰富的生态资源，中关村管委会委托清华大学建筑学院编制了海淀园发展区的生态规划，按照生态优先的原则，指导和控制发展区的规划建设，以生态产业推动传统农业结构调整和农村劳动力就业。

注重园区的环境建设，仅2000年到2002年，科技园区共实现绿化面积430万平方米，总绿化投资达4.9亿元，园区的环境建设得到了很大的改善。

(五) 坚持依法建设 严格实行建设工程招投标制度

科技园区的建设任务重，标准高，为确保园区各项建设任务的完成，在科技园区建设过程中严格按照程序办事，成立了市政府和相关主管部门共同参与的三个建设协调小组，协调有关部门加快办理建设项目相关手续。各项工程建设严格执行公开的招投标制度，遵章守法，严格检查，确保科技园区建设的规范、高效、有序。

四、发展建设过程中存在的问题及建议

(一) 存在的问题

1.产业发展空间不足

中关村科技园区现有政策区范围内科技产业发展空间十分有限，发展与空间不足的矛盾仍然十分突出。

1999年国务院批复下发后，一方面，入园高科技企业增长迅速，1999年当

年就增加了1227家高新技术企业，2000年增加2461家，2001年增加3062家，2002年增加3300余家，2003年上半年又新增入园企业1900余家，园区高新技术企业总数已达到12000余家。另一方面，按照中关村科技园区发展规划，预测到2005年实现技工贸总收入4000亿元，到2010年实现技工贸总收入6000亿元，到2013年，中关村科技园区要达到国际一流科技园区的标准，技工贸总收入将达8000亿~10000亿元。但是，目前科技部批准的中关村科技园区100平方公里政策区范围内，由于大部分用地位于城市建成区，实际可用于科技产业发展的用地总计不足60平方公里，空间不足已成为中关村科技企业办公和生产成本一直居高不下的重要原因之一，也制约着中关村科技园区高科技产业的进一步发展。

2.园区土地开发成本较高

中关村科技园区土地开发成本普遍较高，科技产业用地土地开发成本高的主要原因有两个：一是科技园区土地资源十分有限，居民拆迁安置成本较高；二是国家没有专门的科技产业用地开发支持政策，土地征用需上缴国家的各项税费与经营性房地产开发项目基本相同。而科技企业对土地价格的承受能力又相对有限，因此给园区招商和企业入驻带来不利影响。

3.园区开发建设手续繁杂，周期较长，审批滞后

中关村科技园区基建审批手续全部由市政府相关职能部门办理，尽管园区采取了很多措施，但仍旧受旧体制约束，存在审批周期过长，审批明显滞后，无法适应高科技园区快速发展建设的需要。在确保实现园区“三年大变样”目标期间，为赶工期，出现了部分建设手续办理滞后的现象，对园区的建设产生了不良影响。

（二）建议

1. 建议在园区努力提高原有土地利用效率和经济效益的同时，进一步扩大科技产业发展空间，使真正用于科技产业发展的用地达到100平方公里左右。为实现中关村科技园区既定发展目标，我们建议对中关村科技园区政策区范围再次进行调整，以确保园区高科技产业发展需要。

2. 建议国家有关部门根据科技产业用地的特殊性制定相关政策，对高新技术园区产业用地给予政策支持，减免相关税费，以降低开发建设成本。

优化投资创业环境
发展特色主导产业

烟台市人民政府

一、园区发展的基本情况和主要做法

烟台市国家级园区有3个(烟台经济技术开发区、烟台出口加工区、烟台APEC工业园区)，省级园区有9个。经过多年的开发建设，各园区都取得了长足发展。12个园区累计完成固定资产投资402.70亿元，其中基础设施投资106.4亿元。烟台经济技术开发区规划面积220.7平方公里，累计完成固定资产投资232亿元，其中基础设施投资78.3亿元。2002年，12个园区共完成GDP160.5亿元，实现地方财政收入7.6亿元。园区已成为烟台市区域经济发展的强有力的加速器。

(一) 拉动了对外开放的快速发展

截至2002年底，12个园区累计合同利用外资36.23亿美元，实际利用外资21.34亿美元，分别占全市总额的33.4%和33%；2002年完成外贸出口9.5亿美元，占全市总额的37.1%。2003年上半年，烟台市外经外贸主要指标实现了较快增长，主要得益于园区的拉动。12个园区上半年合同外资额7.1亿美元，同比增长99.5%；实际利用外资3.3亿美元，增长85%；外贸出口4.9亿美元，增长36%。

(二) 推进了结构调整和产业升级

烟台市的高新技术企业、行业龙头骨干企业主要集中在园区。以LG手机、电子网目板、大宇电子、科耐思电子为代表的电子项目，提升了烟台市电子行业的整体水平；以通用汽车、大宇重工、东星车用空调为代表的机械行业利用外资项目，优化了机械行业的产品结构；以华润锦纶、氨纶为代表的纺织企业，促进了纺织行业由传统向现代的转移；环球木业、玲珑橡胶、山村果园等一大批骨干项目，分别在不同领域提升了产业层次和水平。

(三) 加快了城市化建设步伐

12个园区建成区面积达136.8平方公里，占全市建成区总面积的52.7%；建成区人口达39万人，占全市建成区总人口的20%。烟台经济技术开发区建成区面积已达28平方公里，人口近6万人，目前已发展成为设施完善、环境优美的现代化工业新城区。园区已经成为烟台市加快城市化进程、转移农村剩余劳动力的重要途径。

多年以来，为强化园区建设，增强其在全市经济社会发展中的龙头作用和辐射带动功能，我们主要采取了以下做法：

1.规划建设适度超前，力争一步到位

规划是建设的龙头。在园区建设中，我们始终坚持规划先行的原则，高起点、高标准编制好园区发展规划。在规划的编制和实施过程中，注意正确处理老区与新区、产业与事业、生态与生产、总体规划与局部建设的关系，着力完善功能、提升品位、展示现代城区特点和风貌。烟台经济技术开发区扩区后，邀请中国城市规划设计院深圳分院的专家对总体规划进行研究和调整，以发展高新技术、先进制造业、现代物流业和休闲旅游业为主的工业新城区的功能定位已经确立。

2.坚持多元化融资，打破资金瓶颈

针对园区基础设施建设的资金“瓶颈”问题，我们树立经营理念，引入市场机制，采取市场化运作，多渠道、多形式筹措建设资金，做到“利用外资引一块、经营城市筹一块、适度举债贷一块、财政资金补一块、民间资本集一块”，较好解决了园区基础设施建设资金紧张的矛盾。具体工作中，我们放开了市政公用设施建设市场，鼓励和引导外资和民间资本到园区投资建设基础设施。对园区内的无形资产如道路冠名权、广告权等采取出让、招标、包片开发等方式进行运作，所得收益用于公共设施建设。绝大部分园区成立了土地收储中心，通过水、电、路等基础设施配套，实现土地的增值。

3.处理好三个关系，狠抓项目引进

园区是项目的载体，项目是园区的灵魂。在项目引进中，我们注意处理好三个关系，加快项目的进区步伐。一是处理好园区自身招商与区域整体招商的关系。项目建设不再走“村村点火”的老路，大力提倡“村村招项目、园区搞承接”的新做法。福山、芝罘、莱山、蓬莱等地，通过建立合理的利益分配机制，调动区外单位和个人参与园区招商，收到明显成效。蓬莱开发区总投资8000万美元的“环球木业”，最初就是由区外单位引荐的。海阳市通过调整机制，2002年一年就有40多个500万元以上的项目进区。二是处理好引进内资与引进外资的关系。坚持以内资带外资，引导和鼓励国内大企业、市内重点骨干企业进区，夯实产业基础，壮大园区规模，增强了引资吸引力。招远市引导市属三大重点骨干企业在开发区建设园中园，使开发区的规模得到迅速扩张。“青啤”、“小鸭”等一批国内知名企业落户蓬莱开发区，都对园区建设产生了重要拉动作用。三是处理好一般招商与专业招商的关系。招商引资越向纵深发展，专业招商的地位和作用就越突出。烟台市各园区通过公开考选、高薪招聘等多条渠道，大量引进和培养高素质的专业人才，普遍建立起了专业招商队伍，在招商引资特别是引进重大项目、高新技术项目方面发挥了重要作用。

4.不断优化环境，营造发展“磁场”

环境是生产力，谁的环境优，谁就能赢得发展主动权。近年来，我们不断强化环境建设，努力营造自由宽松的发展氛围。市里尽可能地把管理审批权限下放到了县市区和园区，并要求省级园区享受所在县市区同等的管理权限。对园区实行封闭式管理，县市区有关部门对园区进行检查，须经同级监察部门书面许可。取消了市里可以支配的一切行政事业性收费，对不合理的服务性收费进行了清理。为外商生产生活提供"绿色通道"。注意做到园区经济与生态环境协调发展，经济技术开发区已成为全国ISO14000生态示范区。注重搞好生活设施配套，不断优化生活环境，适应中外投资者的实际需要。

烟台市园区发展虽然有了一定基础，但与省委、省政府的要求和先进城市相比，仍有许多差距。一是园区整体发展速度不够快。烟台市园区的数量与苏州、无锡等城市差不多，起步时间也相近，但园区的发展速度、辐射带动作用却远远落后。二是各园区间发展很不平衡。好的园区已经成为当地经济的龙头，辐射带动作用日益增强；差的园区项目不多，质量不高，产业特色不明显。三是个别园区存在规划水平不高、区域功能定位不明确、项目布局分散等问题。这些都需要我们在今后的工作中认真加以改进。

二、抓住机遇 努力实现园区发展的新跨越

山东省委、省政府做出了非均衡发展、东部率先发展，建设胶东城市群，打造胶东半岛加工制造业基地等一系列战略决策，这些都为烟台市园区建设乃至整个经济社会发展带来了重大机遇。我们将紧紧抓住并有效利用这些机遇，进一步解放思想，与时俱进，以"三个代表"重要思想为指导，坚持"三为主一致力"的发展方针，进一步加大工作力度，争取在较短时间内，率先使外经外贸、高新技术、民营经济"三大亮点"在园区亮起来，使各类园区真正成为全市实施经济国际化战略的示范区、促进产业升级的科技园区、加快城市建设的样板区、招商引资的集中区、改革开放的实验区。

今后几年，烟台市各类园区实际利用外资和外贸出口的增长速度，要分别高于全市平均水平20个和10个以上百分点，到2005年，各类园区的利用外资占全市总额的比重达到70%以上，出口比重达到50%以上。

1.突出工作重点，实现园区外经外贸的新突破

一是发挥烟台经济技术开发区的环境优势，重点引进大项目。烟台开发区作为烟台市园区的龙头，将继续发挥对全市园区的示范和先导作用，工业增加值、实际利用外资和外贸出口三项指标的增长速度，要高于全国国家级开发区平均水平。要瞄准跨国公司兴办大项目，把招商引资的重点集中到日韩和欧美的跨国公司上来，根据跨国公司的投资特点筛选项目，提高招商实效。

二是发挥出口加工区的政策优势，建设出口主导型园区。积极吸引各类企业进区建厂，大力兴办加工贸易项目。认真协调解决好相关配套政策落实问题，推动加工区快速发展，建成烟台市扩大出口的示范区。

三是发挥APEC科技工业园区的孵化作用，走招商引资与孵化项目并举的路子。大力引进科技含量高、技术先进的高科技项目。加大智力引进，坚持招商引资与“招才引智”并举，吸引国内大专院校、科研院所及留学人员，进区开展高新技术创业，推进高新技术成果商品化、产业化和国际化。

四是发挥省级园区的承载优势，建设各具特色的园区群体。各省级园区的工业增加值、实际利用外资和外贸出口三项指标的增长速度要高于全省园区平均水平。重点瞄准日、韩、东南亚地区，大搞招商引资，大搞加工贸易，实现进出结合、大进大出。充分发挥乡镇企业、民营企业量大面广的优势，在省级园区内兴办专业化工业园，形成聚集效应。鼓励企业走规模化发展道路，逐步培植和发展壮大园区的主导产业，形成几个在全国同行领先的企业集团。

2.修订完善规划，合理调整园区生产力布局

根据形势发展的需要，烟台市不少县市区对园区行政区划进行了扩张调整。对此，我们要引导各县市对园区规划进行修订完善，并尽快组织编制园区控制性详细规定。一经确定，由园区管委负责具体组织实施。在规划修订和实施过程中，做到眼前利益与长远利益相统一、扩张规模与节约用地相统一、园区建设与城市化建设相统一、发展经济与保护农民利益相统一，实现园区快速、规范、有序发展。按照“专业分工、区域协作、功能互补、布局合理”的思路，调整园区生产力布局，发挥各自优势，形成产业特色，增强投资吸引力和发展后劲。为实施省委、省政府关于打造胶东半岛加工制造业基地的战略部署，我们研究确定在福山区、莱山区和牟平区分别设立日、韩、台三个市级专业园区，即开始规划，启动建设。

3.落实管理权限，加大对园区的政策扶持

组织专门力量，对已经下放给园区的土地、规划、建设、环保、工商、质监、项目管理等各方面的权限进行一次全面梳理，切实把赋予园区的职能和权限落实到位。要针对园区政策优势趋于弱化的新形势，根据园区发展的不同情况，采取灵活措施，加大对园区的扶持力度。对已经初具规模的园区，采取宽松的政策，增强其“造血”功能，保持园区持续快速发展的良好势头；对起步较晚、基础较差、自我发展能力弱的园区，给予一定的政策和财政支持，下大力气促其快速发展。

4.实施人才战略，进一步构筑园区的人才优势

人才是第一资源，我们要把人才队伍建设作为园区建设的根本性措施来抓。一是配备强有力的园区工作班子。从关系园区和全市经济发展的战略高度出发，下决心选拔和培养一大批有奉献精神、开拓意识、年富力强的领导干部和专业人才充实到园区的领导岗位。二要面向全社会招聘优秀人才。打破地域和部门的界限，不拘一格地广泛吸引优秀人才，特别是招商引资、规划建设和企业管理等方面的专业人才，为加快发展提供强有力的人才支撑。三是采取更加灵活的分配政策。学习天津泰达、南京高科等已经成为上市公司的园区的建设思路，建立起企业化的绩效挂钩的分配机制，通过灵活的分配政策，把好的人才留下来，把方方面面的积极性调动起来，促进园区加快发展。

沿江开发区发展建设的总体方向

江苏省对外贸易经济合作厅

江苏省沿长江岸线现有各级各类开发区31家（以下简称沿江开发区），其中国家级开发区5家、省级开发区26家，另有3个出口加工区设在沿江开发区内。全省沿江开发区经过10多年的建设，特别是最近5年来的快速发展，产业结构不断优化，第一产业比重下降，第二产业高速增长，第三产业迅速发展。随着国际资本加速向长江三角洲转移，一批大用水量、大运输量的临江产业项目明显向沿江地区积聚。目前沿江开发区已初步形成以钢铁、船舶、能源、造纸、化工、汽车配件、新材料为主导的沿江集群产业。沿江开发区投入产出已具相当规模。

新一轮沿江开发是江苏省委省政府的重大战略决策，也为沿江开发区提供了难得的发展机遇。为了促进沿江开发区把握住历史性机遇，加快建设与发展，按照《江苏省沿江开发总体规划》的要求，提出如下工作意见。

一、指导思想和奋斗目标

至2010年，全省沿江开发区工作的指导思想是:以党的十六大精神为指导，进一步解放思想，与时俱进，开拓创新，以沿江开发为契机，加快沿江开发区两岸联动建设，以优化综合投资环境和形成特色为重点，着力提高沿江开发区建设的质量和水平，使经济增长速度继续高于全省，在体制创新、技术创新和扩大开放等方面继续走在前列，成为实现两个“率先”的先行区，承接国际产业与资本转移的国际性制造业基地和充满经济活力、富有文化特色、经济建设、社会发展与生态环境全面协调持续发展的示范区。

至2010年，江苏省沿江开发区主要奋斗目标：

1.建成3个左右具有国际水平的开发区，使其成为吸引国际著名跨国公司到江苏省沿江地区投资的集中区域。

2.建成10个左右具有国内领先水平的开发区，使其在规模效益、集约化程度、科技含量、人均劳动生产率及综合投资环境质量等方面的指标均处于国内开发区一流水平。

3.实现主要经济指标的高增长。其中：国内生产总值年增长率保持在20%左右；财政收入年增长率保持在20%；利用外资和外贸自营出口高于沿江地区增长速度。

4.建成6个左右在国内开发区中具有领先水平的科技创业中心，建成一批由跨国公司和国内知名企业创办的研究开发机构，充分发挥开发区在技术创新和科技成果转化中的基地作用。

5.率先建立比较完善的社会主义市场经济运行机制和高质量人居环境。在开发区内率先建立与国际经济发展和社会主义市场经济相适应的市场体系、社会保障体系和现代管理体系，使市场在资源配置中的基础性作用得到充分的发挥。建立起环境优美、文明高效、现代化程度较高的高质量人居环境，使人口、环境、资源协调发展。力争使10个左右开发区通过ISO14000环境管理体系认证。

二、产业规划和布局

全省沿江开发区产业分布的思路是：着力吸引一批大运输量、大用水量、大吞吐量和大用地量的重大项目。在沿江开发区落户，逐步形成各具特色、颇具规模的园区产业群。沿江南岸开发区要大力培育资本技术密集型产业的发展，将劳动力密集型产业适时向沿江北岸转移；沿江北岸开发区在着重发展资本劳动力密集型产业的同时，加大改造提升传统产业的力度，提高产业的资本和技术含量；按照以上思路，确定全省沿江开发区各区域的主导产业布局为：

依托南京高新技术产业开发区、南京经济技术开发区、江宁经济开发区和南京浦口经济开发区，发展高新技术产业。充分发挥南京地区雄厚的科技实力和人才资源优势，大力培育研发创新、孵化创业和高新技术企业三大群体，加快形成电子信息、生物医药、新材料等高新技术产业基地；

整合南京化学工业园区、六合经济开发区、仪征经济开发区优势，依托扬子石化、南化、仪征化纤等大型石化、化纤企业，重点发展石油化工、基本有机化工原料、精细化工、高分子材料、新型化工材料等产业群，加快建成国内重要的石油化工业基地。

抓住建设润扬大桥的机遇，推进扬州经济开发区和镇江经济开发区、丹徒经济开发区的发展。重点发展船舶、造纸、汽车、化工等为主的特色产业，尽快建成国内重要的船舶修造业基地和高档纸业生产基地。

发挥常州高新技术产业开发区、泰州经济开发区、扬中经济开发区、泰兴经济开发区的临江优势。重点发展以工程机械为主的光机电一体化、聚碳酸酯新材料、精细化工等支柱产业。

联动开发江阴经济开发区和靖江经济开发区。围绕国家级新材料产业带建设，重点发展光电子通讯材料、金属新材料、有机高分子复合材料、精细化工材料、纺织新材料等五大新材料产业群。

加快张家港经济开发区、常熟经济开发区和太仓港经济开发区发展，建设江苏扬子江国际化学工业园、冶金工业园和常熟氟化学工业园、造纸工业园。发展以冶金、造纸、合成树脂、氟化工为主的精细化工等大型临江型产业和以精密机械、电子信息、新材料为主的高新技术产业群，建设以特种钢为主的冶金产业基地。

发挥张家港保税区的保税仓储、转口贸易、出口加工等功能，加快建成长江流域重要的精细化工和石化产品的物流和交易中心。

抓住建设苏通大桥的机遇，加强与上海的产业联系和区域合作，发展南通经济技术开发区、南通港闸经济开发区、南通台商投资开发区、通州经济开发区、海门经济开发区、如皋经济开发区和启东经济开发区。重点发展船舶修造、新材料、电子通信、生物医药、精细化工、轻纺等产业，加快形成电子信息、化学新材料、纺织纤维等产业基地。

沿江开发区要按照全省沿江开发战略部署，结合《江苏省沿江总体规划》，依托现有产业基础，突出主导产业发展方向，加强功能建设，形成特色鲜明、颇具规模的临江产业群。

1.南京经济技术开发区。大力发展精细化工、新材料特种钢铁、现代物流等支柱产业，积极发展电子信息、生物医药、轻工机械等产业。

2.南京高新技术产业开发区。加快形成电子信息、生物医药、光电一体化等产业基地。

3.江宁经济开发区。重点发展电子信息、汽车、新型建材等支柱产业。

4.南京化学工业园区。依托扬子石化、扬巴工程、南化等大型石化企业，重点发展石油化工、基本有机化工原料、精细化工、新型化工材料等产业群，加快建成国内重要的化学工业基地。

5.南京浦口经济开发区。重点发展生物医药、电子信息、机电等支柱产业。

6.六合经济开发区。加快发展生物制药、汽车、机械电子等主导产业。

7.镇江经济开发区。重点发展造纸、化工、精密铸件等主导产业。

8.丹徒经济开发区。加快发展石油化工、冶金、建材、机械等为主的产业。

9.扬中经济开发区。发挥地处长江黄金水道的优势，重点发展化工、造船、冶金为主的重点产业。

10.丹阳经济开发区。重点发展木业、新型包装材料、眼镜等主导产业，积极发展汽车和摩托车零部件、特种钢（高速钢）、五金工具等产业。

11.句容经济开发区。加快发展光电子、汽车整车及零配件、生物医药等主导产业。

12.常州高新技术开发区。重点发展光机电一体化、精细化工和生物医药、软件等支柱产业。

13.江阴经济开发区。围绕国家级新材料产业带建设，重点发展光电子通讯材料、金属新材料、有机高分子复合材料、精细化工材料、纺织新材料等五大新材料产品群。

14.张家港保税区。着力发挥出口加工、保税仓储和转口贸易功能，加快形成粮油加工、化工、机电等支柱产业，建成长江流域液体散装石化产品仓储为主的物流和交易中心。

15.张家港经济开发区及江苏扬子江国际化学工业园和冶金工业园。重点发展冶金、化工、新材料等产业，加快建成长江流域重要的特种钢和精细化工生产和集散地。

16.常熟经济开发区。重点建设沿江工业园和江苏高科技氟化工工业园两个主题园区；发展特种钢、造纸、氟化工、汽车配件等主导产业；形成彩涂卷板生产、高档文化用纸和高级箱板生产、氟化工生产、轮胎轮毂生产和电力生产基地。

17.常熟东南经济开发区（常熟外向型农业综合开发区）。重点发展电子信息、精密机械、生物医药等产业；积极发展汽车零部件、新型材料、高档轻纺和外向型农业。

18.太仓港经济开发区。加快港口、物流园区和临江产业园区建设，重点发展现代物流、化工、新材料为主的产业群。

19.仪征经济开发区。加快建设化工及石化物流园、滨江工业园和化纤纺织园等三个主题园区；重点发展物流、精细化工、化纤纺织等产业。

20.扬州经济开发区。重点发展精细化工、汽车、船舶等为主的特色产业，及时整合船舶制造资源，尽快建成国内重要的船舶修造基地。

21.江都经济开发区。加快建设沿江工业园区、夹江工业园区、东南部工业园区、北部工业园区，重点发展船舶制造等产业。

23.泰兴经济开发区。重点发展以精细化工为主，电子、纺织等产业为辅的产业。

24.靖江经济开发区。与江阴经济开发区联动开发，建设重化工工业园、新材料工业园和仓储码头区；重点发展船舶修造、新材料等产业。

25.南通经济技术开发区。重点建设港口工业区、出口加工区、现代纺织工业园区和现代物流园区；加快形成精细化工、化学新材料、电子信息等产业基地和区域物流中心。

26.南通港闸经济开发区。建设精细化工、机械加工、电子信息和轻纺工业等四个主题园区及能源生产基地。重点发展机械制造、电子元器件、生物制药等产业。

27.南通台商投资开发区。重点发展电子信息、生物工程、精细化工等产业。

28.通州经济开发区。重点发展电子、纺织、生物医药、塑胶化工等支柱产业。

29.海门经济开发区。重点发展新材料、电子通信、生物医药、化工等产业。以青龙港为基地，着力建设化工工业园区和生物医药园区。

30.如皋经济开发区。着力发展机械制造、食品加工、生物工程、新型材料等产业。

31.启东经济开发区。重点发展机械、生物医药、电子化工等产业。

三、工作措施

(一)加强投资软硬环境建设,增强沿江开发区对外资的吸引力

加强沿江开发区基础设施等投资硬环境的建设。在高起点、高水平科学规划的基础上适度超前搞好区内基础设施的建设。将投资环境建设与产业定位、生态环境的保护结合起来,逐步提高基础设施的标准、档次和品位。尽快接通高速公路等交通大动脉,缩小与中心城市、大口岸的时空差。发展得快的沿江开发区千方百计争取条件、创造条件建立与大口岸的直通点,以进一步适应更多跨国公司、高科技企业发展的需要。

着力强化软环境的建设,按照加入WTO要求加快建立与国际接轨的投资软环境,构筑江苏沿江开发区综合环境新优势。努力在沿江开发区为投资者营造一个办事高效、依法行政、服务优质的政务环境,公平合理、清晰透明的法律和政策环境,公平竞争的市场环境,良好的技术创新环境,优越的人才支持环境,切实保障人身、财产安全的社会治安环境,生活舒适宜人、环境清洁优美的生态生活环境。率先在沿江开发区创造一个高水准、符合国际惯例、适应高水平外资项目进入和发展需要的相对完美的投资环境,以提高江苏沿江地区的综合竞争力。

(二)进一步加大招商引资的力度,提高利用外资的质量和水平,使沿江开发区成为带动沿江地区产业结构调整的投资集聚区

沿江开发区要抓住江苏省沿江大开发大开放的战略机遇,发挥滨江临海、西进东出、承南启北的区位优势,突出招商主题,开展多种形式的招商活动,努力引进大物流量、大用水量的基础产业项目。沿江开发区要根据已形成的产业基础、国家产业政策和利用外资政策,构筑特色产业,实行错位竞争。

抓住"入世"的机遇,积极调整沿江开发区利用外资的结构,拓展利用外资的领域,促进更多的外资投向服务业、农业和基础设施领域。国家级开发区和部分发展得较好的省级开发区要注意培育吸收服务业方面外资的载体,着力构建国际商务平台,力争在服务业利用外资上有大的突破。

抓住世界产业结构调整与转移的机遇,加强与跨国公司的合资合作,吸引跨国公司来沿江开发区设立生产基地、研发中心、物流中心和区域性总部。根据国际投资的新特点,积极探索采用收购、兼并、风险投资、证券投资和投资基金等多种利用外资方式,拓展沿江开发区利用外资的渠道。在继续吸收台、港、澳地区和东南亚国家的投资的同时,加大对日本和欧美国家招商引资的力度。

坚持内外资并举,特别是抓住"入世"后民营经济快速发展的机遇,大力吸引民营企业,特别是民营科技型企业进区创业。

(三)狠抓投入产出,努力提高效益,使沿江开发区成为经济高增长区

沿江开发区要采取积极有效措施，促进签约项目的资金到帐，加快区内在建项目的建设进度，争取早日投产，特别是要重点帮助一批大项目的建成投产。努力帮助区内现有企业提高产量，增加效益。大力促进区内企业扩大出口。在促进工业项目建设的同时，加快发展商业、社会服务业等第三产业，壮大开发区的经济实力。

认真办好沿江保税区和出口加工区，充分发挥保税和出口加工的功能。

（四）进一步深化改革，加快体制创新，创造沿江开发区管理体制新优势

进一步加快沿江开发区体制创新的步伐，按照建立社会主义市场经济体制以及WTO规则的要求，再造沿江开发区发展的体制新优势，增强开发区技术创新、产业升级、扩大开放的动力和活力。

根据“小政府大社会”和“精简、统一、效能”的原则，理顺沿江开发区的管理体制。进一步转变政府职能，改革审批制度，最大限度地运用经济手段、法律手段，采用信息引导、有效服务、产业政策的实施等方式进行间接管理，充分发挥中介组织的协调、规范作用。进一步强化“亲商、安商、富商”观念，建立健全服务体系，为进区企业提供便捷、高效、优质的服务。增强政策的透明度和行政行为的规范性，强化监督职能，完善监督机制，从制度上保证服务质量和办事效率。

积极创造条件，建立投资与管理主体分离的开发区基础设施投资体制。加快开发总公司的股份制改造步伐，有条件的可作为融资载体争取上市。

（五）推进技术创新，实施人才战略，增强沿江开发区的发展后劲

发挥开发区资本、信息、技术、人才等资源集聚效应，沿江开发区大力推进和鼓励技术创新，加快高新技术创新中心、留学生创业园等孵化器的建设，建立健全风险投资机制。支持有条件的重点高校进区创办大学科技园。吸引跨国公司投资高新技术项目、设立研究开发中心和实验室。积极支持企业技术创新，提高自主创新能力，增强沿江经济带的发展后劲。

牢固确立人才资源是第一资源的观念，大力推进人事制度改革和用人观念的创新，建立开发区培养和吸引人才的良好机制，创造适合国内外高素质的人才创业和生活的环境，引进一批国内外高素质的人才。加大对沿江开发区现有人员的培训力度，建立一支高素质的人才队伍。

（六）加强规划管理，提高开发的集约化水平，实现可持续发展

加强对沿江开发区规划工作的管理，不断提高规划的科学化、规范化水平。认真贯彻“十分珍惜和合理使用每一寸土地，切实保护耕地”的基本国策，提高土地资源的利用效率，强化土地的集约开发，防止盲目贪大和开发区内的土地荒芜。加快建立失地农民的保障体系，维护失地农民的利益。

根据沿江开发区发展的需要，适时修编沿江开发区的建设发展规划。规划要有前瞻性，做到总体规划、分期实施、滚动发展。

沿江开发区的规划调整需与城市建设总体规划、土地利用总体规划相衔接。

按照开发区确立的产业功能定位，进一步提高区内土地利用效率。

十分注重沿江开发区的生态环境的保护和建设，创造精致和谐的人文环境、优美安全的人居环境、绿色清静的生态环境，形成生态平衡、环境优美的可持续发展示范区，争取有更多的开发区通过ISO14000的论证。

(七) 突出特色开发，实行错位竞争，形成整体竞争优势

通过合理调整沿江开发区的产业结构布局，突出特色开发，错位竞争，形成一批具有个性特色和竞争优势的开发区。

各沿江开发区根据自身的类型、发展阶段和区位、产业优势，结合已经进区的项目以及周边开发区的情况，按照国家的产业政策和利用外资政策，坚持有所为有所不为，明确各自的功能定位，避免产业结构、产品结构的相互雷同，合理确定招商引资的重点和产业发展的重点，注重各自的区域特色塑造。

在现有园区开发的基础上，沿江开发区要进一步加快特色产业园区的建设，在江苏沿江地区尽快形成一批特色鲜明、牌子亮、竞争力强的特色产业园，以增强招商引资的吸引力。

(八) 加强协调指导，积极推进沿江两岸联动开发，促进共同发展

认真学习借鉴国内外管理开发区的先进经验，加强调查研究，对不同类型、处于不同阶段的沿江开发区实行分类指导。积极探索沿江开发区的合作模式，鼓励沿江开发区根据各自实际情况，开展多种形式的合作，推动两岸开发区在园区建设的联动发展。大力推进沿江开发区的大开发大开放，把江苏长江资源的潜在优势变为现实优势，形成以开发区为重点的沿江经济带南北呼应、联动开发的整体优势。

江苏沿江地区国家级、省级开发区已具有相当规模，今后的重点是办好现有的开发区，坚持严格控制总量，适度调整存量，推动和促进开发区的整合，不断优化质量，引导开发区走出一条具有自己特点的、健康、快速、持续发展的道路。

国家高新区土地资源开发利用走向集约化

北京大学国家高新区发展战略研究院 唐凤泉 磨坦

2003年7月以来，国务院先后召开会议和下发通知，部署治理土地市场秩序、清理整顿各类开发区工作。全国各有关部门、各地方政府展开了相关工作。这次重点以省级及省级以下开发区为对象的治理整顿土地开发工作，为国家高新区实施“二次创业”发展战略，促进国家高新区持续快速和健康的发展提供了一个重要的机遇。国家高新区就是要充分利用这次清理整顿的机遇和成果，让自身发展的机制更为健康，环境更为有利，大大加快前进步伐，充分实现和促进土地资源的集约化开发和利用。

一、国家高新区的由来和取得的成就

20世纪80年代，伴随着中国的改革开放和经济发展，党中央开始考虑整个中国经济产业发展和升级的新道路、新途径，酝酿并开始建设了高新技术产业化的试验田——国家高新技术产业开发区。1985年，中共中央做出关于科学技术体制改革的决定，提出选择若干智力密集地区，建立新兴产业开发区。1988年，国务院批准建立了北京新技术产业开发试验区（即现在的中关村科技园区）。这一重大试验给科技、经济界和各级政府一个重要的启示：建设高新区，鼓励和引导中国广大科技人员走出曾经封闭的大学、科研院所，走上了推动高新技术产业化的道路，从而大大加快了科技与经济的结合。1991年3月，国务院批准设立第一批26个国家高新技术产业开发区；1992年11月，国务院批准设立第二批25个国家高新技术产业开发区；1997年7月，国务院又批准建立杨凌农业高新技术产业示范区；目前国务院共批准设立53个国家高新区。

我国高新区的发展一直得到党和国家领导人的高度重视，在国务院1991年3月6日批准建立第一批国家高新技术产业开发区后不久，1991年4月，邓小平同志就欣然题词，号召广大科技人员要“发展高科技、实现产业化”。江泽民主席1991年4月20日到成都高新区视察并为高新区题写了区名。在国家高新区发展的关键时刻，1996年，江泽民主席又发表了“本世纪在科技产业化方面最重要的创举是兴办科技工业园区”的讲话。这种产业发展和科技活动的结合，解决了科技与经济脱离的难题，使人类的发现或发明能够畅通地转移到产业领域，从而实现其“经济和社会效益”的重要讲话。

十多年来，国家高新区始终高举创新的旗帜，充分发挥政府和市场两方面的积极作用，大力发展民营科技企业，实现了高新技术产业的飞速发展。国家高新区主要经济发展指标十年来年均增长率都在60%以上。2002年，53个国家高新区实现技工贸总收入15326亿元，工业总产值12937亿元，工业增加值3286亿元，财政收入766亿元，出口创汇329亿美元。国家高新区的快速发展不仅显示出其旺盛的活力，也对国家和地方科技、经济和社会发展产生积极影响。

1.已成为高新技术产业发展的基地，成为拉动经济增长的重要力量

我国目前高新技术产业的收入、产值有一半以上源自国家高新区。绝大部分国家高新区已经成为拉动所在城市经济发展的主导力量，如在2001年，苏州高新区的工业增加值在全市工业增加总值中所占比重已达到44%，吉林占39%、绵阳占37%、北京占35%、西安占30%、沈阳占25%等等。国家高新区为这些城市国民经济的结构调整和持续、健康、快速发展提供了动力。

2.已成为科技成果转化和产业化的重要基地，成为培育高新技术企业的摇篮

十几年来，作为创新创业基础设施的科技企业孵化器，从无到有，从小到大，蓬勃发展。全国目前有各类科技企业孵化器近400家，数量居世界第三位；其中有国家创业服务中心84家、火炬软件园19家、留学人员创业园21家、大学科技园22家，它们大部分建在国家高新区内。这些孵化机构为广大创业者提供场地、设施和咨询、培训等服务，组织开展风险投资活动，有效地推动了技术、资本与产业的结合。科技企业孵化及相关的创新创业服务正在成为一个全新的产业。

3.正在探索并走出一条依靠科技进步和劳动者素质提高的集约化经济发展之路

国家高新区从建设伊始就开始探索新的产业发展模式，投入最多的是科技和人力资本。在国家高新区目前349万直接就业人口中，大专以上学历人员占1/3，区内企业从事科技活动人员达53万人，还有硕士生8万多人、博士生1.4万余人、留学归国人员约2.4万人。国家高新区的研发投入一直保持较高的强度。2002年，国家高新区内企业的R&D经费支出约为315亿元，我国约有1/4的研发资金投入到国家高新区有关企业的创新项目上，区内企业科技开发投入占销售收入比例平均在3%以上。国家高新区以创新和高素质人才为基础，创造出年人均销售收入44万元、人均利税4.5万元的高产出业绩，远高于全国的平均水平。

4.培育和成长起一批有竞争力、有创新活力的高新技术企业

国家高新区通过不断完善区内的软硬环境和建立面向市场经济的运行机制，为创业型企业的规模化成长提供了很好的条件。在1991年，国家高新区过亿元的企业仅有7家。而到2002年，在统计的2.4万多家企业中，年产值过亿元的企业已经达到1539家，过10亿元的企业185家，过100亿元的企业10家。这些企业近年来将近6000项省部级以上科技成果实现了产业化，已经使具有自主知识产权和企业自有技术的高新技术产品占国家高新区内产品产值总额约70%，高新区内企业的高新技术产业产值占全国高新技术产业产值50%以上。

5.培养了一支科技产业化队伍

国家高新区已经成为我国高新技术产业人才的栖息地，吸引了349万名各类人才投身到创新创业的事业中来。他们当中已经成长起一批科技型企业家、一批科技专家、一批熟悉高新技术企业孵化、风险投资和高新区管理等方面的专家。这批人才是国家高新区最宝贵的资源，也是我国实施科教兴国战略和人才战略的重要力量。

十年来，在党中央、国务院的统一部署下，在各国家高新区所在省、市政府的直接领导下，国家高新区的建设备受各界关注和支持。在园区基础设施建设、电子信息及其他新兴产业的发展、高新技术产业示范基地建设、“科技兴贸”战略实施和出口基地建设、改造和提升传统产业、投融资、担保活动的开展、管理体制改革、人才交流和培训、城市规划和旧城改造、精神文明建设等诸多方面，都得到了国务院各有关部门强有力的支持。正是由于大家齐心协力，国家高新区正逐渐实现先进生产力和先进文化的交融与共同繁荣。

二、国家高新区已经成为集约化开发土地资源的典范

从1988年国务院批准北京高新区，到1997年批准杨凌高新区，国家共批准高新区政策区面积725平方公里。根据高新区发展的需要和国务院的授权，原国家科委先后对国家高新区的新建区面积进行了（总面积不变）调整。到2002年底，53家国家高新区累计开发土地549平方公里，与集约化土地开发较好的四大直辖市比较，相当于北京市建成区的面积，比天津、重庆市的建成区大一些，比上海市建成区小200平方公里。而国家高新区单位面积的工业增加值远高于四大直辖市，分别是北京、重庆的5倍，是天津的3倍，是上海的1.5倍。高新区的绝大部分经济指标均优于四大直辖市。在国家高新区已经建成的500多平方公里的土地上，充分显示了土地集约化开发的经济和社会效益。

1.随着高新区的不断发展，高新区土地开发的经济社会效益逐年提高，大部分指标都呈现加速增长趋势。综合考虑，在2002年底前开发的一平方公里土地上，企业累计实现工业产值125亿元，累计实现工业增加值40亿元，企业累计获得利润8.74亿元，政府累计获得税收6.88亿元，企业累计出口创汇2.7亿美元，增加了就业岗位5743个。

2.在全国经济持续高速增长的情况下，国家高新区工业总产值、工业增加值均高于全国的增长速度。其中，国家高新区工业总产值占全国国有及规模以上非国有工业企业（以下称：全国规模企业）的工业总产值的比例由1988年的6.4%增加到2001年的10.6%；高新区的工业增加值占全国规模企业工业增加值比例从

1988年的5.46%增加到2002年的10.44%。

3.高新区全员劳动生产率（即人均工业增加值）提高。由1988年的5.76万元/人·年增加到2001年的8.92万元/人·年，而同期，全国规模企业的全员劳动生产率从3.13万元/人·年增加到2001年的5.21万元/人·年。高新区与全国规模企业比，始终保持1.7倍以上。

4.高新区企业就业岗位加速增长。从1991年的14万个增加到2002年的349万个，增加了25倍；高新区企业职工与全国规模企业比较，从1998年的占2.97%，增加到2001年的占5.4%；高新区企业职工占全国企事业职工的比值从1991年的0.1%增加到2001年的2.72%，并呈现加速增长趋势。在全国就业岗位不断增加的情况下，高新区企业提供的就业岗位占全国就业岗位的比重由1991年的0.02%增加到0.4%，并稳步增长。

5.在全国财政收入高速增长的情况下，高新区上缴税收的增长高于全国财政收入的增长。其占全国财政收入的比例由1991年的0.12%增加到2001年的3.91%，并仍在加速增长。

6.在国家每年给予高新区提供减免税收支持下，高新区上缴税费和企业净获利润加速增长。截至2002年底，国家共为高新区企业减免税金448亿元，而政府累计增加税收2800亿元，企业累计获利3300亿元。国家每减免1元税金，政府大致多获得税收约6元，同时企业获得净利润7元。

7.高新区固定资产产生的经济社会效益稳定。1元固定资产净值在2001年实现年工业产值约2.52元，实现年工业增加值0.65元；企业实现年净利润0.16元；政府获得年税收0.16元。而全国规模企业1元固定资产的产出是：年工业产值1.72元，年工业增加值0.51元，企业获利润0.08元。

8.国家高新区的发展还对我国农村城镇化，协调城乡关系做出贡献。多数国家高新区规划在各个城市的城乡结合部，建设初期往往都是杂草丛生，瓦砾遍地，甚至是城市垃圾的堆积场。经过10多年的建设，现在的国家高新区绝大多数都已经成为高新技术产业聚集、科技创新集中、环境优美、人文环境高尚，能够吸纳大批高素质人才的城市科技新城。国家高新区内的产业聚集、经济发展也带动了周边地区的土地资源集约化开发和利用，使各种产业，如制造业、房地产、建筑业、服务业、现代化农业也得到了进一步发展。

9.国家高新区集约化开发利用土地的做法得到广大农民的支持与欢迎。

国家高新区的发展和提高当地农民的生活水平是一个大的发展问题的两个方面，是相辅相成，不可分割的。利用好土地资源，可以为发展高新技术产业提供有效的空间，而解决好高新区产业发展的问题，可以为以土地为依托的三农问题提供一条行之有效的发展道路。

国家高新区通过不断的探索和实践，探索了一条城市化发展的新路。国家高新区还通过发放生活补助、建立养老保险机制、搞活农民投资的房地产经营、开展就业培训等措施，使国家高新区及附近的农民，老年人有养老金、成年人有效就业、子女得到良好的教育，有的还拥有部分房产的产权，使农民的生活水平得到较大的提高。综上所述，我们已经切实看到了高新区发展给土地利用、资源配置、经济发展、劳动力就业、产业升级乃至社会进步带来的巨大推动。

三、制约国家高新区进一步发展的问题

由于绝大多数国家高新区都是20世纪90年代初批准建立的，在当时的宏观环境的限制下，在批准建设国家高新区时，一般新建区面积都不大，多则8~10平方公里，少则1平方公里左右，而且多建在城乡结合部。由于我国城市化进程的加快和国家高新区获得了当时难以想象的高速发展，有的国家高新区的面积被城市发展所用，有的已经完全建设完毕。所以，现在大多数国家高新区都或多或少地存在发展空间受限的问题。国家高新区土地面积有限与国家高新区不断壮大和发展之间的矛盾已经成为制约国家高新区实施“二次创业”发展战略的主要矛盾。

几点建议

1.调整或适当扩大国家高新区新建区面积。增加的面积主要用于高新技术产业的创新、创业及技术含量高的产业化示范项目(企业)，通过政策导向，增强高新技术产业的聚集能力。在这次新的发展工作中，让高新区的自主科技创新能力得到充分的政策倾斜是最重要的，加强政策导向作用，促使高新区的发展在区内管理机制和产业结构方面充分得到提高。只有这样，才能让高新区在过去引领经济产业升级过程中所发挥的作用进一步扩大和深化，国家高新区才能真正成为中国经济发展走新型工业化道路的示范区。

2.为发挥国家高新区对周边地区的辐射和带动作用，在国家高新区周边，拓展相应的城市新区。通过实施统一的规划和统一的管理，接受国家高新区的辐射和带动，并为高新技术产业化的发展创造完善的环境。在这个区域，可以发展服务业、房地产业和没有污染的制造加工业。

3.调整和提升国家高新区的产业结构。把一些技术含量不高、附加值较低、没有核心竞争力的单纯加工型的产业向周边地区转移，腾出的空间置换为研发能力更强、技术含量更高的高新技术产业。

4.加强国家高新区建设用地的管理，提高土地集约化利用率，促进高新技术产业和土地资源的可持续发展。国家高新区土地资源的开发和利用必须符合国家法律法规。对土地资源集约化利用好的国家高新区，开展年初一次审批土地开发计划，年末按项目登记的试点工作。鼓励国家高新区合理有效利用土地资源。

5.加快研究制定《国家高新区法》。赋予国家高新区管理机构相应的权利和义务，依法约束国家高新区管理机构在包括土地管理等方面的行为。

6.建立由主管部门负责，国土资源部和建设部等部门监督的国家高新区发展宏观管理机制。确保国家高新区高新技术产业发展和土地集约化开发的可持续发展。

欧洲科技工业园区考察报告

贵州省贸易合作厅开发区管理处 黄邦嘉

为借鉴发达国家先进经验，拓展开发区工作思路，应奥中友好及文化关系促进会和德国黑森州业主联合会邀请，由贵州省贸易合作厅开发区管理处牵头，组成贵州省开发区考察团于2002年9月出访欧洲。欧洲发达国家科技工业园区简捷的办事程序和先进的管理经验，给我们留下了深刻的印象。

一、欧洲科技工业园区基本情况

自20世纪70年代末和80年代以来，所有的西欧国家都将发展重点放在高新技术产业上。如英国，从20世纪60年代开始，由于英政府执行减轻伦敦市人口密集压力的政策，于1970年在剑桥市东北角圣三学院一块闲置20多年的土地上，模仿美国的硅谷建立科技工业园区，其后科技工业园在英国得到进一步发展。为了复苏冷战结束后停滞的经济，西欧各国制定了新的科技发展战略，以兴办科技工业园区为载体，把发展科技作为增强其综合国力的战略措施，鼓励高新技术产业发展成为西欧各国的主要发展战略。据奥中友协提供的统计资料，目前世界上已有科技工业园区约800个，其中，西欧国家约230个，占30%左右。除英国之外，在西欧地区主要集中在德国和法国，其中，德国101个，法国35个。其余意大利、西班牙、荷兰、比利时、爱尔兰等均从不同的角度兴办了不同类型的高科技工业园区。从建设规模和发展水平看，尤以德国、法国最为突出。

1.德国科技工业园区基本情况

就西欧地区而言，德国的高科技工业园区发展速度是最快的，从1983年开始起步，到1990年就发展到90多个，以后几年的发展，充分地体现了德国科技工业园区的后来居上之势。由于面临美国、英国和日本等国的挑战，德国政府希望加紧高新技术产业的发展，以抢先采取产业、技术、贸易三位一体市场的优势地位。德国创建高科技工业园区的形式多种多样，其中以“孵化中心”、“技术园区”、“研究园区”最为多见。较为典型的有如下两例：一是慕尼黑

高科技工业园区。它始创于1984年，是德国最为突出的鼓励高科技创业发展的科技园区。由慕尼黑市政府和慕尼黑商会共投资成立。园区面积当时为2平方公里，由于符合支助高科技企业的发展形势，受到企业界普遍欢迎。到1990年，园区面积扩展2倍。1992年投资高新技术企业孵化大楼建设。为使企业在较小的空间创建大的科技公司，并尽可能地帮助投资者降低科技孵化成本，创业大楼每个单元都安装了100兆的电信网络，微机、电视机、传真机、电话机等都集中在一个盒子里面。科技人员在这里完全可以了解整个西欧地区的产业领域和科技研究动态。园区建设主要集中于工业产业、激光技术、纳米技术、生物技术等。作为全国高科技产业的孵化中心，在这里能以最快的速度反映当前的信息技术。一般情况下，德国一个新的企业、新的领域在开始时，首先是在这里进行试验，成功后，移植到其他地区，再创一个工业园区。如慕尼黑生态科技园、绿色食品科技园、信息产业科技园(均在1.4平方公里左右)以及宝马汽车公司、西门子电器产业等，都与慕尼黑高科技工业园区有密切关系。

慕尼黑市高科技工业园区除了重视现代科技开发之外，十分重视提升传统产业和扶持传统产业的发展。制定鼓励传统产业发展的政策与园区建立几乎是在同一时期。其政策导向主要是针对市区规划建设而言。因为慕尼黑市地价不断上涨，城市建设也在不断扩展，导致一些传统工业为保其生存不得不搬出市区。政府意识到这个问题，在举办科技工业园区的同时，采取降低地价扶持传统产业发展，并由政府出资，对提升传统产业搬迁提供服务和人员技术培训，把传统产业在调整过程中的风险降到最低限度。目前，园区内有5600平方米的标准厂房为传统产业的可租用面积，并有250个企业在园区的扶持下向市场提供供货订单。

由于传统产业是很成熟的产业，它不仅对高科技企业的发展有较强的互补性，而且对保证地方经济的发展更具有较强的稳定性，所以，慕尼黑高科技园区正在规划建设第二个小企业工业园，预计到2010年，整个地区将有1.5万平米的标准厂房可提供小企业使用。

二是海德堡科技园区。它创建于1985年，是一个迅猛发展的国际科学园，为专门从事生物技术、生物信息学、医药技术和环境技术研究的公司提供设施和管理服务。其股东是海德堡市政府和莱茵奈克工商会。

海德堡科技园以生命科学中心著称，位于海德堡市大学校园及其它市区场所，占地面积16500平方米。除筹建一个新的生物医学园外，另有3200平方米孵化楼正在建设中。园区与各主要交通枢纽之间的交通十分便利，去法兰克福国际机场，乘火车仅需35分钟，是欧洲科学、商务和社会生活的中心门户。

海德堡科技园区能提供非常灵活实用的实验室和办公空间，在科技开发方面与欧洲分子生物实验室、德国癌症研究中心、海德堡大学高分子生物学中心、诺尔公司、罗切医疗公司以及莱茵奈克生物科学研发三角地区另外80家中小型生物技术和生命科学公司有密切的合作关系。同政府的关系除海德堡市之外，在符腾堡州和德国联邦政府也有举足轻重的地位。2001年5月，美国费城科技信息所研究报告称之为“德国最重要的研究基地”。

2.巴黎经济区和巴黎科技工业园区基本情况

在法国巴黎北部，经济发展相对滞后。整个巴黎的经济结构呈放射状，其放射源就是巴黎老城区，以凯旋门作为中心，经济发展在国民经济中居主导地位。从20世纪90年代开始，巴黎市政府就意识到巴黎经济对这一中心的依赖度过大，必须通过发展一些有经济实力的企业扶持和带动北部经济的发展，巴黎北部经济区的概念由此产生，主要依托雪铁龙汽车、标志汽车、欧莱亚化妆品等大企业确立，总面积约50平方公里左右。

巴黎经济区设有管委会，并建企业孵化中心2000多平米，从创业到现在，孵化过和正在孵化的企业有300多家。

与巴黎经济区相对应的为巴黎南部高科技工业园区，这个区域可与美国硅谷相比。是法国高科技产业发展的重中之重。其高新技术产业的技术含量占整个欧洲的6.1%。区内现有企业孵化器300多个，主要依托高等院校、科研院所以及大公司的分支机构设立。世界最好的大学之一——法国技术学院和巴黎12所大学全部集中于高科技园区之内，使巴黎高科技工业园区成为既是法国的高科技企业孵化基地，又是高科技人才的培训摇篮。

在巴黎高科技工业园区大学就读的学生，如生物、化工、机械、计科等专业人才的培训，其中有2年时间是在高科技园区的科研所实习。由企业提出的科研课题，从产生一个产品的概念开始，到第一代新产品下线之后的市场反映，整个科研成果转化、产品市场流动、市场分布、市场调研、市场开发和产品升级等，全部在高科技园区完成。

依托高等院校和科研院所，在巴黎南部形成了高技术密集区，并分别兴建了以生物技术为主体的布列塔民主技术园、以航天航空为主的图卢兹科学园、以农作物研究和健康食品开发为主的波尔多高技术园等。除此之外，法国办得较早的科技园区主要有索菲亚特高科技工业园区和格勒诺布高科技工业园区。

索菲亚科技工业园区。该园区是由皮尔拉菲特于1969年提出“智慧、科学及技术都市”的构想，并由一群工程及科学家组成索菲亚科技园区协会。在1970年以前，此园区各项方案的推动曾获得地方人士及中央政府帮助，到1985年有90家厂商，9000多名员工，到1990年发展到200家厂商近10000名员工，年成长率为20%；平均厂商规模约40人，其中，也有近500人的大企业。

园区政策要求进驻企业需维护自然环境和租用物品，企业建筑不应有围墙，建筑高度不超过三层，不能有大量生产及污染物的产生，但允许银行及商业活动及中学、大学的设立。

该园区主要活动有三种，即训练、研究及生产科研的活动，主攻电脑、医药、软件工程与能源研究。该园区内可提供1300个住户，创建200多家商业企业，因而已经形成一个小镇。

格勒诺布尔高科技工业园区。位于法国西部，1984年成立。区内拥有4个提供科技厂商服务的基地，包括3500位研究工作者和两所大学，现有175家高科技企业。专长领域主要在资讯科技、保健、生物及医药、工程、食品加工、环境与创新咨询代理等。园区通过创新与发展高科技产业，促进地方经济发展，每年可为社会创造近300个新的就业机会。

二、鼓励科技工业园区发展的主要政策措施

1.德国的主要政策措施

德国是十分重视高科技产业开发的国家，特别对机械、电子和家用电器以及电子产业化等方面尤为重视。20世纪60年代，德国在制定高科技产业发展规划时特别强调：发展民用电子机械产业比发展原子弹更重要。因而，在计算机、半导体和集成电路等方面的产业化水平已与美、日相当。但德国政府在高技术开发方面主要是放手让企业开发，也就是以民间和社会力量及其投入开发为中心。这种开发方式虽然比政府单一的开发模式更有活力，但民间企业害怕承担科技开发的风险，也有过于慎重和开发步伐较缓慢的不足之处。对此，德国政府于20世纪末期在34个工业部门设立了96个联合研究会，将研究成果在整个行业推广使用。1999年政府投资4.5亿马克，促进中小企业的科技发展。德国政府还明文规定，政府投资的大学必须同企业进行合作，从而加快了科技开发速度。

慕尼黑市为促进高新技术工业园区发展，专门成立了慕尼黑高科技工业园区管理招商中心，隶属慕尼黑市政府和慕尼黑商会，代表政府对进区企业提供全程服务。整个招商中心仅有主任、副主任等5个管理人员，其余员工根据园区发展需要实行聘用。管理中心按现代企业制度实行企业化管理，每年保证有10个新的公司进区，并保证科技孵化楼的入住率在80%以上。该中心运作状况每两年向监管会作一次汇报。所有重大战略、支出、发展等都由监管会决定。 园区采取降低房屋租金和科技孵化中心的条件鼓励高科技企业进区开发，凡交得起半年租金者均可进区注册成立公司。因高科技企业的发展、成熟与时间有密切关系，因此，中心规定凡进入孵化大楼的企业，在科技成果得到有效转化之后，必须搬出孵化大楼创办新的科技工业园。

为保证高科技产业与传统产业平衡发展，慕尼黑政府每年拨出25万欧元交给园区管理招商中心，主要用于帮助企业培训员工费用。因德国劳动力工资收入较多，所得税费率也较高，所以，对慕尼黑政府来讲，这个投资也是值得的。

在税收政策方面，德国政府规定，一个城市不能为一个企业制订特殊政策，导致企业之间发展不平衡。如柏林、慕尼黑地区制订特殊优惠政策，其他地区就会提出抗议。基于这样的法律规定，政府不能做违法的事情。要使富的地区帮助穷的地区，使穷的地区尽快发展起来，如果某公司要到穷的地区投资，政府可以在房租、地价、基础设施等方面提供支助。

2.法国采取的主要政策措施

法国政府曾经限制外国在法国的直接投资，后来历届政府采取了一些逐步放松对外资限制的措施，使外国在法国的直接投资有了较大发展。自1990年以来，法国政府采取了简化对外国在法国投资审批程序的措施，对来自欧共体国家的投资，在统一大市场内，资本流动的有关法规已全面放开。对于非欧共体国家资本来法投资也简化了程序。同时，政府下放权力，把吸引外资权下放到经济区和省级行政部门，充分发挥了地方政府的积极性。

为了吸引外资，外商和外籍管理人员的子女在法国读书还可以减免学费。

对于外资收购现在法国公司的投资项目，如收购金额低于5000万法郎，该公司营业额低于5亿法郎的企业，可免除预先审批手续。

法国在很多单一的高科技和新技术领域仍居于世界领先地位，例如在航天、飞机制造、原子能和平利用等领域的技术水平也有较大优势。近几年，法国政府为了促使科技走向市场，在财务税收上采取措施刺激企业发展科技，支持科研人员将成果转化为生产力。法国政府规定科研人员自办企业可享受一定额度的偿还期为15~50年无息贷款。同时，鼓励科研人员向企业流动，流动2年以上者，可享受1年的工资奖励。

巴黎北部经济区因经济发展落后于巴黎其他地区，因此，巴黎经济区管理委会可为进区企业提供低租金住房和低租金办公楼。按巴黎现行地价测算，巴黎市区每平米住房月租金约22.5欧元，而北部经济区只需7.67欧元，并且可以免费使用办公设备，除电话费之外，电话机、传真机、电视机、微机等均提供使用。

在支持企业贷款方面，由于经济区和高新区管委会在银行有很高的信誉，只要是管委会推荐的企业，银行在组织相关人员审查论证之后，企业就可以取得银行的低息贷款(巴黎对企业贷款利率为3.9%左右，给予经济区、高技术区企业的贷款利率约在1.5%左右)。

在法国科技园区从事科研开发的专业人员，个人所得税收入减免一半以上(个人所得税标准税率为40%，科研人员减至20%以下)。此外，科技人员带薪休假的时间要比普通工作人员多一倍。每年科技人员的带薪休假期可达2个半月。这些政策措施的实施，吸引了大量科技人员慕名前往。

三、几点启示

在西欧地区，德国、法国通过举办高科技工业园促进高科技产业的发展，在体制创新和制度创新等方面做出很多努力，积累了许多经验，对我们搞好开发区工作，促进开发区建设持续向前发展，有一定的借鉴意义。

1.兴办科技工业园区的国际背景增强了我们的决心和信心

开发区作为改革开放的产物，其建设发展成就已经有目共睹。但加入世贸组织之后，有的地方和部门对开发区工作缺乏足够认识，认为既然是WTO体制内普遍采用公平竞争原则，就不允许有“特殊地位”的开发区存在，导致贵州省开发区建设在管理上存在体制回归的压力。通过本次考察，我们深深地认识到，国外高科技工业园区和我们兴办的开发区尽管名称不同，但其性质和发展方向都是一致的。从这个意义上讲，举办开发区并不是我国的独创，而有其广阔的国际背景。因此，我们不仅完全可以、而且完全应该放心大胆地搞好开发区工作，进一步明确开发区建设的发展方向。

2.举办开发区就是要发展工业项目，就是要发展高科技，实现产业化

通过10年开发，贵州省开发区通过加强基础设施建设，在完成初始阶段的原始积累之后，应积极转变工作思路，借鉴国外举办科技工业园就是专门从事科技开发，加快科技进步和科研成果转化的发展方向和奋斗目标，按照“一区多园、一园多点”的工作思路，集合信息、人才、管理、市场等方面的生产要素，千方百计地搞好开发区的工业项目建设，进而带动所在城市和全省社会经济的发展。

3.把鼓励外来投资和注重发展本地企业摆在同等重要的位置

目前，贵州省开发区招商引资工作的重点服务对象主要是开发区所在地以外的投资企业，往往忽略培植本地企业进区开发。对外地企业能够享受的优惠政策，本地企业往往不能享受。慕尼黑科技园区的管理经验给我们深刻的启示，按照国际贯例推行公平竞争原则，今后开发区应把扶持本地企业进区开发与引进外来投资企业进区开发摆在同等重要位置。

4.鼓励、支持开发和改进传统产业，提升传统产业的技术水平

德国、法国科技工业园区采取相关措施使许多传统产业通过科技园区孵化再上新台阶的经验，使我们认识到在科学技术突飞猛进的今天，只有“夕阳技术，没有夕阳产业”。目前，贵州省正处于产业技术升级阶段，高新技术的研发和产业化不仅是发展新技术的需要，而且是提升传统产业和竞争力的需要。因此，高新技术产业政策的对象不仅是少数被界定的高新技术产业，而且应包括促进高新技术在传统产业的应用。

5.政府对形成高科技工业园区具有重要作用

一个地区的总体投资环境，对高新技术产业发展十分重要。但是，对于一个高新技术工业园区来讲，政府的扶持是必不可少的。在赶超型国家和地区发展高技术工业园区，需要政府的直接推动，包括从规划、直接投资到管理和服务等。因此，开发区建设和发展应以政府为主导。

6.建立健全开发区管理体制

建立开发区是政府行为，开发区管委会代表政府在规划、土地批租和开发、招商以及相关配套政策等各方面发挥重要作用。按照国外经验，管委会对开发区的管理相当于对一个大型企业的管理，要有合理的治理结构，才能协调各方面的利益。按照我省举办开发区的有关规定，贵州省各开发区均设立了开发总公司。参照德、法两国经验，我省各开发区管委会对开发总公司应尽快实行规范的企业化管理。管委会对开发区实行集中统一领导，整合现有的职能和人员，采用“一套人马，多块牌子”的管理模式，营造“小机构、大服务、大网络”的管理格局，最大限度地减少中间环节，提高管理水平和办事效率。

7.大力开展招商引资工作，努力取得事半功倍的效果

改革开放以来，各地为吸引外资参与本地经济建设，在一定的时间、一定的区域，花大量人力物力开展招商引资工作，其结果是往往流于形式，收效甚微。甚至在全国、全省的一些大型招商活动中，外宾也是寥寥无几。而专门组织开展域外招商活动(如香港招商会)，不仅需花巨额投资，而且审批手续繁琐。在考察工作中开展招商引资工作，不仅简便易行，而且可把费用降到最低限度。本次考察团在奥地利开展的招商活动，虽未形成意向性投资协议，但我们认为起码有如下两点好处：

一是能够与国外工商界、企业界人士进行“一对一、面对面”的交流与洽谈，从而达到宣传贵州、扩大贵州知名度的目的与效果。

二是可以加强与国外中介组织的联系与合作，扩大信息沟通渠道。本次考察工作虽已结束，但与国外中介组织的联系却源源不断。奥中友协负责人、德国中欧商捷公司负责人均来电话联系，表示将进一步发挥桥梁纽带作用，为贵州省开发区在国外的招商工作加强进一步的沟通与合作。

总之，对国外一些先进的管理经验和行之有效的工作方法，我们将在借鉴、参考的基础上加以吸收和采纳。并在工作中充分发挥开发区的改革示范功能，不断探索与国际惯例接轨的管理体制和运行机制的有效途径，推动全省开发区建设持续、快速、健康向前发展。

中国开发区发展报告

第一部分 发展研究

第四篇

区域经济

区域经济发展战略总体思路

中国宏观经济学会 王 建

改革开放以来，随着国民经济的持续发展，中国经济在总量及结构上均出现了与改革开放前极为不同的深刻变化。进入20世纪90年代，中国经济已进入到一个新的发展阶段，但生产要素空间结构不合理安排的情况也越来越突出，对中国工业化、城市化未来的进程形成极大阻碍。因此，如何认识中国经济空间结构的特点，找出符合国情与客观规律的区域经济战略思路，就成为当前中国经济中的一个重要问题。

一、我国区域经济发展战略的选择与"九大都市圈"区域经济发展模式的构想

我国是世界第三国土大国，幅员面积比美国还要辽阔，但我国又是世界第一的人口大国，人均国土资源条件与日本类似，如此，我国应采取哪种区域布局模式最为有利呢？由于我国高速增长时代的到来，回答这个问题的迫切性与日俱增，否则，不仅会造成巨大的资源浪费，到了一定程度工业化也难继续推进。

(一) 根据有关统计，在我国960万平方公里国土面积中，山地、高原、盆地和丘陵占近90%，平原面积只占不到12%。根据卫星图像资料，我国目前共有耕地面积19.88亿亩，约占国土面积的13.8%，在耕地总面积中坡度小于8度的平耕地面积有12.9亿亩，约等于国土面积的9%，这样算下来，只有占国土面积3%的平原可以用作其他方面的发展。

1995年，我国人口总数为121121万人，根据全国第四次人口普查资料，我国有73%的人口是生活在距离海岸线500公里以内的地区，这与我国平原面积分布是一致的。我国主要有三大平原，即东北平原、华北平原和长江中下游平原。由于平原主要集中在沿海地带，所以各地区间的人均平原面积差距很大，全国平均看，人均平原面积为949平方米，而东北地区人均在2000平方米以上，华北和长江下游地区人均在1000平方米以上，而西南地区人均还不足200平方米。

日本的人口是我国的1/10，国土面积是我国的1/25，但日本的平原面积比重为24%，比我国高出一倍，所以我国的人均平原面积与日本相差不大。1993年，

日本的人均平原面积为728平方米，我国约比日本高出30%，但只相当于美国人均平原面积的3.7%。

根据1991年数据，我国当年有479个城市，市区非农业人口总数为15461万人，占当年全国人口总数的13.3%。当年城市建成区面积为13792平方公里，占全国土地面积的比重为0.14%。根据有关资料推算，我国目前人均道路占地水平为20平方米，总占地共2.4万平方公里，占国土面积的比重为0.25%。看起来这两个比重都不算高，但我国目前正处在工业化和城市化的起飞前期，不仅工业化和城市化的程度还很低，城市和道路建设的标准也不够高。例如，城市非农人口人均所占有的市区面积，1991年只有89平方米，不到美国的1/11，比日本20世纪70年代中期达到的水平也低20%以上。我国的一些大城市，市区人口人均面积即使和日本人口最拥挤的东京相比，也要低得多。这种差别的产生，主要原因是我国大城市的人均住宅面积太过拥挤，其次，人均所占有的道路面积和绿地面积，除个别城市外也有明显差距。随着现代化建设的发展和生活质量的改善，城市人均占地水平就必然要逐步提高。

1994年，我国铁路营业及正线延长里程长度为12.5万公里，每公里占地按20亩计算，共占地1665平方公里；公路总长度为111.8万公里，每公里占地按30亩计算，共占地22356平方公里，合计为2.4万平方公里，人均约20平方米。

工业化国家的城市化率，一般都在人口总数的3/4以上，此外，还有15%左右的非农产业人口居住在城郊和乡村，因此，在工业化后期，一国的非农产业人口一般都在90%~95%，而其中的绝大多数是居住在城区内。1993年，我国的农村人口比重占77%，城市化率只有23%，与同等人均收入水平的国家比较，目前的城市化水平要低25个百分点左右。这种情况，主要是由改革前30年我国所采取的城乡分割的工业化战略造成的。

工业化的快速推进时期，一般也是城市化的快速推进时期，因为城市是工业的载体，工业化与城市化是国家现代化过程中密不可分的两个方面。日本在1960～1970年间，国民生产总值保持了10%以上的年均增长速度，同期城市化率从50.3%提高到71.2%，10年间提高了20个百分点，年均提高2个百分点；韩国在1960～1985年的25年中，年均经济增长速度为8.6%，城市化率从27.7%提高到65.3%，25年间提高了近38个百分点，年均提高1.52个百分点。根据预测，到2010年我国约有人口14亿，按照基本上完成工业化的要求，城市化率至少要从目前的水平提高到60%，年均提高不到2.2个百分点，根据日本的经验和我国城市化滞后的“补课”要求，这样的目标并非不可以考虑。

前面的分析中已经指出，我国的区域经济布局有些类似于美国，即采取了全国大分工的模式。从铁路省际货运比重看，1988年为54.3%，1994年进一步上升到61.5%，说明全国大分工式的区域结构仍在发展。从城市结构看，虽然我国大城市人口所占的比重还较高，但1994年与1990年相比已经下降了6个百分点，按照这样的速度下降，15年后大城市人口所占比重就会比美国还要低。如果在未来的工业化过程中，仍然维持这种趋向于美国区域结构模式的发展趋势，并按美国的占地水平安排我国的城市和道路建设，到2010年我国的8.4亿城市人口就需要占据84万平方公里以上的土地面积，相当于国土面积的8.8%；道路占地则要达69万平方公里以上，占国土面积的7.2%，两项相加，已经超过我国平原面积4个百分点，即挤掉了全部平原面积还不够，如此，分布在平原上的十多亿亩农田怎么办？

或者可以考虑在不改变区域布局模式的条件下，把城市人均占地压缩到与日本同样的水平，但根据计算，交通和城市占地的面积还是要超过国土面积的8%，还是无法解决与农业严重争地的矛盾。况且，到2010年，我国仍可能有近6亿人口居住在农村，其中一半以上是在东部平原地区，而农村居民的宅基地和村社的建筑物也要占用部分平地面积，还有国防等方面的特殊占地要求，所以，如果区域战略选择不当，随着我国工业化和城市化过程的推进，农用与非农用地之间的矛盾，一定会不断趋于尖锐。

(二) 特定的国情决定特定的战略。前面的章节已经详细分析了形成美日不同区域经济格局的原因，在上面的分析中我们可以看到，就我国人均的自然资源条件来看，我国与美国根本不同而类似于日本，这就决定了我国的区域经济战略取向只能是采取与日本类似的模式。

如果采取日本的“都市圈”模式，到2010年按60%的城市化率水平计算，城市占地约需国土面积的1%，道路占地约需国土面积的1.3%。但是人均道路占地可能会高于日本，原因是由于我国幅员辽阔，一部分资源可以主要或部分由国内供给，所以资源的国际依赖率不会像日本那样高。这一点又有些和美国类似，美国工业所消费的资源，只有20%需要进口，但是资源依靠国内却相应增加了国内运输需求，日本是岛国，资源主要来自外部，各个都市圈都可以由海路直接与世界市场沟通，相应减少了国内运输。我国主要矿产资源的人均占有量，除了煤以外都高于日本，但仍与美国有很大差距，所以人均道路面积占用水平也会比日本高一些。如果按比日本高出一倍考虑，则到2010年我国的道路面积占国土面积的比重约为2.6%。

按照以上计算，到2010年，我国城市化占地共需9.7万平方公里，道路占地共需25.2万平方公里，东部农村人口3亿人，人均建筑物占地若为城市人均水平的一半，共1.6万平方公里，合计为36.5万平方公里，占国土面积的比重为3.8%，加其他方面的需要，可控制在4%以内，需要占用的农田面积约为1.44亿亩。如果到2020年，我国人口达到15亿，城市化率达到75%，则城市化占地需要13万平方公里，东部农村人口建筑占地需1万平方公里，加道路占地需27万平方公里，合计为41万平方公里，占国土面积比重为4.3%，加其他方面要求，可控制在4.5%以内，需要占用的农田面积为3.2亿亩。也就是说，当我国在基本上达到工业发达国家的工业化和城市化水平的时候，占用平原地区耕地的最大值是3亿亩左右，或是说耕地面积要从卫星测量资料的近20亿亩减少到近

17亿亩，减少的比例为15%，这样就给出了到2020年我国工业化和城市化对耕地要求的数量界线。当然，前提条件是必须按“都市圈”的模式调整我国的区域经济布局，舍此没有其他的选择。

(三)根据日本的经验，都市圈的直径距离为200～300公里，人口为3000万人上下，在每个都市圈都有1个或2到3个人口在200万以上的大城市作为中心城市，中心城市的国内生产总值一般可占到圈内的1/3到一半以上。在20世纪70年代中期，每个都市圈的国民生产总值则超过按现价计算的1000亿美元。

根据研究估计，我国1990年人民币对美元的汇率是3:1，当年GDP总值按此折算为5700亿美元。1991~1994年，我国经济增长速度为12%，因此按1990年美元与人民币汇率计算，1994年GDP总值为10045亿美元，与按当年现价人民币计算的GDP之比为1：4.47，即视为当年汇率。

河北的经济分成南北两部分，北部集中在京津周围，是河北经济的主体，石家庄及以南地区的经济比重不超过40%，加京津两市，河北境内的经济85%集中在京津及附近地区；河南的经济重心在北部的沿黄地区，河北南部和河南北部是我国的一块人口和工业比较密集的地带，但即使把这两个地区的经济规模相加，其总量和人均水平都太低，故暂把石家庄划在京津冀圈内，河南则难以归入任何一个都市圈。山西的经济主要集中在太原以北地区，但均是以煤为主，结构太单一，距离经济发达的制造业中心城市过远，暂时也难以划入任何圈内。这些地区的都市圈应当怎样划分，需要根据今后的经济发展趋势而定。

西北地区的情况比较特殊。内蒙的经济重心在西部，陕西和宁夏的经济重心在中部，甘肃和青海的经济重心在东部，这五省区的经济重心本具有以宁夏为中心的内聚趋势，但主要城市间的距离过于遥远，难以构造共同的都市圈，而任何单独的省份经济实力又不足以独立划出都市圈，所以只有根据今后的经济发展情况再予以考虑。福建、广西、云南、贵州的情况于西北各省有些相似，也不具备划入任何都市圈的条件，只有等待后来，有些省份则可能长期处在都市圈以外。

长江中下游都市圈的划分也有必要作一些解释。这个都市圈包括安徽全省和南京、扬州、镇江三市及所辖地区。宁、镇、扬三市从地理位置看已离地处长江下游的上海和苏、锡、常等市相距过远，近年来与安徽沿江经济带各城市间的经济往来越加密切，从人口、地理位置和经济总量看，也具备独立分区的条件，所以划在一起。

必须指出，由于未来20年内我国将处在工业化的高峰阶段，而在上面所划分的都市圈，人口一般都在5000万到1亿以上，面积上一般又都大大超过了4~6万平方公里，所以这九大都市圈在不远的将来就可能再次出现分划。比如在2005年左右，这可以作为我国以都市圈为区域经济战略目标的第一个发展阶段，到2010年以后，第二个阶段的到来则已可看得比较清晰。比如，湖北、湖南和江西的经济重心都在沿江140公里的范围之内，武汉、长沙、南昌这几个城市在地图上的直线距离也都未超过300公里，因此暂时可划在一起，由武汉这个中部的制造业中心来主要供给都市圈内的制造业产品需求和带动圈内经济的发展。但是从长远看，由于圈内人口太多，当经济发展到一定程度后，会在湖北的沿江经济带，湖南的长、株、潭工业区到常德、岳阳一带和江西的“昌九”工业走廊，分别分化出新的都市圈。济青都市圈、成渝都市圈和吉黑都市圈也是如此，由于目前圈内人口都大大超过5000万，在未来都会分化出新的都市圈，比如济南都市圈和青（岛）烟（台）都市圈；成都都市圈和重庆都市圈，以及哈尔滨和长春都市圈等。至于大上海都市圈，虽然人口已超过一亿人，但是都市圈的面积已在6万平方公里以内，因此按照我们所做出的分析，只会发展成超大型的都市圈而不会继续分划。

从长远看，到2030年我国将会达到人口增长的最高峰，为16亿人。如果城市化率达到80%，就会有13亿城市人口。到那时将会有不止1个像大上海圈那样的都市圈，而按每个都市圈的人口为5000万人计算，我国将会有至少20个以上的都市圈。

都市圈的核心是中心城市。根据日本的经验，中心城市的经济份额一般要占到圈内的1/3以上，如果是本国的国际化大都市，占本国的经济份额不应低于15%。所以，在每个都市圈中，只有1个中心城市的，该市GDP所占比重应该到1/3，有2~3个中心城市的，中心城市所占比重不应低于40%～50%。对未来可能成为国际性经济中心和全国性金融贸易中心的都市圈，目前是指京津冀圈、大上海圈和珠江三角洲圈，则要求其服务产业比重要更高一些。

在都市圈中建立相对独立的产业体系是实现都市圈战略的核心。在未来15年内，要根据工业化过程中需求结构变化的规律在各大都市圈内都建立一套相对独立的产业结构，其中主要是制造业结构。在每个都市圈内，主要的轻重工业产品应该都能够生产，各都市圈之间所交换的主要应是各自的特色产品和优势产品，这样就可以把原在各都市圈外的运输转为圈内的运输，从而大大减少区域间的交通运输需求。由于在目前各都市圈的产业结构中都不可能外推出未来的合理的产业结构，所以就提出了对各都市圈内产业结构进行规划的要求，需要作进一步的研究。

九大都市圈的划分设想

都市圈名称	人口万人	面积万平方公里	人均平原平方米	中心城市平方米	GDP总值亿美元	GDP人均美元
京津冀	8448	21.8	1101	北京天津石家庄	885	1048
沈大	4067	15	1229	沈阳大连	578	1421
吉黑	6246	64	3734	长春哈尔滨	579	927
济青	8671	15	1130	济南青岛	866	999
湘鄂赣	15257	55	931	武汉长沙南昌	1030	675
成渝	11214	56	125	成都重庆	621	554
珠江三角洲	6689	17.8	628	广州深圳珠海	949	1418
长江中下游	7710	15	934	南京扬州合肥	587	762
大上海	10916	18.4	1007	上海苏锡常宁杭	1691	1549
其他地区	40605	682	728		2287	563

二、以都市圈为目标重组我国区域结构的若干政策问题

以“都市圈”为目标重组我国区域结构，需要考虑以下政策问题。

(一)首先需要确立我国区域经济发展战略所要解决的核心问题

一般来说，西方各工业化国家的区域发展规划所要解决的核心问题是区域经济发展不平衡；日本在20世纪60年代以后四次制定国土规划，始终是以防止人口过度集中为基本宗旨；我国在改革开放以来所制定的几个五年计划中，都把区域经济发展作为一项重要内容，虽然自“六五”计划以来有了从“沿海与内地”，“东、中、西”和“七大经济区域”的区域划分提法的变化，理论界和实际部门也有若干种其他的不同划分，但区域政策所要解决的核心问题是什么始终不明确。比如沿江经济带的划分根据只是其地理特征，而从铁路货运所代表的省际交流情况看，1994年湖北与省外的经济交流只有不到19%是在沿江流域，四川的比重更低，还不到12%。这两省的省际经济交流主要是南北向而非东西向的，所以沿江经济合作虽然说了很多年，却一直难以取得显著成效。再如环渤海经济区的划分也是根据其地理特征，但辽宁的省际经济交流只有10%是在京、津、冀、鲁四省市，而山东与京、津、冀、辽的省际经济交流还不到12%。所以自改革以来，对我国经济区域的划分虽有过许多说法，但是由于离开了工业化和城市化的内在规律，就成了各有各的道理谁也说不服谁的事情了。

提出“九大都市圈”的设想，就是要从借鉴国际经验和我国的特殊国情出发，在未来15~20年的特定工业化阶段内，逐步改变我国全国大分工式的区域结构为都市圈式的区域结构，并以此来带动与区域经济相关的一系列问题的解决。有了明确的战略思想，就能制定出好的战略规划。

(二)通过改革来推动都市圈经济的建立

按都市圈模式重组我国区域经济，说到底是要从现代市场经济的要求出发，改变我国在计划经济条件下所形成原有区域经济格局，这就必然要对原有的区域经济管理体制展开冲击。改革开放以来，一个争论不休的问题是，到底应该在多大的范围内进行“重复建设”。谁都知道，在我们这样一个大国，不可能只布局一座钢厂、乙烯厂和汽车厂，必要的重复建设是肯定需要的，问题是应该限制在多大的地域范围内。过去由于没有一个明确的标准，又被条块分割的行政管理体制所强化，各级政府和经济主管部门在看到市场需求后都认为自己有理由另搞一套，最后是形成了各搞一套的局面。

提出都市圈的设想，由于明确了在未来10~15年内可以进行重复建设的界限，就能够比较好解决这个问题，按照每个都市圈内都安排一套相对独立的制造业体系的设想，针对到2010年的远景目标和目前的基础，应该对圈内的产业结构进

行填平补齐，在这一范围内进行的重复建设都属必要的，否则就要严格禁止。对圈外其他地区则要按照需求与供给结构相对应的规律，根据其人口和人均收入水平的不同发展阶段，适当安排建设项目。但仅有目标还不够，还需要必要的体制保证，就是按照都市圈的划分，把经济规划和建设的权限放在九大经济区域内，为此就需要把原属各省的经济权限上收到都市圈一级。只有这样才能把经济或市场边界与行政管理边界最大限度地统一起来，才能把国家有计划的指导与市场为配置要素的基础这两个方面有机地结合起来。

在都市圈内的各省仍可独立存在，但作用已应转向农业、交通和文教卫生等管理方面。按都市圈内各地区的经济功能要求重新划分省区也是可考虑的方向。早就有人提出我国的省区范围划分得过大，美国的国土面积小于我国，却还分成50个州，我国目前的省区，除少数以外，作为独立的经济单元太小，作为都市圈内的功能单元又太大，如果把所划分出的九大都市圈作为九大行政区，在各区内再按经济功能划分出若干省，将有利于把经济边界的划分和行政边界的划分从上到下统一起来，避免二者分离的矛盾，但是应注意和未来新的都市圈划分相衔接。

(三)我国城市化建设中大、中、小城市格局的安排存在着严重的争议

目前的主导意见是要严格控制大城市的发展和积极发展中小城市和小城镇，并形成了政策，但这并不是一个明确的数量界限。近年来大城市人口比重一直在显著下降，按照目前的速度继续下降，到2010年将降到12%以下，比美国目前的水平还要低，这样的城市结构比例是否合理？

从美日区域经济模式比较中我们可以了解，在中国这样的国家，把大城市人口比重控制在25%~30%之间是比较合适的，只有如此，城市人均占地水平才有可能被控制在115平方米以内，城市占地面积才有可能被控制在占国土面积的1%以内，否则就会由于工业化和城市化与农业生产产生尖锐的争地矛盾。

如果我国到2010年的城市人口比重达到60%，总数达到8.4亿，1/4以上的大城市人口则意味着有2亿以上的城市人口是生活在大城市，而100万以上的大城市个数将从目前的32个增加到120~140个左右，200万以上人口的大城市将从目前的10个增加到30~40个，目前200万以上人口的大城市则有可能都发展成北京和上海那样的拥有1000万左右人口的特大城市。其他6亿以上的城市人口则将居住在1500个中小城市和10000个以上的小城镇。在每个都市圈内都将拥有150个以上的大城市和中小城市，都市内的中小城市环绕在各个大城市周围，就形成都市圈内连绵广阔的都市群或都市带。为了迎接我国大规模城市化时代的到来，我们必须根据只能在辽阔的平原地带才能发展大城市群的规律，在我国的主要平原地带选择出那些具有潜力的中小城市作为未来发展大城市的基础，并且按照建设都市圈的要求规划好大、中、小城市的布局。

(四)我国东西部经济增长差距呈不断拉大趋势

1989年以来，我国开始出现一年一度的“民工潮”，而且呈愈演愈烈之势，其人口流动的规模接近一亿，超过自秦汉以来各朝各代的历史水平，许多人把这一现象看成是内地省区经济不发达的反映，因此要求向内地转移收入以扶持内地经济发展的呼声越来越高，也确实出台了不少这类的措施，但是从结果看，除中部一些省份经济增长率出现了加快趋势，西部地区仍然是我国经济增长的低谷地带 。

显然，安徽、江西和河南这三个中部低收入省份已进入加快发展状态，工业增长速度高于全国平均值，但西部五个低收入省份增长速度都低于全国水平，而把中部三省刨除在外，在剩余的24470万低收入人口，中西南三省就占了76%，这就突出了解决我国人口贫困和地区增长差异问题的重点所在。换言之，如果解决了西南地区的人口贫困和与东部地区的经济增长差异问题，我国从根本上解决这一问题就有了希望。

西南地区经济发展缓慢的一个重要原因是平原土地要素匮乏。西方国家解决地区经济差异的成功作法是利用财富的转移支付，这种作法之所以成功，是由于欧美各国都不缺少平原资源，所缺的只是资本。这种作法对我国西北部地区的发展将会有很好的作用，因为我国西北地区的条件与美国西部和南部地区有某些类似，但是用在我国西南部地区的成效就不会那么显著，而且会随着城市人口的增加和平原面积的减少越来越不显著。所以，解决西南地区的人口贫困和经济增长差异问题，关键不在于对这一地区转入资本，而在于从这一地区向外转移出人口，只有如此才能找到解决贫困人口问题和地区经济增长差异问题的希望。如果未来15年各地区间都保持同样的经济增长率，由于西南地区人口向东流出1亿，西部地区由于人口减少和人均拥有的资源数量增加，人均收入水平将会相应提高，四川省的人均GDP水平将从仅相当于全国平均水平的66%上升到106.7%，都市圈外其他地区将从仅相当于全国平均水平的73.9%上升到83.1%；东部地区则由于人口增加相应减低了这一地区的人均收入水平。为此，在我国东部和中部平原辽阔的地区，就要有计划地建设大型都市群，以在未来若干年内进行前所未有的大移民。

东西互动 共谋发展

——2003~2004年地区经济发展分析

国家信息中心经济预测部 阎娟荣 =胡少维

2003年，各地区经济承接2002年快速增长的趋势继续保持良好发展态势，尽管二季度受到SARS疫情冲击，各地区特别是疫情严重地区的经济发展受到一定影响，但总体向好的态势并未改变，经济增长仍然在快行道上。根据对国际环境的研究、国家发展政策的判断以及各区域的发展动态分析，2004年各地区经济仍将保持快速增长，各区域内部之间的合作将会有所加强，区域分工在向合理化方向发展，但区域之间的增长差距仍在扩大，体制性障碍等因素对区域合理分工、共同发展仍将产生一定的影响，一些深层次的问题仍有待解决。

一、2003年以来地区经济发展特点

1.各地经济增幅普遍有所提高

虽受非典影响,但各地区经济快车依然高速前行,宏观经济保持稳中加快的增长态势,经济增幅大都创近年新高。比如：2003年1~9月,内蒙古GDP增长15.7%，江西增长12%，河北增长11%，吉林增长10.8%，黑龙江增长10.1%。广东增长13%,增速为近8年来同期最高水平。重庆市增长11.1%,是重庆直辖以来历年同期最高水平。天津市增长14.2%,创近7年历史同期最高增幅。山西省增长12.3%,增幅是近10年来的同期最高水平。山东省增长13.2%,为1996年以来同期最高增幅。北京市增长10%,河南省增长9.7%,海南省增长10.4%,宁夏区增长12.1%,甘肃省增长10.0%,湖北省增长9.2%,陕西省增长10.7%,贵州省增长10.5%,辽宁省增长10.6%,江苏省增长13.2%,湖南省增长9.6%。广西区增长9.3%,虽然增幅同比回落1.5个百分点,但增速之高仍为1997年以来同期第二位。

2.东部领先增长，地区差距仍在扩大

2003年，在经济复苏加速的情况下，东部优势明显，增长领先，东西部增幅差距进一步拉大。以工业增加值为例，2003年1~9月，东西部（这里的

西部为国家西部大开发界定的12省、市、自治区）增幅差距为4.4个百分点，与2002年12月的2.3和上年同期的1.9个百分点相比，呈进一步拉大趋势。

3.固定资产投资高位增长，地区增幅差别不大

2003年以来，我国固定资产投资增势强劲，从各地区情况看，大多保持较高增幅，高于全国平均水平的有19个省份，最高增幅是内蒙古的87.2%（不包括集体和城乡个人），最低增幅为黑龙江的13.7%。投资对各地经济增长拉动作用显著。

从东中西三大地带看，固定资产投资（不包含集体和个人），西部地区投资继续保持领先增长态势，但各地带之间的增长差距在缩小。1~9月，西部12个省市自治区固定资产投资增长39.4%，东部11个省市固定资产投资增长38.1%，中部8省固定资产投资增长35.2%，低于全国平均水平。

4.消费需求平稳增长，各地区差异不大

随着新的消费热点的逐步形成，各地区商品零售市场稳中趋活。特别是随着城市居民收入的逐步提高，以汽车、住房、电子通讯、家政服务、非义务教育消费等为代表的新型消费各地区普遍增长较快，成为带动各地区消费增长的主要动力。

消费品零售额1~9月江苏省增长13.2%，湖南增长10.4%，海南省增长9.5%，广西增长9.2%，北京增长13.7%，辽宁省增长11.9%，宁夏区增长10%，山西省增长10.8%，重庆市增长8.9%，甘肃省增长8.76%，湖北省增长10.4%，贵州省增长9.8%等。总体上各地均保持了平稳增长态势。

5.东部外贸比重增大，中部外贸增幅提高较多

从2003年1~9月份各地进出口情况看，东、中、西部出口增幅均很高，东部为32.4%，中部为28.3%，西部为34.5%，东部出口占全国比重进一步提高，同比提高0.08个百分点，中部占比下降0.14个百分点，西部占比上升0.06个百分点，东部出口是我国出口的绝对主力。但从同比增幅提高看，中部地区提高较多，为18.2个百分点，高于东、西部(分别为12.7和12.5个百分点)的提高幅度，说明中部地区在注重国内需求的同时，也将更多的注意力放在了促进出口上。但进口格局略有不同，进口占比东西部均出现下降（分别为0.14和0.16个百分点），而中部却出现上升（0.30个百分点），中部进口增幅（51.27%）高于东（40.2%）西（32.9%）部，进口增幅同比提高幅度中部也高于东、西部。

二、区域发展中存在的主要问题

1.中部经济有“凹陷”之忧

自上个世纪80年代初沿海发展战略和90年代末西部大开发战略的实施，中部地区已成为全国的“经济凹地”，十六大后又提出“支持东北地区等老工业基地加快发展和改造”的方针，东北发展战略呼之欲出，中部地区经济地位相对下降已成为不争的事实。中部地区农业比重很大，农村人口过多，由于靠农业发展的出路越来越窄，而制造业又没有出现由东部向中部转移的“梯度效应”，在东部大发展、西部大开发、东北经济振兴的新形势下，中部地区经济结构转型所面临的国内与国外的压力将会加大，“经济凹地”有可能会加深。如何在新的区域发展战略中真正实现东西互动、促进中部，使中部地区不至于落在后面，是区域发展中一个值得重视的问题。中央政府应重新思考中部发展问题，中部地区各省区也应积极探索如何走出尴尬困境的发展新路。

2.地方封锁现象仍比较严重

目前，各地区进一步扩张面临的共性障碍就是行政体制分割，各自为政，行政性区际关系削弱甚至是替代了市场性区际关系，以致因地方行政主体利益导向而难以做到资源的优化配置及经济融合。由于政企分离的改革尚未完成，地方政府作为经济利益主体的色彩过浓的问题还没有根本改变，各种形式的地区封锁措施依然存在，阻碍着全国统一市场的形成。

无疑，区域间的横向经济联合与协作有利于资源的有效开发和资金、技术、人才的合理流动，是各地区共同发展的需要，但现实却与此背离较大，县界、市界、省区界当成“国界”的现象屡见不鲜。

3.不发达地区的造血功能不足

对不发达地区而言，其基础设施建设明显落后于沿海发达地区，优惠政策也没有绝对的优势，缺乏足够的吸引力，更为重要的是不发达地区产业结构缺乏吸引力，从而吸引外部资金的动能不足。

同时，对落后地区来说采用新技术所产生的增长效应也不像发达地区那样强。先进技术并不必然对今天的后来者同样有益。经常有这种情况：从使用先进技术中增加的产量远远超过了有限的国内市场的吸收能力。而且，现代技术涉及的进一步问题是，它需要大量的初始投资，因为当今的技术主要是资本密集的，而落后地区又恰恰是资金匮乏的。这些就成为落后地区采用先进技术的困难所在。

另外，不发达地区的后发劣势也非常明显。市场已经被先行地区分割完毕，后发地区的工业品进入市场要支付比先行地区高得多的交易成本。因此，不发达地区正在陷入“积累资金不足、技术进步缓慢、劳动生产率低下、居民收入水平低下、资金供给能力不足”的不良循环之中，各种自然资源得不到综合利用和深度加工，资源优势得不到充分发挥，最终使不发达地区的发展动力越来越弱。

在这种背景下，不发达地区的自我造血功能就成为一个问题，缩小地区差距就会面临比较大的困难。

4.“资源换增长”模式普遍存在

一直以来，我们考核干部主要是以经济总量和增长速度为指标甚至是唯一的指标，而政府的任期又总是有限的，在有限的任期之内，政府总是喜欢优先选择做那些比较能够“急功近利”的事情。所以，很多地方政府都把用土地和优惠政策招商引资当作促使本地经济发展和GDP增长的最优选择，甚至是“不二法门”。而等到有一天土地用光了，政策也到期了，下一任或再下一任政府又该拿什么资源去换取经济的高增长呢？这是区域经济发展特别是可持续发展面临的一个最普遍的问题。

5.机制不健全

市场经济已经使地方政府越来越意识到自己是作为一个集团而存在，意识到自己在与其它集团关系中的利益和要求，应该自然产生集团认同意识、内聚性和组织性，从而自发走向区域联合。但是现在，我们尚缺乏经济与政治相配套的完整运作机制。

三、2004年地区经济发展展望

1.经济增幅有望稳中有升

国际货币基金组织报告认为，有迹象表明世界经济正在复苏，预计2003年世界经济增长将为3.2%，2004年可达4.1%。国际环境有望进一步趋好。

从国内环境、政策看，国家将继续实施扩大内需的方针，改革开放将进一步推进，特别是中共中央委员会在北京召开的十六届三中全会，调整了一些重要问题上的立场，其中包括强调要“大力发展国有资本、集体和非公有资本等参股的混合所有制经济”，“实现投资主体多元化”，“使股份制成为公有制的主要实现形式”。这将给国企注入新的活力，对外商而言，意味着将来可以用更灵活的形式到中国投资，预计外商直接投资和并购活动保持活跃，带动我国经济的发展。另外，三中全会还表明要改变国企垄断重要行业的现状，允许“非公有资本进入法律法规未禁入的基础设施、公用事业及其它行业和领域”。这些举动一旦落实，将意味着中国的民营经济将出现新一波爆炸性增长。各种因素共同作用，有望推动我国经济继续攀升。

从各地区情况看，经济结构调整初见成效，经济的内在活力在增强，自主性增长因素在增多，社会各方面对加快经济发展有坚强信心和决心，企业景气逐步回升，消费者信心也比较足，维持了良好的社会预期，形成了加快发展经济的良好氛围。综合各地区的情况分析，预计2004年各地区经济增长有望稳中有升。从三大地带看，东部地区由于民营经济活跃，占比比较大，增幅将继续处于领先地位，中西部地区经济增幅稳中略升。

2.固定资产投资继续快速增长

2003年，我国固定资产投资出现了多年少有的高增幅，无疑，这增大了2004年投资增长的基数，估计较2003年增幅会有一定下降，但2004年投资增长仍有不少有利因素：

一是经济自主增长基础基本形成。企业对未来经济走势看好，企业自主投资不断增多。在固定资产投资资金来源中，国家预算内资金和债券资金所占比重下降，而自筹资金、国内贷款、利用外资和其它资金所占比重上升，作为企业自主投资重点领域的工业投资一直处于高速攀升状态。表明国民经济已经摆脱了依靠政策性扩张力量维持增长的被动局面。

二是投融资体制改革迈出新步伐，将进一步调动社会投资积极性。比如河南出台了交通建设体制和高速公路建管体制改革方案，进一步打破部门和行业垄断，放宽市场准入，多种方式、多元化投资格局初步显现。

三是投资主体结构初步改善。经济的稳定发展、市场需求的扩大，各类投资主体扩大投资的内在驱动力明显增强。民资逐步激活、外资不断进入，如江苏省前三季度私营个体经济实现固定投资额635.1亿元，同比增长24.5%，占全社会固定资产投资比重达到18.3%；北京民间投资较为活跃，2003年前三季度，全市非国有内资投资693.9亿元，增长35.1%，占全社会投资的比重达到52.8%。宁夏非国有投资迅猛发展，2003年前三季度实现投资95.2亿元，同比增长92.7%等。

四是各地城市化建设加快，固定资产投资需求旺盛。

五是各地投资冲动仍比较强烈。

预计2004年各地固定资产投资仍将保持比较高的增幅，东、中西部固定资产投资增幅差距缩小，西部以大项目投资带动为主，东部地区民间投资将逐步活跃，占比提高。

3.消费需求增幅提高

随着经济的快速发展和居民收入水平的不断提高，居民消费不断升级换代，消费热点不断涌现。从目前的消费形势来看，未来居民消费结构变化的总体趋势是：从物质消费为主转变为非物质消费为主；生存资料消费比重将进一步降低，享受和发展资料消费比重上升；消费结构的变化越来越体现生活质量阶段的特征。当前居民消费热点主要集中在住房、汽车、通信、教育、旅游、保健和健康六大领域。2004年，随着经济快速发展和城乡居民收入的增加，汽车将继续成为部分相对富裕家庭追逐的目标，其他消费热点在2004年也将继续保持。特别是由于国内轿车市场价格一路走低，轿车降价幅度较大，为百姓特别是中西部地区居民购车提供了可能，加上中西部地区交通环境日益改善，将促进其消费的增长。总体上看，大多数地区2004年消费需求（社会消费品零售额）增幅将有所提高。从三大地带看，东部略高，中西部略低，但差距不大。

4.东部外贸增长将快于中西部

2004年，尽管世界经济前景看好，外部环境对我国出口仍比较有利，总体上讲我国出口形势不错。但是从区域分析，东部地区外贸出口增幅将会高于中西部。原因：一是东部发达地区与世界经济的融合度相对较高，信息沟通和交流能力较强；二是高附加值产品比例相对较高，抵御外贸倾销等外贸壁垒的经验和能力相对较佳；三是国家对出口退税率做出的重大调整，可能会对外贸增长产生一定影响，而且这种不利因素对中西部的影响将大于东部。和西部相比，东部地区的企业出口结构多元化，地方财政相对宽裕，因退税率调整产生的影响将小于西部。综合考虑，预计2004年外贸出口增幅将呈现东部领先的局面，中西部地区出口增长保持高增幅有一定难度。

四、关于区域经济发展的思考与对策建议

1. 淡化行政区划色彩，强化经济区域功能

打破部门、地域界限，本着“互惠互利、优势互补、结构优化、效益优先”的原则联合起来，推动城市间、地区间的规划联动、产业联动、市场联动、交通联动和政策法规联动，通过整合区域资源，调整区域产业结构，壮大跨区域的龙头产业，以较低的成本促进产业优势的形成。

2.加强行政区划调整研究

一个国家的行政区划设置模式归根到底取决于当时的历史条件，包括当时的地域范围、自然地理状况、生产力水平、交通通讯能力、民族分布、政治制度等等，如果这些条件发生了重大变化，行政区划设置模式也应该相应地有所调整，否则就会制约经济社会的发展。目前，我国已进入经济社会大转型时期，客观形势已经发生并将进一步发生重大变化。随着经济体制改革的深入、生产力水平的提高和交通通讯条件的改善，我国现行行政区划对经济社会发展的不利影响因素越来越明显，改革的要求越来越迫切。通过行政区划制度的变迁使各地方利益集团之间重新签约，对资源和利益进行重新分配，是一种体制创新思路，有利于改善中国的社会利益结构，也是促进区域经济发展的一种思路。不过，作为中央管理地方的重要手段，行政区划并不是一个单一的区域面积问题，也不是一个单一的行政体制或经济体制问题，而是与国体和政体密切相关的系统工程。同时，行政区划调整变更对一个省、一个市、一个县的政治经济体制和利益关系影响极大，牵涉面很广，大的调整影响几百万人、上千万人的利益，小的调整影响几万人、几十万人的利益，每一件区划调整事项都要瞻前顾后、总体考虑。为了及早预案，目前在不完全具备条件的情况下，应加强这方面的研究。

3.做好大区域发展规划

目前，在三大都市圈的区域经济整合问题上，虽然传统的条块分割的管理与决策体制、局部的本位的利益常常束缚住人们的眼光与手脚，但有利的因素正在增多。比如，WTO 原则下的统一市场、统一法规的工作推进很快；在法治和政企分开基础上的中央与地方明确划分各自权责、风险的制度创新也正待经由国有资产管理领域的分级出资人实验迈出重要一步。这些有利因素的成长，将有助于各类企业、各级政府作为发展经济的不同主体，越来越活跃地投身于区域经济的拓展与整合中去。事实上，2003 年以来，特别是在长三角和珠三角，有关区域经济整合的会议频频召开，相关的政策和措施也正在或将要出台和实施。因此，对中央政府而言，应及早考虑跨行政条块的一体化的区域经济、大都市圈怎样才能规划好、建设好、管理好、调控好的问题，考虑三大都市圈特别是长三角和珠三角这两大区域中的交通系统、信息网络、金融监管、司法体系和环境保护等等，如何配置得更为合理，做到未雨绸缪。

4.理顺资源价格体系

现在我国区域间合理分工和商品交换的主要阻力有两个：一是自然资源产品相对低价、工业制成品相对高价的不等价交换；二是地区分割和地区封锁。因此，协调区域市场需要统一开放的市场体系。其中尤为重要的是建立全国统一的市场体系的关键是理顺资源价格体系，提高生产要素价格的市场化程度，使基础工业产品与加工工业产品的比价趋于合理，发挥各类资源的基础性效应，进而使各地区的资源遵循价值规律和市场供求规律，实现有效的配置，西部地区也能通过市场交易把其拥有的资源优势转变为经济优势，并形成其较强的对东部地区经济技术能量的吸纳能力。在存在不等价交换条件下，国家调节收入分配，把一部分收入返回给资源省份不失是一种调节方式。

5.对不发达地区给予政策支持

面对不发达地区发展所遇到的要素严重流失、采用新技术的资金严重不足等困难，协调区域经济不能单靠市场机制的调节，必须要有政府安排。针对生产要素在市场调节下向东部流动的方向，政府要实行反向调节。国家要对生产要素的流动作必要的计划和政策的引导，要在不发达地区安排得以拉动增长的基础设施等项目。除此以外，不发达地区政府要致力于改善投资环境，特别是要改善运输、通讯条件，进行人力资本投资，同时要在金融财政以及吸引科技人才等方面提供较为优惠的政策。

6.加强不发达地区的智力投入

无疑，发达地区对落后地区有扩展效应，但从实际情况看，其作用并不十分明显。原因是落后地区不具备必要的经济技术基础和相当素质的劳动力，使得这种扩散难以实现。因此，为了真正实现发达地区对不发达地区的带动，达到共同发展的目的，现在就必须加大不发达地区的智力投入，为将来的发展储备能量。

7.寻求“点”突破

根据发展极理论，政府的区域发展规划不再是规划发展的面，而是规划发展的点。国家在各地区发展的点上集中投入资金、引入技术，培植主导产业部门，使之真正带动周围地区的发展极，由此形成这样的机制：政府协调的作用点在发展极的建设上，市场协调作用体现在发展极对其外围的带动作用上。也即要改变以前那种为区域协调而撒胡椒面的做法，集中有限资金于一点，比如不发达地区的大城市，促使其尽快成为带动当地经济发展的增长极。

8.传统产业创新，支持中小企业发展

一个区域的经济优势往往根植于经济特色上，不发达地区更需要在传统产业中创新，在纺织、服装、食品加工、冶金制造等传统产业中创造出产业特色来，并在产业特色的基础上不断地进行技术创新，将新技术与地方知识技能相结合，以加快当地的经济发展，切勿盲目攀比发展高新技术产业。为了实现这一发展目标，需要加大对中小企业的支持，使不发达地区尽快形成各具特色的中小企业集群，造就其经济发展的原动力。

长珠海三大区域十大城市经济发展比较
——兼议北京产业发展的成就与不足

北京市统计局

大都市圈在一个国家或地区的社会经济发展进程中正发挥着越来越重要的作用，在大都市圈中，作为“龙头”的中心城市，对区域经济和空间格局的影响尤其重要。按照法国地理学家让戈特曼首创的“城市群”理论分析，目前中国的大城市群主要是环渤海城市群、长江三角洲城市群和珠江三角洲城市群。本文从三大城市群中选择了比较有代表性的十大城市（北京、天津、青岛、大连、上海、苏州、杭州、南京、广州、深圳）进行比较，并浅析北京产业发展的成就与不足。

一、十大城市经济发展总体状况及其比较

(一)经济能量巨大 发展水平不一

十大城市土地面积共9.9万平方公里，仅占全国的1%，人口7307.2万人，占全国的5.7%；但十大城市共实现生产总值24013.09亿元，占全国22.9%。其中，上海、北京、广州三市作为三大区域的中心城市，生产总值均超过3000亿元，在经济总量上构成了第一方阵。排在第二方阵的城市有深圳、苏州、天津，三市生产总值均在2000亿元以上。从发展速度来看，2002年，十大城市生产总值均保持了两位数增长，明显快于全国平均增速。但从人均水平来看，十大城市间的差距较为明显，其中人均GDP超过4万元的有深圳、广州、上海3个城市，超过3万元的有苏州，其他城市均在2~3万元之间，北京为28449元，在十城市中居第五位（见表一）。

(二)都市经济特征明显 产业发展重点突出

都市经济特征主要反映在农业比重较小，十大城市农业增加值比重平均在4.7%左右。近年来，耕地面积逐年减少。例如北京的耕地面积在建国之初为53.1万公顷，而截至到2002年仅为24.9万公顷。2002年北京的粮食作物用地是11.4万公顷，为上年的83.3%。2002年广州净减耕地面积近1万公顷，其中21.2%作为基建用地（见表二）。

十大城市的产业发展重点与各自的功能定位密切相关。其中北京、上海、广州三产比重均超过50%，三个城市服务业的高度发展主要与他们的区域中心效应密不可分，因此能够汇聚大量的人流、物流、资金流、信息流。而青岛、苏州、杭州、深圳四市的第二产业比重都超过了50%，四市正在成为新型工业化基地。

表一：2002年十大城市经济发展水平

城市名称	国内生产总值（亿元）	增速%	人均GDP（元）
北京	3212.7	10.4	28449
天津	2051.2	12.5	22380
青岛	1518.2	14.6	21214
大连	1406.1	14.1	25276
上海	5408.8	10.9	40627
苏州	2080.4	14.5	35733
杭州	1780.0	13.2	28000
南京	1297.6	12.8	22858
广州	3001.5	13.3	41884
深圳	2256.8	15.0	46388

表二：2002年十大城市三次产业比重（%）

十大城市	一产比重	二产比重	三产比重
北京	3.1	34.8	62.2
天津	4.1	48.8	47.1
青岛	9.6	50.4	40.0
大连	8.4	47.0	44.6
上海	1.6	47.4	51.0
苏州	4.7	58.2	37.4
杭州	6.3	50.7	43.0
南京	4.8	47.3	47.9
广州	3.4	40.9	55.7
深圳	0.8	54.7	44.4

(三)工业发展普遍较快 北方企业效益偏低

2002年，十大城市中有九个市的工业增速在10%以上，北京年内受支柱产业增势不强及同期基数较高等因素的影响，增加值比上年增长9.2%，低于全国16.5%的平均水平，也低于其它九座城市。十大城市的产销率保持在97.6%至99.3%，产销衔接情况比较稳定。但值得注意的是，在企业的获利能力方面，环渤海城市群相对较弱。2002年地处环渤海城市群的北京、天津、大连、青岛四市，总资产贡献率均低于全国平均水平，成本费用利润率也只有天津比全国平均水平高出0.15个百分点，与长三角及珠三角两大城市群差距很大（见表三）。北方企业效益偏低有诸多原因，但主要的原因还是改革开放力度不够，市场化进程较为缓慢（见表三）。

表三：2002年十大城市总资产贡献率及成本费用利润率(%)

	总资产贡献率	成本费用利润率
全国	9.45	5.62
环渤海城市群		
北京	7.84	5.37
天津	8.66	5.77
青岛	8.98	2.78
大连	7.00	3.72
长江三角洲城市群		
上海	10.42	7.30
杭州	13.44	6.84
南京	11.36	3.92
苏州	9.73	4.99
珠江三角洲城市群		
广州	12.53	6.96
深圳	9.60	7.30

(四)需求发展不尽协调 投资结构有待调整

2002年十大城市共完成社会消费品零售总额9274.4亿元，全社会固定资产投资8853.4亿元，分别占十大城市全部GDP的38.96%和37.41%。在十大城市中投资与消费两大需求的发展不够协调。除广州和深圳外，其余城市的投资增速均高于消费增速，有些城市投资增速与消费增速的差距超过10个百分点。经济增长普遍属于投资主导型，消费需求增长较弱，不利于经济的持续稳步、健康发展。此外投资结构不尽合理。有些城市的房地产投资占全社会固定资产投资的比重较高，北京、深圳、广州三市均超过了40%，分别为54.5%、47.6%和42.2%（见表四）。

表四：2002年十大城市投资及消费增长速度（单位：%）

	全社会固定资产投资增速	社会消费品零售总额增速
北京	18.5	9.5
天津	15.1	13.1
青岛	24.4	13.5
大连	20.6	10.8
上海	9.6	9.3
苏州	43.9	15.3
杭州	21.9	14.1
南京	29.7	12.7
广州	3.2	9.8
深圳	11.0	13.2

二、在比较中审视北京产业发展的成就与不足

(一) 北京的产业发展成就

北京在人才、政策及区位等多重有利因素的作用下，产业发展进程在不少方面先于其它城市，特别是近年来形成的多个各具特色的高科技园区、金融商业区、工业园区等，有力地推动了优质企业的集结，使北京的产业发展进入了新阶段：

1.从产业结构看：2002年，全市第三产业占经济总量的62.2%，第三产业比重在十大城市中列居首位，第三产业的增长速度为12%，高出第一产业7个百分点，高出第二产业3.5个百分点，第三产业对于经济增长的贡献率更是高达75.2%。

2.从就业结构看：北京自1992年起就已实现了“三二一”的就业格局。2002年三次产业就业结构为10.0:34.6:55.4，其中第三产业劳动力比重高于全国26.8个百分点，在所选的十大城市中，比第二位的上海高出6.6个百分点。

3.从技术进步和信息化水平来看：2002年全市共有科技活动人员25.7万人，专业技术人员144.5万人，相当于每万从业人员中就有379人从事科技活动，3007人从事专业技术工作或专业技术管理工作。而在经费支持方面，2002年全市研究与试验发展经费支出219.5亿元，占全市科技活动经费支出的53.4%，占GDP的6.8%，位于全国的前列。近年来伴随着高科技园区的蓬勃发展，北京的信息化程度进一步提高，2002年全市每百人就拥有移动电话80.9部，比上年同期高44.2%。信息化的提升也在无形之中改变了北京人的生活方式，2002年电信业总量达到224.3亿元，为邮政业的7.5倍。

(二) 北京产业发展的不足

1.企业规模结构仍不尽合理。以工业为例，2002年全市小型企业占全市工业企业单位数的87.6%，而产值比重仅为32.7%，工业增长过度集中于少数大企业，不利于优化产业集群，创出本地区精品品牌。

2.各企业间关系较零乱，协作配套能力差。相对于长三角和珠三角而言，北京市内部以及北京市与周边地区的企业之间缺乏有机联系，未形成有效的产业链，影响产业发展壮大。

3.第三产业内部，垄断力量仍阻碍企业的发展。主要是交通运输、邮电通信、金融保险等行业发展的垄断性仍很强，无法形成有序和有效的竞争。一些公共基础设施投资领域的进入“门槛”过高，对发展不利。

加速推动江苏区域经济共同发展的思考

江苏省统计局

党的十六届三中全会通过的《中共中央关于完善社会主义市场经济体制若干问题的决定》，从“五个统筹”出发提出深化我国经济体制改革的目标和任务，其中之一就是统筹区域发展。从江苏实际看，由于多方面因素叠加的影响，南北经济呈明显的梯次分布，严重制约全省经济的进一步扩张。因此，如何促进江苏区域经济协调发展，逐步扭转南北差距扩大的趋势，已成为加速推进“两个率先”进程中的一个重要课题。

一、三大区域经济发展差异的主要表征

促进区域共同发展是江苏经济发展的五大主战略之一。实施这一战略以来，在全省人民的共同努力下，区域共同发展取得重要进展，苏南发展水平加快提升，苏中快速崛起出现良好端倪，苏北后发优势逐步发挥。但区域共同发展的内在推动机制和良性互动机制还未形成，区域经济发展目前仍面临较多的问题。

一是经济总量和人均水平在扩大

20世纪90年代前五年，苏南、苏中、苏北经济发展水平的极差迅速增大，后五年有所趋缓，但进入“十五”以后，差距又趋扩大。2000年苏南GDP、人均GDP分别是苏中的2.98倍和2.40倍、苏北的2.44倍和3.55倍，到2002年上升为是苏中的3.22倍和2.55倍、苏北的2.58倍和3.74倍。2002年苏南人均GDP28594元，高出全省平均水平的98.7%；苏中、苏北人均GDP11232元和7643元，分别低于全省平均的22.0%和46.9%，苏北比全国平均还低354元。

二是产业结构与工业化进程的差距更加明显

2002年，苏南、苏中和苏北工业增加值比重分别为48.5%、42.6%和35.8%，农业比重分别为4.7%、14.5%和24.0%，非农劳动者比重为77.8%、59.7%和47.6%。苏南高新技术产业已具相当规模，苏中和苏北传统产业的比重还比较大。根据经济发展理论和国际经验判断，苏南已经进入较发达经济阶段，

接近工业化高级阶段的初期；苏中处在工业化初期向工业化中期的迈进阶段，尚未实现从轻工业向重化工业的转换；苏北则处于从初级产品生产向工业化初期的过渡阶段。

三是在经济增长动力上存在较大差异

苏南经济的内生动力和外部推力较强，投资、消费和净出口三大需求对经济增长的支撑强度均高于苏中和苏北。特别是在外需方面，2002年，苏南外贸依存度达82.1%，比2000年上升23个百分点；苏中、苏北为25.4%和7.1%，仅分别上升1.2和0.9个百分点。2002年苏南外商直接投资为91.2亿美元，分别相当于苏中、苏北的13.5倍和15.8倍；占全社会固定资产投资的比重为31.6%，分别比苏中、苏北高23.2和26.8个百分点。

四是生财聚财的能力和“富民”程度悬殊较大

2002年，苏南财政总收入达916.3亿元，分别相当于苏中和苏北的4.67倍和4.75倍。苏南财政收入占GDP的比重达14.6%，比苏中、苏北分别高4.5个和6.7个百分点。城镇居民可支配收入和农民纯收入，2002年苏中比苏南分别低1443元和1305元，苏北则比苏南分别低2167元和1825元。淮北地区部分农户的生活还较为贫困。

二、对区域经济发展差异扩大的理性思考

决定和影响区域经济增长的因素多种多样，包括历史基础、区位条件、资源状况、文化背景、科教水平、经济结构、开放程度、制度环境以及人们的思想观念，等等。因此，几乎所有的国家和地区都存在区域差距问题。发达国家经过长期不懈的努力，其内部差距已经得到了缓解，但也并非完全消失，而发展中国家目前这一问题还相当突出。“核心与边缘区理论”认为，在一个经济区域中，核心区的发展一方面能发挥扩散效应，从而在一定程度上带动边缘区的发展，有利于缩小地区之间的差距，但另一方面，劳动力和资金等都会从边缘区迅速流入核心区，由于这种极化效应的存在和加强，核心区能得到进一步的发展，而边缘区却处在不利的地位，与核心区的差距越来越大。只有当经济发展到一定阶段时，极化效应也才会逐步弱化。

经过多年的发展，苏南地区已成为江苏区域经济发展中的核心区域或如佩鲁所说的“发展极”，而苏中尤其是苏北成为边缘区域，苏南对苏中和苏北乃至省外一些地区形成的影响主要是极化效应，扩散效应还未大量释放。苏中、苏北的劳动力、人才、技术、知识、资金等生产要素，总体上还是流向苏南（也包括流向上海、北京、广东等地甚至国外）。换言之，江苏三大区域之间的经济差距，目前不仅不可能明显地缩小，甚至还会进一步扩大。这是经济发展的规律使然，而不以人

们的主观意志为转移。

毋庸讳言，区域差距的存在有一定的不可避免性。但并非不能缩小，特别是在目前苏北经济经过多年的发展，已经具备了良好的现实基础，面临着新的增长机遇，加之区位和资源等比较优势，后发的潜质巨大，完全有条件实现跨越式发展，进而逐步缩小差距。在缩小差异过程中，市场和行政力量缺一不可，其中政府宏观调控起着至关重要的作用。缪尔达尔指出："市场力的作用总是倾向于扩大而不是缩小地区间的差别"，他认为，缩小地区差距不能依靠市场机制，而必须加强国家干预，即运用种种政策手段促进区域经济协调发展。萨缪尔森指出，"对于一个健康运行的经济来说，市场和政府这两个部分都是必不可少的。"因此，进入"十五"时期，省委、省政府强力推进区域共同发展战略，就是承担政府的经济职能，强化宏观调控。几年来，在政府推动下，主要依靠市场机制的作用，大力推进南北对口合作，加快产业转移，建立财政转移支付制度，运用计划、行政手段和财政、税收、金融、劳动就业等经济政策，帮助和支持苏北、苏中的发展，引导三大区域合作共进，取得了较好的成效 。

三、区域共同发展需要解决的几个问题

1.三大区域的全面建设小康社会问题

上个世纪最后20多年，江苏人民为摆脱贫困、实现小康进行了艰苦卓绝的努力，到2000年末全省总体上达到以县为单位实现小康的目标，完成了由温饱向小康的历史性跨越，苏南及沿江部分地区提前向第三步战略目标迈进。但应该看到，江苏的小康之路是不平衡、低水平的，其主要差距可以概括为：区域经济发展极不均衡，城乡二元结构十分明显，贫困地区及其人口状况令人堪忧，总体小康的若干指标迄今并未真正达标。而江苏在建设全面小康社会中的难点和重点，则表现在：(1)从区域角度看在苏北；(2)从城乡角度看在农村；(3)从产业角度看在农业；(4)从各种社会阶层角度看在农民等弱势群体；(5)从三大文明一起抓角度看在政治文明、精神文明建设；(6)从社会全面进步角度看在提高人的素质和可持续发展。因此，江苏在建设全面小康社会方面，从区域的角度看可以说任重而道远。因此，必须加强对全面建设小康社会的部署，不仅要求苏中尤其是苏北跟上全省建设的步伐，尽快提高人民生活水平，重点解决贫困人口的脱贫问题，而且对苏南也要提出在"全面"上下功夫，在难点上求突破，在重点上花气力。总之，三大区域要形成全面建设小康社会的强烈氛围，努力实现"三大文明"，重点解决"三农"问题，使江苏真正实现"两个率先"的奋斗目标。

2.走新型工业化道路提高工业化水平问题

党的十六大报告明确指出："实现工业化仍然是我国现代化进程中艰巨的历史性任务。坚持以信息化带动工业化，以工业化促进信息化，走出一条科技含量高、经济效益好、资源消耗低、环境污染少、人力资源优势得到充分发挥的新型工业化路子。"江苏区域发展差异性大，在很大程度上是由产业结构不高、市场竞争能力不强、工业化进程不同步造成的。为此，江苏区域产业结构政策应有明确的目标，即在优化区域经济资源配置、构筑各具特色的区域经济的基础上，把工业化作为推动经济发展的"第一方略"，促进产业结构的高度化。这是推动区域经济由不均衡发展到均衡发展、实现三大区域跨越式发展的理性选择。

苏南地区技术经济水平较高，结构转换能力较强，要充分发挥比较优势，提高产业层次，优先发展高新技术产业、现代服务业以及高效优质农业，逐步将一般加工工业和劳动密集型产业向苏中和苏北转移，提高国内、国际分工地位。

苏中地区产业基础比较薄弱，既要做好与苏南的优势互补，获得它们的产业转移、资金扩散和技术支撑，加快融入苏南板块，又要发挥其自身优势，积极发展沿江重化工业，提升产业竞争层次。

苏北地区产业发展要立足当地的资源优势和相对充裕的劳动力优势，积极主动地与苏南地区对接，加快传统产业改造步伐，努力提高资源加工深度，延伸产业链，促进资源的高效转化和多次增值。发展区域产业经济，尤其要坚定地走新型工业化道路。无论是苏南还是苏中和苏北，工业化进程远未完结。特别是工业化水平尚处于起步阶段的苏北地区。要坚决摒弃传统工业化的发展思路，按照新型工业化道路的科学内涵，以科技创新和进步为支撑，以提高经济效益和竞争力为中心，走可持续发展的工业化道路。

3.在加快沿江开发的同时推进苏北大发展问题

实现地区协调发展，关键要打破行政分割，建立统一市场，重塑市场经济条件下的新型地区经济关系。省委、省政府制定的沿江开发开放战略，是江苏经济增创新优势的一次重要机遇，也是逐步缩小南北差距、实现区域共同发展的最佳切入点。通过沿江开发的要素集聚，可以促进生产要素的合理流动和优化配置，带动欠发达地区经济的顺势发展，从而最终突破"地理上的二元经济"格局。江苏沿江现代工业基础较好，国际配套能力强，劳动力成本、土地成本相对较低，应充分利用这种优势，迅速提升制造业层次和水平，特别是提高产业转移质量，立足国际化，坚持高标准，着力吸引跨国公司前来投资和建立地区性总部，建立面向全球的生产基地、研发中心和采购中心，使沿江地区成为高科技制造业的密集地、国际知名品牌的生产地、高科技研发和高科技人才的集聚地。注重产业集聚效应，通过沿江开发形成合理的产业布局和地区分工，提高产业配套能力。加强与长江三角洲地区配套合作，成为长江三角洲国际制造业基地的核心区和配套区。充分利用上海国际跨国公司、海外投资者集聚的优势，打破地域观念，主动“抢滩”上海。

在空间分布上，沿江两岸如何与以上海为核心的“长三角”融合发展，以及苏北地区如何与苏南、苏中互动，是沿江开发中的两个重要命题。前者的实质是江苏融入长三角的经济一体化进程，后者则是苏北融入“苏南板块”的发展循环过程。苏中地区是承接苏南、带动苏北的前沿阵地和传导区域，通过苏中崛起推进苏南向苏北有效的辐射传导，是沿江开发的着力点和突破口。但在沿江开发过程中，由于“极化效应”或“回流效应”的不可避免，近期内苏北落后地区存在着被“边缘化”的危险。有鉴于此，建议在制定沿江开发战略规划的同时，要高度重视“苏北大开发”问题，使沿江开发与苏北开发并行不悖，实现区域间的优势互补和合作共赢。如果说，江苏沿江融入“长三角”一体化进程的发展态势，很大程度上取决于能否实现与上海为核心的融合互动的话，那么，“苏北大开发”成功的关键就在于通过与沿江两岸的要素整合，建立苏南、苏中和苏北的横向融合链，使三大区域经济有机耦合成一个经济循环体，以整体优势参与国内、国际分工。

四、在更高层次上推进区域共同发展战略的实施

江苏在新世纪新阶段，必须立足于全省经济发展的总体目标，在更高层次上实施区域共同发展战略，强化分类指导的有效性，创新方法，突出重点，狠抓落实，以产业高度化、要素市场化、区域城市化、经济国际化为路径，依靠市场力量与行政力量共同推动优化资源配置，构筑区域发展的动力机制，形成区域互联互动格局，从而不断缩小区域发展差异，促进南北经济的协调发展。为此特提出以下政策措施：

1.以市场取向改革为动力，增创体制机制新优势

江苏市场化改革起步较早，具有一定的先发优势，但近年来与浙江、广东等省份相比，在体制机制的活力和市场化程度上都存在差距。这是制约江苏区域经济难以更快更好发展的一个重要因素。应当认识到，提升苏南发展水平，促进苏中快速崛起和发挥苏北后发优势，都需要以体制机制上的突破为前提，否则就会被束缚手脚，失去先机，从而阻滞生产力的释放和发展，在激烈的市场竞争中陷于困境。

江苏实现新一轮区域经济大发展，首先必须认清新形势，着眼新实践，启动思想马达，克服体制障碍。要增强加快发展的危机感、紧迫感和责任感，倡导敢想敢干、敢冒风险的精神，激励开拓者，重用创新人，调动和保护干部“创优争先”、人民群众“创业致富”两个积极性，形成企业能生能灭、干部能上能下、分配能高能低、人才能进能出的机制，把比较优势运用到极致，把各种潜力挖掘到极致，把干部群众的创造性发挥到极致，以超人一等的思想观念、高人一筹的发展思

路，确保苏南发展更好、苏中和苏北发展更快。

其次，实行市场和政府双轮驱动，构建区域共同发展的市场经济机制。目前在区域发展中，行政性干预过多，政府的力量显得较为强大，而市场在资源配置中的基础性作用尚未有效发挥。因此，要加快推进政府职能转变，将新形势下政府的功能定位于经济调节、市场监管、社会管理和公共服务上面来，解决好“越位”、“缺位”和“错位”问题，把一些本不应由政府部门承担的职能，转移到行业协会和中介机构方面去，继续减少行政性审批和部门收费，规范和整顿市场经济秩序，完善宏观调控体系，为经济发展营造良好的宏观环境。

再次，加快企业改革步伐，激活经济发展动力。目前，市场机制不够活，“民营经济”不够强，是江苏区域经济发展中的共性问题。因此，必须积极推进大中型国有企业股权结构的多元化，完善法人治理结构，使国有企业真正成为市场主体。对国有中小企业，要进一步放开搞活，充分调动经营者的主观能动性。推行公有制的多种有效实现形式，大力发展股份制等混合所有制经济，通过市场吸纳各种社会资本，引进新的管理体制，提高企业生产经营效率。私营个体经济是实现区域共同发展的潜力极大的新增长点，必须切实按照省委、省政府提出的“六放”要求，多予少取，多方扶持，促进其上规模、上水平。

2.完善区域政策，特别是加大财政转移支付力度

随着我国加入WTO和经济发展阶段的变化，原有的区域政策需要不断调整、补充与完善。区域政策包括区域分工政策、区域布局政策、区域管理与调控政策等。其中财政转移支付是地区政策中最基础和最重要的政策手段。根据国内外的经验与江苏区域经济状况，为加快各地区交通、科技、教育等基础设施和公共产品建设，在财政转移支付制度的实施中，应扩大转移支付规模，并由以下途径对市县进行财政拨付：第一，按人均GDP水平和人口数量为各地提供教育、科技上的支持，这部分支出宜占财政拨付总额的一半以上；第二，按人口结构和经济规模，支持各地的社会服务和社会保障支出；第三，科学评估各地税收征收潜力和努力程度，以核定标准收入，按财政收入能力来确定给各地的转移支付额度，使财政转移支付对南北地区人均财政收入的过分悬殊起到相对均衡的作用。

应高度重视财政转移支付对落后地区经济的调节作用。按照省政府有关文件精神，转移支付资金主要用于解决机关工作人员、教师及离退休等人员的工资发放和弥补社会保障资金缺口，同时保证地方政权机关的正常运转。除此之外，建议实行加速折旧政策，对国内外投资者到苏北地区投资新建企业的永久性固定资产实行快速折旧制度；发挥财政杠杆作用，动用一部分财政资金对外地到苏北地区办企业的投资者给予投资补贴；对在苏北地区建立的开发区、基础设施和公共设施给予资助。在税收政策上，对苏北落后地区可实行税收优惠政策，推行差别税率和对投资减免税等，以吸引企业和投资者。

3.推进城市化战略，增强城市功能集聚效应

现代生产要素需要由现代城市来聚集。目前江苏三大区域城市化进程均出现加快之势，但城市总体发展水平不高，城市规模、结构、功能存在一定差距。特别是苏中、苏北城市化水平明显低于苏南，中心城市规模偏小，城市群功能较弱。为此，必须进一步加快完善区域城镇化体系，有序加快城市化进程，走以城市圈、城市群、城镇密集带为基点的开放式发展道路。

一是在做大做强苏锡常都市圈、南京都市圈和徐州都市圈的同时，依靠多核扩散方式，在圈内中心城市周围形成一批定位适当的卫星城，扩大和提升城市要素集聚和扩散的功能。从长远的利益出发，为冲破行政上的体制束缚，降低市场交易成本，实现生产要素的合理流动，可以考虑在原行政单元的基础上组建经济联系紧密的新的行政区域中心。要增强徐州市作为苏鲁豫皖接壤地区中心城市的集聚辐射功能，培育一批苏北地区的具有一定经济实力、区位条件较好的中心县城，扶持其发展为中等规模的城市，使苏北经济“小马拉大车”转变为“群马拉车”。二是要以产业链为纽带，加快开发区城市化进程，支撑开发区所需的基础设施、相关服务设施和要素市场，促进关联产业的集聚和扩展效应，形成城市化产业带，形成支撑城市化内涵的支点。三是要加快城市环境建设，注重最佳投资和创业环境的营造，增强城市吸引力。四是在推进城市化进程中，由于土地被大量征用，不少农民成为失地农民，并有可能转为城市贫民，以此要高度重视失地农民的生活保障问题，加快建立被征地农民的基本生活保障制度。建议进一步改革农村土地征用制度，调整土地收益分配政策，以征地补偿安置费和土地转用后的增值收益为主要来源建立失地农民的社会保障体系，确保失地农民的长远生计。

4.加大招商引资力度，形成全方位开放格局

区域经济发展实践表明，要优化经济结构，提升综合竞争力，必须以注入巨额资本为必要条件。吸引外资的不同，直接导致了经济发展的差异。三大区域应紧紧抓住国际资本加快向长江三角洲地区集聚的机遇，抓住民间资本已开始启动的机遇，通过制度创新和资本流入的产业导向，实现对资本利用水平的新突破。积极引导外资投向装备制造业、高新技术产业、基础设施、创汇农业、资源开发和国有企业改组改造等，把招商引资重点放在引进关联度大、产业链长的战略性投资项目上，以高科技含量的产业和产品推进产业高新化，全面提升江苏制造业的竞争能力。苏北地区应将积极吸引外商投资作为发展经济的一项关键措施，充分发挥劳动力成本相对较低、自然资源丰富的优势，制定更加有效的政策，不断改善投资软环境和产业配套条件，进一步放宽投资领域，降低投资门槛，为外商投资提供更多的发展空间与商业机会，促进外商投资逐步由南向北挺进。建议以省政府的名义，每年举办几次农业、工业、基础设施等领域利用外资和内资招商会，以优惠政策帮助苏北地区引进外资和浙江、广东、苏南等发达地区的民间资本。

5.提高南北合作层次，尤其要完善挂钩帮扶体制

“八五”以来，省政府对苏北经济薄弱县实行挂钩帮扶，苏南地区按照优势互补、注重实效、共同发展、实现双赢的要求，加大南北挂钩合作的力度，对带动苏北发展起到了重要作用。今后要继续坚持和完善省级机关、科研院所、企事业单位、苏南和苏北各县“五位一体”的挂钩帮扶体制，加快草危房改造、中小学危房改造、农村改水步伐，增加在基础设施建设、科技进步等方面的资金扶持。在南北合作过程中，应着力在提高合作效率、合作层次和水平上下功夫。

一是要逐步完善南北挂钩合作的运行机制。单纯建立在行政性推动基础上的南北合作机制，是不能长久和有高效率的，必须强调各市场利益主体之间的合作伙伴关系。这种关系，主要是通过政策制定过程中的公众参与、各级政府部门之间的及时沟通、具有对各部门政策进行协调的机构、把私人企业作为地区经济发展的主体等方面来实现的。特别是要明确非国有投资在南北合作中的主导地位，以推动苏北落后地区市场化程度的提高。

二是要推进产业向苏北大转移。实现区域产业的战略大转移，一方面，苏南地区要进行自身产业结构的大调整，向更高层次的高新技术产业转移，然后将一部分资源加工型、劳动密集型产业等传统产业让渡出来，鼓励、引导各类企业到苏北去经商办厂、投资兴业，这既能为苏南地区发展技术、资本密集型产业腾出空间，又能带动和推进苏北工业化进程，从而实现南北优势互补、资源共享和区域共同发展；另一方面，苏北地区要主动跟进，向发达地区让出来的产业扩展，增强自己在传统产业中的竞争能力。苏南要主动向苏北介绍招商引资经验，主动把招商渠道推荐给苏北，每年帮助挂钩地区引进一定数量的外资项目。

三是加强南北地区在劳动力转移方面的合作。苏南和苏北地区应建立长期稳定的劳动力供求协作关系，帮助苏北地区根据劳务市场需求，有针对性地开展劳动力技能培训，提高他们的就业能力。省政府可考虑增加促进苏北地区农村劳动力转移的就业资金，主要用于农村劳动力职业技能培训、对劳务服务机构的奖励等。

抓住世界产业转移机遇 优化发展天津制造业

天津市统计局

制造业是工业的基础，制造业的发达程度是衡量一个地方装备水平和工业化进程的重要标志，也是反映区域经济综合实力和现代化水平的重要标志。没有强大的制造业支撑，经济强市目标就很难实现。当今世界制造业由于受成本因素、市场因素、周期因素及国际竞争力等诸多方面影响，已有迹象表明向中国转移。天津是我国重要的制造业城市，发展制造业的基础和潜力非常大，抓住这一轮世界产业转移的机遇，优化天津制造业，是天津市加快发展的重要战略选择。通过了解当前世界制造业转移的趋势及特点，结合天津制造业发展的实际，制定符合接纳世界产业转移的政策，迅速提升天津制造业的竞争力，努力把天津建成现代制造业的重要基地，是提升城市综合竞争力最重要最现实的选择。

一、全球制造业转移的趋势和特点

世界制造中心，是面向全球市场最重要、最大的工业品生产基地。它总体上代表着世界制造业的最高水平，并在全球主要市场占有重要地位。世界制造中心是在产业革命中形成的，到目前为止，世界制造中心已经历过三次转移。

1.世界制造中心的三次转移。17世纪~1830年，英国发生了第一次技术革命，即产业革命。它带来了工业生产和社会生活的巨大变化和历史性进步，由此成为当时的世界科技与制造中心。德国利用煤化学的科学成就，使人类进入合成化学时代和人工制品时代。到1895年，德国取带英国成为世界科技与制造中心，实现了世界制造中心的第一次转移。

1879年~1930年，发生在美国的第二次技术革命——电力技术革命，使美国建立和完善了钢铁、化工和电力三大产业。1927年，汽车总产量占世界市场80%。1929年发明了彩电，至此，美国就取代了德国，成为世界科技中心和制造中心，并保持到20世纪70年代。

二战后的日本，由于坚持“技术立国”，实现了产业转型、结构升级和经济起飞，发展为世界第二经济大国。虽然日本在科学研究，特别是基础研究上无法与高居首位的美国相比，不够世界科技中心的资格。但在20世纪80年代，就已经取代了美国，成为国际公认的制造中心。

2.世界工厂正在向中国转移。2000年以来，随着世界经济低迷、跨国公司利润大幅度滑坡，各大公司都在重新寻找成本最低的制造基地。拥有巨大市场、丰富廉价劳动力、上百万有才华工程师和良好基础设施的中国已经成为跨国公司投资的首选。

(1) 日本制造企业海外建厂首选在中国投资 据日本经济新闻社和日经研究所2001年对东京证券市场1143家上市公司进行的一次调查结果显示，日本制造业中有49.1%的企业准备在今后3年提高海外生产的比例，有70%的企业将中国作为主要目的地。从1985年日元升值开始，日本企业就开始向海外转移。当时企业大多是将国内生产的零配件或半成品输往国外，再加工组装成成品。但现在企业向海外转移的范围已经扩展到高附加值的领域。目前，日本有70.7%的企业正在或准备在中国投资设厂，而在北美和欧盟地区，日本企业准备大举撤离。日本综合研究所表示“由于生产技术的提高，产品质量与国内生产的没有什么区别，所以只为日本的1/30的中国人力成本将决定产品的竞争力”。

(2) 台湾IT业大举向祖国大陆转移 进入新世纪，随着经济结构的调整与转型，台湾高科技企业基于自身生存与发展的需要，纷纷突破当局的诸多限制，掀起了新一轮投资祖国大陆的热潮。

新一批赴祖国大陆投资的台商以高新技术及相关企业为主。根据台湾“经济部投审会”的统计，2001年1月至10月，台商对祖国大陆的直接投资累计达23.3亿美元，其中电子与电器产品制造几乎占了总投资的一半。在全球信息技术中扮演重要角色的台湾高科技企业转向祖国大陆投资建厂，将对整个亚洲乃至全世界的高科技产业格局产生一定的影响。

台商对祖国大陆的投资区域逐渐从闽、粤东南沿海地区转向长江三角洲地区。2000年，台湾企业向上海市和江苏省直接投资金额比上一年增长160%以上，超过了自1997年以来一直名列前茅的广东省。此外，黄河以北的北京与天津两大都市以及东北、沈阳等地，具有发展高科技产业得天独厚的条件，是未来台商高科技产业北移的重点地区。

(3) 欧美高科技跨国公司纷纷将生产基地转移到中国 2001年，英特尔宣布，将向上海的英特尔生产制造工厂新增投资3.02亿美元，用于验证、测试和封装最新的支持英特尔奔腾4处理器平台的英特尔845芯片组。2001年6月底，飞利浦电子集团和中国电子信息产业集团原则上达成谅解备忘录，将把飞利浦手机的生产力量全部转移到位于中国深圳的合资企业飞利浦桑达。而摩托罗拉、诺基亚、西门子等手机品牌厂商也纷纷在中国扩大手机生产厂的规模。以西门子为例，将上海基地的手机年产量从1000万部提高到2003年的1400万部，增幅高达40%。

与此同时，医药类跨国公司也纷纷将制造基地向中国转移或在中国采购。杜邦把医药中间体转移中国生产，通用电器公司准备把世界各地X光机、CT和B超三大医用医疗器械全部转移到中国生产。据透露，一些跨国药业公司正在寻找合作对象，准备把部分研发力量也转移到中国。

3.世界制造业向中国转移的特点。

(1) IT产业成为全球制造业转移的重点 由于美国经济发展减速，全球IT跨国公司利润大幅度下降，以及中国IT市场潜力巨大且劳动力成本低，使发达国家必须向更高端的产业链条转移，而制造中心向发展中国家转移。IT产业的发展历程经历过生产据点从美国迁徙到日本、日本转移到韩国、韩国又转到中国台湾地区的若干个阶段，现在所呈现的由台湾地区到中国大陆的趋势，线路已经十分明确。半导体产业是一个国际化的产业，从全球竞争观点来看，业者自然会寻求更具优势的地方作为发展地。中国的半导体内需市场庞大、工资低廉以及工程技术、研发人力资源丰富，因此赴中国投资几乎是全球同业者的必然选择。

(2) 在投资方式上以追加投资为主 随着中国投资环境的改善以及跨国公司适应性的增强，越来越多的跨国公司改变最初以加工出口为主的投资形态，逐渐发展为抢占和拓展当地市场为主，掀起了新一波的“增资热”。其主要目的是利用中国丰富的原材料市场、产品销售市场和技术管理人才市场等有利因素，不断扩充生产规模，进行全方位、多层次的市场布局，以期在中国抢占新的商机和市场。

(3) 外商直接投资从简单的加工组装向上下游产业延伸，出现制造中心、地区总部与研发基地一体化的趋势 为了直接掌握市场、增强竞争力，跨国公司近年来纷纷在中国建立研究开发中心、销售网络和采购中心。目前，全球跨国公司500强有近400家在华投资了2000多个项目，各种研发中心达100多个，近40家具备了相当规模，主要集中于计算机、通信、电子、化工、汽车、医药等行业。如摩托罗拉投资2亿美元建立了电子产品研发中心；微软继对国内一家研究所投资8000万美元开发基金之后，又宣布投资5000万美元在上海成立微软亚洲技术中心。通用电气、朗讯、三星、IBM、杜邦、宝洁、爱立信、诺基亚、西门子等跨国公司都瞄准中国投资研发项目。

(4)跨国公司实施“本土化人才”策略。 近几年来，美、日、德、法等国跨国公司在华人才的使用，已从早期母公司派出高级主管和聘任港台懂英汉两种语言的人才担任部门要职，发展到如今大胆成批启用中国人担任重要职务。据不完全统计，北京、上海、天津、深圳、广州、重庆、杭州、宁波、苏州、厦门、福州、大连、东莞等30多个外资企业较集中的城市，中方骨干职员就超过40万人。所担任的职务约有11%是首席执行官、总经理、总裁助理、总代理、总代表、驻华办事处主任之类，45%左右是科室负责人、实验室主任、工程师等部门业务骨干。

二、天津制造业发展现状

天津制造业经过50多年的发展，已经发展成为机械、冶金、电子、汽车、化工、建材、医药、纺织和食品等30多种产业的制造业体系。

1. 发展中的天津制造业

天津是中国经济最为发达的省市之一，工业化和现代化水平名列全国前茅。作为经济增长重要支柱的制造业已有相当基础，2002年全市规模以上工业实现增加值700.17亿元，总量居全国城市前列，与1998年相比，年均递增速度比GDP高6.6个百分点。在全市工业中，制造业增加值所占份额一直保持在85%左右，全市财政收入的约60%、出口的80%来自制造业。2002年底，规模以上制造业就业人数达109.97万，大大缓解了本市的就业压力。制造业对经济增长和人均收入的作用是其他任何产业所无法替代的。

优势产业成为经济发展的“领头羊”。从2002年规模以上工业企业情况看，电子及通信设备制造业、黑色金属冶炼及压延业、化学原料及化学制品业、交通运输设备制造业、石油加工炼焦及核燃料加工、电器机械及器材制造业等六大行业占全市工业经济总量的56%，拉动天津市工业增长17.0个百分点，对天津市工业增长的贡献达七成以上，已经成为天津工业增长的主力。在全市37个工业行业大类中，电子及通讯设备制造业经济总量和产品出口都占绝对比重，是天津市第一大支柱行业。

结构调整取得成效，高新技术产业发展迅速，“三资”企业已发展成为天津市制造业的生力军。通过企业的改组、改造和技术引进，技术和装备水平不断提高，技术进步对制造业发展的作用明显增强。2002年，全市制造业中高新技术产值1097.4亿元，比上年增长30.4%，实现销售收入1080.16亿元，全市高新技术企业产品出口达56.74亿美元，占全市出口的48.9%，高新技术对工业经济的贡献率达到了52.9%。2002年，制造业中“三资”企业的市场份额（销售收入比重）由1998年的39.3%提高到46.9%，利润比重由39.6%提高到43.7%。“三资”企业的出口交货值占制造业出口比重为80.4%，大大超过其他类型企业。

2.天津制造业的比较优势

在未来较长的时期内，制造业的发展仍对天津市国民经济和社会发展有着举足轻重的影响。成为我国重要的制造业基地无疑是天津市努力的目标。从目前的现状看，天津市与其他地区相比，发展制造业具有以下几方面优势：

(1)工业总体优势。天津市经济连续12年保持两位数增长，增幅居全国前列。其中以制造业为主的第二产业占全市国内生产总值的比重一直在50%以上，比较优势突出。特别是经过1994年以来对国有企业大规模的嫁接改造调整，显著提升了工业的整体素质和与国际接轨的能力，促进了工业的快速发展和结构优化。形成了一批优势企业和拳头产品，使天津市老工业基地的地位和作用得到巩固，为天津工业发展增强了后劲。

(2)配套环境优势。天津工业历史悠久，门类齐全、配套能力强、综合水平高。在全部40个工业行业大类中，天津涉及到的有37个。特别是近年来随着跨国公司在天津市的发展，带动了一大批颇具实力的配套企业，形成了相当规模的配套产业，涉及电子、通讯、家电、机械等多个领域的400多个品种。摩托罗拉、三星显示器、三星手机、OTIS电梯等诸多企业的30%以上的供应商都是天津企业。这些为制造业提供了良好的配套环境。

(3)区位优势。天津地处华北平原的东北部，东临渤海，与国外170多个国家和地区通航；对内拥有200万平方公里辽阔的腹地，辐射东北、华北、西北的各个城市和地区，航空、航海、公路、铁路连接全国各地。优越的地理位置成为天津市吸引外商投资的一个有利因素。

(4)港口功能优势。天津港是我国北方最大的港口，可接卸世界最大、最先进的第六代集装箱货船。2002年货物吞吐量达到1.29亿吨，进入世界港口20强；天津港保税区是我国北方最大的国际物流运作区；与天津港相距咫尺的天津经济技术开发区是目前全国经济实力最强的开发区和出口加工区；同时，天津滨海国际机场与天津港相临，是全国最大的货运机场之一。天津港的综合功能优势在全国绝无仅有，为国外制造商提供了良好的基础条件。

(5)人才与劳动力优势。天津拥有50多万专业技术人才和200多万产业队伍。全市三十余所高等院校每年为社会输送2万多专业技术人才。同时，天津的人才和劳动力成本与上海、北京、广州、深圳和苏州等经济中心城市比相对较低。

3.天津制造业存在的差距

总体上讲，天津的制造业经过多年的发展，无论是规模还是技术水平比过去都有了很大提高。同时也应客观地认识到，天津市无疑属于制造业大市，但还称不上制造业强市，与发达国家和国内先进地区相比，还存在一些差距。

(1)制造业水平比较低。天津市制造业在技术方面的一个主要弱点就是满足于加工组装，创新意识不强，研发能力差，关键技术受制于人。特别是高新技术产品如通讯设备、计算机和办公设备，由于缺少自己的核心技术，盈利能力受到限制和挤压。即使是一些具有自主知识产权的中、高技术产品，也都属于低端产品，在技术性能、外观设计等方面无法与发达国家相提并论。科研开发能力薄弱，天津企业集团研究开发(R&D)投入占主管业务收入比例仅为0.65%，而国外一些大公司科研开发经费一般都占销售额的4%~10%，江苏也占1%左右。

(2)劳动效率和管理水平还有差距。在规模以上制造业企业中，传统的纯国有企业、集体企业还占相当的比重，由于体制等方面的原因，这些企业基本上沿用传统的管理模式，真正建立现代企业制度并能够按其运作的只是少数；一些私营企业则仍采用的是家族式的粗放型管理。而规模以下的小型企业还谈不上现代管理，由于管理水平的低下，对企业的效益有着直接的影响。2001年，天津制造业每个从业人员创造的增加值为6324美元，而美国、英国分别高达9.73万美元和4.53万美元，天津仅为两国的1/15和1/7。

(3)规模化程度尚待提高。目前与先进地区相比，天津市制造业企业规模效益还有差距，如天汽集团虽居于上海和吉林之后成为我国第三大轿车生产基地，但从2002年上半年天汽集团的轿车产量看，仅是上汽集团的31.4%和一汽集团的51.4%。由于为数不少的大中型企业在适合规模经营的行业达不到最小合理规模，规模效益的优势就难以体现。

三、抓住机遇
加快发展天津市制造业的对策

当前，天津市正在全面实施五大战略举措，新一轮的工业嫁改调将成为进一步加快全市经济发展，实现"三步走"战略目标的重要引擎。因此，我们必须牢牢抓住世界产业分工转移和大调整的机遇，把更多的国际资本和先进技术管理整体水平引进的同时，促进制造业的大发展。

1.大力扶持主导产业，增强制造业的竞争力

围绕着发展六大支柱产业和抓好十二大基地的建设，着力发展电子信息、生物工程与现代医药、新能源、新材料三大高新技术产业，加速提升汽车、冶金、化工三大传统产业，形成移动通讯、光纤、数字视听设备等十二大标志性工业产品基地。针对制造业产品品种少、附加价值和技术含量低等问题和挑战，应将引进国外先进技术、促进国内技术创新机制的建立作为利用外资的主要目的，进一步提升制造业的竞争力。要坚持以信息化带动工业化，以工业化促进信息化，将信息技术同各行各业的产业技术结合起来，加快制造业信息化步伐。

2.扩大制造业结构的开放度

在经济全球化步伐日益加快的背景下，传统意义上的封闭的"民族工业"实际不复存在。一些涉及国家经济安全和国防安全的战略性工业领域，应着力提高自主开发能力，掌握关键技术.在其他制造业领域，则应进一步向国际市场提高产业开放度，鼓励跨国公司加盟。要把市场制度建设和改善投资环境、商业环境作为利用外资战略的重点，根据国际分工格局和国际资本流动的特点，创新利用外资方式。要，把吸收直接对外投资（FDI）作为利用外资的重点，完善利用外资政策，促进外资规模和质量的提高。要通过引进先进技术和资本来提高自身产业的国际竞争力，在制造业装备和产销管理方面，缩小与制造业发达国家的距离。

3.优化企业的组织结构，提高制造业的集中度

随着制造业生产能力的不断扩大和市场竞争的加剧，提高产业集中度将是大势所趋。从近年来的情况看，通过加大产业整合力度，努力培养和发展大型企业集团，企业结构调整取得了一定进展。2002年，天津市前20户大型企业集团年末资产总额已占规模以上工业总量的34.5%。在进一步提高制造业行业的集中度和国

际竞争力的过程中，应以市场为导向，推动企业跨地区、跨部门、跨所有制兼并、联合，通过大企业集团的横向跨地区购并及纵向关联产业整合，实现优势企业的“强强联合”，培养和发展一批有国际竞争能力的大企业大集团。扶持和促进中小型企业发展，加快产业结构、产品结构的调整，引导中小企业向专精特发展，从质量认证入手促进中小企业技术升级。同时，通过建立信息沟通机制，为中小企业与跨国公司的合资合作提供多方面的服务与支持。

4.加大制造业的研究开发力度，突破科技瓶颈

改革开放以来的二十多年，天津市的科技发展水平虽有较大提高，但与经济发展速度相比仍显滞后。天津市要成为中国重要的制造业基地，科技方面必须有所突破。要加大制造业研究开发的力度，建立适应现代科技发展要求的管理体制，从制造业的现状出发大幅度提高研究开发资金的投入力度。要围绕发展特色产业和主导产业，优化配置科技资源和提供优质服务的软环境，大力发展各种类型的科技企业孵化器，建立风险投资机制。重点是要鼓励和发展一批高质量的科技评估、知识产权服务、风险投资服务、科技产权交易、企业管理咨询等中介机构。要充分发挥开发区、新技术产业园区的龙头作用，提高国内配套率，努力提高消化、吸收和创新能力，营建富有特色的、具有持续创新能力的产业群。

第五篇

行业发展报告

2003年中国行业发展述评

2003年，我国人民在党中央的领导下沉着应对突如其来的非典疫情、多种自然灾害和复杂多变的国际形势带来的严峻困难和挑战，奋力拼搏，实现了经济和社会发展的主要预期目标。主要表现在：

一、2003年我国GDP总量达到116694亿元

2003年我国国民经济较快增长，GDP总量达到116694亿元，按可比价格计算，比上年增长9.1%，加快1.1个百分点。其中，第一产业增加值17247亿元，增长2.5%，减慢0.4个百分点；第二产业增加值61778亿元，增长12.5%，加快2.7个百分点；第三产业增加值37669亿元，增长6.7%，减慢0.8个百分点。在第三产业中，金融保险业增长6.9%，批发和零售贸易餐饮业增长6.6%，房地产业增长5.3%。

二、2003年基本建设投资增长26.7%

全社会固定资产投资55118亿元，比上年增长26.7%。国有及其他经济类型投资中，东部地区投资24666亿元，增长33.6%；中部地区投资10092亿元，增长33.1%；西部地区投资7171亿元，增长26.4%。

由于基本建设投资力度大，主要生产能力显著新增，例如，2003年新增发电机组容量为3000万千瓦；新增11万伏及以上变电设备8300万千伏安；新建铁路投产里程1164公里；增建铁路复线投产里程583公里；电气化铁路投产里程增加615公里；新建高速公路4639公里；港口万吨级码头泊位新增吞吐能力8220万吨；新增局用交换机容量6744万门。

三、国内贸易和对外经济快速稳定增长

消费品市场稳定增长。2003年社会消费品零售总额达到45842亿元，比上年增长9.1%，扣除物价因素，实际增长9.2%。其中，城市消费品零售额29777亿元，增长10.3%；县及县以下消费品零售额16065亿元，增长6.8%。分行业看，批发零售贸易业零售额37693亿元，增长9.2%；餐饮业零售额6066亿元，增长11.6%；其他行业零售额2083亿元，增长0.2%。

对外贸易快速增长。全年进出口总额达8512亿美元，比上年增长37.1%。

其中出口额4384亿美元，增长34.6%；进口额4128亿美元，增长39.9%。对主要贸易伙伴的进出口均增长较快。

能源和原材料进口大幅度增加。全年进口原油9112万吨，比上年增长31.3%；成品油2824万吨，增长38.8%；钢材3717万吨，增长51.8%；氧化铝561万吨，增长22.6%；铁矿砂及其精矿14813万吨，增长32.9%。

四、重点行业强力支持国民经济快速增长

房地产业 建筑业保持较快发展。全年全社会建筑业实现增加值8166亿元，比上年增长11.9%。全国具有建筑业资质等级的总承包和专业承包建筑业企业实现利润459亿元，增长23.8%。在住房分配货币化、住房金融政策等综合作用下，2003年全国房地产投资增长强劲，房地产开发投资10106亿元，比上年同期增长29.7%。

从全部商品房建设和销售情况看，2003年全国商品房施工面积为116908万平方米，比2002年同期增长了26.0%；竣工面积达到39510万平方米，比上年同期增长了21.5%；销售面积达到32247万平方米，比上年同期增长了29.1%。从住宅建设和销售情况看，2003年我国建设住宅施工面积为91018万平方米，比2002年同期增长26.3%；商品住宅房的竣工面积为32247万平方米，比上年同期增长了21.0%；销售商品住宅房28502万平方米，比上年同期增长了28.9%。

在房地产业快速发展的同时，应该注意的是一些地区房地产投资增长过快，商品房价格居高不下，已经出现了一些结构性过热迹象。

汽车行业 2003年我国汽车累计产量达到449.65万辆，同比增长33.3%。汽车行业快速增长首先得益于家用轿车需求的大量产生，目前轿车产量已经占全部汽车生产的46%多，而家用轿车的需求占轿车总需求的70%以上，强劲拉动我国轿车工业的高速增长。2003年我国轿车产量达到206.89万辆，增速高达84.99%。2003年我国销售轿车204万辆，2002年为105.8万辆，2003年比2002年轿车销售量增加了98.2万辆，增长92.8%。

值得注意的是我国轿车产品并不是皇帝的女儿不愁嫁。从轿车的产销率分析，2002年我国轿车产销率99.3%，2003年我国轿车产销率为98.6%，2003年比2002年下降了0.7个百分点。从轿车库存情况看，2002年末轿车库存比年初增加了8.7%；而2003年末库存比年初增加61.8%，两年相比，2003年比2002年上升了53.1个百分点。这表明，受当前人均收入水平和消费模式限制，似乎我国轿车社会销纳能力已经接近顶点，这是第一次给轿车制造业亮起黄灯。今后，随着我国人均收入水平不断提高，城市和道路建设进一步改善和发展，将成为我国轿车市场扩张的新动力。

SARS疫情后，我国公路客运得到快速恢复，带动和刺激了客车工业的增长。2003年我国公路客车产量达到104.09万辆，同比增长15.9%。2003年我国载货汽车产量为115.67万辆，增长4.3%，重型车替代中型车成为新购车的选择趋势，也是载货车需求总量增长缓慢的主要原因。

电子和通信设备制造业 2003年我国电子和通信设备制造业发展迅速，2003年该行业有员工270.74万人，固定资产达到10266.5亿元。2003年该行业产品销售强劲，产品销售额达到15410.8亿元，利润总额达到592.2亿元，交纳增值税额193.4亿元。从全年效益看，销售利润率为5.8%，平均每名员工创造销售额为56.92万元，每人创利2.19万元。

从产出看，2003年我国生产载波通信设备4764部，同比增长11.7%；光通信设备84351部增长53.2%；数字交换机6549.1万线，增长12.9%；移动通信设备487.5万部（信道），增长20.9%；大型电子计算机53595部，增长101.3%；微型电子计算机3083.9万部，增长83.2%；大规模半导体集成电路536528万块，增长29.4%。

在电子和通信设备制造业的支持下，通信事业得到强劲发展。2003年我国通信行业主要通信能力：长途电话业务电路10407455路，比上年净增加6201079路；光缆线路长度2710144公里，比上年净增加457580公里；长途光缆线路长度547076公里，比上年净增加59392公里；长途电话交换机容量862万路端，净增加89万路端；局用交换机容量35401万门，净增加6744万门；用户交换机容量1568万门，净增加198万门；移动电话交换机容量为33632万户，新增6232万户。

家电行业 与汽车等新兴消费热点行业相比，家电行业属于传统耐用消费品行业。20世纪90年代以后中期，随着家用电器在大中城市大规模普及，家电行业迅速成长，成为我国当时发展最快的明星行业。近年来我国城镇家电市场逐渐饱和，家电行业进入低速增长期。

从该行业主要产品产量、产销率和库存分析看，由于我国人口众多，需求旺盛且持续力强，尚有增长势头。例如，2003年我国生产彩色电视机7089.4万部，同比增长29.6%，产销率为99.2%，年末库存比年初增加了10.2%。2003年我国生产家用电冰箱2207.5万台，增长37.2%，产销率为100.2%，年末库存比年初减少了12.2%。2003年我国生产家用洗衣机1942.64万台，产销率为99.5%，年末库存比年初增加了5.5%。可以讲，家电行业经过几年产业整合、产品和市场结构调整，又开始步入一个新的良性发展阶段。

纺织业 2003年，我国纺织行业在原料涨价等各种不利影响接踵而来的情况下，经济一直保持强劲的增长势头。统计数字显示，2003年纺织行业总资产7745.14亿元，1~11月实现工业总产值10856.7亿元，同比增长19.93%；2003年全年产品销售收入7466.1亿元，增长25.26%；出口780亿美元，增长26.26%；利润总额243.45亿元，增长28.7%。全员劳动生产率为21.8万元，人均销售额为15万元，人均创利0.49万元。

从该行业主要产品产量、产销率和库存分析看，2003年纱928.41万吨，布246.7亿米，分别比2002年增长16.1%和8.8%。从布匹生产看，2003年生产棉布125.5亿米，混纺交织布58.7亿米，纯化纤布62.55亿米，分别增长8.7%，2.4%和15.9%。从产销率分析看，2003年我国产纱的产销率为99.2%，年末库存比年初上升了16.7个百分点；布的产销率为99.7%，库存上升3.2个百分点。当今我国城镇人口流行穿全棉服装，棉布销售空前好，产销率达到100.1%，年末库存比年初下降了5.2个百分点，显然，全棉消费时代已经悄然而至。

食品制造业 2003年我国主要食品产量大增。2003年全国食品工业经济运行情况显示，受消费市场需求的拉动，全年食品工业完成工业总产值1.24万亿元，同比增长两成；实现销售收入2145亿元，比上年增长25.3%。受消费市场需求拉动作用，2003年我国主要食品产品、产量大幅度增长。饼干产量同比增长了3成，大米、小麦粉、食用植物油、肉制品、水产品等与百姓日常生活关系密切产品产量分别同比增长2成左右。

2003年我国食用植物油行业迎来发展机遇和考验的一年。我国消费市场对绿色食品的需求、人均消费水平提高，人均食用油消费量大大增加。2003年我国食用植物油市场规模达到1200亿元，市场规模逐月以接近4成的发展速度递增，经济效益大幅度提升。

2003年肉类生产行业在困难中寻找机遇和发展。2003年我国屠宰及肉类加工行业规模达到1100亿元，以2成左右的速度快速发展。目前，虽然我国肉类总产量稳居世界首位，但我国熟肉制品的产量占肉类总产量的比重还不到10%，而同期发达国家熟肉制品已占到肉类总产量的50%以上，这说明中国肉制品产销还有着广阔的发展空间。

2003年度全国蔬菜水果加工行业完成产品销售收入250亿元，比上年同期增长3成。全国"三绿工程"取得了良好的效果。"放心菜"、"放心肉"、"放心食品"明显增多。健康、无公害的绿色食品在市场上随处可见，并成为百姓餐桌上的"新宠儿"。

化学原料及化学制品制造业 化学工业是我国重要的基本工业。2003年该行业总资产达到10568.7亿元人民币，比上年同期增长了8.71%。化工原料是很多工业生产的基础原料，随着我国工业的快速增长，对化学原料的需求量逐渐加大。2003年该行业销售良好，全年实现销售额8858.5亿元，比上年同期增长了26.63%；实现利润459.29亿元，增长了64.7%。从效益看，2003年该行业人均销售率28.9万元，人均利润率为1.5万元。

从销售情况看，2003年该行业销售硫酸2042.2万吨，产销率为99.6%；化肥3853.9万吨，产销率为99.4%；纯碱1067万吨，产销率为99.7%；塑料树脂及共聚物1564.4万吨，产销率为99.5%。

医药制造业 2003年我国医药工业快速发展，我国化学原料药产量全球排名第二，成为具有最大制剂加工能力的生产大国。据统计，我国片剂年生产能力已达6200亿片，胶囊1194亿粒，水针563亿支，大输液44亿瓶（袋），粉针175亿支等等。就生产能力而言，中国是首屈一指的。化学原料药及中间体已有1300多个品种，总量56万吨，其中近1/2出口，占全球原料药贸易额1/4左右。已经有2300多家企业和车间通过了GMP认证，2003年我国医药产品的出口额超过45

亿美元。

从2003年医药制造业的产销水平看，产出化学原料药80.33万吨，比2002年增长了16.4%；全行业利润为256.2亿元，比上年同期增长了25.9%；产销率为100.1%；年末库存比年初减少了10%。

在全球药品4060亿美元市场消费总额中，美、欧、日三大市场占有88%，医疗器械类产品市场占81%，美、欧、日是全球的主流市场。而国内医药高速发展带来了生产和消费的严重失衡，产品过剩，引发恶性降价竞争时有发生。

交通运输设备制造业 交通运输设备制造业是我国近年来发展最快的一支劲旅，包括铁路机车制造、飞机制造、船舶制造、汽车制造等子行业。2003年该行业的总资产达到11977.2亿元，比上年同期增长20.84%；当年的产品销售收入为10961亿元，增长34%；利润达到772.4亿元，增长50.8%。人均利润率为2.46万元。

2003年该行业生产铁路机车322.84万千瓦(动力功率)，比上年下降33.9%。生产铁路客车1505辆，比上年同期减少44.3%；生产铁路货车31994辆，比上年增长2.5%，这反映了我国铁路车辆生产水平下降的基本事实。2003年我国钢质造船631.75万综合吨，比上年同期增长13.5%。汽车制造是交通运输设备制造业的一支独秀，2003年我国产汽车449.65万辆，比上年增长33.3%，汽车制造业已经成为我国国民经济的支柱产业和新的增长点。

金属制品制造业 金属制品业是个产品广泛的行业，涉及各行各业和我们的日常生活。2003年我国金属制品业有170万员工，总资产3221亿元。从资产规模看，金属制品业算不上大行业，但年销售收入却达到了3653.2亿元，比2002年同期增长29.7%，发展速度是相当快的。从销售利润看，2003年为159.3亿元，2002年为115.28亿元，2003年增加利润收入44亿元。从效益看，2003年人均利润率为0.93万元。

电力业 2003年各地上报的发电项目达3亿千瓦，仅要求在2004年开工的项目就达1.5亿千瓦。2003年我国电力、热力行业的总资产达到24822亿元，发电量为18462亿千瓦小时，比上年增长15.4%。在发电结构上，火电发电量占全部发电量的83.5%，水电发电量占14%，核电发电量占2.5%。

我国电力生产能力的发展速度是较快的，但比起国民经济的发展显然不够用。2003年有19个省拉闸限电，缺电已经不仅仅局限于高峰期。有专家说，我国电力供应短缺在很大程度上不是由于供应不足，而是电力利用的粗放和浪费造成的。即使在发电企业，其自身浪费的电能也很惊人：调查显示，水力发电厂有10%的电力是被内部消耗的。

我国可再生能源在发电装机中尚未达到1%，远远低于16%的世界平均水平。大力开发可再生能源也是缓解缺电的好办法。目前我国太阳能发电技术在世界上处于领先地位，风电是应用最广的可再生能源。另外，海洋能、潮汐能、氢能等都有着巨大的利用潜力。

（陈润田 赵 京 北京康凯信息咨询有限责任公司）

中国汽车工业发展状况和新的产业政策取向

国家发展和改革委员会工业司副司长　　陈 斌

一、中国汽车工业发展状况

我国汽车工业已经走过50年历程，半个世纪以来，新中国汽车工业从无到有不断发展壮大，已形成工业制造、商贸流通、综合服务相结合的汽车产业。2002年，全国汽车工业增加值实现1585亿元，占当年GDP（102398亿元）的1.55%。汽车工业成为国民经济发展非常重要的支柱型产业。国产汽车销售324.8万辆，同比增长36.7%；其中轿车销售112.6万辆，同比增长56%，进口汽车销售约10万辆。国内汽车市场由2001年世界排名第七位，一跃成为2002年的第四位。2003年1~9月份，国产汽车销售311.8万辆，同比增长30.16%；其中轿车销售134.1万辆，同比增长68.83%，汽车工业产销两旺、快速增长，有利地促进了国民经济发展。

汽车工业是经济发达国家最重要的产业之一。世界经济大国都是汽车大国，在一定意义上汽车工业发展水平也是衡量一个国家工业化水平、经济实力和科技创新能力的重要标志。尽管发达国家经济发展的重点已经转移到服务业、电子信息产业和高新技术产业，但由于汽车工业的重要战略地位，发达国家仍予以高度重视。

党的十六大提出了全面建设小康社会的宏伟目标，作为国民经济支柱产业之一的汽车工业，以其国内市场潜力大、产业关联度高、带动就业面广、积累资金能力强等特点，必将为促进国民经济快速发展和实现翻两番战略目标做出贡献。同时，国民经济各行业的发展、人民生活水平的不断提高，基础设施建设不断完善，为汽车工业发展带来难得的机遇。

1.国民经济持续快速发展，城镇居民收入稳定增长。近五年我国GDP平均每年增长7.7%，城镇居民收入每年人均增长8.6%。2002年我国人均GDP达1000美元，人民生活水平的提高带动了轿车市场需求逐步进入高潮。扩大内需，城乡公路建设快速发展，城市基础设施明显改善。截至2002年，公路通车里程达176万公里，其中高速公路达2.56万公里；城市轨道交通建成221公里，在建271公里，正准备开工建设的603公里；汽车消费和使用环境的改善，为居民生活活动半径的扩大和双休日、节假日旅游出行提供了快捷方便的条件，极大地刺激了对汽车的消费需求。2003年以来，国内生产总值、财政收入、工业企业实现利润都有大幅度增长。工业、投资、外贸出口和实际利用外商直接投资的增幅均比2002年同期有较大提高。实施西部大开发战略和推进东北等老工业基地振兴战略，出台努力提高人民生活水平各项政策措施，以及国民经济发展良好态势为我国汽车工业的发展创造有利的环境条件。

2.加入WTO之后，关税下降，进口汽车新品种激增，国内汽车生产企业新产品相继推出，市场竞争日趋激烈，汽车价格不断走低。在引入国际上的销售服务理念、实施品牌专卖等服务模式后，汽车售后服务有了保障，使消费者信心增加。汽车作为现代化交通工具，改变了居民出行的生活观念。目前，我国汽车保有量2000多万辆，而驾驶执照持有者达4870万人，特别是2001~2002年两年间，净增1124万人。这些花费3000多元学习驾驶的人，均会成为今后几年汽车市场需求主力军。市场需求热的主流层面反映出来的是积极的信息，我国经济向好的方向发展，人民生活水平在不断提高，消费者对发展前景有信心。

3.汽车企业战略性结构调整明显加快，通过与国内外产业资本兼并整合，向全面合作方向发展，做大做强企业集团，提高市场集中度。2003年1~9月份，一汽、东风、上海、长安、北京、哈尔滨6大汽车集团销售汽车226万辆，占国产汽车总销售量的72%。其中：一汽、上海销售量都在60万辆左右，东风、长安都超过了30万辆。2004年将会出现百万辆的企业集团。按照现在估计，一汽集团2003年全年将实现销售90多万辆。从产品制造水平看，我国汽车工业已经接近或达到国际先进水平，具备加快发展的基础条件。

4.加快自主知识产权产品的开发，实施品牌经营战略。在我国汽车工业企业中，已经对外合资的企业都已建立研究开发中心，为合资企业换型车的开发作了大量的工作。上海通用汽车公司泛亚技术开发中心改进的换型车“君威”、“凯越”受到市场的欢迎；中资企业充分利用国内外资源自主开发、联合开发、委托开发。一汽、哈飞、长安、华晨、奇瑞、吉利等企业都做了很好的尝试，也都取得了初步的成功。这些企业不仅积累了产品开发的宝贵经验，也培养了大批的人才队伍。

5.近年来世界传统汽车市场趋于饱和，各大跨国公司生产能力严重过剩，竞争日益激烈，企业兼并重组和向发展中国家转移生产能力已成为趋势。汽车零部件生产大量向东欧、巴西、墨西哥、东亚等地区转移，整车生产转移也已经开始。中国汽车市场的蓬勃发展和需求潜力，汽车工业制造成本低、人力资源丰富、技术素质好等因素，使其成为各大汽车厂商争相发展和转移生产能力的地域。通用、福特、丰田、雷诺日产、大众、标致雪铁龙（PSA）、本田、宝马、现代等汽车集团在中国建立30家整车合资企业，世界主要汽车零部件厂商在中国设立中外合资、外商独资的汽车零部件企业约600家，这对我国汽车工业的发展起到极大的推动作用。

但我们应该看到，在汽车工业发展大好形势下，也存在着许多不可忽视的问题，如盲目投资和低水平重复建设、企业组织结构散乱、自主开发能力弱、汽车消费与使用环境不完善等，这些问题如不能得到解决，将影响汽车工业的健康发展。

二、汽车产业发展的政策取向

党中央、国务院历来十分重视汽车工业的发展，多次做出重要指示。1994年国务院颁布了我国汽车工业领域的第一个《汽车工业产业政策》，目的是要改变投资分散、生产规模小、产品落后的状况，增强企业开发能力，提高产品质量和技术装备水平，促进产业组织的合理化，实现规模经济。10年来，在产业政策的指导下，汽车工业企业全体干部职工通过探索实践、努力拼搏、不断创新，使我国汽车工业有了长足的发展。汽车产销量、企业生产规模、产品品种、技术水平、市场集中度、自主开发能力等不断扩大和提高。产品制造和技术装备水平已接近或达到国际先进水平，汽车零部件制造取得了长足进展。《汽车工业产业政策》的目标基本实现，政策的实施是成功的。随着我国加入世贸组织和国内外汽车工业发展的新趋势，原有《汽车工业产业政策》已明显不能适应各项工作的需要，迫切需要制定新的产业发展政策。因此，制定新的汽车产业发展政策，充分发挥市场资源配置的基础性作用和应用政府宏观调控措施，促使社会投资更加理性化，引导汽车产业健康发展是完全必要的。

大多数部门和人士认为应当制定一个新的产业政策，以规范和引导汽车产业的健康发展。国外汽车厂商和外国政府也非常关注我们制定的政策，并提出他们对我国汽车产业政策的建议和意见。社会上对制定产业政策的各种反应对完善这个产业政策有很多帮助，使政策进一步体现发挥市场配置资源的基础作用，增强政府的宏观管理和对市场的政策性导向作用。

新的汽车产业政策的取向是：推动汽车产业结构调整和重组，扩大企业规模效应，提高产业集中度，避免盲目投资和低水平重复建设；激励汽车生产企业提高研发能力和技术创新能力，实施品牌经营战略；健全汽车产业的法制化管理体系，促进汽车产业与关联产业及社会环境协调发展；使我国在2010年前成为世界主要汽车生产国。

与1994年《汽车工业产业政策》相比较，新的产业政策：

1.取消了与世贸规则和与我国加入世贸组织所做承诺相违背的部分，如要求外汇平衡、国产化比例和出口承诺的政策等；2.大幅度减少行政审批，该管的管住，该放的放开，强调依靠法规、技术标准引导产业发展；3.提出品牌战略，重视汽车企业建立品牌销售和服务体系；4.促进国内汽车企业集团做大做强，引导现有汽车生产企业兼并、重组；5.引导汽车消费行为，鼓励使用节能和新能源汽车；6.规范汽车市场秩序，维护汽车消费者权益；7.促使有关部门和地方政府为消费者使用汽车创造条件，打破地方保护和分割市场的行为，并实施规范管理。

产业政策作为政府宏观调控的主要手段之一，重点应该解决汽车工业如下几个问题：

1.盲目投资和低水平重复建设问题

当前我国汽车市场需求旺盛、外资投资积极性高、国内企业做大做强加快发展的强烈欲望已成为汽车工业发展的主流趋势。但要提醒大家的是，市场需求高速增长阶段，一定要保持清醒头脑，大量投资背后隐藏着产能过剩风险。许多部门、地区和企业都把汽车产业作为拉动经济增长的主导产业，近年来已有上千亿元投资于汽车产业，各地产业结构趋同，全国已有23个省市生产轿车。这些投资虽有相当部分是在已有良好企业业绩和成熟产品技术基础之上经过充分论证做出的决定，但也有些是在对市场分析非理性判断和仓促做出的投资，如轻型车厂家投资轿车项目，载货车厂家投资重型货车项目。综合各方面的研究、分析和判断，汽车市场需求存在着很大的波动性，受宏观经济环境影响很大，如果不考虑市场风险安排投资，势必会出现生产能力过剩的局面。典型的例子是，重型载货车销售2001年和2002年分别比上年同期增长77%和67%，2003年1~9月增长仅为4.3%，但仍有数家企业在大规模投资重型载货车。在缺乏对汽车服务贸易领域建设的正确引导下，一些地方出现了兴建汽车商贸城、汽车博览中心等新的投资热。全国有一批大中城市都在兴建以汽车交易、博览、商贸、休闲为一体的汽车城，扩展汽车产业的后续发展空间，投资额均在几十亿、甚至数百亿元。

因此，新的产业政策在避免盲目投资和低水平重复建设方面既有引导也有控制，微观上放开，宏观上不能失控。

2.加快结构调整问题

结构问题一直是制约我国汽车工业快速发展的痼疾。企业组织结构与国际汽车行业相比明显落后。2002年共有123家整车生产厂，遍布全国27个省、自治区、直辖市。其中产量超过50万辆的只有2家，超过10万辆的企业只有8家；产量不足1万辆的企业达95家，其中产量在1000辆以下的有70家。从国际汽车产业发展现状看，年销量100万辆以下的汽车公司已经不能单独存在，200万辆规模的也面临重组的局面。2005年，我国取消汽车进口许可证和进口配额限制之后，汽车市场将与国际汽车市场融为一体，国内市场的国际化将使我国汽车生产企业面对严峻的挑战。在我国汽车生产企业的生产组织和规模与国外相比差距如此之大的情况下，低水平的重复建设和能力扩张存在巨大的风险，相当一部分企业必然要在市场竞争中被淘汰，会导致银行坏帐增加、工人失业、企业破产的严重后果。

当前汽车工业亟需进行结构性调整，加快企业战略性重组和做强做大的步伐。近年来一汽重组天津汽车、东风公司掺股江苏悦达起亚合资公司、上汽与美国通用重组柳州五菱和烟台大宇等反映出我国汽车产业新一轮的重组已经开始。新的产业政策支持企业间兼并重组，实施战略性结构调整、扩大规模，实现产业升级，加快汽车工业发展的步伐。

3.企业自主发展问题

解决企业自主发展：一是政府要减少行政审批权，改以加强法制化管理；二是企业要重视开发自主知识产权的产品；三是要重视建设和掌控本企业产品的销售网络。政府管理的重点应放在建立和完善法制化的管理体制上，为企业发展创造一个公平竞争的市场环境。在自主开发产品的问题上，国内许多汽车企业已经进行了有益的探索，分别与意大利、德国、英国、日本、奥地利等汽车或发动机设计开发机构开展合作，开发具有自主知识产权的产品，走出一条发展我国汽车工业的新路子，这是值得称赞的。希望国内有条件的大型汽车企业集团在开发具有自主知识产权产品方面起到带头作用。市场是企业发展的基础，其微观体现就是各个企业的销售网络。控制和管理好销售网络就把握住了市场资源。要发挥好行业协会的作用，协调国家和企业的共同利益，统一思想、统一对外。要避免出现上有政策、下有对策、各自为政的局面。

4.汽车消费问题

汽车消费和使用环境等政策措施滞后，制约了汽车工业的发展。由于城市道路和交通设施建设、城市停车和交通管理等使用环境难以适应汽车工业的快速发展，形成了诸多矛盾。各地政府为了缓解压力，采取了一些行政和经济的手段限制消费者购买和使用汽车。这些做法虽缓解了一些矛盾，但却不符合私人消费汽车的客观发展规律，影响了汽车消费，同时也造成了市场分割、秩序混乱。汽车产业政策要消除不合法不合理的限制，理顺消费关系，引导个人消费低耗能低污染的节能型汽车和替代燃料的新能源汽车。引导有关部门和地方政府为消费者使用汽车创造条件，对城市停车设施建设和停车管理实施积极、有效和规范的管理。

三、汽车产业发展需要把握的几点原则

1.坚持对外开放和自主发展相结合，面向国内外两个市场发展的原则

在国际汽车工业发展全球化的趋势下，我国汽车产业发展必须进一步对外开放。扩大对外开放可以采取多种形式，除新办中外合资企业之外，还应开展广泛的国际合作和技术引进。要特别注重利用国际资源，开发具有自主知识产权的产品，实施品牌经营战略。企业的发展要以国内外两个市场需求为导向，鼓励优势产品进入国际市场，引进国外优势产品，实现进出口互补。产业政策鼓励扩大汽车零部件出口，参与国际竞争，汽车零部件的大量出口是我国汽车产品批量出口的希望所在。国家创造条件扶持我国汽车零部件的发展，集中发展一批有出口优势的零部件企业。

2.发挥企业自主决策权与加强宏观调控相结合的原则

改革汽车投资项目审批管理办法，现有汽车生产企业发展同类别新产品、扩大生产规模以及摩托车、汽车零部件的投资项目均由企业自主决策，采取备案制，不再由政府审批，这样有助于企业适应市场竞争的需要。新建汽车整车及

发动机生产企业仍应经政府审批，目的是促进已经众多的汽车生产企业兼并重组，做大做强，适当控制新增汽车整车生产企业，提高准入门槛。企业自主建立自产汽车销售体系，并应在国家制定的市场管理规则之内运作。

3.发展汽车制造业，促进产品本地化制造的原则

2006年7月后，进口轿车整车关税将降为25%，进口汽车零部件的最高关税将降为10%，税差为15%。在这种情况下，有可能出现进口全套散件组装汽车而交纳零部件关税的现象。组装汽车不仅不符合我国汽车工业产业政策的要求，不符合中国发展汽车产业的利益，而且会打击现有企业搞制造业、搞本地化的积极性。我们正在抓紧制定并争取尽快出台《进口汽车零部件生产构成整车特征的管理规定》，以利于我国汽车工业按照制造业模式发展，增加国内制造含量，扩大利用外资。

4.要坚持可持续发展的原则

汽车是消耗能源的主要产品，2002年的汽车拥有量已经超过2000万辆，汽车耗油量达到7000万吨，今后几年仍将快速增加，如不采取有效措施，预计到2005年、2010年，汽车耗油量将分别达到9000万吨、1.3亿吨。因此，汽车工业的发展要把开发新型车用燃料和生产新型燃料汽车、提高汽车燃油经济性指标、促使企业生产节油型汽车、提高汽车燃油效率作为头等大事来抓。

当前国内汽车市场需求旺盛，国内外汽车工业发展趋势给我国汽车工业带来了难得的发展机遇，抓住机遇，加快发展，争取在2010年把我国建成世界主要汽车生产国。

中国房地产市场发展态势和前景展望

建设部住宅与房地产业司 姜万荣

一、当前中国房地产市场的发展态势

（一）2003年1～9月份房地产开发投资增长34%，高于固定资产投资增长1.4个百分点。

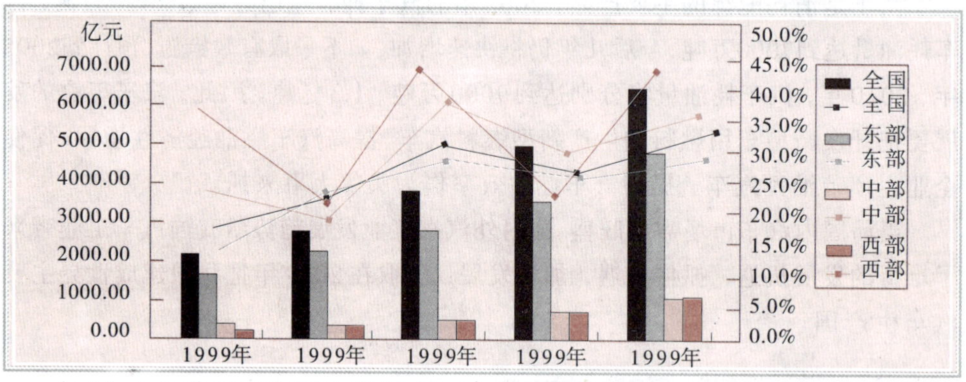

（二）土地购置面积同比增长44.5%，土地开发面积增长38.9%，从这两个数字可以看出，土地购置面积和开发面积虽然增长幅度不一样，但是比较接近。

（三）商品房施工面积增长27.8%，其中，新开工面积增长30.4%。

（四）商品房竣工面积增长34.9%，销售面积增长35.9%。销售面积的增幅大于同期竣工面积的增幅。

（五）商品房价格继续保持稳中有升。

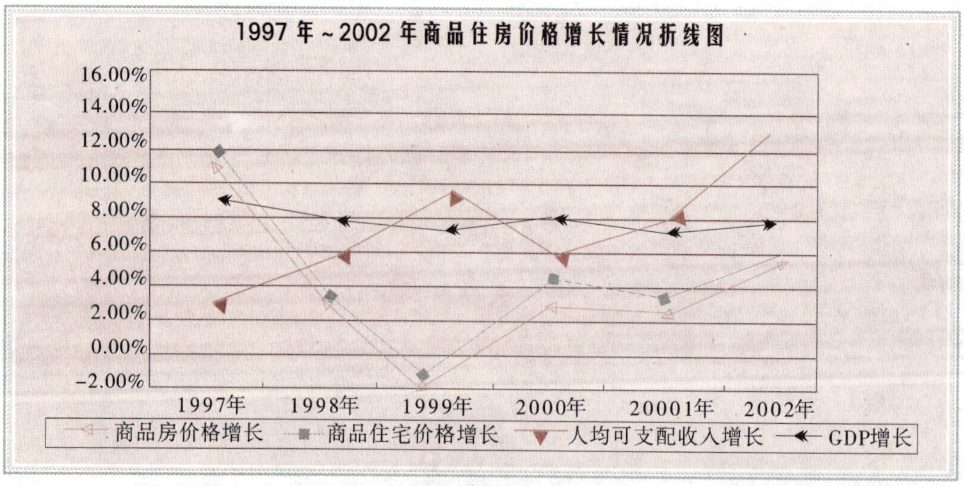

从以上几方面不难做出以下判断：

第一，从全国看，在房地产投资高速增长过程中，继续保持了供求两旺，供求总量基本平衡，供应结构渐趋合理，价格走势平稳的良好发展势头，房地产业的发展与国民经济、与相关产业的发展比较协调，房地产市场总体是健康的。

第二，引起过热“苗头”的问题有一定好转，但依然存在着。从统计数据来看，我国5个省（市、区）房地产开发投资超过70%，有的城市房地产投资占GDP的比重超过50%。有7个省（市、区）土地购置面积超过100%，最高的近3倍；有4个省（市、区）商品房价格增幅超过30%，最高的省份达到52.2%。为什么不说过热，而把它作为一种苗头呢？曾经有些专家说目前不少地方出现房地产过热，马上就有人问，哪个城市房地产已经出现了过热。媒体报道比较多的城市我们也做过调研，我们的结论就是每一个城市有每一个城市的问题，但是，如果说哪一个城市目前房地产已经过热，从各种分析数据来看，还下不了这样的结论。

第三，调控的任务仍然很艰巨。在国务院18号文件里面肯定了房地产业的支柱产业地位，也对当前房地产市场的总体情况做了肯定性的判断，同时也指出房地产发展的同时要加强宏观调控。

一是建立房地产市场信息系统和预警预报体系。这是判断房地产市场是否健康、需要采取什么样调控措施的重要基础。就好比医生给一个人诊断，首先，必须对可能引起身体不适的各种数据收集齐全，才能有针对性地提出解决方案。房地产市场信息系统和预警预报体系就相当于给房地产做体检、做诊断、开处方。只有全面采集房地产运行中的各种数据，才能准确进行判断。目前，房地产的统计数据比较宏观，比如说到商品房平均价格涨多少跌多少，价格不真实，用销售额来除以销售面积，得出一个平均值说明不了问题。预警预报体系就是收集分类的、分区域的、分结构的、分户型的详细数据，通过对这些详细数据的分析，准确判断市场形势。比如，外地投资商到一个城市做投资，在某一个区域搞项目，作为投资商关注的是这一区域的市场情况，全市的数据并不能满足其分析市场的需求。现在的做法是请一个调查公司调查，调查公司收集的数据也不一定准确。如果将来这套系统比较健全，应该能够解决这样的问题。比如，可以查这个区域有多少投资项目，已经批准未来几年的供应量，什么样的户型好卖，这个区域有多少空置商品房，哪种户型空置的比较多等等。这些信息对投资者来讲是非常有用。在所有数据采集比较齐全的基础上，就可以进行预警预报。现在有一些城市已经设定了预警指标。

二是完善统计指标。空置指标是目前判断房地产是否过热的重要参数。建设部已经会同国家发改委、国家统计局下发了文件，从2003年开始，将空置商品房分成三档：一年以内为待销商品房，一年到三年为滞销商品房，超过三年的为积压商品房，通过细分空置统计指标，便于对空置概念进行比较科学的分析。

三是发布房地产权威信息。准确的信息是正确判断市场态势的关键，国家统计局、国家发改委、建设部在近期开始定期对房地产市场的各类数据进行公示，便于大家采用。

四是开展房地产专项整治。依法查处房地产市场中的不规范行为，让老百姓放心买房，进一步启动住房消费，促进房地产市场持续、健康发展。

对形势判断的几点说明：

目前，大家对房地产是否过热说法比较多，有人认为过热，有人说不过热，为什么会出现截然不同的两种观点？我觉得主要是信息不对称引起的。说房地产过热，主要是基于房地产投资增长速度、空置商品房、房地产对金融的影响以及房价收入比等数据。由于对这几个方面的数据的看法不一，产生不同的结论也就不足为怪了。

(一) 关于投资增长速

对一个产业来讲，投资增幅远远高于国民经济宏观指标肯定是不正常的。对房地产业来讲，由于有诸多引起投资增长的原因，增幅较高并不能说明一定有问题。原因有以下三点：

第一，非商品住宅的转换。住宅分为商品住宅和非商品内住宅。1998年国务院23号文件出台以后，停止了住房实物分配，大量的非商品住宅投资转向商品住宅，引起房地产投资的逐年增加。如从2000年到2002年，商品住宅竣工面积从2.5亿平米增加到3亿平米，但住宅总量增幅很小，2002年总量是下降的。

第二，住宅品味的提高，也带动了房地产投资的增长。这几年，住宅的建设水平提高很快，包括容积率、环境、配套设施都有很大提高，由于品味的提高，引起投资增长的因素也很大。

第三，精装修交付数量的增加，也使得原来由居民承担的投资转向了由房地产开发企业承担，使房地产投资增长加快。

(二) 关于空置商品房

首先要明确空置商品房的概念。目前，空置商品房是指，报告期已经具备交付使用条件，尚未出售或出租的商品房。空置率国家统计局、建设部以及其他部门并未以官方名义给过定义。目前，关于空置商品房和空置率存在以下误区：

第一，空置商品房等于竣工面积减去销售面积。曾有专家用6年的竣工面积减去销售面积，得出6年增加空置面积4亿多平方米的结论。该观点的主要问题是没有考虑房地产开发企业开发建设的商品房中，有一部分不是用于出租、出售的，如住宅小区中的拆迁还建面积、公建配套面积等，竣工面积要统计，但是销售面积不统计这部分面积。

第二，用计算出的空置率与国外进行对比。目前，我国只统计新建商品房的空置面积，国外的空置面积既包含新建商品房的空置面积，也包含存量房的空置面积。国外的空置率 =（新建商品房的空置面积 + 存量房的空置面积）/房屋总量，空置率的合理区间为10%以下。一些专家、媒体的文章中用新建商品房的空置面积与近3年或上年的竣工面积之比，与国外的空置率做对比，显然是不科学、也不合理的。在空置率未出台前，用净增的空置面积与竣工总量之比，能够比较准确地反映空置情况。比如今年竣工总量增加了，理论上讲空置总量也应该增加，

2002年到年底的空置总量减去2001年底的空置总量，再比上全年竣工总面积，能够比较准确反映空置情况。

第三，空置商品房与不良资产的关系。代表观点是用1.2亿的空置量乘以2000多的价格，得出2.6亿的不良资产。这一观点的最大问题是没有考虑商品房的正常销售时间。比如，一些企业为了把环境做完以后再开盘销售，有的企业做好装修再销售，能把这部分房子说成是不良资产吗？如果按这一观点，市场中销售的商品不全部成了不良资产了吗？另外，房地产开发企业经营理念在变化，不少企业推行竣工后交付，也是空置量增长比较快的原因。

（三）房地产业对金融的影响

房地产开发企业也好，银行也好，都是一个独立市场主体，银行风险主要由房地产带来的，这个观点没有问题。但因此把所有的责任都归罪于房地产业、归罪于房地产开发企业，也不尽公平。房地产开发既然是高风险行业，利润高点也无可厚非。大家看的更多的是赚钱的企业、做得成功的企业，其实倒闭的、赔钱的也不少。而且，目前，房地产开发准入条件很低，如果利润高出行业平均利润过多，大家没有理由不去搞房地产开发。对于这样的高风险行业，银行加强监管、限制贷款过多支持是应当的，对于防范银行风险也是必要的。

关于个人贷款，有两种不同的观点：一种观点认为个贷不良率很低。目前，统计数据显示，不良率不到1%；另一种观点认为，不能只看到目前的低不良率，按照国外经验，个贷风险一般在8~10年以后才显现，现在没有风险，并不表示房地产个贷风险就小。我个人认为，国内个贷要求首付比率30%，如果按照20年测算，5~8年以后还款总额超过了50%。从目前各城市情况看，房价下降50%的可能性不是很大。

（四）房价收入比

目前，不少城市房价收入比确实比较高，这是客观事实，但在分析时应当考虑这样几个因素：一是工资包含因素，国外所有收入都在工资里面，然后从工资里面扣除，国内各个单位不同，工资以外因素比较多。二是不能要求所有人都买得起房，在发达国家，也对中低收入家庭有一些特殊政策。目前，国家推行的经济适用住房、廉租住房也正是为了解决买不起房的中低收入家庭住房问题的举措。

由于在这些方面大家所引用的概念和数据不一，所以得出的结论就很难一致。

二、前景展望

从2000年年底开始，大家对房地产是否过热一直争论不休。从2003年4月开始，国务院要求建设部要尽快起草促进房地产市场健康发展的文件，经过反复论证，国务院出台了《国务院关于促进房地产市场持续健康发展的通知》（以下简称“18号文件”），明确了未来一段时间房地产市场发展的指导思想和促进房地产市场持续健康发展的政策措施。18号文件的发布对于指导今后一段时期房地产市场发展将起到重要作用：

一是统一了思想

房地产市场总体是健康的，存在的问题是前进中的问题，各地表现不一，是可以通过政府有效的调控加以解决的。

二是确立了房地产业的产业地位

目前，我国房地产投资增量占社会固定资产投资增量的1/3左右，每年拉动GDP增长近2个百分点。此外，房地产市场连接着商品、服务和要素市场，与宏观经济、产业发展、居民消费、金融稳定关系密切。从长远看，以住宅为主的房地产产业发展空间很大，是我国经济增长不可替代的拉动力量，已经成为国民经济的支柱产业。房地产业的发展能够提高居民住房水平，改善居住质量，满足人民群众物质文化生活需要的基本要求，是促进消费、扩大内需、拉动投资增长，保持国民经济持续快速健康发展的有力措施；是充分发挥人力资源优势、扩大社会就业的有效途径。

三是明确了市场化的改革方向

18号文件的主线是发展，关键是持续健康，核心是坚持市场化发展方向。如果说23号文件是终止了一个旧制度，开始了一个新制度，由实物分配向货币化分配过渡。18号文件则是由货币化向市场化过渡，目标就是要逐步实现多数家庭购买或承租普通商品住房。

四是坚持用发展的观点解决前进中出现的问题

如对房地产金融，首先是对好的企业、好的项目，要继续给予支持；其次要规范房地产贷款的发放，防范金融风险；再次，对过去违规发放的贷款，要妥善处理，控制和化解房地产贷款风险，维护社会稳定。

五是坚持中央统一政策和地方分散决策

明确地方政府对房地产市场健康发展负责，省政府加强监督，各部门完善政策，加强对重点地区的指导。对中低收入线、高中低档住宅的划分标准，均授权地方制定标准。

对于未来房地产市场发展趋势，大家的观点比较接近。对未来一段时期的市场潜力，大家都比较认同，一是小康社会要求居民居住水平有较大幅度的提高；二是城镇化进程加快，满足外来人口住房需求必将增加大量的住房需求；三是城市建设加快，危旧住房拆迁需求增加；四是住房二级市场的开放，带动增量市场的发展。

此外，国家宏观政策环境也有利于房地产业的发展。十六届三中全会决定提出的许多政策，对未来市场需求均有较大的影响。如“在城市有稳定职业和住所的农业人口，可按当地规定在就业地或居住地登记户籍，并依法享有当地居民应有的权利，承担应尽的义务”，仅这一项政策，对中心城市就会产生巨大的市场需求。国务院18号文件是今后一段时期房地产业发展的纲领性文件，许多政策对未来房地产发展也将产生非常重要的作用。

2003年我国化学原料及化学品制造业发展情况

化学原料及化学品制造业是我国国民经济行业分类中的一个大类，主要产品包括各种化工原料和化学品。2003年1~12月，该行业产品销售收入为8858.45亿元（人民币，下同），全部从业人员为306.59万人。行业范围见下表。

化学原料及化学品制造业	
基础化学原料制造	、无机酸制造、无机碱制造、无机盐制造、有机化学原料制造、其他基础化学原料制造
肥料制造	氮肥制造、磷肥制造、钾肥制造、复混肥料制造、有机肥料及微生物肥料制造、其他肥料制造
农药制造	化学农药制造 生物化学农药及微生物农药制造
涂料、油墨、颜料及类似产品制造	涂料制造、油墨及类似产品制造、颜料制造、染料制造、密封用填料及类似品制造
合成材料制造	初级形态的塑料及合成树脂制造、合成橡胶制造、合成纤维单(聚合)体的制造、其他合成材料制造
专用化学产品制造	化学试剂和助剂制造、专项化学用品制造、林产化学产品制造、炸药及火工产品制造、信息化学品制造、环境污染处理专用药剂材料制造、动物胶制造、其他专用化学产品制造
日用化学产品制造	肥皂及合成洗涤剂制造、化妆品制造、口腔清洁用品制造、香料和香精制造、其 他日用化学产品制造

一、化学原料及化学品制造业的总资产和资产负债率

据国家统计局统计，2003年1~12月该行业的资产总值为10568.72亿元，比上年同期增加8.71%。在我国的39个工业行业大类中，有5个行业总资产超过一万亿元人民币，化学原料及化学品制造业是其中之一，成为对我国工业增长产生直接影响、举足轻重的支柱行业之一。

2003年1~12月该行业在总资产增长的同时，流动资产平均余额和固定资产净值平均余额也在稳步增加，据国家统计局的统计数据，该行业1~12月流动资产平均余额为4232.94亿元，比上年同期增加13.07%；固定资产净值平均余额累计为4340.20亿元，比上年同期增长了3.77%。这些数据反映了2003年1~12月化学原料及化学品制造业总资产增长的情况。

从2003年1~12月的资产负债率水平看，化学原料及化学品制造业的资产负债率在57%~59%之间浮动，全年平均为57.9%左右。从资产负债率走势看，全年走势平坦，波动不大（见下图曲线）。总的看，该行业企业的平均负债率不高。

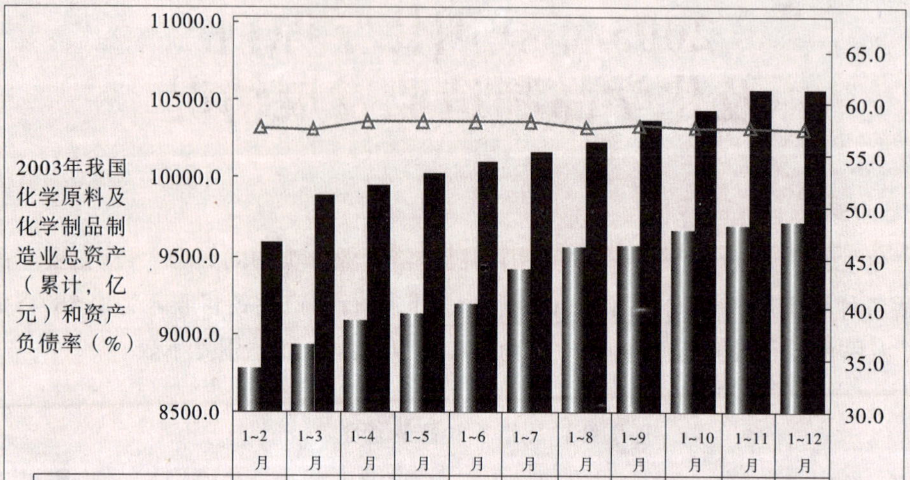

	1~2月	1~3月	1~4月	1~5月	1~6月	1~7月	1~8月	1~9月	1~10月	1~11月	1~12月
2002 年总资产	8776.0	8934.4	9092.1	9131.2	9183.8	9415.1	9557.3	9571.9	9660.0	9702.2	9706.6
2003 年总资产	9589.6	9891.6	9956.7	10029	10110.	10172.	10238.	10374.	10432.	10562.	10568.
2003年资产负债率	57.8	57.6	58.3	58.3	58.2	58.2	57.7	57.8	57.7	57.6	57.5

二、化学原料及化学品制造业的销售额和销售利润率

从2003年1~12月该行业的产成品销售情况看，前12个月累计产品销售收入为8858.45亿元，比去年同期增加26.63%。产品销售成本为7268.15亿元，比上年同期也同步增加26.02%，这些数据反映了2003年1~12月我国化学原料及化学品制造业销售额增长的情况。

从销售利润率看，2003年该行业平均为4.62元，即该行业每卖掉100元产品能获得4.62元利润。从销售利润率走势看，1月份为3.96元，第一季度末月涨到4.28元，第二季度末涨至4.59元，第三季度末涨至4.80元。以上数据表明了该行业2003年1~12月销售情况良好、利润不断增加的事实。

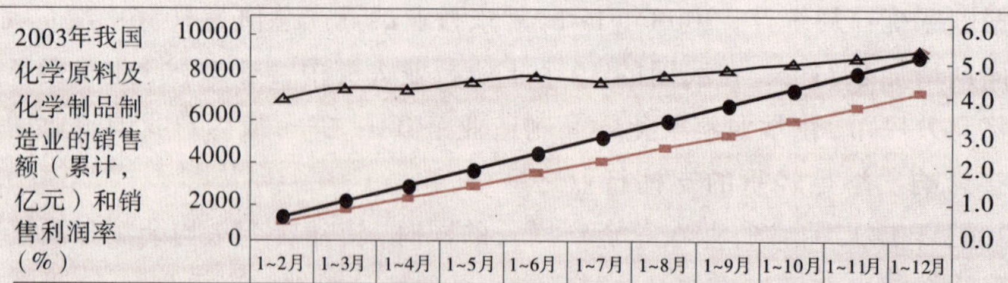

	1~2月	1~3月	1~4月	1~5月	1~6月	1~7月	1~8月	1~9月	1~10月	1~11月	1~12月
2002 年销售额	807.5	1382.5	1963.0	2530.0	3153.4	3697.8	4329.0	4924.6	5577.0	6227.6	6906.0
2003 年销售额	1133.2	1850.5	2580.7	3294.6	4075.8	4847.9	5509.0	6280.2	7078.4	7896.9	8858.5
2003 年销售利润率	3.96	4.28	4.21	4.46	4.59	4.45	4.66	4.80	4.98	5.15	5.34

三、化学原料及化学品制造业的销售税金和利润

化学原料及化学品制造业2003年1~12月产品销售税金及附加为63.56亿元，比上年同期增加了22.30%。该行业2003年1~12月实现利润459.29亿元，上年同期为278.85亿元，2003年比2002年同期增收利润180.44亿元，增幅为64.70%，成效斐然。

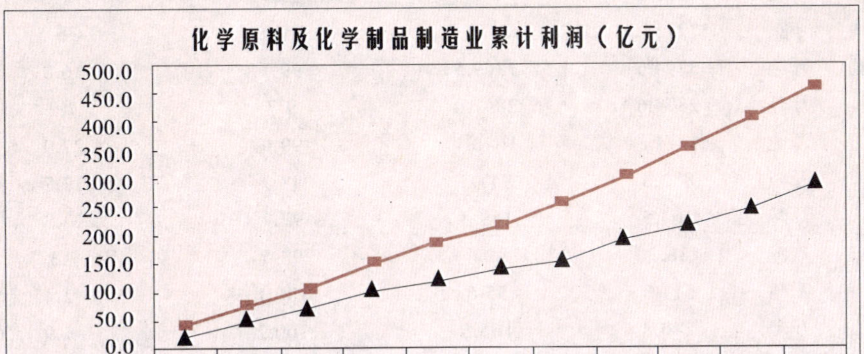

	1~2月	1~3月	1~4月	1~5月	1~6月	1~7月	1~8月	1~9月	1~10月	1~11月	1~12月
2002年	3.44	25.23	54.53	78.34	99.20	119.1	135.0	167.8	195.0	225.5	268.3
2003年	44.82	79.20	108.6	147.0	187.1	215.7	256.4	301.2	348.6	404.7	459.2

四、化学原料及化学品制造业亏损企业的亏损情况

2003年1~12月,化学原料及化学品制造业累计负债为6197.73亿元，比上年同期增加了9.23%。1~12月亏损企业的亏损额为78.55亿元，较上年同期减少了13.92%，2003年化学原料及化学品制造业继续减亏，成效显著。

目前的问题是三角债数额庞大。从应收账款净额看，2003年1~12月累计为1047.178亿元，比上年同期增长10.39个%，需要引起足够重视。

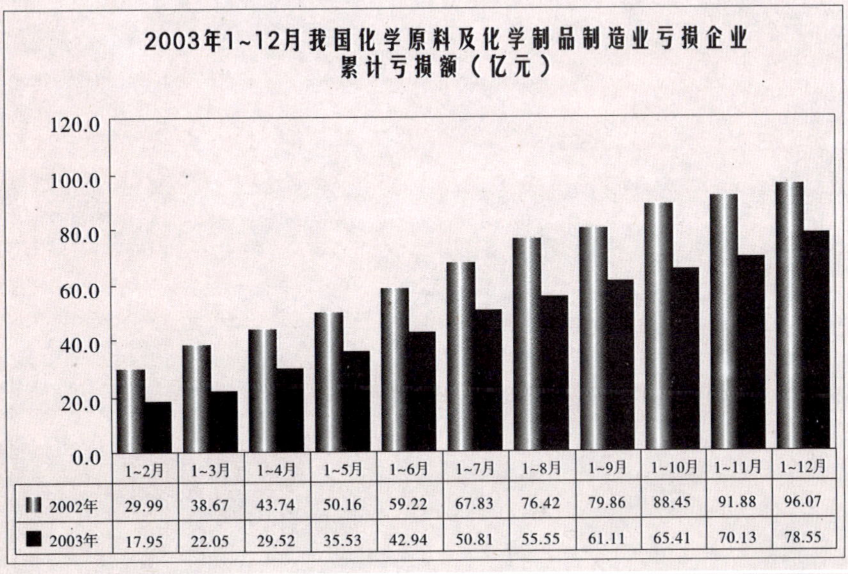

	1~2月	1~3月	1~4月	1~5月	1~6月	1~7月	1~8月	1~9月	1~10月	1~11月	1~12月
2002年	29.99	38.67	43.74	50.16	59.22	67.83	76.42	79.86	88.45	91.88	96.07
2003年	17.95	22.05	29.52	35.53	42.94	50.81	55.55	61.11	65.41	70.13	78.55

五、化学原料及化学品制造业2003年1~12月的产品产销量、产销率和库存

产品名称	单位	1~12月累计产量	1~12月累计销量	1~12月累计产销率 %	1~12月末累计库存 比年初±%
硫酸	万吨	3319.1	2042.2	99.6	9.5
浓硝酸	万吨	116.2	103.4	98.7	33.3
烧碱	万吨	939.9	852.9	99.8	4.1
纯碱	万吨	1107.5	1067.0	99.7	11.3
红矾钠	吨	172134.9	88134.3	101.9	-35.5
合成氨	万吨	3794.6	1369.5	99.7	16.8
氮肥	万吨	2879.6	2847.0	9.7	7.9
尿素	万吨	1671.8	1648.1	99.0	27.9
磷肥	万吨	880.6	847.3	98.9	13.7
钾肥	万吨	164.5	159.3	97.7	17.3
农药	万吨	86.3	82.6	98.5	7.3
乙烯	万吨	611.8	55.6	100.1	-2.4
纯苯	万吨	240.8	165.5	100.2	-7.9
冰醋酸	万吨	94.7	77.1	100.1	-4.5
油漆	万吨	164.2	158.4	97.5	27.0
染料	万吨	86.0	82.3	97.8	47.6
合成橡胶	万吨	127.2	126.6	99.6	21.9
合成洗涤济	万吨	379.4	374.3	99.1	15.3

2003年我国电子及通信设备、计算机及其他电子设备制造业发展情况

通信设备、计算机及其他电子设备制造业是国民经济支柱行业，主要涉及传输设备、交换设备、通信终端设备、雷达、电视机、收音机、电话机、广播电视设备、手机、电子计算机和外部设备、电子元器件的制造和修理。该行业技术含量高，市场潜力巨大，但竞争非常激烈。通信设备、计算机及其他电子设备制造业是我国国民经济行业分类中的一个大类，2003年1~12月该行业产品销售收入为15410.79亿元（人民币，下同），全部从业人员为270.74万人。行业范围见下表。

通信设备、计算机及其他电子设备制造业的范围

通信设备制造	通信传输设备制造、通信交换设备制造、通信终端设备制造、移动通信及终端设备制造、其他通信设备制造
雷达及配套设备制造	雷达整机制造业、雷达专用配套设备及部件制造业、应用电视设备及其他广播电视设备制造
广播电视设备制造	广播电视节目制作及发射设备制造、广播电视接收设备及器材制造、
电子计算机制造	电子计算机整机制造、计算机网络设备制造、电子计算机外部设备制造
电子器件制造	电子真空器件制造、半导体分立器件制造、集成电路制造、光电子器件及其他电子器件制造
电子元件制造	电子元件及组件制造、印制电路板制造
家用视听设备制造	电视机、录像机、摄像机制造业，收音机、录音机制造业，其他电子设备修理业，其他电子设备制造业

一、通信设备、计算机及其他电子设备制造业的总资产和资产负债率

据国家统计局统计，2003年1~12月该行业的资产总值为12066.50亿元，比上年同期增加22.23%，是我国第5个总资产超过1万亿元人民币大行业之一。2003年1~12月该行业的流动资产平均余额为7362.42亿元，比上年同期增加26.37%；固定资产净值平均余额累计为2665.87亿元，比上年同期增长14.31%。这些数据反映了2003年1~12月通信设备、计算机及其他电子设备制造业总资产增长的情况。

从2003年1~12月的资产负债率水平看，通信设备、计算机及其他电子设备制造业的资产负债率平均为60.2%左右。分季度看，1月份57.5%，第一季度末为57.9%，第二季度末为59.9%，第三季度末为61.0%，预计第四季度末为62.9%。资产负债率曲线走势见下图。

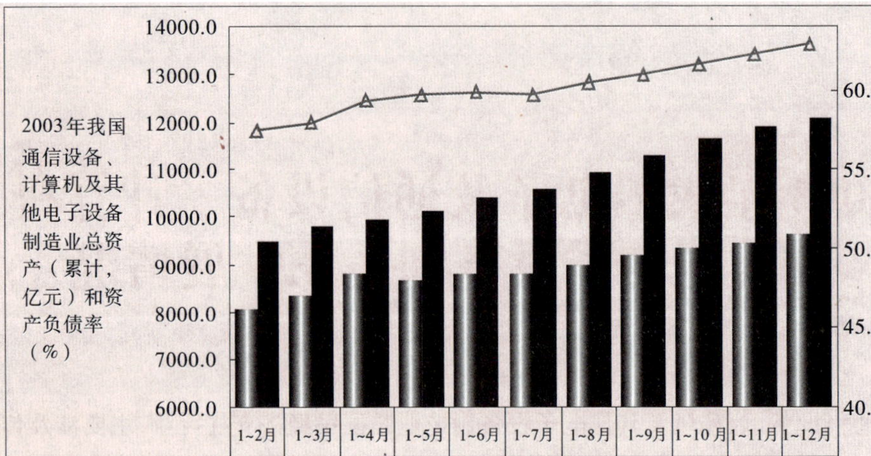

	1~2月	1~3月	1~4月	1~5月	1~6月	1~7月	1~8月	1~9月	1~10月	1~11月	1~12月
2002 年总资产	8074.9	8378.3	8822.8	8662.6	8802.1	8841.2	8993.0	9179.3	9342.5	9434.5	9604.2
2003 年总资产	9479.2	9783.5	9958.8	10112	10429	10598	10908	11326	11629.	11889.	12066.
2003 年资产负债率	57.5	57.9	59.3	59.8	59.9	59.8	60.4	61.0	61.6	62.2	62.9

二、通信设备、计算机及其他电子设备制造业的销售额和销售利润率

从2003年1~12月该行业的产成品销售情况看，前12个月累计产品销售收入为15410.79亿元，比去年同期增加36.22%。产品销售成本为13620.68亿元，比上年同期增加39.53%，这些数据反映了2003年1~12月我国通信设备、计算机及其他电子设备制造业销售额增长的情况。

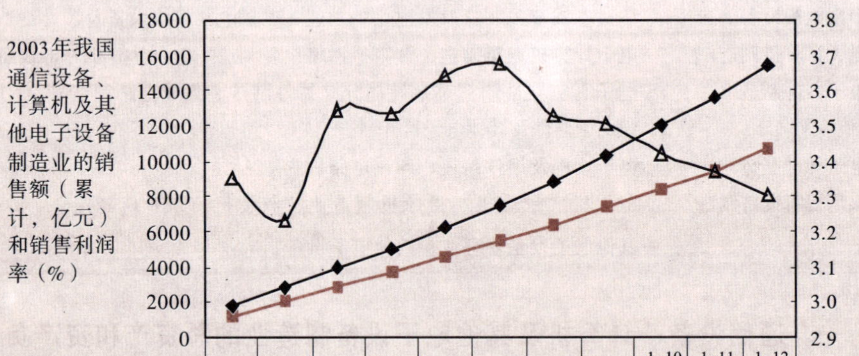

	1~2月	1~3月	1~4月	1~5月	1~6月	1~7月	1~8月	1~9月	1~10月	1~11月	1~12月
2002 年销售额	1256.9	2109.1	2903.1	3701.9	4646.6	5491.2	6402.6	7453.8	8458.4	9499.5	10808.
2003 年销售额	1854	2817	3910	4981	6269	7492	8834	10345	11949.	13529.	15410.
2003 年销售利润率	3.35	3.24	3.55	3.53	3.64	3.68	3.53	3.50	3.42	3.37	3.30

从销售利润率看，2003年平均销售利润率为3.46元，即该行业每卖掉100元产品能获得3.46元利润。从销售利润率走势看，年初该行业的利润率为3.35元，第一季度末为3.24元，第二季度为3.64元；第三季度末为3.5元。全年为3.3元。

三、通信设备、计算机及其他电子设备制造业的销售税金和利润

通信设备、计算机及其他电子设备制造业2003年1~12月产品销售税金及附加为17.73亿元，比上年同期增加了14.10%。2003年1~12月实现利润592.16亿元，上年同期为469.35亿元，2003年1~12月比2002年同期增加利润收入122.81亿元，增幅为26.1%。

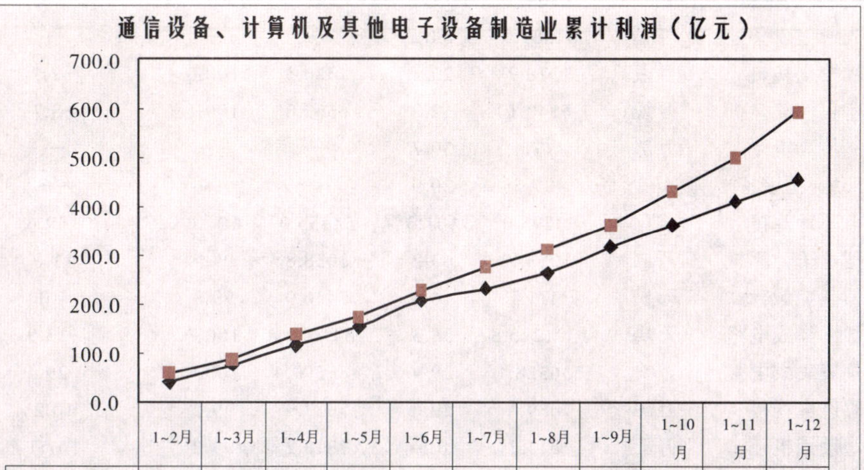

	1~2月	1~3月	1~4月	1~5月	1~6月	1~7月	1~8月	1~9月	1~10月	1~11月	1~12月
2002年	39.80	78.22	117.1	155.5	207.4	233.6	265.0	317.8	363.9	409.6	455.1
2003年	62.13	91.14	138.7	175.9	228.2	275.3	311.4	362.4	430.2	499.5	592.1

四、通信设备、计算机及其他电子设备制造业亏损企业的亏损情况

2003年1~12月通信设备、计算机及其他电子设备制造业累计负债为7447.39亿元，比上年同期增加了28.60%。1~12月亏损企业的亏损额为93.75亿元，较2002年同期增加了-0.44%。从应收账款净额看，2003年1~12月累计为3047.69亿元，比上年同期增加34.82%。

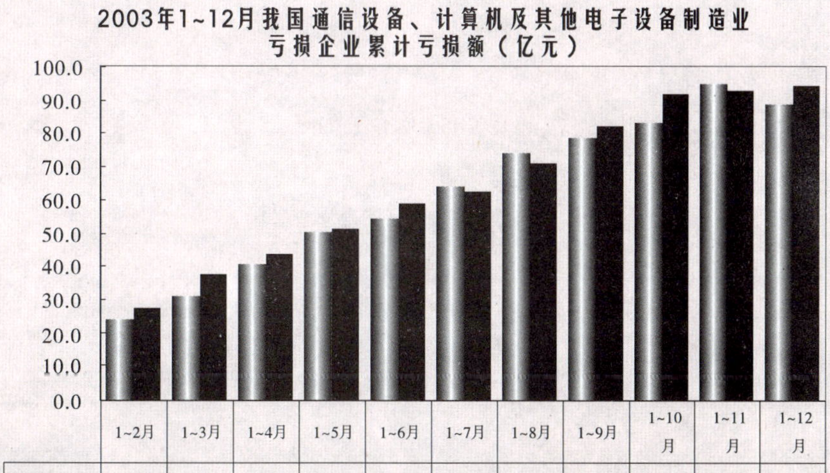

	1~2月	1~3月	1~4月	1~5月	1~6月	1~7月	1~8月	1~9月	1~10月	1~11月	1~12月
2002年	24.02	31.15	40.76	50.48	54.45	64.03	74.50	78.55	83.00	94.75	88.74
2003年	27.53	38.02	43.72	51.53	58.97	62.23	71.17	81.95	91.46	93.01	93.75

五、通信设备、计算机及其他电子设备制造业2003年1~12月的产品产销量、产销率和库存情况

该行业主要产品产量、产销率和库存情况见下表：

产品名称	单位	产量	增长率(%)	销量	产销率(%)	比年初库存增减(%)
载波通信设备	部	4764.0	11.7	--	--	--
光通信设备	部	84351.0	53.2	--	--	--
程控交换机	万线	7378.9	25.5	7380.3	100.0	-2.1
数字程控交换机	万线	6549.1	12.9	6552.8	100.1	-8.7
传真机	万部	417.4	39.7	--	--	--
移动通信设备	万部(信道)	487.5	20.9	--	--	--
电子计算机	部	53595.0	101.3	54453.0	101.6	~59.6
微型电子计算机	万部	3083.9	83.2	3058.8	99.9	11.0
彩色显像管	万只	7471.7	16.9	7436.9	99.9	4.0
半导体集成电路	万块	1391243.8	38.3	1341039.8	100.7	-13.9
大规模集成电路	万块	536528.1	29.4	485290.4	100.6	-29.4
彩色电视机	万部	7089.4	29.6	7027.9	99.2	10.2
录相机	万部	1813.3	8.5	1810.2	99.8	107.1
收音机	万部	4809.5	12.2	4857.8	101.0	-49.2
组合音响	万部	4416.1	3.7	4418.5	101.1	-5.2

2003年我国纺织业发展情况

纺织业是我国国民经济行业分类中的一个大类,主要产品有棉布、呢绒、化纤布、丝绸等,与民生高度关联。2003年1~12月该行业产品销售收入为7745.14亿元(人民币,下同),全部从业人员为496.34万人。纺织行业的范围见下表。

纺织业范围

棉、化纤纺织及印染精加工	
棉、化纤纺织加工	棉纺业、棉织业、其他棉纺织业
棉、化纤印染精加工	印染业
毛纺织和染整精加工	
毛条加工	毛条加工业
毛纺织	毛纺业、毛织业、其他毛纺织业
毛染整精加工	毛染整业
麻纺织	苎麻纺织业、亚麻纺织业、其他麻纺织业
丝绢纺织及精加工	
缫丝加工	缫丝业
绢纺和丝织加工	绢纺业、丝织业、其他丝绢纺织业
丝印染精加工	丝印染业
纺织制成品制造	
棉及化纤制品制造	棉制品业
毛制品制造	工业用呢、工业用毡制造业
麻制品制造	黄、洋、青麻纺织业
丝制品制造	丝制品业
绳、索、缆的制造	渔具用丝制造业、渔具用线制造业、渔具用绳制造业、渔网制造业
纺织带和帘子布制造	棉线带制造业、帘子布制造业
无纺布制造	其他纺织业
其他纺织制成品制造	其他纺织业 其他纤维制品制造业
针织品、编织品及其制品制造	
棉、化纤针织品及编织品制造	棉针织品业
毛针织品及编织品制造	毛针织品业
丝针织品及编织品制造	丝针织品业
其他针织品及编织品制造	其他针织品业

一、纺织业的总资产和资产负债率

据国家统计局统计,2003年1~12月该行业的资产总值为7745.14亿元,比上年同期上升了19.56%。与此同时，流动资产平均余额也相应增加，2003年1~12月为3476.05亿元，比上年同期增加了19.23%；固定资产净值平均余额为2850.64亿元，比上年同期增长了13.84%。

从今年资产负债率看,平均水平为64.2%。分季度看,第一季度平均为63.9%,第二季度平均为64.2%，第三季度平均为64.3%，全年为64.3%。

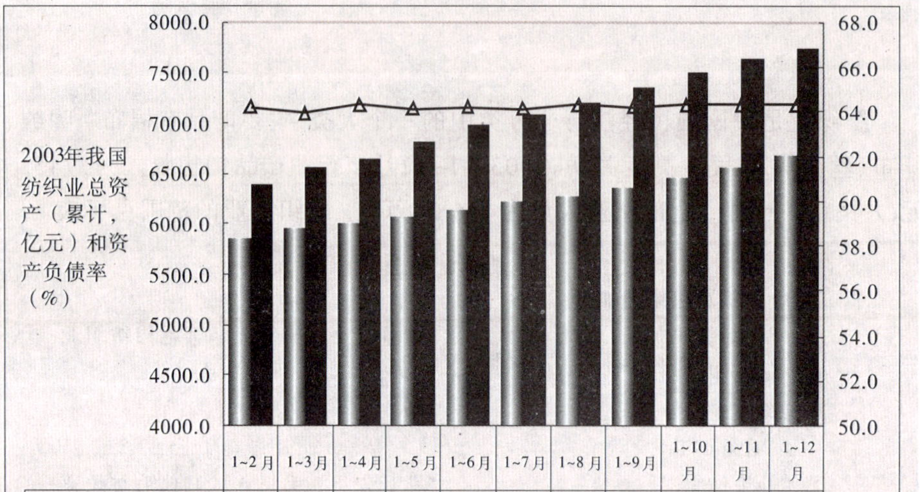

	1~2月	1~3月	1~4月	1~5月	1~6月	1~7月	1~8月	1~9月	1~10月	1~11月	1~12月
2002 年总资产	5850.8	5958.0	6009.3	6073.8	6147.6	6212.6	6287.5	6367.0	6455.6	6560.4	6674.5
2003 年总资产	6400.9	6566.2	6644.4	6815.0	6971.2	7080.2	7203.0	7357.1	7499.8	7632.4	7745.1
2003 年资产负债率	64.2	63.9	64.3	64.1	64.2	64.2	64.3	64.3	64.3	64.3	64.3

二、纺织业的销售额和销售利润率

从该行业的产成品销售情况看，2003年前1~12个月累计产品销售收入为7466.10亿元,比去年同期增长了25.26%。产品销售成本为6701.11亿元,比上年同期也增长了25.94%,这些数据反映了2003年1~12月我国纺织业销售额增加的情况(具体数据见下图)。

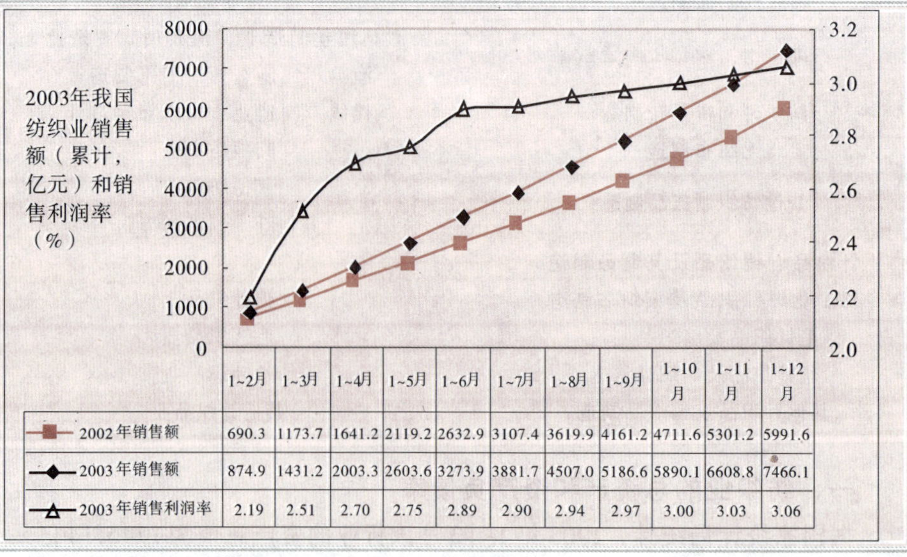

	1~2月	1~3月	1~4月	1~5月	1~6月	1~7月	1~8月	1~9月	1~10月	1~11月	1~12月
2002年销售额	690.3	1173.7	1641.2	2119.2	2632.9	3107.4	3619.9	4161.2	4711.6	5301.2	5991.6
2003年销售额	874.9	1431.2	2003.3	2603.6	3273.9	3881.7	4507.0	5186.6	5890.1	6608.8	7466.1
2003年销售利润率	2.19	2.51	2.70	2.75	2.89	2.90	2.94	2.97	3.00	3.03	3.06

纺织行业是低利润行业。从2003年1~12月该行业的销售利润率看，平均为2.81元,即每卖出100元产品只能赚回2.81元利润。从平均水平看，利润率明显不高，这也是名声工业的基本特点之一。但从各月情况看，数据反映各月利润率逐渐小步攀升，表明了该行业利润增加，效益好转的情况。

三、纺织业的销售税金和利润水平

纺织业2003年1~12月产品销售税金及附加为31.07亿元，比上年同期增加了17.89%。该行业2003年1~12月实现利润243.45亿元，上年同期为189.13亿元，2003年1~12月比2002年同期增收利润54.32亿元，增幅为28.72%。这些数据的走势与销售情况趋好呈正相关关系。

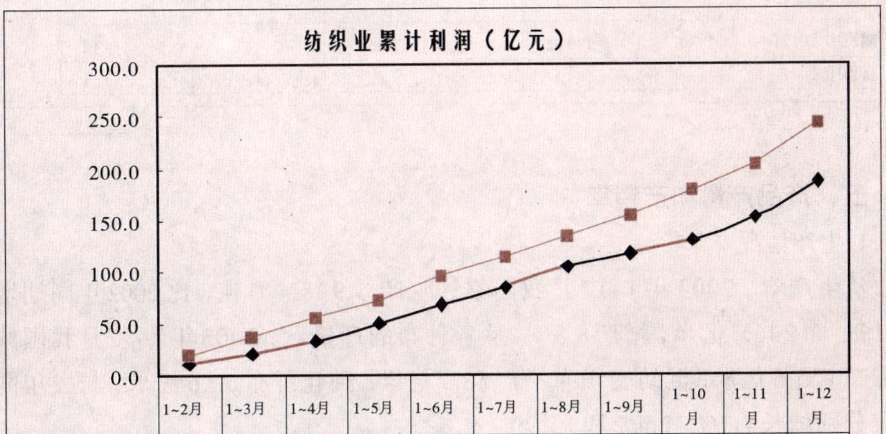

	1~2月	1~3月	1~4月	1~5月	1~6月	1~7月	1~8月	1~9月	1~10月	1~11月	1~12月
2002年	10.08	20.59	33.73	49.28	67.8	83.97	103.6	116.2	130.3	151.4	186.5
2003年	19.16	35.93	53.99	71.64	94.77	112.8	132.7	153.9	176.8	202.3	243.4

四、纺织业亏损企业的亏损情况

2003年1~12月纺织业累计负债为4955.15亿元，比上年同期上升了20.33%。1~12月亏损企业的亏损额为57.24亿元，较上年同期减少了7.02%。

从应收账款净额看，2003年1~12月累计为746.05亿元，比上年同期增加了19.74%，这些数字反映纺织业亏损面扩大的主要原因是三角债上升。

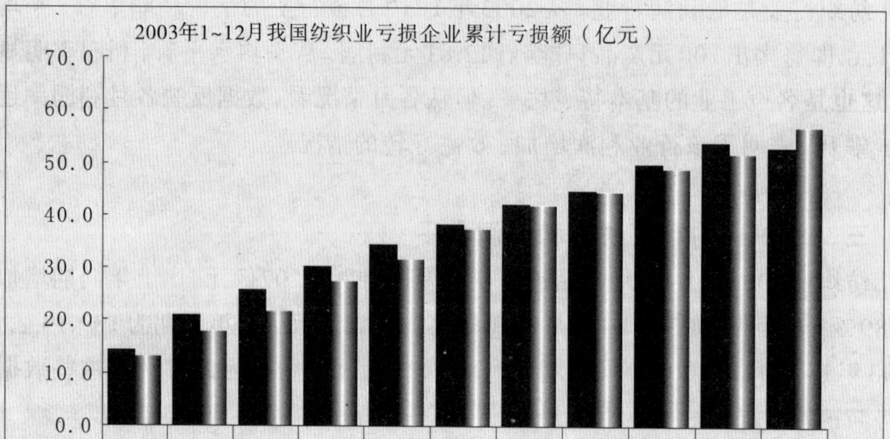

	1~2月	1~3月	1~4月	1~5月	1~6月	1~7月	1~8月	1~9月	1~10月	1~11月	1~12月
■2002年	14.60	20.97	25.91	30.62	34.78	38.51	42.09	44.90	49.70	53.96	53.19
▮2003年		18.05	21.65	27.31	31.47	37.44	41.78	44.38	49.07	51.56	57.24

五、产品产量和产销率

1.生产情况

从生产看，2003年1~12月我国累计生产纱928.4万吨，比2002年同期增产16.1%；布246.7亿米，增产8.8%。从各种布的产量看，2003年1~12月我国共生产棉布125.5亿米，混纺交织布增产58.7亿米，纯化纤布62.6亿米，与去年同期比较分别增长8.7%、2.4%和15.9%。

毛、呢、丝绸已经成为我国居民穿戴的基本材料之一。2003年1~12月我国共生产绒线（毛线）40.1万吨，同比增产3.9%；呢绒25217.7万米，减产2.1%；丝94665.6吨，增产13.9%；丝织品632755.8万米，增产19.9%。

2.销售和库存情况

从纱和布的销售和库存看，2003年1~12月我国累计销售：

* 纱792.0万吨，产销率为99.2%，12月末库存较年初增加16.7%；
* 布243.0亿米，产销率为99.7%，12月末库存较年初增加3.2%。

其中，

* 销售棉布124.0亿米，产销率为100.1%，12月末库存较年初减少5.2%；
* 混纺交织布57.7亿米，产销率为99.1%，12月末库存较年初增加5.2%；
* 纯化纤布61.1亿米，产销率为98.8%，12月末库存较年初增加6.4%。

从毛、呢、丝绸的销售看，2003年1~12月我国累计销售：

* 毛线40.0万吨，产销率为100.4%，12月末库存较年初减少5.1%；
* 呢绒25751.5万米，产销率为102.6%，12月末库存较年初减少8.5%；
* 丝94461.8吨，产销率为101.0%，12月末库存较年初减少14.2%；
* 丝织品627684.6万米，产销率为99.7%，12月末库存较年初增加8.0%。

2003年我国食品制造业发展情况

食品制造业是我国国民经济行业分类中的一个大类，是重要的民生工业，主要产品有焙烤食品，糖果、巧克力及蜜饯，方便食品，液体乳及乳制品，罐头食品，调味品和发酵制品，营养和保健食品，加工盐等。2003年1~12月该行业产品销售收入为2145.02亿元（人民币，下同），全部从业人员为99.40万人。行业的范围见下表。

食品制造业	行业范围
焙烤食品制造	
糕点、面包制造	糕点业
饼干及其他焙烤食品制造	饼干业
糖果、巧克力及蜜饯制造	
糖果、巧克力制造	糖果业
蜜饯制作	蜜饯业，其他糕点、糖果制品业
方便食品制造	
米、面制品制造	面、米制品业
速冻食品制造	方便主食品业
方便面及其他方便食品制造	方便主食品业
液体乳及乳制品制造	乳制品制造业
罐头制造	
肉、禽类罐头制造	肉类罐头制造业，禽类罐头制造业
水产品罐头制造	水产罐头制造业
蔬菜、水果罐头制造	水果罐头制造业，蔬菜罐头制造业
其他罐头食品制造	其他罐头食品制造业
调味品、发酵制品制造	
味精制造	味精制造业
酱油、食醋及类似制品的制造	酱油、酱类制造业，食醋制造业
其他调味品、发酵制品制造	氨基酸制造业，柠檬酸制造业，酵母制品业，酶制剂制造业，其他发酵制品业，调味料制造业，调味油制造业，其他调味品制造业
其他食品制造	
营养、保健食品制造	代乳品制造业
冷冻饮品及食用冰制造	制冰业，冷冻饮品制造业
盐加工	盐加工业
食品及饲料添加剂制造	添加剂制造业
其他未列明的食品制造	其他类未包括的食品制造业

一、食品制造业的总资产和资产负债率

据国家统计局统计，2003年1~12月该行业的资产总值为2301.83亿元，比上年同期上升了18.41%。与此同时，流动资产平均余额也相应增加，2003年1~12月为1035.04亿元，比上年同期增加了16.85%；固定资产净值平均余额为815.21亿元，比上年同期增长了11.42%。

2003年该行业的资产负债率平均水平为59%。从全年的变化趋势看，呈现年初低和年中震荡上升，年末挑高的趋势。资产负债率最低点在年初，为58.4%。最高点在年末为59.5%，以上数字反映食品制造业资产负债率较低，资产呈良性运转(见下图曲线)。

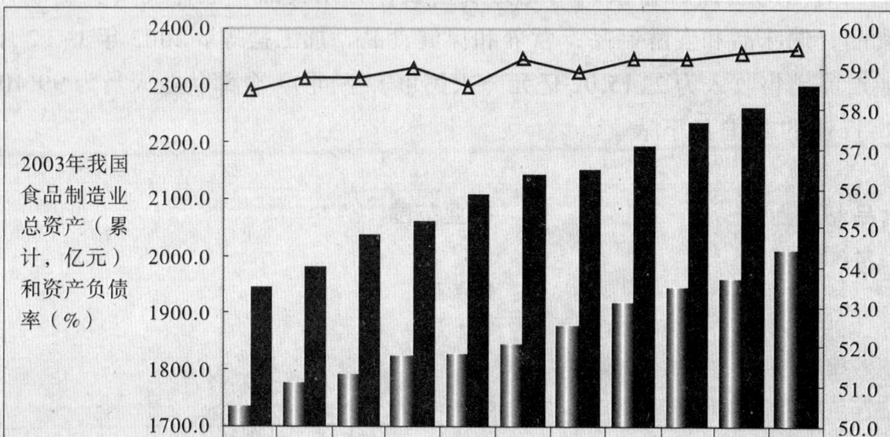

	1~2月	1~3月	1~4月	1~5月	1~6月	1~7月	1~8月	1~9月	1~10月	1~11月	1~12月
2002年总资产	1735.4	1777.8	1791.8	1822.9	1828.3	1843.2	1875.2	1917.4	1945.8	1961.7	2008.5
2003年总资产	1947.3	1983.1	2038.0	2062.0	2108.7	2143.4	2155.1	2197.6	2233.6	2262.3	2301.8
2003年资产负债率	58.4	58.8	58.8	59.0	58.5	59.3	58.9	59.2	59.2	59.4	59.5

二、食品制造业的销售额和销售利润率

从该行业的产成品销售情况看，2003年前1~12个月累计产品销售收入为2145.02亿元，比去年同期增长了25.30%。产品销售成本为1672.36亿元，比上年同期也增长了26.09%，这些数据反映了2003年1~12月我国食品制造业销售额增加的情况。从下图2002年和2003年曲线走势看，2003年除起点（1~2月）与2002年大致相同，而后的累计值都高于2002年各月的销售额，曲线表明，该行业在2003年各月发展态势相当稳健，呈现快速上升的好形势。

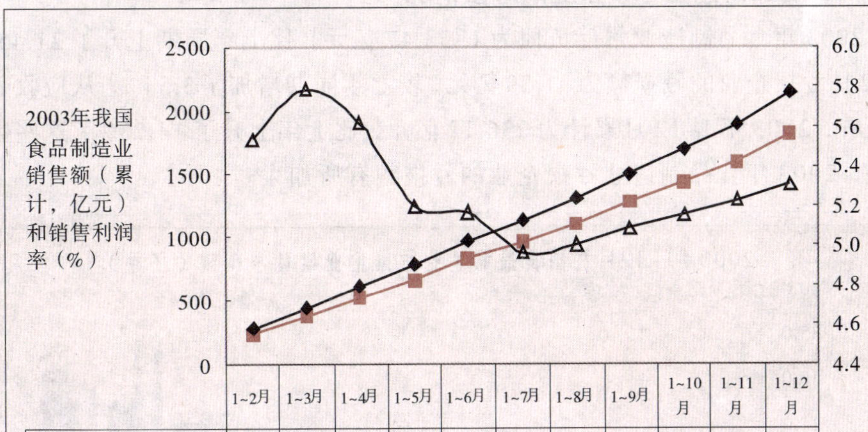

	1~2月	1~3月	1~4月	1~5月	1~6月	1~7月	1~8月	1~9月	1~10月	1~11月	1~12月
2002年销售额	234.1	382.2	518.2	661.5	826.8	952.5	1099.7	1269.6	1424.1	1586.5	1807.3
2003年销售额	287.7	445.6	615.4	784.9	967.9	1126.6	1298.6	1494.6	1690.3	1888.2	2145.0
2003年销售利润率	5.54	5.79	5.62	5.20	5.16	4.96	5.00	5.09	5.15	5.23	5.30

三、食品制造业的销售税金和利润水平

食品制造业挣钱吗？利润水平如何？根据国家统计局数据分析，2003年1~12月食品制造业的产品销售税金及附加为9.72亿元，比上年同期增加了25.44%。该行业2003年1~12月实现利润109.48亿元，上年同期为78.53亿元，2003年1~12月比2002年同期增收利润30.95亿元，增幅为39.41%。这些数据表明食品制造业利润增长快。分月数据见下图。

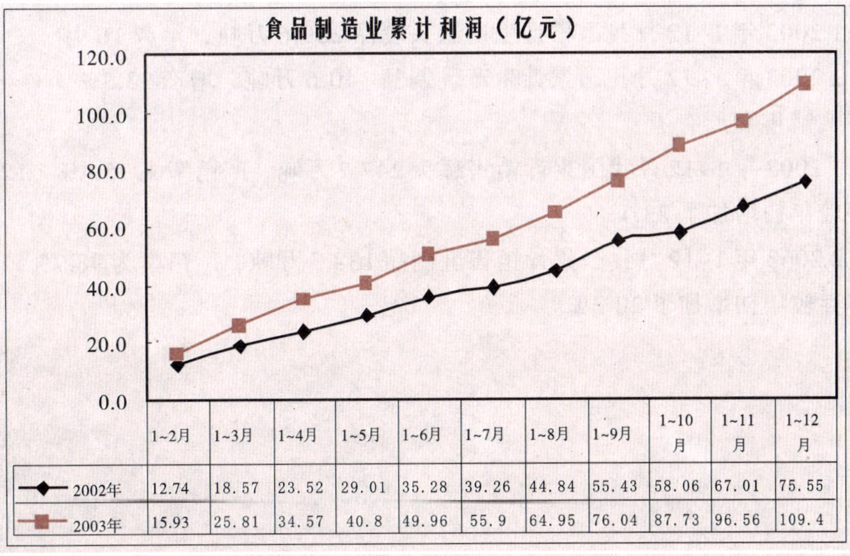

	1~2月	1~3月	1~4月	1~5月	1~6月	1~7月	1~8月	1~9月	1~10月	1~11月	1~12月
2002年	12.74	18.57	23.52	29.01	35.28	39.26	44.84	55.43	58.06	67.01	75.55
2003年	15.93	25.81	34.57	40.8	49.96	55.9	64.95	76.04	87.73	96.56	109.4

四、食品制造业亏损企业的亏损情况

2003年食品制造业累计负债为1353.47亿元，比上年同期上升了21.45%。1~12月亏损企业的亏损额为31.39亿元，较上年同期增加了3.54%。从应收账款净额看，2003年1~12月累计为236.12亿元，比上年上升了14.23%，这些数字反映，2003年食品制造业亏损企业的亏损额有所加大。

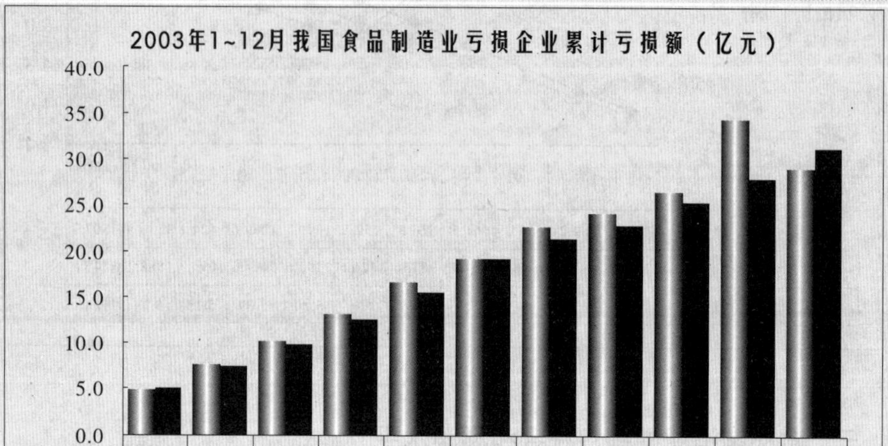

	1~2月	1~3月	1~4月	1~5月	1~6月	1~7月	1~8月	1~9月	1~10月	1~11月	1~12月
2002年	4.73	7.59	10.31	13.09	16.46	19.14	22.70	24.09	26.57	34.28	29.05
2003年	5.05	7.34	9.81	12.61	15.38	19.04	21.41	22.91	25.46	27.99	31.39

五、产品产量和产销率

从生产看：

1.2003年1~12月我国累计生产罐头食品259.6万吨，增产16.9%。

2.2003年1~12月我国累计生产乳制品140.6万吨，增产33.3%。

从销售和库存看：

1.2003年1~12月我国累计销售罐头247.2万吨，产销率为95.4%，12月末库存较年初增加了23.1%。

2.2003年1~12月我国累计销售乳制品138.3万吨，产销率为98.7%，12月末库存较年初增加了20.3%。

2003年我国交通运输设备制造业发展情况

交通运输设备制造业主要涉及铁路运输设备、机车、汽车、摩托车、海洋运输船、航空航天器的制造，也包括交通运输设备的修理等。交通运输设备制造业是我国国民经济行业分类中的一个大类，2003年1~12月该行业产品销售收入为10961.08亿元（人民币，下同），全部从业人员为313.36万人。该行业的行业范围见下表。

交通运输设备制造业	
铁路运输设备制造	铁路机车车辆及机动车组制造、工矿有轨专用车辆制造、铁路机车车辆配件制造、铁路专用设备及器材，配件制造、其他铁路设备制造及设备修理
汽车制造	汽车整车制造、改装汽车制造、电车制造、汽车车身，挂车的制造、汽车零部件及配件制造、汽车修理
摩托车制造	摩托车整车制造、摩托车零部件及配件制造
自行车制造	脚踏自行车及残疾人座车制造、助动自行车制造
船舶及浮动装置制造	金属船舶制造、非金属船舶制造、娱乐船和运动船的建造和修理、船用配套设备制造、船舶修理及拆船、航标器材及其他浮动装置的制造
航空航天器制造	飞机制造及修理、航天器制造、其他飞行器制造
交通器材及其他交通运输设备制造	潜水及水下救捞装备制造、交通管理用金属标志及设施制造、其他交通运输设备制造

一、交通运输设备制造业的总资产和资产负债率

据国家统计局统计，2003年1~12月该行业的资产总值为11977.21亿元，比上年同期增加20.84%，总资产之多，是我国5个超过1万亿元人民币大行业之一，对国名经济的发展举足轻重。2003年1~12月该行业的流动资产平均余额为6417.65亿元，比上年同期增加22.94%；固定资产净值平均余额累计为2971.17亿元，比上年同期增长了15.19%。这些数据反映了2003年1~12月交通运输设备制造业总资产大幅增长的情况。

从2003年1~12月的资产负债率水平看，交通运输设备制造业的资产负债率平均为61.3%左右。分季度看，1月份为60.4%，第一季度末为61.2%，第二季度末为61.6%，第三季度末为61.3%。预计第四季度末为61.7%。资产负债率曲线走势见下图。

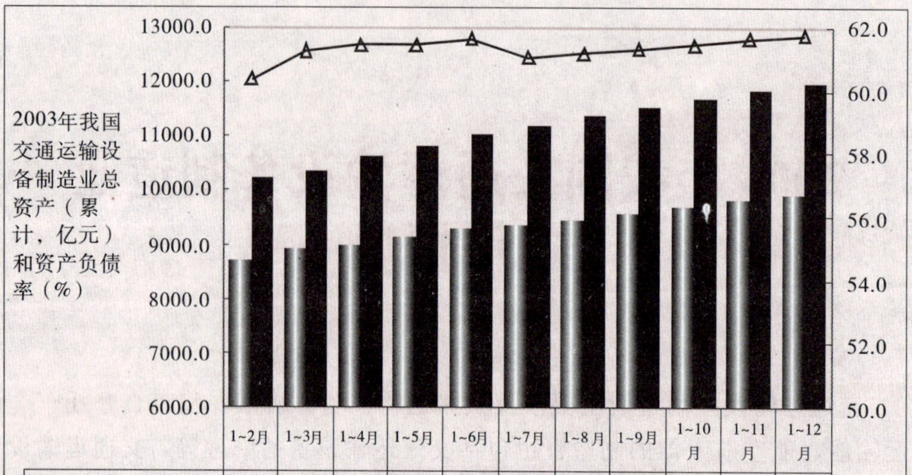

	1~2月	1~3月	1~4月	1~5月	1~6月	1~7月	1~8月	1~9月	1~10月	1~11月	1~12月
2002年总资产	8677.6	8899.8	8999.6	9119.5	9282.3	9341.6	9461.9	9558.7	9680.3	9817.5	9905.7
2003年总资产	10223.	10362.	10640.	10824.	11055.	11190.	11383.	11537.	11686.	11873.	11977.
2003年资产负债率	60.4	61.2	61.5	61.5	61.6	61.1	61.2	61.3	61.5	61.6	61.7

二、交通运输设备制造业的销售额和销售利润率

从2003年前1~12个月该行业的产成品销售情况看，前12个月累计产品销售收入为10961.08亿元，比去年同期增加34%。产品销售成本为9010.07亿元，比上年同期增加34.07%，这些数据反映了2003年1~12月我国交通运输设备制造业销售额增长的情况。

从销售利润率看，2003年平均销售利润率为7.51元，即该行业每卖掉100元产品能获得7.51元利润。从销售利润率走势看，年初该行业的利润率为6.8元，第一季度末涨到了7.29元，第二季度末涨到7.81元；第三季度末又回落到7.55元，全年为7.33元。

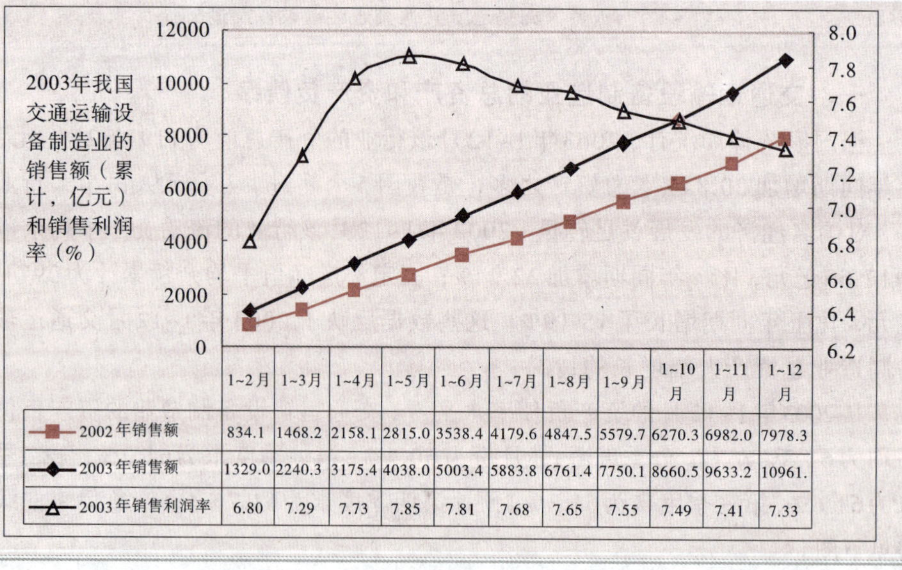

	1~2月	1~3月	1~4月	1~5月	1~6月	1~7月	1~8月	1~9月	1~10月	1~11月	1~12月
2002年销售额	834.1	1468.2	2158.1	2815.0	3538.4	4179.6	4847.5	5579.7	6270.3	6982.0	7978.3
2003年销售额	1329.0	2240.3	3175.4	4038.0	5003.4	5883.8	6761.4	7750.1	8660.5	9633.2	10961.
2003年销售利润率	6.80	7.29	7.73	7.85	7.81	7.68	7.65	7.55	7.49	7.41	7.33

三、交通运输设备制造业的销售税金和利润

交通运输设备制造业2003年1~12月产品销售税金及附加为176.32亿元，比上年同期增加了44.66%。2003年实现利润772.39亿元，上年同期为512.20亿元，2003年1~12月比2002年同期增加利润收入260.19亿元，增幅为50.8%。

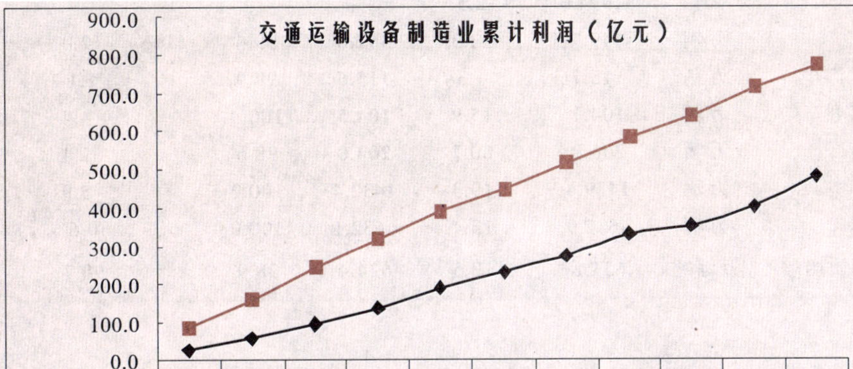

	1~2月	1~3月	1~4月	1~5月	1~6月	1~7月	1~8月	1~9月	1~10月	1~11月	1~12月
2002年	24.65	56.69	95.27	137.8	189.1	230.4	270.2	327.5	352.0	401.4	482.3
2003年	90.37	163.3	245.5	317.1	390.8	451.9	517.0	585.1	644.3	716.7	772.3

四、交通运输设备制造业亏损企业的亏损情况

2003年1~12月交通运输设备制造业累计负债为7216.17亿元，比2002年同期增加了20.34%。1~12月亏损企业的亏损额为61.10亿元，较2002年同期下降了-16.14%。从应收账款净额看,2003年1~12月累计为1463.11亿元，比上年同期增加了26.71%。

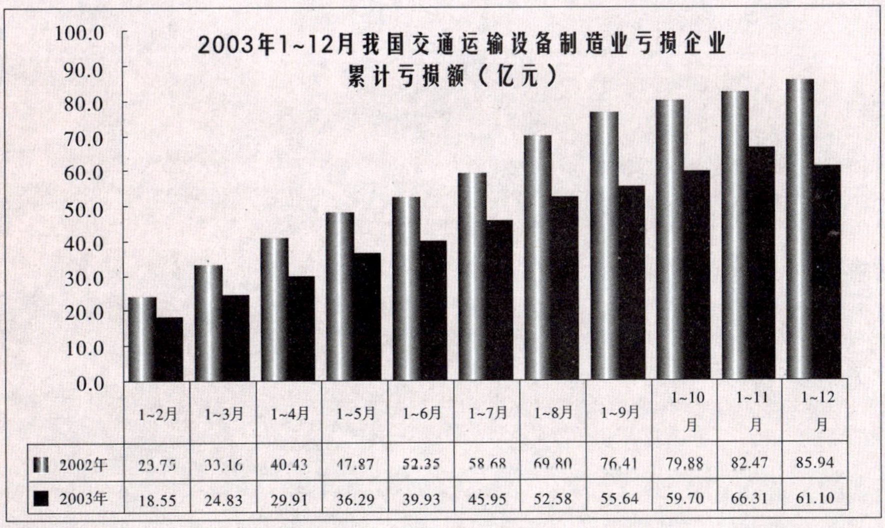

	1~2月	1~3月	1~4月	1~5月	1~6月	1~7月	1~8月	1~9月	1~10月	1~11月	1~12月
2002年	23.75	33.16	40.43	47.87	52.35	58.68	69.80	76.41	79.88	82.47	85.94
2003年	18.55	24.83	29.91	36.29	39.93	45.95	52.58	55.64	59.70	66.31	61.10

五、2003年1~12月产品产销量、产销率和库存情况

该行业主要产品产量、产销率和库存情况见下表:

产品名称	单位	产量	增长率(%)	销量	产销率(%)	比年初库存增减(%)
机车	万千瓦	322.8	-3.9	--	--	--
铁路客车	辆	1505.0	-44.3	--	--	--
铁路货车	辆	31994.0	2.5	--	--	--
汽车	万辆	449.7	33.3	447.0	99.4	12.0
载货汽车	万辆	115.7	4.3	115.6	99.9	1.1
公路客车	万辆	104.1	15.9	104.5	100.4	-4.4
轿车	万辆	206.9	80.7	204.0	98.6	61.4
摩托车	万辆	1429.4	19.3	1432.4	100.2	-5.9
自行车	万辆	4632.9	13.4	4632.1	100.0	0.6
民用钢质船舶	万综吨	631.8	13.5	624.4	98.9	90.7

2003 年我国医药制造业发展情况

医药制造业是我国国民经济行业分类中的一个大类，产品关系人民身体健康，是重要的民生行业。2003年1~12月该行业产品销售收入为2750.96亿元(人民币，下同)，全部从业人员为117.68万人。医药制造业的行业范围见下表。

医药制造业的范围	
化学药品原药制造	化学药品原药制造业
化学药品制剂制造	化学药品制剂制造业
中药饮片加工	中药材及中成药加工业
中成药制造	中药材及中成药加工业
兽用药品制造	动物药品制造业
生物、生化制品的制造	生物制品业
卫生材料及医药用品制造	医用材料及医疗用品制造业

一、医药制造业的总资产和资产负债率

据国家统计局统计，2003年该行业的资产总值为4297.80亿元，比上年同期增加15.75%。与此同时，2003年1~12月流动资产平均余额为2075.71亿元，比上年同期增加11.62%；固定资产净值平均余额累计为1148.00亿元，比上年同期增长了13.77%。这些数据反映了2003年1~12月医药制造业总资产增长的情况。

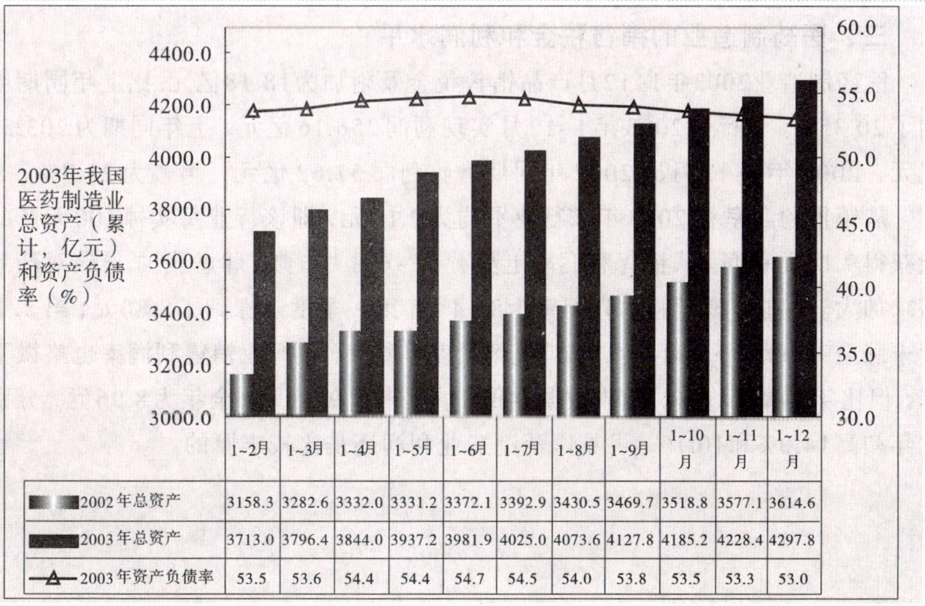

	1~2月	1~3月	1~4月	1~5月	1~6月	1~7月	1~8月	1~9月	1~10月	1~11月	1~12月
2002年总资产	3158.3	3282.6	3332.0	3331.2	3372.1	3392.9	3430.5	3469.7	3518.8	3577.1	3614.6
2003年总资产	3713.0	3796.4	3844.0	3937.2	3981.9	4025.0	4073.6	4127.8	4185.2	4228.4	4297.8
2003年资产负债率	53.5	53.6	54.4	54.4	54.7	54.5	54.0	53.8	53.5	53.3	53.0

2003年1~12月的资产负债率水平看,医药制造业的资产负债率在53.5%~54.5%之间浮动,全年平均为53.9%左右。从资产负债率走势看,1月份以53.5%低点起步,第二季度末上升到54.7%,第三季度末又下降到53.8%。

二、医药制造业的销售额和销售利润率

从2003年1~12个月该行业的产成品销售情况看,12个月累计产品销售收入为2750.96亿元,比去年同期增加19.20%。产品销售成本为1764.60亿元,比上年同期增加19.01%,这些数据反映了2003年1~12月我国医药制造业销售额增长的情况。

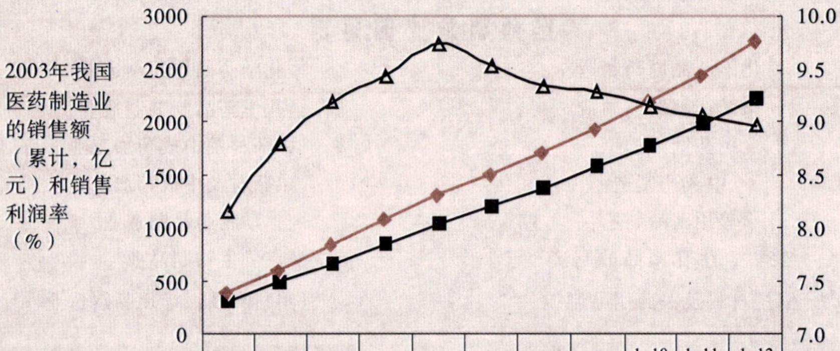

	1~2月	1~3月	1~4月	1~5月	1~6月	1~7月	1~8月	1~9月	1~10月	1~11月	1~12月
2002年销售额	301.0	487.2	664.8	845.4	1039.7	1216.5	1384.9	1579.7	1782.5	1989.4	2220.5
2003年销售额	372.5	592.9	827.0	1066.5	1295.0	1496.4	1696.7	1927.5	2186.8	2440.3	2751.0
2003年销售利润率	8.14	8.80	9.19	9.43	9.74	9.53	9.34	9.28	9.15	9.06	8.96

三、医药制造业的销售税金和利润水平

医药制造业2003年1~12月产品销售税金及附加为18.18亿元,比上年同期增加了20.35%。该行业2003年1~12月实现利润256.16亿元，上年同期为203.54亿元，2003年1~12月比2002年同期增收利润52.62亿元，增幅为25.9%。

从销售利润率看,2003年该行业平均为9.15元，即该行业每卖掉100元产品能获得9.15元利润。从销售利润率走势看，3~6月“非典”肆虐我国,导致对药品需求加大。年初时该行业的利润率为8.14元，第一季度末涨到了8.80元，第二季度末涨至9.74元;下半年随“非典”疫情的基本结束，该行业销售利润率也略微下降，但比年初高了许多，具体数据：第三季度末为9.28元，全年为8.96元，分别比年初高14.0%和10.1%。可见医药制造业利润还是比较丰厚的。

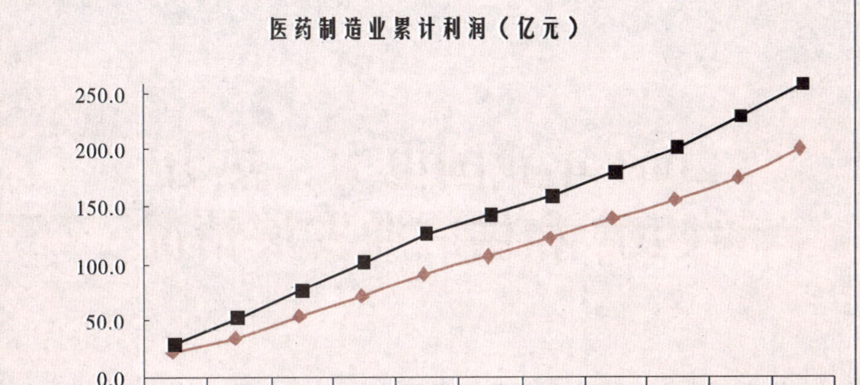

	1~2月	1~3月	1~4月	1~5月	1~6月	1~7月	1~8月	1~9月	1~10月	1~11月	1~12月
2002年	23.01	34.48	54.29	70.74	91.39	105.9	121.4	140.0	154.9	175.0	201.0
2003年	30.34	52.15	76.00	100.5	126.1	142.6	158.4	178.8	200.7	227.9	256.1

四、医药制造业亏损企业亏损的情况

2003年1~12月医药制造业累计负债为2221.95亿元，比2002年同期增加了14.42%。1~12月亏损企业的亏损额为19.86亿元，较上年同期减少了0.06%。从应收账款净额看,2003年1~12月累计为573.96亿元，比上年同期增加6.81%。

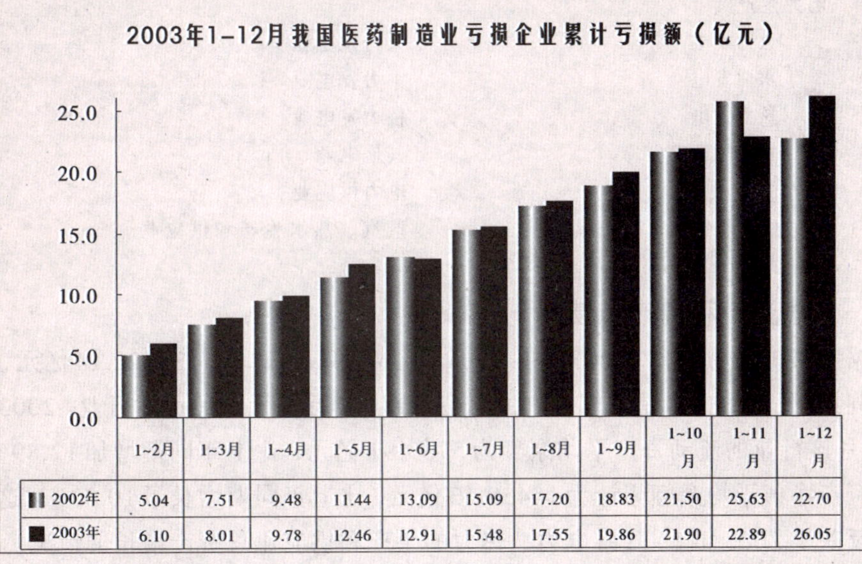

	1~2月	1~3月	1~4月	1~5月	1~6月	1~7月	1~8月	1~9月	1~10月	1~11月	1~12月
2002年	5.04	7.51	9.48	11.44	13.09	15.09	17.20	18.83	21.50	25.63	22.70
2003年	6.10	8.01	9.78	12.46	12.91	15.48	17.55	19.86	21.90	22.89	26.05

五、医药制造业2003年1~12月的产品产销量、产销率和库存情况

生产化学原料药80.33万吨，比去年同期增产16.4%；销售75.6万吨，产销率为100.1%，12月末较年初库存减少10.0%。

2003年我国电力、热力的生产和供应业发展情况

电力、热力的生产和供应业是我国国民经济行业分类中的一个大类，电力行业是重要的能源工业。由于近几年电力建设趋缓，发展速度慢于我国国民经济发展速度，以致2003年我国19个省份缺电。前几年有关部门曾表示，我国电力已经告别短缺时代，而今，电力再次成为限制我国经济发展的瓶颈。

总的看，2003年我国电力行业生产能力有了实质性的增强。2003年是我国电力行业改革之年，发电厂和电网分离，电厂按照市场方式经营已经迈开步伐。2003年三峡水电站已经有4台机组陆续发电。2003年1~12月统计数字反映，我国电力、热力生产和供应业销售收入为10565.58亿元（人民币，下同），全部从业人员为236.26万人，是我国就业人数较多的大行业。

电力、热力的生产和供应业的范围

电力生产	
火力发电	火力发电业
水力发电	水力发电业
核力发电	核力发电业
其他能源发电	其他电业
电力供应	电力供应业
热力生产和供应	蒸汽、热水生产和供应业

一、总资产和资产负债率

据国家统计局统计，2003年1~12月该行业的资产总值为24822.14亿元，比上年同期增加8.64%，是我国唯一的总资产超过2万亿元人民币之行业。2003年1~12月该行业的流动资产平均余额为5739.91亿元，比上年同期增加12.89%；固定资产净值平均余额累计为15458.13亿元，比上年同期增长了10.03%。这些数据反映了2003年1~12月电力、热力的生产和供应业总资产增长的情况。

从2003年1~12月的资产负债率水平看，电力、热力的生产和供应业的资产负债率平均为61.7%左右。分季度看，1月份以61.1%，第一季度末为61.8%，第二季度末为61.8%，第三季度末为61.8%，年末为62.2%。

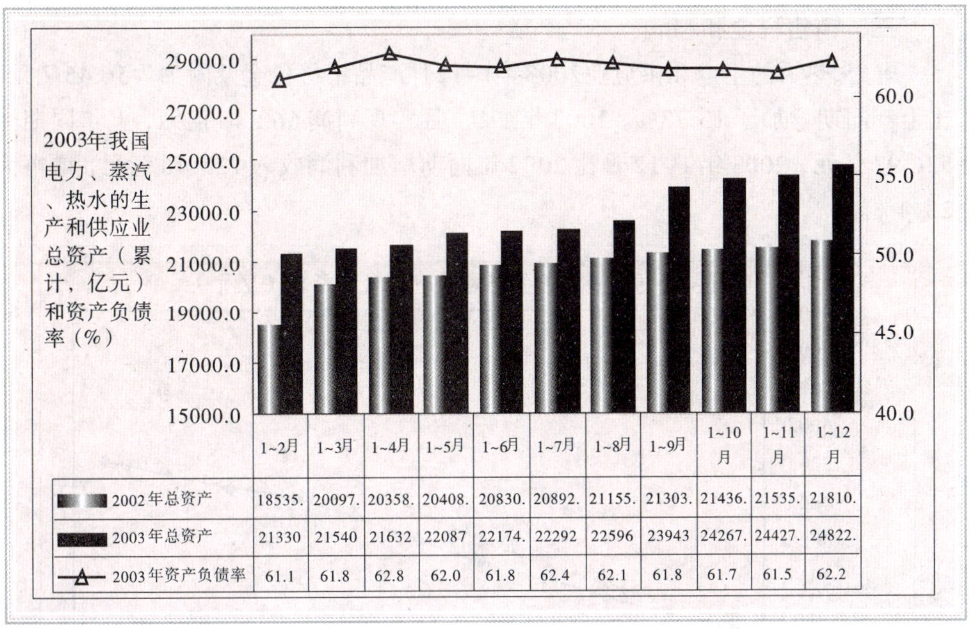

	1~2月	1~3月	1~4月	1~5月	1~6月	1~7月	1~8月	1~9月	1~10月	1~11月	1~12月
2002年总资产	18535.	20097.	20358.	20408.	20830.	20892.	21155.	21303.	21436.	21535.	21810.
2003年总资产	21330	21540	21632	22087	22174.	22292	22596	23943	24267.	24427.	24822.
2003年资产负债率	61.1	61.8	62.8	62.0	61.8	62.4	62.1	61.8	61.7	61.5	62.2

二、销售额和销售利润率

从2003年前1~12个月该行业的产成品销售情况看，前12个月累计产品销售收入为10565.58亿元，比去年同期增加17.53%。产品销售成本为9004.64亿元，比上年同期增加16.94%，这些数据反映了2003年1~12月我国电力、热力的生产和供应业销售额增长的情况。

从销售利润率看，2003年平均销售利润率为6.48元，即该行业每卖掉100元产品能获得6.48元利润。从销售利润率走势看，年初该行业的利润率为6.16元，第一季度末为5.85元，第二季度为6.14元；第三季度末为6.93元，年末为6.27元。

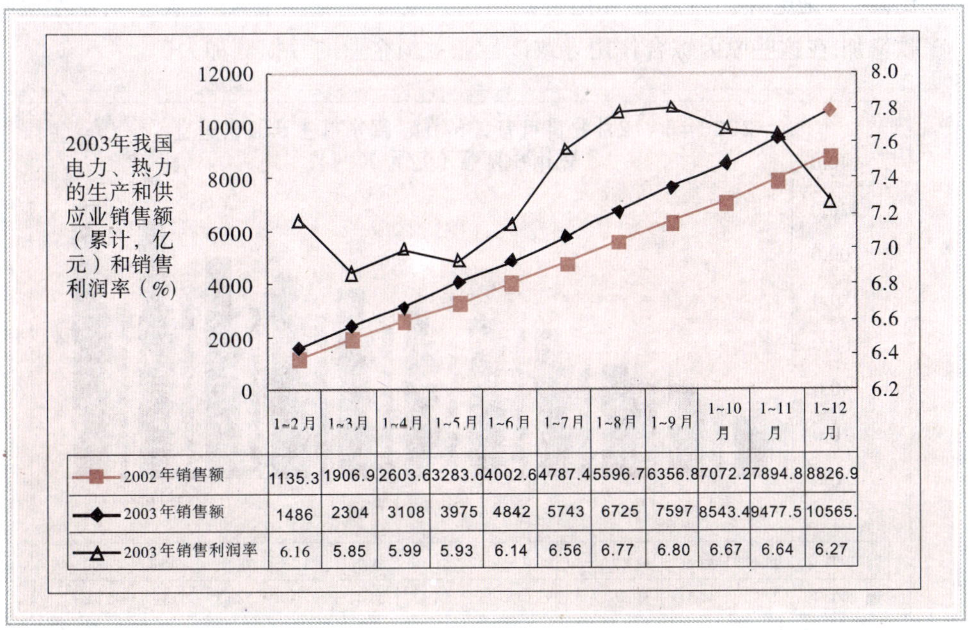

	1~2月	1~3月	1~4月	1~5月	1~6月	1~7月	1~8月	1~9月	1~10月	1~11月	1~12月
2002年销售额	1135.3	1906.9	2603.6	3283.0	4002.6	4787.4	5596.7	6356.8	7072.2	7894.8	8826.9
2003年销售额	1486	2304	3108	3975	4842	5743	6725	7597	8543.4	9477.5	10565.
2003年销售利润率	6.16	5.85	5.99	5.93	6.14	6.56	6.77	6.80	6.67	6.64	6.27

三、销售税金和利润

电力、热力的生产和供应业2003年1~12月产品销售税金及附加为56.45亿元，比上年同期增加了13.73%。2003年1~12月实现利润662.43亿元，上年同期为536.97亿元，2003年1~12月比2002年同期增加利润收入125.46亿元，增幅为23.4%。

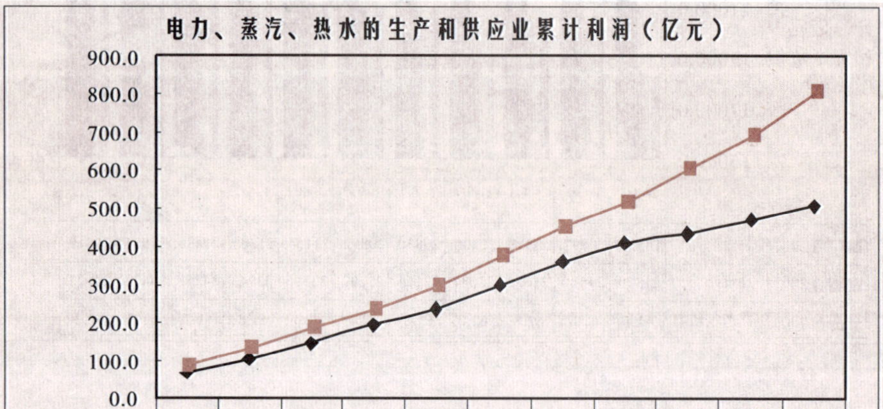

	1~2月	1~3月	1~4月	1~5月	1~6月	1~7月	1~8月	1~9月	1~10月	1~11月	1~12月
2002年	69.63	102.7	148.1	195.0	237.0	300.2	361.2	408.7	432.3	471.4	509.0
2003年	91.50	134.8	186.2	235.6	297.3	376.7	455.4	516.6	605.3	697.9	811.1

四、企业亏损情况

2003年1~12月电力、热力的生产和供应业累计负债为15435.80亿元,比上年同期增加了9.01%。1~12月该行业亏损企业的亏损额为121.80亿元,较上年同期增加了28.99%。从应收账款净额看,2003年1~12月累计为1254.45亿元,比上年同期增加3.10%。电力行业亏损企业的亏损额扩大,主要有三个原因: 一是一些电厂煤耗比高; 二是电煤提高价格,而电价由国家直接管理,变动不大; 三是个别企业应收账款增加,在这些原因综合作用导致该行业亏损企业的亏损额加大。

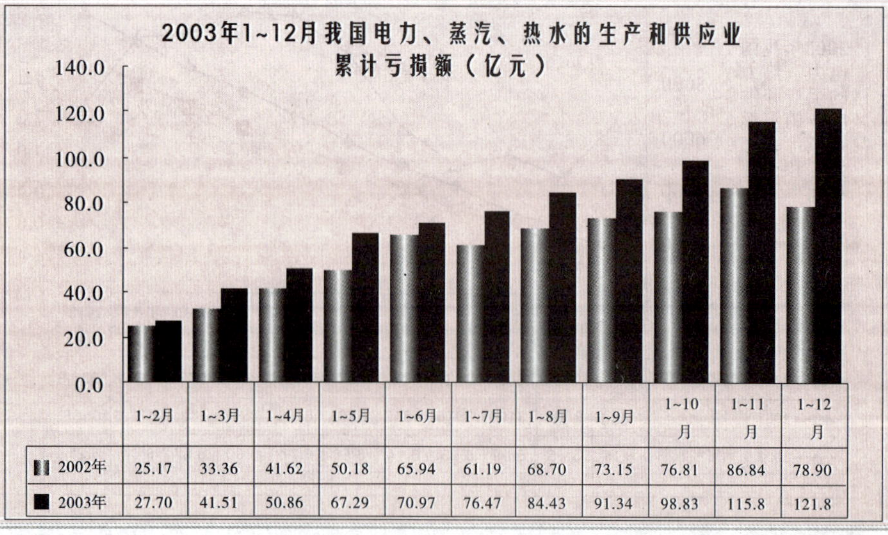

	1~2月	1~3月	1~4月	1~5月	1~6月	1~7月	1~8月	1~9月	1~10月	1~11月	1~12月
2002年	25.17	33.36	41.62	50.18	65.94	61.19	68.70	73.15	76.81	86.84	78.90
2003年	27.70	41.51	50.86	67.29	70.97	76.47	84.43	91.34	98.83	115.8	121.8

五、2003年1~12月产品产销量、产销率和库存情况

2003年1~12月我国发电量为18462.10亿千瓦小时，比去年同期增长15.4%。其中，火电发电量为15421.26亿千瓦小时，增长16.6%；水电发电量为2592.79亿千瓦小时，比上年同期增产3.6%。核电发电量为433.42亿千瓦小时，比去年同期增产72.6%。火电发电量占总发电量的83.2%，水电发电量占14.4%，核电占2.3%。

但我们也应看到，2003年19个省夏季缺电，13个省出现了高峰期拉闸限电，我国电力发展未能跟上整个国民经济的发展速度，电力的生产和供应又成为发展的瓶颈。必须加大投资力度，才能发挥好应有的作用。

2003年我国金属制品业发展情况

金属制品业是我国国民经济行业分类中的一个大类，该行业的产品，例如，家具用金属配件、建筑装饰及水暖管道零件，实为生活必需品，是日常生活中不可缺少的商品。2003年1~12月该行业产品销售收入为3653020亿元（人民币，下同），全部从业人员为170.03万人。行业范围见下表。金属制品业是直接关系人民群众生活的行业。

金属制品业的行业范围	
结构性金属制品制造	金属结构制造、金属门窗制造
金属工具制造	切削工具制造、手工具制造、农用及园林用金属工具制造、刀剪及类似日用金属工具制造、其他金属工具制造
集装箱及金属包装容器制造	集装箱制造、金属压力容器制造、金属包装容器制造
金属丝绳及其制品的制造	金属丝绳及其制品的制造
建筑、安全用金属制品制造	建筑、家具用金属配件制造、建筑装饰及水暖管道零件制造、安全、消防用金属制品制造、其他建筑、安全用金属制品制造
金属表面处理及热处理加工	金属表面处理及热处理加工
搪瓷制品制造	工业生产配套用搪瓷制品制造、搪瓷卫生洁具制造、搪瓷日用品及其他搪瓷制品制造
不锈钢及类似日用金属制品制造	金属制厨调理及卫生器具制造、金属制厨用器皿及餐具制造、其他日用金属制品制造
其他金属制品制造	铸币及贵金属制实验室用品制造、其他未列明的金属制品制造

一、总资产和资产负债率

据国家统计局统计，2003年1~12月该行业的资产总值为3221.04亿元，比上年同期增加18.64%。与此同时，2003年1~12月流动资产平均余额为1790.07亿元，比上年同期增加20.19%；固定资产净值平均余额累计为935.74亿元，比上年同期增长了12.13%。这些数据反映了2003年1~12月金属制品业总资产增长的情况。

从2003年资产负债率水平看，金属制品业的资产负债率平均为61.2%左右，与去年基本持平。分季度看，1月份以61.4%，第一季度末为61.8%，第二季度末为61.8%，第三季度末为61.4%。全年61.2%。

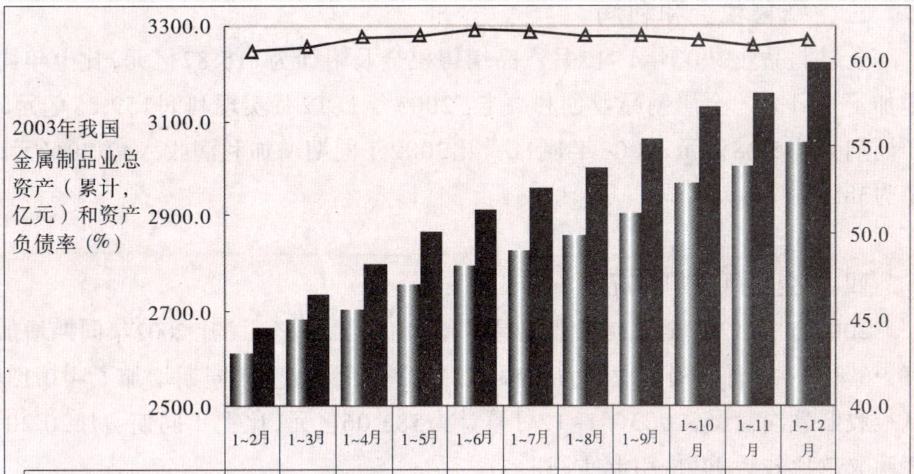

	1~2月	1~3月	1~4月	1~5月	1~6月	1~7月	1~8月	1~9月	1~10月	1~11月	1~12月
2002年总资产	2609.9	2680.1	2702.2	2758.9	2793.2	2828.5	2858.2	2906.0	2966.7	3004.7	3055.8
2003年总资产	2662.1	2734.4	2799.9	2867.6	2912.9	2959.4	3003.0	3058.2	3127.3	3155.8	3221.0
2003年资产负债率	60.5	60.7	61.4	61.4	61.8	61.6	61.5	61.4	61.2	60.9	61.2

二、销售额和销售利润率

从2003年前1~12个月该行业的产成品销售看，全年12个月累计产品销售收入为3653.20亿元，比去年同期增加29.69%。产品销售成本为3157.78亿元，比上年同期增加31.30%，这些数据反映了2003年1~12月我国金属制品业销售额增长的情况。

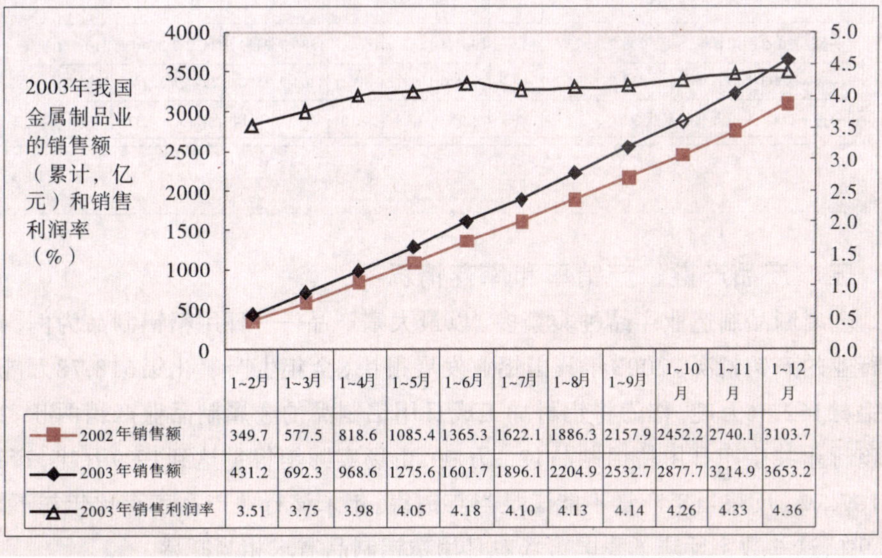

	1~2月	1~3月	1~4月	1~5月	1~6月	1~7月	1~8月	1~9月	1~10月	1~11月	1~12月
2002年销售额	349.7	577.5	818.6	1085.4	1365.3	1622.1	1886.3	2157.9	2452.2	2740.1	3103.7
2003年销售额	431.2	692.3	968.6	1275.6	1601.7	1896.1	2204.9	2532.7	2877.7	3214.9	3653.2
2003年销售利润率	3.51	3.75	3.98	4.05	4.18	4.10	4.13	4.14	4.26	4.33	4.36

从销售利润率看，2003年该行业的销售利润率平均为4.04元，即该行业每卖掉100元产品能获得4.04元利润。从销售利润率走势看，年初该行业的利润率为3.51元，第一季度末涨到了3.98元，第二季度末涨到4.18元，第三季度末为4.13元，全年为4.38元。

三、销售税金和利润

金属制品业2003年1~12月产品销售税金及附加为115.87亿元，比上年同期增加了11.13%。金属制品业创利颇丰。2003年1~12月实现利润159.25亿元，上年同期为115.28亿元，2003年1~12月比2002年同期增加利润收入43.79亿元，增幅为38.1%。

四、企业亏损情况

2003年1~12月金属制品业累计负债为1971.59亿元，比2002年同期增加了20.96%。1~12月亏损企业的亏损额为21.83亿元，较上年同期增加了-10.13%。从应收账款净额看，2003年1~12月累计为583.06亿元，比上年同期增加20.20%，表明欠款比较严重，应引起重视。

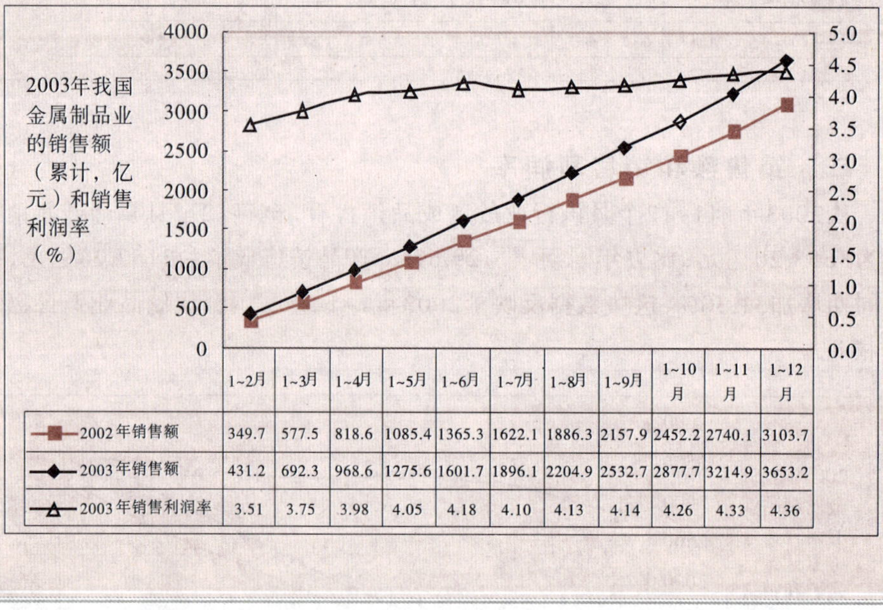

	1~2月	1~3月	1~4月	1~5月	1~6月	1~7月	1~8月	1~9月	1~10月	1~11月	1~12月
2002年销售额	349.7	577.5	818.6	1085.4	1365.3	1622.1	1886.3	2157.9	2452.2	2740.1	3103.7
2003年销售额	431.2	692.3	968.6	1275.6	1601.7	1896.1	2204.9	2532.7	2877.7	3214.9	3653.2
2003年销售利润率	3.51	3.75	3.98	4.05	4.18	4.10	4.13	4.14	4.26	4.33	4.36

五、产品产量、产销率和库存情况

金属制品制造业产品种类繁多，以最大宗产品——日用精铝制品为例，说明该行业的产销情况。2003年我国铝业发展很快，全年生产氧化铝618.78万吨，生产铝材362.86万吨。作为将铝材加工成日用铝制品的金属制品业产销两旺。2003年该行业共生产日用精铝制品12.1万吨，市场实际销售量达到12.9万吨，产销率为107.3%，反映当年产量不能满足当年销售。年末该行业产品库存比年初下降了52.9%，这些数字反映了我国市场对日用精铝制品需求相当旺盛。

	产量(吨)	比去年增长 %	销量(吨)	产销率 %	比年初库存增长 ± %
日用精铝制品	121000.82	8.7	129502.2吨	107.3	-52.9

（撰稿：陈润田　校对：赵京）

第二部分 中国开发区发展成就

第一篇

开发区建设

“昆山之路”越走越宽广

2003年昆山开发区实现工业产值780亿元，销售760亿元，进出口总额达到98亿美元，其中出口50亿美元。年均保持30%左右的增长率。

昆山开发区综合投资环境在国家级开发区中名列前茅。

昆山开发区创造了辉煌的业绩，走出了一条成功的“昆山之路”。昆山开发区建区至今，将近20个年头。20年，在历史的长河中，只是弹指一挥间，而在昆山开发区却发生了翻天覆地的变化。他们的经验值得借鉴。

昆山开发区自1985年成立到2003年，累计批准外资项目1060个，投资总额108亿美元，注册外资46亿美元，实际到帐39亿美元，其中投资额1000万美元以上的项目270个，1亿美元以上的项目20个。世界500强有18家在开发区投资办厂。已形成电子信息、精密机械、民生用品三大主导产业。

在来自36个国家和地区的投资商中，我国台湾投资企业独领风骚，投资量占总投资额的65%，成为台商投资祖国大陆最密集的地区之一。

众多外资企业进入开发区，汇成了一支以先进技术为主的强大生产力。2003年昆山开发区实现工业产值780亿元，销售760亿元，进出口总额达到98亿美元，其中出口50亿美元。年均保持30%左右的增长率。

综合投资环境在国家级开发区中名列前茅。

昆山开发区创造了辉煌的业绩，走出了一条成功的“昆山之路”。

一、投资环境是投资者最看重的是砝码

昆山人意识到：基础设施环境建设是招商引资最基本的条件，是投资者最看重的砝码。

他们着眼于优化整体环境，提高基础设施承载能力，加快城市化进程，坚持高起点、高标准、高质量搞好各项工程建设，经过不懈的努力和追求，获得了今天的成就。

近20年间，昆山开发区先后投入建设资金70多亿元，用于交通、电

信、供水、能源、环保等基础设施建设，基本达到“七通一平”要求。150多公里主次干道线，均为黑色路面。前进路、长江路、顺陈路、洞庭湖路双向六车道；在青阳港、太仓塘河面上架起了黄浦江路、震川路、同丰路等8座大桥，沪宁铁路线上架设了2座公铁立交桥，形成了八纵四横的交通网络，与沪宁高速公路、312国道、苏（州）虹（桥）机场路、京沪铁路线相连接，道路宽广平坦，交通便捷顺畅。

开发区大力实施美化、亮化、绿化工程，广泛开展创建园林绿化城市和生态示范区活动。开发区绿化覆盖率达到41%，形成城在林中、绿在街中、人在景中的美丽格局。

城市与环境共存，人与自然和谐。昆山开发区悉心呵护环境。一个投资3000万美元的外资项目，产值高，利税好，创汇多，但污染较为严重，毁了合同，宁可赔钱，最后还是把这个项目挪了出去。“金山银山，有污染不进昆山”，成为广大干部群众的共识。

础设施环境建设是招商引资最基本的条件，投资者最看重的是砝码。着眼于优化整体环境，提高基础设施承载能力，加快城市化进程，坚持高起点、高标准、高质量搞好各项工程建设，是他们不懈的追求。

二、重点面向高新技术项目和外商独资企业

昆山开发区把招商引资的重点引向发展投资规模大、技术含量高、出口创汇多的高新技术项目和外商独资企业，从“来者不拒”转为“双向选择”。

在吸引外资过程中，不断探索，努力实践，采用多种形式招徕客商。他们采取的“六大招术”可谓是地毯的招商。同时并重的“五个抓紧”保证了项目资金的落实到位。

昆山开发区视项目为生命线，始终把招商引资作为第一位的任务全力抓好。建区初期，采取“搭台内联、筑巢外引”的方法，吸引上海、“三线”及海外企业前来投资办厂，办成了一批中外合资企业和中中外合资企业。

1992年以后，抓住小平同志南方谈话、浦东开发开放和开发区“国批”升级这三个难得的机遇，实行战略转移，把招商引资的重点引向发展投资规模大、技术含量高、出口创汇多的高新技术项目和外商独资企业，从“来者不拒”转为“双向选择”。

创办于1992年7月的沪士电子昆山有限公司，是昆山开发区引进的第一家投资规模最大的台资企业。董事长吴礼淦当时在国内考察了近一个月，与多家开发区进行了洽谈都没有成功。正当他失望地准备回台湾时，听说

昆山开发区相当不差，抱着试一试的态度来到了昆山，使他感到意外的是，开发区在半个小时内就把他所要会见的有关部门负责人都召集了起来，对他提出的一系列投资咨询一一解答。开发区的主要领导还热情地陪他在开发区转了一大圈，帮他选择合适的地块。吴董事长十分满意，当即决定斥资3000万美元，在这里投资办厂。现在沪士电子已经增资到2亿美元，产品也从开始时的印刷线路板发展到电脑插件、整机和微电产品。

沪士电子落户昆山的信息不胫而走，台湾客商纷至沓来。不久又引来了号称“四大金刚”的统一食品、六丰机械、樱花卫厨和捷安特自行车等几家厂商；紧接着日本的精工恩斯克微型轴承、牧田电动工具、丰田汽车零配件厂来了，投资额都在3000万美元上下。

1997年亚洲发生金融危机，招商引资遇到前所未有的困难。昆山开发区及时调整招商引资策略，变等客上门为主动出击，在主攻台资的同时，冲出亚洲，突破欧美。美国艾利（中国）有限公司、法国马培德文具制造有限公司、德国梅塞尔切割焊接有限公司、荷兰利乐包装（昆山）有限公司、丹麦丹尼斯克（中国）有限公司等一批欧美企业纷纷落户昆山开发区。至2003年，进驻的欧美企业达到200多家。

近几年，台湾产业大转移，国际产业资本看好中国大市场，昆山开发区以创办出口加工区为契机，着力吸引高新技术大项目来昆投资。2000年6月2日，隶属于台湾台塑关系企业的南亚塑胶工业股份有限公司与昆山开发区正式签约，总投资25亿美元，创办电子材料垂直整合项目和聚酯化纤项目，首期投资7亿美元，兴建南亚电子、电路板、铜箔、玻璃布、玻璃纤维、环氧树脂、热电厂等7家企业。2002年1月，台塑关系企业董事长王永庆悄然现身昆山，当他看到南亚工业园进展顺利时，80多岁的老人笑了。现在南亚一期工程大部分项目已经投入运营，投资5亿美元的二期工程——聚酯化纤项目正在加紧建设之中。

在吸引外资过程中，昆山开发区不断探索，努力实践，采用多种形式招徕客商。

一是“撒网招商”。发动各个部门、各条战线，动员各方面的力量，通过各条渠道，广泛招商，重点突破。这在建区初期使用较为普遍。

二是“以商引商”。引进外资企业以后，通过优质服务，使之获得丰厚回报，“以外引外，以商引商，以台引台”，引进一个个外资企业，产生葡萄串效应。

三是“主题招商”。根据开发区的产业导向，确定招商主题，有目的地开展招商活动，主攻龙头型大项目，引进一个，带动一批。

四是“网络招商”。通过在海内外设立招商网络，借助中介机构或中外方代理人构建招商网络，运用互联网发布信息等方法，广泛开展网络招商活动。

五是“招才引商”。把招才引智与招商引资紧密结合起来，通过引进人才带来信息流、项目流、资金流，扩大招商引资的领域和范围，提高招商引资的质量和水平。

六是“包装招商”。靠自我宣传、自我推介、自我包装，放大资源环境、人文素质、市场拓展等各方面的优势，增强对外商吸引力、凝聚力，而不是局限于自己的狭小圈子。

并做到“五个抓紧”、“一个注重”。“五个抓紧”就是意向项目抓落实，落实项目抓到资，到资项目抓投产，投产项目抓增资，关联项目抓配套，上下联动，环环扣紧。“一个注重”是注重提高招商队伍和招商人员的素质。主要是通过机制体制的创新，加强业务和技能的培训，并实行一定的政策倾斜，调动招商人员的积极性，发挥招商队伍的作用。

三、办好一家外资企业是一本最好的投资指南

倡导“人人都是投资环境、个个代表开放形象”、“寓招商于服务之中”，提出“办好一家外资企业，是一本最好的投资指南，胜过千百条招商广告”。

服务是一种良好的投资环境。服务做到了细节上，外商必有好口碑。

服务打造品牌，服务塑造形象，服务也是一种良好的投资和发展环境。

昆山开发区创办以来，牢固确立服务是第一投资环境的理念，不断增强亲商服务意识，努力实施亲商、安商、富商工程。建区初期就明确提出“政策不足服务补、硬件不足软件补”，倡导“人人都是投资环境、个个代表开放形象”、“寓招商于服务之中”，以后又提出“办好一家外资企业，是一本最好的投资指南，胜过千百条招商广告”。

1997年昆山开发区提出对外资企业服务不讲“不好办”，只讲“怎么办”，把为纳税人服务与为人民服务融为一体；1999年再提出“诚信服务，规范行政，降本增效”；2001年推出“国际惯例、团队合作、效率效能”三项服务新举措；2003年的服务理念是：“零障碍、低成本、高效率”，让所有投资者感到在开发区一切都方便，使开发区成为最低生产、交易成本的区域之一。

昆山开发区对外商投资企业形成了“三个服务体系”：外商投资审批的一条龙服务，项目建设过程中的全方位服务，企业开工投产后的经常性服务；构筑了沟通政府部门与外商之间联系的“三条通道”：外商投资企业协会、台资企业协会、两个月一次的外商沙龙活动；建立了为外商提供

服务的“三个中心”：外资企业服务中心、配套协作中心、投诉中心；还创办了“马上办”办公室，实行“首问负责制，两问终结制”，这些措施备受外商青睐。

昆山的台商都有市委书记、市长和开发区管委会主任的手机号码，台商有什么困难，大到项目审批，小到生活服务，包括就医、小孩上学等，都可能得到满意的答复。

复杂的事情简单化。昆山开发区为外商服务讲究办事效率，讲求实际效果。英国一家著名的生物制药公司前来昆山考察外部环境后，向开发区提出要求只有一个：一个月后，提供6名生命科学和生物制药的本科生或研究生面试。开发区劳动人事局和人力资源服务公司从全国各地招来17名优秀毕业生参加面试时，英国人竖起了大拇指。

服务细腻在于每一个细节。许多外资企业对优惠政策并不在乎，而在于他们的要求能尽量得到满足，昆山开发区很注重把握好这一条。比如台湾人做生意讲究吉利。生产自行车的捷安特有限公司在台湾厂门前的一条路叫顺帆路。台商希望设在开发区的昆山捷安特厂门前建的路也取名顺帆路得到了满足。现在昆山捷安特的厂址是顺帆路1号。捷安特在顺帆路上真的一帆风顺，年生产能力从1994年的15万辆发展到2003年的259万辆，这个厂的投资额也从3000万美元增资到1亿美元。

四、集中打造专业特色园区

昆山开发区集中打造专业特色园区，因其具有较强的功能优势，收到了明显的成效。近几年先后创办了出口加工区、留学人员创业园、国际商务中心、欧美工业园、日本工业园、国际生命科学园等投资新载体。

昆山出口加工区于2000年4月经国务院批准设立，为全国首批十五个出口加工区的试点之一，同年10月正式启用，成为我国历史上第一个封关运作的出口加工区。

昆山出口加工区紧靠沪宁高速公路昆山出入口，与陆路口岸通关点连成一体。首期规划面积2.86平方公里，分AB两个区，A区面积1.86平方公里，B区1平方公里。基础设施达到“七通一平”要求，配套设施功能完备。昆山出口加工区实施由海关监管的“境内关外”的管理体制，实行“一次申报、一次审单、一次查验”，全封闭、24小时通关。区内企业免设保证金台帐，取消登记手册，通过计算机联网，实行无纸通关。

昆山出口加工区得益于通关上的便利和政策上的优惠，赢得了海内外客商的青睐，成为投资者的一方热土。截至2003年，有55家加工制造企业落户区内，总投资额超过10亿美元。其中台湾十大笔记本电脑生产厂商，有6家进驻区内，5家建成投产。2002年昆山出口加工区完成进出口总值21.3亿美元，2003年突破50亿美元，在全国出口加工区中位居前列。现在正在进行建设的C区，规划面积3平方公里，建成后将成倍放大出口加工区的效应。随着国家对出口退税政策调整措施的出台，出口加工区正成为越来越多的出口型生产企业首选的投资园区。

创建于1998年10月的昆山留学人员创业园，由昆山开发区和江苏省人事厅、科技厅联合举办，为全国首批十个国家级留学人员创业园之一。占地面积20万平方米，孵化面积3.7万平方米，配套设施齐全，区内绿树成荫，芳草如茵，环境十分优美。

昆山留学人员创业园以引进高层次人才、孵化高科技产品、发展高技术产业为宗旨，实行“低门槛、零租金、税全返、费全免”的优惠政策，吸引海内外留学人员以最小的投入和风险赢得最大的效益和回报。现在已有90多家留学人员创办的企业落户区内，引进博士、硕士90多人，一批产品成功孵化，一批企业成功毕业，并涌现出了一批拥有自主知识产权的明星企业。

2002年，昆山留学人员创业园经国家人事部批准设立“博士后科研工作站”。2003年获得国家科技部授予的“火炬计划先进管理单位”殊荣，并被中央组织部、中央宣传部等6部委命名为“全国留学人员先进工作单位”受到表彰。

江苏国际商务中心紧靠上海安亭国际汽车城，由江苏省经贸厅和昆山市政府联合举办，昆山开发区开发建设该中心是以服务贸易为重点，集博览展示、商务办公、加工分装、仓储物流、配套服务于一体的综合性国际商务中心，具有国际商贸中心、国际物流园、江苏昆山私营外贸企业创业园、国际展示展览中心四大功能。目前已引进各类企业80多家。江苏亚太国际经贸大厦、昆山国际商务酒店、江苏国际贸易展示中心等一批工程性项目正在动工建设，发展空间十分宽广。

日本工业园由昆山开发区与日本三井物产株式会社、台湾三井物产株式会社、台湾华新丽华集团联手创办，规划面积10平方公里，首期启动2平方公里已经开发完毕。工业园沿312国道，与沪宁高速公路连接，周边有出口加工区和国际商务中心、吴淞江工业园与之相配套，是发展加工制造业的一方宝地。现已有十来家企业落户区内，投资考察者更是络绎不绝。

国际生命科学园占地2平方公里，由昆山开发区、昆山市陆家镇与美国一公司于2003年10月联合创办，主要吸引国际知名生物科技公司落户区内，并将与世界各地的科学研究机构合作，在园区进行生物制药研究。

五、已形成三大支柱产业

昆山开发区之所以成为外商投资的一方热土，不仅拥有明显的区位优势、良好的软硬环境，更具有产业链的强劲拉动。这里如今已形成电子信息、精密机械、高档轻纺三大支柱产业，构筑了相对完整的产业链。特别在电子信息产品制造领域形成了比较优势。

昆山开发区之所以成为外商投资的一方热土，不仅拥有明显的区位优势、良好的软硬环境，更具有产业链的强劲拉动。昆山开发区的产业从劳动密集型起始，逐步向资金和技术密集型转变，如今已形成电子信息、精密机械、高档轻纺三大支柱产业，而且带动了整个区域产业结构的调整，构筑了相对完整的产业链。特别在电子信息产品制造领域形成了比较优势。

从20世纪90年代发端至今，昆山开发区的电子信息产业走过了一个由低到高、从数量型向规模型转变的过程。翻开开发区外资及台商企业名录，南亚电子、仁宝电子、宏基电脑、神达电脑、沪铼光电、微盟电子、浩腾电子——几乎都是响当当的国际著名企业。而其中最引人注目的是台塑集团下属的南亚项目，作为一个世界级的航母，南亚不仅是昆山有史以来最大的项目，而且它的从玻纤丝到线路板的垂直型的投资形式，也为昆山开发区电子信息产业的发展开创了一个新的纪元。台塑落户昆山创办南亚电子项目，带动了开发区新一轮的发展热潮。

从2000～2003年的四年中，昆山开发区新批的外资及港台资项目中，有一半集中在这一领域。现在区内有IT企业250多家，总投资35亿美元。电子信息类产品销售比重逐年上升。2000年70亿元，占工业产品销售总量的25%。2001年125亿美元，占35%。2002年200亿元，占40%。2003年340亿元，占45%。到2005年，昆山开发区可年产笔记本电脑、数码相机、手机各1000万台。投资近2亿美元的仁宝电脑，有243家中小企业为其配套生产，至今已有40%的配套厂在周边建成。总投资3亿美元的浩腾电子科技昆山有限公司，一期工程完成后，每月可提供200万套电脑主机板和100万套笔记本电脑所需的各种连接器、50万台台式电脑所需的机壳和热传导器件，每年营销额25亿元，全部建成后，可增加3万个就业岗位。

走进昆山开发区，几乎能够找到所有与电子信息相关的产品：电子计算机及配套产品类的笔记本电脑、显示器、主机板及板卡、电子字典、掌上电脑、交易自动化设备；电子基础件、元器件类的印刷线路板、电子接插件、铜箔基板、高档磁性材料；通信类的手机及电池、电充器、通信电缆等等，真可谓琳琅满目，应有尽有。在昆山开发区生产一台电脑，在方圆70公里的范围内，最快50分钟，最慢2个小时，所有的材料都能齐备。台湾最大的电脑主机板商微盟电子，就是在获知昆山已有6家笔记本电脑生产商、具有全球1/4的生产能力后，才决定投资3亿美元，落户在昆山开发区的。

昆山开发区已被江苏省人民政府列为全省7个电子信息产业基地之一。

引进一个项目，带动一批企业。在构筑产业优势中，昆山开发区致力于办好每一家外资及港台资企业，一方面鼓励他们增资扩产，“滚雪球”地扩大生产规模；另一方面通过“以商引商、以台引台”的方法，把他们的亲戚、朋友和上下配套企业吸引过来，形成“产业链”、“项目群”，产生葡萄串效应。

这种产业集聚效应不局限于电子信息产业。捷安特自行车（中国）有限公司在开发区投资设厂，带来了禧玛诺自行车零件、耀马车业、惠昆包装等30多家配套厂。投资6550万美元的瑞典利乐包装（昆山）有限公司的成功兴办，引来了阿法拉伐流体设备等一批欧美企业，又跟进了10多家配套企业。

产业链还拉动了生产、生活服务和第三产业的发展。2001年4月，由昆山开发区和台湾首席电子商务公司合资成立的东方首席电子商务公司在昆成立，以网上交易市场为基础的两岸联通电子商务随即启动。华东地区第一所台商子女学校于同年建成开学。不久，台湾致华会计事务所、大华人力资源有限公司、登云科技大学、六和宗仁卿医院、香港松林菲尔休闲健身俱乐部先后开工奠基，四星、五星级朋德、富邦大酒店先后开张营业，台湾地区第四大银行彰化银行也落户到了昆山。

“台吧”也跟着台商的脚步来。现在常年在昆山的台湾人有10000多人。“台吧”由此应运而生。光昆山的新老城区就有“台吧”50多家，其中不少是台湾老板开的，充满了浓郁的台湾消费风情和消费文化。

产业链的拉动，对昆山开发区来说，不仅扩大了国际资本的利用、区域经济的发展，更重要的是完善了配套功能，优化了投资环境，对吸引外资更具吸引力。

六、发挥好开发区的示范、带动和辐射作用

兴办开发区，不仅仅是要培育一个“富裕区”，更是要造就一个“火车头”，拉动区域经济的快速发展。发挥好开发区对周边地区的示范、带动和辐射作用，这正是开发区创办与发展的价值所在。

从1985年以来，昆山顺利实现了“农转工”、“内转外”和“低

转高”三次大飞跃，经济综合实力显著增强。2002年在全国最发达百强县（市）中，昆山排名第三，列江苏省县（市）综合实力第一位。2003年GDP超过400亿元，财政收入超过55亿元，进出口总额超过120亿元，昆山开发区所占比重达到40%左右，发挥了“发动机”的作用，有着举足轻重的影响。可以这样说，没有开发区的创办，就没有昆山的今天。

昆山开发区以辐射带动为己任，于1992年在兵希镇创办了第一个配套区，至2003年，先后建成15个乡镇工业配套小区，帮助引进外资项目300多个，合同外资超过25亿美元，逐步形成了陆家橡胶化纤、张浦新型建材、蓬朗“三车”零部件、巴城软件园、兵希高档家具等各具特色的专业配套区，既带动了乡镇外向型经济的发展，又提升了开发区自身开发水平。

陆家东部工业区是继兵希之后的第二个配套小区。在开发区的推介和帮助之下，先后引进投资3亿多美元的正新橡胶和1亿多美元的华成织染，现在全镇合同外资超过12亿美元，形成了电子、橡胶、药品、涂料、机械为主的产业门类，成为远近闻名的“外向明星镇”。

周市镇原先经济发展缓慢。20世纪90年代中期，开发区投资6000万元，筑通了青阳路大桥，建立了周市配套区，并将长兴化工、优比家具两个外项目介绍到周市镇落户，促进了外向型经济的迅速发展。如今周市镇的外资企业超过150家，投资总额15亿美元，成为昆山开放型经济发展最快的四大强镇之一。

以开发区的骨干企业为依托，国际名牌产品为龙头，组织和引导区内外各类企业，积极参与外资及港台资企业的配套协作生产，是发挥开发区幅射带动作用的又一效应。

统一食品是个典型的例子。1993年台湾最大食品企业统一企业投资2500万美元（现已增资至1.4亿美元），在昆山开发区兴办了统一食品有限公司，生产经营方便面、饮料、果冻等大众化食品，其中方便面有8条生产流水线，占其全部营业额的80%。90年代末，昆山地产小麦因品质和加工技术不过关，销售成为一大难题，库存积压严重。1997年与统一达成配套协作生产协议，昆山天丰面粉厂自筹资金引进先进设备，加工成优质面粉，提供给统一公司，使地产小麦找到了出路。已有100多年历史的昆山奥灶面，风味独特，驰名中外。因受加工技术的制约，未能制成广受欢迎的方便面，无法进入大市场。1998年上半年，奥灶馆集团公司与统一企业公司达成联合开发协议，依靠科技力量雄厚的统一研究所，从国外引进三味调料，配制奥灶面汤料获得成功，配以统一企业加工的面条，奥灶方便面当年投入市场，产品打进江、浙、沪三省市的超市。

1997年，昆山全市有外向配套的内资企业140多家，配套协作产品240

多个，全年销售收入10亿元。到2003年，配套协作企业增加到500多家，配套协作项目突破1000个，配套协作产值突破100亿元。通过外向配套协作，不仅拓展了内资企业的生存发展空间，促进了产品结构的合理调整，而且也有利于外资企业降低生产成本，增强竞争能力，推动“本土化”战略的实施。

外向配套激活了民营企业。昆山的民营经济原来是一条短腿。近几年随着外向型经济的蓬勃发展，配套协作生产的广泛展开。民营企业如雨后春笋迅速发展。从2001年至2003年的三年中，全市新增私营企业8000多家，注册资本80多亿元，势头越来越好。昆山创新五金电机厂是全市最早为外资企业配套加工的民营企业，起步时克服种种困难，把国有企业生产管理模式和外资企业现代化管理办法，移植到私营企业取得成功，盈得外商信任，企业越办越红火，现在已发展成为占地11000平方米，员工450多人，年销售收入3000多万元的“苏州市先进私营企业”、“禧玛诺品质优良协作单位”。

七、创新则兴　守旧则衰

创新是成功之本。昆山开发区的创办与发展，是改革开放的丰硕成果。创新是民族进步的灵魂，国家兴旺的动力，社会发展的源泉，也是开发区的活力所在。昆山开发区正是靠不断创新，才保持了勃勃生机和旺盛的生命力。可以这样说，昆山开发区建设发展的过程，就是不断解放思想、开拓创新的过程。

与时俱进，开拓创新，昆山人为建立一个充满生机和活力的一流开发区而努力奋斗，再创辉煌的业绩和美好的未来，使“昆山之路”越走越宽广。

(昆山经济技术开发区)

以创新为动力 以求实谋发展

2003年，长春经济技术开发区取得了可喜可贺的成绩。全区经济总量达到670亿元，比上年增长26.15%；工业总产值实现380亿元，比上年增长22.58%；国内生产总值实现160亿元,比上年增长27.59%；财政收入实现19.02亿元，比上年增长18.36%;进出口总额实现7.33亿美元，比上年增长8.7%。

2004年，他们的思路是：坚持“一个战略”，突出“两项重点”，打造“三个优势”，实施“四项创新”，实现“五个提高”。

一、2003年工作取得新突破

2003年，长春经济技术开发区在上级有关部门的正确领导下，在社会各界的大力支持下，以“三个代表”重要思想为指导，认真贯彻落实十六大和十六届三中全会精神，努力克服“非典”带来的不利影响，不断加大招商引资、项目建设和企业管理的工作力度，经全区广大干部职工锐意进取，顽强拼搏，自我加压，负重奋进，圆满完成了全年各项任务，各项工作都取得了可喜的成绩。

主要经济指标大幅度增长

2003年长春经济技术开发区经济总量达到670亿元，比上年增长26.15%；工业总产值实现380亿元，比上年增长22.58%；国内生产总值实现160亿元，比上年增长27.59%；财政收入实现19.02亿元，比上年增长18.36%；进出口总额实现7.33亿美元，比上年增长8.7%。

招商引资和项目建设取得新突破

2003年,长春经济技术开发区实际到位外资3.51亿美元，比上年增长82.35%。全年批准设立企业240户，其中，审批“三资”企业48户，项目总投资5.9亿美元，合同利用外资3.79亿美元；批准内资企业192户，注册资金总额46.5亿元，实际利用内资25.2亿元。在项目建设上，投产项目、续建项目和新建项目均有较大进展。全年建设项目124项，其中续建68项，新建56项，投产项目达36项。

基础设施进一步完善

为搞好基础设施建设,长春经济技术开发区加大了投入力度，全年完成基础公建项目投资7.88亿元，目前，已在30平方公里范围内基本上实现了“九通一平”，完全能够满足中外客商的投资需求。

管理水平进一步提高

2003年，继续推行机关岗位责任制、事业单位目标管理责任制和企业经营承包责任制，全区内部机制改革进一步深化，管理水平进一步提高，机关及直属企事业单位全部完成或超额完成年初确定的各项任务目标，取得了良好的经济效益和社会效益。

融资能力得到进一步加强

2003年，通过多方协调、积极运作长春经开股票的配股工作，共融资4.1亿元。与此同时，还积极申请向中国工商银行总行贷款，争取到19.8亿元的综合授信。目前，到位资金已达到9亿元。

社会事业全面发展

2003年，长春经济技术开发区继续坚持“适应开发，立足调整，协调发展，兴区富民”的工作方针，认真落实党在农村的各项政策，促进了农村经济和各项社会事业全面发展。城乡经济全口径收入达到11.7亿元，其中第一产业收入实现3780万元，第二产业收入实现7.13亿元，第三产业收入实现4.17亿元，上缴国家税金2095万元，农民人均收入达到3768元。此外，教育、卫生、计划生育、街政、民政、双拥、农村财务管理等项工作也得到了全面发展。

党建和精神文明建设进一步加强

2003年，长春经济技术开发区响应党的号召，积极探索党的建设与开发建设工作的结合点和切入点，全面加强和改进党的建设，推动各方面工作的有效开展。在全区兴起了学习贯彻“三个代表”重要思想新高潮，按照“坚持标准，保证质量，改善结构，慎重发展”的方针，发展新党员108名。非公党建工作在全国开发区工作会议上介绍了经验。精神文明建设取得了新成绩，管委会机关、区公安分局等8家单位被评为省级精神文明建设先进单位。

回顾一年来的工作，我们有以下几点体会：

一是必须坚定不移地把招商引资工作当作开发区的生命线

招商引资工作是开发区各项工作的核心，没有项目，开发区就没有出路，就不会发展。一年来，开发区咬定招商引资这项工作不放松，靠诚信感动投资者、靠效率征服投资者、靠实力吸引投资者，使得一大批项目进入开发区。应该说，在当今引资竞争形势日趋激烈的情况下，只有靠诚信、效率和实力，才能最大限度地拓展招商渠道和项目源，进而把开发区建成现代工业的集聚地和高新技术产业化的重要基地。

二是必须坚定不移地营造良好的投资环境

投资环境的好坏直接影响到招商引资的规模和水平，进而决定着开发区发展的层次和潜力。一年来的招商实践表明，像丰田发动机、天保特种车等一些项目之所以能够落户长春经济技术区，是与开发区的良好投资环境分不开的，因此，必须按照国际通行规则，强化投资环境建设，最大程度地为外商投资企业创造良好的生产和发展环境，把建设优美舒适的生活环境、安定稳定的治安环境、公平竞争的市场环境、健康向上的人文环境、文明规范的法制环境作为一项系统工程持续推进，进而提高长春开发区的综合竞争能力。

三是必须坚定不移地推进资本的有效运营

开发建设需要巨额的资金。一年来，长春经济技术开发区主动出击，争取到了长春经开配股成功以及中国工商总行的19.8亿元的综合授信,筹集到了开发建设所需资金，使开发建设得以快速发展。目前，正面临着开发北区的繁重任务，搞好资本的有效运营仍是当前和今后一个时期的重要工作任务。

四是必须坚定不移地把改革创新作为一切工作的中心

开拓创新，敢为人先，勇争第一，是开发区永葆青春和活力的源泉。长春经济技术开发区从无到有，从小到大，既没有固定的模式，也没有现成的经验可循，就是靠创新一步一步走过来的。开发建设所取得的一切成就，无一不是开拓创新的结果，因此，必须不断地解放思想、与时俱进，开拓创新，这样才能为开发建设事业注入不竭的活力和动力。

五是必须坚定不移地提高行政效率

行政效率决定着区域竞争力的高低。为了提高行政效率，建区初期，长春经济技术开发区就按照“精简、统一、效能”的原则，构建了管委会的内设机构，提出了“投资者是上帝”、“只有我们工作的不足，没有投资者的不是”等口号，要求各单位、各部门要倾听投资者的呼声，尊重投资者的意愿，为投资者提供优质高效的服务，形成了长春经济技术开发区独特的比较优势。华龙方便面、中科院光机所等企业前来投资的过程就充分说明提高行政效率的重要性。在我国加入WTO后，各地“硬环境”差距缩小，政策趋同后，开发区要求得更大发展，就更应该把提高服务质量作为再造新优势的突破口，用最少的时间、最小的代价办好更多的事情，千方百计地满足投资者的各类需要，使行政方式充分体现效率原则，以适应行政管理现代化的要求。

六是必须坚定不移地建设一支高素质的干部队伍

开发区的事业必须有一支高素质并富有开拓创新精神的干部队伍作保

障。开发区在开发建设过程中之所以能战胜各种困难，取得跨越式发展的辉煌成果，是与拥有一支善打硬仗的一流干部队伍分不开的。开发区要在未来的发展竞争中立于不败之地，就必须建设一支高素质的干部职工队伍，让优秀的人才脱颖而出，让他们在开发区的舞台上充分施展才能，进而实现自己的人生价值。

七是必须坚定不移地把赛得精神作为基本工作作风

建区以来形成的“艰苦奋斗、顽强拼搏、科学实干、恪尽职守”的赛得精神，是开发区战胜各种困难的法宝。目前，开发区正在进行二次创业，开发区的发展还有很长的路要走，必须一如既往付出更大的代价、更多的努力，这样才有助于打造新的竞争优势，求得开发区的更大发展。

二、2004年整体发展思路

2004年是我国完善社会主义市场经济体制的重要一年，是实现东北老工业基地振兴的开局之年，也是长春经济技术开发区实现“十五”计划的关键一年。我们在认真学习领会党的十六届三中全会精神，深入分析当前形势的基础上，初步确定了2004年的指导思想、任务目标、基本思路和保障措施。

指导思想

以邓小平理论、“三个代表”重要思想和党的十六大精神为指导，认真落实十六届三中全会精神，紧紧抓住国家振兴东北老工业基地的战略机遇，坚持“以工业项目为主、吸引外资为主、出口创汇为主，致力于发展高新技术产业”的方针，以加快发展为第一要务，以招商引资、项目建设为主攻方向，以体制创新、环境创新、科技创新为动力，以配套的设施、完善的功能和优质的服务为保证，推进物质文明、政治文明和精神文明协调发展，努力把长春经济技术开发区建设成为一流投资环境的示范区、老工业基地振兴的先导区、新型产业的集聚区和现代化的新城区，为长春市率先在全省实现全面建设小康社会目标做出新的更大的贡献。

任务目标

2004年，全区经济总量要达到900亿元，比上年增长29%；工业总产值达到480亿元，比上年增长25%；国内生产总值达到200亿元，比上年增长25%；财政收入达到23亿元，比上年增长21%；实际利用外资3.5亿美元；实际利用内资25亿元人民币。

基本思路

坚持一个战略，突出两项重点，打造三个优势，实施四项创新，实现五个提高。

坚持一个战略，即坚持“南引北进，双向发展”战略，南区重点招商引资，着力提升档次；北区全面启动基础设施建设，打造承接国有企业调整、改造和振兴的理想平台，做到“一年快起动，三年见成效，五年大变样，十年展新姿”。

突出两项重点，一是全力抓好大项目的招商工作，二是科学抓好北区的规划建设

打造三个优势，即打造体制优势、环境优势和产业优势。

实施四项创新，即规章制度创新、服务方式创新、经营方式创新、优惠政策创新。

实现五个提高，即招商引资水平、企业管理水平、财税支撑水平、信息化建设水平和农民生活水平要有新提高。

保障措施

为了实现预期任务目标，要重点抓好以下几项工作：

1.树立创新理念，调整精神状态，思想大解放

当前，长春经济技术开发区已进入“二次创业”的新阶段，如何在巩固十年开发建设成果的基础上，在更高的水平上发挥长春经济技术开发区在对外开放和经济发展中的窗口、辐射、示范和带动功能，关键在于树立创新理念，调整精神状态，进一步解放思想。为此，我们要巩固“心系经开，重塑自我”大讨论成果，把全区广大干部职工的思想真正统一到搞好“二次创业”上来。

2.适时抓住机遇，突出重点招商，引进大项目

在做好自主招商、委托招商、以商招商、产业招商、园区招商、政策招商、中介招商等传统招商办法的基础上，重点做好以下几方面工作：一是明确企业招商的主体地位，调动企业招商的积极性；二是创新招商引资模式，实行“三带招商”（带技术招商、带市场招商、带环境招商）；三是瞄准大项目，实行重点招商；四是加强各种行业协会的联系，实行有针对性招商；五是整合招商资源，强化招商力量，加强五个驻外办事处的招商力度。

3.科学确定目标，谋划北区发展，实施大规划

按照“南区更加完善，北区快速推进”的总体要求，围绕大开发的目标，对北部区的区域规划、城市设计、产业规划进行科学定位，确定北区的发展走势，以规划定方向，以规划促发展，迅速拉开北区开发建设的序幕。

4.聚集特色项目，夯实发展后劲，发展大产业

长春市委提出把长春建成技术先进、结构合理、功能完善、特色鲜明、竞争力强的新型产业基地。我们一定要抓住这一难得的历史发展机

遇，采取切实有力的措施，争取多上一些大的项目，发挥各类项目的集聚效应，形成“一区多园”的规模优势，进而做大、做强主导产业，做到人无我有、人少我多、人多我优、人优我特，聚集特色项目，夯实发展后劲，构建和发展具有开发区特点的大产业，在激烈的市场竞争中立于不败之地。

5.提升服务档次，增强对外引力，营造大环境

2004年将继续加强硬环境建设，尤其是搞好北区的“九通一平”。在软环境建设上，把高效率、低成本和安全性作为改善经济发展软环境的基本要求，增强“你纳税我服务”的意识，营造服务的“高地”，生产要素流动的“洼地”，努力为企业发展构筑畅通无阻的“绿色通道”，真正把经济开发区建成投资成本最低、服务效率最高、投资环境最好、经济发展最快的区域。

6.改进管理方式，规范行政行为，体制大创新

抓住全市开发区大发展的契机，遵循“精简、统一、效能”的原则，科学构筑新型行政管理体系，做到管理模式“特”、机构设置“精”、运行机制“活”。让“想干事的干部有机会，能干事的干部有舞台，干成事的干部有地位”。充分发挥“人”这一生产力中最活跃因素的作用，竭力把开发区的各项事业推向一个新高度。

（长春经济技术开发区）

武汉开发区铸造“二次创业”新辉煌

2003年，在武汉市委、市政府的正确领导下，武汉开发区工委、管委会以“三个代表”重要思想为指导，以建设华中现代制造业基地为目标，大力推进招商引资，全力营造投资环境，着力提高服务效能，为开发区二次创业做出了新的成绩。

一、开发区综合实力迈上新台阶

2003年，武汉开发区各企业、各部门克服“非典”给生产经营带来的负面影响，积极采取措施，迎难而上，确保了武汉开发区经济继续保持较高增长速度，全面完成了各项工作目标。

全年完成全口径工业总产值303亿元，同比增长25.78%；其中规模以上工业总产值291亿元，同比增长26.03%；完成国内生产总值106亿元(预计)，同比增长20.32%；其中规模以上企业实现工业增加值80.12亿元，完成了年度工作目标，同比增长25.97%；完成全口径固定资产投资39.73亿元；完成年度工作目标的113.51%，同比增长41.51%；完成财政收入22.77亿元，同比增长13.3%。武汉开发区2003年经济工作呈现出“一业为主、多业共荣”的发展态势，产业多元化格局初具雏形。

汽车行业发展势头强劲

汽车及汽车零部件企业预计完成产值191亿元，同比增长33.58%，其产值占到全区规模以上企业产值的2/3以上。

神龙公司生产销售继续保持强劲发展势头，2003年生产轿车105475辆，销售103126辆，实现工业总产值154亿元，同比分别增长25%、21.2%和31%。神龙公司的增长，有力地带动区内零部件企业的发展。零部件企业全年完成产值33.59亿，同比增长63.06%，一些重点零部件企业显示出良好的发展态势。

电子信息及电器业异军突起

电子信息业作为武汉开发区的新兴行业，开始显示出加速发展的势头，2003年完成产值50.27亿元，同比增长59.38%，占规模以上工业产值的17%。

唯冠公司2003年产量达到141万台，产值21.3亿。普天公司完成产值4.85亿元；海尔公司全年生产空调器97.3万台，产值16.05亿元，均比2002年有大幅度增长。

其他产业保持平稳发展

造纸印刷包装业发展平稳，晨鸣公司虽受有关因素的影响，但仍以克难奋进的精神，维持了2002年的经营水平，2003年完成产值10.37亿元，产量30.5万吨，其20万吨纸浆项目已完成立项报批。紫江公司2003年全年完成产值2.35亿。南洋印务公司全年完成产值3.2亿，同比增长63%。另外，以顶津、顶益、可口可乐、香满楼、华泰植物油为代表的食品饮料业，以海特生物、同济医药为代表的生物医药业也取得长足发展。

街道经济继续保持高速增长

2003年沌口街以强街富民、争创“楚天第一街”为目标，瞄准经济发展主攻点，主要经济指标增幅都在30％以上。预计2003年国内生产总值完成16.6亿元，比上年增长36％；企业总产值56亿元，比上年增长40％；工业总产值28亿元，比上年增长40％，其中规模以上工业产值18亿元，比上年增长50％；营业收入50亿元，比上年增长41％；利税3.4亿元，比上年增长37％；全口径财政收入8500万元，比上年增长21.4％。

二、汽车产业凸现“磁场效应”

2003年，武汉开发区新注册各类企业184家，注册资本122.53亿元，新批项目74个，总投资324.94亿元（含东风日产250.6亿元）。其中新批外商投资项目35个，项目投资总额34.91亿美元；全年实际利用外资4.7亿美元，完成全年工作目标的261%，比去年增长285%；出口创汇1.21亿美元，完成年度目标的100.83%，比去年增长48.27%。

实行产业招商扩大集聚力

随着东风总部、东风日产总部等大集团驻区，东风本田、中誉汽车、3604等汽车项目入区，东风－PSA集团增资，三环汽车重组，开发区汽车产业聚集效应正在形成，汽车零部件配套企业也纷纷“扎堆”开发区。全年新批汽车及相关项目共31个，项目投资总额300亿元人民币，分别占项目总数和投资总额的45.6%和92.96%。

招商工作积极探索产业招商、以商招商模式，先后与唯冠国际控股公司、神龙汽车有限公司合资成立了武汉经冠工业园发展有限公司和武汉神龙汽车工业园招商公司，开展产业专题招商，势头良好。

推动项目开工 形成现实生产力

招商工作坚持“两手抓”，一手抓项目签约，一手抓项目开工，使项目在武汉开发区尽快形成生产力。

2003年武汉开发区累计在建项目53个，项目投资总额92亿元。主要开工的重大项目有：总投资20亿元的神龙增资改造项目，投资7000万美元的东风本田生产3万辆CRV生产线改造项目，投资5亿元的中誉汽车工业园，投资2.2亿元的坦萨－凯乐土工合成材料生产项目，投资1.6亿元的武汉唯冠公司新基地项目，投资2.08亿元的麦克维尔空调器制造项目，投资1.03亿元的东峻汽车转向系统生产项目，投资1.4亿元的东神汽车底盘附件生产项目等。

突出服务意识 体现亲和力

为切实贯彻“亲商、富商、安商”理念，武汉开发区管委会领导和各职能部门对口相应企业，积极开展企业调研、走访活动，开展现场办公，及时解决企业在发展过程中遇到的困难和问题。

武汉开发区监察局和企业投诉中心采取定期召开区内企业、特邀监督员和窗口单位座谈等形式，狠抓行风建设，实现开发区企业对管委会各部门的零投诉。

管委会各有关部门对项目接待、跟踪推进实行“首问负责制”和项目责任制，坚持一切从企业的需要出发，把方便留给企业，把困难留给自己，对项目实施过程实行全程跟踪服务。如为做好东风本田项目工作，开发区管委会成立了项目推进专班，迅速解决了原万通车转户、进口设备关税、本田项目报批等问题，并在规划上主动为其预留了后期发展用地；为支持中誉汽车尽快上马，管委会各有关部门采取主动上门协助投资者的方式，在短短半年时间内完成了从项目谈判到建设起步阶段，项目进展异常顺利。

三、2004年经济社会发展目标

全面贯彻党的十六届三中全会精神，以提升综合竞争力为核心，以跨越式发展为目标，以改革开放为动力，高举二次创业的旗帜，统筹经济和社会发展，使开发区以汽车为主的现代制造业优势更加突出，城市功能更加完善，工作机制更加创新，为建设以汽车为主的现代制造业基地，进而把开发区建设成率先实现现代化的城市新区奠定坚实基础。

2004年经济社会发展的目标是：力争实现工业总产值比上年增长25％，达到375亿元，国内生产总值增长25％，达到132亿元，工业增加值增长25%，达到100亿元，全口径固定资产投资增长80%，达到63亿元，财政收入增长14％，达到25.88亿元。

(一) 着力打造一批以汽车产业为重点的现代制造业产业群

2004年，开发区要认真组织实施《武汉经济技术开发区制造业发展规划实施方案》，打造开发区现代制造业基地。全年争取完成汽车产业产值过250亿元，其他制造业产值过125亿元。重点抓好以下几方面工作：

1.加强服务，支持做大汽车整车企业

重点是服务好东风有限公司总部及其商用车研发中心建设项目、神龙公司二期30亿元工程项目、东风－本田公司增资7000万美元改造生产线生产“CR-V”运动型多功能越野车项目、武汉中誉汽车有限公司技术改造生产面包车项目和东风电动车辆股份有限公司电动汽车技术中心实验室建设项目，通过服务做强汽车整车企业，进一步打造开发区汽车整车产业群。

2.紧跟整车生产，支持做强汽车零部件企业

重点是统筹规划、集中资源、高水平建设台资汽车零部件工业园；围绕整车企业，积极引进与整车企业配套的零部件企业来区投资建厂；引进汽车核心零部件企业，新开工建设日本理研等一批零部件项目；服务好武汉飞亚汽车工程塑料公司、武汉万兴公司、法奥雷公司等汽车零部件企业的增资项目，不断提高开发区汽车零部件为汽车整车企业的配套率。

3.着眼于汽车产业链延伸，加快发展汽车服务业

重点是推动捷通贸易公司大众轿车销售储运中心储存整车1万辆项目、东风裕隆汽车销售公司以及浦之威汽配城的建设，适应世界汽车产业发展的潮流，抢占国际汽车产业的后市场。

4.在不断发展壮大汽车产业同时，做大其他优势制造产业

重点是抓好唯冠公司显示器扩产、光存储产品研发、定型、投产，以及抓住唯冠集团与摩托罗拉公司在资讯家电方面达成战略联盟的机遇，争取数字电视及相关产品在开发区布点工作，做强做大IT产业。同时做好中国普天武汉工业园推出GSM手机新产品项目、麦克维尔空调制冷（武汉）公司生产冷水机组项目、潜江制药股份公司年产1亿只滴眼液项目、顶益公司增资1200万美元扩大生产项目等，不断优化开发区制造业发展结构，提高开发区整体经济素质。

5.按照现代制造业的要求用订单式方式培养技术工人

重点是充分利用和发掘开发区江汉大学、武汉商业服务学院、开发区职校以及企业培训中心等教育资源，针对开发区制造业企业生产需要，以培养企业适用人才为目标，大力发展职业教育和技术教育，对企业实行订单式人才培养，为企业生产培养更多、更优秀、更实用的高级技工人才。

(二) 强力推动一批重大招商项目的引进和开工投产

招商引资是开发区的生命线。一定要根据在谈一批、签约一批、开工

一批、投产一批的原则，一手抓项目洽谈、签约，一手抓项目开工、投产。力争全年完成实际招商引资额过80亿元，其中实际利用外资额过4亿美元，力争使外资在1000万美元、内资在1亿元人民币以上的项目超过20个。主要做好以下几方面工作：

1.服务好在建项目，尽快形成生产力

重点是服务好53个在建项目，投资总额超过150亿元。主要包括神龙技改增资项目、唯冠出口加工区新基地、麦克维尔空调、东神轿车零部件、电动汽车技术中心实验室、万兴座椅扩建项目等，按照“引进来，扶上马，送一程”的要求搞好全程服务，诚心排忧解难，使之尽快投入生产，尽早形成现实生产力。

2.落实奖惩责任制，促使引进项目尽早开工建设

重点是促使18个项目尽早开工建设，投资总额超过100亿元。主要包括神龙汽车二期项目、宇德浮法玻璃及深加工一期项目、3604厂汽车改装车项目、江南模塑科技股份有限公司项目、合力开关项目、淑女屋服饰生产项目等项目，为其在工商登记、开工审批、基础设施配套等方面创造条件，引导项目尽早开工建设，尽早为开发区经济发展提供新的增长点。

3.重点跟踪一批投资规模大、成长速度快、产业优势明显的项目

重点是及时紧密跟踪20余个重点推进的项目，加大招商引资力度，吸引其来开发区投资兴业；发挥开发区优势产业和优势企业的作用，开展产业招商；抓住国际制造业向中国转移、沿海发达地区制造业向内地转移的机遇，关注欧美、日韩、台港澳以及北京、长三角、珠三角等地区的世界500强、大集团、大公司、上市公司，组织招商专班，上门招商、敲门招商。

4.广泛收集招商信息，储备一批重点项目

重点是利用入区企业、互联网以及其他渠道，建立开发区的招商网络，多方面收集和跟踪信息，为今后招商引资工作打好基础。

5.做好出口加工区和高科技产业园的招商引资工作

重点是围绕出口加工区加大外向型企业的招商力度，围绕高科技产业园加大高新技术企业的招商力度，使一区一园成为开发区招商引资的新亮点。

（武汉经济技术开发区管委会）

南京经济技术开发区
2003年回顾与2004年展望

一、2003年成绩斐然

2003年以来，南京经济技术开发区以党的十六大精神和“三个代表”重要思想为指导，认真贯彻市委市政府的工作部署，始终坚持发展第一要务，紧紧围绕经济建设中心，瞄准全年奋斗目标，按照突出中心、全面推进、协调发展的工作方针，进一步解放思想，抢抓机遇，开拓创新，奋发努力，狠抓各项工作落实，使全区各项建设，特别是开放型经济工作取得了明显成绩。

经济指标持续增长

全区实现GDP60亿元，同比增长28.2%；技工贸总收入320亿元，同比增长23.1%；出口创汇10亿美元，同比增长226.8%。

利用外资增幅明显

全年新批进区企业192家，总投资89.81亿元，其中新批外商投资企业55家，同比增长22.22%，总投资10.16亿美元。新批及增资千万美元以上项目35个，同比增长45.83%。合同利用外资6.06亿美元，同比增长16.91%；实际利用外资3.5亿美元，同比增长40.12%。根据国家商务部统计，在全国国家级经济技术开发区中，南京经济技术开发区2003年1~9月的合同利用外资排第12位，实际利用外资排第7位，7项经济指标综合排第13位，比上年的16位进了3个位次。

项目建设进度加快

全年共有25个项目开工建设，其中千万美元项目15个，同比增长45.83%，按时完成年度任务。全年竣工项目20个，其中当年开工当年竣工的5个。

基础设施不断完善

完成固定资产投资22.1亿元，同比增长55.91%，完成2003年度任务的100.45%，其中基础设施投入4.32亿元，同比增长6.29%。完成道路工程、给排水、污水管网工程6公里，房屋建设工程5.3万平方米，各类土石方工程160万方，完成出口加工区建设。投入500万元进行植树造绿，完成公共部分绿化工程18项，绿化养护面积308万平方米。此外，开发区管委会于2003年7月1日顺利通过了ISO14001环境管理体系认证，按国际标准规范环境行为，进一步提升了开发区的品牌形象，增强了对外商投资的吸引力。

出口加工区建设优质高效

继2002年3月15日晋升为国家级经济技术开发区，2003年3月10日又获国务院批准设立国家级出口加工区。按照高标准、快进度、早建成、早进项目的要求，经过努力于2003年9月28日顺利通过国务院八部委联合验收，正式封关运作。10月15日，首个投资3000万美元的中韩合资新型建材项目进区落户，实现了当年批准、当年封关、当年进项目。

主要做法与体会：

(一) 解放思想，提高认识，进一步增强了加快发展的信心和决心

为完成南京市委市政府下达给开发区的招商引资任务，我们结合学习十六大精神，按照省市实现“两个率先”的要求，围绕开发区跨越发展目标，在管委会机关干部中开展了三次“解放思想，加快发展”的学习讨论，分析开发区建设发展形势，使全体人员充分认识到，跨越发展之路是开发区适应竞争的必然选择，当前正值沿江开发大好机遇，只要积极拼抢机遇，就一定能实现跨越发展目标。通过学习教育，统一思想，提高认识，开发区全体干部职工始终保持了一种强烈的时不我待、加快发展的紧迫感，增强了完成全年目标任务的信心与决心，为开发区各项经济指标的增长奠定了坚实的思想基础，提供了强大的精神动力。

(二) 抓住中心，突出重点，招商引资取得了新突破

我们始终把招商引资作为中心工作来抓，坚持重点突出，全面推进。

一是着力推进外资大项目进区。在新批的55个外商投资项目中，投资总额超过千万美元以上的大项目就有35个，大项目占总数的64%，大项目合同利用外资金额占全年的95%，其中乐金电子和港华燃气2个特大项目总投资分别超过7000万美元，单个项目总投资在3000万美元左右的大项目20个，产业主要分布在IT、生物医药、新材料等高科技领域。

二是充分发挥核心产业的积聚效应，打造新型平板显示器件的“大产业链”。继2002年7家TFT-LCD生产厂家及相关配套厂家落户开发区后，2003年我们乘势而上，又吸引一批新型平板显示项目到南京开发区投资设厂，主要包括乐金电子等离子项目、台湾瑞仪光电和大亿科技的TFT-LCD背光模组项目、台湾协益电子和精彩电子的TFT-LCD接插件项目、台湾冠捷科技的液晶显示器项目、韩国映昌电子的注塑件项目和LG化学信息电子材料项目等，这标志着南京经济开发区的新型平板显示产业已在模组、背光零组件、射出组件、偏光板组件等主辅材料以及在液晶电视、等离子电视等下游制成品的生产上初步形成了具有相当规模的“大产业链”，预计这批项目达产后，年销售收入可达100亿美元左右，这将加快推进南京开经济开发区建成全国乃至亚洲最大的新型平板器件生产基地。

三是推动区内外资企业增资。全年共有14家企业进行了增资或转股，其中乐金飞利浦TFT-LCD和弓箭玻璃两个项目就净增合同外资2258万美元。另外还有瀚宇彩欣、LG化学等一批大项目的增资计划正在准备当中。

四是发挥出口加工区品牌优势，进一步加大招商引资力度。为尽早发挥出口加工区这一平台的引资优势，我们坚持边建设、边招商，在高标准抓紧建设出口加工区的同时，通过多形式、多渠道为出口加工区引进项目。

（三）强化服务，形成合力，为企业快速发展营造了优良环境

按照“转变职能，建设高效服务型政府”的要求，开发区管委会机关推行“服务承诺制”和“首问负责制”，以企业满意为标准，做到对企业有求必应、有问必答、有难必帮，千方百计地搞好优质服务。“一站式”服务中心针对区内企业特点，开展了灵活多样的专题讲座及咨询会、收费减免政策宣传、业务指导，据不完全统计，2003年以来中心接待客商200多人次，办理各类登记及申报材料90多份。

工商分局加快自身建设，努力实现由“管理型工商”向“服务型工商”转变，简化登记手续，降低市场准入限制，强化服务监督，营造稳定、宽松、透明、高效的环境，努力整顿规范市场，建立公平竞争的市场环境。

公安分局以开展服务“两个率先”，建设“平安江苏”和创全国“最安全城市”活动为载体，以创“最佳治安区”为目标，转变执法观念，强化服务意识、防范意识，妥善处理各类矛盾，加强防控，严厉打击犯罪活动，有效地维护了区内政治和社会治安持续稳定。

国税分局自成立以来，始终注重“内强素质，外塑形象”，在规范税收执法工作，提高干部行政管理水平和依法行政、廉洁从税能力的同时，积极整合资源，创新服务，为纳税人开展各种业务培训，并深入企业，推出查前辅导等“救济式”服务，取得明显收效。

（四）围绕中心工作，抓好协调发展，“三个文明”建设取得新进展

一是积极抓好思想理论武装

围绕为开发区的发展提供思想保证，坚持做到理论学习定期安排计划，指定必读书目；围绕学习贯彻党的十六大精神，及时按照市委部署，结合实际向全区制订下发干部职工学习贯彻意见，提出明确要求，指导工作实践。广大干部职工思想始终与党的路线方针政策相统一，并牢固确立了加快发展，从我做起的强烈意识。

二是不断提高干部职工的公民道德素质

围绕“塑造新时期南京市民精神”，各企业组织广大干部职工广泛开展爱岗、敬业、拼搏、进取和诚信活动，促进企业生产经营，推动企业经济发展；引导干部职工树立终身学习意识，积极开展学习型机关、学习型企业、学习型家庭的新知识新技术学习活动，不断提高科学文化素质，适应工作和时代发展的要求；广泛开展见义勇为和募捐济贫献爱心活动，不断提高干部职工的正义感和社会责任感。通过加强干部职工的科学文化思想道德素质建设，提高了人员的全面素质，促进了各项工作任务的完成。

三是充分发挥党组织在经济建设中的作用

围绕“三个代表”要求，一方面大力加强国有企业党的建设，组织党员围绕企业的生产经营，开展争先创优、建立党员责任区、示范岗等活动，充分发挥党支部的战斗堡垒作用和党员的先锋模范作用；另一方面积极推进非公经济组织的党建工作，拓展了党建工作的覆盖面和影响力。通过建立健全党组织，完善各项制度，壮大队伍，发挥作用，有力地推动和促进了企业的经济发展。

四是大力抓党风廉政建设

坚持从思想教育入手，开展以学习实践“三个代表”重要思想为主要内容的保持共产党员先进性和纯洁性的教育活动以及“坚持两个务必、推进富民强市”主题教育活动，组织党员干部学习中央、省市有关会议和文件精神，进行有关纪律、规定的学习测试，观看反腐倡廉录像，强化廉政意识，筑牢思想防线,建立健全和落实各项规章制度。

二、2004年奋斗目标与措施

2004年市委市政府给南京开发区下达了开放型经济奋斗目标和工作目标。

奋斗目标

合同利用外资10亿美元，实际利用外资6.5亿美元，新批千万美元以上项目40个，新开工千万美元以上项目24个，GDP76亿元，出口创汇10.7亿美元。工作目标为：合同利用外资12亿美元，实际利用外资7.5亿美元，GDP76亿元，出口创汇11.2亿美元。

指导思路

为实现这一目标，我们的指导思路是：工作以邓小平理论和“三个代表”重要思想为指导，全面贯彻党的十六大、十六届三中全会和市委十一届八次全会及全市开放型经济工作会议精神，以加快发展、争先进位、

2007年进入全国国家级经济技术开发区前10位目标总揽全局，按照全面、协调、可持续发展的总要求，进一步解放思想，突出抓好以招商引资为重点的各项建设，稳步推进“三个文明”快速、协调发展。

基本思路

继续走全面、协调、可持续发展之路，抓住沿江开发机遇，充分发挥开发区已积聚的特色产业优势，整合栖霞区、大学城、开发区三方资源，形成合力，全力推进开放型经济大发展。

具体措施

第一，贯彻落实十六届三中全会精神，兴起新一轮思想大解放

2004年是学习贯彻落实十六届三中全会精神的第一年，同样，仍然是南京开发区加快发展的关键之年。分析各种形势，南京开发区加快发展，积极因素占主导地位。从国际看，世界经济逐步回升，国际资本重组与转移仍在加速进行；从国内看，我国经济发展正处于上升阶段；从自身看，南京开发区区不仅拥有出口加工区等多个国家级“区中园”的品牌优势，还集聚了四大特色产业，特别是新型平板显示产业的优势，在当前产业招商的态势中正发挥着巨大的推动作用。通过多年的建设发展，我们积累了许多发展开放型经济的实践经验和信息资源等。这些积极因素为我们完成全年的任务打下了坚实的基础。但是面对艰巨的任务，我们仍然要进一步树雄心、立壮志，增强勇气和魄力，特别是当前正值发展的大好机遇，勇气不足，魄力稍小，机遇就会稍纵即逝，争先进位的目标就会落空。为此，我们将把进一步解放思想作为行动先导，紧扣干部职工思想实际，有的放矢，深入具体，兴起新一轮思想大解放。通过解放思想，确立迈大步、大发展的思想观念，强化不进则退，小进也是退的意识；树立必须争先、跨越发展的机遇思想，在奋进和急追中实现争先进位目标。通过解放思想，不断创新和完善开发区管理机制和招商机制，不断引进高级招商人才，壮大招商队伍，提升招商队伍职业化水平；不断创新招商手段，拓宽招商渠道。从而以高素质的招商队伍和有活力的招商机制，多形式、多渠道的招商手段，推动招商引资再上新台阶，通过兴起新一轮的思想大解放，真正把广大干部职工的积极性、创造性和干劲热情激发出来，释放到加快发展、争先进位的各项工作中，努力实现全年奋斗目标。

第二，发挥特色，加速产业集聚

继续发挥产业招商优势，重点围绕开发区已形成的平板显示主导产业，实行前延后伸，在推动产业联系上做文章。

一是延伸产品链。重点是做大做强上游产品。全力推进LG-飞利浦增资1.9亿美元扩建其LCD模组生产线，由现在的3条增加到19条，年生产能力由目前300万片增加到2500万片；瀚宇彩欣增资2000万美元扩建其LCD模组生产线，由现在的4条增加到15条，年生产能力由目前200万片增加到800万片以上。LG电子等离子由现在的一条生产线年生产模组6万块增加至3条PDP完整的生产线和PDP电视、TFT-LCD电视及DLP背投产品生产线，可年生产PDP模组45万片，PDP电视、TFT-LCD电视及DLP背投20万台。

二是拉长产业链。重点是引进一批终端产品制造企业，形成完整的平板显示产业链。在做好LG同创显示器、LG等离子电视、DLP背投、冠捷电子显示器、夏普液晶电视的基础上，全力推进投资3000万美元以上的台湾全友、台发光电LCD电视和LCD显示器和熊猫电子的新型TV项目以及海尔、万利达等一批国内著名的信息家电制造商进区。通过对终端产品项目的引入，更多地消化上游模块组产品，提高产业就地配套能力，降低企业交易成本，在增强区内企业竞争优势的同时，放大开发区的产能和财富效应。

三是扩展技术链。重点引进高端产品生产技术。积极推进总投资6亿美元的LG化学锂电池和背光零组件、射出组件、偏光板组件产品的一大批韩资、日资、台资大项目。紧紧围绕南京夏普LCD数码视听产品基地的建设和发展，加快引进具有世界一流水平的TFT-LCD TV模组进区。目标是：依托新型平板显示产业，到2004年，新增产值突破50亿美元，2005年将超过100亿美元。

第三，强化支撑，大力引进研发机构

一是加快引进LG显示技术研究院。该集团已决定由LG电子和LG化学共同投资，在新港开发区建立显示技术研究院，主要研究显示用的原材料和新品深度开发等高新技术。研究院将招收160名以上硕士以上学历的海内外研究人员，将于明年初进区具体操作。

二是引进夏普视听视像产品研发中心，目前该项目洽谈已正向实质性阶段推进，预计2005年进驻。

三是对凡是形成规模的产品和项目，积极鼓励他们在企业内设立研发机构，以此提升企业的核心竞争力。

第四，抓住机遇，加大“区中园”招商力度

打好八张牌，即打好国家级开发区、国家级出口加工区、国家级海峡两岸科工园和新港高新技术工业园4张大牌和生物医药科工园、高校科技园、韩国工业园、LG产业园4张小牌。紧紧依托这8张牌的政策优势，全方位抓好招商，尤其是抓好出口加工区的引资工作。

2003年以来，南京开发区出口额猛增，全年将达10亿美元。但由于国家出口退税政策的调整，新港的可用财力将减少2个亿以上。辩证地看，出口退税政策调整虽然使开发区的收益减少，但对出口加工区的建设却是难得的机遇。2003年，南京出口加工区实现了当年批准、当年封关、当年进项目。目前还有10多个项目正在洽谈进区。2004年，我们要抓住机遇，充分利用好国家级出口加工区这张牌，加大招商引资力度，吸引更多的出口加工型项目进区，打造南京新的出口加工基地，为南京外向型经济发展做出更大的贡献。同时，对入区企业，积极做好开工投产建设服务工作，以带动更多的项目入区。

第五，优化环境，着眼可持续发展

加快基础设施建设。开发区2004年拟上2个110万伏变电站，同时在龙潭地区配合不锈钢项目建设1个50万伏区域性的变电所和1个22万伏变电所，增强电力供应，解决进区企业的后顾之忧；抓好疏港公路东延工程、312国道城市化改造等一批道路工程，不断完善便捷的交通网络；加大水网管线的铺设力度，推动龙潭水厂的早日启动，彻底解决栖霞区东部缺水的问题。推动城市化功能配套，加快仙林新市区和新尧新城的建设步伐，增强其服务功能，为开发区做好生活配套。改善生态环境，大力推行ISO14001环境管理体系，继续关停开发区周边污染严重、治理无望的企业，加大治污力度，同时不断植树造绿，通过各种手段，采取有效措施，努力改善生态环境，增强地区可持续发展能力。

第六，整合资源，带动区域经济发展

开发区的发展，必须跳出新港筹划新港。在整合资源促进区域共同发展中发挥龙头作用，首先要体现在对栖霞地区发展的带动作用上，通过增强栖霞地区的整体配套能力，放大开发区在沿江开发中的作用，促进开发区的升档晋级。近期开发区把总投资额达1.4亿美元的铁矿石球、船用钢、商品混凝土等一批外资大项目引荐到栖霞经济技术开发区，以此解决开发区用地紧张的矛盾，同时也促进了地区外向型经济的发展。下一步，我们还将在为周边园区引进工业项目的同时，充分依托开发区的招商资源，引进以IT、IC和生物医药等为主的国际知名研发机构和高新技术企业进入仙林大学城科技园，为开发区的产业升级和创新提供智力支持。

（南京经济技术开发区）

立足新起点 再创新业绩

2003年，呼和浩特经济技术开发区党工委、管委会大力实施“二次创业”发展战略，改善和优化投资环境，扩大对外开放，健全综合服务功能，有力地促进了开发区工业经济快速、健康发展和园区的现代化建设。

主要指标继续保持高速增长态势，经济建设又迈上新台阶

工业经济继续保持了高速增长的好势头，工业总产值首次突破百亿大关。2003年1~12月，累计完成工业总产值（可比价）119亿元，比去年同期增长了62.2%，是2000年的5倍。经济总量跃上了一个新的台阶。1~12月，实现工业增加值39.6亿元，比去年同期增长45.24%；国内生产总值达到42.97亿元，比去年同期增长49.3%。开发区规模以上工业增加值占全市规模以上工业增加值的48%，已经成为拉动呼市工业增长的重要因素。

招商引资成绩显著，工业重点项目进展顺利

2003年，新批准外商投资企业21家，实际使用外资2269.3万美元，新注册内资企业91家，注册资本金36379万元，其中：工业企业22家，注册资本金18412万元。1~12月各类内资企业实际投资总额达到26.2亿元。总投资48.7亿元的25个工业重点项目，其中：列入自治区的10个工业重点项目和列入呼市的9个工业重点项目均已开工建设。2003年新开工建设的工业重点项目就有16个，是近年来开工建设工业项目最多的一年，也是成效最明显的一年。总投资5.7亿元、年生产能力600万部手机、建设面积为16000平方米的TCL手机工业园的成功建成，创下了开发区工业企业当年建设、当年投产、当年见效的奇迹。

综合投资环境进一步改善，园区建设成为呼市城区建设新亮点

2003年，开发区围绕营造一流的投资环境这一目标，在继续加强和完善开发区投资服务体系、提高办事效率和综合服务水平、优化投资软环境的同时，加大了基础设施和配套设施建设力度，到目前已完成投资1.5亿元。总投资1.6亿元的出口加工区基础设施建设项目完成了巡逻通道、主道路工程、地下管网等工程，海关大楼、厂房等正在建设。科技孵化中心、归国留学人员创业园、软件园等科技创业中心运行良好，成为中小型科技企业的孵化基地。生物医药工业园已初具规模，目前已有8户大企业入区。集文化与观赏、休闲与娱乐为一体的大型广场，即：如意广场和金川文化广场成为全区“两个文明建设现场会”观摩的重点项目和开展群众性文化娱乐活动的良好载体。

先进文化、精神文明建设取得新成效。2003年，开发区以迎接自治区两个文明建设经验交流会为契机全力完善综合投资环境，大力开展先进文化和精神文明建设，取得显著成效。在两个文明现场会期间，全市共安排了22个重点观摩项目，其中开发区就有8个项目位列其中，是呼市迎会的重点区域。为使两个文明现场会成功举办，进一步展示开发区发展建设的风采，开发区早安排、早动手，成立了由主要领导挂帅的迎会指挥部，设立了宣传、绿化、工程建设、重点项目督查等多个工作小组，分解目标，责任到人，狠抓落实，打了一场优化开发区综合投资环境的漂亮战役，成为了首府两个文明建设的新亮点和展示首府形象的靓丽窗口，受到与会代表、全市各族各界的高度赞扬，得到市委、市政府的通报表彰，为首府的两个文明建设做出了积极贡献。

2003年开发区的各项工作是卓有成效的。立足新的起点，开发区党工委、管委会提出了跨越式发展新目标。

今后一个时期总体思路是：以邓小平理论和“三个代表”重要思想为指导，把开发区的发展置于全市、全区乃至全国的发展大局中，进一步解放思想，抓住机遇，扩大对外开放，大力扶持壮大优势特色产业，加快发展高新技术产业，把握科学发展观，统筹规划，扩规模、增总量，努力保持开发区较长的快速增长期，为首府在全区率先全面建成小康社会做出重要贡献。

今后几年经济发展的主要预期目标

2004年，工业总产值（可比价）确保170亿元以上，增速50%，提前一年超过完成“十五计划”确定的2005年160亿元的目标任务。力争完成200亿元，增速70%，工业增加值要达到58亿元，增速50%，力争完成68亿元，增速70%以上。招商引资20亿元以上；2005年，工业总产值（可比价）要突破300亿元，工业增加值要超过100亿元；到2007年，自治区成立60周年时，工业总产值要力争在2005年300亿的基础上翻一番，达到600亿元。开发区的综合经济实力要达到或超过国家级经济技术开发区的平均水平，进入2000

年以后新批准的中西部16个开发区的前列。

为了实现上述奋斗目标，开发区要进一步解放思想，团结拼搏，与时俱进，开拓创新，实施新的发展举措。

（一）解放思想，锐意创新，为开发区发展提供不竭动力和源泉

要创新观念，完善发展思路与举措。观念是行动的先导，面对新的重任与挑战，开发区上下必须要进行全方位的观念创新。在制定发展战略与奋斗目标时，不求四平八稳，要以跳起来才能摘到桃子的勇气，站在开发区发展新的起点上，按照市委、市政府实现跨越式发展的要求，谋划新的发展蓝图；在经济和社会发展上，本着能快就不要慢、能更快就不较快的观念，加快发展步伐；在开发区广大干部职工中，树立加快发展的紧迫感。营造能干事者上，不干事者下，勤勤恳恳做工作者留，浑浑噩噩混饭吃者走的良好氛围。让南郭先生在开发区没有市场，没有立锥之地。

中共中央政治局委员、国务院副总理吴仪同志在最近召开的全国经贸工作会议上指出，国家级开发区不发展或发展不大的，要摘帽子、撤销。对我们开发区来讲，不发展、发展不大就意味着要消亡。物竞天择、适者生存这一进化准则，在开发区体现的尤为突出。因此，我们必须要有危机感，要有不断加快发展的紧迫感。彻底摒弃骄傲自满、不思进取、安于现状的颓废观念，以蓬勃奋发的朝气、昂扬向上的锐气、积极进取的正气，投身于开发区各项事业的建设中，在开发区不断发展壮大中充分体现自身的价值。

（二）牢牢把握执政兴国第一要务，更快、更高、更强促进开发区发展

自治区、呼市两级党委、政府对开发区的发展寄予厚望，这些既是对开发区的关怀和期望，更是加快开发区发展的压力和动力。对于拉动呼市经济快速增长负有重要使命的开发区来讲，只有“更快”、“更高”、“更强”地发展，才能不负众望，不辱使命。

一是要“更快”地发展

在开发区的经济发展速度上，本着能快不慢、能更快不较快的宗旨，保持一个较长的持续快速协调健康的增长期，不断壮大开发区综合经济实力。具体讲，纵的方面，要在呼市乃至自治区充分体现出更快的发展势头，要显著高于自治区及呼市的整体发展速度，真正体现拉动作用；横的方面，要在全国49个国家级开发区特别是西部12个国家级开发区中充分体现出更快的发展势头，使开发区在经济总量和发展速度上保持前列位次。

二是要“更高”地发展

开发区要实现高速高效发展，必须要以高新技术产业做支撑。要大力

发展高新技术产业和高附加值产品，不断提高开发区的核心竞争力。充分发挥开发区各类科技孵化中心、归国留学人员创业园、科技园等孵化器的作用，使科技成果迅速转化为生产力，孵化高新技术企业，增强开发区发展后劲。大力支持设在开发区的国家和自治区高新技术产业中试基地的建设，引导和支持他们与开发区企业进行嫁接。采取各种举措，帮助高新技术企业发展壮大，促进传统产业升级优化，提高市场的核心竞争力，提高科技对开发区经济增长的贡献率和高新技术产品产值在全部工业产品产值中的比重，走出一条科技含量高、经济效益好、资源消耗低、环境污染少、人力资源优势得到充分发挥的新型工业化路子。

三是要“更强”地发展

做大做强开发区的优势特色产业，并不断地延伸产业链。更多地培育能够使开发区综合经济实力实现跨越式发展的大企业、大集团。大力支持伊利的发展，从奶源基地建设到产品生产方面，提供全方位的服务和协调，使伊利在金川的生产基地得到不断壮大巩固。要全力支持伊利新工业园的建设，使之尽快做大做强，打造成为中国乳品行业第一品牌，并为其进入世界乳业20强奠定基础。加快电子信息产业的发展，全力支持TCL电器、TCL移动发展壮大，充分发挥产业的集聚效应，延伸产业链。要以TCL电器、TCL移动、银安科技、台湾诚洲等骨干企业为基础，将开发区建成呼市乃至自治区电子信息产业基地。培育和壮大生物医药、新材料等特色产业，使之加快新产品开发。建设好国家生物医药产业基地，加快生物制药、中蒙药等特色药的开发。牢固确立工业重点项目立区的战略思想。主动支持重点工业项目的建设，并为项目的顺利实施和尽快投产提供全方位的服务，使其尽快形成产业规模，成为开发区新的经济增长点。

(三)实施大招商战略，加速开发区经济总量的扩张

开发区能否实现跨越式发展，关键是看是否有新项目入区转化为生产力。面对日益激烈的招商竞争，开发区必须要进一步加强对招商引资工作的领导。

一是继续实施全员招商。建立健全激励机制，明确目标任务，将招商引资作为考核开发区各级干部政绩的一把重要标尺，把招商引资工作与经济利益双挂钩，充分调动开发区上下参与招商引资工作的积极性。同时，还要实行有偿招商，导入激励机制，动员社会力量和境内外机构进行联合招商。

二是把招商引资的重点放在大项目、高科技项目引进上，使开发区在引进大项目特别是国际知名大企业上力争实现新的突破。

三是以现有入区的大企业、大项目为龙头，延伸招商引资链。要充分发挥这些大企业、大项目的龙头带动作用，以企引企，以商招商，鼓励与现有

入区企业进行合作投资，搞好与区内龙头项目的配套协作，拉长产业链，形成项目群。

四是加强招商引资基础工作。筛选重点项目对外推荐。建立客商档案，保持经常联系，在国内外城市聘请招商经纪人，帮助开发区牵线搭桥引进投资。在国际互联网制作发布网页，开展网上投资洽谈。

五是借助领导效力进行招商。实践证明，上级领导的关怀和帮助，往往是开发区大项目入驻的关键。在TCL的续扩建和与台湾诚洲ADI液晶显示器项目谈判中，自治区党委常委、市委书记牛玉儒同志给予了极大的关注和积极支持，增强了TCL继续投资的信心，也使年产300万台液晶显示器项目落户呼和浩特出口加工区。今后，开发区在大企业、大项目的招商引资上，要继续不遗余力地寻求各级领导的支持和关怀，以领导效应积极促成项目的成功顺利入区。

(四)继续高起点、大气魄地进行开发区基础设施建设

要千方百计筹措建设资金，加快开发区基础“硬”环境建设步伐。在完成“七通一平”的基础上，着力促进开发区硬环境向现代化、多功能、生态型转变。尤其是要把开发区的建设发展同建设生态型新城区有机结合起来，着力建设生态型城市新区，实现开发区可持续发展。充分发挥“快速通关”的优势和“免税、保税、退税”的政策优势，加快国家级呼和浩特出口加工区的开发与建设，尽快将其建设成为吸引外资的载体和呼市乃至自治区出口创汇的基地。

土地问题是制约开发区发展的主要瓶颈问题，没有土地，开发区就没有生存的空间。要切实加大土地征用、报批的协调工作力度。在市委、政府的积极支持下，对上协调各级土地管理部门直至国土资源部，取得土地主管部门的积极有效支持；对下做好农民群众工作。集中精力，集中财力，再储备一批土地资源，确保新入驻的大项目、好项目有土地供应。

(五)优化投资软环境，不断增强开发区综合竞争力

在软环境建设上，学习天津开发区等东部先进开发区在软环境建设中创立的“九通一平”新理念，努力在信息、市场、法规、配套、物流、资金、人才、技术、服务等方面为企业发展创造良好的环境条件，构建起区域发展的新经济平台。

优化政策环境。对开发区可以和能够实行的优惠政策进行认真研究，认真梳理，使开发区优惠政策透明化。同时，要把诚信理念融入到服务理念中，作为改善开发区投资环境的重要环节，不折不扣地兑现优惠政策，增强企业

的投资信心。

优化服务环境。东部沿海地区的区位优势、市场优势、环境优势、科技优势、人才优势是我们无法可比的。唯有提高服务质量，构建一流的服务软环境才能提升我们的竞争力。因此，要继续加强和完善开发区投资服务体系的建设，加强开发区投资服务中心建设，改革审批制度，减少审批环节，简化办事程序，提高办事效率和服务水平。

健全工业重点项目领导服务责任制。要从项目的落实、开工建设、投产的全过程做好跟踪服务，及时帮助投资者解决项目实施中的问题，确保工业重点项目实现预期经济效益。

加强对入驻企业的后期服务和协调工作力度，不断做大做强企业。对于伊利、TCL、乾坤贵金属冶炼这样的开发区支柱企业和生物医药、电子信息、新材料、轻纺工业等优势产业，一定要做好全方位的跟踪服务，尽最大能力解决其在发展经营上存在的外部问题，让企业排除一切干扰，开足马力，加快发展步伐，使支柱产业继续做大做强，优势产业尽快成为支柱，形成开发区支柱产业群体，使开发区保持一个较长的快速增长期成为现实可能。

加快体制创新步伐，建立开发区新的行政管理体制，构筑起开发区新的运行机制。开发区行政管理体制的模式要由金字塔型向扁平式管理模式转变，减少管理环节，扩大管理和服务的幅度，形成开发区新的开放格局，增创开发区新的发展优势。

（云公和　呼和浩特经济技术开发区管委会主任）

秦皇岛开发区
加速区域经济发展模式初探

产业集聚一般是只属于某种特定产业及其相关支撑产业、或属于不同类型的产业在一定地域范围内的地理集中。国内外实践证明，产业集聚是提高区域经济竞争力的有效途径，也是经济发展到一定阶段的必然结果。国家创设开发区以及开发区的不断发展是一个体制、机制和技术的创新过程，也是一个以新的方式和机制进行产业集聚的过程。开发区经过近20年的发展，产业集聚已成为区域内较为典型的经济地理现象。

在我国完善市场经济体制的进程中，开发区要想在已有建设成就的基础上取得区域经济不断的发展与进步，就必须顺应全球化背景下产业发展的客观规律，通过培育和营造产业集聚的发展环境，形成区域产业集群，依靠产业集聚提升区域核心竞争力。近年，秦皇岛经济技术开发区以优化投资环境为契机，凭借自身的自然区位、经济基础、优惠政策等因素，通过实施重点招商，推行产业集聚和产业集群战略，向产业集聚要竞争力、要经济分量、要经济效益，走出了一条以产业集聚加速区域经济实现跨越式发展的腾飞之路。

一、以国家政策为导向，实施重点招商，发展高新技术产业

“三为主一致力”是国务院对国家级经济技术开发区的基本定位和既定方针，这一方针为开发区实现产业集聚指明了方向，更决定了开发区区域经济发展的最终归属。从“九五”开始，秦皇岛经济技术开发区以“二次创业”和开发区扩区为契机，积极致力于高新技术产业发展。1999年，开发区开始对“三期”进行开发建设，遵循产业集聚的特点和规律，对高新技术产业进行重点招商，集中摆放有发展前景的高新技术项目，努力营造高新技术企业集聚发展氛围，推进高新技术企业的集聚。

秦皇岛开发区在实施科技兴区战略过程中，注重项目的技术含量，强化对项目的筛选，把好项目进区关，致力引进具有长远发展潜力的项目。开发区充分利用“三期”高新技术园区毗邻燕山大学、东北大学秦皇岛分校等十余所高校的优势，为高新技术产业发展提供强有力的技术支持和丰富

的人才储备，同时积极利用外脑，与首都的高校和科研院所建立合作关系，进一步依托高校技术扶持高新技术企业，发挥高新技术企业的龙头作用。另外，开发区不断加大对高新技术产业的投入，成立高新技术创业中心，引进育兴高新技术创业公司两家功能完备的“孵化器”，出台了《创业中心（孵化器）种子基金管理办法》和《创业中心在服企业的暂行规定》，在场地出租、土地出让、财政扶持、税收减免、优先上市、中介服务等多方面为企业提供优惠，为高新技术企业引进和发展提供了良好的环境。据不完全统计，仅“十五”以来，全区就有13家企业、29项产品被列入国家和省各类科技计划，全区经省科技厅认定的高新技术企业已有60家，高新技术产品85项，领先科技、海湾安全公司、燕大产业集团开发的4个项目分别被国家列入2003年国家重点技术改造“双高一优”导向计划、星火计划、火炬计划和重点科技成果推广计划。

短短四年时间，开发区“三期”10平方公里的土地已开发完毕，全部摆满项目，2002年开发区高新技术企业实现工业增加值5.18亿元，工业总产值9.02亿元，税金7745万元，分别占全区工业企业的16%、10.5%和57%，高新技术产业已成为开发区的主导产业，确保了开发区的高速可持续发展。

二、以特色园区为载体，强化政策倾斜，推进特色产业集聚

产业集聚就是相关产业在特定地域的高密度聚集，所以建设配套完善、区位优越的适当区域作为产业集聚的平台与载体，是实现产业集聚的首要前提，同时实施园区招商也是开发区节约开发资金、实现集约式发展的有效途径。秦皇岛开发区按照“合理布局、科学定位、突出特色”的要求，建立特色园区，强化政策倾斜，推进特色产业在特色园区的有效集聚。

在特色园区的规划建设中，秦皇岛开发区加强对园区内交通、水电等基础设施的统一规划，科学定位园区产业的发展方向，实现不同园区内产业的关联集聚和公共资源的低成本共享。先后设立了出口加工区、欧洲工业园、韩国工业园、台湾工业园、燕大高科技园、华博科技园等6个功能齐全的特色园区，提高招商工作的目的性、策略性和实效性。根据不同特色园区的不同产业特点，开发区实施“一园一策”，增强了园区的政策吸引力。欧洲工业园、韩国工业园、台湾工业园是三个根据不同国家和地区风俗和产业特点建立的工业和配套商住园区，一大批相关项目已经入驻，已成为不同国家和地区投资的有效集聚地。出口加工区于2002年6月经国务院批准设立，2003年9月正式通过了国家海关的验收，八达食品、普利森玻璃制品和正龙伟业等三个项目已经注册，另有十多个项目正在洽谈之中，发展前景看好。燕大高科技园现已投入资金14000万元，34个高科技项目

进区，引进资金4500万元，15家企业投入运营，2002年4月该园被国家科技部、教育部确定为河北省唯一一家国家级大学科技园。

三、以骨干企业为龙头，延伸产业链条，构建主导产业集群

西方经济学家番多（POUNDER）把产业集群喻为森林，把关键性企业喻为第一粒树种,该树种一旦落地，就可以长出一片森林。这个比喻形象地说明了产业集聚的特点，也充分说明在产业集聚进程中骨干企业作为龙头对中小配套企业的吸纳作用。近年，秦皇岛开发区因地制宜坚持以大项目为重点，中小项目并举的招商思路，认真谋划对一批投资规模大、关联度强的龙头项目的招商，全力扶持和培育特色产业中的龙头企业，使之做强做大，成为集群的核心主体。同时积极依托骨干企业，发展配套产业和服务业及下游产业，延伸产业链条，通过改善环境、政策扶持等办法支持发展，把支柱产业变成主导产业，把单一产业变成产业群，成功实施了产业集聚和产业集群战略。

随着金海系列、万机钢管、科泰铸件、哈尔滨动力等一批大项目的落地，秦皇岛开发区以这些项目为龙头的粮油、金属压延、汽车零部件等特色产业群雏形已经形成。依托金海粮油、鹏泰面粉为龙头，开发区吸引了金海食品、金海特种油、华龙方便面、韩国三井包装等国际国内知名粮油食品加工上下游配套企业的入驻，形成了一个从原料供应、生产加工、包装等众多环节的完整的食品加工产业链，粮油食品加工业已成为开发区的特色工业和支柱产业，目前秦皇岛正在以已由粮油食品加工产业为基础，积极构建中国北方最大的粮油食品加工基地。依托邦迪管路、飞天汽车门等企业，吸引了旭硝子安全玻璃、科泰铸件、戴卡美铝、戴卡兴龙等项目进区投资，初步建成了国内规模最大、水平最高的汽车轮毂和零部件产业基地；依托首钢板材、渤海铝业、万基钢管等企业，发展渤海铝业20万吨热轧项目，实现了金属压延产业迅速扩张；以哈尔滨动力项目为龙头，大力发展临港装配制造产业，推进与美国GE公司合作，形成开发超临界机组、核电产品、煤气化联合循环工程产品等重大装备制造能力的产业集群。2002年，秦皇岛开发区粮油、金属压延、汽车零部件等产业集群实现工业总产值54.1亿元，占到全区总量的63.3%，产业集聚对区域经济的带动作用已经凸现。

四、以服务建设为中心，打造环境品牌，优化产业发展环境

实现产业集聚的根本力量是市场，但特色产业在区域的有效集聚，继而逐步形成产业集群，有赖于良好的产业发展环境和服务氛围。秦皇岛经济技术开发区按照加入WTO及世界产业转移的新要求，提供产业发展所需的基础环境，以投资服务建设为中心，打造环境品牌和优势，下大力优化产

业发展环境。

通过不断加大基础设施和环境建设力度，美化城区环境、完善城区功能，提升城区形象，秦皇岛开发区积极创建绿色开发区，努力营造投资环境优良、生活环境舒适、花园式的开发区。1999年，秦皇岛开发区在全省率先引进ISO14000环境管理体系，2000年成功地通过了ISO14000环境质量认证，2001年成为我国第6家通过区域环境认证的“ISO14000国家环保示范区”，2002年又被评为河北省“环保模范区”，目前又在积极争创国家级环保模范城区，可以说秦皇岛在环境建设上是一年迈进一大步，绿色环境已成为开发区招商引资的“金字招牌”。

硬环境硬，软环境软。开发区不断强化体制环境建设，完善服务功能，提高服务水平，坚持依法行政，为产业集聚和发展创造良好的外部政务环境。完善了审批服务“全过程”、建设服务“全方位”和投产服务“全天候”的“三个服务体系”，推行首问责任制、公开承诺制、过错追究制和客商评议制；成立项目建设服务中心，组建企业“110”，专门负责受理、咨询、协调和监督等工作，实行“零缺陷”服务；全力打造诚信政府，建设诚信有序、公平竞争的市场环境，进一步规范政府行为，认真规范法制管理，加快电子政务工程，为企业发展、产业集聚提供高效服务环境，努力营造亲商、安商、富商环境，使开发区成为投资成本的凹地、项目聚集的高地、企业发展的福地，实现客商投资的低门槛、低成本、低风险。

秦皇岛开发区产业发展环境的优化和招商策略的调整，为产业集聚和发展提供了良好的环境。目前，秦皇岛开发区已经形成了以高新技术产业为主导、支柱产业为支撑，传统产业为补充的三大模块互动的区域新兴工业体系，开发区的各项主要经济指标连年大幅度增长，2002年，国内生产总值、实际进入外资、出口创汇、财政收入在全省开发区中列第一位，在全国33个国家级开发区中（不含中西部16个）主要指标位次也不断前移。产业集聚和产业集群战略的实施有效推动了全区优势产业的全面升级和区域经济竞争力的提升，为加速区域经济社会发展起到了积极的作用。

(高振元　秦皇岛开发区政策法制局)

实施“挺进西海岸”战略
构筑青岛新的经济重心

2003年，青岛经济技术开发区在中央和省市的正确领导下，坚持以邓小平理论和“三个代表”重要思想为指导，全面贯彻党的十六大和十六届三中全会精神，紧紧围绕构建青岛新的经济重心和建设现代化国际新城区的目标，解放思想，干事创业，全区经济持续调整健康协调发展，社会各项事业全面进步。全年实现国内生产总值212.1亿元，增长28.2%；全社会固定资产投资103.1亿元，增长52.5%；地方性财政收入12.1亿元，增长31.9%。全区综合经济实力位居国家级开发区前列。

一、致力抓招商引资和项目建设，经济国际化程度进一步提高

努力克服“非典”疫情的不利影响，紧密围绕“六大项目”和“十大工程”，统筹内外开放，创新招商方式，拓宽招商领域，对外对内开放取得突破性进展。

一是利用外资内资大幅攀升。2003年全年完成合同外资23.29亿美元，增长88%；实际利用外资7.99亿美元，增长69%。实际到位内资50亿元，增长33%；其中市外资金28亿元，增长113%。根据国家商务部统计，合同利用外资首次跃居国家级开发区第一位，新注册内资企业注册资本居沿海开发区第一位。

二是大高强项目再创历史新高。事关开发区未来发展的“六大项目”全面启动，港口项目、钢铁项目、集装箱项目、汽车项目、大炼油项目均取得突破性进展。全年共引进外资项目148个，其中过千万美元项目55个，过亿美元项目3个，世界500强投资项目12个。

三是项目建设取得重大突破。项目开工率和投产率明显提高，新开工外资项目69个，新投产外资项目39个，海信日立空调、太平货柜等10个外资项目实现了当年引进、当年建设、当年投产，对全区经济增长形成强劲的拉动作用。

四是外贸出口稳中有升。应对国家出口退税有关政策调整，积极实施

招商引贸战略，新引进18家外贸出口企业来区注册，新都理光、欧地希机电等多家生产出口型三资企业逐步投产，外贸出口新的增长点得到进一步培育发展。全年外贸出口达9.55亿美元，增长25.1％。

二、坚持抓结构调整和产业升级，可持续发展能力进一步增强

围绕构筑可持续发展经济体系的目标，以结构调整为主线，不断加快产业升级，产业结构更趋合理，经济增长质量和效益不断提高。

一是工业经济高速发展。新增规模以上工业企业33家，总数达222家；2003年完成限额以上工业企业现价工业总产值455亿元，增长34.9％。工业产品销售率达到99％。家电电子、机械、石化等支柱产业稳步发展，对全区GDP的贡献率更加明显，其产值占区内工业总产值的比例超过80％。

二是高新技术产业快速成长。积极推进高新技术产业化进程，完善科技政策体系，推动产学研合作，全面启动了制造业信息化工程示范区建设。新认定高新技术产品24种，新认定高新技术企业17家，全区高新技术企业总数达80家。高新技术产品产值完成300亿元，增长40％，占工业总产值的比重达到67.4％。

三是第三产业蓬勃发展。社会消费品零售总额达21.8亿元，增长73.28%。港航物流业初具规模，马士基、伊滕忠等大型物流项目相继投资，裕龙等10余家大型物流项目开业。旅游业难中求进，全年接待国内外旅客突破150万人次，完成总收入18亿元。金融保险业健康发展，创建山东省级金融安全区工作进展顺利。房地产开发继续升温，商品房销售额比去年实现翻番。人才、劳动力等其他要素市场和咨询服务同步协调发展。

三、精心抓城市建设和城市管理，城区功能形象进一步提升

始终坚持“一手抓招商引资、一手抓城建城管”，构筑现代化国际新城区框架迈出坚实步伐，城市整体形象和综合功能有较大改观。

一是坚持高起点规划，城区档次明显提高。坚持规划先行，协调配合编制完成了西海岸经济发展用地总体和分区规划、薛家岛旅游度假区概念性规划；编制了石化基地规划和“唐岛湾中心商务区”等有关区域的控制性详细规划。加快了“数字国土”的建设步伐，已测绘完成1:2000地形图和1:1500卫星数字化影像图。

二是坚持高质量建设，城区面貌日新月异。事关开发区形象的“十大工程”顺利推进，唐岛湾综合治理、行政中心轴线景观等工程相继完工，全区第一座立交桥、第一条高架桥、第一条隧道相继建成或贯通，同三线黄岛段等重点工程实现通车，滨海公路开发区段超计划推进。农村城市化进程不断加快，四个农村城市化示范居住区已完成统一规划，部分示范区已开工建设。

三是坚持高水平经营，经营城市有新建树。进一步加强了土地市场建设，加大了土地储备力度，严格落实了经营性土地招标拍卖、挂牌和出让制度。积极推进区域性投融资体制改革，全市第一个参照BOT方式建设的环保项目污水处理厂投入运营；泥布湾污水处理厂运用TOT方式资产转让工作按计划顺利推进，盘活国有资产近4000万元。公用事业改革取得突破性进展，公交、市政、供排水公司改制进展顺利，热网公司成立在即。

四是坚持高效能管理，城区形象焕然一新。重点对长江路、香江路等城区主干道进行了环境集中整治，加大绿化、亮化、美化力度，城区形象大幅提升。全区森林覆盖率达30％以上，城市绿化覆盖率达38.8％，城市生态环境进一步改善。积极推进ISO14000国家示范区创建工作，环境卫生考核连续4年保持全市第一。

四、协力抓经济和社会统筹发展，其他各项事业进一步加强

统筹社会经济发展，努力促进经济、社会和人的全面发展，社会各项事业取得明显进步；坚持“两手抓、两手都要硬”，精神文明建设和民主法制建设得到进一步加强。

一是教育事业长足发展。相继建成石油大学青岛科学园区一期主体工程和山东科技大学创业基地二期，高考升学率及重点大学考取人数均创历史新高，教育工作已达到省级示范区标准。

二是文化卫生事业大有进步。第六届金沙滩文化旅游节成功举办，北城区科技文化中心投入使用。卫生体制进一步健全完善，实行了疾病控制与卫生监督的防治分离，开发区被确定为全国慢性病防治示范点。“非典”防治工作取得阶段性成果，荣获全国计生系统抗击“非典”先进集体称号。

三是精神文明建设卓有成效。扎实开展了“创文明大道、做文明市民、树文明形象”活动，广泛开展了“新区发展我受益，我为新区做贡献”主题教育活动，城区文明形象进一步提升。坚持综合治理、标本兼治，社会治安综合治理措施全面落实，社会稳定局面进一步巩固。

四是社会保障体系不断完善。设立了劳动保障“一站式”服务大厅，在全国率先实行了城乡统筹就业，领先建立了农村社会化基本养老保险制度，在全省率先建立了农村临时救助制度，实施了新型农村使用医疗制度。

五是人才工作取得新成绩。全年共引进各类人才5200人，以5名两院院士、100余名博士、500余名硕士、5万余名大专以上学历毕业生为主体的人才队伍基本形成。

五、着力抓环境改善和体制创新，进一步优化发展软环境

以创建“四型机关”为目标，以深化政府“五项工程”为突破口，进一步转变政府职能，改进施政方式，区域核心竞争力明显增强。

一是着力提高行政效能。出台了关于优化发展软环境的有关文件，切实加强了行政效能建设，积极开展了创建机关服务品牌活动。全面开展了机关作风整顿，进一步提高了行政效率，优化了发展环境。

二是着力深化审批制度改革。经过三次削减，将1050项审批事项精简到目前的147项，精简幅度达86%；创新“一站式”服务机制。建立了“超市型、平台式”行政审批中心，与项目引进和建设相关的行政审批服务事项全部集中到区行政审批中心统一办理，为企业和群众提供了快捷优质服务。

三是着力深化收费制度改革。积极推进“零收费区”建设，将面向工业企业的区属收费项目由原来的334项减少到目前的2项，每年可为企业减轻负担5000余万元。

四是着力提高干部整体素质。进一步加强了干部队伍培训，对局、处级干部及中青年干部进行了集中培训，公开考核选拔了多名干部赴国外培训，面向国内重点和名牌高校选拔了169名优秀毕业生充实到机关，提高干部整体素质。

2003年，青岛开发区社会经济发展虽然取得了一定的成绩，但还有不少困难和问题，主要表现为：新的经济增长极和具有强拉动力的大项目还没有完全形成；同先进地区相比，经济规模、速度等还有较大的差距；仍存在一些制约经济社会发展的体制机制障碍；城市建设和管理的档次、水平还不够高等。

2004年，青岛开发区将以邓小平理论和“三个代表”重要思想为指导，全面贯彻党的十六大、十六届三中全会精神，坚持“以人为本”，牢固树立并认真落实全面、协调、可持续的科学发展观，围绕发展“三大特色经济”（大港口、大工业、大旅游），构筑“两大中心”（中国北方国际航运中心、物流中心）、“一个胜地”（具有国际水准的海淀旅游度假胜地）的目标，继续推进“六大项目”和“十大工程”，突出抓好“六大工业集群”和“五项精品工程”建设，努力构建青岛新的经济重心，争创全国最好的开发区。

（青岛经济技术开发区管委会）

努力实现超常规发展目标

一、2003年各项工作取得新成绩

2003年，连云港经济技术开发区完成国内生产总值45亿元，增长18%；工业产值125亿元，增长33%；工业销售收入110亿元，增长30%；合同利用外资2.48亿美元，增长98.8%；实际利用外资1.17亿美元，增长94.6%；出口总额1.53亿美元，增长40.2%；固定资产投资11.69亿元，增长27.7%；财政收入6.6亿元，增长34%。

经济发展取得新的成绩，主要表现在：

招商引资取得新成效

一是及时调整招商策略。积极应对“非典”，采取电话招商、网上招商、委托招商、以商引商等方式，对有望谈成实施的重点项目安排专人进行跟踪落实，同时，制定并实施了更加优惠的投资政策，进一步降低了门槛，最大限度地减轻了疫情带来的负面影响。二是洽谈推进了一批大项目。及时把招商工作重点转移到大企业、大项目上，接洽了韩国INI钢铁、日本JFE钢铁、泰国正大、德国贝克汉姆化工、连城铝业等一批大型企业集团，炼钢、石化、氧化铝、直接还原铁、精细磷酸盐、化工码头等一批大项目正在推进之中。三是招商力量得到进一步加强。从机关各部门选调了一批理工专业、外语较好、综合素质较高的人员充实到招商一线，加强了招商力量。

园区建设迈上新台阶

1.国家级出口加工区。2003年3月获得国务院正式批准，7月15日在国家批准的第三批出口加工区中率先通过国家八部委验收，为市加快发展加工贸易提供了新的优良载体。

2.大浦化工区。2002年开始组织实施总投资5000余万元的大浦化工区一期工程，竣工后，面积约7平方公里的大浦化工区将成为精细化工项目的重要载体。

3.省级高新技术产业开发区。为进一步完善高新区市政基础设施条件，实现区内路网循环，组织建设了西环路和振兴北路。高新区内民营经济园28

家企业全部开工，其中建成投产企业20家。

4.东部工业园。投资1000多万元，实施纬三路建设工程，园区面貌焕然一新，被市委、市政府确定为新医药产业基地下一步发展用地。

5.临港产业园。连云港有天然的海港，有全国最大的核电站，交通便捷，水源充足，非常适合发展高耗能、大运量、大吞吐量的工业项目,建设临港产业区正是把这些优势融为一体的最佳选择。2003年，我们与市有关部门密切协作，组建新东港公司，共同投入1.6亿元，开工修建了总长10.3公里的新光路、大港路、碱厂南路，目前，产业区已初步具备项目进驻条件。

投资环境发生新变化

硬环境方面：一是建成了南洋（国际）学校。总投资1.2亿元的连云港南洋（国际）学校2003年2月20开始施工，只用半年时间完成了一期工程，9月1日正式开学。二是通过了ISO14000环境质量管理体系认证。2002年3月，组织实施ISO14000环境质量管理体系创建工作，12月初已经取得证书。三是推进了数字化开发区建设。招商网站改版已基本结束，完成了中、英、日、韩四种语言版面的开发和升级，既为网上招商工作创造了条件，同时又为创建数字化开发区打下了良好基础。四是打造绿化精品工程。投资1000多万元，完成了出口加工区、东部工业园、高新区和民营园绿化，新增绿地51万平方米，全区绿化覆盖率达34.1%，形成了自然、优美、生态型的绿化风格。

项目建设有了新突破

一是一批新项目建成投产。投资5500万元的北变公司新增3万台轿车变速器、投资4700万元的华威电子环氧塑膜、投资1420万元的振兴石化设备等项目已经竣工。二是一批新项目开工建设。投资2.4亿元的益海粮油二期、投资556万美元的天田机床工具项目、投资3000万元的海日电脑项目、投资5100万元的康缘药业前提取车间技改项目、投资2900万元的豪森医药研发中心等一批项目正在紧张建设之中。三是储备了一批新项目。

2003年，全区新批外资项目40个，内联项目30个。储备了投资总额100多亿美元的项目，为大项目突破打下了良好的基础。

二、2004年努力实现超常规发展目标

2004年，我们将以党的十六大和十六届三中全会精神为指导，围绕“两个率先”的发展要求，在区域经济建设和社会发展中勇挑重担，有所作为，努力实现开发区超常规发展的目标：完成国内生产总值52亿元，增长15%；工业产值145亿元，增长16%；工业销售收入130亿元，增长18%；合同利用外资4亿美元，增长61.3%；实际利用外资2亿美元，增长70.94%；争取完成

合同利用外资 6 亿美元，实际利用外资 3 亿美元。主要措施是：

强力推进招商引资

随着临港产业区和大浦化工区等各类园区的建成，开发区吸引大项目、发展大工业的综合优势已经凸显出来。2004 年，我们将加大招商引资力度，进一步强化领导招商责任制，深化和细化改革措施，创新机制，严格奖惩，始终保持招商队伍活力。同时，充分整合和调动外部力量，形成招商引资新合力。抓紧组建市场化运作的招商主体，在运作机制上进行大胆探索。进一步发挥驻外机构、中介机构的作用，延伸招商工作触角。对目前储备的 100 多亿美元的项目，排出重点，进行跟踪落实。瞄准世界 500 强企业、国内外著名企业，有针对性地组织一批招商活动，力求在大项目招引上取得突破。

精心打造各类园区

加快出口加工区、大浦化工区、新医药产业基地、临港产业园的建设步伐，不断完善区域投资硬环境。出口加工区 1 月份封关运作，抓紧建设 4 幢建筑面积 6000 平方米的标准厂房，以满足企业进驻要求。同时做好面积 2.3 平方公里的二期工程规划设计；继续实施临港产业园、大浦化工区配套基础设施建设。高标准、高起点地搞好园区绿化，新增绿化面积 81 万平方米。同时，加大特色产业园区扶持力度，对复合材料工业园、硅（信息）材料产业园等园区开发建设提供高质量的服务，使其成为引进高新技术项目的新载体。

做大产业优势

一是招引更多的工业项目进区实施。加大招商引资力度，引进更多的工业项目入区，培育新的骨干工业企业，尽快形成一批新的企业集群，构建新的产业优势。二是加快培育现有骨干工业企业。对 14 家年销售收入过亿元、9 家年销售收入过 5000 万元、8 家年销售收入过 3000 万元以及 32 家年销售收入过 1000 万元的现有重点骨干企业，加大扶持力度，努力做大、做强现有骨干企业。要筛选出一批优势企业，推动他们尽快进入资本市场，实现企业的快速做大。

（连云港经济技术开发区管委会）

2003年重庆开发区再创新高

2003年，重庆经济技术开发区按照重庆市委、市府“上档提速，加快发展”的总体要求，基础设施建设快速推进，招商引资成效显著，产业结构进一步优化，经济发展提速增效，顺利实现了全年工作目标，继续保持强劲增长的发展势头。

2003年，重庆开发区5大主要经济指标：总收入、国内生产总值、工业总产值、税金总额、预算内财政收入，均提前超额完成市政府及北部新区考核目标，继续保持进入扩张期以来的强势增长,各项指标再创新高，增速均在40%以上。其中，总收入、工业总产值增速突破60%，预算内财政收入、三资企业合同投资总额、三资企业到位资金提前三个月超额完成全年目标，分别完成年度计划的232.50%、6.14倍、1.55倍，全年共实现总收入240.09亿元，国内生产总值72.48亿元，工业总产值191.14亿元，税金15.21亿元。

统计分析显示，2003年重庆开发区经济增长主要呈现出以下特点：

一、经济规模不断扩大，示范和带动作用进一步增强

2003年，重庆开发区实现工业总产值191.14亿元，占全市比重12.01%，占都市发达经济圈比重达17.80%；实现工业增加值6.28亿元，占重庆市比重12.85%；外商及港澳台经济占全市比重上升到42.46%；引进合同外资金额8984万美元，占全市比重达45.12%。全区实现国内生产总值72.48亿元，同比增长42.61%。工业总产值、财政收入、税金等主要指标在西部国家级开发区中稳居榜首，增速在全国47家开发区中仍保持中上水平。

二、工业生产显著“提速”，经济效益稳步提高

全区工业生产持续加快，月均增速一直保持在50%以上。工业在全区经济中的支撑地位日益突出，全年累计实现工业增加值6.28亿元，增长38.21%，拉动经济增长16.37个百分点，占全区国内生产总值比重高达86.58%，是全区经济增长的主要动力。

首先，产品结构继续优化，新产品产值创新高。企业通过技术创新，培育了一批科技含量较高的品牌产品，极大地改善了全区工业的结构。新产品产值占工业总产值比重逐月攀升，这不仅提升了全区工业的档次，同时产品结构得到不断调整和优化。全年累计完成新产品产值39.66亿元，占工业总产值比重20.75%。

其次，重工业增长快于轻工业，三资工业经济占主导地位。全年重工业累计实现产值117.56亿元，同比增长78.89%，分别比轻工业高53.39亿元，重工业的快速发展必然提出对设备制造业、装备工业的巨大需求，也会对基础产业发展提出新需求。重工业资金密集、技术密集、产业链条长、投资周期长、投资规模大的优势，为重庆经济技术开发区今后较长时期保持经济快速增长提供了保障。三资工业经济拉动了整体工业经济的快速增长，三资企业工业总产值达123.78亿元，与国有、民营和其他类型企业的比重为64.76：18.66：15.71：0.87。三资企业实现利润7.14亿元，占全区工业利润总额的比重为64.67%,与国有、民营、其他类型企业的比重为66.97：11.36：17.42：4.25。三资企业工业为全区经济持续扩张奠定了坚实的基础。

再次，利润总额大幅增长，亏损面进一步缩小。重庆开发区全年累计实现工业利润11.04亿元，占全区比重86.05%，同比增长45.23%。工业企业亏损面进一步缩小。

三、固定资产投资增势强劲，亮点突出

2003年以来，按照重庆市委、市府关于北部新区开发建设“上挡提速”的战略部署，重庆开发区南北并进，在项目策划、土地征用、规划编制及基础设施建设方面加大工作力度，集中力量快速推进了经开园的开发建设进程，努力探索国债资金、社会投资和利用外资三者有机结合的途径，全区固定资产投资持续增长，投资规模进一步扩大，全社会固定资产投资完成51.42亿元,同比增加19.31亿元，增幅达60.01%，其中基本建设投资完成31.50亿元，占全社会投资总量的61.26%，其中基础设施建设投资完成24.97亿元，占全社会固定资产投资总量48.56%，成为全区投资增长的主要支撑点。

四、招商引资取得新成效,对外贸易取得新进展

在全区开发建设快速推进的同时，以招商引资为龙头，按照“四个一批”的要求充分发挥主观能动性，有效利用北部新区及国家级经济技术开发区的政策、体制优势及品牌效应，采取多种招商方式，引资工作取得了显著成绩。2003年，全区累计开工及投产项目35个，签约项目60个，合同投资总额达133.2亿元，其中经开园招商引资签约项目合同投资总额125.73亿元，引进了投资过亿的大型项目多个。全区对外贸易取得新的突破，全年完成进出口总额29406.71万美元,同比增长5.12倍。

（重庆经济技术开发区管委会）

抢抓机遇 奋力赶超
努力开创外经贸工作新局面

一、2003年苏州工业园区经济发展情况

2003年在中新合作双方的共同努力下，园区经济继续保持快速协调发展，各项工作取得了比预期更好的成绩。全年共实现国内生产总值365亿元，同比增长45%；完成财政收入46亿元，增长41%；完成进出口总额135亿美元，增长135%；新增合同外资20.87亿美元，增长18%；完成注册外资到账12亿美元，增长32.3%；实现新增注册内资112亿元；完成全社会固定资产投资202亿元，增长94.2%。特别是对外经济贸易工作经受住了非典疫情和伊拉克战事考验，实现了在较高平台上的持续高速增长，平均每天创造1亿元国内生产总值、引进1个外资项目，每月完成进出口10亿美元，区域产业规模、结构和层次跃上了新的台阶。主要表现在：

(一)外资招商成效显著，国际资本加速集聚

针对“非典”引起的人流物流障碍，迎难而上，主动应对，及时调整对外招商策略，变小分队、多批次轮番上门为一次出境，长期持续加大招商频率，全年境外招商活动达100批次。大力拓展网络、中介等招商渠道，抢抓快人一拍的先机，当年新增外资项目326个，100多家企业实现增资近4亿美元，取得了领先一步的成效。成功引进英飞凌科技、迈拓科技等一批欧美项目著名大企业和世界500百强企业，外资招商呈现欧美项目多、质量高的新特点，有力促进了产业层次的提升和产业链的完善。

(二)外贸出口增势强劲，高平台政策优势突出

全年完成进出口总额135亿美元，同比增长135%，其中出口完成56亿美元，增长119%，是开发建设以来增长最快的一年。截至2003年11月份，园区进出口占全省、全市比重快速提升，分别由去年同期的8%和15%提高到目前的12%和21%。一批旗舰项目和龙头企业对进出口快速增长拉动作用明

显，仅友达光电、日立显示器、旭电、三星半导体、三星电子5家企业的进出口额就达到61亿美元，约占全区进出口总额的45%。进出口的高速增长除得益于外部宏观经济形势好转外，现代物流园的加快建设、SZV空陆联程业务范围的扩大、海关联网电子审批的实施和联网企业的持续增加，都为园区物流环境的改善和贸易的持续增长奠定了坚实的基础。

(三)外资投入大幅增长，固定资产投资创历史新高

全社会固定资产投资达到202亿元，同比增长94.2%，增幅比去年同期高出25个百分点，总量和增幅列苏州全市第一。其中外资企业投入大幅增长，完成投资近100亿元，占到固定资产总投资50%左右。外资工业固定资产投资占到全部外资企业投资的90%以上，达到94亿元，企业开工投产步伐明显加快，为经济快速增长夯实了基础。

(四)载体功能不断拓展，区域开发形成新亮点

出口加工区和现代物流园等功能载体建设取得重大进展，成为园区吸引外资、扩大开放的新亮点。出口加工区一区全部摆满项目，全年新增注册外资1.58亿美元，实现进出口总额10.8亿美元，其中出口4.9亿美元。全年新开工企业达13家，新开工厂房面积超过20万平方米，截至2003年第三季度，在全国38家出口加工区中，出口加工区吸引外资和进出口总额分别居第二和第三位。

现代物流园已完成开发0.5平方公里，建造保税和监管仓库12万平方米，成功引进知名国际物流企业三井物产，有60家生产性公司、30家货代公司和12家航空公司加入SZV快速通关模式，全年共操作空陆联程中转货物单近3000票，货物从浦东到园区的通关时间平均缩短为5~7小时。在园区海关的大力支持下，物流园率先实现了24小时不间断通关，大大改善了园区物流通关环境，进一步增强了园区综合竞争能力。

二、2004年园区外经贸工作的初步设想

2004年是全面落实十六届三中全会精神，加快推进"两个率先"的重要一年，也是园区开发建设十周年的喜庆之年。园区2004年工作的总体目标是各项主要经济指标保持40%左右的增幅：1.GDP力争超过500亿元；2.财政收入力争超过65亿元；3.新增注册外资超20亿美元，新增到账外资超10亿美元，注册内资超100亿元；4.进出口总额超180亿美元；5.全社会固定资产投资超250亿元，其中工业投资占比例不低于50%。

我们认为，从2004年的形势来看，虽然存在诸多有利条件，但不确定因素和困难也不少，主要是：国家在土地、金融等方面进行了较大幅度的政策调整，这将对园区的招商引资、资金供应、地方财力、企业效益等产生不同程度的不利影响；能源、电力等生产要素的短缺和不足对经济发展带来较大制约；出口退税率的下调，将影响企业出口等等。为此，我们将重点做好以下几方面工作：

(一)以七次理事会为契机，进一步创优发展新环境

中新合作是园区赖以生存和发展的重要基础，也是园区优越于其他开发区的显著特点。2004年，园区将紧紧抓住中新联合协调理事会第七次会议召开的重要契机，从加快园区发展的需要出发，认真分析园区当前及今后发展中急需解决的问题和困难，前瞻性地提出园区下一步发展目标和新一轮功能政策，争取获得中新双方更多的支持和帮助，使园区真正成为我国入世的先行区和试点区，为全市和全省的对外开放做出更大的贡献。

(二)以项目招商为主线，进一步拓展产业新领域

趁势而上，不断加大招商引资力度，进一步提高利用外资的质量和水平。

一是放大亮点，打造IT产业新高地。瞄准建成全国最重要IT产业基地的目标，加大对技术最先进、竞争力最强的世界顶级公司的上门招商力度，力争再引进2~3条IC、TFT等前道生产线，吸引更多地上下游配套企业，进一步做大做强产业链。

二是突出重点，拓展引资新空间。紧紧抓住中国加快对外开放和港澳与内地签订CEPA等有利时机，鼓励和吸引更多外商来园区设立区域总部、研发机构、销售中心和物流中心等，进一步优化区域产业结构。

三是发挥特色，提高利用外资的质量和水平。充分发挥出口加工区、现代物流园和内资外贸商务中心等特色园区的载体作用，继续着力引进高新技术、高税收和高就业的“三高”项目，不断提高利用外资的规模和质量。

(三)以亲商服务为切入点，进一步树立服务新形象

不断完善服务机制、优化服务环境、提升服务水平，全面树立亲商、高效、廉洁的政府新形象。一是加快行政审批改革，通过精简与压缩行政审批事项，进一步扩大“一站式”服务中心的授权范围和积极推广网上电子申报等手段，不断缩减办事流程，简化办事手续，提高行政审批效率，为企业发展创造更为便利的发展和创业环境。二是建立综合高效的企业服务网络，坚持从企业出发，进一步加强对企业的个性化服务。特别要认真落实项目开工责任制，加大对重点项目现场协调力度，帮助企业加快开工投产。三是重点做好降低物流费用，提高通关效率；控制能源成本，确保充足供给；取消各类行政收费，建立“无费区”和实行弹性公积金等企业关心问题的研究，努力降低企业综合商务成本，千方百计促进企业加快发展。

(四)以载体建设为重点，进一步构筑功能新平台

出口加工区：随着国家出口退税政策的调整，加工区的功能优势和政策优势日益显现，2004年除了要抓住发展机遇，力争全年实现新增注册外资5亿美元，进出口额超30亿美元外，还要抓紧做好出口加工区B区的申报工作，力争上半年全面完成B区一期1.5平方公里的建设，并通过验收运行。

现代物流园：加快开发建设，力争形成30万平方米以上仓储面积，并充分利用信息技术、网络技术，积极推广EDI报关、联网监管等现代化服务手段，在做大SZV进口业务的同时，增强SZV反向通关及出口能力，进一步搭好快速高效的通关服务平台，初步建成省内第一、全国一流的保税物流基地。

国际科技园：力争2004年再引进20家左右IC设计企业、100家左右留学生或软件企业，培育数家产值超5000万元的软件企业或出口超千万的规模型软件企业，建成省内一流、全国知名的软件生产研发和出口基地。

我们将以邓小平理论和“三个代表”重要思想为指针，按照省委、省政府的统一部署，在苏州市委、市政府的正确领导下，进一步居安思危，励精图治，与时俱进，努力把苏州工业园区的对外开放工作做得更好，为改革开放和现代化建设做出应有的贡献。

（苏州工业园区管委会）

西安高新区二次创业生机勃发

西安高新区管委会主任景俊海说:“西安高新区‘二次创业’的目的就是要提升核心竞争能力、推进产业裂变扩张、增强资源聚合效应以及全方位辐射带动区域经济的发展。到2006年,高新区将实现技工贸总收入1100亿元,国内生产总值360亿元;到2010年将实现技工贸总收入2500亿元,国内生产总值850亿元。”

在全球性新一轮资源的重新组合中,拥有较强的经济资源与生产要素的聚集能力和一大批极具创新实力的高新技术企业集群与主导产品,一直以超过30%的增长速度实现着跨越式发展的西安高新区,按照“发展要有新思路,改革要有新突破,开放要有新局面,各项工作要有新举措”的要求,在二次创业中做出新的成绩。

一、创业理念:诚信、大气、创新、有为

按照已在国际上引起广泛关注的“诚信、大气、创新、有为”的二次创业理念,2003年以来,西安高新区全面完善政策服务体系,完成了政策重心由扶优扶小向扶强扶大的转变,出台了包括建立1亿元的产业促进基金的政策、大幅度降低产业用地价格的政策、鼓励社会力量兴办科技企业孵化器的政策和促进大企业产业上规模的财政贴息政策等在内的13个产业鼓励政策,以大胆创新的投资与服务政策优势,加大了国内外资源向高新区转移的聚集力。

西安高新区于2003年3月正式启动了 “二次创业”工程,坚持以信息化带动工业化,走科技含量高、经济效益好、资源消耗低、环境污染少、人力资源优势得到充分发挥的新型工业化路子。在“一线两带”建设和“建强创佳”中,依托西安市的科技优势、人才优势、工业基础优势、区位优势和自身已有的发展优势,积极打造国际知名的科技园、国内一流的高新区、中西部最大的科技产业城,努力将西安高新区建设成为培育高素质人才、发展社会主义文化的新社区和发挥改革开放与招商引资的先导带动作用、具有可

持续发展的体制创新与技术创新能力的经济快速增长区以及与世界现代化和国际惯例接轨的中西部最大的中国科技创新城。

从2002年初开始，西安高新区将做好二次创业总体方案的研制和策划工作当作二次创业的首要工作来抓，在充分调研、精心筹备的基础上，经过市委市政府领导多次专题会议讨论研究，完成了《西安高新区二次创业总体方案》，形成了具有全球眼光、科学系统、切实可行的发展战略、策略及实施方案，确立了高新区二次创业的四大基本任务。与此同时，西安高新区组织全国权威专家学者对高新区的产业发展进行建设性指导，并聘请美国麦肯锡咨询公司对符合西安高新区发展需要的高新技术产业的发展趋势做了论证和策划，确立了“以电子信息、软件、生物医药为高新区战略性产业，以航空、集成电路和通信为机会性产业”的产业发展战略定位，并据此启动了航空科技园建设工程。

二、2003年发展建设成绩斐然

目前，航空科技园的重大价值已在招商引资和园区开发建设中开始显现。而西安高新区新型工业园、国际软件园、创业研发园、中心商务区等四大功能园区建设工程的顺利实施，又使西安高新区在产业规模、园区空间、创新能力和发展优势等方面取得重大突破。

2003年,西安高新区全年完成GDP157.55亿元，同比增长30.7%，占全市预计完成值的16.8%，比重比上年提高2.4个百分点；全年新增国内生产总值37.55亿元，拉动全市经济增长4.5个百分点；全年完成工业增加值127.17亿元，同比增长33%，占全市预计完成值的36.6%，比重比上年提高10.8个百分点；全区新增工业增加值30.57亿元，占到全市新增工业增加值的64%。2003年1~8月份，西安高新区完成技工贸收入337.73亿元、工业增加值77.1亿元、国内生产总值96.7亿元，同比增长269.4%、34.2%和33.7%。其中，电子信息产业、生物医药产业和光机电产业分别同比增长32.7%、34.2%和31.3%。全区收入超过15亿元企业达4家、超过10亿元企业达6家、超过5亿元企业达14家、超过亿元企业达39家。其中金花集团技工贸收入同比增长187.6%，东盛集团技工贸收入同比增长34.6%，庆安冷机技工贸收入同比增长48.6%，彩虹显示器技工贸收入同比增长78.4%，海天天线技工贸收入同比增长200%，通源石油技工贸收入同比增长56.8%，联合汽车电子技工贸收入同比增长72.6%，青松科技技工贸收入同比增长71.7%。

2003年，西安高新区完成合同外资额30202万美元，同比增长27%，占全市合同外资总额的31.3％，比重比上年提高2.3个百分点；全年实际外资到位额10144亿元，同比增长38.4％，占全市外资额的39.7％，比上年提高8.2个百分点；实现出口创汇1.9亿美元，同比增长81.4％，占全市出口创汇总额的47.3％；全年新引进入区投资项目106个，投资总额达156亿元，是2002年入区项目投资总额的两倍多；全年新登记注册的包括854家高科技生产企业在内的各类企业1072户，其中，户均注册资本达523.8万元，注册资本超亿元的企业8家、超5000万元的企业15家、100万元以上企业400家。

2003年以来，世界500强企业对在西安高新区投资表示出浓厚的兴趣，泰国正大集团，德国英飞凌，美国霍尼威尔、百事可乐、百特、IR等世界著名的500强企业已经进入高新区，普莱克斯等世界500强企业也与高新区签订了投资意向，三星SDI等世界500强企业已经或将于近期来高新区考察。据不完全统计，全年西安高新区增资扩股和再投资的企业有50多家，日本兄弟、美国IR等10家外资企业追加合同外资4053.6万美元，其中日本兄弟公司两次追加投资，并实际到资700万美元。

2003年，西安高新区全年共有132个项目列入国家级各类计划，318项列入地方各类计划，共获得各类资助1.79亿元，创历史最好水平。截至目前，西安高新区已累计转化科技成果4144项，列入国家计划1900多项，其中国家“火炬计划”项目198个、国家重点新产品计划项目221个，仅2002年就有138个高技术产业项目列入各类国家级科技产业计划。连续4年在拥有原国家计委高新技术示范项目、科技部中小型企业技术创新基金项目数量上居全国高新区之首；实施了90％以上的西安市国家火炬计划项目，并形成了西部大开发以来平均每天新成立3.7个企业、转化1项科技成果的创新格局，其技术创新能力在全国高新区中处于领先地位。令人欣喜的是，西安高新区高新技术企业的销售收入已占西安高新区总收入的82%，拥有自主知识产权的产品销售收入已占高新技术企业销售收入的81%。

目前，西安高新区拥有科技企业6163家，外资企业627家，世界500强投资的企业20多家，其中留学人员创办的企业达232家。全区从业人员已达14.64万人，大专以上学历的各类人才68000多人，专业技术人才57000多人，其中博士903人、硕士3746人、归国留学人员500多人。全区年销售收入超亿元的产品25个、超5000万元的产品60多个，且大部分具有自主知识产权。高新技术企业销售收入占西安高新区总收入的82％，拥有自主知识产权的产品销售收入占高新区技术企业销售收入的81％。截至2003年底，西安高新区实现合同外资额14.67亿美元、出口创汇10.1亿美元。

目前西安高新区拥有来自美国、日本、德国、新加坡等29个国家和地区的外商投资企业521家，90%以上的外资项目集中在高新技术领域。其中，美国百事可乐、日本NEC等世界500强企业或跨国公司以及我国香港、台湾地区的一大批知名企业为西安高新区高新技术产业的发展注入了活力。

三、将成为我国中西部最大的高新技术产业基地

通过二次创业，西安高新区将组建起以引进国内外制造企业、留住孵化成功的科技企业为重点，以发展体积小、重量轻、附加值高、特色独具的高技术产品制造业为核心，到2006年新增加技工贸收入120亿元、国内生产总值36亿元、出口创汇1亿美元、就业12万人的新型工业区，使之成为西安制造业的主要基地、西安市“工业振兴计划”的重要载体、拉动西安市经济增长的引擎和培育税源的基地；将组建起以西安市最具发展潜力与竞争优势的软件产业为主导，到2006年新增技工贸收入60亿元、国内生产总值22亿元、出口创汇1亿美元的国际软件园，使之成为世界知名、中国最大的软件出口中心与服务基地；将组建起到2006年新增技工贸收入30亿元、国内生产总值8亿元的创业研发园，使之成为西安科技资源优势向经济优势转化的最大平台和孵化中小科技企业的“摇篮”以及体现西安市及高新区技术创新优势和核心竞争力的重点区域和重要标志；将组建起功能齐全配套、市场氛围浓郁、现代特色明显，到2006年新增技工贸收入15亿元、国内生产总值6亿元的新区中心商务区，使之成为集办公、服务、中介、会所、商住等多功能为一体的现代化商务区和西安市及西部地区最具活力的商务区域。

西安高新区，这个我国西部地区技术创新、人才聚集、企业孵化和科技产业发展的重要基地，这个运用高新技术改造传统产业、推动我国西部产业结构调整升级的重要辐射源，这个国际知名、国内一流、我国中西部最大的高新技术产业基地将拔地而起。

西安高新区管委会主任景俊海说：“西安高新区‘二次创业’的目的就是要提升核心竞争能力、推进产业裂变扩张、增强资源聚合效应以及全方位辐射带动区域经济的发展。因此，我们要把西安高新区的‘二次创业’融入到西安市的整体发展、关中产业带建设和地方传统产业结构优化升级当中，积极营造基础环境优势、体制创新优势、技术创新优势、产业发展优势、招商引资优势和文化创新优势，全面激活、整合西安存量巨大的科技资源，全面加快国际化进程，以大而强、优而特的高新技术产业集群，为西安市的“建强创佳”持续提供科技创新辐射源。

（西安高新技术产业开发区管委会）

常州高新区呈现“三高”态势

常州国家高新技术产业开发区（新北区）在跻身优秀国家高新区的行列之后，又在2003年交上一份优异的答卷，全区各项经济指标增幅强劲，经济发展呈现出“高投入、高增长、高效益”的三高态势。

根据科技部火炬高技术产业开发中心对全国53个国家级高新区的技术创新评价，区综合排名第26位，增长幅度排名第15位，增长速度排名第3位，在全国高新技术产业化工作会议暨火炬计划15周年总结表彰大会上首次荣获先进国家高新区称号。

常州国家高新技术产业开发区(新北区)在跻身优秀国家高新区的行列之后，又在2003年交上一份优异的答卷，全区各项经济指标增幅强劲，经济发展呈现出“高投入、高增长、高效益”的三高态势：预计2003全年完成全社会固定资产投资100亿元，同比增长122.2%，同时在区委一届三次全体（扩大）会议上明确2004年将力争再次实现翻番；完成国内生产总值 103.8亿元，同比增长22.1%；实现工业总产值271 亿元，同比增长31.24%；实现工业利税20.5亿元，同比增长31.7%；完成财政收入18.2亿元，比上年增长30%。

2003年是高新区实现“二次创业”和跨越式发展的关键一年，也是区政府履行职能的元年。面对这一年经济社会生活中的重大变数，面对机遇和挑战并存、发展与调整同在的局面，面对长三角产业同构、引进制造多自主创新少等“喜中见忧”、“顺中见逆”的困局，如何符合高新区发展的特点，如何在纵与横的比较中定位目标和超越自我，高新区的决策者多了一份冷静的审视和理性的思考。

一、固定资产投资增势强劲　实现了一年翻一番

2003年，新北区委、区政府敏锐地抓住了投资这一经济增长最重要引擎，把这一年确立为固定资产投资年，在认真做好 “非典”防治工作的同时，狠抓有效投入，在全区范围内掀起了新一轮开发建设的新高潮，固定资产

投资增势强劲，实现了翻番。全年预计完成全社会固定资产投资100亿元，同比增长122.2%。

为确保全区投资计划全面完成，高新区落实有效投入责任制，强化目标管理，将全区投资指标进行层层分解落实，定责任、定措施，抓落实、抓检查，一级保证一级，强化目标管理。按照2003年全区固定资产投资目标，编制了《2003年常州市新北区固定资产投资重点建设项目计划表》，并由区委、区政府与街道、乡镇、相关办局签订了固定资产投资工作责任状，并根据时序进度狠抓考核督查。

为了精心打造新兴城区的大格局，推动常州现代化特大城市的建设，褪去人们心理上的郊区形象，2003年新北区基础设施建设力度空前，全年投入超过30亿元，为前11年投资总和，其中区内投资17.95亿元，区外实施项目投资14.9亿元，基本形成“一环三纵七横”的城区道路主体框架，建成22项市政道桥工程，“六厂一站”市政设施中的江边工业水厂、民营园工业水厂、魏村长江热电厂、250吨/日压缩式垃圾中转站等工程相继建成，供水、供电、供热及污水处理等配套设施覆盖范围进一步扩大。全区新开工各类建筑面积337万平方米，竣工100万平方米；新增绿化面积20万平方米，2个乡镇成建制转为街道。

充分发挥地处大都市圈的有利条件，整合高速公路道口、深水港、航空港、铁路等资源优势，积极构筑物流产业区，重点发展大型区域性专业市场和仓储、配送、采购中心，也是新北区固定资产投资的重头戏。全年预计实现三产增加值28.5亿元。经过苦心经营，高速公路常州出入口地段已成为商家积极抢滩、增值迅速、回报较高的黄金宝地。2004年以来，月星国际家居广场、新农机机电市场和建筑面积达18万平方米的新长贸自由中心（国家木材分市场）的相继建成顺利开业，歌顿品牌服饰市场基本竣工开业、五金机电交易城已开工建设，百老汇礼品商城、三达交通市场、华东塑料市场也在积极推进之中，新北区汽车城年内开工建设了北汽现代、奇瑞汽车4S专营店，其中G 2003-3-2号地块在挂牌拍卖中经48轮竞价之后以220.5万元/亩成交，创下了区内商业用地地价的历史新高，标志着这里投资活跃，人气激增，已形成人流、物流、资金流高度聚集的浓厚市场氛围。据统计，长江贸易中心、农机、汽车等市场全年交易总额将达41亿元，呈现稳步增长的势头。此外，该区还完成常州陆路口岸建设，并通过国家海关验收；完成嘉迅物流中心信息系统工程建设，实施海关监管、查验、物流配送信息系统，完成物流信息平台建设；中华恐龙园全年接待游客达100万人次；完成占地300亩、总投资2000多万元的园博园项目建设，推进孟河镇小黄山旅游度假区规划，吸引了新加坡太阳岛集团建设总投资3000多万美元的太阳岛俱乐部项目。同时全区房地产业发展迅速，预计全区房地产完成投资20.3亿元。环境优雅、房型新颖的高质量住宅区不断推出，商品房价节节攀高，目前与常州市中心房价基本持平，而且销售周期也日渐缩短，业内人士认为这种种迹象反映出新北区已经越来越被置业者或投资者看好。

二、构筑绿色服务通道　工业经济驶上快车道

十年磨一剑，终于迎来客商的信赖。世界500强普利司通来区兴办了三个企业，德国莱尼集团来区兴办了七家企业。更令人赞叹的是，外资企业还主动为常州新北区招商，世界500强企业韩国现代的高层领导多次出现在开发区赴韩招商会上，以自己的成功经历现身说法。

围绕建设现代化制造业基地核心区这一经济主线，新北区按照“一城四带”的产业布局要求，加快主导产业的培育。2003年，引进总投资超1000万美元项目51个，比上年增长31%；完成自营出口4亿美元，增长44.4%。全区引进总投资超千万美元的项目51个，实际到帐外资2.5亿美元，同比增长100%；开工建设了韩国现代、铁本钢铁、中国香港建滔化工等44个总投资超亿元的工业项目，此外瑞士梅特勒—托利多精密仪器、韩国石湖石化、中国香港东嘉麻棉、旺达包装、美国柏玛微电子、诚达石化、意大利华源蕾斯二期等60个超1000万元的工业项目已经或即将竣工投产，其中江苏诚达石化当年开工，当年投产，当年见效，2004年即可实现销售10亿元。全区全年预计完成工业投入54亿元，增幅为135%，创历史新高。规模企业支撑和拉动作用进一步增强，30家重点骨干企业预计完成产值86.5亿元，占全部规模以上比重的42.5%；全区年产值超亿元的企业达到49家，比上年增加18家，完成自营出口4亿美元，增长44.4%，一批新的经济增长点正在快速形成。

各类经济主体之所以到新北区投资意愿强烈，缘自该区始终不懈地改善投资环境。“一切为投资者着想”不仅是一句口号，更是该区的行为指针。

为了项目的签约、开工、竣工和达产，全区在实行封闭式管理的同时，加快推进政府职能转变，减少审批事项，简化办事程序，以建立高效便捷的运作模式为核心，积极构筑三大绿色服务通道：围绕项目投资咨询，提供热忱高效的前道服务；围绕项目开工建设，提供优质通畅的中道服务；围绕企业生产经营，提供全面周到的后道服务。全力推进了铁本钢铁、现代工程机械、PET工程塑料等企业开工前的五通一平工作，做好拆迁、土地平整、水、电、供热等一系列配套工作，做好银企合作的牵线工作，2003年为诚达石化、银林开普等16家企业落实银行贷款66250万

元，保证了企业生产经营所需的流动资金和项目建设资金；受理解决了三敏纺织、华生制药等企业在建设及生产过程中的难题；根据企业的反映，督促加快了民营工业园水厂等一批基础设施建设的进度，确保了天和纺织印染等企业用水、用热的需求；与常州市自来水公司协商后达成了共识，为企业减免了自来水接管费等费用;与供电部门协商“关于供电开关站费用问题”的新方案，近期内将付诸实施;与税务、财政部门磋商解决了一批企业享受税收优惠政策的操作方式，同时在以前取消31项收费项目的基础上，2003年取消了《收费许可证》41个，取消收费项目14项（包括其它产业），收费标准向“无费区”过渡，运行机制逐步与国际接轨。

十年磨一剑，终于迎来客商的信赖。世界500强普利司通来区兴办了三个企业，德国莱尼集团来区兴办了七家企业，泰国三友机器制造有限公司来区兴建总投资额为2亿美元的三友汽车工业园，国内上市公司东风汽车来区投建出资一亿元的微型车项目。更令人赞叹的是，外资企业还主动为常州新北区招商，世界500强企业韩国现代的高层领导多次出现在开发区赴韩招商会上，以自己的成功经历现身说法；在2003年年初常州市经贸代表团赴日招商活动中，日资企业特耐王株式会社董事长铃木更是自掏腰包，租会场，请吃饭，组织28家日本下游企业参加招商会，此外他还在日本到处游说宣传常州。一个地区如果没有优异的投资环境，相信企业的评价只会惜言如金。而常州新北区却能赢得企业的信赖，并充当招商急先锋，必有过人之处。

目前新北区正积极培育上规模上档次的重点企业，促进早开工、早投产，早见效,加大产业的关联度和辐射带动力，着力培育富有特色的产业集群。他们排出了铁本钢铁、常州电厂、现代（江苏）工程机械、东风汽车、华源蕾迪斯、柏玛电子、旺达纸业、建滔化工、东昊化工、诚达石化、常恒集团等12个大企业、大集团，进行重点跟踪，重点服务，重点推进。全年实现亿元销售以上的企业比2002年新增14家,全年建成45家。这些大企业生产的高速、高效运行，给全区工业经济的发展起到了强有力的支撑作用。使全年工业总产值预计可实现270亿元，同比增长30.7%，其中自办规模以上工业预计实现总产值148亿元，同比增长34.7%。由于办厂投产快，投入产出比例高、风险小，使这里的工业产品销售收入和利税增长迅猛，预计全年实现工业产品销售收入255亿元，同比增长32.6%;实现工业利税20.5亿元，同比增长31.7%。

三、区乡共同发展　乡镇工业占半壁江山

乡镇经济已占全区经济的半壁江山，成为拉动全区增长的主要动力来源。全年预计完成工业总产值164亿元，同比增长37%，占全区的60.7%;

完成固定资产投资56.65亿元，同比增长226.3%，占全区的56%。

用“赶超比帮”来形容新北区的各乡镇、街道并不过分，“不掉链子，不拖后脚，负重奋进，应对挑战”是各乡镇党委书记、乡镇长的行为座右铭。年初下达的经济指标，每季度的固定资产投资考核，每月的招商例会，如同战鼓一般时时敲打在各乡镇党政负责人的耳边。

正是各乡镇、街道工作人员的兢兢业业，新北区乡镇工业高速增长，乡镇工业园区已成为靓丽的经济增长点。招商引资基础较好的乡镇力求引进大项目有突破，主动为全区发展多挑重担；基础较差的乡镇不安于现状，信心足，活力强，办法多，行动快。为加快沿江开发、整合长江岸线资源而成立的春江镇，2003年完成工业总产值50亿元，同比增长40%；实现财政收入2亿元，同比增长46.6%；完成固定资产投资18.4亿元，同比增长112%；完成合同外资1.58亿美元，同比增长101%。镇政府雄心勃勃地提出在明后两年使纺织工业园的产值、销售实现翻两番，用6~8年的时间建成全省规模最大、专业化程度最高、公共运行成本最低、软硬环境最优的专题品牌园区，形成纺织、印染、服装系列化的专业生产基地。

目前全区各乡镇工业园区互不相让，你追我赶，以招商引资为抓手，推动产业升级，提高土地的产出率，到2003年底，乡镇经济已占全区经济的半壁江山，成为拉动全区增长的主要动力来源。全年预计完成工业总产值164亿元，同比增长37%，占全区的60.7%;完成固定资产投资56.65亿元，同比增长226.3%，占全区的56%。

四、培育自主知识产权产业　民营经济成为重要板块

从“错位竞争”、避免外资“候鸟”式外迁造成产业空心化，以及发展民族产业的战略出发，常州新北区（高新区）较早提出“内外资并举”思路，大力吸纳民营经济进区创业，大力鼓励自主创新。

2003年开发区成立了生产力促进中心，与民营企业合作建成了建筑面积1.1万平方米的创业中心第三基地，全年引进科技孵化企业62家，注册资金折合人民币7000多万元，在没有增加国有投资的前提下发展壮大了自己，扩大了科技创业服务的范围。全区新增36家省级高新企业、50种高新技术产品。

为了有效整合资源，争取上级在政策、项目、资金等方面的支持，大力争创特色高新技术产业基地，“三药”基地被科技部批准为国家火炬计划“三药”科技产业基地，还建成了冲电气（OKI）软件研发中心，设立和扶持了区

制造业信息化试点企业6家。

技术创新环境上，他们相继制定出台了对留学生企业、软件开发生产企业和科技孵化型企业的优惠政策；资金总额为7000万元的常州市风险投资公司已在高新区注册成立；设立了100万元种子基金，主要帮助中小科技企业解决启动资金；设立了总额为1500万元的中小企业科技担保资金为区内企业提供融资服务；积极扶持高新企业和各类科技计划项目，全区实施重大科技攻关12项，开发重点新产品35个，成果推广36项，争取上级无偿科技拨款资助210万元；开展科技经济对接活动，帮助全区企业从全国各大专院校、科研院所获取技术、信息支持，提高科技对经济发展的贡献份额，全年共签订产学研合作协议25项，实施对外科技合作交流项目6项。在经费紧张的情况下，利用“科三”经费鼓励、引导企业加大新品研发的投入力度，增强区域技术创新能力，通过专家评审和实际考察，对区内涉及工业、农业和社会发展等领域的50余个科技项目给予立项支持，帮助企业筹措资金，减轻风险，有力地推动了区内研发活动的开展。

目前，通过招商引资与发展具有自主知识产权的高新技术产业有机结合起来，带动了全区产业结构调整和优化，初步形成了电子信息、软件、智能仪器、动力机械、“三药”及其中间体、新材料等6个高新技术产品群，全区高新技术产品产值占工业总产值的比重已达到43.3%。根据科技部火炬高技术产业开发中心对全国53个国家级高新区的技术创新评价，区综合排名第26位，增长幅度排名第15位，增长速度排名第3位，在全国高新技术产业化工作会议暨火炬计划15周年总结表彰大会上首次荣获先进国家高新区称号。

近年来，开发区用对待外资的热情来支持民营科技企业。每年都要出台一系列优惠政策，继《民营工业园优惠政策》、《关于支持内资企业加强技术创新工作的意见》之后，2003年1号文件就是 “关于进一步扶持企业创新发展的若干意见”，强化对重点企业的扶持力度。开发区继前两年拿出1亿元之后，2003年又拿出1.3亿元扶持200多家重点企业，以“放满水养大鱼”战略培植税源经济。除了投资建设公共基础设施、各类社会事业以及用于党政机关正常运转外，常州新北区还大力推动“财企互动发展”，拿出当地政府可支配财力的1/5，用于重点企业扶持发展资金、工业技改资金、科技发展等三项资金。2003年被扶持的200家企业占全区企业数2%，但纳税比重却达55%左右。区政府明确提出，要利用财政的再分配职能，“反哺”这些企业，努力培育一批技术含量高、产品关联度大、发展前景广的重点产品，以确保全区到2007年实现工业产品销售收入900亿元，形成年销售收入100亿元的知名大集团1至2家，年销售收入50

亿元至100亿元的大企业2至3家，年销售10亿元至50亿元的大企业12至18家。

扶持政策从“普惠制”向“特惠制”转变，缩短民营企业原始资本积累过程，提高科技创新能力和低成本扩张的能力，促使其早日进入快速成长期。为了促使总投资超100亿元的铁本钢铁厂抓住目前钢铁需求强劲回升的机遇，尽快开工投产，区政府耗资1486万元开工建设了连接338省道和常州铁本钢铁厂的铁本路，将路修到民营企业的大门口，确保一期年产400万吨钢铁项目2004年竣工。

优越的投资环境，使新北区成为民营资本、外来人才竞相前来创业的乐土，目前全区有个体、私营企业15000多家，从业人数超过8万人，上缴财政收入已占全区的60%以上。民营经济在宽松的环境下已成为开发区经济重要组成“板块”。

回顾2003年，成绩来之不易；展望新的一年，面对实现富民强区的神圣使命，新北区人众志成城，拼搏奋进，以朝气蓬勃、开拓进取的精神状态，努力争当常州“两个率先”的先行区！

（常州高新区管委会）

发展中的包头稀土高新区

包头稀土高新技术产业开发区成立于1990年，1992年被国务院批准为国家级高新区，是全国53个国家级高新区中唯一冠有稀土专业名称的高新区，也是内蒙古自治区唯一的国家级高新区。在15.53平方公里的规划区内，建有包头软件园、内蒙古留学人员创业园、韵升科技园和黄河工业园，正在建设的有创业园区、大学科技园、包钢科技园、北方工程机械科技园、稀土应用产业园、希望工业园区以及万水泉新区。

一、主要经济指标快速增长，质量和效益同步提高

2000年以来，主要经济指标的增长速度一直保持在40%以上。2003年实现工业总产值160亿元、技工贸总收入160亿元、工业增加值43亿元、出口创汇2亿美元、财政收入5.5亿元，主要经济指标增长速度跃进到50%以上，创近年来最高水平，分别是1999年的6.1%倍、5.7倍、4.97倍、5倍和7 倍。据国家科技部最新统计资料显示，稀土高新区技术创新和经济发展的增长速度已分别进入全国53个国家级高新区的第25位和20位。

二、招商引资成效显著，一直保持强劲的势头

近年来，稀土高新区引进项目总投资每年以翻番的速度增长，注册企业从1999年的349年家发展到目前的1000多家，年均增长42.2%。1999年引进开工建设项目数量和投资总额分别为16项和2.23亿元，2000年分别为29项和5.9亿元，2001 年分别为36项和9.2亿元，2002年分别为30项和25亿元，2003年分别为37项和64.8 亿元，是2002年的2.6倍。东方希望、宁波韵升、伊利股份、山东药玻、北方股份、日本三德、昭和电工、英国久益、美国欧文尼科等一大批国内外知名企业纷纷进区。

2003年以来，进区项目门槛明显提高，呈现出外资项目多、投资规模大、科技含量高、建设速度快的特点。特别是固定资产投资完成66亿元，比2002年同期增长225%，占全市固定资产投资的1/3；希望铝业一期工程，从开工到投产仅用一年时间，创造了高速高效的包头速度和世界铝电项目建设史上的奇迹。

三、产业结构渐趋合理，高新技术特色显著

目前，稀土高新区有注册企业1000多家，其中高新技术企业有100家，占全自治区高新技术企业总数的近70%、占包头市的90%左右，有上市公司16家，三资企业36家。

一是企业技术创新方兴未艾。2003年先后申报国家科技部科技型中小企业创新基金项目15项，落实出口基地信息网络建设专项资金30万元。实施国家级火炬计划5项，获得资金109万元。截至目前，累计实施火炬计划52项，其中国家级26项。

二是高起点、多功能的企业孵化器逐步形成体系。包头软件园入园企业达到43家，其中2003年新引进18家，亨达海天的“行政审批管理系统”获得自治区优秀软件产品称号。与自治区科技厅、教育厅联合建立内蒙古大学科技园，内蒙古留学人员创业园吸引留学人员21名，实施项目21个，其中12个具有自主知识产权。

三是稀土产业的发展势头十分喜人。进区企业不断增多，目前稀土企业已达到50家，从稀土原材料、新材料到应用产品，产业链不断延伸，产业集群效应已初现端倪。特别是稀土贮氢材料、钕铁硼永磁材料、稀土抛光材料三大稀土材料已达到世界级规模，后发优势十分明显。此外，永磁电机、电动车辆、稀土合金包芯线等各类稀土深加工产品也呈现出极具潜力的发展前景。

四、投资环境明显改善，综合优势进一步显现

以建设诚信、服务型政府为目标，下大力气改善和优化投资发展环境。

一是转变政府职能，完善精简高效的管理体制和运行机制。制定出台了《稀土高新区管委会各部门社会公开承诺制度》，全面推行了首问负责制、礼貌接待制、全程跟踪制、限时办结制、失职追究制和首次违规告诫制等，办事效率和工作透明度有了进一步提高。

二是健全完善的资金、政策、中介服务等支持体系，树立了诚信政府形象。2003年制定了稀土应用产业园区、内蒙古留学人员创业园等5项鼓励政策，已形成由近60多个政策制度组成的政策支持体系。2003年两次给企业兑现财政扶持资金5233万元，利用孵化基金和创业基金支持企业150万元，兑现ISO9001认证补贴19.5万元，树立了高新区“言必行、行必果”的诚信形象。

三是服务功能不断强化，在服务深度和广度上有新突破。主动为项目引进和建设、企业融资及生产经营提供全天候、全方位、全过程的服务，工商、税务、公安、法院、技术监督等部门深入开展优化发展环境活动为企业创造了更加宽松的发展环境。

四是融资环境明显改善，融资渠道进一步拓宽。积极推动区内企业与各大商业银行及包头依托投资公司的合作，为企业解决贷款30多亿元。工商银行承诺在3年内提供3亿~5亿元贷款授信。支持聚德鑫典当行组建营业，使小企业筹资更加便利，形成了与中小企业贷款担保中心相补充的多层次、多形式的贷款担保融资体系。

五、基础设施配套日趋完善，承载能力明显增强

一是全面完成规划区基础设施建设。2003年新建和续建道路4条，共17.65万平方米，近三年累计完成投资6.8亿元，建成城市规划道路65万平米，2001年提出的“两年时间完成规划区所有规划道路建设”的目标按期实现，规划区全部实现了“八通一平”。

二是规划区市容美化和改造建设全面铺开。完成了黄河大街、劳动路等主干道路绿化、硬化工作，新增绿化硬化面积14.74万平方米。按照总体规划全面推进了非工业用地的开发，友谊大街南侧兴建的金荣建材城等物流企业，工商、税务商住区，稀土路、青工路两侧建设商铺，使城市服务功能、城区环境得到明显加强和改善。

三是园区建设进一步加快，“一区多园”的格局正在形成。投资近2亿多元的希望工业园区基础设施建设基本完成，保证了希望铝电项目按期投产；总投资16亿元的工程机械园厂房和配套设施建设进展顺利；稀土应用产业园已有4个项目开工；内蒙古大学科技园区已开工建设；包钢科技园总体规划正在制定，园区重点项目之一的稀土院搬迁工作将很快实施。特别是现代化、高智能的创业园区16个项目全部开工建设，全市标志性建筑——稀土大厦已于2003年9月10日提前建成。

六、党建、精神文明建设同步发展，富有凝聚力的文化氛围逐步形成

稀土高新区以“三个代表”重要思想为指导，认真贯彻党的十六大和十六届三中全会精神，着力加强党的思想、组织、作风建设，党组织的战斗力、凝聚力明显增强，并在加强非公有制党建工作方面进行了积极探索，做了大量工作。同时，以培育和弘扬稀土高新区文化为重点，以稀土高新区“四种精神”（敢为人先的创新精神、实干精神、爱岗敬业的奉献精神、齐心协力的团队精神）为核心，提出了“六项要求”（工作责任心再强一些、考虑工作再细一些、落实措施再实一些、工作效率再快一些、头脑再冷静一些、对自己的要求再严一些），在广大干部职工中间形成了凭着自加压力、主动工作、追求创新、注重实效的工作作风，使大家在困难面前经受住了考验，展示了高新区人应有的精神状态，确保了各项目标任务的全面完成。

（包头稀土高新区管委会）

宝鸡高新区全面推进“二次创业”

宝鸡高新区1992年11月经国务院批准设立，规划为西区和新区两部分。其中西区1.49平方公里，已开发完毕，作为孵化创新基地；结合宝鸡大城市建设，高新区新区一期规划5.6平方公里，二期规划7.3平方公里，作为产业发展基地，已全面启动建设。

宝鸡高新区以建设“全市经济发展的‘火车头’，改革开放的试验区，对外开放的形象窗口，发展高新技术产业、新兴产业的基地和现代化生态园林新城区”为目标，以开放和创新为动力，以改善投资环境为生命线，加大招商引资力度，培育新兴产业，促进传统产业改造，着力打造西部新型制造业及制造业信息化基地，使其成为吸纳优质生产要素的洼地、投资赚钱的宝地、快速发展的高地、安居乐业的福地。

目前，宝鸡高新区入区企业近700家，其中高新技术企业110家,年销售收入过5000万元的企业共24家，其中，过亿元的企业17家；累计实施国家级、省级火炬计划项目92个，陕西省重大科技产业化项目9个。德国西门子、日本住友等世界500强企业和金德发展、江苏大亚、南京金中达、秦川发展、宝鸡钛业等15家国内外知名企业和上市公司入区合作，形成了以电子信息、机电一体化、石油机械、新材料和生物医药为主的支柱产业。高新区已成为宝鸡市配套设施完善、环境优势明显、科技企业聚集的中心和经济增长最快的区域。

一、2003年宝鸡高新区发展概况

2003年，宝鸡高新区以“发展高科技，实现产业化”为宗旨，以解放思想为先导，抢抓西部大开发，关中“一线两带”建设和宝鸡大城市建设的机遇，以加快实施“二次创业”为主线，以规划先行、项目带动、改善环境为着力点，在招商引资、项目建设、优化环境及新区开发等方面取得一定的成效，全面完成了各项目标任务。

2003年，宝鸡高新区完成技工贸总收入75亿元，同比增长22.5%；实现国内生产总值27亿元，同比增长25%；实现合同引资30.73亿元，到位资金8.65亿元；新获准国家中小科技企业创新基金、省级重点新产品及省级其它计划资金资助195万元；新获准国家财政部基本建设贷款贴息302万元。“宝鸡文理学院东校区”、“宝鸡职业技术学院”、“金德宝鸡工业园”、“宝石特种车辆”、“力兴钛业”、“华西制药”、“瑞海药业”等一批重大产业、文化教育和基础配套设施项目已开工建设，占地近300亩的省级重点高中——宝鸡中学已在新区正式投入使用。高新区全年完成全社会固定资产投资15.49亿元，同比增长112.88%，新开工建筑面积30万平方米，竣工面积17万平方米，呈现出加快发展的良好态势。

二、2003年宝鸡高新区主要工作特点及措施

2003年，宝鸡高新区主要工作呈现出6个特点：一是高新区发展速度明显加快，主要经济指标实现了快速增长；二是不断扩大对外开放，招商引资工作取得明显成效；三是土地征用、融资和园区规划取得了新突破，新区开发建设全面启动；四是重点项目建设进展顺利，固定资产投资创历年来新高；五是创新创业环境明显改善，技术创新能力不断提高；六是西区第三产业快速发展，园区功能进一步提升。

宝鸡高新区管委会重点强化了7项工作措施

(一) 解放思想、统一认识，加快发展的信心不断增强

管委会先后在机关各部门、下属单位及支撑服务单位开展了“加快高新区二次创业新一轮思想解放大讨论”活动，召开了“高新区二次创业工作研讨会”，认真分析了宝鸡高新区“二次创业”面临的机遇和挑战，对当前的困难和存在问题进行了认真分析和讨论，完善了高新区二次创业发展规划。管委会上下深刻认识到，宝鸡高新区作为陕西关中“一线两带”建设的核心层，要实现跨越式发展，必须进一步解放思想，自我加压；必须牢牢把握高新区作为全市经济发展的火车头、对外开放的形象窗口、改革开放的试验区和现代化生态园林新城区的功能定位；必须采取超常规措施，加快实施二次创业。通过解放思想，进一步增强了管委会全体人员加快发展的紧迫感和责任感，坚定了加快发展的信心。

(二) 领导包抓，夯实责任，加快实施“项目带动战略”

2003年，宝鸡高新区加快实施“项目带动战略”，把重点项目建设列入管委会各部门岗位职责目标考核，实行领导分工包抓，层层签订责任

书，落实责任，全程跟踪服务。按半年、三季度和年终分阶段考核，进行奖惩，确保了重点项目建设进度。目前，高新区新区一期投资8亿元的“金德宝鸡工业园”项目建设进展顺利。15000平方米的三栋科研办公楼已竣工，7栋建筑面积13万平方米的轻钢厂房基本完工，正在进行各项配套工作。占地760亩、一期投资1.8亿元的宝鸡文理学院新校区教学楼、艺术楼、综合实验楼、学生公寓等已全面开工建设，预计2004年8月底前竣工；总投资1.2亿元的力兴钛业项目已完成厂房基础施工，预计2004年上半年竣工；总投资6000万元的华西制药项目和总投资6300万元的瑞海制药项目已在新区开工建设；总投资1.5亿元的宝鸡中学新校已竣工投入使用；建筑面积80万平方米，总投资8.3亿元的宝鸡职业技术学院项目已在新区二期开工建设。高新区西区总投资6200万元的“纺织电子”项目已正式入驻高新区软件园生产；由上市公司南京金中达、江苏大亚与金雁集团合作投资6000万元的“陕西好猫包装新材料项目”已建成投产；总投资2890万元的“生命高能素”项目已在软件园建成投产；总投资6000万元的“秦明电子园”已竣工；建筑面积23000平方米，总投资7500万元的高新商务大厦已建成投入使用；建筑面积40000平方米，总投资8000万元的聚丰美伦大厦正在内外装修，2004年一季度竣工；建筑面积7000平方米，总投资4000万元的“豪门餐饮中心”已竣工投入使用。建筑面积15000平方米的“创业信息港”项目正在进行设计和施工前期准备。

(三) 扩大开放，加强合作，招商引资势头良好

按照“巩固本地、主攻东部、开拓海外”的招商思路，宝鸡高新区管委会盯住全年实现合同引资30亿元的目标。强化招商队伍建设，设立了10万元的“招商引资奖励基金”，建立招商激励机制，加大奖励力度。发挥高新区昆山、东莞招商办事处的作用，采用“扎点招商”、“网上招商”、赴长江三角洲、珠江三角洲“登门招商”等多种形式，进一步扩大开放，加强对外合作，突出招商引资，取得了较好的成效。目前，总投资6亿元、一期投资2亿元的“宝华工程车辆生产基地”项目和总投资6亿元的山东“阜丰生物工程园”项目正式签约。“食品工业园”、“机床生产基地”等投资上亿元的一批大项目正在密切洽谈。

(四) 强化服务，提高效率，投资环境明显改善

2003年，宝鸡高新区管委会按照陕西省、宝鸡市《关于进一步改善投资环境的意见》，在完善西区创新创业环境，加快新区道路、水、电、通讯等基础配套设施建设与协调的同时，提出要争创“陕西省最佳投资软环境”。进一

步强化了“管理就是服务，人人都是投资环境”的理念。管委会对入区项目实行“专人负责制”，项目审批实行“限时办结制”，项目建设实行“跟踪服务制”，建立了支撑服务机构联席会议制度，定期研究环境的改善。积极发挥经济发展环境投诉中心的作用，在区内开展了投资环境“千人问卷调查活动”，出台了《进一步加强宝鸡高新区投资软环境建设的若干规定》。“金德宝鸡工业园”是高新区建区以来引进的最大的产业项目，得到了各级领导的重视和关注。高新区管委会和渭滨区先后成立了“项目跟踪服务领导小组”，由主要领导亲自挂帅，相关部门参加。从项目立项、可研报批、项目评审、注册登记、开工建设等各个环节进行跟踪服务，尤其在开工前期，管委会和渭滨区由相关领导负责，实行每天24小时全程跟踪服务协调，确保了项目的顺利建设。

(五) 通力协作，园区规划和开发管理取得新突破

2003年，宝鸡高新区管委会按照经营城市的理念，充分利用国家高新区的政策优势和国家规范土地市场的机遇，做好土地综合开发的文章。由土地储备中心代表政府进行土地的一级开发，作为负债主体进行融资，负责进行土地的征用，储备、拆迁和相关配套设施建设，同时负责土地的经营和出让。最终达到行政事业单位用地实行成本价出让，经营性土地一律通过招标、挂牌和拍卖形式出让，其增值部分用于弥补降低产业用地价格的损失，大幅度降低产业项目用地的价格，增强高新区招商引资的竞争力和自我发展的能力。对新区一期剩余土地进行了统征，确保了“金德宝鸡工业园、职业技术学院、文理学院东校区”等重点项目的建设。目前，新区一期5.6平方公里剩余土地已交付使用。同时，积极配合市规划局和长安大学城市规划设计院，完成了高新区新区二期7.3平方公里的发展规划。

(六) 加大政策扶持力度，突出技术创新服务体系建设

进一步强化以宝鸡高新区创业中心为核心，以科技中介服务、风险投资、投融资体系为支撑的技术创新服务体系建设。吸引了陕西健桥投资担保公司、会计事务所、法律事务所等中介服务机构入区，建立了高新区生产力促进中心，引进了市商业银行高新支行，并加强了与金融机构的合作，为科技型中小企业的发展提供良好的平台。目前，高新区创业中心拥有孵化面积2.3万平方米，累计孵化企业140余家，正在转化的科技成果136项，孵化项目中列入国家计划102项（其中863计划1项）、省级计划22项、国家授权专利66项。在2003年9月科技部召开的“火炬计划实施15周年”表彰大会上，宝鸡高新区创业中心荣获全国先进创业中心。

(七) 加快体制、机制创新，强化考核，狠抓工作落实

按照“授权经营、封闭管理、合作建设、开放运作”的要求，进一步完善高新区管理体制运行机制。正式挂牌成立了“高新区综合执法中队”，负责高新区规划范围综合执法工作，为进一步改善高新区行政执法环境奠定了良好的基础。实行“小政府、大社会、大服务”，争创“学习型、创新型、服务型、落实型”管委会。完善了干部聘任制、员工聘用制和“干部能上能下、员工能进能出、收入能高能低”的用人新机制。加强工作的督查和考核，绩效挂钩，进一步完善了激励措施。加强了对各项工作任务的督查力度，确保各项工作落到实处。

三、2004 年宝鸡高新区发展思路和目标

2004 年是宝鸡高新区大发展的一年，同时又是充满机遇、希望和挑战的一年。宝鸡高新区将以“三个代表”重要思想为指导，认真贯彻十六届三中全会精神，按照“大开放、大开发、大手笔、大发展”的要求，抢抓西部大开发、“一线两带”建设和宝鸡建设大城市的历史机遇，以加快“二次创业”为主线，实施“项目带动战略，经营城市战略，可持续发展战略”，强化体制、机制创新和技术创新，营造一流环境，突出招商引资，壮大产业规模，加速新区开发，全年实现高新区国内生产总值（GDP）34 亿元；力争实现技工贸总收入 100 亿元；全年完成合同引资 36 亿元；完成高新区全社会固定资产投资 21 亿元；新开工建筑面积 50 万平方米，竣工面积 25 万平方米，确保主要经济指标保持高速增长，为拉动区域经济发展做出贡献。

（唐 宏 殷兴龙 宝鸡高新区管委会）

主打特色牌　园区经济创新高

2003年，大连高新区创新务实，开拓进取，以创建国内一流特色园区为目标，园区经济迈上了新的台阶。园区完成技工贸总收入338亿元，同比增长26%；实现国内生产总值69亿元，同比增长30%；招商引资实现协议外资额5亿美元，到位2.2亿美元，同比增长均达到52%；引进内资25.3亿元，同比增长27%；出口创汇5.7亿美元，同比增长35%。

如果说中央振兴东北老工业基地的举措是强劲的东风，大连高新区管委会提出的“建特色园区，创全国一流”的发展理念和“做大一面，拓展两线，带动八方”的发展战略则是这东风吹皱的一池春水。集中力量发展信息技术、生物技术、数字集成电路产业，在规划水平、产业水平、经济指标以及管理层次上要创国内先进水平，将园区建设成为大连市新的“经济增长极”。踏着新春的脚步，大连高新区的发展进入了一个别具特色的春天。

一、招引特色产业

大连高新区在创建特色园区过程中，注重利用特有优势和环境，在招商引资方面侧重招引特色产业。一是面向世界500强企业开展针对性招商工作。引进了埃森哲、IBM、SK、松下电工、通用热动力、毕博等世界500强项目23个。二是积极挖掘技术水平高的项目。先后与沈阳药科大学、辽宁中医学院、中国海洋大学等院校以及中科院大连化物所、青岛海洋所、中国疾病控制中心等研究单位建立了广泛合作关系，引进了包括全国首个生物基因工程药物——胺博克在内的国内外先进技术项目10余个。三是针对IT、BT、IC项目招商。引进了大显泛泰通信、怡得乐电子等IT产业项目71个，辉仁制药等BT产业项目20个，聚芯集成电路、杰码集成电路等IC设计产业项目8个。目前，园区IT、BT、IC产业集聚效应不断增强，关联性产业链初步形成。

二、构建特色区域

大连高新区建设特色园区还体现在大力构建特色区域方面。园区立足区域产业优势，积极构建“东西两线”比翼齐飞的特色区域发展格局。即在东线“双D港”建设具有国际水准的生物医药产业化基地和集成电路产业化基地；在西线旅顺南路建设世界一流的软件产业带。“双D港”是发展数字技术和生命技术及相关领域的高新技术产业基地。“双D港”规划面积20万平方公里，由数字科技园区和生命科技园区构成，正在逐步成为全市乃至辽宁省高新技术产业发展高地。已经形成了光通信产业园、数字化制造园、生物技术与医药产业园、新加坡裕廊工业园和双D创业园等“一港多园”的产业格局。其北区产业格局正在向光电、视听、集成电路产业方向发展，南区的生物技术与医药产业园正在申报省级生物技术与医药产业基地。

面积133.11平方公里的大连高新区旅顺南路软件产业带，标志着大连高新区的发展迈上了一个新的台阶。其目的就是要打造大连高新技术产业名牌，争创国际软件名城；建设世界一流、亚洲最好的软件产业带，构筑中国“绿色硅谷”；开辟高新技术产业发展新天地；建设国内一流的高新技术产业示范基地和软件产业示范基地。

大连高新区将进一步加大软件产业带的项目引进，用大项目带动软件产业带的开发建设，引进一批上规模、上档次、高质量、有形象的大项目。以跨国公司、国内外的知名企业、研发中心、服务性中介机构为主要招商对象，带动软件产业带加快融入经济全球化潮流中。引进项目重点为：世界500强面向亚洲的信息服务中心；日本、欧美的大型软件企业；IT制造业的中、高技术大项目；国内外知名研发机构、院校；与软件信息业相关的知名培训公司。目前，已经实现新开工面积24万平方米，竣工面积12.4万平方米。2003年园区软件产业实现产值14亿元，出口创汇4500万美元。

三、举办特色活动

大连高新区注重举办具有自己特色的招商引资活动，已经成功举办了四届的海外学子创业周活动，取得了良好的经济和社会效益。特别是2003年创业周，虽然受到了“非典”影响，仍然取得了很好的成效，与海外学子签订项目206项，其中合同135项，合同与协议金额8.7亿元。

为加强园区的软环境建设，园区党工委、管委会开展了“创造最佳服务环境，满意服务在园区”活动。园区党工委书记张启敏明确提出，优质服务是立区之本，园区各部门要认识到这一活动与招商引资、开发建设工作同等重要，要把努力创造优越的服务环境，以优越的服务条件吸引外商，作为园区招商引资的一块“金招牌”。这项贯穿全年的活动，进一步提高了园区各部门的服务水平和质量，使园区的投资发展软环境建设上了一个新台阶。

四、实施特色管理

大连高新区管委会主任易军认为，优美的城市环境、完善的基础设施、发达的城市经济、较高的对外开放程度和迅猛发展的科技工作是园区发展的必需条件，而园区在管理上的不断创新为园区发展如虎添翼。

大连高新技术产业园区重视继承创新，在保持原来创业历程中好的作法的同时，做到了不因循守旧，不墨守成规，而是进一步解放思想，开拓思路，锐意创新，把握机遇，较好地发挥了吸纳、辐射、孵化、示范和牵动五大功能，从而走上了快速发展之路。

2003年初，大连市科技局和大连高新区密切协作，在园区内共同建立了建筑面积1700平方米的大连高新技术企业服务中心。引进会计师、审计师、律师事务所，公证处，投融资公司，质量认证体系认证咨询机构等和工商、税务、保险、专利、评估、进出口等部门，实行“一站式”服务，为中小科技企业提供全方位的服务。同时，园区加强了出口基地建设，出口企业的扶持工作和“三资”企业后期服务水平也不断加大。借助出口基地建设，保税和进出口工作取得了新进展。园区努力创造人才引进工作的宽松环境，进一步完善了人才市场建设，为上千户企业提供了办理劳动手续、人事代理、代办职称评审、定期人才招聘等服务。园区还建立健全了符合园区特点、适应园区建设和发展的管理体制、机构建制和用人机制。

在此基础上，大连高新区正在创建环境、产业、文化“三大品牌”。他们在建设一流的基础配套、绿化美化硬环境的同时，认真抓政策、服务、融资、人才等软环境建设，在政策优势、办公效率和服务态度三大关键环节上下大气力，创造全市最佳软环境。与此同时，园区在管理体制上推进全员绩效考核的人力资源管理改革，设立关键岗位，实行考核上岗，有计划派出人员到国内外学习培训。在财政和行政管理体制上进行改革，努力建立起适应园区迅速发展的体制和机制。在文化建设方面，大力塑造园区文化品牌，进一步增强凝聚力和内在动力。

大连高新区努力使园区实现硬环境最美、软环境最优越、创新氛围最浓郁，真正成为大连市高新技术产业发展龙头、科技兴市的示范区、对外开放的先导区、科技改革的试验区、高新技术产业的示范区、社会事业全面进步的创新区，成为我国高新技术产业的重要技术进步中心和产业化基地、带动大连市产业结构调整的高新技术辐射源和孵化基地、高新人才和企业家创业与成长的家园。

（大连高新区管委会）

体制创新是开发区快速发展的动力

江泽民同志说过："创新是民族进步的灵魂，是一个国家兴旺发达的不竭动力"。长期以来，党政机关存在着以政治思想教育为主的现象，虽然也有制度约束，但执行的力度显得非常薄弱。究其原因，在于政治思想教育有较强的柔性，而制度约束刚性太强。如何把二者有机统一起来，做到柔性与刚性相结合、定性与定量相结合，以创新的体制推动高新区持续快速发展是我们在体制创新的道路上一直试图解决的问题。为此，绵阳高新区自建区以来一直坚持不懈地进行管理体制的创新，并取得了较为明显的成效。

一、管理体制创新的情况

实行全员岗位聘用合同制

全员岗位聘用合同制就是将党工委、管委会各职能部门（除公、检、法外）及区直属事业单位工作的全体人员实行竞争上岗、聘用合同化管理。中层部门正副职实行聘任制，竞争上岗，由党工委、管委会聘任；一般工作人员实行双向选择、竞争上岗，由部门正职聘用；全部人员实行一年一聘，一年一签聘用合同，合同期满自然解聘，参加下一年的竞聘；分配实行原身份与岗位相分离，以岗定酬，同岗同酬。

推行以岗位为核心的人事管理制度

除党工委、管委会领导外，区级机关各部门岗位统一按以下四个层次设置：部门正职、部门副职、主办科员、科员。区属事业单位岗位统一按以下三个层次设置：所长、业务主办、职员。所有人员全部打破原有身份界限，可以参加任何岗位的竞争。竞争上岗坚持"公开、公正、公平"的原则，对所有岗位的任职条件、岗位职责、目标任务全面公开，个人可根据岗位要求及自身情况，自主选择岗位竞争。通过改革，解决了干部能上不能下、论资排辈、优秀年轻人才不能脱颖而出的问题，调动了干部群众的积极性。

收入分配制度的改革

改革内部分配制度，推行岗位绩效工资制。将机关所有人员的工资实行改革，推行岗位工资加绩效工资制。打破人员的身份界限，实行“能者多劳”、“多劳多得”、“岗变薪变”、“能高能低”的分配机制，极大调动了机关干部的工作积极性。

机关行政后勤改革

为了确保机关各项工作的规范高效运转，党工委、管委会对机关行政后勤进行了大刀阔斧的改革，具体内容包括：制定了党工委、管委会领导班子议事规则，实现了民主决策、集体决策和科学决策；建立了物业管理中心和市政公司，按照市场经济规则对食堂、区内企业的水电气、区域内绿化美化、市政设施养护等进行规范化科学管理；制定了政府采购、非税收入管理、工程招投标等一系列适应高新区发展需要的制度规定；实行了统一着装、打卡上班、企业投诉一票否决制、重大项目跟踪负责制、重大失误责任追究制等一系列加强管理的监督约束机制。

二、管理体制创新的成效

理顺了与上级部门的关系

体制改革以前，市委、市政府下放的部分权限不到位，上级有些部门插手高新区事务，条块矛盾时有发生，对高新区发展造成了人为的阻碍。体制改革以后，市委、市政府对高新区的权限做了进一步明确，阻碍得到有效消除，高新区基本形成相对封闭的“小政府、大社会，小机构、大服务”管理体制和运行机制，自主能力、应变能力、服务水平、服务质量和办事效率得到显著提高，为经济社会的快速发展奠定了坚实的平台和基础。

促进了思维创新，营造了良好的创新创业文化氛围

在体制创新和机制创新的强制推动下，广大干部职工的思维也经历了一场深刻的变革，逐步从消极抵触到理解接受，从被动观望到主动参与，从反对改革到支持改革。最终认清了形势，统一了思想，深化了认识，明确了任务，增强了紧迫感、危机感；树立了“发展才是硬道理”思想和“亲商、安商、富商”观念；形成了鼓励竞争，容许失败的有利于高新技术产业发展的良好的人文氛围；形成了上下齐心，团结一致向前看，全力以赴抓招商引资和项目建设，努力营造一流的投资创业环境，千方百计加快科技成果转化和产业化，为推动高新区“二次创业”实现新跨越和建设绵阳科技城多做贡献的生动局面。

拓宽了选人视野，促进了优秀人才脱颖而出

按照传统作法选拔干部往往论资排辈，搞平衡照顾，矛盾多，难度大，且群众参与少，选人视野狭窄。实行竞聘上岗为选拔德才兼备、政绩突出、群众公认的优秀干部创造了良好的社会环境，促进了党管干部和群众路线的有机结合。

树立了正确的用人导向

实行干部聘任制，坚持公开、平等、竞争、择优原则，较好地解决了用人上的不正之风。同时，通过竞聘上岗，实现了能者上、庸者下。真正做到了把选拔任用干部的知情权、选择权、参与权和监督权交给党员和群众，做到了集中指导下的民主和民主基础上的集中的有机结合。

激发了广大干部职工的积极性，机关工作效率大大提高

长期以来，传统管理模式下的党政机关形成了一种四平八稳的工作作风，论资排辈视为理所当然。通过管理体制和运行机制的全方位改革，广大干部职工普遍增强了危机感和责任心，形成了一种无形的压力，充分发挥了干部职工的积极性、主动性和创造性，工作效率极大提高，初步形成了科学、精简、规范、高效的改革目标。

促进了高新区经济社会的持续快速发展

各种改革措施的推行，极大地解放和发展了社会生产力，释放了科技人才创新创业的潜力，促进了高新区经济社会的持续快速健康发展。11年来，高新区完成了17平方公里区域综合开发，建成城市道路95公里，建成基础设施综合管线400公里，基础设施实现了 "九通一平"，建立了西南首家公共保税仓库，建立了国家级创业服务中心、国家级生物工程专业孵化器、留学人员创业园、博士后工作站和绵阳科技城生产力促进中心。11年间累计实现工业总产值1200多亿元，国内生产总值340多亿元，财政收入近60亿元，年均增长87%、82%和56%，高新技术企业产值占全区工业总产值的88.9%。累计吸引国内外资金10亿多美元，引进了10余个国家和地区的600多家工业企业。2003年全区39家规模以上工业企业实现工业总产值165亿元，实现工业增加值31亿元，完成固定资产投资11亿元，社会消费品零售总额3亿元，出口创汇额7.6亿美元，实现财政收入5亿元，引进各类工业性项目274个，其中高新技术项目120多个，协议引进资金44.84亿元，实际到位资金11.85亿元，初步形成了以电子信息产业为龙头，以新材料、生物科技和精细化工产业为支柱的产业结构体系。

三、深入推进管理体制创新的思考

(一) 两点启示

1.拒绝因循守旧、墨守陈规的思想观念

高新区近10年的发展历程反复证明：暂时的发展缓慢并不可怕，可怕

的是我们的思想观念陈旧，思想僵化，可怕的是不思变、不求新，抱住习惯了的东西不放，没有改革的观念和强烈的进取心。

2.管理体制和运行机制要不断创新和发展

绵阳高新区近10年的发展，管理体制的变化，也带给我们发展上的起起伏伏。实践证明，一种体制或机制在某一个阶段对某一区域或许是适用的，但随着这个单位发展变化到一个新的阶段，这种体制或机制就不适应这个区域的发展了，或者说，这种旧的体制或机制已经没有了活力，不仅对这个区域的发展没有帮助，反而成了它发展的制约因素，这就需要我们进行大胆地改革，给这个体制注入新的活力，才有新的生命力。

(二) 今后的打算

克服新的运行机制中出现的不足，进一步完善相关配套改革措施，使之与新的管理体制相适应

通过完善改革的配套政策，逐步解决干部的年度考核还不够准确、科学的问题，解决落聘、解聘、待岗、辞职人员后顾之忧的问题，解决岗位工资、绩效工资因国家政策调资后如何上调的问题，解决干部管理与区外衔接的问题。这些都需要我们开动脑筋，认真加以解决。

加快区内事业单位改革步伐

过去，我们将改革的主要精力放在了机关的机构改革、干部人事制度改革和行政后勤制度改革上，对区内事业单位改革研究少一些，事业单位改革相对滞后。今后，我们将在巩固已有改革成果的基础上，进一步加大事业单位的改革力度，全面推开所有事业单位的改革，努力把高新区建成绵阳科技城制度创新的先行区和示范区。

(林 新　绵阳高新区管委会主任)

大力发展开放型经济 提升经济国际化水平

2003年，无锡新区完成国内生产总值235亿元，增长44%；技工贸总收入872亿元，增长40%；财政收入30亿元，增长33.3%；全社会固定资产投资102亿元，增长66.6%；入区世界500强公司达40家；完成注册外资18亿美元，增长80%；实际到位外资10亿美元，增长47.2%；在全国高新区综合考核中，无锡高新区被评为经济发展评价第二名。

区域经济快速发展 开放型经济再创新高

2003年以来，无锡新区认真学习贯彻党的十六大精神和“三个代表”的重要思想，按照省市的工作部署，坚持以率先发展为第一要务，确立了建设核心区、争当排头兵的奋斗目标，加快推进“三个转变”，加快建设“三城两区”，区域经济快速发展，开放型经济再创历史新高。

全区完成国内生产总值235亿元，增长44%；技工贸总收入872亿元，增长40%；财政收入30亿元，增长33.3%；全社会固定资产投资102亿元，增长66.6%；新批外资项目250个，其中超千万美元项目120个，超3000万美元项目15个，超亿美元项目5个；新增日本普利司通、东芝、LG等500强公司，入区世界500强公司达40家；完成注册外资18亿美元，增长80%；实际到位外资10亿美元，增长47.2%；完成外贸出口32亿美元，增长40%。开放型经济上升为全省开发区第二位，在全国高新区综合考核中，无锡高新区被评为经济发展评价第二名。

扩大对外开放 推进“二次跨越”

2004年，是无锡新区加快改革创新、扩大对外开放、实现率先发展、推进“二次跨越”的重要一年。根据省委十届六次全会和无锡市委、市政府“两加快、两确保”的工作要求，新区将以“建设核心区、争当排头兵”总揽全局，把握率先发展第一要务，坚持“五个统筹”，树立科学的发展观，加快实施集约开发，提升开放型经济水平，发展高新技术产业，提前完成“十五”计划目标任务，实现经济社会的全面、协调和可持续发展。全区GDP、固定资产投资增长40%，财政收入增长30%；GDP达到330亿元，技工贸总收入达到1200亿元，固定资产投资达到150亿元，财政收入达到40亿元，超百亿元企业达到2家，合同注册外资完成22亿美元，到位外资完成任务12亿美元，增长25%~30%，自营出口38亿美元，增长19%。

主要工作措施

一是努力实现重大项目的新突破，提升外资项目结构。以超亿美元项目、品牌项目、基地型项目为龙头，在确保利用外资规模的基础上，实行规模和质量并举，重点突破重大、特大项目，提高项目投资规模和质量，全年落实10个超亿美元项目，力争突破5亿美元以上特大项目，新增世界500强企业3~5家。

二是努力实现重点产业的新突破，构筑国际产业链。依托已入区的跨国公司，以电子信息、汽车及零部件、生物医药化工和新材料等产业为重点，开展集群式招商，通过龙头企业的纵向延伸，形成比较完整的产业链；通过相关产业的横向拓展，形成关联度较高的产业群，实现由引进项目向引进产业的转变，促进产业链和产业基地的形成。

三是努力实现重点地区的新突破，构筑国际资本聚集高地。继续实施主攻日韩、巩固港台、拓展欧美的招商战略，做强日资高地，做大韩资板块，拓展欧美市场，巩固东南亚市场。加大对国内产业的引进力度，积极呼应全市的结构调整，吸引全市布局调整项目，吸引国内制造业，为建设无锡国际制造业基地核心区提供新的动力。

四是努力实现利用外资领域的新突破，培育新的产业优势。利用CEPA机遇，大力引进生产性服务业和知识、资金密集性服务业，在引进外资银行上取得突破；开拓交通设施建设、房地产、现代物流等的合资合作；推进合资合作兴办学校、医院等社会事业。创造条件吸引跨国公司地区总部、物流采购中心等。

五是努力实现集约开发的新突破，提高园区现代化水平。创新园区开发开放模式，突出集约开发，提高土地投入产出强度，园区投资强度不低于35万美元/亩，乡镇工业集中区投资强度不低于150万元/亩。加快重点工程建设，拓展园区路骨架，完善园区基础设施，配合做好涉及新区的全市六大重点工程，完成一批重点工程，建设一批特色公园和生态小区。全面实施商贸区首期开发，开工一批重点三产项目，加快融入主城区，提升园区现代化和城市化水平。

六是努力实现管理服务的新突破，营造国际化的投资环境。坚持按国际惯例办事，打造诚信政府、服务政府和责任政府，提高公共管理效率和公共服务水平。完善“一站式”服务体系，建立一网式办公信息系统，深化行政审批制度改革，坚持行政性收费“零费区”制度，建立诚信企业免检制度。完善口岸功能，扩大电子报关、快速通关，与中国香港建立陆路直通运输模式，与上海建立空陆联程中转通关模式。推进四大社会事业工程，完善人居环境，做好国际学校建设工作，建办日本子弟学校，启动泰伯文化景区开发，办好无锡科技职业学院。加强法制建设，推进高新区管理条例的修订工作，形成一个基础完善、法制完备、管理规范、服务优良的投资环境。

七是积极应对国家出口退税政策的调整，努力实现出口规模结构的新突破。引导企业实行本地采购，降低采购价格，分流新增成本；支持附加值较高的高新技术产品扩大出口；发挥好出口加工区的作用，推进二期开发；调动企业出口积极性，引导企业向市场多元化发展，保持进出口的适度增长。

八是提高外经贸工作的组织程度。健全重大项目协调推进机制，完善政策和考核奖励制度，降低招商综合成本。整合招商资源，建立全球招商代理网络，在欧美地区设立代表处，与驻京、驻沪跨国公司地区总部形成稳定的信息沟通机制。组织好无锡新加坡工业园十周年、国际咨询顾问委员会年会等经贸活动。

在新的一年里，我们将认真学习贯彻党的十六大精神和“三个代表”的重要思想，按照省委省政府、市委市政府的工作部署，奋发有为，迎难而上，虚心学习兄弟开发区的成功经验，在开拓中找对策，在创新中谋发展。以率先发展的新观念、开拓创新的新思路、与时俱进的新举措，全面做好2004年的各项工作，为开放型经济做出新贡献。

（无锡新区管委会）

张江高科技园区“深化聚焦”第一年

2003年，是“深化聚焦”战略的第一年，张江高科技园区紧紧围绕着上海市委、市府“科教兴市”和第四次领导小组会议的发展目标，不懈努力，使张江高科技园区的经济发展和功能建设又上了一个台阶。

主要经济指标大幅提高，对区域经济贡献日趋显著

尽管有SARS等不利因素的影响，张江高科技园区经济依然保持良性、稳步的上升态势。2003年共实现销售收入182.05亿元，同比增长63.82%；工业总产值138.84亿元，同比增长47.8%；出口形势喜人，全年共完成出口交货值47.94亿元，同比增长1.4倍；随着园区一批大项目的陆续开工，园区逐渐从投入期转向收获期，固定资产投资增幅明显放缓，全年共完成投资额131.05亿元，与去年相比基本持平。

税收收入直线攀升。2003年共实现税收收入12.86亿元，比去年同期增长62.37%，高出新区平均增幅20个百分点之多。其中，增值税4.68亿，营业税2.91亿，消费税0.18亿，企业所得税1.07亿，外资企业所得税为0.74亿，个人所得税为3.01亿，同比分别增长45%、103%、19%、52%、71%和68%。

税收快速增长的原因，除了数目的增加之外，企业经济效益持续转好，也是拉动税收的一大主要因素。据统计，2003年户均纳税为49.4万元，比去年同期增加23个百分点之多。

招商特点

1.研发机构成为提升张江“智”能的动力源

2003年，园区共成功引进研发机构18家，其中第一资讯、通用电气、德州仪器、霍尼韦尔和英飞凌5家企业被上海市认定为跨国公司总部，占到了全市认定比重的10%。除此之外，国内一些知名企业的研发总部如联想、中兴通讯、金蝶软件、夏新电子、科健等也纷纷移师张江，成为2003年招商工作的亮点。同时，一系列国内高端科研项目如科泰世纪的自主开发操作系统软件项目、普天方正项目、中科院计算所的高性能通讯研发项目、江南计算

所的高性能CPU研发项目等也相继入驻园区，有助于推动园区形成国内一流高新技术产品研发中心。

2.创业投资公司势头不减

由于张江开发区特殊的准入政策，使外资投资性公司和投资管理公司纷纷到这里注册，2003年批准这类外资企业14家，优化了园区的招商和融资环境。

3.配套服务逐渐优化，孵化创业功能进一步完善

随着创业配套设施的进一步完善，一大批留学生创业企业和投资额30万美元左右的中小企业成为主要增长点。2003年，园区共注册留学生项目76个，占全市新增留学生企业的22.82%，各类30万美元以下的中小企业225家，占到2003年外资注册项目总数78%。

截至2003年底，园区共有各类在孵企业382家，比2002年新增孵化企业92家；达到毕业标准的企业数为155家，园区现有各类孵化用房33.48万平方米。这说明张江园区经过几年政策、环境和资源的优化已成为留学生和中小投资者理想的创新创业热土。

支柱产业齐头并进，产业能级进一步提高

1.IC产业体系日趋完善和规模化

2003年，世界各路IC厂商纷纷云集张江，如英飞凌、STATS、PIXELWORKS等，同时国内IC企业如华虹、上海微电子装备等也相继进驻，使张江成为国内集成电路产业发展速度最快、产业链最完备、产出效应最明显的核心区域。目前，园区内集成电路企业共上下游企业近140家，成为拉动园区产值、创汇的主力增长点。

2.生物医药产业体系加速形成

目前，园区已经形成由40多家制药厂为骨干为的产业发展群体，2003年全年共实现产值32.40亿，同比增长26.0 %，同时随着园区专业和中介服务环境的优化，以泽生生物、睿星基因为代表的120多家中小创业型、“头脑型”公司正在迅速崛起，这些由海外留学人员和国内科技骨干组成的团队，创新能力强，为园区生物医药产业的发展增添了后劲。

3.以软件园为核心的软件产业步入快车道

2003年，软件园共引进企业102家，引进外资5300万美元，内资2.4亿人民币，截至2003年底，浦东软件园实际进驻企业为218家，比去年增加28%。2003年是园内软件企业迅速发展的一年，共实现销售额约40亿元，上缴税收逾2个亿，分别比去年同期增长49.8%和66.7%，软件出口达2000万美元。日趋完善的服务设施和专业化增值平台，以及“国家软件出口基地”的认定，将大大提升软件园的综合竞争力。

4.银行卡产业初具规模

银行卡产业园的开园建设，标志着以银行卡为中心的金融信息服务业成为继IC、软件开发和生物医药之后园区的又一主要产业。作为国内首家银行卡专业性的产业园，在开园仅半年的时间内，就初步显现了产业聚集效应，先后引进了中国银联、平安保险、中国银行、交通银行等项目。一期规划用地1380亩招商已全部完成，二期用地2.1平方公里正在进行规划设计。

5.创新是高科技园区发展的重心

张江园区始终把创新放在首位，重视以技术创新、知识创新和管理创新为特点的创新体系的建设，为区域经济的发展提供资源整合和集成平台。园区相继成立了“知识产权管理协调工作小组”，积极推进创建市“知识产权示范园区工作。据新区知识产权局统计资料显示，2003年张江园区的专利申请数达445项，占新区专利申请量（2580件）的17.25%，比2002年上升了7个百分点。其中，发明专利349项，占园区专利申请总数的78.43%。体现了企业对以知识产权为核心的创新意识在不断提高。

截至2003年底，园区共有182家高新技术企业，比2002年净增46家，增长33.82%。

6.人才高地建设进一步推进

人才是发展的根本。2003年是园区人才建设大步迈进的一年。博士后公寓、博士后工作站的正式揭牌，中医药大学的入驻，清华、北大微电子研究院、复旦国家微分析中心的相继签约，张江人才差别政策的拟订等，都极大地提升了园区的人才建设，加快了园区一流的人力高地的构筑。截至2003年末，园区共有10个博士后科研工作站人才密度为58.58%。在刚刚结束的上海市人才工作会议上，张江园区办被授予“上海市人才工作先进单位”。

率先试行行政审批和政府服务“零收费”

为努力营造良好的投资环境、规范、高效的服务，在市、区两级政府的批准、支持下，从2004年1月1日起在张江园区率先对第一批61个项目试行行政审批和政府服务“零收费”。

建设项目进展情况

2003年，园区共完成固定资产投资额131.05亿元，与去年基本持平。其中市重大项目完成91.68亿元，新区第一、二批投资计划累计完成30.49亿元。

（上海市张江高科技园区）

鼎立打造“中国稀土谷”

——记包头稀土高新区管委会主任苏文清

据统计，当今世界稀土探明储量的73%在中国，而中国稀土储量的92%在包头，所以说到“稀土之都”包头，西方人只有感叹的份。

稀土不是土，是一组非常珍贵而又非常稀少的“金属元素”，应用于计算机、手机、光纤通信、电池等各种器件，在电子、信息、通信、环保、汽车、航空航天、核工业、军事、医疗、能源、冶金、农业等各产业领域作用广泛；稀土在我国新型工业化进程中将发挥越来越重要的作用。

近年来，全球经济不景气，我国经济却“一枝独秀”。巨大的市场潜力和低成本的制造优势，像一块巨大的磁场，吸引着发达国家与地区的制造业向我国转移。与稀土关联的产业更是如此。不仅稀土终端应用的产业，如计算机、手机、彩电、汽车等企业生产能力移向中国，连硬盘驱动器、显示屏、光盘驱动器等元器件产业也转向这里，中国已成为国际高新技术制造业的竞技场。在这种形势下，“稀土—新材料—终端应用”这条产业链中的“新材料”环节，而今在发达国家不仅制造成本高，与中下游产业相隔遥远，相互之间响应缓慢，效率低，因而不得不向我国转移……

如今，在被称为“塞外钢城”、“稀土之都”的包头市，一个花园式的新兴工业城区正在其城南崛起——这就是我国唯一冠以专业名称的包头稀土高新技术产业开发区。

近几年，包头高新区以开放的观念和创新的勇气，屹立西部大开发的潮头，迎风而进，与时俱进，成为包头市经济发展的亮点、内蒙古自治区改革开发的桥头堡、自治区发展高新技术的摇篮，在我国53个国家级高新区中别具一格，个性鲜明。

如何改变我国在稀土前沿研究和应用方面落后于西方发达国家的现状，将包头的资源优势转化为产业优势？也就是说，如何才能将“稀土之都”成功打造成“中国稀土谷”，自信的苏文清娓娓道来。

一、发展是解决困难和问题的最好办法

包头其实是西部最“南方化”的一座城市。包头“南方化”的一个方面是思想开放、勇于改革。在包头高新区，上至当家人苏文清，下至普通的办事员，其身上洋溢出的那种朝气和活力，时刻感染着每一位来到这儿的外乡人。“打破常规、求新求异”这样只在深圳特区和十四个沿海开放城市才流行的观点，也在这儿生根发芽，遍地开花了。

2000年初，苏文清同志正式执掌高新区。他首先把解放思想、加快发展作为工作的切入点。他说，“坐井观天不行，闭门造车更不行，没有创新的思想，就不会有创新的工作。”所以，他利用一切机会带领班子成员和中层干部走出去，考察发达地区，学习先进经验，在“知彼”的基础上，通过分析比较优势和比较劣势，做到“知已”。他要大家看到，高新区纵比发展很快，横比差距仍然很大。在前有标兵、后有追兵的形势下找理由不如找出路。因为发展不了，困难和问题就会越来越多。只有发展，才是最好、也是唯一的选择。

2001年4月，包头市委市政府决定高新区实行封闭式管理、开放式运行的模式。其原则是：其一，解放思想，“特”字当先。以全新的思维、全新的观念来审视和对待高新区，真正建立和完善“特区”运行模式，做到特事特办；其二，坚持“发展是硬道理”。只要是有利于稀土高新区发展的事，都可以大胆地试、大胆地闯；其三，坚持实事求是，注重实效，建立一套精简、高效的工作机构，营造一个宽松良好的投资环境，实实在在地抓建设、谋发展。同时还规定了稀土高新区实行封闭式管理的具体内容和管理权限。

有压力才会有动力，有动力才会有活力。视野的开阔、认识的统一，为高新区发展提供了强大的动力源泉。在包头市和自治区两级党委、政府的重视支持下，高新区上上下下拧成了一股绳，开足马力，高速运转起来。通过努力，高新区实现了三年三大步的跨越式发展。工业总产值从1999年的26.6亿元发展到2002年的60亿元，年均增长31.6%；技工贸总收入从28.7亿元增至69亿元，年均增长36%；利税总额从4亿元增至9.6亿元，年均增长34.2%；财政收入从0.77亿元增至3.07亿元，年均增长57.9%。

二、要像爱护眼睛一样爱护高新区的企业

包头人民利用稀土资源，建立起以市场为导向，以深加工和开发应用为重点，以高技术和高附加值的稀土产品为龙头，以提高经济效益和资源有效合理利用为中心的稀土工业体系，变资源优势为经济优势，变一般生

产优势为高技术产业优势。

在稀土资源转化过程中，其重点之一是从稀土原料的开发生产转向稀土推广应用，通过稀土在冶金、石油、化工、农业等传统领域的作用，改造传统产业，促使传统产业尽快升级；二是从稀土分离冶炼技术应用转向发展稀土功能材料以及相关领域的新技术产业；三是要从只重视产量转向抓技术创新，提高稀土产品技术水平、质量档次，增加品种，降低成本，形成具有自己特色的稀土产品；四是要从只抓生产转向重视改善稀土生产环境，加强资源优化配置，逐步使稀土产业真正成为包头独树一帜的新兴经济增长点。

为了合理开发和有效利用包头的稀土资源，适应国内外市场对稀土的需求，他们认准了稀土产业的发展方向；在产品结构上，稳定增长稀土上游产品，大力发展中游产品，重点开发相关终端产品，大力提高稀土产品的附加值和技术含量；在市场取向上，开拓国内外市场，努力扩大内需，实现从原材料出口为主到以功能材料、元器件及其相关终端产品出口为主的转变；在科研开发上，集中力量重点开发与新能源和环保等新技术领域相关的功能材料，并迅速实现稀土高新技术产业化；在制度创新上，要按照现代化企业制度要求组建包头稀土集团；同时，要从包头稀土产业发展现状出发，引导小型稀土企业通过产权组合、合并、合作和联合，促进企业走集约化道路，发挥优势互补，增加共同抗风险的能力，使包头稀土产业步入健康、快速发展的轨道。

所以，他们在引进项目时，坚持以高新技术项目为主。近两年，稀土高新区共引进建设项目65项，引进项目总投资47.5亿元，其中属高新技术项目的有38项，占引进项目总数的58.46%。一批前景好、技术含量高的高新技术项目已经投产并取得了好的经济效益，有的正在建设之中。

如稀土高科同美国ECD/OBD公司合资1亿美元建设稀土动力镍氢电池项目；宁波韵升总投资1.2亿元生产的1000吨中高档钕铁硼永磁材料项目；世界知名稀土金属企业日本三德株式会社投资2167万美元与稀土高新区等合资组建了包头三德电池材料有限公司等；还有全国最大的稀土生产加工民营企业包头和发稀土集团承担国家计委产业示范化项目稀土储氢合金粉和高比表面氧化铈已建成投产，并被国家科技部批准为国家“863”高新技术产业化基地，等等。

在软硬环境建设方面，包头高新区基础建设力度不断加大，布局日趋合理。尤其九纵六横的道路交通网引来众多赞许的目光，高新区招商引资措施扎实，区内企业具有园区化、国际化趋势；广泛引进人才，推进了技术创新；环境优美、景色怡人，绿化率达35.6%；各职能机构和社会服务支撑体系完善，区内办事高效、服务周全……

围绕产业做文章，苏文清的眼前，已展现出了一个宏大的构想：

1.到2005年，稀土高新区主要经济指标在2000年的基础上翻两番，其中工业总产值和财政收入分别达到252亿元和8亿元。

2.到2010年，在2005年的基础上再翻两番，工业经济总量达到全市工业经济总量的1/3强。

3.在2015年之前，把稀土高新区建成以稀土为特色的高新技术产业化基地、产品出口基地、孵化创新基地，建成“中国稀土谷”。

三、没有高素质的队伍，就干不出高质量的工作

培养一流的团队，是苏文清又一个工作重点。“因事设岗、按岗选人、强化岗位、淡化身份”已成为包头高新区用人原则。他还将所有工作人员分批送出去学习和培训，并面向全市创办了“包头稀土高新区创新论坛”，邀请了知名专家、学者授课。“创新论坛”现已举办了44期，正在积极为“文化沙漠”灌注着新鲜的养分和血液，充实着生命的活力。

一流的业绩、一流的人才、一流的环境、一流的收入。这是稀土高新区一贯倡导的“四个一流”。

特殊人才“特殊对待”。2000年7月，《包头稀土高新区吸引、使用、培养人才暂行办法》正式出台，其中对从事科研或技术开发的高层次人才享受特殊津贴和特殊待遇作了明确规定。如驻区企业科益达公司董事长段成是归国留学人员，每个月享受管委会300元的特殊津贴。拿到这份特殊的关怀，段成感动地说：这是稀土高新区对人才的重视，也是自己人生价值的一种体现。在高新区，共有88位专业技术人员、博士、留学归国人员享受200~800元的“特殊贴津”，他们都是企业里的负责人或技术骨干。

据统计，截至2002年二季度，稀土高新区兑现特殊津贴近30万元，使用人才基金130多万元。为了更好地为企业引进、培养、使用人才，高新区人事劳动局与企业保持着密切的联系，企业需要哪些专业的人才，人事劳动局都在册备案，及时推荐。

同时，本着“不求所有，但求所用”的用人精神，苏文清向全国聘请国家级稀土专家、院士、教授担任建设中国“稀土谷”的顾问。2002年8月，13位来自中国工程院、中国科学院的院士以及国内著名的稀土专家教授共聚包头，为建设中国“稀土谷”构想提出了大量宝贵的意见和建议；近日，周廉、李东英等五名院士已正式提出“建设中国稀土谷”的院士、专家建议，上报了国务院；同时院士专家们深入驻区企业，对企业在生产经营中的疑难问题进行答疑解惑；部分专家在与高新区的合作中，

把专有技术带进来进行科技成果转化，既促进了招商引资，也推动了经济发展。此外，稀土高新区还委托国内权威机构和专家学者，完成了稀土高新区总体规划、创业园区规划、稀土大厦设计、人力资源开发战略等工作，这一切，确保了各项工作的高起点高水平运行。

未来的竞争，归根到底是人才的竞争，掌握了一流的人才，才能在激烈的竞争中赢得主动。吸引人才、使用人才、培养人才，是稀土高新区实施人才战略的三步曲。它们在稀土高新区跨越式发展的步伐中已经奏响了美妙的乐章。

四、创新成为高新区发展的不竭动力

面对新形势和新发展，稀土高新区着眼于未来，坚持不懈地进行制度创新、体制创新和科技创新，使高新区成为包头市改革开放的前沿、新政策新措施的实验区。

1.稀土高新区创造性地将南壕村作为试点，掀开了农村整建制农转非的篇章；

2.采用BT的方式招商引资，并引入风险投资等多种形式融资，两年内完成城市规划道路40万平方米，并使供热、水、电、通讯等配套管网设施到位，形成了“八通一平”的道路管网，为经济的腾飞奠定了良好的基础；

3.以创新的思维将市场的运行机制引入城市管理中，创造性地公开拍卖了区内广告经营权、加油站经营位置和国有土地的使用权，不仅有效地降低了管理成本，还获得了可观的经济效益；

4.改革企业登记制度，降低企业入高新区门槛，为“无费区”的建设奠定基础；

5 积极进行ISO14001 环境体系和ISO9001 质量管理体系认证，进一步提升高新区的管理水平；

6.积极制定前瞻性产业政策和扶持高新技术产业发展的政策措施，先后出台了38 项优惠政策和规章制度，为企业的发展营造良好的政策环境；

7.强化监督制约机制，实行了建设项目公开招标、办公用品政府采购、社会服务承诺、首部负责和主动引领等制度，做到了公开、公正、规范运作；

8.拓展科技创新源头，本着不求所有、但求所用的原则，积极与各类大专院校、研究机构合作，组建专业技术特色的企业孵化器、专业技术孵化器，切实做到官、产、学、研、资、介、贸之间的联系与合作，形成有利于技术创新的有效运行机制。

五、有什么样的文化理念，才会有什么样的精神和行动

2002年4月，从原单位退下来后被聘到包头稀土高新区工作的张昌荣不无感慨地说："是高新区让我焕发了青春的活动，就是一分钱都不给我，我也愿意在这儿干，我的后半生就搁在高新区了。"

不仅是张昌荣，所有在高新区工作的或融入这个团体的人都会有如此感受。"敢为人先的创新精神、实干精神、爱岗敬业的奉献精神、齐心协力的团队精神"，这四种精神已经成为高新区特有的文化理念核心。

在稀土高新区会有一种特别的感受，这种感受来自于方方面面，从一个个忙忙碌碌而井然有序的身影，从一张张朝气蓬勃而微笑热情的面孔，甚至一桌一凳、人手一台计算机的工作间，从一花一木、水清山秀的街边的小游园，到处洋溢着一种清新的活力和涌动的热情。这些信息汇聚到一起，就形成了一种特别的氛围。让人无时无刻不感受到它那凝聚人心的精神力量。

因为这儿鼓励创新、宽容失败，才有创新的管理体制、运行机制和政策制度，企业才有了更为自主和宽松的发展环境。当然，这种宽松也体现在个人的发展和个性的张扬上。在这里，每个人都是主人。

团队精神是高新区最引以为荣、也是高新区各项事业快速发展中不可或缺的一个重要因素。一个普通的工作人员说，在高新区工作，我们每个人都有自豪感，都在自觉不自觉地去维护高新区的声誉。对于一个单位来说，能做到这一点，难能可贵。问起为什么这么热爱高新区，高新区为什么有如此大的凝聚力,他会告诉你：是环境，高新区日新月异变化着的环境以及高新区提供给个人的发展空间让人欣喜。

在稀土高新区还有许多具有高新区特色的语言，比如"企业可以不进高新区，但高新区不能没有企业"、"我们要像爱护眼睛一样爱护企业"、"勇气比智慧更重要"、"落实比创新更重要"等等，这些都已成为流动在高新区血脉中的血液，为高新区的发展补充了无尽的动力源。

（包头稀土高新技术产业开发区管委会）

山东省经济园区建设和发展情况

从2003年3月份开始，由山东省政府办公厅、调研室、外经贸厅、科技厅、中小企业办等部门、单位参加，组成园区建设和发展情况调研组，分别对全省经济开发区、高新技术产业开发区、保税区、出口加工区、民营经济园区和企业工业园等进行了调查研究，并赴江苏、浙江、上海等省市进行考察学习。通过调研，摸清了山东省园区发展的基本情况，分析了制约园区快速发展的突出问题，并参照借鉴先进省市的经验和做法，提出了下一步的工作对策和建议。现将有关情况报告如下。

一、山东省园区建设和发展的基本情况

山东省园区的设立起步于经济技术开发区，其建设和发展得益于我国改革开放的基本政策，得益于邓小平理论的实践。当初设立经济技术开发区是基于对外开放、对内改革的需要，开发区具有类似经济特区的性质和功能。山东省园区发展的过程，在一定程度上反映了山东改革开放和经济发展的基本轨迹。从1984年设立经济开发区到现在，山东省园区发展大致分为四个阶段。一是1984年到1992年的试点阶段。国务院确定开放14个沿海港口城市后，批准设立了14个经济技术开发区，山东省青岛、烟台经济技术开发区就是其中的两个。青岛、烟台经济技术开发区设立后，学习借鉴经济特区的建设经验，创造了较好的投资环境，为以后开发区建设积累了经验。二是1992年到1995年的起步阶段。小平同志南巡谈话后，国务院批准在山东省设立了威海经济技术开发区、青岛保税区和济南、青岛、威海、潍坊、淄博5个高新技术产业开发区。省政府提出了“全面开放、重点突破、梯次推进、东西结合、加快发展”的战略和“建设乡镇工业小区，引导乡镇企业连片发展”的思路，先后批准设立了56家经济开发区和5家高新技术产业开发区，各市相继设立了一批乡镇工业小区和县（市、区）工业园，初步构成了山东省园区发展的基本框架。在当时，开发区管理比较粗放，实行先审批后建设，部分离老城区较远的开发

区，政府投入的大部分资金用到基础设施建设中，使得开发成本过高，流动资金缺少。再加上开发区与区外体制的摩擦，经济形势波动等因素，在起步摸索阶段面临着许多困难。三是1996年到1998年的整顿阶段。这期间，亚洲金融危机爆发，国家实施紧缩银根、抑制经济过热的政策，对开发区进行清理整顿，导致外资进入平缓，外贸出口受阻，开发区发展比较缓慢。此时江浙的苏州、无锡、杭州等地的开发区抓住了外资结构调整的机遇，引进了一批跨国公司和台湾投资项目，园区规模档次上了一个大台阶，拉大了与山东省园区的距离。四是1999年初到现在的发展提高阶段。这一阶段，各地对园区的建设和发展有了比较理性化和集约化的认识。招商引资重点比较突出，开发的水平、投融资机制都出现了质的变化。特别是省政府提出突出"三个亮点"的工作要求后，各地把园区作为培植"三个亮点"的重要载体予以高度重视，园区建设进入了快速发展的新阶段，形成了经济开发区、高新技术产业开发区和各类工业园区竞相发展的新局面。

截至目前，全省经国务院和省政府批准的经济开发区69家（国家级经济技术开发区3家、保税区1家、出口加工区4家，省级经济开发区61家），高新技术产业开发区15家（国家级5家，省级10家），市、县政府或市以上政府职能部门批准的民营及乡镇经济园区1108家。其中，国家级、省级经济开发区、高新技术产业开发区、保税区、出口加工区分别由国务院、省政府审批，商务部代表国务院对国家级经济技术开发区，海关总署代表国务院对保税区、出口加工区，科技部代表国务院对国家级高新技术产业开发区，省外经贸厅代表省政府对山东省经济技术开发区、保税区、出口加工区，省科技厅代表省政府对山东省的高新技术产业开发区，实行宏观协调、指导管理。具体由开发区所在地人民政府统一管理。省各类园区的管理体制主要是传统的行政管理方式。经济开发区、高新技术产业开发区、保税区、出口加工区管委会一般都作为当地政府的派出机构，90%以上的实行公务员管理。约60%的经济技术开发区、高新产业开发区设立独立管委会，管委会内部设立不同的室局，如党政办、招商局、经济发展局、社会事业管理局、人事局、财政局等，同时当地政府职能部门还在开发区设立分局，如公安分局、土地分局等。约40%与市县、乡镇政府或政府部门合署办公，其管理职能主要在地方政府。国家级开发区一般为副厅级，在地级市的省级开发区一般为正县级，在县市的省级开发区80%的为副县级，其余为正科级。国家级开发区管委会内设机构和职能部门20个左右，省级平均11个。其他园区约10%发展较快的设立独立管委会，管理方式与开发区管委会类似。绝大部分（约90%）由当地政府中小企业主管部门代政府管理，园区只设立由几个人组成的办事机构，没有行政规格，但办事机构的领导一般由政府部门的副职兼任。

随着改革开放的深入和社会主义市场经济体制的建立，特别是我国加入世界贸易组织，园区不仅是对外开放、吸引外资的基地和窗口，而且还具有了承载国际产业转移、集聚各类企业、调整产业布局、推进城市化进程的重要功能，越来越成为拉动国民经济增长的重要力量。

（一）园区已成为区域经济发展的重要增长点。2002年，全省各类园区创造的工业增加值约占全省第二产业增加值的30%、全省GDP的15%，财政收入约占全省的30%。在占全省GDP80%和占全省地方财政收入50%以上的县域经济中，园区扮演的角色更为重要。有的地方60%以上的新建项目聚集在园区，园区年新增工业产值已赶上了母城，相当于再造了一个母城的工业经济规模，园区已成为带动县域经济快速发展的“龙头”和工业化与城市化协调推进的载体，成为新一轮经济发展的产业聚集带。

（二）园区已成为对外开放、发展外向型经济的重要载体。截至2002年底，全省各类园区累计实际利用外资228.5亿美元，占全省实际利用外资总额的67.4%。累计引进投资额超过1000万美元的外商投资企业近800家，其中有13家超过1亿美元，分别占全省的37%和52%。LG、大宇、松下、三菱、泰克、通用等世界500强跨国公司投资企业86家，占全省的80%。单个项目平均合同利用外资291万美元，高出全省平均水平122万美元。2002年，各类园区完成进出口总额135.8亿美元,其中出口88.4亿美元，占全省的41.8%。外商投资企业已成为园区经济发展的主要力量，完成的工业总产值、税收、出口额，分别占到了园区总额的35%、25%和65%以上。在2002年全省194家出口过1000万美元的外商投资企业中，园区企业84家，其中4家超过1亿美元。

（三）园区已成为大项目和高新技术产业发展的重要基地。截至2002年底，全省各类园区累计认定的高新技术企业1065家，高新技术项目3800多个。高新技术企业的发展，带动了产学研联合和科技成果的快速转化。如电子网板、视听激光头、无刷直流电机、数控机床、全数字平板显示器、CDMA手机等一批代表新兴产业的产品在开发区生产；抗癌、治癌药物CVG与YH-16、特种人造血浆、肾毒灭活疫苗、多媒体中央控制器等一批具有较高水平的产品在开发区研制成功；清华大学、南京大学、韩国LG电子通讯研发中心、加拿大IND生物技术中心等国内外著名高等院校及科研机构在开发区建立产学研基地。2002年，园区高新技术企业完成增加值341.3亿元，占全省规模以上高新技术产业增加值的72.7%。

（四）园区已成为加快民营经济发展、提升民营经济竞争力的重要载体。2002年，民营经济园区实现营业收入、上缴税金、出口交货值和固定资产投资分别占全省民营经济的21.5%、41.4%、54%和70%。正是有一大批民营经济园区对民间资金、外来资金的吸引，为民营经济快速发展提供了动力、积蓄了力量、增强了后劲，初步改变了民营经济“低、小、散、弱”的状况。同时，民营经济以园区为载体，以主导产业为纽带，实行集约化发展，促进了生产要素的优化组合，提升了产品档次和产业层次，带动了民营经济的突破性发展。

（五）园区已成为实施城市化战略的重要途径。园区工业化建设，提高了城市基础设施投入效益，加快了城市人口的聚集，推动了城市产业支撑的形成。同时，园区利用城市水、电、路等基础设施健全的优势，以项目带开发，以开发促发展，既聚集了各种生产、生活要素，又弥补了城镇建设资金的不足。在拉动经济增长的投资、出口、内需三个要素中，投资拉动表现最为突出。由于招商引资步伐加快，各类园区十多年累计固定资产投资4000多亿元，其中基础设施投资约1000亿元，年均增长速度都在20%以上，建成面积约1000平方公里，具有老城区不可比拟的生机和活力。

在各类园区发展过程中，许多大企业依托开发区创办“区中园”成为一种新的趋势。像海尔、海信、鲁能、魏棉、齐鲁软件等大企业大集团创办的开发区“区中园”，都具有相当的规模和水平。像龙口南山、罗庄江泉、莱阳龙大等一批企业集团也通过自办园区，把原来不起眼的小村庄变成了现代化的小城镇。各类园区在推进全省改革开放、加快国民经济结构战略调整，实施科教兴鲁、经济国际化、城市化和可持续发展四大战略等方面都发挥着越来越重要的作用。

二、山东省园区建设和发展中存在的问题

山东省园区建设和发展虽然取得较大成绩，但与南方省市特别是与江苏省相比还有很大的差距。一是表现在总量、规模上。江苏省开发区累计实际利用外资268.7亿美元，是山东省的2.3倍。2002年，完成工业总产值5616亿元，出口186.5亿美元，税收259.6亿元，分别是山东省开发区的2.1倍、2.8倍和1.8倍。二是表现在项目质量和档次上。目前世界500强

跨国公司160多家在江苏省开发区落户，外商投资项目合同利用外资平均规模625万美元，而山东省只有291万美元，世界500强跨国公司86家。三是表现在投入产出上。山东省与江苏开发区平均每平方公里投入基础设施建设资金都在1.2亿元左右，但江苏开发区每平方公里引进项目总投资15.2亿元，2002年每平方公里实现工业增加值4.1亿元、税收7635万元，分别是山东省的2.5倍、2.4倍和2.4倍。四是表现在外向度上。山东省与江苏省开发区内资企业完成的工业总产值、税收、出口额等主要经济指标差别不大，两省开发区经济总量拉大的原因主要是外商投资企业引起的，江苏省开发区的外向度远远高于山东省，苏州工业园、昆山开发区、无锡新区等园区的外贸依存度超过了100%。造成以上差距的原因是多方面的，分析起来，主要有以下几个方面：

一是思想认识不到位，没有从加快工业化和城市化进程的战略高度来抓园区建设。江苏、浙江、上海等省市园区之所以发展快，是因为他们始终把园区作为当地的“特区”，作为决定一个地区发展速度快慢、水平高低、实力大小的关键，采取了一系列特殊手段和强有力措施。如江苏省每年都召开一次高层次开发区工作会议，研究解决制约开发区发展的重大问题。上海市政府为加快张江高科技工业园的发展，提出了“聚焦张江”的发展战略，市政府明确要求，对张江的事情要特殊处理，张江的事情由他们自己办。而山东省一些地方对园区的认识不到位，重视程度不够，思想受一些条条框框的影响，没有把园区作为区域经济发展的龙头、作为城市建设的有机组成部分，致使园区发展的力度小，缺乏有力的政策保障。有的地方对国家和省里出台的政策措施落实不到位，园区应当享有的管理职能和权限落不到实处，政府职能部门还存在着从自身角度考虑问题、缺乏大局观念的现象。

二是功能定位不明确，园区布局缺乏良好规划。南方省市都注重结合自己的基础条件，以开发区为“航母”，重点培育龙头骨干企业，以乡镇工业园区为“战斗群”，搞好配套协作，既拓宽了开发区的发展空间，又加快了民营经济园区的发展。而山东省在园区布局上指导力度不够，缺乏统一的规划和有效的管理。有些地方设立园区存在一定的随意性，在几十平方公里的面积内出现了几个、甚至十几个相对独立的园区，各自为政、多头开发，在不同程度上造成了园区之间的恶性竞争，降低了企业入园标准，整体竞争力下降，也造成了土地资源的浪费。有的开发区没有注重结合当地的产业特点和自身优势培育起主导产业，片面追求进区企业数量和引资总量，忽视项目规模和技术含量，缺乏主导产业和龙头企业的支撑，专业性和特色性不突出，龙头带动和示范辐射作用没有发挥出来。

三是招商引资力度不够，园区经济外向度有待进一步提高。江苏、浙江、上海等省市非常重视招商引资工作，抓经济必抓外向型经济，抓外向型经济必抓园区利用外资。他们把利用外资作为解决经济和社会矛盾、加快发展的突破口，紧紧抓在手上，普遍采取“定人员、定地区、定任务、定费用、定奖励”的招商策略，不断提高利用外资的质量和水平，既缓解了园区建设资金不足的困难，增强了经济发展后劲；又调整和优化了产业结构，提高了产业层次，扩大了外贸出口和劳动就业。而山东省园区在利用外资方面普遍存在招商引资思路陈旧、方式落后、扶持力度不大、招商队伍素质低等问题，导致了与先进省市园区经济发展的距离越拉越大。据不完全统计，1996年山东省开发区与江苏省主要经济指标基本持平，1997~2002年6年间因为实际利用外资平均每年差距拉大7.6亿美元，造成了出口额、工业增加值、财政收入平均每年分别相差20亿美元、105亿元和13亿元。招商引资上的差距，制约了山东省园区的发展，使园区对区域经济的带动辐射作用还没有真正发挥出来。

四是管理体制、运行机制不活，缺乏快速发展的动力。园区作为主要发展先进制造业、高新技术产业的特殊区域，其管理体制必须遵循“精简、统一、高效、合理”的原则设置运行，但山东省经济园区均存在内设机构多、领导干部多、管理人员多和工作效率低的问题。有的开发区实行政区合一或机构改革把乡镇合并到开发区后，已基本雷同于县（市、区）或乡镇政府，乡镇有的工作，开发区基本都有，乡镇参加的会议，如计划生育、农民提留等，也强调必须由开发区工委、管委主要领导参加，导致了开发区的经济开发功能淹没在繁杂的行政和社会事务中。有的县市把开发区作为安排干部的地方，造成了领导班子老化，工作能力不强，工作缺乏活力。尽管大多数开发区行政管理体制还是相对独立的政府派出机构，但由于个别政府职能部门强调上下对口，造成了开发区内设非经济部门不断增多、机构和人员过于膨胀、管理成本提高。据调查，目前全省省级开发区管委会领导班子平均9人，管委会内设机构和职能部门11个，实际工作人员57人。其中领导班子超过12人，工作人员80人以上的超过1/3。在运行机制上，山东省的国家级、省级开发区几乎都是传统的政府运作方式，很少有采取企业化、市场化的运作模式，目前还没有一家园区在资产运营方面实行股份制或成为上市公司，这种单一的行政管理方式，也制约了园区的发展。

五是政策落实不到位，制约了园区经济的快速发展。江苏省人大常委会在1986年就制定通过了开发区《管理条例》，并进行了两次修订补充，省委、省政府先后出台了11个支持和促进开发区发展的文件。浙江省从1999年开始，省财政每年拿出3000万元资金用于开发区基础设施建设贴息和外资大项目招商引资补助，从2003年以后未来5年中，争取提高到每年5000万元。对山东省来讲，尽管1994年省人大通过了国家级开发区《管理条例》，赋予开发区在土地征用、劳动人事、财税金融等方面的管理权限，但在实际运作中还有20多项没有到位或到位不彻底。对省级开发区和其他工业园区来讲，各级政府都出台了许多政策措施，赋予园区一定的经济管理权限和部分行政职能，但由于存在园区与部门之间"放权"与"集权"的摩擦，许多下放的政策和管理权限受到弱化。特别是目前许多园区还没有建立起高素质人才"引进来、留得住、用得上"的保障体系，造成了人才的匮乏，不能满足园区管理和项目建设的需要。据对全省省级经济开发区问卷调查，目前52%的没有项目审批权，60%以上的没有建设规划证书发放权和建设用地规划、开发权，33%没有设立一级财政体系，59%没有中层干部任免权，甚至还有43%没有一般工作人员自主用人权。

六是区域竞争力不强，投资环境有待于进一步优化。在硬环境建设上，山东省多数开发区实现了"六通一平"，但建设的档次和水平与国内一流开发区还有差距，发展快的开发区虽然有的已经通过ISO14000环评认证，但在高质量用水、用电、排污、空气粉尘含量等内在水平和要求方面还有很大差距，特别是在外商集聚区专门为外商服务的外国语学校、星级宾馆等配套设施还比较少，吸引500强跨国公司和电子、生物制药等高科技项目投资的条件还不理想。中西部的部分园区，区内还有不少"都市里的乡村"，原封不动地保留着乡村的原始面貌，"脏、乱、差"现象比较严重，医疗卫生、文化教育、休闲娱乐等基础设施的发展还远远不能满足投资客商的生活要求。在软环境建设上，虽然很多园区设立了"一站式服务大厅"，但服务的主要手段还是靠热情，服务的内容、质量和水平还有待于进一步提高。特别是对投资客商关心的降低商务成本、缩短投资回收周期等问题研究的不够。政府的运作还没有达到高效、透明，存在收费不规范、外商投诉等不良现象。

三、加快山东省园区建设和发展的思路及对策

"十五"期间和今后一个时期，山东省经济园区建设与发展的总体思路是，深入贯彻党的十六大和省委工作会议精神，以省级以上园区为重点，以优化投资环境、扩大招商引资为突破口，突出抓好体制、管理和科技创新三个关键环节，推动各类园区上规模、上档次、上水平，实现超常规、高速度、跨越式发展，切实把园区建设成山东省深化改革、扩大开放的示范区，人才、技术、资金等生产要素的聚集区，经济发展、城市建设的新亮点。今后几年，园区经济发展要保持30%~50%以上的增长

速度，到2005年GDP、财政收入、利用外资分别占全省的30%、45%和75%以上，到2010年所占的比重再提高8~10个百分点，为省提前实现现代化、建设“大而强，富而美”的社会主义新山东做出新贡献。

在总体布局上，逐步构建经济开发区、高新技术产业开发区、保税区、出口加工区、民营园区和企业园区等各有侧重、特色明显、多元并举、相互配套的发展格局；依托各类经济园区，加快胶东半岛制造业基地建设步伐，推进半岛城市群规模膨胀、水平提升，形成山东沿海和胶济沿线现代制造业产业、高新技术产业、开放型经济产业隆起带。在发展重点和产业布局上突出“三个层次”：一是国家级开发区依托功能和产业优势，高起点引进，高标准建设孵化器，走吸引跨国公司兴办大项目与孵化项目并举的发展路子。二是省级开发区加大“封闭式”管理、“开放式”运营工作力度，依靠优化环境增强招商竞争力，走鼓励企业规模化发展的路子。三是各类工业园区立足当地资源优势和劳动力优势，走利用外资发展劳动密集型的资源加工和农副产品精深加工项目，并为开发区主导产业进行配套的发展路子。

(一)进一步解放思想，与时俱进，增强加快发展的紧迫感和责任感

山东省经济要高于全国经济的增长水平，就必须树立强烈的危机意识，增强加快经济发展的紧迫感和责任感，从加快山东省经济国际化、工业化、城市化进程，争取率先实现现代化的战略高度，顺应经济发展园区化的趋势，真正把各类经济园区建设和发展放到突出位置。一是提高认识。各级党委、政府要彻底冲破陈旧观念的禁锢，冲破妨碍经济发展的行政干预，做到政策上放权、干部上放手、工作上放心，整合一切生产要素，推动园区快速发展。二是更新观念。按照“三个有利于”的标准，以加快园区发展为主题，牢固树立一切为了发展、一切围绕发展的思想观念。在执行上级有关政策规定时，特别是在事关园区发展的建设规划、土地开发使用、财政税收等方面，坚持原则性与灵活性相统一，敢于打破框框，敢为人先，创造性地开展工作。三是勇于创新。从思想解放、观念更新入手，进一步转变政府职能，提高行政效能，强化服务意识，由传统意义上的“政府管理企业”转变为“政府服务企业”，树立服务是第一投资环境的理念、人人都是投资环境的理念，使各类经济园区真正成为思想大解放、观念大更新、经济大发展的示范区和先行区。

(二)搞好规划布局，明确功能定位，把各类经济园区建设成为拉动区域经济增长的主要载体

根据省本世纪头20年发展目标和土地利用总体规划、城市总体规划，适时调整和完善园区发展规划，搞好与国内外区域经济和产业发展规划相衔接，打破行政区划，注重基础设施的共建共享。在规划过程中，要坚持当前发展需要和长远发展要求相结合，立足长远，适当超前，区分层次，合理布局，分步实施，确保园区建设质量。设区的市可以根据城市总体功能布局，设立若干个园区，县（市、区）可以设立一个综合性园区，采取“一区多园”等形式开发建设。有条件的中心镇，也可以设立适度规模的工业园区。在工作中，一是坚持高标准规划、高起点建设的原则，把园区发展同实施城市化战略结合起来，实行工业区、商贸区、生活区、文化区等统一规划，合理布局，功能配套，资源共享。重大规划和开发建设方案实行国际招标，引入国外先进的规划理念和管理文化。依托经济园区的建设与发展，带动城市的建设与发展；依托城市基础设施的建设与完善，提高环境竞争力，加快园区的建设与发展，坚决避免走“园区办社会”的老路。二是把握经济发展的趋势，摸准产业发展的脉搏，遵循现代工业化生产的内在规律，以产业为纽带，以配套促聚集，注重上、中、下游产业的衔接，打造优秀的产业平台，增强园区的产业竞争力，实现区域经济结构、产业结构的优化升级。要突出园区主导产业，做到高新技术产业优先、先进制造业优先、国家重点鼓励和发展的产业优先，力求避免工业园区建设中的产业低档次、结构分散化的现象。三是逐步构筑园区多元经济共同发展的新格局。坚持“政府引导、市场运作、产业聚集、规模发展”的原则，整合资源，引导民营企业、国有企业技术改造项目和外资项目向园区集中。目前山东省国有资本所占比重较大，要加快国有企业的改革改组改造，通过经济园区这一平台，引进外资搞好嫁接，尽快建成一批创新能力强、科技水平高、经济效益好的规模型企业。民营经济园区的规划布局，要搞好与城镇、开发区的配套和衔接。对规模偏小、基础设施不配套、布局不合理的乡镇工业小区，打破行政界限，按专业化生产、社会化协作的要求和市场手段进行有效的整合，使同类产业相对集中，共同为开发区龙头产品配套，使以单个工业园为单位的开发过渡到连片布局，形成不同规模的产业群体。逐步实现园区发展从盲目无序到规划有序、从比较优势到竞争优势、从产业单一到综合配套的历史性跨越，做到园区产业有扩张力，重点产品有竞争力，龙头企业有集聚力，优秀企业家有创新力，让创造财富的潜力充分发挥出来。

各级政府和职能部门，要根据各类园区不同的功能、不同的基础、不同的起点，突出重点，分类指导，制定不同的目标任务和工作措施，抓先进促跨越，抓后进促平衡，建设发展一批特色工业园区、大型企业园区、科技开发园区、现代物流园区，最大限度地发挥园区的规模、聚集、辐射和带动效应，把园区建设成为区域经济最具潜力的增长点和工业总量扩大的骨干力量。东部基础较好的园区要着力提升产业层次，注重产业链培育，打造加工制造业品牌，为建设以承接日韩产业转移为主的胶东半岛制造业基地创造条件；中部园区要高起点、高标准地改善软硬环境，提高吸引外资的核心竞争力；西部园区要依靠资源优势，以发展劳动密集型、资源加工和农副产品精深加工的产业项目为主，提高专业化程度，走“一区一品”规模发展的道路。在全省范围内，逐步形成层次递进、产业互补、各具特色、协调发展的经济园区发展格局。

（三）抓住招商引资不放松，全力提高经济园区的对外开放水平

加快经济园区建设和发展，光靠自身的力量是做不到的，必须树立“只有大招商，才有大发展”的观念，进一步加大招商引资力度，开展全方位、宽领域、多渠道、多形式、多载体的招商引资活动，大力吸收外商投资，特别是掌握着先进技术、管理和广阔市场渠道的跨国公司的投资，不断提高园区对外开放水平。重视推进以产业链或产业群配套为重点的产业招商，加强区域间的横向联系与合作，实现从单纯引进资金向引进资金、技术、管理和人才并重转变，从单纯工业利用外资向工业利用外资、发展服务贸易领域合资并重转变。通过招商引资，把国有企业改革、发展民营经济与利用外资融合起来，增添动力，激发活力，形成合力，使区域经济更直接地参与国际竞争。一是突出招商重点。各类园区要认真研究利用外资的新趋势，根据外商的投资取向以及自身特点，确定招商引资的重点。东部经济园区招商引资，要突出胶东半岛制造业基地建设，突出国有企业利用外资，突出基础设施建设，突出发展现代服务业。以现有园区为主要承接载体，以建设产业聚集区为目的，以建设半岛制造业基地为契机，加快各类园区的建设整合，增强园区作为吸引外商投资主要载体的能力。其他园区也要突出自身优势，打造招商引资的良好平台。二是创新招商方式。建立和完善招商工作促进机制，按照市场规律实行企业化运作，形成以政府为指导、专业队伍为骨干、中介组织为辅助、企业为主体的对外招商机制。做好招商引资的基础工作，有计划、有目的、有重点、有特色地包装推介园区整体形象，在突出特色上下功夫。根据不同园区的发展的规划、特点和优势，按照定向、定位的原则，提出有鲜明特色的有创意的招商项目、招商计划，有针对性地开拓对外联络渠道，精心策划好各种招商活动。要积极探索创新招商方式，在改进利用传媒招商、会议招商、节庆活动招商、出访招商等传统招商方法的同时，注重拓宽招商引资渠道，创新招商方式。大力推行通过我驻外机构、外国驻华使领馆、外商驻华机构、国家有关部委的招商机构、行业商会、中介咨询机

构的委托招商、代理招商；积极运用电子信息技术开展网络招商业务，增大招商信息覆盖面，扩大招商引资联络渠道；针对重点领域、重点项目和重点对象，实行专业化招商或专题招商。三是壮大招商队伍。目前省经济园区招商队伍人才素质不高，制约着招商工作的成效，必须充分调动各方面的积极性，建设一支高素质的招商队伍。要逐步建立市场化的用人机制，面向国内外公开招聘人才，公平竞争、择优录用、绩效分配、奖惩分明，使各类人才“引进来、留得住、用得上”。园区内招商机构要引入任务目标管理机制和竞争机制，采取“定人员、定地区、定任务、定经费、定奖励”的“五定”措施，调动招商人员的积极性，把招商工作落到实处。要下大力气、花大本钱培养一批敬业精神强、肯吃苦、素质高的招商人员，充实到招商队伍中来。

（四）加强管理体制和运行机制创新，探索加快园区发展的新路子

园区发展到今天，政策优势逐步弱化，要实现由政策优势向体制优势、机制优势、产业优势、环境优势转变，必须加快管理、体制、机制和科技创新步伐，加快与国际惯例接轨。园区建设要按照世贸规则和市场经济规律，在行政体制、运行机制等方面实现创新。一是开发区管委会作为当地政府的派出机构，要按照“小政府、大社会”和“精简、统一、效能”的原则设置，与区外有关部门不搞上下对口，不套用现行体制，实行多功能融合，逐步建立一个按市场规律运行、与国际惯例接轨的新型管理体制。严格控制内设机构和人员数量，选择强有力的干部负责开发区工作。二是园区建设要坚持市场化运作、社会化服务。所有经营事务包括招商引资、基础设施建设要实行市场化运作。园区资产运营管理不同于政府行政管理，要逐步实现政资分离的资产运营管理模式，把园区资产运营管理从管委会剥离出来，建立专门的资产运营管理公司，负责园区的建设和服务，条件成熟的可申请上市。要把一些社会服务职能逐步移交给市场、企业和中介机构，实现服务社会化。三是各类园区都要建立能上能下的用人机制、酬劳挂钩的分配机制、奖惩分明的激励机制、自负盈亏的约束机制和自我积累的发展机制。园区管委会实行主任负责制，副职实行竞争上岗，中层以下干部一律实行聘任制（有公务员身份的保留原身份不变）。园区管理人员的工资由园区自行确定，有条件的实行年薪制，鼓励园区管理人员投资入股。四是建立分级负责的目标责任制和工作考核制度，加强对园区的动态管理。要制定园区建设和发展标准，按经济开发区、高新区、民营经济园区不同的类型，在经济发展、职能定位、内部建设等方面提出不同的考核要求，重点考核业务收入、招商引资、资金投入、上缴税金等经济指标。要建立园区发展指标统计体系，基数小的比规模，基数大的比速度。要形成有效的奖惩机制，把园区发展与考核评价领导班子

和干部使用挂钩，坚持以发展论英雄，凭实绩用干部，按规模定规格，逐步改变先定规格后发展的做法。

（五）加大政策扶持力度，为园区快速发展创造有利条件

各级政府和职能部门要把执行政策的灵活性和创造性作为推动园区发展的“活力源”，一切从园区发展的实际出发，特事特办。一是出台《进一步加快园区发展的意见》，赋予必要的经济管理权限和相应的行政管理职能，使园区管委会能够代表同级政府在区内行使各项权力。要简政放权，减少审批，从省主管部门做起，能放的全放，尽量把审批权委托给园区管委会，逐步弱化或取消对开发区企业的审批权，加大和增强对管委会的监督和检查处置权。二是针对入世后经济环境的变化和世贸规则的有关规定，研究制定新的扶持政策。如设立支持企业科技研发的专项基金，加大对中小型高科技企业特别是IT研发企业的扶持力度；制定入世过渡期扶持和奖励企业的政策，培育一批骨干企业、大项目和高新技术拳头产品等。三是适时调整用地规划，鼓励具备条件的园区加快发展。现在大部分开发区原批准规划范围的土地已基本或完全开发完毕，工业用地明显满足不了项目建设的需要，要在不违反《土地法》的前提下，对考核位次靠前的园区扩大规划面积，同时把工业用地指标重点向这些园区倾斜。扩大的规划面积一般要能满足10年以上的发展需要，其建设用地由省一次性批复。四是坚持以人为本原则，把人才吸纳、人才创业、人才培育、人才交流等作为经济园区工作的重点。要以项目为载体，大力引进海内外各种人才。要进一步完善人才引进政策，研究制定“拴心留人”的政策措施，造就更加理想的用人环境。一方面要针对园区大力发展外向型经济的特点，加快对会外语、懂外经贸、通管理的人才培养和引进，不断提高管理和专业招商人员的整体素质。另一方面要适应区内跨国公司和大项目以及高新技术产业发展的要求，加快对高层次技术人才的培养和引进，特别是对电子信息、生物技术、新材料产业等方面具有较强科技开发能力的理工科人才的引进。

（六）营造良好的发展环境，进一步提高区域经济的综合竞争力

环境是经济园区发展的关键。从一定意义上说，环境就是生产力。环境包括硬环境和软环境两个方面，要继续以基础设施的完善与升级为重点搞好硬环境建设，将宽带网和卫星通讯等现代网络通讯设施的建设看做与道路、水电、煤气供应等基础设施同等重要的地位，以适应科技进步所带来的经济社会和生产生活方式变革。对各方面反映强烈的用地问题、电价问题、水资源利用问题，要在不违反国家法规和政策的前提下，借鉴南方省

市的做法，研究解决措施。要以信用建设、改善服务为重点搞好软环境建设，建立规范有序的市场经济秩序。一是创造优质的服务环境。各级政府要加强对园区工作的领导，搞好协调，强化服务，建立快捷、高效的运行机制。省政府应建立经济园区发展指导协调小组，负责园区政策制定、调整和重大问题的协调。外商投资企业落户开发区，涉及土地规划、环境保护、财政税收、海关商检、劳动人事等方方面面的问题，对投资客商的服务不单纯是管委会或一个部门的服务，而是政府各职能部门全方位的服务。各职能部门都要从自身的业务职能着手，进一步改进工作作风，提高办事效率，形成共同为园区发展服务的合力。二是创造舒适的人文环境。园区功能分区、设施配套、景观环境、娱乐休闲、卫生保健等均要以满足人的需要为宗旨，为人们创造适应未来发展的工作、学习、生活、娱乐和居住环境。大力提倡“亲商、安商、富商”新理念，注重加强与外商的感情交流，真心实意和外商交朋友，帮助外商解决生产、生活、安全等方面的问题，使外商有“家一样的感觉”，让他们享受到优质高效服务。三是创造诚信的法制环境。对园区实行综合执法，减少各类检查、收费和摊派，降低外资进区的投资经营成本，努力把园区建成“无收费、无赞助、无摊派”的最佳税外无收费投资区、社会秩序良好的“经济特区”和高效益、高收益、低门槛、低风险的创业区。要树立诚信形象，不能政策多变、政出多头，要严厉禁止制假、售假、逃废债务、坑蒙拐骗等行为的发生。建立园区企业对政府职能部门民主评议制度，每年组织一次评议，评议结果向同级党委政府报告，向社会公布。四是创造优美的生态环境。要加大对大气、水等自然资源的保护，保持较高的绿化覆盖率。从ISO9000质量管理和ISO14000环境管理体系认证入手，为提高园区经济对外开放水平，为园区企业走向国际市场，打造“绿色通道”和可持续发展的平台。

注：本报告所指园区，主要是指经国务院和山东省政府批准设立的经济开发区、高新技术产业开发区、保税区、出口加工区，以及市、县（市、区）政府或职能部门批准设立的各类工业园区。

（山东省经济园区建设和发展情况调研组）

唯有创新促发展
——漳州开发区探索发展新路子

我们认为，进行管理创新，充分运用人的智慧、人的创造力，才是竞争取胜的根本法宝。正是基于这样的考虑，我们在创新中不断地探索漳州开发区发展的新路子。

“在每个企业家的内心深处，都有一个隐秘的、略带破坏性的愿望：改变世界。”米莱·沃纳在《财富》杂志分析500强中最酷公司时如是说。改变世界，就是要不断创新，创新一词已成为近年来媒体中出现频率最高的一个词。企业家最本质的特征就是创新，企业的利润来自于“创新”，这是一个不争的事实。

招商局漳州开发区（下简称漳州开发区）位于福建省第二大江——九龙江口厦门湾南岸，东临台湾海峡，具备建设大型港口条件，发展目标为多功能、现代化、综合性的海滨城市。在面对全球化、信息化和经济自由化的今天，面对全国大开放格局的形成，面对全国数万个开发区的竞争，漳州开发区如何在新形势下保持自己的竞争优势？地价低廉、政策优惠——“你有我有大家有”，难显优势；区位优势、深水条件、岸线资源——这是区域差异的自然禀性，各有优势。这优势只是基础条件，并不能作为竞争的决定性因素。我们认为，进行管理创新，充分运用人的智慧、人的创造力，才是竞争取胜的根本法宝。正是基于这样的考虑，我们在创新中不断地探索漳州开发区发展的新路子。

我们在管理创新方面所作的探索和体会如下：

一、思维创新：从城市管理走向城市经营

开发区是特殊的经济开放区，开发区管委会代表政府在开发区行使一级政府管理权，如何实施有效的管理？沿用政府的老一套管理办法，显然会有

很多的不适应。思想是行动的指南。要进行管理创新，首先要从思维创新开始，即重新审视作为行政管理者，要从什么角度来认识管理和应该如何管理。我们的看法是：从城市管理走向城市经营。

在传统的经济学家眼里，国家政府是唯一的。在经济活动中，政府拥有干预其它所有竞争者的特权，这必然会破坏自由经济的运行规则；政府没有竞争者，因而缺少改进效率的必然动机。而在经济学家泰伯特的经典论文里，政府并不是唯一的，从地方到国家各个阶层都平行存在大量的类似的政府组织。只要经济要素和资源在这些组织覆盖的不同地区内可以自由流动，政府之间就会产生竞争，这些竞争会迫使政府像其他经济组织一样改进效率。在泰伯特眼里，经济要素和资源流动起来，这种“用脚投票”比其它形式上的民主更能迫使政府改善服务。政府是一种特殊的经济组织，政府一旦进入竞争性市场，政府同一般的公司就没有本质的区别。这样，政府的角色从一个所谓中立的“裁判员”变成了另一场比赛的参赛者，或者说更像俱乐部，它要吸引高水平的运动员(企业)，要组织好这些运动员(企业)在比赛(竞争)中获胜，俱乐部(地方政府)必须提供良好的服务保障。因此，在新的制度环境里，地方政府应当从传统的管理城市的角色，迅速转向经营城市。只有那些善于经营城市的政府，才能使自己的城市在“经济战国”激烈竞争中幸存下来。

漳州开发区实行管委会和有限公司“一套人马两块牌子”，这有利于这种“经营”观念的形成，但在实际运作中，开始时，有些工作人员在以行政管理者面目出现时，仍常常会不自觉地拿出“裁判员”的习惯来对待企业。为此，我们坚持不懈地造势宣传，树立“亲商、富商”观念，提倡“投资者的成功才是我们的成功”、“客商就是上帝”、“客商的需要（指正常的业务需要）就是命令”、“全员招商，人人都是投资环境”等观念，并将这些观念贯彻到每位员工头脑里，贯彻到每一个具体行动中。我们相信，用我们优质的服务和真诚的亲商态度，会感动我们的上帝——客商实际也是如此。

1999年，区内一家跨国企业提出要终止二期用地合同。那时该企业一期建设已基本完成。开发区总经理吴斌立即深入到该企业中去调研，发现该企业在一期建设中碰到一些困难，包括诸如管理审批问题、基础设施配套不及时问题、管理部门服务意识问题，为此召开专题会，在近一个月时间内给予解决这些遗留问题，并主动帮助该企业做好投产庆典工作，我们的真诚换来了客商的投资信心，他们表示，二期投资不撤，还准备再扩大规模，将此地作为他们在中国大陆投资的重要基地。类似情况还有德国诺尔公司，通过我们良好的服务与帮助，该公司负责人表示，其全球港机设备的生产将全部移到这里。

二、体制创新：探索建立联合型的开发区管理体制

作为改革开放的前沿阵地，开发区任务之一是探索新的管理体制，“摸着石头过河”，各地开发区都在探索建立更为有效的管理体制。从全国看，目前开发区管理模式主要有以下几种：

第一种模式：政企合一型。这种管理体制的特征是“一套人马、两块牌子”，管委会和总公司相互混合兼任。

第二种模式：政企分离型。其主要特征是：开发区管委会作为地方政府的派出机构，行使政府的行政管理权，而开发总公司作为经济法人，实行企业内部自我管理，即政府的行政权与企业成片开发经营权分离。

第三种模式：纯企业型。这是完全用经济组织方式管理开发区的一种模式。这种模式在现行体制条件下和全国开发区激烈竞争下经营管理比较困难。

近几年，漳州开发区管理体制探索由政企合一型转向建立联合型。政企合一型这种集权管理体制在建区初期起到了积极推动作用，但随着开发区的进一步发展，其弊端就逐渐显露出来：第一，管委会权力过分集中，不但负责决策，而且还从事一般经营管理，尤其是开发区从开发阶段进入项目引进阶段后，从项目洽谈、土地转让、审批建设、基础设施配套、投产等一系列活动均由管委会负责，使管委会陷入一般性事务中，分散了对开发区重大决策的精力。第二，政企不分容易造成对行政手段的过分依赖，同时，管委会和有限公司在涉及商业活动或作为一方参与经营时，都会不可避免地导致不公平竞争，这不仅削弱管委会威信，而且使客商与有限公司的经贸关系在地位上产生不平等感觉。

建立联合型管理体制有其优势：在经济上，可克服政府行为开发而需要大量资金投入搞基础设施这一问题，管委会联合和利用企业集团的资金、技术和管理，双方合作开发区，将成片土地开发的收益和税收返还部分作为共同利益。在分工上，按照“小政府、大社会”的原则设立管理机构，在中央和地方政府统一领导下，由政府派出人员与各股东主要行政领导共同组成的联合体构成管委会，在中央政府规定的范围内，代表政府进行决策、规划、审批等重大事项的行政管理，对上对外理顺关系，而对于有限公司的具体业务经营采用企业式管理，并将一些有限公司确实可以运用好的一些管理权限尽量下放，以发挥其管理的高效性和灵活性。

漳州开发区按照这个思路进行体制创新，已取得初步成效，如：由地方政府和主要股东的领导组成管委会领导班子，人员精简，务实精干，沟通及时，又能兼顾管委会与各股东利益，调动各方的积极性。在具体业务上，

实行以企业为主导的开发模式，开发区有限公司作为成片土地开发商，按市场要求运作，参与竞争，经营管理效率较高。有限公司垫资建设的基础设施，可望在今后7~8年内由管委会连本带息返还，这提高了各股东的投资热情。如董事会、招商局集团等股东决定再增资1亿元、担保贷款两亿元用于配合厦大漳州校区入区的二区滚动开发，政企联合给开发区建设提供了动力和保障，较快地促进开发区繁荣发展。

三 组织创新：建立精简统一效能的管理机构

漳州开发区总规划面积40平方公里，规划人口为15万人，规划目标是“对台直航港，海滨工业城”。目前正在开发的第一区临港工业区为10.8平方公里，配合厦门大学漳州校区建设而启动的第二区行政商贸文教区为9.6平方公里，这个区域如作为一个社区进行管理，“麻雀虽小，五脏俱全”，管理服务机构就会比较庞大。漳州开发区建区伊始就一直非常注意机构的精简，管委会所属的管理服务机构16个，漳州开发区有限公司管理部门10个，两方面机构包括领导在内的所有管理人员不到200人，管理所有区内有关业务。另有些机构是为了与管理部门上下对口而设立的。这些机构只挂靠在某一个部门行使管理权，不增加人员编制。我们的做法是：

1.职能精简。如规划建设局，将规划局、建设局、环保局、招标办、房管局、矿管局等职能合并，经济发展局、人事劳动局、社会发展局等其他各局也是如此，能合并的都合并在一起，管委会直属机构仅为“五局一办”，精简了机构，减少了部门间的扯皮，简化了管理流程，方便了外商办事，提高了效率。

2.机构合并。开发区管委会与开发区有限公司在成片土地开发的目标和利益上是非常一致的，因此建区时，管委会与有限公司实行一套人马两块牌子，人员相互兼任，即管委会委员同时兼任有限公司领导，有限公司的职能部门：总办、规划建设部、经济发展部、人事劳动部、财务部分别与管委会办公室、规划建设局、经济发展局、人事劳动局、财政局合并办公，也是一套人马两块牌子。这既有利于开发区长期和短期的结合，社会目标与经济目标的统一实现，也有利于人力资源的利用，减少目标利益的摩擦。

3.人员精干。如经济发展局（部），综合了对外的行政职能有计委、经委、外经委、统计局、物委、安办、财委，对内部门职能是招商项目洽谈、招商服务与建设项目协调、企业管理和固定资产管理等，人员仅10人。区内属中央、省市条条管理的派驻机构（共有10个）的人员也比较少，如工商分局全部人员仅6人。

4.市场化运作。一些管理部门虽兼有行政管理职能，但为适应市场竞争需要，如负责港口建设管理的漳州港务局，负责土地及房产经营的招银房地产公司，这些机构分别与香港招商国际、深圳招商地产合作，以市场化运作，引进先进的管理理念、方法和手段，增强了企业竞争优势，业务量大幅度增长，实现了资源最优配置，这既精简了机构，减轻财政负担，又增强了企业的自主权、经营权，增加企业活力。

四、机制创新：引入竞争机制，走社会化道路

开发区管委会作为一级政府，在行使行政管理职能的同时，也必然要提供公共设施和服务，以营造良好的投资环境。公共部门的管理一直成为经济学家关注的热点，原因是政府在提供这些管理和服务时存在着难以克服的问题：第一，在激励机制上，政府无法为其雇员提供一种有效的激励机制，这不仅抑制了员工的工作效率，而且弱化了将企业行为扭转到公众利益轨道上来的能力。第二，公共企业目标的暧昧使得其管理者在追逐自身利益的同时拥有更大的余地，他们可以以满足非经济目标为借口推卸掉经营不善的责任。第三，由于公共部门的非赢利性，企业中的成本效益计算到了公营部门就变成了道德的绝对准则。

漳州开发区在公共设施管理服务方面，一开始就引入市场竞争机制，走社会化道路，将管理与实干分开，即所谓只“掌舵”不“划桨”。如对于市政道路清扫维护、园林绿化栽种与养护、垃圾收集与转运等等业务，漳州开发区不组建自己的清洁队伍、园林队伍、运输队伍(从事这些工作的员工队伍在漳州市芗城区约需1300人，蛇口工业区约460人)，仅聘用几个管理人员进行监督管理，引入市场竞争，将生产作业项目通过招标方式发包给社会生产组织。这样做的好处，不仅能够减少行政管理费用，去掉庞大的社会包袱，而且能大量节省生产作业费用(与地方城市相比约节省50%)，提高服务质量。

当然，我们移交的是服务项目的提供，而不是服务责任的移交，正如私人承包商承建一条路，并不意味着这条路是私人的。公共设施服务社会化也是社会主义市场经济发展的必然趋势。今后我们还将继续探索这种形式，走社会化道路，如污水处理、垃圾处理等，以充分利用社会资源。

五、管理创新：推行人事改革，实施经营业绩管理

从漳州开发区经营管理运作八年来看，我们感到，要使组织保持活力，提升竞争力，就要不断地进行管理创新。我们的具体做法是：

1.打破铁饭碗，实行全员合同聘任制。建区以来，所有员工的录用都

经过招聘和试用，实行全员劳动合同制和干部聘任制，不存在铁饭碗，“今天工作不努力，明天努力找工作”。

2.推行人事管理改革，建立和完善五项机制。人事制度改革是漳州开发区谋求加快发展的基础。通过改革，一方面创造吸引优秀人才的环境，另一方面也用符合市场经济要求的措施加强人事管理，全面提高员工队伍在市场经济条件下的素质和能力。我们从建立和完善人力资源管理机制入手，建立和完善以下五项机制：选聘任用机制、绩效评估机制、分配激励机制、培训开发机制、人员流动和淘汰机制。

3.明确目标，推行绩效管理。2002年，招商局集团请美国麦肯锡顾问公司“把脉”，调整了集团战略目标，确定了竞争的核心产业，漳州开发区也据此进行战略目标调整，制定了年度工作目标。2003年，我们全面实施经营业绩管理（即KPI管理）。所谓经营业绩管理即关键业绩指标（KPI）管理。它是通过全面分析组织运作和创造价值过程，找出创造价值的驱动因素，从而确定对全局工作和总目标有较大影响的关键指标即KPI。系统的经营业绩管理体系是建立企业价值文化、提高业绩透明度和强化管理效率的关键。具体做法是：在实行岗位管理的基础上，以关键业绩指标考核为核心，将公司的业绩目标层层分解到部门和员工身上。一个员工的工作成绩，可以通过业绩合同的完成情况反映出来，业绩合同完成的好坏也是决定报酬多少、职务升降和末位淘汰的依据。

人力资源是企业最重要的资源，对人力资源的重视和管理是企业发展的一个关键，我们通过全员用工合同制和全员绩效合同的办法，探索人力资源管理的有效途径，使人尽其才，人尽其责，最大限度地发挥人才优势，提高企业经营业绩。

管理是个动态的过程，创新是无止境的。内外因素的变化将不断地促使管理理念、管理方式的变化。在管理上，没有“包治百病”的灵丹妙药。如何实施最有效的管理，我们仍在不断探索和完善中，套用一句流行语：“我们一直在努力”。

（黄清亮　招商局漳州开发区）

倾力抓好园区建设
引领经济快速发展

2003年，榆次经济技术开发区党工委、管委会倾力贯彻实践“三个代表”重要思想，在省委、省政府和晋中市委、市政府的正确领导下，坚持以发展为第一要务，紧紧抓住招商引资这个中心，全区上下万众一心，战胜了重重困难，招商引资、经济运行和社会发展都取得了可喜的成就。崭新的2004年，是充满希望的一年，党工委、管委会将动员干部群众，继续振奋精神，抢抓机遇，与时俱进，开拓创新，以园区特别是工业园区建设为重点，构筑核心竞争力，加快实现新型工业化，实现跨越式发展目标，开创开发区经济率先发展的新局面。

一、成果丰硕的2003年

2003年，开发区党工委、管委会一班人团结带领全体干部职工，以高度的责任感、使命感，精心运筹，积极行动，发奋图强，众志成城，终于攻克难关，夺取了全年的最后胜利，各项主要经济指标在2002年高位运行基础上又创新高，经济建设和社会事业继续保持了快速增长、健康发展的态势。

1.经济指标持续攀升，运行质量显著提高

国内生产总值完成42360万元，占年计划的110%，同比增长41.8%；

工业总产值完成126000万元，占年计划的108%，同比增长34.1%；

科工贸总收入完成302700万元，占年计划的130.3%，同比增长30.3%；

财政总收入完成7318万元，占年计划的131.41%，同比增长41.47%,比市政府年初下达5569万元的任务净增收1700多万元。

2.重点项目顺利推进，固定资产投入大幅提高

2003年中，我们全力实施项目带动战略，一手抓列入晋中市的14个“双百”项目，另一手抓开发区确定的九大重点工程，使一批项目相继启动或竣工，德元堂药业二期工程完成投资850万元，基础工程已经完工；信谊制药完成投资1300万元，红星制药完成投资1080万元，都已进入设备安装调试阶段，即将试产；晋中卫校搬迁项目共计投资3897万元，主体工程已全部竣工；山西汇丰医药物流配送中心完成投资2400万元，共计8000平方米的服务楼和6000平方米的库区建设工程已竣工，近期可投入运营。正阳大街工程完成投资2650万元，快车道铺油路面完成5.4万平方米；山西医药工业园B区热力站和民营科技园1、2号路全部完工；办公楼已按计划完成主体框架，完成投资1600余万元，有望2004年国庆节全部竣工。开发区全年完成固定资产投资37561万元，比上年增长32.7%。

3.园区磁场效应增强，招商质量明显提高

围绕园区建设，我们通过科学规划，合理布局，加大基础设施建设，改善投资环境，使各个产业园成为投资者的热土。一是入园项目数量多，规模大。2003年新引进投资500万元以上项目23项（山西医药工业园5项，山西民营科技园4项，开发区汽贸园4项，其它区域10项），协议投资6.4亿元，当年共计到位资金2.8亿元，按设计能力，这批项目建成达产达效后可实现年产值19亿元，税金9000余万元。二是成功率高，推进速度快。2003年度，新开工项目18项，新竣工投产运营项目10项。三是行业种类多，品牌形象好。医药、化工、汽贸、机械成为园区经济的新生力量。更令人可喜的是，首次成功引进了国内500强浙江横店集团与邦力集团合作重组昶力高科项目，引进了世界500强中国一汽与兰田汽贸合作建设汽车改装厂项目，提升了开发区的对外知名度。

4.农业经济稳步发展，农民收入有效提高

我们着力推进农业产业化经营，重点扶持、培育农产品龙头企业，全力开发无公害产品，打造开发区特色的名优农产品品牌，实现农村经济增长方式的转变。由中国农科院研发、曾获国家科技进步二等奖的“有机生态无土栽培技术”首批示范推广点就设在了开发区王杜绿色生态园区内，现15座旧温室改造后的蔬菜栽培已进入生长期，预计亩产将达到1.5万公斤，比原有旧温室增值30%，这项技术对发展生态农业将产生积极影响。我们还围绕减轻农民负担这项工作，积极进行农村税费改革。通过以上措施，全区农业收入预计完成12940万元，比上年增长8%。

5.产业园区快速发展，产业结构日趋优化

医药工业园已具雏型，民营科技园的骨架已经形成，纺机工业园、原材料工业园和汽车贸易园等园区已开始启动，集约型经营正在取代传统的粗放型经营。以工业为主导的第二产业比重持续提高，其税收已占到开发区财政收入的80%以上。

一是特色产业迅速壮大。目前医药类企业发展到15家，计划投资总额超过12亿元，其中单项投资额超过5000万元的有7家。2003年共有4家医药企业投产，完成工业产值18740万元，同比增长103.2%，占开发区同期工业总产值的14.87%，仅德元堂和安特两家全年就交纳税金1094万元，占开发区同期财政收入的14.9%。

二是高新技术项目增多。目前区内有省级以上高新技术企业6家，省级民营科技企业10家，列入国家和省级新材料示范项目、火炬计划项目14项。正在申报高新技术企业的有山西三川药业、山西信谊制药等6户。

三是同业集聚的产业布局初步形成。目前除医药工业园外，民营科技园入驻企业已达5家；纺机工业园已有7家企业签订了入园协议，另外有19家企业达成入区意向，可望形成以纺机及其配件制造为主的产业群。三产的结构也在发生重大变化，以医药流通和汽车贸易为主的物流产业成为开发区三产的领头雁。汇丰医药物流配送中心基建部分已经完成，即将开业。汽贸园已引进销售企业4家，总投资5200万元，建成运营后预计年销售43000万元，税金1190余万元。汽贸行业全年完成销售64551万元，占开发区同期科工贸总收入的21.33%。

6.政务改革不断深化，软环境治理初显成效

以优化行政环境为主要内容的软环境百日集中整治活动使开发区发生了明显变化，工作效率得到提高，办事程序公开透明，廉洁行政效果明显。

一是进一步完善了政务服务大厅功能。目前开发区各职能部门全部进驻政务服务大厅，设立了服务窗口，实行告知服务、限时服务、承诺服务和全程服务，初步形成了“一个窗口对外，一门式办理，一卡式收费，一条龙服务，一程式代理”的服务模式。同时加强电子政务建设，购置计算机和网络设备，加速推进开发区各部门之间的信息互动。

二是取消了一批行政性审批收费项目。对直接涉及招商引资工作的审批项目和收费项目逐项审核，共取消了52项审批项目，取消或降低了收费标准的项目34项，基本上达到了减少审批环节、减轻企业负担的阶段性目标。同时在开发区纺机工业园试行整体收费的办法，对符合入园条件的工业项目所涉及的各项行政事业性收费，依照规范、简化、就低、从优的原则统一收取。

三是治理“三乱”行为。对两大省级园实施封闭式管理，对重点项目和重点企业进行挂牌保护，专门设立企业服务热线“3073110”，这些措施对维护企业正当利益和正常经营起到了积极的保护作用。

四是实行国库集中收付。按照建立公共财政框架的要求，结合开发区实际，于2003年1月在全市率先组建国库集中收付执行中心，将所有财政性资金纳入国库单一帐户体系管理，对各单位实行零余额帐户管理，做到了收入一个帐户，支出一个“漏斗”，堵塞了资金运作过程中容易出现的漏洞，提高了财政资金使用的效率。并开展了“收支两条线”检查，清理预算单位帐户22个，清理集中资金1300多万元。另外还积极推行政府集中采购，使政府采购工作走上了规范化轨道，2003年共完成政府采购332万元，节约资金48万元，资金节约率14.5%。

7.文明建设继续加强，社会事业全面发展

一手抓物质文明，一手抓精神文明，团结一致，万众一心，夺取了防控“非典”零病例的重大胜利；大力发动，精心组织，顽强拼搏，在晋中市一运会上，开发区一举夺得了金牌9枚、奖牌总数20枚、团体总分144分的优秀成绩。一年来，各有关单位立足岗位，奋勇争先，使社保、环保、教育、文化、卫生、民政等项社会事业都取得了新进展，宣传和双拥工作迈出新步伐，安全生产和社会稳定工作扎实有效。

二、准确归纳实践中的宝贵经验

实践证明：市委、市政府的正确领导是保证，开发区党政一班人带头作用是关键，各部门的创新精神是动力，正确的思路是基础，制度建设是保障。其中最为重要的是我们始终坚持的“发展为第一要务”的指导思想和在战胜困难中所凝结成的高度负责、不甘落后、不怕困难、勇往直前的精神。正是用这样一种指导思想和精神，各单位各部门都自觉地把“一亲三优”的招商理念体现在了工作的各个方面，贯穿到了招商、安商、兴商、富商的全过程，形成了巨大的亲和力；正是用这样一种指导思想和精神，使我们战胜了重重困难，取得了经济建设和社会发展的丰硕成果。具体来说：

一是得到了上级领导的关心、重视和支持。省委、省政府和市委、市政府多年来一直非常关心榆次经济技术开发区的成长，并给予了大力支持。2003年，省委书记田成平、省长刘振华先后亲临开发区视察指导工作，市领导刘俊谦、王雅安等更是多次深入开发区各重点工程，留下了很多开发区发展的指导性意见。市长王雅安还亲自赴北京做工作，促成了德元堂二期胜利入区。

二是认真贯彻了“三个代表”重要思想要求。牢牢把握发展是第一要务的主题，紧扣经济建设中心不动摇，形成了聚精会神搞建设、一心一意谋发展的氛围。2003年，开发区干部职工学习“三个代表”重要思想活动高潮迭起，思想觉悟普遍提高，大家一致认为，实践“三个代表”重要思想，最根本的是要为人民群众谋利益，最终是要体现在发展上。实践证明，千条线、万条线，发展是第一主线；千任务、万任务，发展是第一要务；我们唯有加速奋进、率先发展，才能全面建设惠及全开发区人民的更高水平的小康社会。

三是狠抓了软环境建设。通过学习教育、建章立制、限期整改、加强监督等手段，对直接涉及招商引资工作的审批项目和收费项目逐项审核，取消了52项审批项目、29项收费项目，并专门设立企业服务热线“3073110”，这些措施对维护企业正当利益和正常经营起到了积极的保护作用，全体干部职工的思想认识有了较大提高，规章制度进一步得到完善和规范，办事效率有了一定的提高，软环境建设的成效开始显现，很大程度上促进了经济的快速发展。

四是严格落实责任制。党工委、管委会专门成立了园区建设指挥部，书记、主任任总指挥，副书记、副主任每人负责一个园区的建设，建立统筹协调制度，特事特办，急事急办。领导包项分工，突出了重点，加强了调度，加上定期督查，增强了各级、各部门抓落实的主动性和积极性。

五是坚持了两手抓的工作方针。一手抓非典的防治工作，一手抓经济建设。面对“非典”，党工委、管委会高度重视，早动员、早布控，强化意识，科学防治，并动员社会捐款捐物，取得了防控“非典”期间零病例的阶段性胜利，同时坚持以经济建设为中心，加快产业结构调整，经济工作又上了新的台阶，社会事业取得了全面进步。

六是突出了园区建设这一中心。实践证明，园区建设是我们经济发展的主体、招商引资的平台、对外开放的窗口、新的经济增长点。目前开发区2个产值在5亿元以上的项目、6个超亿元项目以及若干个千万元项目和大量的优势企业都已或将要聚集在园区。这一事实证明，园区是我们经济之基、财政之源、立身之本、形象之所在。抓住了园区建设这一中心，我们就占据了竞争的制高点。

七是培育扶持支柱产业。园区是开发区经济之基，企业是园区的经济之基，抓园区建设首先是要抓骨干企业建设。2003年，开发区紧抓优势产业和优势产品，使其成为了引领开发区新型工业化建设的排头兵。通过扶持，投资1亿元的德元堂二期已经完成土建，昶力公司得以与全国500强之一的浙江横店集团联手，兰田公司实现了与世界500强之一的中国一汽的合作；鸿基、贝斯特、明华等一批成长性强的企业加快了技术创新；做大了纳米止血纤维、红花黄色素、4A沸石等一批科技含量高、附加值高、市场前景广阔的高新技术产品，形成了以园区为特色的高集成度的专业化企业群，显现了规模化优势。

但实际工作中还存在一些问题和不足：经济总量小，形象进度不明显，经济基础比较脆弱，基础设施滞后，部门利益分割，服务制度未能完全落等等，给开发区带来了消极的影响，对此我们将齐心协力，调动一切积极因素，着力消除制约开发区发展的各种不利因素，推进开发区经济建设和社会事业再上新台阶。

三、有效措施是事业成功的保证

“一区多园”的开发模式，是我们榆次开发区在建设实践摸索出的一条健康发展之路。近年来，我们着力实施园区带动战略，充分发挥开发区在区位、交通、基础资源等方面的优势，立足区情，选择比较优势的产业，大力引进，重点扶持，力争集群效应，形成了经济集约型增长良好格局。

1.加强组织领导

开发区党工委、管委会对年初制定的“加速构筑核心竞争力，抢占率先发展的制高点”的发展主题高度重视，各领导包项分工，突出重点，统筹协调，加强高度，层层落实责任制，增强了各级、各部门抓落实的主动性和积极性，形成了上下一心，众志成城的合力，保证了各项工作的顺利进行。

2.科学规划，合理布局

为了使各园区具有更强的竞争优势和良好的发展空间，我们把最富经济开发价值的地块提供出来，进行科学规划，2003年，连续几次邀请省内外专家进行论证，为企业成功入驻提供了前提。

3.夯实基础，优化环境

全力构筑“以人为本”的优良环境是吸引企业入驻、发展区域经济的核心所在。几年来，开发区以经营园区的理念，进行了大规模基础设施配套建设。2003年，先后完成了被晋中市定为市建一号工程的正阳大街一期工程建设、民营科技园两条主干道建设、纺机工业园主干道建设以及供热、给水、供电等一大批基础设施建设，各园区基本实现了“七通一平”，使园区的投资环境得到进一步优化，推动园区经济持续健康发展。

4.狠抓软环境建设，提高服务质量

为投资商和企业提供一切便利是开发区优质服务的目标。在抓硬件的同时，狠抓软件建设，在开发区机关树立“人人都是投资环境，人人都是招商窗口”的全新招商理念，要求各职能部门将服务工作贯穿到招商、安商、兴商、富商的全过程。2003年初又连续出台了3个有关软环境治理的文件，取消了一大批审批、收费项目，为园区建设保驾护航。同时，启动了政务服务大厅，推选告知服务、全程服务、限时服务和承诺服务等服务方式，规范了行政服务行为，让企业得到了真正的实惠。

5.制定优惠政策

优惠政策的核心是“降低门槛，让利企业”，让资本之水汇集到园区这片凹地中。一是在税费上让利，坚持“让投资者发财，我发展”的双赢价值取向，出台了招商引资的26条优惠政策，对符合国家产业政策的科技型、环保型、外向型、高附加值的企业给予政策倾斜，对重点项目减免城建配套费等。二是降低投资者投入成本，主要内容是用土地换项目，将有限的存量资产换取无限的增量资产，给企业提供更大的发展空间。

6.简化手续，提高办事效率

开发区从服务经济的角度，积极创新体制，切实转变职能，开辟企业快速便捷的绿色通道，实施“阳光作业”、“全程式服务”、“限时办理”为特色的新型服务。

在“一区多园”战略的拉动下，开发区经济建设取得了明显成效，先后被省委、省政府授予“先进开发区”、“结构调整先进区”，2003年又捧回了“开发区工作先进单位”的金色牌匾。面对各级领导寄予的厚望，我们清醒地看到，市场竞争日趋激烈，开发区的工作才刚刚起步，挑战面前，我们要统一思想，振奋精神，掀起开发区“二次创业”的热潮，来实现率先发展的宏伟目标。

四、开创崭新的2004年

2004年是“十五”计划的关键之年，也是全面贯彻落实十六大精神的重要一年，按照中央及全省经济工作会议精神，结合开发区实际，我们确定2004年经济工作总的指导思想是：以率先发展为目标，园区建设为中心，创新体制和机制为保障，继续加强基础设施建设，优化经济发展环境，扩大招商引资，倾全区之力做大做强工业园，加快发展医药、机械、环保、汽贸为支柱的特色经济，切实把开发区建设成为晋中新的经济增长极。

根据这一指导思想，分析我们所处的形势和承担的使命，2004年的总体目标是：各项经济指标增长幅度确保达到25%，力争达到30%，财政收入保九争亿。为实现这一奋斗目标，2004年的经济工作必须突出一个主题，围绕一个中心，加强三项建设，即：继续加速构筑以园区建设、高新技术产业和优良环境为标志的开发区核心竞争力，实现率先发展目标，这是我们始终不渝的主题；倾全力加强园区特别是工业园区的建设，一切工作围绕和服务于园区建设，尽快把园区做大做强，以此引领开发区经济迅跑则是2004年和今后一段时期工作的中心；继续加强基础设施建设、骨干企业建设和软环境建设，为园区发展提供最有力的保障。

（武旭光　李茂　赵林春　榆次经济技术开发区管委会）

加快沿江开发 实现新的跨越

一、2003年是我们成绩辉煌的一年

2003年，在江苏省外经贸厅和扬州市委、市政府的正确领导下，我们克服了各种不利因素的影响，经济发展继续保持较快增长。预计全年完成业务总收入209.41亿元，增长24.64%，完成自营出口5.5亿美元，增长51.52%，财政收入10.2亿元，增长40.1%。

招商引资实现倍增

全年共新批进区外资项目38个，总投资8.74亿美元，注册资金4.69亿美元，新批合同利用外资4.01亿美元，是2002年的2倍，占全市新批合同外资的43.16%；实际到帐外资2亿美元，是2002年的1.71倍，占全市实际到帐外资的41.67%。招商引资不仅体现在量的增长，而且呈现出质的提高：一是进区项目的规模大。注册资金超1000万美元的16个，科龙电器注册资金超1.5亿美元。二是进区项目的科技含量较高。90%以上的项目集中在机电领域及其配套产品，发展前景十分广阔。三是进区项目几乎是工业项目。在4亿美元的新批合同外资中，仅有450万美元的房地产项目，其余全部是工业项目，占全市工业外资项目70%以上。

园区配套逐步完善

打开了两条沿江通道，一条是连接沿江工业园与市区的扬子江南路8.1公里拓宽改造工程，另一条是连接润扬长江大桥的沿江高等级公路先导试验段建设工程，完成了振兴路三期、第六横向干道、开发路改造、第三横向干道延伸等园区干道建设工程，以及文汇南路、扬子江中路等城市干道拓宽改造任务。沿江工业园内港口环保热电、污水处理厂、海关直通点、11万伏变电所等四个功能配套项目正在加快建设之中，港口环保热电一期工程已建成，其余三个项目预计在2004年上半年投入运行。同时，卞港、六圩西和吕桥三个水利泵站已正式开工建设，园区防洪体系进一步完善。

成片开发强势推进

在上年高强度投入的基础上，继续追加投入10亿多元，用于成片开发和基础设施建设。一年来，共拆迁1481户，房屋面积达39.2万平方米，开发土地面积6000多亩，有力保证了项目进区和开工建设的需要。同时，积极做好拆迁安置工作，全年落实货币安置300多户，实物安置600多户，加快了长河新苑、阳光花园、金山花园三个拆迁安置小区的建设，新开发建设拆迁安置房面积22万平方米。

服务环境不断优化

围绕项目进区，从企业考察评估到注册登记，全过程帮办一切手续，协调所能涉及的具体事务。围绕项目开工建设，全力帮助协调水、电、气以及其它开工建设过程中的矛盾。2003年以来，协调解决项目土地平整、拆迁安置、施工便道、场地排水等矛盾100多起，协调拆除供电、通讯等各类杆线600余根，迁移改造供电线路30多公里，拆除改造自来水等地下管线近12公里，预埋道路综合管网下地65公里。围绕企业建成投产，帮助协调关务、税务、商务、劳务、事务等，最大限度地解决企业发展中所遇到的困难和矛盾。川奇光电公司从台湾基隆港海运至扬州港的进口货物通关运输时间正常为14天，我们牵头组织海关、商检、港务公司、外运公司等部门，多次商谈协调，将海关通关运输时间缩短了一个星期，空运通关运输时间由3天缩短为20小时，一年节约物流成本1200万元。通过优化服务，有力地促进了项目的顺利实施，全年新开工建设企业17家，建成投产企业11家。

在取得成绩的同时，工作中也存在一些问题和不足：2003年的增长是在全国、全省普遍高速发展的背景下取得的，和苏南各开发区相比仍有较大差距；对宏观经济形势的变数预见不足，在开发建设的要素筹措上存在不少困难，等等。

二、2004年是重要发展之年

2004年是我们开发区在新的发展平台上实现再次跨跃的重要一年,既有利好因素，也面临着许多困难和压力。从有利因素看：宏观经济环境转好，长三角地区发展加快、沿江开发战略的实施为开发区的发展创造了新的平台。同时，开发区自身的承载能力通过近两年的努力也明显增强。从不利因素看：各地招商引资日益同质化的竞争态势加剧，项目用地受到限制，融资难度加大，拆迁成本随着政策调整也在增加。

综合各方面的因素，2004年招商引资目标初步安排为：新批合同利用外资5.6亿美元，力争6亿美元，实际到帐外资2.8亿美元，力争3亿美元。围绕这一目标，我们将根据省市委、政府实施沿江开发战略的总体部署，着力抓好三项工作：

加快沿江开发建设，完善基础设施，提升承载能力

一是继续推进成片开发。

按照2003年合同利用外资和实际到帐外资的预定目标测算，还需要提供项目用地5000~6000亩。两年来，招商引资的实践启示我们，项目进区必须开发在先，供地在前，如果我们没有先期开发出来的一大片熟地，科龙项目也不可能当年洽谈，当年签约注册，当年开工建设。

二是完善路网体系。

在建的扬子江南路拓宽改造工程和园区第六横向干道，力争一季度全面竣工；沿江高等级公路扬子江南路以东段至京杭大运河，争取2004年9月底前竣工通车，新开工建设园区第五横向干道，拓宽改造瓜六路。

三是加快功能配套。

在给排水设施方面，污水处理厂一期工程确保上半年建成投产，沿路污水管网铺设到位，保证同步使用；在电力设施方面，加快11万伏变电所建设，争取上半年建成，港口环保热电在试运行的基础上，实现正常供电供气，同时，进一步改造完善园区电网；在通关方面，海关直通点确保上半年建成，投入运行；在生态环境方面，扬子江南路、沿江高等级公路沿线两侧进行绿化及景观建设，进一步提升形象和品味，按照既定思路，着手规划建设科教旅游功能区，为工业园区提供生活、休闲配套。同时，积极做好沿江物流园区的规划建设和港口扩建工作。

加大招商引资力度，推进项目建设，提高产业配套水平

一是主攻大项目，尤其是能够形成产业链、具有带动作用的龙头性项目。

我们能够完成2003年的目标，主要因为有大项目的支撑。2004年，只有着力引进大的龙头性项目，才能吸引一批上下游产品和企业跟进配套，才有可能完成全年的目标任务。同时，积极鼓励已进区项目增资扩股，扩大投资规模，围绕既已形成的产业链，做好前延后伸的文章，着力引进一批配套企业和产品，形成产业特色和优势。

二是外资、内资、民资“三资”并重。

从以引进外资为主，向外资、内资、民资“三资”并重转变，在丝毫不放松引进外资项目的同时，进一步重视引进内资、民资，尤其是那些体量大、效益好、发展前景广阔的内资、民资项目，像引进外资项目一样，花大力气，下大功夫引进。外资继续主攻韩日、我国台湾，加大对东南亚、欧美市场产业资本的开拓力度；民资紧盯浙江、苏南等民间资本富集地区，争取“组团式”引进；内资尤其是国资力争引进对国民经济有重大影响的大项目、大集团落户。

三是着力引进科技含量和附加值高、产品主攻国内市场的企业。

由于国家出口退税政策的调整，引进产品主攻国内市场的企业更有现实意义。因此，在积极欢迎外贸出口企业进区的同时，我们将着力引进产品主攻国内市场、科技含量和附加值高的企业。

加强发展服务，优化投资环境，提高综合竞争力

一是围绕项目进区不同环节，全方位做好服务。

项目进区过程中，切实帮助投资者做好政策咨询、资料搜集、投资分析以及帮办注册登记手续等各项服务。项目进区后，重点围绕开工建设过程中所出现的水、电、气、土地平整、招投标等环节，全力做好矛盾协调和化解工作，进一步充实协调服务力量，提高服务水平，保证每一个项目建设工地都有专职协调人员，实行全过程跟踪服务。企业建成投产后，着力围绕生产经营过程中所出现的矛盾，切实解决在用人、用工、用电、关务、税务、商务等方面的问题，支持和促进企业集中精力加快发展。同时，在项目进区的不同环节，搞好衔接，既分工负责，又通力协作，分工不分家，以实际的服务成效创造一个亲商、安商、富商的投资环境。

二是把各项优惠政策措施落实到位。

在充分考虑承受能力的基础上，加强对政策的研究，尤其是对那些发展前景广阔，能够带动区域经济发展的好项目、大项目，尽可能拓展政策优惠的空间，充分发挥政策的效益，切实降低投资者的商务成本。凡是对投资者做出的承诺，一定认真履行，以取信于投资者。

三是坚决防止和杜绝对企业的干扰。

致力于为进区企业创造一个安全稳定的法制环境，大力普及法制教育，提高全民的法制意识。主动送法规政策上门，加强法律法规的服务，实行“先告知”制度，积极帮助企业纠正各种不规范行为，并根据具体情况给予一定的整改时限，坚决防止“合法性”干扰。

（扬州经济开发区管委会）

海门开发区全面提升综合竞争力

2003年，海门经济开发区党工委、管委会在海门市委、市政府的领导下，认真贯彻落实党的十六大和十六届三中全会精神，始终瞄准年初确定的工作目标，紧紧围绕招商引资，突出加快发展主题，举全区之力，负重奋进，奋勇争先，开发区建设取得了突破性进展，开创了开发区经济社会发展的崭新局面。

一、2003年开发区建设取得突破性进展

利用外资成绩取得历史性大突破

共批准外商投资企业53 家，其中总投资超千万美元的项目10个，超500万美元的项目5个，合同利用外资1.97亿美元，超过前5年的总和，比去年同期增长392%，完成加压目标的197%，占全市总额的56.6%；实际利用外资6979.9万美元，超过前3年的总和，比去年同期增长210.2%，完成加压目标的126.9%，占全市总额的63.5%，利用外资指标在南通市同类开发区中名列第一。

开发建设成就取得历史性大突破

共投入基础设施和征地拆迁资金4.6亿元，是上年的3.8倍，超过前5年投入的总和。全面实施了道路、桥梁、绿化等26项工程，新增道路21.3公里，新增绿化面积2万平方米，热电厂、污水处理中心、海门河码头等重点配套工程也相继竣工并投入使用。

经济发展取得历史性大突破

全区实现国内生产总值13.7亿元，同比增长71.3%,增幅为历史最好水平；实现业务总收入94.3亿元，同比增长114.9%；实现工业现价总产值46亿元，同比增长109%；实现财政收入3.14亿元，比去年增收1.54亿元，同比增长96%。

二、2004年是大发展的关键之年

2004年是全面贯彻落实党的十六大和十六届三中全会精神的重要一年，也是开发区建设更进一步、求得更大发展的关键之年。

2004年开发区工作的总体思路是：以邓小平理论和“三个代表”重要思想为指导，全面贯彻落实党的十六大和十六届三中全会精神，紧紧抓住沿江开发和国际资本向长江三角洲转移的重大历史机遇，围绕产业集聚、开发集约、服务创新的总体要求，三港联动，整体推进，全面提升开发区的项目承载力和综合竞争力，推动开发区社会经济跨越式发展，为实现全市“两个率先”奋斗目标再作新贡献。

2004年开发区的总体工作目标

1.形象目标创海门市一类单位；

2.动态目标在南通市同类开发区中争第一；

3.合同利用外资确保1.5亿美元，争取2亿美元；

4.实际利用外资确保6000万美元，争取8000万美元；

5.自营出口额确保5000万美元，争取6000万美元；

6.业务总收入确保100亿元，争取120亿元；

7.技改工作量10亿元，争取12亿元；

8.地方财政收入确保1亿元，争取1.2亿元；

9.确保引进1家世界500强企业，争取引进2家；确保引进2家上市公司来区投资，力争引进3家；

10.综合指标在全省同类开发区中力争进入前20名，其中一个单项指标争取进入全省同类开发区前15名。

为实现上述目标，我们要着力做好三个方面的工作。

全力以赴，主攻招商引资

2004年开发区的招商引资工作将继续实施一个战略，进一步明确两大主攻方向，更加突出三个工作环节，着力实现四个转变。

继续实施一个战略。即全员招商战略。要进一步调动和发挥各部门招商引资的积极性和主动性，充分挖掘招商资源，把握项目信息。要整合力量，优化组合，落实责任，强化考核，调动一切可以调动的力量，在更广范围内、更高层次上、更大力度地推进全员招商工作。

进一步明确两大主攻方向。一是主攻大项目，二是主攻世界500强企业和国内上市公司。要重点梳理注册资本500万美元以上的项目，做到力量上主攻重大项目、政策上倾斜重大项目、服务上倾心重大项目、配套上满足重大项目。要结合开发区的产业特征和自身优势，深入研究世界500强企业和上市公司的扩展计划和投资方向，做深入细致的基础工作，确保在引进世界500强企业和上市公司上有新突破。

更加突出三个工作环节

一是项目信息。认真策划，及早安排，精心组织好国内外专业招商和宣传推动活动；要积极参与港洽会、金花节、光彩周等各类大型招商活动；要充分发挥上海办事处和东莞办事处的作用。二是有效跟踪。就是要增强项目跟踪的有效性和成功率。三是优质服务。投资者是上帝，服务工作永无止境，要从各个方面切实为投资者提供优质高效的服务。

着力实现四个转变

一是在招商引资观念上，要善于从依靠政策优惠为主向营造综合环境转变。二是在招商引资方法上，要善于从传统招商为主向产业链招商、专题招商、定向招商转变。三是在招商引资方向上，要善于从单纯重外资为主向内外资并重，特别是向引进国内500强企业、上市公司和大型外贸企业转移。四是在招商引资目标取向上，要善于由“重量型”向重质型转变。

加快基础实施建设

要继续坚持大力度投入的指导思想，逐步扭转基础设施建设滞后于项目进区建设的被动局面。

一是大规划，构筑发展蓝图。2004年规划工作的重点是：完善和逐步实施中心区民生路以东的路网规划；根据滨江新城规划方案和海门港总体规划进一步细化海门港道路网络结构，重点把握好各种管线的走向和布局；完成灵甸港一期开发范围内道路和各种管线的详细规划。

二是大投入，营造环境优势。2004年开发区基础实施建设计划投资1.2亿元。“一区三港”将分别实施19项道路工程，总长度约26公里，绿化、路灯将一步到位。2005年还将实施东入口改造工程，要把东入口建成开发区乃至全市的形象工程。三是大拆迁，突破用地瓶颈。2004年在拆迁工作上将安排六大地块，共计约11万平方米，为加快发展打开新的空间。

强化服务，努力扩大经济总量

要紧紧围绕扩大经济总量、提高经济素质求突破，保持开发区经济在高平台上运行。

一是切实壮大工业经济支柱。要大力发展高新技术产业，初步形成以高新技术产业为主导，优势产业为支撑，特色产业相配套的新型工业化基地。要放手发展民营经济，2004年民营企业总产值要力争突破50亿元，超亿元企业达到10家。要加大技改工作力度，对区内重点骨干企业继续加大扶持力度，做好跟踪服务工作，加速形成规模优势。

二是全面发展农村经济。要进一步推进农业产业结构调整，结合开发区农业用地逐步减少的实际，教育和引导农民发展特色种养殖业、大棚设施和苗木栽培。要大力推进农业科技进步，深入实施农业品种、技术、知识三项更新工程，办好农业科技示范园。

三是加快发展第三产业。要进一步提高服务业在国民经济中的比重，为吉斯达、锦源高尔夫、新上海休闲广场以及证大、世贸滨江新城等项目做好服务工作。要把发展现代物流放在突出位置，统筹规划，合理布局，培育壮大一批物流企业。要积极稳步发展房地产业，总开发面积约20万平方米，其中开发拆迁安置房15万平方米。

四是精心组织财政工作。要在抓好收入、加强融资和优化财政预算内支出结构的基础上，力争实现预算内外财政收入3亿元，其中两税1亿元，地税7500万元，基金600万元，土地出让金及配套费1亿元，实现可用财力1.45亿元。

2004年的开发建设任务将更加艰巨，道路将更加曲折，我们决心以更加饱满的热情、更加昂扬的斗志和更加扎实的作风，进一步坚定信心，振奋精神，努力开创海门经济开发区跨越式发展的新局面，为实现全市“两个率先”奋斗目标再立新功。

（江苏海门经济开发区管委会）

强化全面发展新思路
实现项目建设新突破

一、2003年工作总结

2003年，在沧州市委市政府和全市人民的支持下，我们全面贯彻“三个代表”重要思想，以发展为第一要务，紧紧围绕招商引资、项目建设和环境优化三大重点，创新举措，各项工作都取得了明显成绩。

全年实现国内生产总值2.65亿元、工业销售收入7.36亿元、出口创汇1070万美元、引进内资7.16亿元、实际利用外资72.9万美元、财政收入2240万元，同比增长分别为215%、199%、61%、206%、51%和40%。

(一) 强化发展意识，全方位地谋划全局工作

我们认真处理机遇与挑战、客观现实与主观努力的关系，在充分调动各方面积极因素的同时，对全区的建设与发展进行了全方位思考和高站位谋划。

一是努力寻求全市人民的支持。借助沧州市开发区发展调研座谈会和现场办公会的契机，对全区建设亟需解决的重点、难点问题进行分类和汇总，并提出了自己的建议。在市领导和各职能部门的协调和支持下，电力、交通、道路、通讯、有线电视等涉及开发区建设的十几个问题在相当程度上得到了解决。认真分析招商形势、确定投资方向，挖掘发展潜力。

二是全面创新发展思路。新一届领导班子到位后，在认真分析开发区10年建设经验和教训的基础上，本着重新审视自己、重新谋划未来、重新调整措施的原则，紧紧围绕大发展、快发展的主基调，体现工作的连续性、前瞻性、指导性的主导思想，对开发区面临的形势和机遇、自己的优势和劣势进行了全面、深入的调研和把握，找准了自己的定位和发展方向。即：按照“三为主一致力”的建区方针，精心营造投资环境，大胆创新管理体制，全力搞好招商引资，着力培植经济增长点，探索出一条超常规跨越式发展新路子，力争用三年的时间，把沧州开发区建成集生态、科技、休闲、旅游为一体的现代化工业新区，使其真正成为全市新的经济增长点。

(二) 创新招商思路，努力寻求项目建设新突破

进一步强调招商引资在建立现代化工业新区及经济发展中的关键作用，从把握客商的投资需求，找准招商引资的努力方向，探索切合自身实际的工作方法入手，创新思路，拓展领域，落实举措。2003年共审批项目34个，总投资20.5亿元；新开工21个，总投资13亿元；竣工17个，总投资2.8亿元；新签外资项目2个，总投资15.5亿元，合同外资额1719万美元，是建区10年来项目数量最多，质量最好的一年。

1.全面加强对招商工作的领导

认真分析“入世”和经济全球化趋势为开发区带来的良好机遇，确定了紧紧把握国内外大财团、东南亚及国内民营企业三个层次，突出重点，狠抓关键，整体推进的招商战略。

为此，抓了三个方面的工作。

一是完善政策。通过深入探索客商的实际需求，借鉴先进开发区的经验，重新修订了投资优惠政策和招商引资奖励办法，并在做好北京、天津招商的同时，南下江浙，建立信息网络，主动迎接二次投资的辐射。

二是强化功能。以招商服务为中心，从健全机制、充实队伍入手，加快了招商工作向市场化、专业化和产业化的转化。根据不同地点、不同区域的招商需要，将原招商局划分为内资、日韩和欧美三部，合理调配人员，制定岗位职责和考核办法，增强了专业性和针对性。同时面向社会，公开招聘外语、经贸人才7名，壮大了招商队伍，提高了总体素质。

三是落实举措。全面探索网络招商、以外引外、以商招商、委托代理招商、驻外机构招商、中介招商等招商方式，提高了招商实效。在抗击“非典”传统的招商方式受到挑战的特殊时期，全面启动了网络招商系统，并对国内外中介、商会、媒体、行业协会及使领馆等方面的相关人员资料进行了广泛收集和整理，将部分人员聘为招商顾问、招商代理。通过以上措施，招商引资特别是利用外资呈现出良好势头。

目前，在谈的有鑫源泰公司与德国联合焊接公司合资的直缝埋弧焊钢管、台湾锦龙公司与马氏企业合资生产不锈钢铸件、美国CMG公司生产集成GMR磁头芯片等一批重点项目。其中鑫源泰公司与德国合资项目，总投资1亿元，建成后将成为华北地区最大的制管企业。磁头芯片项目，属国家鼓励的高科技产品，总投资10亿元，建成后可以带动相关产业30多个配套项目。

2.切实推进项目建设进程

按照“强服务、抓管理、促增效”的思路，加快项目建设速度。

一是促进项目开工。面对“非典”袭扰，通过项目进度负责人督导、

区领导出面接洽等方法，加强施工协调，确保了天成药业、阳光药业以及万岁药业、无缝钢管厂等重点项目的正常施工。

二是聚集产业优势。为了尽快形成产业优势，壮大产业规模，打造品牌和聚集效应，我们把规划引导和市场选择结合起来，加快了机电、医药、精细化工等产业的发展速度。为此，我们围绕TDI下游产品的开发，规划了精细化工园区；围绕信息产业、新材料和生物工程三个先导产业，规划了高新产业园区；围绕引进日韩中小企业，规划了日韩工业园区。

(三)提高环境品位，不断增强对客商的吸引力

我们牢固树立“环境是第一竞争点”、“环境出效益”、“服务就是生产力”的理念，按照基础设施配套完善，管理和服务规范化、法制化，信息和物流系统现代化的要求，加大了环境建设力度。2003年基础设施投入近9600万元，是建区10年的总和。

1.基础设施建设进展迅速

根据现代化工业新区的功能定位，按照高标准、高质量、高水平和充分体现自身特色的指导思想，依照改造起步区、扮靓新区、提升整体品味的构想，分别委托天津大学城市规划设计学院和台湾“人境庐”建筑景观设计所，编制了开发区总体规划和控制性详规及行政办公、研发孵化、会议接待中心等为一体的创业中心建设规划，对开发区的亮点、美点进行了精心塑造。

2.服务水平进一步提高

我们进一步强化“招商、亲商、安商、富商”理念，紧紧围绕开发区的“平台”和“龙头”作用及聚集、产出、创新、示范、辐射功能，努力建设环境最优、服务最好、最适合企业发展的投资环境。

一是切实转变工作作风。继续坚持了项目调度会制度、项目领办制度、第一接洽人责任制度和部门职责追究制度，组建了客商服务中心和客商投诉中心，加大了为企业提供全方位、多功能服务的力度。2003年以来，共帮助企业开展预期分析、跟踪监测生产要素的调度20多项，培训员工500多人次。同时，将行风评议作为优化经济环境的重要手段，以部门为单位制定了具体的实施方案。这些措施，使客商由衷地感到了开发区总体环境的优越，有效地带动了项目进入和开工建设。

二是打造政策洼地和环境高地。重新修订了《招商引资优惠政策》等优惠政策。对项目审批程序进行了全面简化，大大改善了投资软环境，提高了客商对开发区的信任度。

二、2004年发展目标和思路

2004年是沧州开发区环境大变样、经济大跨越的关键一年。我们将紧紧围绕十六届三中全会、省委六届四次全会和市委六届五次全会精神，坚持“三为主一致力”原则，进一步增强发展的责任感、使命感和紧迫感，高站位，有重点，谋特色，求突破，力争国内生产总值达到3.6亿元，工业销售收入10亿元，引进内资8亿元，实际利用外资500万美元，出口创汇1250万美元，实现财政收入3000万元。

(一) 优化招商平台，在引资质量上寻求突破

正视开发区项目整体水平不高的现实，多措并举，内外齐抓，努力实现招商引资在高、大、外项目上的新突破。

加大宣传力度

将宣传工作列为招商引资的一项重点内容，改变一般化拜访和千篇一律推介会等固定的招商宣传方式，采用多种形式，体现自身特色，努力实现点状突破，面上发展，创造“裂变效应”；着力抓好招商资料的更新改版和开发区网站的优化升级。同时，依照日韩和我国港台地区等重要招商对象的接受习惯，通过制作各种语言和风格的宣传光盘和招商画册，提高沧州开发区的知名度，打造自身品牌。

创新招商方法

坚持以专业招商为主、各种招商方式并举的方针，积极组织重点企业和重点区域的招商团组，有针对性地赴国外开展各种形式的招商活动；加大与国外，特别是日韩行业协会的联系和交流，通过互访考察，突出行业招商、特色招商，在此基础上，大力推进网上招商、委托招商。年内将落实招商顾问和招商代理20~30名，并通过他们宣传沧州环境和政策，推介招商项目，努力扩大开发区招商引资的外延；加快园区和标准厂房建设，继续做好环境招商和企业合作招商。在切实提高服务水平和沟通能力、建立适合日韩企业发展的合作环境的同时，促成鑫源泰同德国、远东机床同意大利等一批重点合资项目的成功；加强与天津等周边先进开发区的联系，整合优势，拓展渠道，大打武术之乡、杂技之乡品牌，在联合招商和文化招商方面，做一些有益的尝试。

突出招商重点

加大对外、高、大项目的引进力度，谋划一批投资规模大，科技含量高的龙头项目。尤其要瞄准500强企业和其它国际国内知名大企业，重点攻关；

突出重点，积极促成沛然公司与德国合资项目、石油二部钢管项目、宏声管道项目等一批在谈大项目的落地。同时，针对增强关联度，拉长产业链的目标，抓住开发区化工、制药、管材等产业优势，开展产业招商，有针对性地引进，促进产业群和优势聚焦。

（二）全力营造硬环境 不断优化软环境

首先，全力营造硬环境。按照与区域经济紧密结合，充分体现时代特征，集工作、休闲、旅游于一体的现代化工业新区的要求，结合全市总体规划的修编，高标准、高质量完成开发区总体规划；加快速度，加大投入，于年内完成创业中心主体工程的建设，以提高形象，完善功能；加快日韩工业园和标准厂房建设，尽快形成规模，制造“品牌”和“聚集”效应。要紧紧依靠市委市政府，进一步做好沧盐路和石港路开发区段的美化改造，实现内外环境的协调和衔接，提高开发区的环境指数；协调市直各部门，完成二期开发供水、天然气、有线电视入区工程，全面改善开发区环境。

其次，不断优化软环境。全面推行“小政府，大服务”的运行机制，在有限的人员配置下，提高效率，优化服务，努力营造一个宽松灵活、公开透明的政策环境及成熟规范、便捷高效的服务环境。继续完善项目审批一条龙服务体系、项目建设全程服务体系。严格落实项目领办制度、承诺兑现制度，真正做到一个窗口对外。

（三）以体制创新为着力点，激发干部职工作积极性

以建一流班子、带一流队伍、创一流业绩为目标，继续推进体制创新进程，形成有自己特色的特效机制、用人机制和干事机制，尽快实现开发区发展从依靠政策优惠向综合竞争优势的转变。一是创新用人机制。将公开招考、竞争上岗作为基本用人制度，促使高素质的专业人才走进开发区，走上领导岗位。二是制定严格的考核制度。建立一套严格科学的目标管理考核体系，推行首位优先提拔和末位淘汰制，优胜劣汰，动态管理。三是完善奖惩制度体系。进一步细化招商奖励办法，对有损开发区形象的现象要坚决处理，全力塑造一支政治强、业务精、作风硬的开发区干部队伍。

（沧州开发区管委会）

抢抓机遇 创新发展
努力实现沿江开发的新跨越

2003年以来，江苏省江阴经济开发区认真贯彻省委李源潮书记关于“江阴要加快沿江开发步伐，集中力量建设国际制造业基地”的指示精神，深入开展“学华西、抢机遇、快发展、上台阶”活动，以“一月9000万美元合同外资、一月20万平方米房屋拆迁、一月2.5亿元基础设施投入”的速度强力推进招商引资，加快基础设施建设，各项工作取得了新的进展。

2003年，开发区完成国内生产总值128亿元，业务总收入580亿元，其中工业销售收入410亿元，完成利税总额35亿元，合同利用外资10.75亿美元，到帐外资4.5亿美元，吸引国内投资55亿元，完成基础设施投入近30亿元。

2004年是江阴争当“两个率先”的关键年，也是沿江开发的突破年。我们将紧紧抓住国际资本和产业正踊跃向长三角转移的大好机遇，以开放为第一动力，以建立“一流开发区”为目标，创新思路，加快发展，强攻突破，再上台阶。2004年，我们目标是：新增合同利用外资13亿美元，新增到帐外资6.5亿美元，外贸出口5.5亿美元，完成业务总收入720亿元，完成工业投入100亿元，实现利税总额37亿元，完成拆迁房屋150万平方米，开工建设安置房面积120万平方米。

一、加快产业集聚 实现招商引资新突破

我们将依托沿江优势，做大主体产业、做强主题园区，力争花五年时间，把江阴经济开发区建成最具竞争活力与比较优势的国际制造业基地。

具体围绕五个方面抓招商，即围绕国际著名跨国公司抓招商，着力引进产业关联度高、单体规模大、产业链效应明显的特大型外资项目，力争在引进世界500强企业方面有新突破；围绕“牌子”抓招商，打好“亚洲包装制造中心”牌，借助世界包装组织和各国包装协会力量组织招商，加快建成国际包装产业基地。打好“海关直通式监管点”和“海关加工贸易联网监管区”牌，着力引进IT等出口加工型企业。打好“中国废钢铁江

阴示范基地”牌，大力发展现代物流业；围绕产业抓招商，通过现有龙头企业的上下游配套和两头延伸，加快培育钢铁、石化、电力、包装、车船等临江优势产业；围绕重点国别抓招商，大力实施“强攻日韩、拓展欧美、巩固港台”的招商战略。

围绕转变机制抓招商，积极探索市场化运作的招商方式，大力开展多元招商，不断优化招商引资机制，集中力量引导各种生产要素向重点领域、重点产业集聚，依托重点企业、重大项目、重点产品，在光电通信、电子信息、机电一体化、新材料、汽车制造、生物制药等领域实施重点突破，努力形成竞争实力强、辐射带动力大的产业集群，努力把江阴沿江打造成为重要的国际制造业基地和现代物流基地。

二、提升产业承载能力 加快打造沿江开发建设

一是推进纵深开发，扩大沿江腹地

充分发挥黄金岸线的黄金效益，整合岸线、港口、腹地资源，着力推进沿江地区在园区规划、基础设施、招商引项、产业布局等方面的一体化开发进程，做到基础设施配套，招商资源共享，产业发展协调，把发展现代制造业的载体做大做优，加快形成以高新技术产业为先导、基础产业和制造业为支撑、现代物流业协调配套的产业新格局。

二是加强科技创新，发展高新产业

要充分发挥对外开放优势，全力引进跨国公司的旗舰型和龙头型项目，引进核心技术、先导工厂和世界高新科技前沿阵地项目，拉动高新技术产业转型升级；充分发挥开发区高新技术创业服务中心的优势，鼓励国内外开发机构到中心发展，鼓励园区和企业加大产学研联合开发力度，促进高新技术成果商品化、产业化、国际化，为新技术、新产业的进入和集聚，构筑新平台，提供新载体，开辟新空间。

三是加大投入力度，推进基础建设

加快高新园区东进和石庄园区南拓，尽快形成16平方公里的熟地供外商选择；加快主干道路建设，进一步拉开城市骨架，实行纵深开发；加快配套基础设施建设，抓好高新园区污水处理厂二期、夏港30万吨污水处理厂、三房巷PTA项目热电厂等重点工程建设；加快新城区、新港区建设，全面启动城市东组团、西组团和新港区建设，实现港口资源的优化配置，积极发挥海关直通式监管点、加工贸易联网监管区的作用，更好地提高开发区的产业承载能力。在继续狠抓投入的基础上，突出抓好开发区的财源、税源，重点考核项目产出，确保江阴经济开发区的财政收入在全市的比重有明显提高。

三、实施联动开发 加快建设靖江园区新步伐

实施跨江联动开发，是江苏省委、省政府作出的重大战略决策，也是江阴市加快沿江开发、拓展发展空间的战略之举。2004年是靖江园区开发建设的关键之年。

一要完善园区规划。按照把靖江园区建设成为“具有临江产业特色的工业园、环境优美的生态园、设施一流的综合物流港区、功能配套的新社区”的“两园两区”新定位，进一步完善60平方公里总体规划和8.6平方公里启动区控制性详规，配套制订好水利、供热、绿化、岸线利用等专项规划。

二要强攻招商引资。要打好长江牌、联动牌，开展形式多样的招商活动，造声势、树形象，不断扩大园区的对外影响，提高招商引资成效。2004年靖江园区要努力完成合同外资2亿美元、到帐外资1亿美元的目标。

三要加快基础设施建设。今年靖江园区要完成房屋拆迁60万平方米，开工建设安置房80万平方米，竣工40万平方米；建成“七通一平”熟地5平方公里，新建22万伏变电所1座，5万吨污水处理厂一座，完成沿江一级公路、园区中心大道等近10公里的道路建设，全面提高区内基础设施的配套水平。

四要探索园区建设的新路子。要从有利于园区开发、有利于园区管理、有利于园区发展出发，大胆突破传统思维定势和体制机制束缚，走创新之路，在开发建设、利用外资、社会管理、社区建设等方面积极探索新的路子，努力把靖江园区建成成本低、程序简、服务优、效率高的示范园区，力争“两年做出形象，五年大见成效，2010年全面达标”。

四、提升集约水平 统筹经济与环境协调发展

我们将坚持在开发中保护资源、优化生态，在环境中有序开发、综合利用，做到持续发展，永续利用，做到“三个统一”：

一是坚持资源使用和保护的协调统一。科学制定产业规划，注重集约开发，做到规划定方向，项目定土地，牢牢把好投资密度和土地产出关，做到高起点、高标准、高水平开发建设。

二是坚持生产发展和生态良好的协调统一。在开发中保护，在保护中开发，牢牢把好项目引进关，强化环保第一审批制度，提高新上项目的环保准入门槛，进区项目严格环评制度，实行污水处理设施与工业项目同时审批、同时施工、同时投运，环保不达标的企业要坚决整治或关闭。加快生态园区、生态景观、生态林带建设，重点抓好蟠龙山生态公园等绿化

工程，着力推进绿色开发区建设。切实加强区内环境保护工作，加大治水治山治气力度，加快污水处理厂等环保处理设施建设，不断改善园区的环境质量。

三是坚持人民富裕和经济发展的协调统一。开发区要一手抓投入，一手抓产出，把更多的注意力集中到提高效益、扩大就业、增加财政收入上来。要坚持以人为本的理念，一切为了群众，一切依靠群众，善谋富民之策，勤思育民之道，大兴乐民之举，不断拓宽就业富民的渠道，为被征地农民创造更多的就业机会，拓宽城乡劳动力的就业渠道，切实把人民群众的利益维护好、实现好、发展好。

五、创新管理机制 优化投资发展新环境

在“统一领导、各有侧重”的原则下，逐步分离开发区的社会管理功能，强化开发功能，按照“两级操作”、“两级考核”的要求对各办事处、各园区进行管理，进一步完善开发区管理体制和机制。要积极营造一流的投资环境，努力造就一批熟悉国际惯例、懂招商实务、有敬业精神的复合型人才。在开发区大力倡导“四种意识”，即要强化依法行政意识，严格按照法律和国际惯例办事；强化诚信为本意识，树立言必信、行必果的诚信形象；强化效率为先意识，以启用新的外商投资服务中心为契机，实施全程服务和全方位服务；强化双赢发展意识，让投资者满意，使投资者赢利，在与投资者的合作中实现共同发展。

（江苏省江阴经济开发区管委会）

走自身特色之路
创发展建设新平台

创新是一个民族进步的灵魂，也是一个地区打开工作局面、实现跨越发展的法宝。2003年，江宁经济开发区面对众多困难和挑战，始终坚持与时俱进、开拓创新，不断创造新优势，形成了一条具有自身特色的开发之路。

一、在困难中获得重大发展的一年

2003年，我们紧扣实现“两个率先”的目标，全力以赴抓经济，矢志不渝谋发展，较好地完成了全年的各项目标任务，开放型经济高位快速增长，几个硬性引资指标基本实现当年翻番，较好地完成了全年的目标任务。全年共新批外资项目142个，同比增长100%；合同利用外资7亿美元，同比增长93.3%；实际到位外资5.05亿美元，同比增长100%。与此同时，我们还在实践中锻炼、打造出了一支能征善战、敢打硬仗的职业招商团队。

回顾2003年的引资工作，有以下四个方面的主要特点：

一是项目质量有显著提高。引进了华宝通讯、得克理克斯电子和天凯机芯、丰田汽车零部件等一批科技含量较高、市场前景看好的项目；从项目的体量和投资强度来看，引进的千万美元以上的外资项目65个，占外资项目总数的45.7%，新引进的外资项目的平均投资强度达每亩156万元。

二是资金到位率有显著提高。2003年完成的到位外资比去年净增3.6亿美元。

三是项目开工率有显著提高。2003年有55个项目相继开工建设。

四是产业集聚效应有显著提高。从引进项目的产业构成来看，电子信息类项目达41个，占外资项目总数的40.2%，汽车制造、新型材料等项目也有了明显的增加。

二、主要做法和体会

2003年，开发区经济在新的平台上又有新进展，招商引资在新的形势下实现了新突破，园区面貌在新的规划中展现新形象，其他各项事业也呈现出新局面。回顾一年来的发展历程，我们深刻体会到：

1.要实现跨越发展，必须抢抓机遇、真抓实干

开发区抓住省市汽车、大学搬迁发展的机遇，全力拼抢，创造条件，吸引它们的进区落户；我们抢抓国家在南京设立出口加工区的机会，提前规划，超前建设，顺利通过了国务院八部委的验收。这些都为我们的招商引资增加了新的砝码、营造了新的平台。

2.要实现跨越发展，必须与时俱进、开拓创新

创新是一个民族进步的灵魂，也是一个地区打开工作局面、实现跨越发展的法宝。过去的一年，虽然面对众多困难和挑战，我们始终坚持与时俱进、开拓创新，不断创造新优势，形成了一条具有自身特色的开发之路。在载体构建上，通过成立项目评审组，实行项目准入制，提高了土地的利用率。

3.要实现跨越发展，必须强化管理、规范运作

规范是效率的保证。我们把建立规范化、程序化的运作机制作为强化管理的一项重要工作来抓，逐步走上了有序的轨道。我们采用合同审批制度规范了项目进区的程序，通过就业登记制度规范了就业安置工作。

在充分肯定成绩、认真总结经验的同时，我们更应当清醒地看到工作中还存在着一些困难和不足，特别是最近我们专门组织招商和工程部门人员赴张家港学习，感到差距还相当大。在招商资源的整合程度上、园区环境建设水平上、富民的方法上以及干部员工素质的提高上，还有待于进一步加强。对于这些发展中出现的问题，我们将通过发展的办法来加以解决。

三、2004年的主攻方向

2004年是落实省、市沿江开发战略的关键之年，也是我们加快发展，力争实现两个率先的重要一年。做好2004年各项工作意义重大。面对新一轮发展的大势，我们将以招商引资为主线，一手抓建成区出新，一手抓特色园建设，在新的起点上实现更大突破，努力推动开发建设事业再上新平台。主要目标是：合同外资确保10亿美元，力争12亿美元；实际利用外资确保6.5亿美元，力争7.5亿美元。

重点要做好以下四个方面的工作：

1.主攻龙头重点，在引资质量和水平上实现新提升

一是实施专业化招商，提高项目成功率。造就一支具有敬业精神、精通国际惯例和较强专业技能的职业化招商队伍，培养一批开发区招商形象大使，提高引资工作专业化程度。

二是实施产业链招商，全面提升引资水平。围绕正在形成的主导优势产业，着力引进核心企业、龙头项目及配套项目，快速形成产业集聚优势。加快一些电子、晶元等特大型项目的推进，狠抓上下游延伸拓展，纵向拉长电子信息产业链；对汽车制造类的一些在手项目进行强势攻关，大力引进汽车制造及相关配套项目，形成制造业企业集群。在短期内，力争区内生产的手机、汽车等市场占有率以及大学城的建设名列全省第一。

三是实施宽领域招商，拓展引资新空间。一方面，对区内基础设施、商贸、社会事业项目进行全新包装策划，做好与外资的对接和合作，构筑新的引资融资平台；另一方面，加强服务贸易领域的招商，力争引入5家外商投资的服务贸易类项目，全面提高开发区利用外资的水平。

2.力推项目开工，在培植经济增长点上实现新跨越

力争全年有60个工业项目开工建设，总建筑面积152万平方米，其中千万美元以上工业项目21个。围绕高投入、高产出，实施集约开发，力争全年产出率达到每平方公里18.4亿元，同比每平方公里净增2亿元。

3.建设特色区中园，在增强产业支撑力上实现新突破

一是加快汽车城等一批特色园区的基础设施建设，使其成为亮点凸显的先进制造业园区。二是加快建设南京电子信息产业园，力促统宝光电尽快建设二期生产线，加速推进华宝手机项目建设，抓紧做好一批在手项目的深度洽谈，早日落实到位。三是迅速启动江苏软件园2平方公里核心区建设，尽早建成大规模软件研发与生产基地。要通过努力，把特色区中园做成精品区域，力争投资强度达到每亩300万元以上，逼近先进开发区的水平。

4.加速出口加工区建设，提升区域形象实现新进展

一是快速、高效地开展各项工作，加紧建设商务中心楼和配套设施。二是加快标准厂房建设，兴建10万平方米的标准厂房。三是发挥加工区的独特优势，吸引一批加工贸易型项目，力争全年引进10家以上企业，实现合同利用外资2.2亿美元，实际利用外资1.2亿美元，出口创汇1.5亿美元。努力把南京出口加工区(南区)建设成为全省同批次加工区中的领头羊。

（江苏江宁经济开发区管委会）

以大开发促进大发展

2003年，宿迁经济开发区已实现新进区项目108个，总投资37.1亿元，其中工业项目103亿，投资35.75亿元。晨风时装、芬那丝袜业、东联动力、苏州流星、上海申华亭等工业项目投资额均在1亿元以上。

2004年，开发区将进一步加大改革力度，强力推进运行机制大调整；加快建设步伐，强力推进园区面积大拓展；加强招商引资，强力推进项目进区大突破。

江苏省宿迁市是1996年经国务院批准设立的地级市，是西楚霸王——项羽的故乡，地处江苏省北部，全市总面积8555平方公里，人口515万。宿迁位于新兴的淮海经济区的中心区域，东临中国八大港口之一连云港，西接全国交通枢纽徐州市，是历史悠久但又年轻的新兴中心城市。

江苏省宿迁经济开发区，是江苏省人民政府1998年11月批准成立的省级经济开发区，也是与国内著名学府——东南大学合作共建的高科技工业园。

水陆交通便捷发达，区位优势逐步显现

宿迁是中国知名经济大省中最具发展潜力的地区，也是江苏省近几年发展最快的地区之一。作为江苏、安徽、山东三省之通衢、新来欧大陆桥东桥头堡城市群中的中心城市，区位优势突出，交通便捷发达。

开发区位于宿迁新城区南侧，地理位置优越，交通便捷，紧临宁宿徐高速公路和城区主干道徐淮路，距市政府仅1.5公里，位于宁宿徐高速公路与京沪高速公路出口处，宿泗公路和在建的徐宿淮盐一级公路贯穿全区，驱车30分钟可至徐州观音国际机场，京杭大运河绕区而过，构成了开发区全方位立体交通网络。

基础设施基本配套，园区发展日新月异

宿迁经济开发区规划面积40平方公里，建成区面积8平方公里。建区以来，已累计投入基础设施建设资金近5亿元，区内的8平方公里形成“七纵八横”的交通网络。电信、广电、供电、供气、供水、排水、排污等配套设施基本敷设到位，基本实现“八通一平”。区内园林绿化绿地面积已达300多万平方米，园区绿化率达45%，绿化、美化、亮化、净化工程成效显著，生态型、园林化的开发区初具雏形。2002年厦门路、威海路建成以后，开发区与老城区实现了全面对接，资源共享，区位优势进一步提升。2003年开发区又新开工建设15条道路，总里程达42公里，综合投资1.2亿元，新增建成区面积12公里。

积极策应产业梯度结构转移，充分发挥新沂河作为省定排污河道功能，2003年初启动了宿迁经济开发区北区的规划建设，构筑以化工、纺织、医药、印染为主的特色园区。北区规划面积约为31.5平方公里，启动区面积9.9平方公里。

管理体制不断创新，运行机制日益完善

宿迁经济开发区在干部人事管理、规划建设环保管理、土地管理、财税和工商管理等方面实行封闭运行。实行“政企合一，特区模式，封闭运行，实体运作，自立自强”的运作模式，开发区党工委、管委会和开发集团总公司三块牌子、一套班子运作，除有专门规定以外，享有自主的审批权、用人权和管理权。开发区把招商引资作为开发区工作的生命线，深化改革，创新机制，围绕招商引资，努力建立适应市场经济规律的内部运行机制。坚持“一区多园，三级联动”的总体思路，结合地方实际建设特色工业小区，盘活资源，完善功能，形成规模，互动并进，共同发展。统一招商平台，统一优惠政策，进一步扩大了园区地域范围，提高了园区承载力。

投资环境相对宽松，项目建设突飞猛进

根据江苏省委、省政府指示精神，市政府出台了《江苏省宿迁经济开发区投资企业优惠政策》。税费征收方面，对于进入市开发区的工业生产性企业经营期在10年以上的，企业所得税地方留成部分从获利年度起，前5年由财政全额奖励给企业，后5年减半奖励。对兴办的商贸流通企业，企业所得税地方留成部分，从获利年度起，5年内由财政减半奖励给企业。进区企业增值税实行前5年先照章征收、后部分奖励的优惠。开发区内的企业除房地产开发企业外，自成立起5年内营业税由财政奖励其所缴部分的25%。工业生产性投资项目，除按国家规定为其员工缴纳各项保险费用外，仅收取上缴省及省以上规定费用，对市内征收的其他费用一律免征。租用开发区内现有厂房的工业企业，其租金可用该企业所产生税收的开发区奖励部分予以抵扣。电费收取方面，凡在市经济开发区投资的生产性企业，用电上享受省定价格基础上下浮动0.1 元/度的特殊优惠政策，并免收供电工程贴费。

积极营造良好的投资软环境

开发区实行“一个窗口”对外，“一站式”审批，“一条龙”服务的全过程服务体系，按照国际惯例以最优惠的政策为投资者承办项目审批、征地拆迁、建设、工商、财税等项目服务，依法保障投资者的合法权益，努力营造“亲商、安商、富商、扶商”的氛围，积极营造良好的投资软环境，吸引国内外投资者纷至沓来。到目前，共有184个进区项目，协议利用资金57.2亿元。2003年已实现新进区项目108个，总投资37.1亿元，其中工业项目103亿，投资35.75亿元。晨风时装、芬那丝袜业、东联动力、苏州流星、上海申华亭等工业项目投资额均在1 亿元以上。

宿迁经济开发区将进一步加大改革力度，强力推进运行机制大调整；加快建设步伐，强力推进园区面积大拓展；加强招商引资，强力推进项目进区大突破。围绕项目核心，开发区将全力引进一批高科技含量、高投入产出和符合宿迁产业结构的加工型工业项目，同时集中力量在北区引进特色化工项目，努力把宿迁经济开发区建成以工业为主导，集金融、商贸等行业协调发展的外向型、多功能、现代化的森林式、环保型、可持续发展的特色经济开发区。

(江苏省宿迁经济开发区管委会)

济宁高新区推进经济强区建设

一、拓展渠道建设孵化器　辐射带动高新技术产业发展

济宁高新区地处山东省中西部地区，科研和人才资源相对缺乏，因此十分重视创业中心的建设。1999年建立了国家级创业中心。对科技创业企业从各个方面给予扶持、保护和培育，把对企业单纯的一级孵化发展为“三级孵化”，即项目经过一级孵化，实现从设计、试验到成功开发出产品；经过二级孵化，实现产品到小规模商品化；经过三级孵化，实现较大规模的产业化、市场化。

为适应孵化项目不断增长的需要，2002年以来，济宁高新区又投资兴建了6.2万平方米的创业中心二期、三期工程、5000平方米的大学科技园二期工程。2002年10月初，1.8万平方米的创新大厦投入使用，在短短10天的时间里就吸引了市生产力促进中心以及天和仪表、科信生物、慧智科教等31个项目进驻孵化。形成了一个以创业中心为龙头，以火炬工业园和大学科技园为载体，与“三级孵化”体系相配套的“大孵化器”，构筑起从西区“创新基地”向东部产业区梯次扩散高新技术项目的新格局。

创业中心成功培育出英特力光通讯、兰威智能卡、通联电器、华能药业、晨新药业等20多家销售收入过千万元的企业。2003年创业中心200余家在孵企业实现销售收入3.17亿元，利税5100万元。

为了加快引进人才的步伐，济宁高新区先后与清华大学、中国科学院、同济大学、西北工业大学、中国地质大学等一批高校科研院所签署了合作协议。与清华大学合作研制的蓝光二极管、精密陶瓷等产品已经成功投放市场。在西安交大建立的创业中心西安分部，已为高新区输送50多个孵化项目、近10家毕业企业。

二、转变观念招商引资　迅速膨胀高新技术产业规模

济宁高新区抓住世界制造业转移、产业结构调整的有利时机，坚持“全党抓经济、重点抓发展、关键抓招商”，不断调整招商战略，实现了从以往的自主招商向委托招商、以商招商，从政策招商向环境招商，从

项目招商向生产要素招商的转变。建立起“投产一批、在建一批、开工一批、在谈一批、储备一批”的项目信息库，引进了一大批科技含量高、市场前景好的项目，使全区的产业规模和经济容量得到迅速扩大。近年来，先后引进千万元以上的项目350多个，总投资320多亿元，达产后可新增技工贸收入300亿元，财政收入15亿元。

济宁高新区还十分注意将市场上散在的生产要素重新整合，进而组建成大的产业项目。总投资21亿元的九九公司就是将专利持有方、投资方和建设管理方三方面近10家企业和单位组合在一起而成立的。总投资25亿元的凯赛里能公司则是将研发方、出资方和协调方等数家企业和单位的力量聚合在一起而诞生的。正在建设中的沃尔玛配套制衣项目，总投资1.08亿美元，占地1000亩，建成后每年可生产女士服装1100万套，出口4亿美元，创造利税5.5亿元，这个项目是由销售方、生产方和投资方等共聚济宁，经多次协商考察才最终整合组成的企业集团。

三、突现区域特色 全力打造生物技术产业基地

在产业发展定位上，济宁高新区积极调整思路，从实际出发，寻求高新技术产业快速发展的突破口和切入点。济宁煤炭、电力、水资源丰富，又是中国重要的商品粮基地，盛产玉米、稻米等农作物，气候四季分明，是发展以发酵为主要工艺手段的生物技术产业的理想区域。立足这些优势，济宁高新区选择重点发展生物技术特色产业，全力建设生物技术产业基地。经过近几年的引进和培育，目前，高新区聚集了一大批生物技术产业大型、特大型企业，产业优势初步显现。这包括，已经建成的国内三大抗生素生产企业之一的鲁抗集团、位居国内味精行业第二位的菱花集团和全国最大的玉米淀粉生产企业雪花集团。还有新建成投产的总投资21亿元，单机生产能力世界第一，生产规模世界第二，年加工玉米150万吨的九九集团。最近，由泰国正大集团投资10亿元建设的10万吨赖氨酸项目、由日本明治公司和山东鲁抗合作建设的新抗生素项目也开工建设。此外，高新区内还有华能生物药业、辰欣药业、安康制药等一批国内外知名的生物医药企业。目前，在济宁高新区生物技术产业骨干企业的年销售收入已达到21.7亿元，产值20.7亿元，利税2.7亿元，“生物谷”的雏形已经显现。

2002年9月，经国家科技部和省科技厅审查，认为济宁高新区具备了设立基地的条件，决定批准在济宁高新区设立国家火炬计划生物技术产业基地。同时，为实施可持续发展战略，消除区内企业进入国际市场的绿色壁垒，高新区还积极开展创建ISO14001环境管理体系工作，2003年初，高新区通过国家环监委组织的专家认证，成为ISO14001环境管理体系认证园区。

四、与时俱进开拓创新　努力营造市场化的发展环境

济宁高新区始终坚持以改革创新推动发展，努力建造适应市场经济要求的管理体制和运行机制。机关管理实行竞争上岗、全员聘任和与工作业绩挂钩的绩效工资制，项目建设采取包保责任制和特派员制度，讲实干、重实践、看业绩，责任明确、奖罚严明、分配合理。为了提高办事效率，优化发展环境，组建了招商引资“一站式”服务大厅和24小时执勤的“经济110”办公室，受理企业注册登记和审批交税事项，只要手续齐备立等可取，处理企业经济纠纷5分钟到现场，并在全区实行“无费区”政策。

高新区坚持用市场经济的方法做活投融资的文章，用财政资金设立了风险基金、创业基金、技改基金和产业扶持基金四大基金体系，分别以拨付、参股、贷款贴息和技改补贴等形式支持企业研发生产活动。为推动资本运营，高新区整合所属的土地储备、物业管理、市政工程和创业服务等直属事企业单位，形成3亿多元的资产，组建开发建设投资有限公司（简称高新投）。高新投的设立一方面带动和促进了直属企事业单位的体制改革，加快了企业化进程，同时也盘活了管委会资产。目前，高新投先后拿出8000多万元参股支持九九公司、凯赛公司等重点项目建设，融资3亿多元用于土地开发和路、桥、管网等城市基地设施的建设。

五、深入贯彻十六大精神　推动高新区“二次创业”

党的十六大为高新技术产业发展提出了更新更高的要求。面对新世纪重要的发展战略机遇期，济宁高新区经济社会发展总的要求和基本思路是：高举邓小平理论伟大旗帜，以“三个代表”重要思想为指导，深入贯彻党的十六届三中全会精神，围绕“一个定位”，瞄准“两个目标”，突出“三大重点工作”，打造“四大平台”，实施“五项重点措施”，努力争创“六大品牌”，把高新区建设成为全面建设小康社会的先行区。

“一个定位”是：把高新区建设成为集高新技术产业的聚集区、吸引国内外投资的创业区、体制创新的试验区“三位一体”的现代化、生态型、科技型新城区。“两个目标”是：迅速提升经济的对外开放程度和经济发展规模，确保两项指标在全省、全国高新区中不断前移。“三大重点工作”是：重点抓好营造环境、招商引资、培植特色产业三大重点工作。“四大平台”是：打造生物技术、机电一体化特色产业平台；打造以人为本、设施配套、功能完善的城市设施平台；打造科研、管理、营销和招商引资人才辈出的智力支撑平台；打造推行ISO14001环境管理体系，建设生态园林城市，打造持续发展的循环经济平台。“五项重点措

施”是：思想观念大解放，招商引资大举措，园区建设和项目建设大动作，城市建设管理经营大提高，环境建设和社会事业大联动。“六大品牌”是：继续加强国家级创业中心、国家级生物技术产业基地、ISO14001环境管理体系认证园区三大品牌建设。同时，再争创三个国家级品牌:一是国家“863”计划项目研发基地；二是国家级生物发酵技术研究中心;三是国家级工程机械产业基地。

近年来，济宁高新区紧紧围绕发展高新技术产业，做大招商引资文章，培育区域特色产业，营造市场化的体制环境，以高新技术推动现代化经济强区建设，实现跨越式发展。2003年全区实现技工贸总收入201亿元，增长62%；实现工业总产值135亿元，增长60.8%；实现财政总收入7.5亿元，增长50%；实现进出口总额28000万美元，其中出口11500万美元，增长100%；实现固定资产投资30.8亿元，增长71%，实际利用外资10021万美元，增长122%。高新技术产值占工业总产值的比重为55%。

（山东省济宁高新区管委会）

中国开发区发展报告

第二部分 中国开发区发展成就

第二篇

火炬计划15周年专题

大力营造创新创业环境
加速高新技术产业化

科技部副部长 马颂德

一、管理体制的创新仍然是发展的关键

我国高新区管理体制是伴随着社会主义市场经济体制的形成，经过新旧体制的不断碰撞、不断调整而逐步形成的。国家高新区精简高效的管理体制曾经在促进高新技术产业发展的实践中发挥了重要作用，而且还会继续发挥重要作用。

要继续强调国家高新区是国务院批准的、旨在促进高新技术产业发展的一个特别区域。我们希望各地政府与国家高新区要认真学习党的十六大精神，以加快发展高新技术产业的实际行动，贯彻“三个代表”重要思想，坚持用发展和改革的办法解决高新区前进中的问题。

二、关于加强科技创新的问题

国家高新区“二次创业”的灵魂就是创新，包括体制创新和科技创新。当前科技部重点工作中，第一项是制定科技中长期发展规划。这将是今后二十年科技工作的战略和行动纲领。规划的制定和成功实施，将对全面建设小康社会提供科技支撑发挥重大影响。第二项是完善国家创新体系。国家高新区的建设和发展战略已纳入科技中长期发展规划的战略研究中，高新区的建设也是国家创新体系建设的重要组成部分。

国家高新区通过实施“二次创业”发展战略，必须大幅度提高创新能力，为我国经济和社会发展提供创新的动力。区域科技创新能力不强的国家高新区迟早会被市场淘汰。国家高新区的创新能力方面必须明显高于同等规模的其他类型经济区域，否则其资格就将受到挑战。为此，我们希望各省、自治区、直辖市的科技部门必须进一步加大对辖区内国家高新区的科技创新工作的支持和指导。各地国家高新区管理机构也要积极主动地为地方科技部门和社会各方面开展科技创新工作创造环境。有条件的科技部门应派素质高、工作能力强的干部兼任管委会副主任。

国家高新区要进一步加强与大学、科研院所的合作，增强科技成果转化能力。要积极鼓励大学、科研院所通过承担国家863计划、攻关计划的项目，到高新区实现产业化。

国家高新区要增加科技投入，用于支持高新技术产品的开发和技术平台的建设。我们希望，各国家高新区每年的科技投入应不低于年财政支出的3%。

三、进一步加强对国家高新区工作的指导、评价与考核

科技部对国家高新区一贯给予高度重视。科技部所有部领导都多次到国家高新区考察和开展调研工作，多次召开党组会和部长办公会专题听取国家高新区工作的汇报，研究国家高新区"二次创业"的问题，先后出台了《科技部关于进一步支持国家高新区发展的决定》、《科技部关于国家高新区管理体制改革与创新的意见》、《科技部关于进一步加强国家火炬计划软件产业基地建设的若干意见》、《科技部关于进一步提高科技企业孵化器运行质量的若干意见》；组织并支持重点在国家高新区内实施的863产业化引导项目；组织发行了国家高新区建设债券；开展了与国家开发银行、农业银行、华夏银行等金融机构的科技金融合作，支持国家高新区的基础设施建设和高新技术产业化项目的开发，并对基建贷款给予了财政贴息支持；科技型中小企业技术创新基金在优先支持国家高新区内的企业创新基础上，开展了小额资助的试点，在选定的16家依托机构中，15家是国家高新区内的科技企业孵化器等等。

科技部已经开始对国家高新区的考核和评价工作。今后主要从国家高新区科技创新能力、经济发展与贡献和创新创业环境三个方面对国家高新区现状、增长情况进行评价，引导国家高新区始终坚持正确的发展方向。现在，对技术创新、经济发展两大指标的评价初步结果已经印发给并征求意见，也委托北大国家高新区研究院开始了对国家高新区创新创业环境的定向公众调查。我们要在征求意见和完成调查后，公布评价最终结果。今后我们要对先进高新区予以表彰；对长期发展滞后，又没有采取有效的国家高新区，要加强跟踪和检查，必要时，派专家组予以调查，并将调查报告报国务院和有关部门。

四、加强国家高新区的信息化工作

我们举行了火炬计划实施15周年的网上展，并对国家高新区的网站建设进行了评比。这些都可以说是我们要下大力提高国家高新技术产业开发区信息化工作的开端。在全球信息产业发展如此迅速的今天，国家高新区理所当然地应成为企业信息化、管理信息化、社会信息化的先锋。做好信息化工作。首先是做好本单位的网站，还有构建电子政务和电子商务平台。国家火炬中心还将把建立一个集会议、展览、培训和商务洽谈功能于一体的中国高新技术产业开发区信息平台作为2004年的重点工作。希望我们大家一起努力，作好国家高新区的信息化工作，把我们的高新区互相连结起来、与社会连接起来、与世界连接起来。

五、拓宽创业资本的来源，大力推进风险投资机制建设

国际经验表明，一个充满活力的国家经济，一定是知识和资本向新兴产业不

断汇集的经济。我国的风险投资无论从资金规模还是管理水平都获得了前所未有的发展。现在，风险投资机制对高新技术产业化的重要作用，在我国科技界、经济界和政府部门已经无人质疑。但由于创业板市场尚未建立、技术产权交易的限制过严、创业基金法还没有出台等关键问题仍然没有得到解决，这些问题仍然阻碍着社会资金向高新技术产业的汇集。在目前国家尚无重大新措施情况下，应适当鼓励企业、金融机构、个人、外商等各类投资者参与风险投资事业。引导一部分具备条件的地区积极稳妥地探索技术和企业产权交易机制，并开展区域性的小额资本交易试点。

六、“走出去”的发展战略

科技部已经开展了在美国的马里兰、俄罗斯的莫斯科、新加坡和英国建立海外科技园试点工作。目前，马里兰的科技园筹备办公室已经挂牌运行；新加坡的高技术创业中心正在筹备，新方表现了极高的积极性；莫斯科的科技园也已经运转；英国剑桥、曼切斯特两个科技园已确定由广州、武汉建设和管理。北京、济南、哈尔滨、武汉、重庆、大庆等高新区、广州科技局参与了相关筹备工作。我们期望各地科技部门和各地国家高新区积极组织企业参与实施“走出去”的发展战略，帮助他们不断提高国际化水平，提高国际竞争力。

让我们以党的十六大精神和“三个代表”重要思想为指针，努力开创我国高新技术产业化工作的新局面。

2004年度国家火炬计划项目启动

2004年2月10日召开的2004年度国家火炬计划项目会上获悉，科技部火炬中心共受理国家级火炬计划项目申请2059项，科技部马颂德副部长出席了会议并发表讲话指出，国家火炬计划要重点支持产业集群、企业研发和创新基金。

2004年，经各省、自治区、直辖市、计划单列市、副省级城市科技主管部门和国务院有关部门初审推荐，这些项目是在地方科技主管部门和中央部门受理的3000多项申请中，经过专家评审后推荐的，其中地方科技主管部门推荐2021项，中央12个部门推荐38项。同时，科技部火炬中心还受理重点国家级火炬计划项目申请176项。项目按技术领域分布情况为：电子信息410项，占项目总数的20%；生物工程和新医药309项，占项目总数的15%；新材料及应用570项，占项目总数的28%；光机电一体化531项，占项目总数的26%；新能源与高效节能143项，占项目总数的7%；环境保护96项，占项目总数的4%。

2004年申报项目的整体技术水平较高。据统计，在所有申报的项目中，国家自然科学基金、攀登计划、“863”计划、国家科技攻关计划，以及部门和地方科技攻关计划项目共336项，占项目总数的16%。这些项目中获得科技型中小企业技术创新基金资助的项目约占10%左右，具有自主知识产权的创新项目比去年有较大幅度的增长。全部项目中，72%的项目（共1491项）是企业自主开发的，这其中专利项目占29%以上，说明企业知识产权的意识在明显增强。2004年国家级火炬计划项目的承担单位以科技型中小企业为主，共1671家，占申报企业总数的84.4%。高新技术企业1499家，占项目承担企业总数的72.8%。国家高新区内的项目786项，占项目总数的38.2%。全部项目需新增总投资547.3亿元，其中银行贷款258.5亿元。项目达产后，预计可实现工业总产值2355亿元，利税总额649.3亿元，创汇49亿美元，项目投入产出比在1：4以上。

经济比较发达的东部及沿海地区，如北京、上海、山东、江苏、浙江、广东、福建7省市共申报项目1245项，占项目总数的60%。一方面说明经济发达地区发展高新技术产业的积极性较高，意识较强，同时也说明高新技术产业对区域经济发展的重要性。

对于不符合国家产业政策的高能耗、污染环境、低水平重复项目，单纯技术引进无自主创新、知识产权不清晰或有权属纠纷的项目，一般保健品、常规食品、饮料、烟、酒、化妆品项目，一般纺织品，一般加工项目、传统手工艺品、外观设计产品、服装、家具等缺乏技术含量的产品，火炬计划将不予支持。

北京市火炬计划实施15周年总结

北京市科学技术委员会

一、总体情况

自1988年国家科技部实施火炬计划以来，北京市高新技术产业得到了长足发展，通过不断开拓、创新，现已进入高速发展阶段，产业规模迅速扩大，已初步形成了以中关村科技园区为主导、高新技术企业为主体、电子信息产业为支柱、科技创新为动力的发展格局。

在创新源头培育方面，以建设中关村科技园区为龙头，以构建首都区域创新体系为主线，以提高科技持续创新能力为重点，以实施首都二四八重大创新工程为突破口，一方面集成首都地区科技资源，一方面促进市属科研院所的转制，大力推进创新服务体系和创业孵化体系建设。

(一) 中关村科技园区的快速发展

经过15年的发展，中关村科技园区已经成为了首都高新技术产业的龙头，形成了一区五园优势互补、共同发展的格局。

在硬环境建设方面，中关村按照国际一流标准加速产业基地和市政基础设施建设，"新中关村"形象已见雏形。中关村制定并实施了园区的整体规划，确定了专业园和大学科技园共同发展的模式，实施了一级土地开发，硬环境建设进展迅速。中关村西区、软件园、生命科学园、永丰产业基地、上地北区建设进展顺利，已初步具备了大规模招商引资和大企业进驻的条件。丰台园、昌平园、电子城科技园和亦庄科技园的新区建设也取得了新进展。

在软环境建设方面，中关村主要做了以下几个方面的工作：

一是在法制建设上取得了重大突破。《中关村科技园区条例》正式实施，这标志着园区建设和管理纳入了法制化轨道。二是在政府管理和服务上进行了重要改革。实施了电子政务,建立了园区"一站式"办公服务中心和外商投资企业绿色通道。三是在科技与资本结合机制上有了新进展。设立了"创业投资引导资金"，成立了为中小企业提供担保的机构，目前已向园区近400家中小企业提供了23亿元的融资担保。

(二) 孵化体系建设取得的成效

截至2002年11月，北京市创建孵化器53家，其中综合性孵化器26家，专业技术孵化器27家，共有孵化面积55.3万平方米，其中新建面积28.6万平方米，利用已有建筑改造的面积26.7万平方米，在孵企业1150多家。全市累计对科技企业孵化器的建设投入资金15亿元，特别是近几年投资力度加大，其中市财政投入6000万元，吸引社会各类资金投入14.4亿元。2000年市政府发布了全国第一个促进孵化器建设的文件《关于加快科技企业孵化器发展若干规定》，根据文件精神，有26家孵化器被认定为“北京市高新技术产业孵化基地”。

截至2002年底，经科技部、教育部和北京市认定的大学科技园共10家，其中国家级7家（清华、北大、理工、北航、化大、北邮、北师大），市级3家（北工大、北交大、科大）。

北京市大学科技园建设累计投入资金11亿元，95%以上的资金来自学校和社会；10个大学科技园占地面积2800多亩，其中校内面积700多亩，已建建筑面积52万平方米，其中校内29万平方米，可以看出，北京市大学科技园建设走出校园，在北京地区各开发区买地建园，带动了当地创业与创新环境和经济发展，产生了较大的扩散效应。

北京地区大学科技园，依托高校学科齐全、人才聚集、成果累累、技术创新的优势，积极创造条件大力兴办大学科技园，为科技人才创新创业提供平台，促进高等学校丰富的智力资源与其它社会资源的优化组合，已成为推动高校科技成果转化的一条重要途径。

(三) 北京市火炬计划项目的执行情况

火炬计划实施15年来，北京市共组织实施了14批（1503项）火炬计划项目，实施的14批项目从最初的每批不足50项到现在的每批100项以上。数量增长的同时，立项项目的科技含量也有了大幅的提高，承担过国家自然科学基金、国家863计划、国家攻关计划等计划的项目逐年增长，许多项目已达到或接近国际先进水平。

联想集团、北大方正集团、清华同方公司、清华紫光公司、用友公司、希望集团、中科大洋公司、时代集团等一批国家火炬计划重点高新技术企业，它们已成为北京市高新技术企业的代表，成为行业的领头羊，成为中国科技进步的象征。其中，北大方正集团公司从1989年就开始申报并实施火炬计划项目，包括：北大华光电子出版系统、北大华光汉字控制器、新一代电子出版系统、方正电分机接口及彩色拼版系统、方正飞腾排版系统日文版等十余项。作为国家火炬计划重点高新技术企业、国家火炬计划软件产业基地骨干企业的“方正”是从一个投资40余万元的小企业发展到现在拥有4家上市公司、员工近6000人，总资产达60亿，年销售收入百亿元的大型企业集团，在其成长过程中不时地闪烁着火炬的光芒，“方正”的成长同“火炬”结下了不解之缘。

清华紫光、中科大洋、翰林汇、启明星辰等多家得到过国家科技部科技型中小企业创新基金支持的中小企业也成为火炬计划的承担者，通过火炬计划完成了高新技术成果的商品化、产业化。

目前，北京市已初步形成以电子信息、生物工程和新医药、光机电一体化、新材料、环保与资源利用等五大高新技术产业。其中电子信息产业发展最快，电子信息产业实现增加值约占北京市高新技术产业实现增加值的70%，构成高新技术产业的主体；生物工程和新医药、光机电一体化、新材料、环保及资源利用产业实现增加值分别约占北京市高新技术产业增加值的5%、15%、8%、2%。在科技进步的推动下，在与传统产业相结合的过程中，新兴产业不断涌现，高新技术产业的范围不断扩大。

二、加强政府引导，营造良好的发展环境

火炬计划实施15年间，为了保证火炬计划各项具体工作的顺利开展，北京市委、市政府一直重视营造适于高新技术企业发展的环境。建设以中关村科技园区为龙头，通过“二四八重大创新工程”中创业孵化体系和创新服务体系的搭建，保证了火炬计划项目的顺利实施。

(一) 加快中关村科技园区制度创新和环境建设

机制和体制创新是推动中关村科技园区技术创新和产业发展的强大动力。为此，要依据《中关村科技园区条例》，以市场配置资源和与国际接轨为原则，紧紧抓住当前制约园区发展的若干重要问题，大力进行机制和体制创新。

中关村科技园区软环境建设突破了传统经济开发区的局限，不再是简单的让利、让税政策优惠，而是着眼于在法律上与国际接轨，为企业、企业家营造一个良好的法制环境。《中关村科技园区条例》的出台和实施，标志着科技园区软环境的建设步入新的历史阶段。

中关村管委会提出了今后两至三年中，园区在产业生态环境营造上应重点开展以下五个方面的工作：

1.进一步深化机制体制创新

为解决产业发展的资金瓶颈问题，要加快金融环境和信用制度建设。积极探索在风险投资、基金运作等领域开展吸引外资和对外合作，充分利用证券市场拓宽融资渠道，进一步完善服务于中小科技企业的贷款担保体系。探索建立符合市场经济规律的企业信用服务体系、管理体系和政策法规体系，逐步开展企业经营者信用试点工作，营造良好的信用市场环境。

进一步实施人才战略，开发人力资源，继续发展科技企业孵育体系和中介组织。重点是吸引和鼓励留学人员来园区创业；初步形成专业化、市场化、社会化、国际化的创业孵化网络；培育门类齐全并基本与国际服务规范接轨的法律、会计等中介服务组织；加强政府对行业协会和中介组织的扶植、规范和监督。

继续加强政策法规的制定和落实，不断提高政府服务水平。继续有针对性地对影响产业发展和园区建设的重点和难点问题制定新政策；要把政策执行同改革政府职能，加强服务结合起来，建立政策的实施监督机制；要高举服务大旗，进一步改革和完善政府服务的方式和手段，完善一站式集中办公，实现对企业“一口进、一口出”服务，为创新和创业提供全程的、多样化和个性化的服务。

2.以奥运经济为契机，运用多种手段大力构造产业生态链

用好产业扶植资金，培养一批具有自主知识产权，市场前景好，国内顶尖、世界先进的技术和产品；争取再吸引5～10家跨国公司进驻园区设立研发中心或生产基地，同时引进国家863计划等重大项目落户园区；加强园区与北京市其他地区的合作，改造和带动传统产业；建立高起点、高标准的新型物流体系，服务于高新技术产业；以奥运经济为契机，争取有一批高新技术和产品应用于奥运场馆建设之中。

3.集中力量加快专业园和市政基础设施建设

基本完成中关村西区、软件园、生命科学园、永丰基地、上地基地北区、温泉环保示范园、清华科技园、北大科技园的建设；加速推进丰台园、昌平园、电子城科技园、亦庄科技园、德胜科技园的基地建设和中科院科学城改造工程。加大投资力度，争取在2～3年内基本完成园区基础设施建设。

4.实施“数字中关村”工程

推动园区电子商务的发展和电子政务的实施，建设支持信用体系的信息系统，逐步实现政府信息资源的开放和共享，大力推动社区信息化发展为群众工作生活服务，使中关村成为北京乃至全国信息化建设先导和示范。

展望未来，随着园区市场体制的完善，随着政府不断清除影响产业发展的制度障碍，中关村一定会形成具有国际竞争力的高新技术产业“簇群”。

(二) 营造更好的创业孵化环境

在近两年实施首都创业孵化体系的建设过程中，我们的经验是：

一是政府在提供强有力支持的同时，要推动孵化器建设的市场化。二是孵化器管理团队的素质和能力是孵化器取得成功的重要因素。孵化器的经营需要不断创新，经营管理团队必须具备良好的文化修养与技术背景，具备沟通、协调等方面的能力。三是孵化器要起到“哑铃”作用。孵化器需要在实现创业者聚集的基础上，一方面与创新源建立畅通的渠道，是技术创新成果不断转化为现实生产力，并为中小科技企业储备不竭的技术源泉。另一方面，要与中介服务体系和风险投资密切结合，使在孵企业获得低成本高效率的创业支持。

回顾火炬计划实施15年的成绩，总结火炬计划实施的经验，我们相信通过不懈努力，高新技术的火炬将会在首都北京越烧越旺，将为北京市高新技术产业的发展做出更大的贡献。

天津市火炬计划实施15周年总结

天津市科学技术委员会

天津市的火炬计划在国家科技部火炬中心的正确指导下，在市委、市政府的高度重视和领导下，在有关部门和社会各界的大力支持、配合下，在天津市科委的组织推动下，通过管理创新、突出重点，在促进高新技术成果向商品化、产业化转化、用高新技术改造传统产业方面取得了可喜的成绩，同时高新区的建设也取得了长足的进步，火炬计划软件产业基地带动了天津市软件产业持续、快速、健康发展，对天津经济和社会发展起到了积极的促进作用。

一、总体情况及成效

15年来，天津市共实施火炬计划510项，其中国家级火炬计划131项，地方级379项。131项国家级火炬计划项目共落实贷款21亿元，累计实现产值590亿元，利税52亿元，节约、创汇5.9亿美元。2002年火炬计划42项，其中国家级火炬计划12项，实现产值40多亿元，利税4.5亿元，出口创汇8000万美元。火炬计划的成功实施，促进了天津市生物医药、新材料、电子信息、光机电一体化、能源、环境保护工程等高新技术产业的形成和发展，加速了高新技术对天津市传统产业改造，培养了一批新的经济增长点，加快了天津市高新技术产业开发区、经济技术开发区、滨海新区、大学科技园的建设和发展。2002年，全市高新技术产品总产值1097.4亿元，占限额以上工业总产值比重为33%。火炬计划在高新技术产业发展中起到了助推器的作用，主要体现在：

(一) 培育出一批拥有自主知识产权的高新技术产品

天津市高新技术产品的开发研究和产业化得到迅速发展，形成了一批拥有自主知识产权的高新技术产品。如：天津天药药业股份有限公司的“皮质激素”获国家科技进步一等奖，把法国罗氏公司的产品挤出国内市场，并打入国际市场；复方丹参滴丸、霍香正气软胶囊、速效救心丸、柴胡滴丸等中药品种处于国际领先水平；阅读电子书、应用软件等出口日本。新瑞无线寻呼系统、采油微生物、巴豆酸、大楼清洗机等产品属国内领先水平。

(二) 培育形成了一批高新技术企业集团

一批企业通过承担国家和地方火炬计划，成长为高新技术企业，加快了高新技术企业规模化，集团化发展。如：天津南开戈德集团公司、天大天财股份有限公司、天士力制药股份有限公司、天津环保产业集团股份公司、天津天药药业股份有限公司、和平海湾电源股份有限公司、天津中津药药业股份有限公司等30多家产值超亿元的高新技术企业或企业集团，其中有5家企业被评为国家重点高新技术企业。天大天财、南开戈德、泰达股份、海泰科技、天津磁卡、天津汽车、天士力等企业通过承担火炬计划，促进了这些企业的上市。例如：1994年由原部队254医院药剂科改制创办了民营高科技企业天津天士力制药股份有限公司，由当年十几名员工、几百万元资金起步，通过火炬计划等多方面的支持，短短几年就发展成为拥有7.9亿资产、集科研开发、生产、销售于一体的我国中药行业的重点骨干企业，2002年企业实现销售收入15亿元，公司生产的中药制剂复方丹参滴丸获国家科技进步三等奖，并已通过美国FDA批准进入二期临床，是国内首个进入美国临床研究的中药复方制剂。

(三) 加速对传统产业的改造，加快高新技术产业基地的建设和发展

用高新技术和先进共性技术改造和提升传统产业，在天津市相关行业中，实施“制造业信息化、中药现代化、环保科技和农业信息化四大科技工程”，天津市中药现代化走在全国的前列全国，有第一家规模化滴丸基地、全国第一家中药现代化示范企业、全国第一家中药企业通过GMP认证、全国第一个按GAP标准建设的药材种植基地、全国第一个通过美国FDA IND审批的中药制剂等等，可以说，一些老字号的中药企业正在向现代中药企业迈进。环保科技工程重点支持天津市机电行业的产业和产品结构调整，通过自主创新由原来的大路货转产环保机械成套设备和装置。

火炬计划的实施，加快了高新技术产业基地的建设和发展，高新技术产业开发区、经济技术开发区、创业中心、生产力促进中心、国家大学科技园等建设均取得了很大发展，形成了以和平海湾、力神电池、蓝天三洋、津能电池为代表的技术水平高、生产规模大，品种齐全的高能电池产业基地；以华苑软件园区为代表的软件产业基地。到2002年底，天津市已有软件企业380余家，其中销售过亿元的3家，过千万元26家，进入国家60强的电子企业2家；软件从业人员，包括软件服务和销售人员18000余人，软件产品153个。2002年软件销售额28亿元，软件出口额6000万美元，增长率为20%；以“一区（环保密集区）、二带（水处理技术成套设备产业带、垃圾处理系列化设备产业带）”为特点的环保产业基地，通过培育以企业为主体的产业实体，推动了机电行业的产业结构调整。目前，以百利环保工业园、津南区环保产业密集区为主体的环保产业基地规模不断扩大，企业已发展到近100家，2002年销售收入近65亿，比上年增长17%；通过与国内各大学、研究机构、大企业形成动态联盟、联合攻关的科研新体制，建立有利于纳米技术发展的创新机制，以体制创新推动技术

创新，建立起人才、资金、技术、检测、信息、产业化六大平台及营造良好的政策环境为指导思想，依托纳米技术成果，孵化和培育纳米技术领域高科技企业为目标的国家纳米技术产业化基地，已经吸引投资1亿元，引进当今世界最先进的纳米科研专用仪器设备，并已经陆续到位，投入使用。同时，基地已经分别与天津部分大学、中科、北大、清华、总装、军事医学科学院组建专业纳米研发中心，在国内形成了强大的纳米研发团队，并开始承担国家“十五”攻关及863项目。

二、加快推进天津高新区发展

天津新技术产业园区是国务院批准的首批国家级高新技术产业开发区之一，面积21.85平方公里。天津市委、市政府十分重视天津新技术产业园区的发展，明确了高新区在天津总体经济发展中的定位，即：把高新区摆在全市发展高新技术及其产业的龙头地位，努力使高新区成为全市规模最大、水平最高而且在全国具有重要地位和影响的高新技术产业基地，成为集产业发展和科学研究、成果孵化、技术贸易、科技服务、人才交流、信息集散于一体的科技新城区，成为拉动全市经济增长的重要增长点。

天津高新区是天津市总体规划的重要组成部分。由三个部分组成，其中华苑产业区是市区唯一成片开发的区域，规划面积12平方公里，位于天津西南部，交通四通八达，具有良好的区位优势和自然人文环境。政策区是天津市文化、教育氛围最浓的区域，区内有著名的南开大学、天津大学等9所高等院校，各类科研院所96个，在校大学生3万多人，博士、硕士生3000多人，中高级科技人员3万多人，拥有雄厚的科研和人力资源。辐射区是沿京津塘高速公路形成的各具特色的武清开发区、北辰科技工业园和塘沽海洋科技工业园。

10多年间，天津高新区国内生产总值年均增长58.4%，出口创汇年均增长79.9%，到2000年，技工贸总收入已达到296.98亿元，是1995年的4.41倍；上缴税金14.72亿元，是1995年的6.5倍。

2002年，天津园区完成技工贸总产值416.4亿元，同比增长30%；技工贸总收入494.6亿元，同比增长30%；出口创汇10.14亿美元，同比增长32.2%；利税41.1亿元，同比增长31.8%；增加值103.8亿元，同比增长31.8%。与2001年相比，均有较大幅度的提高。近年来，天津市高新技术产业产值占全市工业总产值的比重一直在稳步上升，天津园区高新技术产业产值占全市高新技术产业产值的1/3。

天津高新区重点企业向规模化发展，九五末期，年产值在亿元以上的企业有35家，年产值超过千万元以上的企业有200家。天津高新区高新技术产品已超过6000种，逐步形成了具有天津地方特色的计算机软硬件、通讯设备、电子元器件、家用电子电器、新药、绿色能源、特种电缆、精细化工、电子屏幕等10大系列产品，其中年销售收入超亿元的产品39项。三美电机有限公司的光盘驱动器和调幅器系列产品、日电电子通信工业有限公司的电子数字程控交换机、爱普生有限公司的计算机打印头、杰普智能卡有限公司的智能IC卡、天士力制药集团有限公司的复方丹参滴丸、金普斯新技术有限公司的IC卡加密技术、西门子电器传动有限公司的全数字直流调速产品、中新药业集团股份有限公司的新型中药制剂及大真空有限公司的音叉型水晶振荡子、和平海湾电源集团有限公司和蓝天三洋电源有限公司的镍氢电池均跨入了亿元产品之列。此外，年收入达千万元的产品有346项。

天津高新区积极引进国外高新技术、资金和现代管理方式，促进了国内外经济技术的合作，发展外向型经济。外资企业发展势头良好。到2001年底，入区企业已达4800家，其中外商、中国香港和台湾投资企业已有778家，总投资29.83亿美元；投资者来自日本、美国、韩国、瑞典、新加坡及中国的台湾、香港等24个国家和地区，法国益普生制药公司、日本电器株式会社、精工爱普生公司、三美电机株式会社、德国西门子公司、丹麦丹佛斯国际有限公司等一批跨国公司在高新区投资建厂，投资额均在千万美元以上。外资企业的技工贸总收入已达到高新区的30%以上。1995年高新区出口创汇仅为3.82亿美元，2000年，高新区出口创汇已达9.12亿美元，是1995年的2.38倍。

高新区紧紧抓住环境建设这个园区发展永恒的主题，以孵化培育高科技中小企业为中心，采用市场化运作模式，广泛吸纳社会资源，更加有效地推进了高新技术成果的商品化、产业化、国际化进程，使天津火炬创业园成为全国最大的孵化基地，取得了预期的阶段性成果。

一是建成了以国际创业中心、海泰火炬创业园、南开大学科技园、华苑软件园、鑫茂民营科技园、华科科技园六个科技园组成的多元立体孵化体系，构建了从孵化器到产业化基地的接力式创业环境；

二是筹建了以投融资服务体系、信息网络服务体系、人力资源开发服务体系、留学人员服务体系、技术成果交易服务体系、咨询与培训服务体系、社区服务体系八大创新服务体系，为入驻企业搭建了一个快速成长的支撑平台和催熟的孵化氛围；

三是紧紧围绕天津高新区和天津市主导产业加速发展的需要，抓住创新源头，面向经济主战场，进一步增强了“天津火炬创业园”对高新技术成果的聚集、孵化、辐射功能。两年多来，火炬创业园的孵化面积达到33.4万平方米，投资总额达5.23亿元，吸纳企业近千家，技工贸总收入达到35亿元。一批高新技术成果从这里走向市场，一批中小高新技术企业快速成长，一批复合型的高新技术企业家从这里脱颖而出，使火炬创业园真正成为了天津园区和天津市的技术创新基地。

黑龙江省火炬计划实施15周年总结

黑龙江省科学技术厅

“九五”以来，黑龙江省高新技术产业迅猛发展，在光机电一体化、生物工程和新医药、新材料、电子信息、高效节能与环保等领域形成了我省新兴支柱产业。同时，通过火炬计划项目的实施使一大批具有国内领先水平的高新技术成果转化为生产力，涌现出了哈药集团、哈飞集团、亿阳集团、完达山乳业、大庆华科等一批国内知名的高新技术龙头企业。

截至2002年底，黑龙江省共安排火炬计划项目1060项，其中国家级项目319项，地方级项目741项；共有不同类型的科技企业孵化器20家，其中包括哈尔滨高科技创业中心、哈尔滨海外学人创业园、大庆高新技术创业服务中心、哈工大国家大学科技园和哈尔滨经开区高科技孵化中心等5个国家级孵化器；2002年科技部批准了哈尔滨利民医药产业基地和牡丹江特种材料产业基地为国家火炬计划产业基地。至2002年底，黑龙江省高新技术产业产值超过1331.7亿元，利税198.6亿元；其中哈尔滨高新区实现工业总产值945亿元，利税142亿元，大庆高新区实现工业总产值386.7亿元，利税56.6亿元，成为拉动黑龙江省国民经济增长的重要力量。

一、增强了科技对经济可持续增长的支撑作用

火炬计划项目是火炬计划的重要组成部分，是火炬计划的出发点和落脚点。15年来，结合黑龙江省科技、人才、资源的优势，承担完成了一大批火炬计划项目。

火炬计划项目的顺利实施，带动各项经济指标逐年递增，“八五”期间火炬计划总投资96687万元，创造产值277036万元，创汇3730万美元，新增利税71129万元。进入“九五”以后，各项经济指标进入发展的快车道，“九五”期间全省火炬计划项目创造产值587151万元，比照“八五”时期，增长了119.4%。2001年全省火炬计划投资总额为63203万元，产值247515万元，利税60363万元。2002年全省火炬项目计划总投资58921万元，自筹39074万元，贷款29847万元，预计产值197433万元，利税56287万元，出口创汇1570万美元。

二、培育了一大批拥有自主知识产权的企业及企业集团

1.带动全省高新技术企业数量迅猛增加

高新技术企业是火炬计划的主要承担者和实施者，到目前为止，全省共有高新技术企业845家，其中区内高新技术企业687家，区外高新技术企业158家。2001年，黑龙江黑宝药业集团公司、大庆华科（集团）股份有限公司、牡丹江三新建筑材料有限公司被国家科技部火炬中心认定为“2001国家级火炬计划重点高新技术企业”。在推动高新技术企业数量不断发展的同时，科技厅加大了对全省高新技术企业跟踪、调研的力度，密切关注企业的发展，对发展较慢或已不具备高新技术企业条件的企业取消其资格，进一步优化了高新技术企业的结构，提高了全省高新技术企业的整体水平。

2.培育和扶持一批有国际竞争力的省内重点高新技术企业

通过火炬计划项目的实施，培育和扶持一批产业规模较大、技术水平高、创新能力强、有国际竞争力的省内重点高新技术企业，并进一步把它们做大做强。

在2000年评出的国家首批重点高新技术企业名单中，黑龙江省有牡丹江温春制药厂、黑龙江美城集团公司入围。2002年国家科技部火炬中心对1996～2000年国家火炬计划重点高新技术企业进行复审，黑龙江省牡丹江温春制药厂、黑龙江美城集团公司、牡丹江灵泰药业股份有限公司、牡丹江恒丰股份有限公司通过复审，成为国家火炬计划重点高新技术企业合格企业。

三、两个国家高新区成为全省高新技术产业发展的重要基地

1.高新区各项经济指标持续增长

哈尔滨高新技术产业开发区于1988年9月创建，1991年3月经国务院批准成为全国首批、黑龙江省第一家国家级高新区。大庆高新区于1992年初成立，同年11月被批准为国家级高新区。自成立之日起，哈尔滨、大庆高新区的发展始终围绕着“火炬计划”的实施而展开，截至2002年底，哈尔滨高新区累积技工贸总收入为1033亿元，工业总产值945亿元，实现利税142亿元；大庆高新区的累积技工贸总收入为575亿元，工业总产值为386.7亿元，实现利税56.6亿元。高新区的快速发展有力地促进了当地经济的发展。2002年，大庆高新区实现技工贸总收入162亿元，工业总产值106.8亿元，利税15.2亿元，与上年相比分别增长35%、31%和38%，工业经济总量占全市地方工业总量的41%，拉动地方经济14.4个百分点。高新区通过发展高新技术产业，有力地拉动了地方经济的增长，目前已经成为全省最强大的区域经济实体。

2.发挥主导产业优势，构建高新技术产业化基地

大庆经济是由资源型向区域经济中心转变的典范，大庆高新区又是国内唯一依托石油和石油化工资源优势辟建的高新区。结合本地特点，大庆高新区分别在大庆石油管理局、大庆石化总厂辟建宏伟化工园区和兴化化工园区，形成“一体

两翼”区域经济发展格局。中直大企业在“两翼”园区基础设施建设上投资超过50亿元，高新区的支柱产业——石油化工项目大都集中在园区内，石化产品深加工领域的产值已占高新区总产值的60%。

3.发挥高校科技优势，壮大科技园区产业规模

哈工大国家大学科技园于2001年5月11日正式被国家科技部、教育部联合批准为国家大学科技园，成为全国首批22个国家大学科技园之一。依托哈工大雄厚的科技与人才优势，通过建立符合市场经济规律的技术转让、产权交易、投资融资、产权退出机制，哈工大国家大学科技园已步入良性发展的轨道。目前哈工大国家科技园已有来自哈工大、哈医大、黑大、理工大学、东北农大、焊接研究所、海尔集团、白桦林集团等单位的62家企业、5个研究机构、100多个高新技术项目入孵。哈尔滨工程大学科技园已正式通过国家批准，开始启动建设。

4.多渠道、全方位扩大引资、引智力度

招商引资一直是高新区重点和基础性的工作。哈尔滨高新区瞄准世界500强，吸引大项目、大企业入区。截至2002年底，已有25个国家和地区的210家外商投资企业进入哈尔滨高新区，合同外资额达到2.56亿美元，外资到位额达到1.72亿美元。新审批的10家外商投资企业，投资总额为8205万美元。大庆高新区共引进项目50个，引资总额32亿元，到位资金21亿元。2001年，国内最大的软件企业托普集团投资1.8亿元在区内建设大庆北方软件园，一期工程投入1.5亿元，已到位5000万元，成为引资、引智工程的典型。高新区通过探索网上招商、委托招商、中介招商等多种方式，拓展项目源，拓宽了招商渠道，招商成绩逐年提高。同时，高新区创新工作思路，加强服务功能和自身素质建设，通过打造数字开发区、信用开发区、人文开发区，进一步优化创新创业环境，带动高新区经济的持续发展。

四、科技企业孵化器的发展，培育出一大批科技型中小企业

1.扩大全省科技企业孵化器的总体规模

科技企业孵化器是以促进科技成果转化、培育高新技术企业和企业家为宗旨的科技产业化服务机构，在将科技资源迅速有效地转化为社会生产力，培育中小科技企业成功创业，发展高新技术产业，创造新的就业机会等方面具有独特的功能与潜力。为了加快黑龙江省孵化器事业的发展，省科技厅制定了《关于加快科技企业孵化器建设的若干意见》和《省级科技孵化器认定办法》，开展了省级孵化器的认定工作，据初步统计，黑龙江省现有不同类型的科技企业孵化器20余家。

为了促进科技孵化器的发展，省科技厅加强调研，针对不同情况进行了分类指导。第一，鼓励投资主体的多元化。哈尔滨高新区与外商独资企业黑龙江富阳置业有限公司联办孵化器——哈高新区富阳创业中心，哈工大国家大学科技园与起东房地产、汇宝实业等7家房产产权单位合作共建了7个孵化器，南岗区金

花村投资兴办了哈尔滨民营科技示范区创业中心。第二，引导创办形式的多样化。动力科技创业中心是由区政府和省机械研究院共同兴办的，目前已有70家企业入孵。第三，大力发展专业孵化器。专业孵化器是指面向特定领域的孵化器。

2.孵化器建设、孵化项目、入孵企业硕果累累

据不完全统计，截至2001年底，黑龙江省共有孵化场地总面积15.715万平方米，资金总投入23343.9万元，其中政府投入资金8118.9万元，吸引社会投入15325万元。在孵企业总数715个，年销售收入113603万元，累计毕业企业149个，其中已上市企业5家。在2001年召开的国家级高新区成立10周年总结表彰大会上，哈尔滨高科技创业中心和大庆高新技术创业服务中心被评为国家高新区先进孵化服务机构。

五、充分发挥火炬计划的示范作用，推动高新技术成果转化

火炬计划的重要作用之一就是将高新技术成果转化为现实生产力。科技成果转化也是全省科技工作的一项重要内容。截至2002年底，大庆高新区共开发生产出400多种高新技术产品，其中有12种达到国际先进水平。1998年国家火炬计划项目——大庆双益科技公司的“重油乳化技术”专利技术，通过专利成果的转化，2002年实现收入667万元，利润410万元。公司以此项技术入股创办的另一家企业——大庆和义公司采用此技术以来累计实现产值15.2亿元，利润7500万元，上交税收2000万元。大庆北盛公司实施“酸碱性污水优化中和排放装置”专利技术，2002年实现收入1020万元，利税80万元。10年来，大庆高新区累计有近315个项目在国家和省立项，开发了一批具有自主知识产权的高新技术项目。

六、中俄科技领域的合作，促进黑龙江省火炬计划国际化进程

伴随着经济全球化进程的深入，带来了生产要素全球化配置。科技作为第一生产要素，更加离不开国际化的合作。而火炬计划的宗旨之一就是坚持走高新技术产业国际化的道路。俄罗斯作为中国最大的邻国，同时又是国际舞台上一支重要的科技力量，其基础科学的研发能力、军事工业及航空航天领域的科技领先程度、专利申报数量、工程师占人口的比重等各项指标都是世界一流的。两国政府均高度重视双方的合作，签署了面向21世纪的“全面战略合作伙伴关系”的国家协定。

四川省火炬计划实施15周年总结

四川省科学技术厅

2003年是火炬计划实施15周年。15年来，四川省社会各界认真贯彻党中央、国务院关于科教兴国和实施两个根本转变的战略方针，努力实践邓小平同志“发展高科技，实现产业化”的跨世纪伟大战略构想，在营造有利于高新技术发展的社会环境、促进科技与经济结合、培育高新技术产业和用高新技术改造传统产业方面，进行了成功的探索和实践。

据统计，2001年，四川省高新技术产业实现工业总产值727.86亿元，产品销售收入622.73亿元，净利润60.38亿元，交税总额47.51亿元，出口创汇4.24亿美元，分别比1998年增加152%，168.6%，160.71%，182.94%和253.89%。

一、国家高新技术产业开发区

成都高新区电子信息、中药现代化、新材料、现代医疗器械等优势产业规模进一步壮大，经济继续快速增长，孵化体系日趋完善，招商引资成效显著，环境形象得到进一步提升，实现了二次创业的良好起步。2001年完成GDP138亿元，比上年增长38.5%；工业总产值315亿元，增长39.5%；技工贸总收入380亿元，增长42%；出口创汇2700万美元，增长97.1%；财政收入8.94万元，增长50.1%。认定高新技术企业423家（其中，总收入上亿元的高新技术企业53家），实现工业总产值276.3亿元，总收入292.89亿元，产品销售收入216.35亿元，工业增加值94.78亿元，出口创汇1.017亿美元，净利润31.35亿元，交税总额17.17亿元。高新技术企业税收占到了全区税收的60%。全年引进项目81个，增资项目17个。其中，总投资500万美元以上的项目10个。引进外资总额1.82亿美元，合同外资8462万美元，到位外资6630万美元。成功引进了日本富士、香港怡和等6家世界500强或知名企业和中兴通讯、东大阿尔派、北大明天控股、深圳长城等一批国内知名企业。组织申报2002年国家火炬计划项目14项、国家火炬计划重点项目2项、国家重点新产品计划项目12项、四川省重点科技项目45项，落实项目资金7700万元。组织召开银企协调会，获固定资产投资和流动资金借款20多亿元。完成成都出口加工区首期0.6平方公里配套基础设施建设，并通过海关总署等8个部委的考核验收。已批准进区项目6个，协议进区企业10多家。

绵阳高新区2001年受到旱灾和水灾的影响，经过抗灾自救，工业企业生产仍稳步增长，经济效益明显上升。全年完成工农业总产值135.5亿元，GDP39亿元，实现本级财政收入0.84亿元，出口创汇1.2亿美元。认定高新技术企业37家（其中，总收入上百亿元的高新技术企业1家，上亿元的高新技术企业7家），实现工业总产值136.43亿元，总收入130.08亿元，产品销售收入129.9亿元，工业增加值32.92亿元，出口创汇1.16亿美元，净利润0.89亿元，交税总额9.48亿元。引进项目203个，协议引进资金24亿元，实际到位资金6.2亿元。引进投资额上亿元的项目4个，上1000万元的项目24个。引进高新技术项目122个，占项目总数的60%。从美国硅谷、加拿大、英国等引进的20余名归国博士落户高新区，带来一批具有自主知识产权和世界先进水平的高技术项目。

二、科技企业孵化器

截至2001年底，全省有各类科技企业孵化器23家，孵化场地面积近30万平方米，入孵企业575家，实现产值21.59亿元，利税3.6亿元。省科技厅先后支持成都高新区、绵阳高新区创办了留学生创业园、博士创业园，软件专业孵化器，军转民孵化器。以西部软件园和三零所为依托组建的产业化基地，被科技部批准为国家“863”成果产业化基地。同时，为进一步促进大学科技成果转化、孵化企业、培育人才，经省科技厅组织申报，四川大学、电子科技大学被科技部和教育部联合批准为首批国家级15家大学科技园试点单位。

成都高新区技术创新服务中心被科技部评为“国家高新区先进孵化服务机构”。有孵化场地41000平方米，入孵企业205家（其中，留学人员企业76家，博士企业84家），引进回国留学人员112人，博士121人，实现产值8.4亿元，利税1.45亿元。

电子科技大学国家大学科技园孵化场地18000平方米，入孵企业52家，引进回国留学人员20人，博士15人，实现销售收入4.5亿元，利税4000万元。四川大学国家大学科技园孵化场地10000平方米，入孵企业59家，实现产值1.65亿元，利税3162万元。

国家集成电路设计成都产业化基地孵化器，占地200亩，规划建筑面积10000平方米，前期规划建筑面积7400平方米。孵化器建成后，将拥有容纳2500名设计开发、系统管理、产品检测专业技术人员工作的场所，为集成电路设计企业和设计人员提供优良的创业环境。

国家信息安全基地专业孵化器建筑面积4328.5平方米，目前已有四川卫士通信息安全模块技术有限公司等13家企业入驻，使用率达到100%。已开发出金融数据密码机、企业网上银行、卫士通SSL安全代理系统、微机视频信息保护机、鹰眼网络安全入侵检测仪、龙信使安全电子邮件系统等产品。

三、区外高新技术企业

四川省已认定区外高新技术企业300家。其中，总收入上亿元的高新技术企业67家。2001年，实现工业总产值264.72亿元，总收入256.35亿元，产品销售收入228.98亿元，工业增加值76.29亿元，出口创汇1.53亿美元，净利润21.23亿元，交税16.45亿元。

四、火炬计划项目

全省实施火炬计划项目224项。2001年实现工业总产值50.40亿元，产品销售收入47.50亿元，出口创汇5324万美元，净利润6.90亿元，交税4.41亿元。其中，实施国家级火炬计划项目167项，实现工业总产值39.17亿元，产品销售收入35.80亿元，出口创汇2302万美元，净利润5.38亿元，交税3.54亿元。

近两年，四川省一批国家级火炬计划项目通过验收。其中，鼎天电子产业有限公司承担的“多媒体家用系统”项目，成功推出HMS-1、HMS-2和HMS-3等型号的产品，2000年实现销售收入1.24亿元、利润830万元、交税249万元、创汇1000万美元。成都华神集团股份有限公司承担的“鼻渊舒胶囊”投入资金1600万元（其中，银行贷款1000万元），至2000年已建成符合GMP要求的生产线，实现产品销售收入5180万元、交税528万元、利润922万元，已全部偿还银行贷款。四川迈普数据通信股份有限公司承担的“迈普MP128网管型高速基带调制解调器”项目，投入500万元，2001年实现销售收入4664万元，缴税560万元，税后利润1166万元，投入产出比达到1:7.8。

四川汇源科技产业（集团）有限公司承担的“带状光缆”重点国家级火炬计划项目，投入资金3000万元(其中,银行贷款2000万元)建成了生产线及质量检测中心。产品生产中，光纤带的扭绞采用了具有自主知识产权的SZ绞工艺（专利授权号: ZL98249821.7），克服了传统扭绞工艺引起的光纤带余长不均、余长偏小和光纤长期承受扭曲应力等缺陷，已向国内一、二级干线工程、市内中继、本地网工程及CATV等专用网络建设提供光纤20余万公里，在电信营运商中赢得良好声誉。2001年实现产品销售收入2.85亿元，交税2249万元，利润4896万元，且全部偿还银行2000万元贷款。火炬计划项目的实施，使企业在日趋激烈的市场竞争中始终保持高速增长态势，公司已成为全国十大光纤生产基地之一，入选“国家火炬计划重点高新技术企业”、“四川省重点优势企业”。

21世纪是高科技竞争的世纪。要增强我国综合实力，必须不断地推进民族高科技产业发展。我们将继续高举火炬计划这面旗帜，为四川高新技术产业发展上新台阶做出新贡献。

山东省火炬计划实施15周年总结

山东省科技厅

山东省从山东实际出发，把握机遇，开拓进取，把发展高新技术产业作为促进经济发展、提高经济增长质量和效益的突出战略措施，进一步增强紧迫感、危机感和责任感，加大工作力度，与时俱进，开拓创新，努力实现高新技术产业的跨越式发展，为山东经济社会的发展提供了强大动力。

一、高新技术产业发展的总体情况

2002年，全省高新技术产业实现产值1952.2亿元，同比增长27.03%，比规模以上工业产值增幅高5个百分点，占规模以上工业产值比重16.98%，比1988年提高16.个百分点。全省共培育认定高新技术企业2161家，其中国家重点高新技术企业103家。高新技术支柱产业初具规模，电子信息、生物技术、新材料三大高新技术重点领域2002年实现产值1023亿元，占全省高新技术产业产值的52.4 %。

一、培育高新技术产业取得明显成效

各地坚持实施火炬计划项目和孵化培育并举，新的增长点不断涌现。一是火炬计划项目实施成效显著。火炬计划项目是发展高新技术产业的重要支撑，火炬计划已成为山东省科技发展计划的重要组成部分。它的实施有力地促进了高新技术成果的转化，提高了企业经济效益。

截至2002年，山东省共实施省级以上火炬计划项目3240项，其中国家级项目637项，累计投资355亿元，项目完成后新增产值1818亿元，利税528亿元，创汇39亿美元，全省规模以上企业有30%以上的企业承担省、国家级火炬计划项目。建立了齐鲁软件园火炬计划软件产业基地、济宁高新区火炬计划生物产业基地、禹城火炬计划生物产业基地。截至2002年全省累计安排火炬计划补助经费4300万元，十大高技术产品补助资金5450万元，实施高新技术及产业发展计划39项，安排财政周转金59050万元，新增产值42亿元，利税10亿元。通过火炬计划等高新技术产业化项目的实施，一批技术含量高、市场前景好的项目，形成了一批对全省高新技术产业规模具有较大拉动作用的新增长点和产业群。二是民营科技企业成为高新技术产业新的增长点。省和各地都制定了支持民营科技企业发展的政策措施，

建立了一批民营科技工业园区，5个国家级民营科技园主要指标平均增长40%以上，各高新区建立的民营工业园也正在成为高新技术产业规模增长的重要力量。

二、高新技术产业孵化体系逐步完善

几年来，全省各地都重视和加强了科技企业孵化器建设。7家孵化器被科技部认定为国家高新技术创业服务中心。目前,全省各种类型孵化器达到40余家，新开工建设面积25万平方米，据对纳入省科技厅管理的17家孵化器统计，孵化场地面积达到66万平方米,孵化基金3900万元，孵化企业1000多家，企业年总收入29亿元，为社会解决1.7万人就业，累计毕业企业总收入25亿元。孵化器建设呈现多元发展的趋势，高新区外孵化器已达14家，软件产业孵化器、民营企业孵化器、国际合作孵化器等专业孵化器也纷纷出现。建立了全省孵化器协作网。全省正在形成一个发展形式多样化、投资主体多元化、管理服务网络化、运营模式市场化的孵化器发展体系。

三、通过大力实施制造业信息化改造提升传统产业

重点培育50家运用高新技术嫁接改造传统产业的示范企业,使其逐步发展成为高新技术骨干企业或企业集团。2002年4月，山东省被批准为首批国家制造业信息化工程示范省，济南、烟台被认定为制造业信息化工程国家级示范市，潍坊、济宁、泰安、威海被认定为省级示范市，省科技厅从科技三项费中拿出1000万元，组织实施 “山东省制造业信息化工程”，带动200多家示范企业投入资金3亿元实施这项工程。目前全省43.1%的大中型企业建立了技术开发机构。工业企业中共性关键技术的推广应用率大大提高，CAD技术在全省机械、工程设计行业普及率达到90%以上，15%的国有大中型企业技术装备达到了国际先进水平，主要工业行业的信息化程度明显提高。

四、高新区全面推进二次创业，进入新的快速增长期

重点围绕高新区体制、机制改革，完善激励机制，努力改善高新区的招商引资环境，取得了明显效果，全省高新区形成了你追我赶、争相发展的良好局面。高新区体制改革和机制创新取得新进展，济南、淄博、潍坊、济宁、泰安、莱芜、临沂市委、市政府将市级经济管理权限下放高新区。高新区已成为发展高新技术产业的重要基地。2002年经省政府批准，增设了4家省级高新区，全省省级以上高新区达到15家。2002年，10家省级以上高新区（不含新建高新区）主要经济指标以高于40%的速度增长，固定资产投资和引进项目总投资实现186.2亿元、469亿元，分别增长57.5%、91.1%；济南、青岛、淄博、潍坊、威海等国家级高新区技工贸总收入1015.2亿元，增长36.8%，税收收入38.7亿元，增长42.4%。枣庄、烟台、济宁、泰安、临沂等省级高新区技工贸总收入311.6亿元，增长58.9%，税收收入16.0亿元，增长76.9%。10家省级以上高新区已开发土地面积165平方公里，批准进区项目10686个，注册企业16636家，从业人员479968人，2002年区内高新技术产业产值占工业企业产值的比重达到70%，高新区工业产值占全省规模以上工业总产值的比重达到10.5%，

已成为山东省经济发展最快、运行质量最好的重要产业基地。特色产业园区建设成效显著,齐鲁软件园入园企业达到了132家，已累计开发产品400多种，2002年实现技工贸收入46亿元。大学科技园建设取得新进展，继山大科技园之后，青岛市大学科技园也进入了国家级建设行列，北京大学、清华大学、烟台大学三校合建的烟台高新区大学科技园。

五、对外合作发展高新技术及产业进入新阶段

几年来，山东省政府先后与中国工程院、中国科学院、清华、北大等单位建立了全面科技合作关系，聘请了一大批院士、专家作为省政府科技顾问或担任市县科技副职、重点实验室主任。组织了一系列科技交流活动，引进了一大批高新技术成果，先后创办了烟台果蔬会、荣成海博会、淄博新材料博览会、济南信博会，成为连接山东与世界、技术与市场的国际科技合作平台。2002年在北京组织了科技对接洽谈会，签订协议、意向1310项，收集科技成果2600多项。与俄罗斯、白俄罗斯、乌克兰三国科技合作也取得实质性进展，先后创建了中俄、中白、中乌科技园，共有71个合作项目开工建设。

浙江省火炬计划实施15周年总结

浙江省科学技术厅

在科技部的指导和浙江省委、省政府领导下，以建设科技强省为目标，以高新技术产业化为主线，依托“一区两带多园”，立足区域特色经济，积极应对加入世界贸易组织所带来的机遇与挑战，组织实施火炬计划，取得了明显效果。目前，火炬计划已成为浙江科技与经济相结合的一座桥梁，有效地推进了科教兴省战略的深入实施，为建设先进制造业基地，走出一条具有浙江特色的新型工业化路子做出了积极的贡献。

一、基本情况

(一) 高新区(园区)综合实力不断加强

2002年，杭州国家级高新技术产业开发区和12个省级高新技术产业园区实现技工贸总收入688.47亿元，比上年增长40.04%；利税总额88.03亿元，比上年增长51.51%；出口创汇总额18.12亿美元，比上年增长53.82%，比全社会外贸出口总额增幅高25.82个百分点。

一是杭州国家级高新区综合实力跨入了全国先进行列。自1991年建区以来，经过十多年的艰苦创业，杭州高新区从小到大，综合实力明显增强，人均创利连续5年位居全国53个国家级高新区的前3位，软件产业基地、集成电路设计产业化基地等先后成为国家级的特色园区，科技创业服务中心、留学生创业园、大学科技园相继跨入了国家级的行列。2002年，技工贸总收入299.43亿元，利税总额38.15亿元，出口创汇4.91亿美元，分别比建区初期的1991年增长393倍、380.5倍和490倍，年均分别增长64.55%、64.11%和67.59%。目前，区内企业已达1275家，其中省级高新技术企业309家。

二是省级高新园区整体实力不断增强。浙江省自1997年下半年开始创建，省级高新园区迅速发展到目前的12家，总规划面积74.29平方公里，宁波、嘉兴、湖州、绍兴、金华、余杭、上虞、新昌等高新园区相继通过了创建验收。2002年技工贸总收入388.94亿元，利税总额49.88亿元，出口创汇总额13.21亿美元，分别比2000年增长79.62%、100.97%和146.36%，年均增长34%、41.76%和56.96%。

三是高新技术主导产业优势显现。杭州高新区围绕技术创新、机制创新和人才开发，集聚了一批科技人才，开发了一系列高新技术产品，初步形成了以计算机软件、现代通信、生物医药、光机电一体化等主导产业，尤其是现代通讯制造业和软件产业发展迅猛。目前，现代通信制造业产值规模占到了全省IT产业的1/3。绍兴高新园区形成了13家以电子信息产业为特色的高新技术企业群，实现的销售、利润、税金分别占整个高新园区的66.1%、72.4%和68.6%。

(二) 科技企业孵化器功能日益完善

截至2002年底，全省高新园区孵化器27家，投入建设资金5.97亿元，孵化场地面积33.63万平方米，入驻孵化企业698家，累计毕业企业51家，实现技工贸总收入12亿元。在杭州高新区科技创业服务中心被认定为“国家级科技创业服务中心”后，全国建筑单体最大的科技企业孵化器——宁波市高新技术创业服务中心也加入国家队行列。温州高新园区建成了2万平方米的孵化器，入驻孵化企业36家，在孵项目69个。衢州高新园区建立了国内唯一以企业为主体的中外科技合作园——浙江巨化中俄科技合作园，受到科技部和省委、省政府的肯定。

(三) 火炬计划项目实施成效显著

据统计，至2002年底，浙江省累计实施国家级与省级火炬计划项目1200项，国家重点火炬计划项目39项，累计实现销售收入723亿元、利税总额150.19亿元、出口创汇15.55亿美元。其中，国家级火炬计划项目累计实施642项，累计实现销售收入521.84亿元、利税总额115.77亿元、出口创汇10.67亿美元，分别占全省累计额的53.5%、72.18%、77.08%和68.62%。火炬计划的成功实施，极大地激发了浙江省广大企业申报和实施火炬计划项目的积极性。2000~2002年浙江省共有398个项目列入国家火炬计划，为前11年总和的1.63倍。

(四) 高新技术企业日益发展壮大

目前，浙江省累计认定省级高新技术企业达1060家，其中销售收入1亿~5亿元的企业209家，5亿~10亿元的企业27家，10亿~20亿元的企业6家，20亿~50亿元的企业7家，超50亿元的企业2家。2002年全省高新技术企业实现销售收入1487.28亿元，比上年增长28.85%；出口创汇34.65亿美元，比上年增长10.17%；利税249.64亿元，比上年增长30.57%。

(五) 特色产业基地建设初具规模

针对浙江区域块状经济比较发达的特点，自2001年以来，着力建设一批高新技术特色产业基地，以增强相关产业、技术、人才的要素集聚能力，提升区域新兴产业发展水平，形成了一批产业特色鲜明、技术水平高、产业关联度大、发展环境优化、布局相对集中、能对地方经济发展有促进和支撑作用的高新技术企业群体。目前，全省批准建立富阳光通信、诸暨环保装备、东阳磁性材料等14家省级高新技术特色产业基地。据对2001年和2002年上半年批准的10个特色产业基地的初步统计，2002年1~10月实现产品销售收入302亿元，实现利税49亿元，出口创汇5.9亿美元。引进各种人才1087名，申请专利391项。在此基础上，积极组织申报国家火炬计划高新技术产业化基地，目前全省已建立了新昌医药、宁波电子信息、富阳光通信、诸暨环保、乐清智能电器等5家国家火炬计划产业化基地。

(六)科技型中小企业健康发展

自1999年国家设立科技型中小企业技术创新基金以来，浙江省共有281个项目获得国家创新基金2.1465亿元支持，其中贷款贴息11050万元，无偿拨款10415万元。国家创新基金的支持，有力地促进了我省一大批初具实力和良好发展态势的科技型中小企业健康发展，取得了明显的经济社会效益。截至2002年底，浙江省已验收国家科技型中小企业创新基金项目75项，这些项目实施期间累计实现年销售收入33.7亿元，上交税金5.85亿元，净利润6.85亿元，出口创汇1.06亿美元，创造就业岗位5561个。

二、主要成效

火炬计划项目的成功实施，有力地促进了浙江省高新技术产业的发展，提升了传统产业的技术层次，进一步增强了浙江省经济的综合实力和国际竞争力。

(一) 培育了高新技术产业，促进了经济结构的战略性调整

15年来，火炬计划的实施有力地推动了浙江省高新技术产业的培育和壮大，提升了产业技术层次，促进了经济结构的战略性调整，形成了电子信息、生物医药、新材料、光机电一体化等高新技术主导产业，尤其是软件产业迅猛发展。2002年，全省高新技术工业产值1800亿元，比1997年增长 197.5%，年均增长24.4%；高新技术工业增加值450亿元，比1997年增长 247.1%，年均增长28.3%；高新技术产业增加值占规模以上企业工业增加值的比重上升到19.5%。高新技术产业正成为浙江省第一经济增长点。

(二) 提升了传统产业发展水平，增强了区域经济核心竞争力

传统产业是浙江省经济的主体与支柱。通过火炬计划的实施，积极推广应用CAD/CIMS等电子信息技术及生物技术、环保和节能技术，促进了浙江省产业、产品结构优化升级。2002年，CAD等信息技术在纺织、机械等传统支柱产业中的推广应用面达90%以上，省级以上工业新产品产值率达10.7%。

(三) 增强了中小企业企业创新能力，提高了产品市场竞争能力

据不完全统计，全省90%以上的火炬计划项目是科技型中小企业承担的。通过项目实施，许多企业建立了市级以上技术开发中心和厂办科研机构，有效地提高了企业的技术开发能力和工艺装备水平。

(四) 引进人才、培养了一批人才，积累了技术后备力量

以实施火炬计划项目为载体，采取调、请、聘等多种途径，把培养、引进人才与智力有机结合起来，既促进了火炬计划项目的顺利实施，同时又为实施新的火炬计划项目和其他高科技项目积累了技术后备力量。

第三篇

开发区土地治理整顿

国务院办公厅关于清理整顿各类开发区加强建设用地管理的通知

各省、自治区、直辖市人民政府，国务院各部委、各直属机构：

改革开放以来，依照国务院规定批准兴办的开发区在改善投资环境、引进外资、促进产业结构调整和发展经济等方面起到了积极的辐射、示范和带动作用。但近一个时期以来，一些地方和部门擅自批准设立名目繁多的各类开发区（包括园区、度假区，下同），随意圈占大量耕地和违法出让、转让土地，越权出台优惠政策，导致开发区过多过滥，明显超出了实际需要，严重损害了农民利益和国家利益，对此，必须进行全面清理整顿。经国务院同意，现就清理整顿各类开发区，加强建设用地管理有关问题通知如下：

一、清理整顿开发区要以“三个代表”重要思想为指导，深入贯彻党的十六大精神，依据国家有关法律法规、土地利用总体规划和城市总体规划，纠正越权审批、违规圈占土地、低价出让土地等行为，促进各类开发区健康发展和土地资源的可持续利用。

二、要对各级人民政府及其有关部门批准设立的各类开发区进行全面清查。清查的重点是省及省级以下人民政府和国务院有关部门批准设立的各类开发区,以及未经批准而扩建的国家级开发区。清查的内容包括：开发区的名称、数量、批准机关、批准时间和批准规划面积；当前规划面积、征地面积、出让面积、收取出让金总额和已建成面积；选址和建设用地是否符合土地利用总体规划和城镇体系规划、城市总体规划，农用地转用、土地征用和土地供应是否符合法定程序；各类开发区招商引资项目和规模、国内生产总值、现有优惠政策,包括税收等。

三、要在检查清理的基础上进行整顿规范。对未经国务院和省级人民政府批准擅自设立的各类开发区，以及虽经省级人民政府批准，但未按规定报国务院备案的各类开发区，先整改，对缺乏建设条件，项目、资金不落实的，要坚决停办，所占用的土地要依法坚决收回，能够恢复耕种的，要由当地人民政府组织复垦后还耕于农，严禁弃耕撂荒；对整改后确需保留的，由省级人民政府严格审核后，按有关规定报国务院审批。对经国务院批准或省级人民政府批准并已报国务院备案的开发区，要按照土地利用总体规划和城市总体规划对照检查，对超过规划建设用地规模和范围的开发土地，要依法处理；对确需扩建的，要严格核定规划面积，按法定程序办理审批手续。

四、加强对开发区建设用地的集中统一管理。开发区建设用地必须符合土地利用总体规划并纳入土地利用年度计划，选址必须纳入城市统一规划管理。凡是违法下放农用地转用、土地征用和供地审批权，违法下放规划管理权的，必须立即纠正，废止有关文件。要严格按照法定程序征用土地，并按法定标准给予农民合理补偿和妥善安置，严禁拖欠、截留和挪用被征地农民的补偿费用。严禁低价协议出让土地，协议供地必须提前公布供地方案。协议出让的土地改变为经营性用地的，必须先经城市规划部门同意，由国土资源行政主管部门统一招标拍卖挂牌出让。禁止将以征用方式取得的农民集体所有土地用于农业园区开发。各省、自治区、直辖市人民政府要对种植、养殖等农业园区的建设用地标准，或比例，做出规定，防止将农用地转为建设用地，变相搞房地产。

五、今后要更严格控制设立以成片土地开发为条件的开发区。鼓励工业项目向依法设立的国家级和省级开发区集中。市、县根据经济社会发展需要，进行工业、教育、科技和商贸等项目建设的，选址和建设用地必须符合土地利用总体规划和城镇体系规划、城市总体规划，未经批准不得使用开发区的名称。现有各类开发区扩区、改变区位、升级的审批，都要由地方人民政府提出申请，开发区主管部门提出意见，经国土资源和建设行政主管部门审核后，按批准权限报国务院或省级人民政府批准。

六、加强对开发区清理整顿工作的组织领导。清理整顿工作采取以省为主、部门配合，自下而上逐级进行的方法。各省、自治区、直辖市人民政府要组织力量对辖区内各类开发区以及建设用地管理情况进行全面的清查，对发现的问题，要依法主动纠正和处理。清理整顿工作要在2003年年底前完成，并向国务院报告清理整顿工作情况。国务院责成发展改革委、财政部、国土资源部、建设部、商务部会同监察部、审计署等有关部门组织联合工作组，制定清理整顿的具体标准和政策界限，组织检查验收，并在此基础上，提出进一步加强宏观调控、规范开发区发展的政策建议。对经验收合格的省、自治区、直辖市，要在2004年3月底前由联合工作组将名单报国务院。

2003年7月30日

坚决把土地市场秩序治理整顿好

当前我国土地保护和管理中出现了一些突出问题：一些地方违规设立开发区，非法占地，擅自改变土地用途，任意出台土地优惠政策；在大量圈地征地过程中，乱批滥占耕地，严重侵害农民利益；有的热衷于搞形象工程，一味“以地生财”，盲目铺摊子上项目，导致大量低水平的重复建设，造成巨额资金积压和资源浪费，造成国有土地资产大量流失。这些做法不仅给经济带来冲击，也给权力提供空间，为腐败提供温床。如不采取果断措施，及时加以制止，势必给我国的经济社会发展带来严重危害。

保护土地是一项基本国策，关系经济健康发展，关系社会稳定，关系中华民族的生存发展，关系广大人民群众的根本利益。我国人口多，耕地少，土地后备资源不足，实行最严格的土地管理制度，就要完善土地产权与征地制度，健全土地管理法律体系；加强土地审批管理，杜绝乱批滥占耕地现象；清理整顿各类开发用地，强化对土地使用的监督；加强宏观调控和政策引导，防止盲目投资和低水平重复建设。

土地市场是社会主义市场经济体系的重要组成部分。整顿土地市场秩序，是全国治理整顿市场经济秩序的重要组成部分。要把认识统一到党中央、国务院的部署上来，从保证经济持续快速健康发展和社会稳定的高度，合理规划、集约利用土地。要树立正确的发展观。一些地方在经济发展中，重增长指标，轻资源保护，以大量浪费土地、破坏资源环境为代价，换取经济的暂时发展。这样的“发展”是不可能持久的。

农业、农村和农民问题，始终是我国现代化建设中的首要问题。全面建设小康社会，要统筹城乡经济社会发展，在积极推进城镇化的过程中，要坚持保护农村土地，保护农业发展，保护农民利益，绝不能因为城镇建设用地规模的盲目扩张，大量占用农民赖以生存的土地，给社会稳定带来隐患。

把土地市场秩序治理整顿好，关键在加强领导，狠抓落实。各地区和有关部门要切实加大治理整顿力度，突出重点，集中解决开发区违法违规占地问题；加强督查指导，加大执法力度；进一步采取切实措施，全面加强土地管理工作；继续加强队伍建设，不断提高依法行政水平，实现土地市场秩序的根本好转。各级领导干部一定要放眼长远，认真贯彻“三个代表”重要思想，从真正保护最广大人民群众的根本利益出发，珍惜和保护每一寸土地。

国务院决定：新设立和扩建开发区暂停审批

2003年7月31日，国务院召开全国进一步治理整顿土地市场秩序电视电话会议，就清理整顿各类开发区用地，加强土地管理做出部署。国务院副总理曾培炎出席会议并讲话。他提出，新设立和扩建的各级各类开发区一律暂停审批，国家级开发区确需扩建的，须报国务院审批。

曾培炎指出，目前全国土地市场仍存在不少问题。违规设立开发区，非法占地、入市现象有所抬头。一些地方任意出台土地优惠政策，滥用土地管理权限，乱批滥占耕地，严重损害了农民利益和国家利益。

曾培炎要求：

第一，各级政府要把整顿土地市场秩序作为当前的一项重要任务，主要领导要负总责。有关领导干部要带头纠正存在的问题。对执法犯法、以权谋私、影响恶劣的，必须依法从严处理。

第二，突出重点，集中解决开发区违法违规占地问题。对突击审批和突击设立开发区的行为，要严肃追究有关行政领导和当事人的责任。对违规设立的开发区，该撤销的要坚决撤销；该核减面积的要坚决核减；该缩小范围的要坚决缩小；该扣回用地指标的要坚决扣回。

第三，加强督查指导，加大执法力度。国务院有关部门和各地方要集中力量开展专项督查。要通过严格执法，真正使违法者得到惩处，违法行为得到纠正。

第四，进一步采取措施，全面加强土地管理工作。加强土地集中统一管理和土地审批管理。改革和完善征地制度。严格土地利用规划、计划管理，严格实施土地用途管制制度，加强耕地特别是基本农田保护。对不符合土地利用规划、计划的项目，不得批准立项、不得批准用地、不得批准贷款。坚决执行经营性用地招标、拍卖、挂牌出让制度，规范协议出让，严格限制划拨用地范围。同时，继续加强国土资源管理队伍建设，提高依法行政水平。

会议传达了温家宝总理2003年以来关于土地问题的有关批示，以及《国务院办公厅关于清理整顿各类开发区加强建设用地管理的通知》。

我国开发园区“圈地热”的背景、问题及对策

一、我国开发园区“圈地热”产生的背景

进入新世纪以来，我国面临的国际和国内经济形势发生了重大变化。第一，我国已于2001年底正式加入WTO，日益融入全球经济一体化的进程。入世对我国产生全方位的冲击，我国经济和社会发展既面临严峻的挑战，又存在难得的机遇。第二，2002年底，党的十六大明确提出了全面建设小康社会的宏伟目标，指明了新世纪我国经济和社会发展分阶段的战略任务，全国各地掀起全面建设小康社会的热潮。第三，新世纪以来西部大开发战略的实施、东部沿海发达地区率先实现现代化目标的提出，对我国实现区域经济可持续协调发展提出了新的要求。第四，2008年北京奥运会、2010年上海世博会申办的成功等重大利好因素，将产生巨大的投资和消费需求，拉动多个相关行业的发展。

基于上述我国宏观经济发展面临的国内外经济形势，全国各地正在进入新一轮经济迅速增长的快车道。东部沿海地区充分利用自身的区位和先行优势，主动应对WTO带来的机遇与挑战，纷纷制定率先实现现代化的宏伟目标，逐步缩小与世界发达国家的发展差距。广大中西部地区紧抓西部大开发的历史机遇，立足于自身的资源和后发优势，各自制定全面建设小康社会的战略规划，争取实现跨越式发展，不断缩小与东部沿海地区的发展差距。正是在这一背景下，继上个世纪80年代、90年代初期出现的两次开发园区“圈地热”之后，全国各地又出现新一轮的开发园区“圈地热”，一些省、市、县甚至乡镇不顾自身客观条件，纷纷争相圈地设立开发园区，对国民经济和社会发展特别是土地资源的开发、利用和管理带来一系列问题。

二、开发园区“圈地热”中存在的问题

1.盲目扩容对土地管理产生压力

我国改革开放以后设立的第一批开发区至今已经走过20年的历程，面对新的国际国内形势，一部分开发区确实存在扩容的需要，如北京经济技术开发区的扩容就是基于这样一个背景。但是，相当多上世纪90年代“开发区热”时设立的开发区，已经开发或者规划的土地尚没有达到规模要求而产生效益，却不顾自身的条件和实力，趁着日益升温的“圈地热”也纷纷扩容，造成土地资源的浪

费。地方政府由于利益驱动以及政绩工程需要，一定程度上存在支持或纵容这种行为的动机，这对于各级政府土地管理部门有效行使土地资源管理带来很大压力

2.政策外溢导致土地置换盛行

新修订《土地管理法》对开发区的用地扩张严格控制，一些地方的开发区便以区内建有一定面积的住宅、机构或服务设施，这些非工业用地没有享受到开发区优惠政策为理由，寻找区外的土地进行土地置换，设立新的开发园区。有些开发区直接把原来当地的一些工业小区纳入政策区，并且多多益善，发展成为“一区多园”。不否认确实有一些开发区存在土地置换和设立“一区多园”的合理性，但一些开发区借这股流行热潮，随意进行土地置换和设立“一区多园”，根本不考虑被置换的土地或纳入的园区能否真正地与开发区形成有机的产业关联，盲目地进行开发区的扩张。

3.征地先用后征、边用边征的问题突出

新《土地管理法》修订以后，非农建设用地的审批程序非常严格，而且往往周期很长。一些开发区为了保证项目用地，征地常常采取先用后征、边用边征的手段，有时一块土地上已经摆满了项目，可是土地证还没有办下来，这给征地过程中的土地补偿和居民安置、企业与政府部门间的摩擦和纠纷等问题的发生埋下伏笔。而且，这种征地模式由于得到地方政府的包庇和纵容，征地带有很大的随意性，事前不做科学的规划论证，造成既成事实后也难以进行有效管理，许多地方的开发园区盲目效仿，形成不良的示范效应。

4.占用土地采取分次审批、集中使用的“零批整用”模式

新修订的《土地管理法》对农业用地转为非农建设用地严格控制，农用地转用审批权上收到国家和省级土地管理部门，市、县级土地管理部门负责在获得审批权的土地上进行项目用地的审批，这就是所谓的“批发零售”用地制度。一些开发园区为了达到圈地目的，划小土地面积分次审批，绕过国务院和省级土地管理部门的严格审批；通过多报或虚报项目使用地连续几年列入当地土地利用年度计划，最终达到开发区的圈地目的，这可以形象地称之为“零批整用”的用地模式。

5.随意改变土地用途的现象普遍

新《土地管理法》要求先有项目，再批用地，用地额度跟着项目走，避免以前不管有无项目，大量批地的现象。一些开发区采用虚报或多报工业项目的形式获得用地额度，然后盲目上马一些容易吸引到投资、利润较大的非生产性项目，如房地产、商业、餐饮、娱乐等项目，随意改变土地用途，背离开发园区产业布局和发展的初衷。另外，一般性产业项目占用高新技术产业项目用地、公共绿地人为压缩或挤占等现象普遍存在，难以实现开发区土地资源的合理利用和有效配置。

三、开发园区“圈地热”的对策建议

1.实行土地出让最低限价，减小土地资源的流失

有些地方为了吸引投资者，对开发园区的土地超低价甚至零地价出让，既给

本级财政带来很大负担，又引起不同地方在土地出让上的相互攀比和不良竞争。因此，各级土地管理部门应依据当地土地资源的分布、数量和质量特征状况，以及征地费用的高低，结合自身的财政实力、经济总量规模，制定并强制执行不同的土地出让最低限价制度，对土地资源的流失进行保护，减小地方政府盲目圈地的利益冲动。

2.积极鼓励盘活使用存量土地，为开发园区提供一定数量的用地需求

目前，开发园区圈地热背后存在着一种不正常现象，一方面已经圈的地存在闲置、撂荒等现象，另一方面又在大肆圈地，对土地资源产生巨大的浪费。因此，各类开发园区在圈地前应先对自己的土地家底摸清楚，首先考虑最大程度地盘活利用已经征用的存量土地，积极通过市场或行政手段对土地进行兼并、重组、整合，鼓励通过土地整理、复垦获得土地，进一步贯彻实施《土地开发整理规划管理若干意见》的有关精神，通过提供一定数量的土地供给，缓解开发园区盲目圈地的内在压力。

3.增加土地出让的公开性和透明度，消除不规范的暗箱操作

有开发园区存在土地出让的随意性和不规范，容易滋生腐败现象，这也是一些开发园区竞相圈地的动因之一。所以，进一步推广和严格执行已经出台的《招标、拍卖和挂牌出让国有土地使用权规定》，吸引社会新闻舆论媒体机构参与宣传和监督，扩大土地出让的影响和声势，不断提高土地出让过程的透明度，实现土地出让的公开、公正和公平操作，把土地出让过程中的寻租和腐败行为降低到最小程度，增加地方政府在盲目圈地时的压力和谨慎程度。

4.严格审批开发园区，限制以开发园区为名盲目圈地

近些年各类开发园区的随意设立和数量的急剧增长，助长了各类开发园区盲目圈地的热潮。国家应考虑授权一个单独的部门或部际协调机构对各类开发园区的设立进行集中的审批，限制开发区的任意设立；省级政府应参照国务院同样授权一个单独的部门或厅局间协调机构对省级以下各类开发园区的设立进行集中严格的审批，针对市、县、乡镇等级制定不同的标准，根据各地的实际情况和对不同类型开发园区的需求程度，合理规划布局各类开发园区。

（高国力　国家发改委宏观经济研究院副研究员）

开发区土地清理整顿情况

云南清理开发区61个

云南省国土资源厅加紧清理各类开发区，取得初步成效。据统计，全省共清理了61个各类开发区，开发区规划面积34.45万亩，实际用地7.31万亩；61个开发区中，经国务院审批的7个，省政府审批的43个，地、州、市审批的7个，县级政府审批的3个，未批的1个。

云南省国土资源厅提出了五条整顿措施：

一是坚决贯彻落实国务院的通知要求，暂停审批各类开发区。凡正在规划之中的，一律停止前期工作。二是对不符合土地利用总体规划和城市建设规划，没有项目进入、没有建设条件、项目资金不落实、名存实亡的开发区，坚决停办和注销。没有办理土地征用手续的退还农村集体经济组织，还耕于农。三是对经国务院、省政府批准的各类开发区，要进行归类整合。四是支持一些大企业、大集团、大项目的固定资产投资和更新改造，按项目的正常程序报批用地手续。五是加强对现有开发区用地的集中统一管理。

安徽撤违规开发区106个

安徽省在土地市场秩序治理整顿中，对照管理制度、管理环节、执法效果开展自查自纠，并对上级督查指出的问题积极整改，截至2003年12月10日，已撤销县、乡批准设立的开发区（园区）106个，涉及规划建设面积157.383平方公里；核减了4个开发区（园区）规划面积4.5平方公里。

据统计，治理整顿以来，安徽省共发现各类土地违法行为14129起，立案查处率为84.8%；处理违法人员37人。各地还加大了土地出让金追缴力度，共追缴土地出让金3.459亿元。安徽省对涉及国土资源管理的文件、规定进行了清理，对已下放给开发区（园区）土地审批权文件，进行了及时清理、废止。

福建开发区撤销134个

全国进一步治理整顿土地市场秩序工作开展以来，福建省按照工作方案稳步推进，认真清理整顿各类开发区，取得阶段性成果。全省269个各类开发区中，已撤销省政府以下批准设立的134个，用地面积减少近13%；目前，还有30个开发区拟撤销或正在申请省政府予以撤销。

治理整顿初期，福建省共有各类开发区269个，面积111626公顷；目前已撤销134个，面积14344公顷；拟撤销1个，申请省政府撤销15个，涉及用地面积4268.5公顷；另外，福建省改革开放办还拟申请福建省政府撤销14个省政府审批的开发区，涉及用地面积556.8公顷。经过清理整合后，全省各类开发区减少到105个，面积为92456.7公顷。

浙江省撤并开发区472个

浙江省开发区清理取得明显成效。全省各市、县决定撤销的开发区（园区）累计316个，占全省开发区（园区）总数的42%，涉及规划面积782平方公里；确定整合的156个，涉及规划面积793平方公里；决定收回违法违规下放管理权限的开发区（园区）10个。

为进一步加大整改力度，浙江国土资源厅再次重申：对不符合土地利用总体规划和城市总体规划的开发区（园区）要坚决予以撤销，与城镇规划功能分区一致的开发区（园区）要摘牌，并撤销管委会等临时机构。对超过规划建设用地规模和范围的开发区（园区），用地要核减，圈而未用的土地，由当地政府组织复耕；已经开发建设的土地，按照建设用地总规模不扩大、耕地和基本农田总面积不减少的原则，从所在市、县核减建设用地指标后，按照法定程序调整土地利用总体规划。

重庆撤销开发区108个

从重庆市土地市场秩序治理整顿办公室了解到，重庆各市（县）认真开展土地市场秩序治理整顿，共撤销各类开发园区108个，占园区总数的61.4%。

重庆市本着符合政策、促进发展的原则，于2003年9月5日首批撤销了59个开发园区。随后，各地继续认真整改，又有49个园区被撤销。重庆市对暂时拟保留合并的68个开发区也加强了规范管理。市政府再次重申，市以下政府及部门不得批准设立开发园区，园区内的土地利用及规划实行统一管理，严格实行政府统一审批。同时，重庆市经济技术开发区土地管理不到位问题得到纠正。

在治理整顿过程中，重庆市认真排查，基本查清了各类开发区的底数。全市共查出各类开发区176个，其中国务院批准设立2个，国务院有关部门批准设立5个，市政府及市政府办公厅批准设立76个。各类园区规划面积551.17平方公里，实际用地面积154.46平方公里，其中实际征用土地面积139.25平方公里。

厦门市撤并7个工业区

厦门市国土资源与房产管理局对外公布，厦门市工业区由原来的19个调整为13个，规模从138.15平方公里减少至90.52平方公里，一般性工业项目用地不再进行单独选址审批。

根据国务院有关文件要求，经过清理，开元工业园、金富工业区、黄金工业区、城南工业区、城北工业区、同集高科技产业园区、同吉工业区7个市级工业区被撤并。其中，城南工业区整合到旧城南工业区，同集高科技产业园区整合到厦门火炬高新技术产业开发区，城北工业区并入同安城市建成区，同吉工业区整合成厦门食品工业区。调整后，厦门市共有省级以上工业区7个，市级工业区6个。

山东撤销园区444个

为摸清各地土地市场秩序治理整顿进展情况，2003年8月19日至26日，山东省政府组织7个督查组，对全省14个市35个县（市、区）51个开发区治理整顿工作进行了督查。已撤销违规设立不符合土地利用总体规划和城市总体规划的各类园区444个。

新疆撤并13个违规开发区

2003年新疆进一步加大开发区（园区）清理整顿力度，共清理开发区33个，撤并整合13个。在清理出的33个开发区中，经国务院、自治区人民政府审批的合法开发区有16个，批准面积61541.97公顷，实际占地5309.3公顷。违规设立的17个开发区为地、州、市、县人民政府（行署）审批，未按审批程序报国务院、省级人民政府审批，而且多数是建设项目用地挂开发区（园区）的牌子。在清理整顿各类开发区的同时，自治区明确规定，严格限制占用连片耕地设立各类开发园区，鼓励工业项目向依法设立的国家级和自治区级开发区集中。

河南清理整顿开发区并撤销27个开发区

河南省下大气力整顿开发区土地利用情况，全省共清理出各类开发区（园区）68个，其中违规设立的开发（园）区42个。截至2003年底，已下文撤销27个。

这68个开发区（园区），其中国务院批准4个，省政府批准22个，省以下政府及有关部门批准的42个。批准规划控制面积43886.24公顷，实际规划47294.19公顷，符合土地利用总体规划的有22595.25公顷，占实际规划面积的47.78%。省以下政府及有关部门批准设立的各类开发区（园区）占地17258.24公顷，超出批准控制规划3407.95公顷。

江苏撤销各类开发区637个

江苏省土地市场秩序治理整顿检查组通报，全省土地市场秩序治理整顿工作取得明显成效。截至2003年底，全省已撤销整合各类开发区园区637个，占应撤销整合数的76.5%，涉及土地面积114188.88公顷，恢复耕种4350.73公顷。

治理整顿以来，江苏省各级重点查处了一批违法用地案件，2003年，全省共立案查处土地违法案件2979件，结案3003起（含2002年未结案的案件），涉及土地面积2835.42公顷，其中耕地面积1205. 85公顷，对63名责任人提出党政纪处分建议，有60人已受到了党纪、政纪处分，另有1人被追究刑事责任。

陕西省撤销52个违规开发园区

为加强宏观调控，制止盲目重复建设，陕西省2003年大力整顿土地市场秩序，集中清理整治各类开发区，目前全省撤销各类违规设立的开发园区52个。

陕西省清理整顿前共有各类开发园区87个，其中经国务院批准设立的4个，经省政府批准设立的15个，剩下68个皆为省以下人民政府和有关部门批准设立。

西安市在60个各级各类开发园区中，已将42个未经批准、有名无实、经济效益差的园区撤销，使开发园区数量减少了70%。

湖南撤销各类开发园区50个

湖南省加大撤并开发园区力度，在2003年原已撤并34个开发园区的基础上，最近又撤并16个开发园区，全省撤销的各类开发园区已达50个，核减面积8248.32公顷，退回土地面积47.16公顷，还耕20.93公顷。其中长沙市的37个开发园区已合并3个，撤销15个，邵阳市的31个开发园区，已撤消22个。

据湖南省国土资源厅统计，截至2003年11月底，湖南省共有各类开发园区183个，其中经国务院批准设立的2个，国务院有关部门批准设立的8个，湖南省委、省政府批准设立的61个，省政府部门批准设立的27个，市、县政府及其部门批准设立的85个。批准设立的开发园区规划用地面积10.55万公顷，已征地面积1.81万公顷，建成面积1.7万公顷。

海南撤67个开发区

目前，海南省已撤销各类开发区67个，核减规划面积11.06万公顷。结合新一轮土地利用总体规划编制工作，海南省对原设立的92个各类开发区进行了整顿，保留了依法批准的开发区25个，规划面积9086公顷。海口市原有开发区16个，规划面积15162.88公顷，清理整顿后，海口市停止开发区的申请、受理以及报批和扩建工作，冻结现有开发区土地转让，压缩了6个开发区，面积减少了4903.34公顷；三亚市已清理出闲置地69宗，面积324.4公顷；澄迈县老城开发区已收回土地1.2万多亩。通过依法处置和盘活利用土地，开发区新上建设项目220多个，新增投资89亿元。

温州市撤销14个园区

温州市政府正式发文，要求14个园区的原批准单位自行撤销园区及其管理机构，并做好相关人员的安置等工作。据有关部门的调查表明：温州市现有各类开发区（园区）54个（包括这次被撤销的14个园区）。其中，由国务院、省政府审批的园区8个；省有关部门审批的园区26个；由市、县两级政府及部门审批的园区共20个。

第一篇

统计分析

中国投资环境十佳开发区

1. 中关村科技园区
2. 天津经济技术开发区
3. 大连经济技术开发区
4. 长春高新技术产业开发区
5. 苏州高新技术产业开发区
6. 昆山经济技术开发区
7. 无锡高新技术产业开发区
8. 青岛经济技术开发区
9. 广州经济技术开发区
10. 西安高新技术产业开发区

评价指标包括

硬件环境：

能源、交通、通讯、消费者与用户市场、采购、物业、市政建设

软件环境：

政策、安全感、金融、文化娱乐、人力资源、商品供应、信息供应

（资料来源：国家信息中心《中国开发区发展报告》编辑部）

中国吸收外商直接投资情况

（2003年1～12月）

2003年1～12月份，我国新批设立外商投资企业41081家，比2002年增长20.22%；合同外资金额1150.70亿美元，同比增长39.03%；实际使用外资金额535.05亿美元，同比增长1.44%。

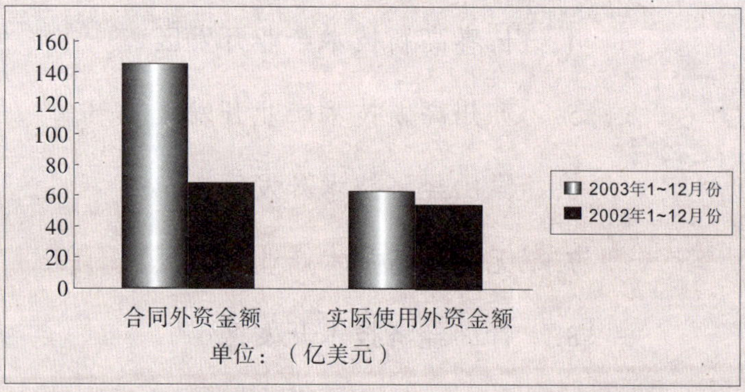

2003年12月份我国新批设立外商投资企业4465家，同比增长28.27%；合同外资金额145.67亿美元，同比增长54.10%；实际使用外资金额63.50亿美元，同比增长11.71%。

2003年1～12月，亚洲十国/地区（中国香港、澳门、台湾地区、日本、菲律宾、泰国、马来西亚、新加坡、印尼、韩国）对华投资新设立企业数同比增长17.80%，合同外资金额同比增长55.14%，实际使用外资金额同比增长4.56%。美国对华投资新设立企业数同比增长20.73%，合同外资金额同比增长24.58%，实际使用外资金额同比下降22.59%。欧盟对华投资新设立企业数同比增长39.57%，合同外资金额同比增长29.90%，实际使用外资金额增长5.94%。部分自由港对华投资新设立企业数同比增长15.68%，合同外资金额同比增长0.94%，实际使用外资金额同比下降6.70%。

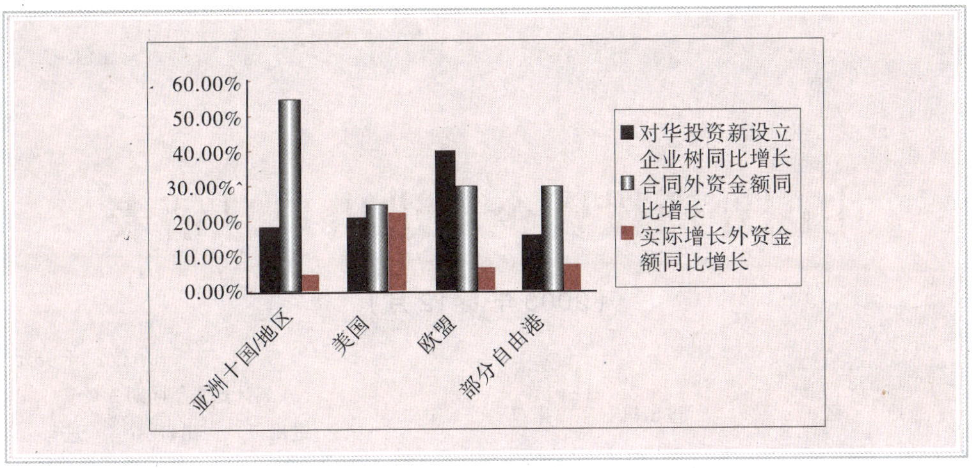

2003年1～12月对华投资十位国家/地区（以实际投入外资金额计）依次为：中国香港（177.00亿美元）、维尔京群岛（57.77亿美元）、日本（50.54亿美元）、韩国（44.89亿美元）、美国（41.99亿美元）、台湾省（33.77亿美元）、新加坡（20.58亿美元）、西萨摩亚（9.86亿美元）、开曼群岛（8.66亿美元）和德 国（8.57亿美元），前十位国家/地区实际投入外资金额占全国实际使用外资金额的84.79%。

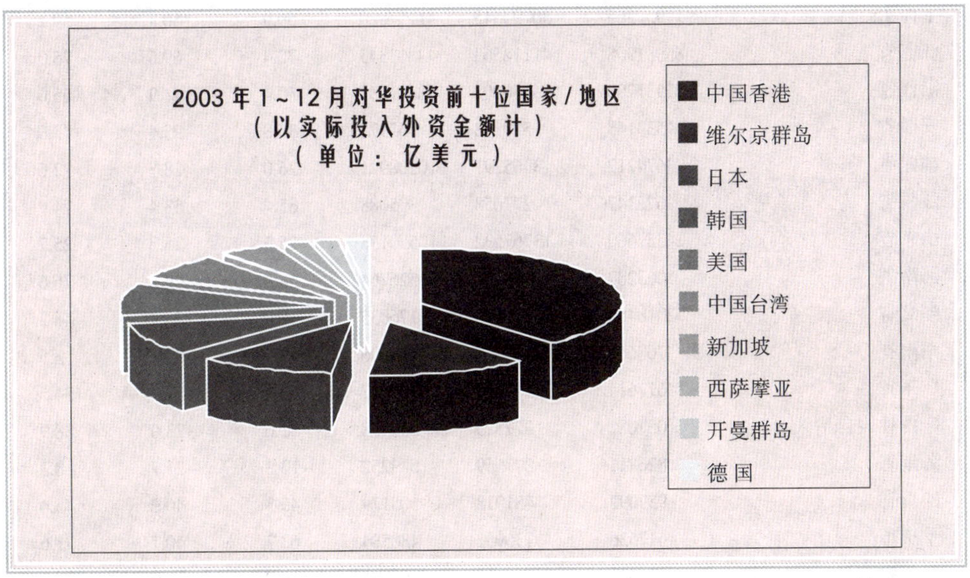

截至到2003年12月底，全国累计批准设立外商投资企业465277个，合同外资金额9431.30亿美元，实际使用外资金额5014.71亿美元。

中国外商投资企业进出口总值表

（2003年1~12月）

单位：千美元

地区	进出口	出口	进口	累计比去年同期±%		
				进出口	出口	进口
合计	472251809	240337548	231914261	43.0	41.4	44.7
北京市	11806538	5124729	6681809	34.6	27.6	40.5
天津市	23289797	11418306	11871491	26.8	24.8	28.7
河北省	3056688	1846364	1210324	35.7	28.5	48.6
山西省	412266	263902	148364	70.7	64.0	84.1
内蒙古自治区	209295	149056	60240	-16.4	19.3	-52.0
辽宁省	16569346	8745987	7823359	23.0	21.5	24.8
吉林省	2704142	410562	2293579	56.8	1.6	73.7
黑龙江省	632228	292880	339347	-2.3	4.0	-7.2
上海市	71952265	30794445	41157820	59.9	60.8	59.2
江苏省	85981908	41118563	44863345	72.4	69.6	75.0
浙江省	21931790	13050002	8881788	50.4	41.9	65.0
安徽省	1533148	579173	953975	35.8	25.4	43.0
福建省	23674212	13465291	10208921	26.0	28.7	22.6
江西省	672147	277058	395088	65.4	53.4	74.9
山东省	24357669	13767532	10590138	25.5	25.3	25.7
河南省	1063287	536522	526764	58.6	44.2	76.6
湖北省	2018450	842416	1176035	38.0	25.9	48.2
湖南省	768668	334061	434606	16.0	37.5	3.5
广东省	174677614	95373127	79304487	35.8	37.0	34.5
广西壮族自治区	1037081	377323	659758	32.6	23.0	38.9
海南省	826811	277559	549252	-13.3	-21.7	-8.3
四川省	957097	451918	505179	43.3	40.9	45.4
重庆市	617536	136952	480584	63.7	40.7	71.6
贵州省	277633	110557	167076	116.7	103.9	126.2
云南省	267764	144028	123736	5.5	10.2	0.5
西藏自治区	3790	1753	2037	30.5	-27.7	327.3
陕西省	529990	155215	374775	31.2	35.5	29.4
甘肃省	141617	107500	34117	4.8	7.5	-2.8
青海省	14112	12951	1161	24.0	314.7	-85.9
宁夏回族自治区	119129	77993	41136	27.6	26.7	29.1
新疆维吾尔自治区	147791	93824	53968	50.1	51.1	48.3

注：此数据不包括中国香港、澳门、台湾数据

2003年北京市利用外资统计分析

改革开放以来，北京市实际外商直接投资已达213.7亿美元，在北京经济的发展中发挥了重要的作用。本文对北京市外商直接投资的投资方式、国别构成及行业分布的状况和发展变化趋势进行了分析，并结合外商投资企业生产经营情况，分析了不同类型外商投资企业在经济效益与吸纳就业等方面的特点，进而从优化外商投资构成的角度，提出北京市在吸引和利用外商投资时应注意处理好的几个关系。

改革开放20多年来，外商直接投资在促进北京市经济发展方面发挥了重要的作用。2002年数字显示，北京市工业外商投资企业总产值和产品销售收入已占全市工业的40%。

一、北京市外商直接投资构成

截至2003年，北京市累计批准外商投资企业19759家，合同外商直接投资408.2亿美元，实际外商直接投资213.7亿美元。从实际外商直接投资构成看，呈现以下特点：

1.从投资方式看，合资经营是外商投资的主要方式

截至2003年,外商投资于合资经营企业的资金共计94.4亿美元，占实际外商直接投资的44.1%；其它投资方式的构成依次为：独资经营企业63.6亿美元，占29.8%；合作经营企业48.2亿美元，占22.6%；外资股份制企业3.8亿美元，占1.8%；其他投资方式3.7亿美元，占1.7%。

2.从行业分布看，外资主要集中于房地产业、制造业和社会服务业

改革开放以来，北京市的外商直接投资主要集中于房地产业、制造业和社会服务业三大领域。截至2003年三大领域累计吸纳外商直接投资179.4亿美元，占全市外商直接投资83.9%。其中，房地产业吸纳外商投资65.8亿美元，占30.8%，居各行业之首；制造业吸纳投资59.6亿美元，占27.9%；社会服务业吸纳投资54亿美元，占25.2%。其余各行业的引资规模较小，占全部外资的比重均在3%以下。

3.从资金来源看，中国香港、日本、美国为主要资金来源地

从外商投资的国别和地区构成看，北京市的外商投资来源地已遍布全

球。其中来自中国香港的资金80.8亿美元，占实际外商直接投资的37.8%；来自日本和美国的资金分别为28亿美元和23.5亿美元，分别占实际外商直接投资的13%和11%。近年来，来自欧洲的资金逐渐增多，其中德国的投资居欧洲之首，共计投资13.8亿美元，占外商直接投资的6.5%。

二、北京市外商投资构成的变化趋势

近些年，北京的投资环境进一步改善，外商直接投资进帐快速增长。1999年到2003年的5年间，全市外商直接投资104亿美元，占总存量的48.6%。从近5年来外商投资构成呈现的特点看，表明北京市外商直接投资构成的变化具有如下趋势性特点：

1.独资企业取代合资企业，在外商投资方式中占据主体地位

2001年12月我国加入WTO，入世前后这段时间，外商独资经营企业入资踊跃，在投资方式中占据主体地位。从实际投资金额看，近5年来，外商独资经营企业的投资金额共计50亿美元，占外商直接投资的48.1%。合资企业、合作企业吸纳外资金额分别是26.6亿美元和23.2亿美元，所占比重分别为25.6%和22.3%。由此可见，近年来独资经营日益成为外商投资的主要方式，并在北京市外商投资的增量中占据主体地位。

2.外商投资的行业集中度仍然较高，但投资领域扩大的趋势开始显现

从外商投资的行业布局变化看，制造业、房地产业和社会服务业始终是外商投资的主要行业。1999~2003年，这三个行业吸纳外商直接投资比重始终保持在70%以上，产业集中度较高的特征仍然明显。但与改革开放20多年来外商直接投资的存量结构相比，北京市外商投资的行业构成呈现两个方面的变化。一是外商投资集中的三个行业的排序发生变化，社会服务业吸引外资超过房地产业和制造业，跃居各行业之首，5年间共吸收外资33.2亿美元，占外商直接投资的31.9%；房地产业吸收外资26.1亿美元，占25.1%；制造业紧随其后，吸引外资25.9亿美元，占25.0%。二是外商投资开始向其它领域扩张和转移，特别是第三产业中的批发和零售贸易餐饮业、金融保险业等行业的比重开始缓慢上升，2003年这两个行业的比重分别达到9.1%和3.3%。

3.除三个主要的外资来源地之外，其他国家的投资也趋于上升

来自中国香港、日本和美国的外资持有较高存量。同时近5年，外商投资国别和地区呈现多元化的特点。亚洲在继续以香港、日本为主要资金来源地的同时，来自韩国的投资明显上升，占了5年全市外商直接投资合计的3.4%；欧洲在以德国、英国为主要投资国的同时，来自荷兰的投资明显增加，荷兰投资占总投资额的3.1%；应该注意的是，拉丁美洲投资的

增加，主要来自英属维尔京和开曼岛，是两个小国。

此外，超千万美元的大项目增加是北京市外商实际直接投资变化的又一特点。以2003年为例，全市共有47户企业的入资在1000万美元以上，共计入资12.8亿美元。企业数和入资金额分别比去年同期增长了21%和29%。12.8亿美元的大项目占了当年外商实际直接投资总金额的60%，比2002年提高4.5个百分点。大项目比重的增加，直接带动了全市外商实际直接投资总体水平的提升。

三、对北京市外商直接投资构成的评价

对外商直接投资构成情况做出评价，需要与外商投资企业的生产经营状况相联系。2002年，北京市投产开业的外商投资企业5400家，从业人员49.9万人，企业年收入2721亿元，实现利润155.9亿元，上缴税金208.5万元，在北京经济中有着重要的影响。但不同类型的外商投资企业，对促进北京市社会经济发展的作用有所不同。

1.独资企业获利和纳税能力强，合资企业吸纳就业较多

从外商投资的两种主要方式看，外商独资经营企业的人均利润水平和人均纳税额均高于合资企业。2002年独资企业人均利润为8.6万元、人均税金7.7万元，分别是外商合资企业的5倍和2.7倍。但从目前外商投资企业的就业结构看，合资企业是吸纳就业的主渠道，在合资企业就业的人员占外商投资企业的70%左右。合资企业平均就业人数超过百人，是独资企业平均人数的1.5倍以上。

2.交通运输及邮电通信等技术密集型行业经济效益高，制造业对总体经济贡献大，社会服务业吸纳就业多

从分行业观察人均利润、人均税金等反映经济效益指标，交通运输及邮电通信业、金融保险业的盈利水平大大高于其它行业。其中，交通运输与邮电通信业的人均利润为47.9万元，人均税金为41.4万元；金融保险业分别为51.3万元和30.3万元；房地产业、社会服务业中的信息咨询服务业人均税金分别为8.0和8.3万元。

制造业是对总体经济贡献最大的行业，其利润、税金、就业人数分别占外商投资企业的34.8%、43.2%和53.5%。近几年，电子及通信设备制造业的快速发展，北京现代汽车有限公司的投资兴建，使电子及通信设备制造和交通运输设备制造两个技术与资金密集型的行业，快速成长为北京市外资经济发展的两大支撑点。

从扩大就业的角度看，社会服务业中的旅游业、旅馆业的企业平均就业人员最多，大体为300～500人，是外商投资企业平均规模的4～6倍。

3.亚洲企业偏重劳动密集型，欧美企业偏重技术与资金密集型

分国别对照企业的收入分布与就业分布（见表1），结果表明亚洲地区的企业收入集中度低于企业就业集中度，而欧美地区的企业收入集中度高于就业集中度。此外，我国加入WTO以后，欧洲各国加快了在京投资，投资比重由2001年的14.2%上升到2003年20.2%。以2003年数据计算，就入资企业的数量而言，亚洲是欧洲的4倍；但就企业的平均入资规模而言，欧洲企业的平均入资比亚洲企业多180余万美元。由此说明，亚洲企业更偏重于劳动密集型，欧美企业则更偏重技术、资金密集型。

表1：收入与就业分布对比

（单位：%）

洲 际	收入分布	就业分布
合 计	100.0	100.0
亚 洲	49.8	64.3
欧 洲	27.5	13.1
北美洲	16.2	17.4
拉丁美洲	6.2	3.6
其他	0.3	1.6

鉴于以上对北京市外商投资企业构成与生产经营情况的对照分析，我们认为在吸引和利用外商企业投资时，应根据北京市经济发展重点，根据产业结构调整的要求，统筹考虑对外资流向的引导和安排。重点应处理好以下几个关系：

1.劳动密集型与技术密集型并重，以劳动密集型扩大就业，以技术密集型提升产业结构，提高经济效益。如制造业中的电子及通讯设备制造等高新技术产业，交通运输设备制造等现代制造业的发展，无疑是我们提升行业发展水平、提高经济增长的技术和科技含量、振兴北京现代制造业的必然选择。然而，针对北京发展服务经济的定位，以及北京服务经济的市场大潜力也大的特点，积极发展批发零售和餐饮业、旅游业、旅馆业以及服装及其它纤维制品制造等都市服务业与都市工业，不仅可以学习、引进先进的经营理念和管理经验，有效促进经济发展，而且可以较好地实现扩大就业的目标。

2.产业提升与领域扩大相结合，大力发展第三产业。第三产业包含的范围广泛并且能带来更多的就业。大力发展第三产业既符合北京经济发展的特点，也是一定经济发展阶段的必然选择。我国加入WTO以后，北京市第三产业外商投资比重并没有发生很大变化，我们必须积极引导，扩大引资规模。既要积极发展交通运输与邮电通信业、金融保险业、科学研究与综合

技术服务业，以及信息咨询和计算机应用服务业等第三产业中的新兴行业，提升产业结构，也要注重引导外商投资在第三产业的多个领域，促进第三产业的全面发展。

3．巩固亚洲与密切欧、美洲相结合，重在发展欧美。如前所述，来自亚洲的外商投资企业，为我们带来是更多的资金、企业和就业。而与欧美发达国家的合作，得到更多的是先进技术和大额资金。随着北京市经济发展与对外开放水平的提高，在注重外资引进数量的同时更要注重外资的质量和水平。

4．合资与独资兼顾，重点鼓励独资企业，并积极推动股份制、收购兼并等其它投资方式的发展。加入WTO以后，北京市外商投资中独资企业的发展步伐加快，企业资金注入踊跃。而独资企业生产经营效率高、收益好，我们应该注意鼓励和引导，为其创造良好的投资发展环境，以更好地促进北京经济的发展。同时我们还要顺应世界经济发展的潮流，研究国际投资方式的发展变化趋势，及时引进和推动新型投资的发展。

2003年天津市利用外资统计分析

2003年，天津市吸引外商直接投资进入了一个新阶段。全市外经贸系统积极贯彻市委八届三次会议精神，加大招商引资工作力度，以充分发挥经济中心城市的综合优势，扩大服务贸易领域的开放为重点，进一步推进全方位、多层次、宽领域的对外开放。

天津市良好的国民经济发展态势和不断改善的投资环境给天津市吸引外商直接投资提供了良好的发展空间，跨国资本纷纷涌进，天津市吸收外商直接投资增长再创新高。全年共吸收外商直接投资项目941个，比2002年增长15.3%；合同金额35.1亿美元，增长74.3%；实际直接投资金额16.33亿美元，增长62.9%。合同外资和资金到位指标分别完成全年工作目标的1.3倍和1.2倍；分别高于全年工作目标34.3和22.9个百分点。2003年天津市直接利用外资有以下几个特点：

1.投资项目规模扩大、质量提高

全年共新批500万美元以上项目达198个，同比增长60.9%，项目数和增幅均创历史最好记录。项目平均合同外资额达到266万美元，同比增长64.1%。2003年有3M公司、京瓷公司在内的5家世界500强加盟。截至目前，世界500强企业已有98家在天津投资落户，投资额超过67亿美元。全年包括住友商事、松下等12家世界500强在津投资21个项目，同比增长了40%；投资额超过2亿美元，同比增长18%。

2.优势产业聚集度提高

全市制造业吸引外资企业594家，合同外资21.5亿美元，同比增长94.7%，占全部的61.3%。电子通信、交通运输设备、化学原料、机械设备、医药制造业等传统优势产业引资均超过1.5亿美元，增幅都在2倍以上，产业聚集度不断提高。一汽丰田增资3亿美元项目正式获得商务部批准，净增外资额1.5亿美元，成为2003年最大外资项目，丰田以商招商效应日趋明显，全年共有包括三爱汽车部件、福来精工在内的39家重点汽车配套企业落户天津市，同比增长3.2倍，交通设备制造业新增外资（含增资）4.1亿美元，占制造业全部的20%，使汽车产业群聚配套能力不断增强。

3.服务业引资层次显著提升

全年共新批服务业外资企业338家，同比增长14.2%；合同外资13.3亿美元，同比增长48.6%。其中，批发零售及餐饮业合同外资4.4亿美元，同比增长了52.1%；交通运输仓储和房地产业合同外资增幅也分别达到40.3%和70.7%。特别是全年共有10家世界500强投资本市服务业领域，合同外资超过1.5亿美元，其中商业领域有沃尔玛、欧尚在内的5家；物流领域有京瓷公司在内的3家。另外，英国标准人寿在天津市成立全国最大的合资寿险公司和美国花旗银行抢滩天津市，使金融市场服务业利用外资水平显著提升。

4.对重点国家、地区招商引资效果显著

中国香港、日本、德国、新加坡等国家或地区的合同外资额成倍增长，美国、韩国、中国台湾等国家或地区的合同外资额增长也较快。2003年全年全市直接利用外资合同额中,来自中国香港9.55亿美元，同比增长1.3倍；日本的直接利用外资合同额为5.53亿美元，同比增长2.1倍；德国1.08亿美元，增长1.1倍；新加坡0.62亿美元，增长1.6倍；美国5.34亿美元，同比增长46.4%；韩国2.99亿美元，增长69%；中国台湾1.46亿美元，同比增长19.6%。

5.资金到位情况普遍较好

2003年全市实际直接利用外资16.33亿美元，同比增长62.9%。其中：开发区实际直接利用外资6.33亿美元，同比增长54.3%；保税区实际直接利用外资4.02亿美元，同比增长71%；农口12个区县实际直接利用外资4.76亿美元，同比增长81%。

2003年，天津市直接利用外资高速增长，为天津市国民经济实现快速增长提供了有力的支撑，为实现天津市“三步走”战略第一步目标做出了积极贡献，同时也为天津市今后的国民经济实现持续快速发展壮大了实力。展望2004年，中国市场将进一步开放。由于国际产业结构调整，产业产品转移依然在继续，同时我国政治稳定、经济发展较快对国际资本长期投资的具有较强的吸引力，从而为天津吸引外商投资提供了更多市场机会，天津仍将是外商投资的热点地区。

2003年山西省利用外资统计分析

2003年山西省新批外商投资项目89户，同比增长21.92%；合同利用外资4.81亿美元，同比增长50.80%；实际利用外资2.2亿美元，同比增长4.12%。

2003年山西省利用外资有以下特点：

1.外国投资商对山西省信心日增，合同利用外资稳定增长

山西省2003年审批的外商投资项目，涉及合作企业20个，与上年持平；独资企业29个，增长12%；中外合资企业40个，增长48%。合同利用外资增幅较大。为适应“入世”要求，商务部、国家统计局根据现行国际通行规则，调整了我国直接利用外资统计口径。按照新统计口径，山西省2003年实际利用外资2.2亿美元，较上年实际利用外资2.12亿美元（由商务部按新口径调整并公布），增长4.12%。截至2003年底，山西省累计审批外商直接投资项目2334个，项目总投资90.71亿美元，合同外资金额47.67亿美元，实际利用外资23.84亿美元。

2.外商投资规模增大，大项目引进势头看好

山西省新批外商投资项目2003年前三季度平均单个项目投资额达950万美元。全年投资额500万美元以上项目31个，占项目总数的1/3以上；2003年度投资额最大的项目是港资环阳与华利财务有限公司独资设立的上阳水泥（大同）有限公司日产200吨新型干法水泥熟料项目，投资总额达9900万美元。投资5000万美元以上的项目还有大同新源实业与美国友升国际公司合资建设的大同金利源新型合金材料项目，总投资为7992万美元等。

3.紧扣调产主线，国家和山西省鼓励类项目占主导地位

2003年山西省新批外商投资项目90%集中在特色农业、煤焦、冶金、电力、化工、机械、轻工、医药、新材料、旅游、文化、房地产等在山西省国民经济中处于主要地位和具有广阔前景的“13个主要行业”以及事关全省经济结构调整大局的信息化和环保“2个重点领域”，国家鼓励发展的优势产业项目占到新批项目总数的90%以上。前三季度出口型项目占到全部项目的42%，全年还涌现了一批先进技术型项目，对加快山西省开放型经济发展步伐具有积极意义。

4.比较优势日益突出，服务业等受到外商青睐

随着“入世”后我国对外开放的进一步扩大，山西省潜在的比较优势开始凸现，受到外国投资者的青睐。丰富的旅游资源是山西省一大优势，利用外资开发盐泥飘浮、黑泥洗浴等特色旅游的运城盐湖“中国死海”旅游项目、蕴含太原2500年古城文化的双塔特色文化旅游项目成为特色旅游的两大亮点。山西省农副产品资源丰富，但加工转化一直十分薄弱，难以形成竞争力。山西省新批外资农牧开发及产品加工项目达10户以上，其中，不乏有在专业领域排名居世界前列的宏星、源通、株式会社太堀等大型跨国公司的参与。

5.技术含量明显提高，产业链得到有效延伸

传统优势产业项目的技术含量普遍提高，新批机电项目80%包含国际先进技术装备的引进，涌现出开发生产可视手提电脑、可视电话等尖端电子通讯产品的威远特电子等高新技术项目。息干焦项目的焦化联产，以铝、镁为主基、应用于航天器材生产的新型特种合金材料的研制、开发，以及楼东俊安公司集煤、焦、化、气、矸石发电、镁及加工为一体的产业链条的形成，都有效地提高了山西省矿产资源的开发利用水平。

山西省各市（地）利用外资都获得了稳步发展。其中，太原、运城、大同、临汾、吕梁、朔州等市地实际利用外资达到1000万美元以上。

2003年广东省利用外资统计分析

2003年，广东利用外资保持良好增长态势。全年新签外资项目11472个，下降2.0%；合同外资金额244.67亿美元，增长29.4%；实际利用外资189.41亿美元，同比增长14.2%。其中外商直接投资新签项目7306个，增长10.5%；外商直接投资合同金额217.89亿美元，增长34.7%；外商直接投资实际到资155.78亿美元，同比增长18.8%。主要特点是：

1.招商引资成果明显，实际利用外资持续增长

2003年，在入世效应和CEPA签署等有利因素推动下，广东投资环境进一步改善，外商投资领域进一步拓宽，全省合同外资额突破200亿美元大关，达244.67亿美元，其中外商直接投资217.89亿美元，是8年来首次突破200亿美元的一年。实际利用外资持续增长，在2002年增长26.2%（可比口径）的基础上，2003年仍有14.2%的增幅，其中外商直接投资增长18.8%。

2.吸收外资质量提高，大项目增加

外商直接投资项目平均合同外资298.23万美元，比2002年增加53.70万美元；新批总投资和净增资超1000万美元的项目达627宗，合同外资97.4亿美元，分别比2003年增加89个和7.3亿美元，占全省外商直接投资合同外资总额的62.5%。外商直接投资增资活跃。增资项目合同外资额109.19亿美元，同比增长71.1%，占全省直接合同外资额70.1%。

3.第二产业吸收外资仍占主要比重，第三产业成为外商投资的热点

2003年，广东省一、二、三产业实际吸收外商直接投资分别为1.79亿美元、111.32亿美元和42.67亿美元，分别占外商直接投资总额1.1%、71.5%和27.4%。随着广东省外商投资领域进一步拓宽，服务贸易领域已逐渐成为外商投资的热点。2003年广东省第三产业新批外商直接投资合同外资金额43.10亿美元，实际到资42.67亿美元，同比分别增长51.9%和41.8%，分别比全省总增速高17.2和23.0个百分点，所占比重分别达19.7%和27.3%，同比分别提高2.2和4.4个百分点。

4.来自欧盟的直接投资增势迅猛，投资比重明显上升

2003年，来自欧盟的直接投资合同外资金额与实际到位资金达5.01和7.41亿美元，分别增长63.4%和114.4%,其中德国、荷兰等国家的外商直接投资实际到位资金分别增长1.9倍和3.8倍；其合同外资金额与实际到位资金分别占外商直接投资总额的2.3%和4.8%,同比提高0.4和2.2个百分点。另外，中国香港及韩国、东盟、加拿大、澳大利亚、新西兰等国家地区的外商直接投资实际到位资金也实现较大增长，增幅分别为23.9%、1.9倍、12.2%、31.0%、55.8%和14.8倍。但美国、日本的外商直接投资实际到位资金则分别下降了4.3%和10.9%。

5.珠三角利用外资仍然保持主导地位,山区及东西两翼招商引资成效显著

珠三角全年吸收外商直接投资137.41亿美元，山区及东西两翼18.37亿美元，分别占全省直接投资的88.2%和11.8%，珠三角仍是广东省引资的主要地区；从增速看，珠三角同比增长18.3%，山区及东西两翼增长23.1%，山区及东西两翼吸收外资增长速度明显快于珠三角。近年来山区及东西两翼不断加大利用外资力度，招商引资成效显著，其中清远市外商直接投资合同金额5.51亿美元，位于山区市第一；汕头、潮州、韶关、清远、云浮等市的合同外资均呈现成倍增长；湛江、清远、云浮的外商直接投资实际到资在山区市中增长最快，增幅均在50%以上。

广东省利用外资简明统计情况表

（2003年1～12月）

金额单位：万美元

利用外资方式	本年批准外资情况				本年实际利用外资		
	项目数	合同外资金额					
		本年	去年同期	增减%	本年	去年同期	增减%
总　计	11472	2446711	1890108	29.45	1894081	1658946	14.17
一、对外借款	65	110173	43433	153.66	109261	102185	6.92
外国政府贷款	1	44595	--	--	44104	12663	248.29
国际金融组织贷款	--	--	--	--	--	--	--
出口信贷	--	6201	30733	-79.82	6201	30733	-79.82
外国银行商业贷款	64	59377	12700	367.54	58956	58789	0.28
对外发行债券	--	--	--	--	--	--	--
二、外商直接投资	7306	2178926	1617119	34.74	1557779	1311071	18.82
中外合资企业	1065	359037	251475	42.77	364465	289191	26.03
中外合作企业	340	147805	144042	2.61	257157	237478	8.29
外资企业	5896	1638383	1136063	44.22	881801	731452	20.55
外商投资股份制	5	28594	18973	50.71	26683	8940	198.13
合作开发	--	5107	--	--	5107	--	--
其他	--	--	66566	-100.00	22566	44000	-48.71
三、外商其他投资	4101	157612	229556	-31.34	227041	245690	-7.59
对外发行股票	--	4173	60000	-93.05	15173	47958	-68.36
国际租赁	--	--	--	--	--	--	--
补偿贸易	--	--	--	--	--	--	--
加工装配	4101	153439	169556	-9.51	211868	197732	7.15

广东省利用外资简明统计表

（2003年1～12月）

金额单位：亿美元

	项目个数	合同外资金额	实际使用外资金额
总　计	11384	199.47	117.89
对外借款	65	11.02	10.93
外国政府贷款	1	4.46	4.41
国际金融组织贷款			
出口信贷		0.62	0.62
其中：卖方信贷			
外国银行商业贷款	64	5.94	5.90
对外发行债券			
外商直接投资	7218	172.69	84.26
中外合资企业	1064	26.15	16.53
中外合作企业	338	10.48	12.95
外资企业	5811	133.27	52.91
外商投资股份制	5	2.80	1.88
合作开发			
其他			
外商其他投资	4101	15.76	22.70
对外发行股票		0.42	1.52
国际租赁			
补偿贸易			
加工装配	4101	15.34	21.19

山东省外商直接投资行业统计表

（2003年1～12月）

金额单位：万美元

行　　业	项目数(个)	同比增长	合同外资	同比增长	实际使用	同比增长
总计	5305	30.5%	1341413	86.7%	709371	48.9%
第一产业	143	20.2%	37110	39.7%	23695	39.5%
农、林、牧、渔业	143	20.2%	37110	39.7%	23695	39.5%
农业	79	46.3%	23428	134.9%	10835	37.1%
第二产业	4559	29.7%	1038348	80.3%	581632	48.2%
采掘业	23	109.1%	7613	259.4%	4018	146.1%
制造业	4456	29.0%	997215	79.6%	557506	48.5%
纺织业	217	35.6%	55145	40.7%	31738	14.3%
化学原料及化学制品制造业	237	33.9%	61005	103.0%	23721	29.2%
医药制造业	53	0.0%	12942	-29.3%	11991	32.0%
普通机械制造业	290	75.8%	74836	138.9%	42587	123.8%
专用设备制造业	129	15.2%	28219	25.8%	20373	92.4%
电子及通信设备制造业	354	38.8%	102007	92.4%	51956	9.5%
电力、煤气及水的生产和供应业	43	104.8%	27497	182.5%	15207	91.2%
建筑业	37	32.1%	6023	-32.0%	4901	-35.2%
第三产业	603	39.6%	265955	129.4%	104044	55.5%
交通运输、仓储及邮电通信业	26	4.0%	88526	855.0%	14247	91.9%
批发和零售贸易、餐饮业	199	19.2%	20360	-8.2%	10723	-15.4%
金融、保险业	2		862		0	
房地产业	140	42.9%	82706	133.1%	44626	102.2%
房地产开发与经营业	135	42.1%	82127	131.7%	44339	103.1%
社会服务业	186	84.2%	48222	59.0%	26071	52.8%
旅馆业	8	166.7%	1682	-26.2%	2004	323.7%
卫生、体育和社会福利业	10	233.3%	3392	125.7%	1415	157.3%
教育、文化艺术及广播电影电视业	5	25.0%	4574	54.0%	2589	1614.6%
科学研究和综合技术服务业	17	54.5%	5696	-21.7%	1096	-43.6%
其他行业	18	-21.7%	11617	67.1%	3277	-35.0%

江苏省利用外资统计分析

地处东部沿海地区的江苏，是我国对外开放较早、开放程度较高的省份之一，截至2003年底，江苏省共批准成立了外商投资企业57297个，协议外资1507.5亿美元，实际到帐外资776.7亿美元。2003年度在各省市中，江苏利用外资总体规模首次超过广东，位居全国第一。

一、现状篇

1.外商投资规模年增11.7%

数据显示，由于受金融危机的影响，"九五"前期新批外商投资企业数和合同外资逐年下降，1998、1999年形成低谷，此后3年又逐年恢复性增长。2001年新批合同外资达150.95亿美元，2002年再创新高，达196.73亿美元。7年间，新批外商投资企业平均每年增长5.2%，合同外资金额年均增长6.1%，外商实际投资年均增长11.7%。其中"十五"前两年，三项指标平均每年分别增长48.1%、36.2%和27.0%。

2.外商独资企业占7成

从投资方式来看，1997年以前，外商在江苏的投资是以中外合资经营方式为主的，此后则逐步转向以外商独资经营方式为主。自1998年外商独资企业的合同外资开始超过中外合资企业，当年合同外资达44.11亿美元，超出中外合资企业近20亿美元；自1999年外商独资企业的外商实际投资开始超过中外合资企业，当年外商实际投资29.5亿美元，超出中外合资企业0.9亿美元。七年间，外商独资企业的新批企业数、合同外资、外商实际投资平均以21.6%、16.2%和30.0%的速度增长，比重则由1995年的23.8%、43.7%、24.7%提高到2002年的65.4%、82.5%和71.5%；而中外合资企业的这三个指标平均每年则分别下降5.7%、10.3%和3.4%，比重由1995年的69.7%、51.1%、69.5%降至2002年的32.2%、15.8%和25.2%。

3.第一、三产业成投资新宠

从外资投向看，外商在江苏投资的行业布局仍以第二产业尤其是制造业为主。2002年，第二产业新批外商投资企业4951家，合同外资171.55亿美元，与1995年相比，分别增长40.1%和48.5%，占全省的比重由87.1%、

89.1%降至85.3%、87.2%。其中：电子及通信设备制造业的新批企业数和合同外资分别增长1.68倍、2.63倍；化学原料及化学制品制造业的新批企业数和合同外资分别增长55.2%、1.08倍。第一产业新批外商投资企业132家，合同外资2.14亿美元，分别比1995年增长1.24倍和1.67倍，比重由1995年的1.5%、0.6%上升到2.3%和1.1%。第三产业新批外商投资企业718家，合同外资23.03亿美元，分别比1995年增长55.1%和72.5%，比重则由11.4%、10.3%提高到12.4%、11.7%。

2002年底，全省第一产业历年累计新批外商投资企业823家，合同外资13.69亿美元，外商实际投资3.26亿美元，分别占全省总数的1.6%、1.1%和0.5%；第二产业历年累计新批外商投资企业42154家，合同外资1019.86亿美元，外商实际投资544.9亿美元，分别占84.1%、84.8%和88.1%；第三产业历年累计新批外商投资企业7150家。

4.外资来源以亚洲为主

2002年，全省外商及中国港台客商实际投资中，亚洲地区57.01亿美元，占全省总数的55%，与1995年相比，比重降低22.7个百分点，年均增长6.3%。其中：中国香港21.39亿美元，年均增长3.9%；中国台湾11.26亿美元，年均增长12.6%；日本9.68亿美元，年均增长6.1%，新加坡7.98亿美元，平均年增长4.8%；韩国3.57亿美元，年均增长11.3%；马来西亚、印度尼西亚增长较快，年均增长30.8%和25.3%；拉丁美洲19.17亿美元，占全省总数的18.5%，年均增长43.3%；欧洲10.8亿美元，占10.4%，年均增长14.7%；北美洲8.94亿美元，年均增长11.8%，其中美国7.13亿美元，占6.9%，年均增长10.1%；大洋洲5.36亿美元，非洲2.09亿美元，分别占5.2%、2.0%，年均增长35.5%和1.24倍。

5.外资投向苏州占据半壁江山

2002年，苏南地区新批外商投资企业4568家，合同外资173.99亿美元，外商实际投资91.16亿美元，与1995年相比，分别增长81.9%、67.7%和1.27倍，占全省的比重分别由61.9%、80.0%、84.0%提高到78.7%、88.4%、87.9%。其中苏州新批外商投资企业2465家，合同外资100.67亿美元，外商实际投资48.12亿美元，分别占全省总数的42.5%、51.2%和46.4%，分别比1995年增长1.75倍、78.5%和1.07倍。苏北新批外商投资企业498家，合同外资10.04亿美元，外商实际投资5.76亿美元，与1995年相比，新批企业数下降33.2%，而合同外资和外商实际投资则分别增长69.1%、1.09倍。苏中地区新批外商投资企业735家，合同外资12.7亿美元，分别比1995年下降4.9%、33.5%，外商实际投资6.74亿美元，增长44.6%，增速比苏南低82.5个百分点，比苏北低54.4个百分点。

二、问题篇

1.引进外资成功率偏低

江苏利用外资整体水平仍有差距。一是与广东、上海等沿海兄弟省市相比，江苏引进外资的成功率不高。截至2002年底，江苏历年累计外商实际投资占合同外资的51.4%，这一比例低于上海 63.8% 、广东 62.4% 、海南 58.4% 、福建 57.7% 、天津 54.8% 和山东 54.4% ，也比全国平均水平低2.7个百分点，表明江苏引进外资的成功率(或有效性)不高。二是江苏引进的外资项目以劳动密集型的中小企业为主。2002年底，全省历年累计新批外商投资企业中，总投资1000万美元以上的4861个，仅占9.7%。

2.地区分布极不平衡

外资投向地区分布差距扩大。近两年来，苏南地区合同外资和外商实际投资集中了全省总数的近九成，比苏中和苏北的总和分别高出7.09倍和6.16倍。南北利用外资呈现出扩大之势，2001年，苏南、苏中和苏北外商实际投资之比为12.5：0.8：1，而到2002年扩大至15.7：1.2：1。外资流入的空间分布差异及变动对区域经济发展产生了较大影响，成为江苏南北经济差距扩大的一个重要原因。苏南地区外商实际投资相当于全社会固定资产投资、国内生产总值的31.6%和12.1%，苏中分别为8.3%和2.8%，苏北仅有4.8%和2.0%。外资在地区分布上的差异与区域经济发展的不平衡是相辅相成的，开放程度高的地区，经济发展快，而经济发展较快的地区，引进外资就多。苏南地区区位条件、基础设施和经济技术基础较好，并得改革开放之先利，抓住开发浦东和国际资本向长江三角洲加速转移的机遇，大力发展开放型经济，招商引资取得惊人业绩。继苏州成为“台资高地”之后，无锡又成为“日资高地”，整个苏南正成为跨国公司投资的热点地区。相比之下，苏中、苏北地区的思想观念、经济基础、内部环境等方面都存在一定差距，导致引进外资偏弱，与苏南的落差较大。以开发区集聚外资为例，江北开发区建设较为落后，集聚效应不够强。2002年，南地区开发区实际利用外资、GDP、工业增加值占其区域总量的66.4%、25.1%和35.8%，均大大高于苏中和苏北。

3.关键技术严重依赖国外

江苏外资企业关键技术主要依靠国外的状况较为严重。外商投资的高新技术行业，出于加强全球竞争力的战略考虑，跨国公司不愿向相同的产业“外溢”技术，中方无缘接触到技术的内核，使不少企业未能通过合资方式吸收和消化先进技术，自主研制开发能力不强，遏制了产业技术进步和实现技术超越的潜力。特别是高新技术产品如通讯设备、计算机和办公设备，由于缺少自己的核心技术，盈利能力受到限制和挤压。即使是一些具有独立知识产权的中、高技术产品，也大都属于低端产品，在质量、性能、外观设计等方面无法与发达国家相提并论，对中方来说仅增加了一定的税收，解决了部分劳动力就业。

三、对策篇

1.以沿江开发促外资集聚

实施新一轮沿江开发开放战略，是省委、省政府立足经济全球化的背景出台的一个重要举措，旨在依靠长江沿岸资源优势和较强的制造业优势，构筑承接国际产业转移新平台，实现开放型经济新突破，使苏中加快融入苏南经济板块，并由此辐射和带动苏北经济腹地的起飞。

实现这一目标的重要前提是，要在沿江地区进行资源的重新整合，形成吸引外资的集聚效应，促进该区域经济结构调整和产业升级。为此，应完善有关沿江地区招商引资的政策措施，主要内容有：加大外商投资产业指导，积极引导外资投向装备制造业、高新技术产业、基础产业、基础设施、创汇农业、资源开发和国有企业改组改造等；借梯登高，瞄准国际上知名的大公司、大财团，把招商引资重点放在引进关联度大、产业链长的战略性投资项目，在沿江地区形成特色冶金、粮油仓储、修造船业、能源工业、重化工业、旅游业等临江产业群，逐步建成在全国乃至世界的制造业基地；加强计算机、通信、电子等高新技术产品的开发研究能力，将引进技术、促进技术创新机制的建立作为利用外资的主要目的，发展出自己独立自主的研究与开发体系，以高科技含量的产业和产品推进产业高度化，全面提升制造业的竞争能力。

2.开放服务业吸引新外资

根据经济发展的需要和我国加入WTO做出的承诺，要继续扩大对外开放领域，特别是进一步扩大金融、保险、教育、科研、医疗、体育、电信、外贸、内贸、旅游及会计、法律服务等服务行业开放的数量和范围，以提高江苏经济的产业层次。近年来，江苏服务业利用外资已取得新进展，但所占份额偏小，这不利于从整体上提高利用外资整体水平。建议制定相关政策，完善相应制度，健全市场机制，规范市场竞争，改善投资环境，进一步加大服务业利用外资力度，努力实现服务业吸引外资的跨越式发展。

3.开拓引资途径，优化外资结构

为防范金融风险和有效地发展生产力，今后仍将坚持以吸收外商直接投资为主的利用外资政策。但应当注意到，引资制度与方式的多样化已成为发展中国家从国际资本市场分享更多份额的重要手段，跨国购并、股权转

让现已逐步成为国际直接投资的重要方式。

江苏在吸引多元化外商投资方面尚有欠缺，应适应世界范围的资本证券化潮流，有必要在"积极开放、有效管理"的原则下，吸引国际证券投资。利用金融创新手段，提高资本市场的国外资本吸纳能力，为外资参与国内企业的跨国兼并、重组提供良好制度环境。继续扩大利用外国政府贷款和国际金融组织贷款的规模，用好银团贷款、融资租赁、出口信贷等国际商业贷款。即便是在直接投资的范围内，除了传统的独资、合资、合作等投资方式外，也应积极探索采用扩大合作开发、组建中外股份公司、实行BOT等投资模式来扩大利用外资的规模。

4.细分引资导向，鼓励投资苏北

苏北地区经济发展与苏南的差距，从某种程度上讲，主要体现在开放水平和开放程度上的差距，而在具体效果上就是利用外资的差距。为了加快苏北大发展，进而实现区域共同发展，苏北应将积极吸引外商投资作为发展经济的一项关键措施。为此，应制定更加有效的政策，进一步放宽投资领域，降低投资门槛，不断改善投资软环境和产业配套条件，提高服务水平，为外商投资提供更多的发展空间和商机，促进外商投资逐步由南向北挺进。在政策导向上，苏南地区应将信息电子、生化制药等高新技术产业作为吸收外商投资的重点领域，而在苏北地区应开展多层次、多渠道和多形式的招商引资活动，解决好外商股权限制、投资方式限制、资金来源限制等几方面的局限，特别要充分发挥劳动力成本相对较低、自然资源丰富的优势，着力引进劳动密集型和资源加工型外资项目，力争在吸引外资方面取得突破性进展。

江苏省开放型经济再上新台阶

2003年江苏省开放型经济再上新台阶。全省进出口总额突破1000亿美元，成为继广东之后全国第二个超1000亿美元的省份；实际外商直接投资158亿美元，首次位居全国第一；新签对外承包工程、劳务合作、设计咨询合同额、完成营业额连续第三年位居全国第一。

一、对外贸易

1.进出口总额实现历史性突破

全年进出口总额1136.7亿美元，同比增长61.7%，其中：出口591.4亿美元，同比增长53.7%，进口545.3亿美元，同比增长71.3%。全年进出口总额位居全国进出口总额第二位。出口增幅继续列全国沿海省份第一位，高出全国水平19.1个百分点。出口规模保持全国第二位，占全国出口的比重由上年的11.8%上升到13.5%。

2.出口商品结构不断优化

机电产品、高新技术产品、纺织服装出口分别突破300、200、100亿美元。机电产品出口372.8亿美元，同比增长76%，占全省出口的63.1%，比上年末提高了8个百分点。高新技术产品出口全年有6个月单月出口增幅高于90%,出口228.7亿美元，同比增长89.9%，占全省出口的比重逐步上升，达到38.7%。纺织服装出口116.4亿美元，同比增长27.6%，比上年末提高了12.2个百分点，占全省出口的比重19.7%，首次低于20%。机电产品、高新技术产品出口迅猛增长，促进全省出口商品结构进一步优化。

3.市场多元化格局得到巩固

四大主体市场出口全部创下历史最高值。对欧盟、美国、日本出口额均超过100亿美元，全年对欧盟出口127.3亿美元，同比增长76.2%，比上年提高40个百分点，占全省出口的21.6%；对美国出口127.1亿美元，同比增长54.9%，占全省出口的21.5%；对日本市场出口一改长期低迷徘徊的状态，出口额达到100.1亿美元，同比增长32.9%，比上年末增加29.2个百分点，占全省出口的17.1%;对中国香港出口59亿美元，同比增长80%，占全省出口的10%。

部分新兴市场出口持续保持较快增长，对东盟、非洲、俄罗斯的出口增幅分别为49.9%、60.3%和68%。

4.经营主体进一步壮大

全省有出口实绩的企业数达到10809家。各类经营主体不断壮大成长，出口规模扩大，国际竞争力增强，为全省出口快速增长提供强劲的推动力。全年新获进出口经营权的企业数急剧扩张，新增内资进出口企业3034家，当年新批数首次突破3000家，相当于历年江苏省内资进出口企业总数的75%。其中，获外贸流通经营资格1031家，同比增长132.2%；生产企业获自营进出口资格2003家，同比增长73.9%。全省累计内资进出口企业已达7117家。

5.私营企业成为出口新的增长点

随着我国进出口经营资格门槛的大幅下降，江苏省企业踊跃申请进出口经营资格，私营企业成为主力军。在2003年新批进出口经营主体3034家中，私营企业2701家，占获得经营资格企业总数的89.0%，同比增长121.8%。

私营企业出口保持高速增长，各月出口增幅均超过100%，全年出口30.3亿美元，同比增长102.6%。私营企业出口增长为外贸出口注入新的活力，已成为全省出口增长的新亮点。

6.进口增幅持续高于出口增幅

全年各月累计进口增幅保持在70%以上。12月当月进口61.4亿美元，创下单月进口最高值。机电产品进口及从主要进口国（地区）进口增量是拉动全省进口增长的主要因素。

机电产品进口保持高速增长，进口额为375.1亿美元，同比增长86.3%，占全省进口的68.8%，进口增量占全省进口增量的76.2%。

从日本进口126.6亿美元，同比增长60.5%，占全省进口的23.2%；从中国台湾地区进口112亿美元，同比增长85.6%,占全省进口的20.6%；从韩国进口72.9亿美元，同比增长114.3%，占全省进口的13.4%。这三个主要进口国（地区）进口增量占全省进口增量的69%。

二、利用外资

1.总体规模跃上新台阶

2003年，全省新批外商直接投资项目7301个，同比增长25.9%；协议注册外资308.1亿美元，比上年增长56.6%；实际到帐注册外资158亿美元，增长52.4%，规模首次位居全国第一。截至2003年底，江苏省共批准成立了外商投资企业57297个，协议外资1507.5亿美元，实际到帐外资776.7亿美元。

2.项目质量显著提高

2003年，全省新批总投资在1000万美元以上的项目1507个，协议外资额186.1亿美元，分别占全省新批总数的21%和60%，比上年增长55%和67%。新批总投资在3000万美元以上项目97个，总投资1亿美元以上项目37个，其中英飞凌科技（苏州）有限公司总投资达10亿美元，王子制纸（南通）有限公司总投资达5.3亿美元。全年增资项目达到了1697个，其中金东纸业（江苏）有限公司、张家港浦项不锈钢有限公司等12家企业一次净增资均超过1亿美元。英国凤凰控股有限公司投资的凤凰（江苏）汽车研究发展有限公司等5家研发中心在江苏省落户。

3.制造业持续增长，服务业步伐加快

全年制造业新批外商直接投资项目6182个，协议注册外资258亿美元，实际到帐注册外资140亿美元，同比分别增长25%、50%和50%，占全省比重分别为85%、84%和89%。电子及通信设备制造业是江苏省制造业吸收外资最集中的领域，新批协议外资达60亿美元，占全省新批协议外资总额的20%。三次产业中，2003年服务业吸收外资增幅最大，新批项目990个，协议注册外资47亿美元，实际到帐注册外资17亿美元，分别比去年同期增长37%、102%和72%。服务业项目主要分布在现代物流、公用设施、信息咨询、社会服务等领域。

4.国家级开发区发挥重要作用

全省12个国家级开发区新批协议外资85亿美元，实际到帐外资为45亿美元，分别比上年同期增长39%和32%，占全省总数的28%和29%。苏州工业园区、无锡高新区、苏州新区3个国家级开发区新批协议外资规模超过10亿美元。南通开发区协议注册外资和实际到帐注册外资两项指标增幅均居国家级开发区首位，分别达到432%和147%。12个国家级开发区的新批项目平均协议外资额达686万美元，比全省平均额高出265万美元。

5.主要国别地区投资继续增长

2003年，江苏省新批协议外资超过20亿美元的国家和地区有中国香港和台湾地区及英属维尔京群岛、美国和日本。其中新批协议利用港资82.5亿美元，比上年同期增长108%；实际到帐台资18.3亿美元，比上年同期增长62%；新批协议利用美资25.7亿美元，实际到帐注册美资13.6亿美元，分别比上年增长68%和91%。

三、对外合作

新签合同额、完成营业额、新派人数和期末在外人数连续第三年位居全国第一。江苏省对外签定承包工程、劳务合作、设计咨询合同额20.9亿美元，同比上升21.5%；完成营业额19.8亿美元，同比上升26.7%；新派劳务人员3万人次，同比下降5.4%；期末在外劳务人员7.9万人，同比上升7.3%。

1.亚洲和非洲是主营市场

在亚洲，新签合同额5.7亿美元，完成营业额6.9亿美元，新派1.9万人次，期末在外5.4万人，分别占全部业务量的27.4%、34.9%、62.5%和67.9%；在非洲，新签合同额5亿美元，完成营业额3.7亿美元，新派0.8万人次，期末在外1.7万人，合同额和营业额分别比去年同期增长83.3%和50.6%。

2.对外承包工程大项目增多

2003年，江苏省对外承包工程合同额17.4亿美元，营业额14.3亿美元，同比分别增长30.3%和35.4%。其中超过2000万美元的工程项目共有6个，而去年同期则没有超过2000万美元的项目。

3.优势企业带动作用明显

按营业额排序前10位的企业完成营业额7.2亿美元，占全省外经企业营业总额的36.5%，其中中江公司新签合同额1.5亿美元，完成营业额1.3亿美元，均列全省外经企业首位。

境外投资取得新进展。2003年江苏省共新批准设立境外非贸易企业及机构28家，新批增资项目1家，总投资为5128.8万美元，其中中方投资为3146.8万美元。所批准的境外企业分属化工、机械、交通运输、轻工、冶炼、建材、电子、餐饮、广告、IT等行业，分布在越南、印度、巴西、美国、阿富汗、圣文森特、俄罗斯、印尼、马来西亚、尼日利亚、日本、阿根廷、约旦、埃及、澳大利亚、菲律宾、开曼群岛等国家和地区，其中境外加工贸易企业12家。其主要特点是：投资市场日益多元化，经营行业覆盖面逐步拓宽；境外投资项目以中小型为主，平均每个项目的投资额约为170万美元，接近我国境外企业平均协议投资额198万美元的水平；民营企业正在成为境外投资的新兴力量，2003年新批的境外企业中45%以上是民营企业举办的。

2003年国家级经济技术开发区主要经济指标

据统计，截至2003年底，已正式运作的47个国家级开发区实现GDP3110亿元，占全国GDP的3%，出口总额275.4亿美元，占全国的8%，实际使用外资77.4亿美元，占全国的15%以上。

2002年国家级经济技术开发区主要经济指标

2002年，全国49个国家级经济技术开发区实现GDP3109.50亿元，工业增加值2209.95亿元（工业增加值占GDP的比重为71.07%），工业总产值（现价）7866.74亿元，税收收入500.18亿元，出口275.35亿美元，进口260.99亿美元，合同外资金额149.73亿美元，其中外商实际投资77.37亿美元。依次分别比上年同期增长29.40%、28.32%、25.50%、23.11%、33.78%、37.75%、30.99%和23.42%；增幅依次分别高于全国增幅21.40 、15.72、9.80、10.98、11.48、16.55、11.37、10.91个百分点。

其中：东部沿海33家国家级开发区实现GDP2791.42亿元，工业总产值(现价)7242.28亿元，工业增加值2010.59亿元，税收收入463.81亿元，出口270.55亿美元，进口254.25亿美元，合同外资金额140.74亿美元，外商实际投资72.84亿美元。分别比上年同期增长27.40%、24.08%、25.22%、22.12%、33.92%、37.31%、29.75%和20.66%。

中西部16家国家级开发区实现GDP318.08亿元，工业总产值（现价）624.46亿元，工业增加值199.36亿元，税收收入36.37亿元，出口4.80亿美元，进口6.74亿美元，合同外资金额8.99亿美元，外商实际投资额4.53

亿美元，依次分别比上年同期增长50.12%、44.67%、70.99%、37.31%、25.98%、56.38%、53.94%和95.26%,除出口外，各项指标增幅均高于东部沿海33家国家级开发区。

2001年国家级经济技术开发区主要经济指标

2001年，全国45个国家级经济技术开发区实现GDP2329.20亿元,工业总产值（现价）6109.54亿元，工业增加值1691.34亿元，税收收入395.73亿元，出口201.44亿美元，合同外资金额113.07亿美元，其中外商实际投资62.09亿美元。依次分别比2000年同期增长25.72%、28.59%、26.30%、34.80%、22.63%、18.00%和36.00%；增幅依次分别高于全国增幅18.42、16.95、16.40、15.01、15.83、7.57、21.1个百分点。

其中：1995年以前批准的32家国家级开发区实现工业总产值5697.93亿元，工业增加值1579.56亿元，税收收入370.65亿元，出口197.94亿美元，合同外资金额107.42亿美元，外商实际投资59.36亿美元。依次分别比上年同期增长27.34%、25.48%、32.50%、22.40%、19.25%和34%。

2000年新批准的13家中西部地区国家级开发区实现工业总产值411.61亿元，工业增加值111.78亿元，税收收入25.08亿元，出口3.50亿美元，外商实际投资额2.73亿美元，依次分别比上年同期增长48.82%、39.20%、58.43%、36.72%和152.78%，增幅均高于1995年前批准设立的国家级开发区。合同外资金额5.65亿美元，比上年同期减少4.24%。

国家级经济技术开发区主要经济指标

（2000~2003）

天津经济技术开发区

项目	2003年	2002年	2001年	2000年
国内生产总值GDP（亿元）	445	380.09	312.03	256.44
工业总产值（亿元）	1250	1031.24	865.11	731.82
出口额（亿美元）	67	57.06	40.35	32.67
进口额（亿美元）	—	61.24	38.51	47.21
合同外资额（亿美元）	12.74	24.11	22.00	26.40
实际利用外资额（亿美元）	6.33	20.00	18.01	10.10

大连经济技术开发区

项目	2003年	2002年	2001年	2000年
国内生产总值GDP（亿元）	300.2	242.63	201.43	165.53
工业总产值（亿元）	598.2	490.53	412.32	360.12
出口额（亿美元）	—	32.44	26.96	23.66
进口额（亿美元）	—	27.62	22.85	22.15
合同外资额（亿美元）	14.2	8.07	6.00	4.52
实际利用外资额（亿美元）	6.0	3.75	3.10	2.22

秦皇岛经济技术开发区

项目	2003年	2002年	2001年	2000年
国内生产总值GDP（亿元）	52	35.03	26.80	19.83
工业总产值（亿元）	135	85.45	62.74	45.71
出口额（亿美元）	2.6	2.04	1.65	1.56
进口额（亿美元）	—	1.95	1.00	0.54
合同外资额（亿美元）	2.28	1.12	1.13	1.10
实际利用外资额（亿美元）	1.07	0.81	0.71	0.78

烟台经济技术开发区

项目	2003年	2002年	2001年	2000年
国内生产总值GDP（亿元）	—	102.59	60.05	45.22
工业总产值（亿元）	300	208.39	130.42	100.51
出口额（亿美元）	—	4.77	3.80	3.11
进口额（亿美元）	—	6.06	4.52	3.22
合同外资额（亿美元）	5.2	3.44	2.11	0.90
实际利用外资额（亿美元）	2.2	1.31	0.81	0.65

青岛经济技术开发区

项目	2003年	2002年	2001年	2000年
国内生产总值GDP（亿元）	212.1	169.20	130.00	85.70
工业总产值（亿元）	455	353.06	259.30	167.98
出口额（亿美元）	9.5	7.69	7.34	6.44
进口额（亿美元）	—	5.10	4.89	3.83
合同外资额（亿美元）	23.3	12.38	9.23	4.86
实际利用外资额（亿美元）	7.99	4.73	4.65	2.89

南通经济技术开发区

项目	2003年	2002年	2001年	2000年
国内生产总值GDP（亿元）	32.72	35.61	29.54	24.10
工业总产值（亿元）	113.24	90.42	78.95	67.40
出口额（亿美元）	6.58	4.63	3.56	3.48
进口额（亿美元）	4.6	4.27	3.05	3.29
合同外资额（亿美元）	5.46	1.03	2.10	1.28
实际利用外资额（亿美元）	2.0	0.81	0.61	0.52

广州经济技术开发区

项目	2003年	2002年	2001年	2000年
国内生产总值GDP（亿元）	410	244.16	173.39	140.94
工业总产值（亿元）	895.87	560.54	434.00	413.37
出口额（亿美元）	31.97	18.76	9.77	8.97
进口额（亿美元）	38.03	22.49	13.88	14.55
合同外资额（亿美元）	23.78	21.48	12.96	8.95
实际利用外资额（亿美元）	6.05	5.60	5.00	4.85

温州经济技术开发区

项目	2003年	2002年	2001年	2000年
国内生产总值GDP（亿元）	54.50	43.30	30.37	21.38
工业总产值（亿元）	132.46	101.25	75.32	52.90
出口额（亿美元）	3.88	2.41	1.85	1.55
进口额（亿美元）	1.18	0.39	0.50	0.67
合同外资额（亿美元）	0.80	0.42	0.27	0.07
实际利用外资额（亿美元）	0.26	0.16	0.11	0.07

昆山经济技术开发区

项目	2003年	2002年	2001年	2000年
国内生产总值GDP（亿元）	272	180.39	103.30	84.63
工业总产值（亿元）	780	535.03	312.75	253.40
出口额（亿美元）	63	36.52	17.96	14.69
进口额（亿美元）	48	32.19	13.18	9.83
合同外资额（亿美元）	9.54	8.80	13.38	12.40
实际利用外资额（亿美元）	4.75	5.65	3.75	3.85

重庆经济技术开发区

项目	2003年	2002年	2001年	2000年
国内生产总值GDP（亿元）	72.48	50.83	32.60	28.02
工业总产值（亿元）	191.14	112.24	84.56	72.86
出口额（亿美元）	0.74	0.30	0.09	0.15
进口额（亿美元）	0.33	0.25	0.38	0.20
合同外资额（亿美元）	0.90	0.57	0.70	0.15
实际利用外资额（亿美元）	0.43	0.38	0.60	0.30

芜湖经济技术开发区

项目	2003年	2002年	2001年	2000年
国内生产总值GDP（亿元）	68	54.80	41.20	33.50
工业总产值（亿元）	218.3	139.40	101.00	71.60
出口额（亿美元）	0.61	0.22	0.17	0.14
进口额（亿美元）	2.34	0.88	0.47	0.23
合同外资额（亿美元）	—	0.83	0.88	0.62
实际利用外资额（亿美元）	1.29	0.39	0.25	0.19

武汉经济技术开发区

项目	2003年	2002年	2001年	2000年
国内生产总值GDP（亿元）	106	88.10	70.20	55.62
工业总产值（亿元）	308	200.24	164.14	126.22
出口额（亿美元）	1.21	0.82	0.37	0.31
进口额（亿美元）	—	1.50	1.81	0.96
合同外资额（亿美元）	34.85	1.75	0.78	1.39
实际利用外资额（亿美元）	4.7	1.22	1.01	1.45

大亚湾经济技术开发区

项目	2003年	2002年	2001年	2000年
国内生产总值GDP（亿元）	35.02	18.53	14.91	12.24
工业总产值（亿元）	37.3	24.06	20.01	13.90
出口额（亿美元）	3.374	2.76	1.46	1.14
进口额（亿美元）	—	2.78	1.28	1.32
合同外资额（亿美元）	—	1.72	1.05	1.04
实际利用外资额（亿美元）	5.082	3.18	1.37	1.19

北京经济技术开发区

项目	2003年	2002年	2001年	2000年
国内生产总值GDP（亿元）	85.45	75	69.71	29.14
工业总产值（亿元）	450	410	422.98	83.88
出口额（亿美元）	15.93	13.20	12.37	1.38
进口额（亿美元）	—	21.92	23.40	4.62
合同外资额（亿美元）	4.18	3.32	2.93	1.50
实际利用外资额（亿美元）	2.64	2.00	1.72	0.70

威海经济技术开发区

项目	2003年	2002年	2001年	2000年
国内生产总值GDP（亿元）	50.55	32.22	25.13	20.02
工业总产值（亿元）	91.2	61.00	49.17	12.93
出口额（亿美元）	3.00	2.00	1.21	1.11
进口额（亿美元）	—	1.55	0.70	0.72
合同外资额（亿美元）	2.55	2.07	0.94	1.06
实际利用外资额（亿美元）	1.26	0.57	0.85	0.55

成都经济技术开发区

项目	2003年	2002年	2001年	2000年
国内生产总值GDP（亿元）	49.4	39.10	30.70	21.00
工业总产值（亿元）	—	35.81	32.80	26.00
出口额（亿美元）	0.22	0.16	0.10	0.22
进口额（亿美元）	0.44	0.27	0.08	0.02
合同外资额（亿美元）	—	0.25	0.16	0.64
实际利用外资额（亿美元）	—	0.09	0.04	0.07

哈尔滨经济技术开发区

项目	2003年	2002年	2001年	2000年
国内生产总值GDP（亿元）	121.6	53.46	45.97	40.41
工业总产值（亿元）	—	208.00	179.00	157.64
出口额（亿美元）	—	1.69	1.65	1.94
进口额（亿美元）	—	0.89	0.63	0.50
合同外资额（亿美元）	2.25	1.80	1.28	0.93
实际利用外资额（亿美元）	1.4	1.01	0.74	0.69

长春经济技术开发区

项目	2003年	2002年	2001年	2000年
国内生产总值GDP（亿元）	—	125.00	100.01	80.30
工业总产值（亿元）	380	310.03	228.56	181.04
出口额（亿美元）	—	6.02	3.62	3.23
进口额（亿美元）	—	0.73	0.62	0.04
合同外资额（亿美元）	5.9	4.19	2.52	1.87
实际利用外资额（亿美元）	3.51	2.51	2.02	1.12

呼和浩特经济技术开发区

项目	2003年	2002年	2001年	2000年
国内生产总值GDP（亿元）	42.97	27.86	15.50	9.75
工业总产值（亿元）	119	68.48	37.09	22.77
出口额（亿美元）	—	0.29	0.18	0.08
进口额（亿美元）	—	0.02	0.03	0.02
合同外资额（亿美元）	—	0.43	0.71	0.99
实际利用外资额（亿美元）	0.23	0.24	0.13	0.07

南京经济技术开发区

项目	2003年	2002年	2001年
国内生产总值GDP（亿元）	60.0	46.86	37.10
工业总产值（亿元）	—	186.98	156.00
出口额（亿美元）	9.6	5.55	3.87
进口额（亿美元）	—	5.60	2.45
合同外资额（亿美元）	6.06	5.19	1.06
实际利用外资额（亿美元）	3.5	2.50	1.01

连云港经济技术开发区

项目	2002年	2001年	2000年
国内生产总值GDP（亿元）	38.06	28.10	23.00
工业总产值（亿元）	94.00	75.22	62.63
出口额（亿美元）	1.09	0.76	0.58
进口额（亿美元）	1.56	0.87	1.84
合同外资额（亿美元）	1.25	0.64	0.25
实际利用外资额（亿美元）	0.60	0.50	0.75

上海闵行经济技术开发区

项目	2002年	2001年	2000年
国内生产总值GDP（亿元）	59.49	53.42	48.51
工业总产值（亿元）	198.29	178.08	161.75
出口额（亿美元）	4.04	3.65	3.80
进口额（亿美元）	3.50	3.54	3.30
合同外资额（亿美元）	0.59	0.68	0.39
实际利用外资额（亿美元）	0.26	0.70	0.57

上海虹桥经济技术开发区

项目	2002年	2001年	2000年
国内生产总值GDP（亿元）	51.30	39.89	33.07
工业总产值（亿元）	0	0	0
出口额（亿美元）	1.87	2.46	2.74
进口额（亿美元）	1.28	2.29	2.38
合同外资额（亿美元）	0.91	0.21	0.73
实际利用外资额（亿美元）	0.71	0.38	0.73

上海漕河泾经济技术开发区

项目	2002年	2001年	2000年
国内生产总值GDP（亿元）	103.65	86.52	74.67
工业总产值（亿元）	272.76	216.30	186.68
出口额（亿美元）	13.30	11.41	9.58
进口额（亿美元）	9.50	8.47	7.00
合同外资额（亿美元）	2.30	1.20	2.60
实际利用外资额（亿美元）	1.80	1.32	0.96

东山经济技术开发区

项目	2002年	2001年	2000年
国内生产总值GDP（亿元）	9.50	9.06	9.73
工业总产值（亿元）	19.01	18.12	18.02
出口额（亿美元）	0.73	0.71	0.79
进口额（亿美元）	0.20	0.19	0
合同外资额（亿美元）	0.53	0.52	0.87
实际利用外资额（亿美元）	0.21	0.52	0.42

宁波经济技术开发区

项目	2002年	2001年	2000年
国内生产总值GDP（亿元）	105.35	87.31	72.20
工业总产值（亿元）	325.40	271.82	221.30
出口额（亿美元）	10.04	9.67	8.62
进口额（亿美元）	7.96	6.31	6.52
合同外资额（亿美元）	11.21	8.01	4.00
实际利用外资额（亿美元）	4.00	3.01	1.99

福州经济技术开发区

项目	2002年	2001年	2000年
国内生产总值GDP（亿元）	85.36	78.59	80.58
工业总产值（亿元）	179.78	158.11	161.63
出口额（亿美元）	5.10	4.60	4.47
进口额（亿美元）	5.97	3.85	3.92
合同外资额（亿美元）	3.04	1.49	1.38
实际利用外资额（亿美元）	2.16	1.88	1.51

湛江经济技术开发区

项目	2002年	2001年	2000年
国内生产总值GDP（亿元）	23.67	21.13	22.61
工业总产值（亿元）	62.53	61.05	61.43
出口额（亿美元）	1.51	1.15	1.09
进口额（亿美元）	0.97	1.19	0.65
合同外资额（亿美元）	0.42	0.57	0.57
实际利用外资额（亿美元）	0.27	0.48	0.45

营口经济技术开发区

项目	2002年	2001年	2000年
国内生产总值GDP（亿元）	32.00	25.08	21.81
工业总产值（亿元）	58.01	51.69	48.77
出口额（亿美元）	2.00	2.11	1.79
进口额（亿美元）	0.89	1.04	1.31
合同外资额（亿美元）	1.12	0.63	1.24
实际利用外资额（亿美元）	0.51	0.44	0.32

福清融侨经济技术开发区

项目	2002年	2001年	2000年
国内生产总值GDP（亿元）	41.78	37.04	36.21
工业总产值（亿元）	184.42	150.95	147.62
出口额（亿美元）	13.83	11.74	11.34
进口额（亿美元）	11.44	9.21	8.80
合同外资额（亿美元）	0.73	0.43	0.50
实际利用外资额（亿美元）	0.41	0.23	0.50

沈阳经济技术开发区

项目	2002年	2001年	2000年
国内生产总值GDP（亿元）	100.65	85.40	70.69
工业总产值（亿元）	280.35	248.25	191.45
出口额（亿美元）	2.52	2.41	2.37
进口额（亿美元）	2.72	1.50	1.16
合同外资额（亿美元）	6.93	5.24	4.14
实际利用外资额（亿美元）	1.90	1.49	1.76

杭州经济技术开发区

项目	2002年	2001年	2000年
国内生产总值GDP（亿元）	71.63	57.48	46.97
工业总产值（亿元）	252.21	204.39	169.06
出口额（亿美元）	5.65	4.85	2.39
进口额（亿美元）	5.58	8.59	5.79
合同外资额（亿美元）	5.86	4.01	2.49
实际利用外资额（亿美元）	2.06	1.62	1.20

广州南沙经济技术开发区

项目	2002年	2001年	2000年
国内生产总值GDP（亿元）	39.99	34.82	15.17
工业总产值（亿元）	63.02	57.87	29.08
出口额（亿美元）	3.02	2.62	2.32
进口额（亿美元）	2.82	2.02	1.95
合同外资额（亿美元）	0.90	1.76	0.59
实际利用外资额（亿美元）	0.39	0.52	0.34

乌鲁木齐经济技术开发区

项目	2002年	2001年	2000年
国内生产总值GDP（亿元）	12.20	11.42	8.45
工业总产值（亿元）	23.04	16.08	8.21
出口额（亿美元）	1.93	1.44	0.57
进口额（亿美元）	0.70	0.22	0.18
合同外资额（亿美元）	0.10	0.26	0.17
实际利用外资额（亿美元）	0.00	0.16	0.08

合肥经济技术开发区

项目	2002年	2001年	2000年
国内生产总值GDP（亿元）	53.71	27.60	15.00
工业总产值（亿元）	152.40	102.00	43.00
出口额（亿美元）	0.92	1.25	0.78
进口额（亿美元）	2.15	1.70	1.28
合同外资额（亿美元）	0.78	0.63	0.07
实际利用外资额（亿美元）	0.51	0.31	0.07

郑州经济技术开发区

项目	2002年	2001年	2000年
国内生产总值GDP（亿元）	16.10	11.20	7.00
工业总产值（亿元）	21.78	18.60	14.50
出口额（亿美元）	0.06	0.05	0.09
进口额（亿美元）	0.77	0.02	0.004
合同外资额（亿美元）	0.34	0.65	0.25
实际利用外资额（亿美元）	0.19	0.09	0.08

西安经济技术开发区

项目	2002年	2001年	2000年
国内生产总值GDP（亿元）	39.52	30.11	23.31
工业总产值（亿元）	100.07	70.62	50.51
出口额（亿美元）	0.74	0.87	0.81
进口额（亿美元）	0.35	0.72	0.51
合同外资额（亿美元）	2.24	1.84	1.55
实际利用外资额（亿美元）	0.71	0.58	0.51

昆明经济技术开发区

项目	2002年	2001年	2000年
国内生产总值GDP（亿元）	17.27	14.94	13.76
工业总产值（亿元）	30.15	25.64	23.00
出口额（亿美元）	0.24	0.13	0.14
进口额（亿美元）	0.19	0.23	0.26
合同外资额（亿美元）	0.22	0.06	0.04
实际利用外资额（亿美元）	0.04	0.06	0.03

长沙经济技术开发区

项目	2002年	2001年	2000年
国内生产总值GDP（亿元）	50.84	34.55	26.14
工业总产值（亿元）	85.26	50.80	36.80
出口额（亿美元）	1.25	0.40	0.25
进口额（亿美元）	2.52	1.42	0.06
合同外资额（亿美元）	1.38	0.47	1.55
实际利用外资额（亿美元）	1.14	0.78	0.81

贵阳经济技术开发区

项目	2002年	2001年	2000年
国内生产总值GDP（亿元）	15.27	12.88	12.38
工业总产值（亿元）	22.50	22.68	21.71
出口额（亿美元）	0.27	0.12	0.10
进口额（亿美元）	0.10	0.04	0.03
合同外资额（亿美元）	0.33	0.38	0.08
实际利用外资额（亿美元）	0.02	0.05	0.04

南昌经济技术开发区

项目	2002年	2001年	2000年
国内生产总值GDP（亿元）	28.70	11.20	8.38
工业总产值（亿元）	50.30	32.60	24.04
出口额（亿美元）	0.11	0.13	0.10
进口额（亿美元）	0.004	0.003	0.003
合同外资额（亿美元）	1.71	0.35	0.06
实际利用外资额（亿美元）	1.00	0.10	0.06

石河子经济技术开发区

项目	2002年	2001年	2000年
国内生产总值GDP（亿元）	7.05	4.54	3.02
工业总产值（亿元）	18.37	11.08	8.83
出口额（亿美元）	0.26	0.22	0.01
进口额（亿美元）	0.34	0.03	0.01
合同外资额（亿美元）	0.31	0.04	0.06
实际利用外资额（亿美元）	0.23	0.00	0.007

银川经济技术开发区

项目	2002年	2001年	2000年
国内生产总值GDP（亿元）	8.96	7.56	6.30
工业总产值（亿元）	11.48	7.70	5.42
出口额（亿美元）	0.18	0.04	0.046
进口额（亿美元）	—	—	—
合同外资额（亿美元）	0.47	0.30	0.67
实际利用外资额（亿美元）	—	—	—

西宁经济技术开发区

项目	2002年	2001年	2000年
国内生产总值GDP（亿元）	4.77	3.81	3.40
工业总产值（亿元）	3.77	2.20	1.98
出口额（亿美元）	0.02	0.00	—
进口额（亿美元）	0.01	0.00	—
合同外资额（亿美元）	0.06	0.04	—
实际利用外资额（亿美元）	0.03	0.01	—

太原经济技术开发区

项目	2002年	2001年	2000年
国内生产总值GDP（亿元）	1.93	1.88	0.58
工业总产值（亿元）	4.33	1.80	1.13
出口额（亿美元）	0.06	0.10	0.07
进口额（亿美元）	0.006	0.028	0.014
合同外资额（亿美元）	0.46	0.10	—
实际利用外资额（亿美元）	0.16	0.10	0.10

南宁经济技术开发区

项目	2003年	2002年	2001年
国内生产总值GDP（亿元）		7.00	5.41
工业总产值（亿元）		19.76	16.03
出口额（亿美元）		0.25	0.22
进口额（亿美元）		0.001	0.00
合同外资额（亿美元）		0.006	0.11
实际利用外资额（亿美元）		0.19	0.07

（资料来源：商务部）

浙江省开发区外商直接投资情况表

(2003年1～12月)

金额单位：万美元

名称	项目数	占全省总数%	合同外资	占全省总数%	实际外资	占全省总数%
开发区合计	1520	34.2	618053	51.3	279082	51.2
其中：国家级开发区	561	12.6	233702	19.4	123010	22.6
省级经济开发区	959	21.6	384351	31.9	156072	28.6

分开发区	项目数	占开发区总数%	合同外资	占开发区总数%	实际外资	占开发区总数%
宁波经济技术开发区	238	15.7	90126	14.6	53038	19.0
宁波保税区	83	5.5	47018	7.6	20008	7.2
杭州经济技术开发区	62	4.1	40223	6.5	19391	6.9
杭州高新技术开发区	84	5.5	22047	3.6	14050	5.0
嘉善经济开发区	57	3.8	27253	4.4	12050	4.3
萧山经济技术开发区	53	3.5	20433	3.3	11885	4.3
嘉兴经济开发区	44	2.9	20248	3.3	10156	3.6
镇海经济开发区	62	4.1	23789	3.8	8775	3.1
绍兴柯桥经济开发区	43	2.8	13140	2.1	8091	2.9
湖州经济开发区	36	2.4	22458	3.6	7603	2.7
余姚经济开发区	30	2.0	15381	2.5	7412	2.7
嵊州经济开发区	45	3.0	18157	2.9	7131	2.6
平湖经济开发区	29	1.9	16254	2.6	7045	2.5
慈溪经济开发区	31	2.0	13860	2.2	6263	2.2
南浔经济开发区	28	1.8	13140	2.1	5817	2.1
莫干山经济开发区	54	3.6	15521	2.5	5595	2.0
乍浦经济开发区	23	1.5	18380	3.0	5531	2.0
长兴经济开发区	48	3.2	21458	3.5	5453	2.0
上虞经济开发区	20	1.3	9704	1.6	5239	1.9
安吉经济开发区	24	1.6	13624	2.2	4615	1.7
金华经济开发区	37	2.4	7180	1.2	4545	1.6
诸暨经济开发区	26	1.7	11962	1.9	4163	1.5
桐乡经济开发区	32	2.1	19382	3.1	3721	1.3
奉化经济开发区	11	0.7	2301	0.4	3306	1.2
宁海经济开发区	35	2.3	9058	1.5	3274	1.2
台州经济开发区	19	1.3	5639	0.9	2801	1.0
温州经济技术开发区	34	2.2	8045	1.3	2609	0.9

续表

分开发区	项目数	占开发区总数％	合同外资	占开发区总数％	实际外资	占开发区总数％
绍兴经济开发区	17	1.1	5631	0.9	2564	0.9
海盐经济开发区	10	0.7	2887	0.5	2559	0.9
富阳富春江开发区	9	0.6	4621	0.7	2345	0.8
余杭经济开发区	19	1.3	5117	0.8	1935	0.7
桐庐经济开发区	11	0.7	2694	0.4	1822	0.7
宁波大榭岛开发区	4	0.3	5432	0.9	1732	0.6
永康经济开发区	7	0.5	2569	0.4	1669	0.6
象山经济开发区	26	1.7	5074	0.8	1569	0.6
义乌经济开发区	13	0.9	1626	0.3	1476	0.5
淳安千岛湖开发区	6	0.4	4589	0.7	1457	0.5
黄岩经济开发区	11	0.7	2229	0.4	1335	0.5
大麦屿经济开发区	2	0.1	1058	0.2	1141	0.4
东阳经济开发区	17	1.1	4991	0.8	1139	0.4
海宁经济开发区	13	0.9	10928	1.8	1020	0.4
临安经济开发区	5	0.3	1563	0.3	907	0.3
临海经济开发区	8	0.5	955	0.2	770	0.3
浦江经济开发区	13	0.9	3223	0.5	629	0.2
瓯海经济开发区	2	0.1	118	0.0	562	0.2
衢州经济开发区	9	0.6	1922	0.3	531	0.2
兰溪经济开发区	6	0.4	786	0.1	526	0.2
武义经济开发区	4	0.3	294	0.0	352	0.1
瑞安经济开发区			550	0.1	319	0.1
之江旅游度假区	3	0.2	378	0.1	297	0.1
青田经济开发区			220	0.0	197	0.1
乐清经济开发区	2	0.1	88	0.0	157	0.1
衢江沈家开发区	4	0.3	247	0.0	148	0.1
温岭经济开发区	3	0.2	843	0.1	134	0.0
丽水经济开发区	4	0.3	1477	0.2	131	0.0
江山经济开发区	3	0.2	74	0.0	57	0.0
舟山经济开发区	1	0.1	88	0.0	35	0.0

注：按实际外资排序。

国家高新区发展情况

2003年，尽管受到“非典”等不利因素的影响，国家高新区依然保持了强劲的增长势头，根据2003年国家高新区统计快报显示，53个国家高新区的营业总收入首次突破2万亿元大关，达到20194亿元，同比增长32%；工业总产值17307亿元，同比增长34%；工业增加值4272亿元，同比增长30%；实现净利润1024亿元，同比增长28%；实现各项税额964亿元，同比增长26%；出口创汇570亿美元，同比增长73%。

从高新区工业增加值指标的增长情况看，2003年国家高新区工业增加值占全国工业增加值61778亿元的7%，增长速度高于全国7个百分点（全国工业企业工业增加值的增长速度是12.5%）。

北京中关村科技园区和上海高新区营业总收入超过1500亿元，无锡、南京、深圳、苏州、西安、长春、天津、广州、青岛、沈阳、武汉、杭州、成都、吉林、长沙等15个高新区的总收入超过400亿元，相当一批国家高新区已经成为所在城市新的经济增长点。

国家高新区现已成为我国走新型工业化道路的先导区、改革开放的示范区和科技创新与高新技术产业的重要基地。国家高新区高新技术产业产值已占全国的50%以上。北京、上海、天津、深圳、西安、大连、武汉、成都等地的国家高新区通过建设科技企业孵化器，采取招商引资措施，完善科技中介服务和科技成果转化平台，有力地推动当地高新技术企业的发展，形成了一批以微电子、光电子、通信、计算机及软件、生物医药、先进制造技术、新能源、新材料等领域为主体的高新技术产业。

随着高新区的不断发展，高新区土地开发的经济社会效益逐年提高，大部分指标都呈现加速增长趋势。据统计，全国53个国家高新区总规划面积为724.90 平方公里，其中新建区为490.10平方公里，开发建成的土地面积为485.05平方公里。在建成的土地面积中，用于工业用地的为60.4%（工业用地没有包含道路、公用设施和公用绿地）。

国家高新区主要经济指标

（1998～2003年）

单位：亿元

项目	1998	1999	2000	2001	2002	2003
工业总产值	4333.6	5943.6	7942.0	10116.8	12937.1	17307
工业增加值	1060.7	1476.2	1978.8	2621.3	3286.1	4272
营业总收入	4839.6	6774.8	9209.3	11928.4	15326.4	20194
实现利润	256.2	398.7	597.0	644.6	801.1	1024
上缴税额	220.8	338.6	460.2	640.4	766.4	964
出口创汇额(亿美元)	85.3	119.1	185.8	226.6	329.2	570

国家高新区内企业发展状况分析

高新区培育和促进了高新技术产业的发展,特别是对高新技术企业的发展,发挥了重要的作用,使高新区内各种经济类型的高新技术企业得到快速发展,呈现了良好的发展态势。

一、各经济类型企业在高新区的聚集

到2002年,高新区内已形成多种经济类型企业并存发展的格局,已拥有国家标准规定的11种经济类型企业。

在2002年高新区的28338家企业中,有限责任公司排在前位,已达11016家,占高新区企业数的38.9%;私营企业排第二位,是7176家,占25.3%;以下依次为,外商投资企业4542家,占16%;国有企业1946家,占6.9%;股份有限公司1327家,占4.7%;集体企业1257家,占4.4%;股份合作企业827家,占2.9%;联营企业170家,占0.6%(见图1)。

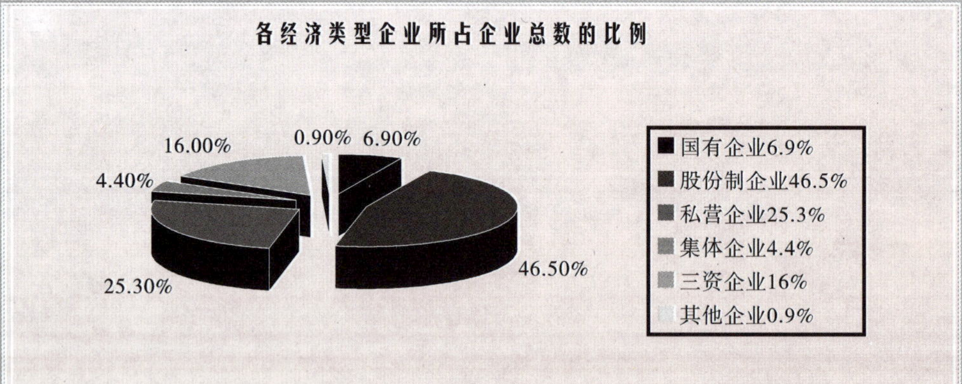

图1

注:股份制企业包括:股份合作企业、有限责任公司、股份有限公司。三资企业包括:港澳台企业和外资投资企业。

1.各经济类型企业工业增加值的发展状况

2002年高新区各经济类型企业中(按五种经济类型归类比较),工业增加值总量最高的是股份制企业1425.6亿元，占高新区总量的43.4%，同比增长37.3%，人均工业增加值达到8万元/人；第二位是三资企业1328.2亿元，占高新区总量的40.4%，同比增长19.2%，人均工业增加值达16.2万元/人；以下为国有企业268亿元，占高新区总量的8.2%，同比增长11.4%，人均工业增加值达6.1万元/人；集体企业111.5亿元，占高新区总量的3.4%，同比增长5.4%，人均工业增加值达7万元/人；私营企业107.2亿元，占高新区总量的4.1%，同比增长24.3%，人均工业增加值达5万元/人。

以上数据表明，股份制企业表现了强劲的发展势头，工业增加值总量已超过三资企业，成为高新区经济的主体；私营企业虽然数量多，但规模小，对工业增加值贡献不大。高新区内全部企业从业人员的人均工业增加值已超过1万美元（9.7万元/人），是全国工业企业人均工业增加值的1.7倍；高新区内三资企业的人均工业增加值明显高于内资企业，说明三资企业在创造工业增加值的能力方面具有一定的优势（见图2）。

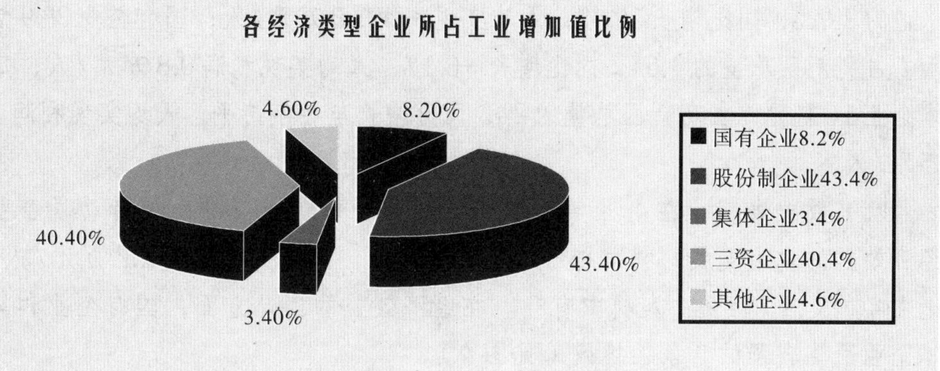

图2

2.各经济类型企业上缴税额的发展状况

在高新区内，各类企业中上缴税额最高的是股份制企业348.2亿元，占高新区同指标总量的45.4%，同比增长30.4%，人均缴税1.9万元/人；其次是三资企业291.4亿元，占高新区总量的38%，同比增长10.6%，人均缴税3.5万元/人；国有企业61.6亿元，占高新区总量的8%，同比增长12.4%，人均缴税1.4万元/人；集体企业28亿元，占高新区总量的4%，同比增长7.7%，人均缴税1.8万元/人。

以上数据表明，高新区企业在上缴税额上，以股份制企业为代表的内资企业是税源的主体，同比增长速度最高，上缴税额占了高新区总量的62%。高新区企业平均人均上缴税额是2.3万元/人，比上年的2.17万元/人均净增0.13万元/人。高新区内各类企业中，三资企业的平均人均上缴税额达3.5万元/人，企业效益优势较突出（见图3）。

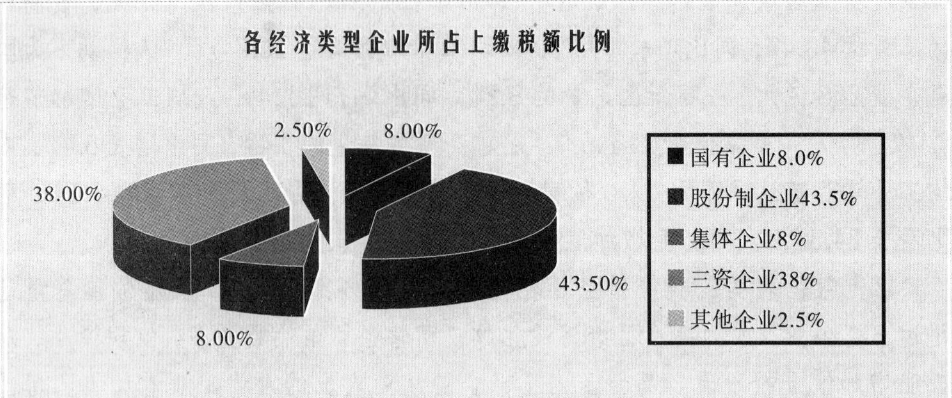

图3

3.各经济类型企业实现利润额的发展状况

利润额最高的企业是股份制企业387.6亿元，占高新区同指标的48.4%，同比增长26.7%，人均实现利润2.2万元/人；三资企业313.9亿元，占高新区总量的39.2%，同比增长26.4%，人均实现利润3.8万元/人；国有企业36.9亿元，占高新区总量的4.6%，同比增长-6.1%，人均实现利润0.8万元/人；集体企业16亿元，占高新区总量的2%，同比增长与去年持平，人均实现利润1万元/人。

以上数据表明，在企业实现利润方面，股份制企业的发展带动了企业经济效益的稳定发展，利润总量超过三资企业，人均实现利润2.2万元/人，比上年的2.17万元/人稳中有升。在经济效益的提升方面，国有企业和集体企业面临较强的竞争性挑战（见图4）。

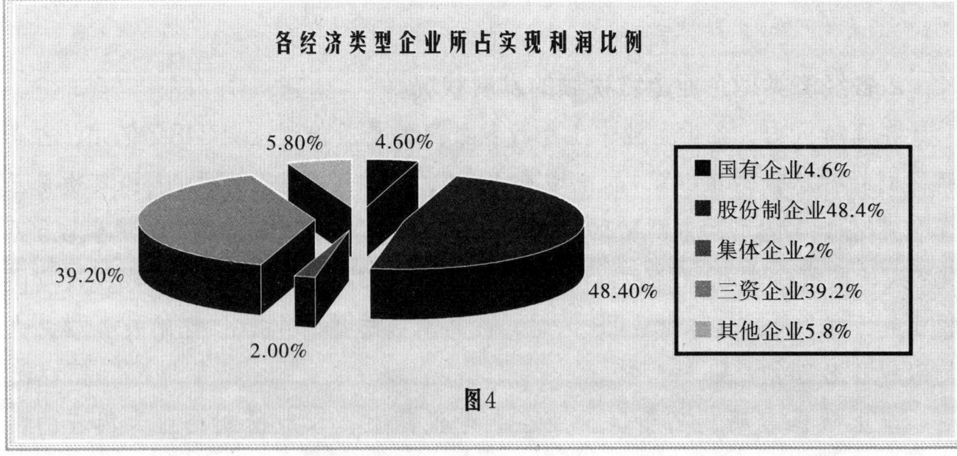

图4

4.各经济类型企业的从业人员发展状况

高新区各经济类型企业2002年实现就业情况是，股份制企业从业人员达到178.6万人，占高新区从业人员数的51.2%，比上年增长38.8万人；三资企业达82.2万人，占高新区从业人员23.6%，增长12.4万人；国有企业43.6万人，占高新区从业人员12.5%，减少3万人；集体企业15.9万人，占高新区从业人员4.6%，增长1.6万人。

以上数据表明：随着国有企业向股份制的转制，从业人员的人数正在发生转移。

二、高新技术企业是高新区发展的主体

2002年度，高新区内经认定的高新技术企业达到19353家（以下简称高新技术企业），占高新区企业总数的68.3%；从业人员达256.6万人，占高新区企业从业人员数的73.5%；工业增加值为2674.8亿元，占高新区工业增加值总量的81.4%；上缴税额602.3亿元，占高新区上缴税额的78.6%；实现利润678.7亿元，占高新区实现利润的84.7%。19353家高新技术企业按企业经济类型分类的主要经济指标发展状况是：

1.各经济类型高新技术企业的工业增加值发展状况

2002年高新区内股份制高新技术企业的工业增加值达到1231.9亿元，占高新区高新技术企业工业增加值的46.1%，同比增长36.5%，人均工业增加值8.6万元/人；三资企业达到1037.9亿元，占高新区高新技术企业工业增加值的38.8%，同比增长11.1%，人均工业增加值18.7万元/人；国有企业达到207.4亿元，占高新区高新技术企业工业增加值的7.8%，同比增长8.8%，人均工业增加值6.4万元/人；集体企业达到85.2亿元，占高新区高新技术企业工业增加值的3.2%，同比增长-0.2%，人均工业增加值11.7万元/人。

以上数据表明：股份制企业虽在实现规模上占了上风，但从人均工业增加值的产出可以看出，三资企业是股份制企业的2.1倍，高出高新技术企业人均工业增加值8.3万元。

2.各经济类型高新技术企业的上缴税额发展状况

2002年，高新区内股份制高新技术企业上缴税额为301.1亿元，占区内高新技术企业上缴税额的50%，同比增长28.7%，人均上缴税额2.1万元/人；三资企业上缴税额为210.3亿元，占高新区高新技术企业上缴税额的34.9%，同比增长-5.7%，人均上缴税额3.8万元/人；国有企业上缴税额为42亿元，占高新区高新技术企业上缴税额的7%，同比增长-3.9%，人均上缴税额1.3万

元/人；集体企业上缴税额为20.4亿元，占高新区高新技术企业上缴税额的3.4%，同比增长1.0%，人均上缴税额2.8万元/人。

以上数据表明：股份制企业和集体企业上缴税额的同比增长呈正数，三资企业和国有企业的同比增长呈负数，市场的发展变化对企业的影响十分明显。在税额的增长中，股份制企业和三资企业是高新区高新技术企业上缴税额的主要来源；三资企业人均上缴税额高于其它类企业。

3.各经济类型高新技术企业实现利润的发展状况

2002年，高新区内股份制高新技术企业实现利润达359.6亿元，占高新区高新技术企业实现利润额的53%，同比增长27.4%，营业收入利润率为6.6%；三资高新技术企业实现利润达235.1亿元，占高新区高新技术企业实现利润额的34.6%，同比增长5.6%，营业收入利润率4.7%；国有高新技术企业实现利润达31.5亿元，占区内高新技术企业实现利润额的4.6%，同比增长-12.5%，实现利润率3.5%；集体高新技术企业实现利润达12亿元，占高新区高新技术企业实现利润的1.8%，同比增长-14.9%，实现利润率3.1%。

以上数据表明：2002年高新技术企业实现的营业收入利润率平均达5.5%，高出高新区全部企业利润率5.2%的0.3个百分点。高新技术企业实现利润已达678.7亿元，占到高新区全部企业实现利润的4/5左右。股份制企业在实现利润率方面，领先于其他类企业，以营业收入利润率6.6%高居榜首。

4.各经济类型高新技术企业从业人员的发展状况

2002年19353家高新技术企业，从业人员达256.6万人，占高新区全部从业人员的73.6%。股份制高新技术企业的从业人员最多达143.7万人，占高新技术企业从业人员数的56%，比上年增加31.1万人；三资高新技术企业从业人员55.4万人，占高新技术企业从业人员数的21.6%，比上年增加了7.6万人；国有高新技术企业从业人员32.3万人，占高新技术企业从业人员数的12.6%，比上年减少了3.1万人；集体高新技术企业从业人员7.3万人，占高新技术企业从业人员数的2.8%，比上年减少了0.3万人。

三、不同经济规模的高新技术企业发展状况

1.营业总收入大于1亿元的高新技术企业

高新区营业总收入大于1亿元的高新技术企业由2001年的1197家发展到2002年的1448家，同比增长了21 %，占高新区高新技术企业数的7.5%；

工业增加值达2269.1亿元，占高新区高新技术企业工业增加值的84.8%，人均工业增加值为13.8万元/人；上缴税额为495.6亿元，占高新区高新技术企业上缴税额的82.3%，人均上缴税额为3.0万元/人；实现利润达到602.1亿元，占高新区高新技术企业实现利润的88.7%，人均实现利润为3.7万元/人。营业总收入大于1亿元的高新技术企业是高新区经济发展的主导力量。

表1 高新区高新技术企业中营业总收入超亿元企业经济指标（2002）

单位：亿元

经济指标	高新技术企业A	营业总收入超亿元企业B	超亿元企业年净增值	超亿元企业同比增长	B/A所占份额
总收入	12350.7	10591.5	2184.2	26.0%	85.8%
工业总产值	10646.3	9226.4	1816.6	24.5%	86.7%
工业增加值	2674.8	2269.1	404.9	21.7%	84.8%
实现利润	678.7	602.1	94.5	18.6%	88.7%
上缴税费	602.3	495.6	40.2	8.8%	82.3%
出口创汇(亿美元)	268.2	254.4	78.8	44.9%	94.9%

2.营业总收入大于1000万元小于1亿元的高新技术企业

高新区高新技术企业中，营业总收入大于1000万元小于1亿元的高新技术企业有4539家，占高新区高新技术企业数的23.5%；工业增加值达343.8亿元，占高新区高新技术企业总量的12.9%；人均工业增加值为5.9万元/人；上缴税额达到86.3亿元，占高新区高新技术企业总量的14.3%，人均上缴税额1.5万元/人；实现利润达105.9亿元，占高新区高新技术企业总量的15.6%，人均实现利润达1.8万元/人。

3.营业总收入大于500万元小于1000万元的高新技术企业

高新区高新技术企业中，营业总收入大于500万元小于1000万元的高新技术企业有2248家，占高新区高新技术企业数的11.6%；工业增加值为32.5亿元，占高新区高新技术企业总量的1.2%，人均工业增加值为3万元/人；上缴税额达到9.6亿元，占高新技术企业总量的1.6%，人均上缴税额0.9万元/人；实现利润达3.3亿元，占高新区高新技术企业总量的0.5%，人均实现利润达0.3万元/人。

4.营业总收入小于500万元的高新技术企业

高新区高新技术企业中，营业总收入小于500万元的高新技术企业有11118家，占高新技术企业数的57.4%；工业增加值为29.4亿元，占高新区高新技术企业总量的1.1%；人均工业增加值为1.3万元/人；上缴税额达到10.9亿元，占高新区高新技术企业总量的1.8%，人均上缴税额0.5万元/人，净利润亏损32.6亿元。

以上数据表明：营业总收入小于500万元的高新技术企业，在企业数上占了高新技术企业的一半以上，但企业的主要经济指标都显得偏低。这些小型企业服务于高新技术产业发展的各个层面，有一定的技术附属性，发展的风险性较明显，经济效益较难大幅度提高。

营业总收入大于500万元到小于1000万元的高新技术企业占高新区企业数的11.6%，企业数量较少，是企业发展的攀升期，其主要经济指标量与小型企业相当，是值得关注的企业群体。

营业总收入大于1000万元到小于1亿元的高新技术企业占高新区企业数的23.5%，是企业发展的定型期，企业数量是500~1000万元企业的一倍，其主要经济指标的数值明显高于1000万元以下企业的指标数值，是高新区潜在发展的增长点。

占高新区高新技术企业数7.5%的超亿元企业，其各项经济指标占到高新区同指标总量的80%以上，高新区高新技术企业中超亿元企业已占全部高新区营业总收入4/5以上的地位，是高新区经济发展的骨干力量，对高新区经济持续发展起了重要的支撑作用。

四、高新区内上市企业的发展状况

2002年数据标示，在全部53家高新区中有42个高新区已有上市企业。高新区内现有上市企业251家，占全国上市企业数的23%。其中上市的高新技术企业239家，占高新区上市企业数的95.2%，

高新区251家上市企业实现营业总收入2017.7亿元，占高新区企业实现营业总收入的13.2%。上市企业实现利润额143.09亿元，占高新区企业实现利润额的18%，企业平均利润率7.1%。上市企业上缴税额110.78亿元，占高新区上缴税额的14.5%。

中国保税区进出口总值表

（2003年1~12月）

单位：千美元

内容	进出口	出 口	进 口	累计比去年同期±%		
保税区	1~12月	1~12月	1~12月	进出口	出口	进口
天津保税区	3391528	271409	3120119	78.2	97.6	76.7
大连保税区	1391422	533838	857584	42.5	71.2	29.1
外高桥保税区	20930360	4853694	16076666	75.5	55.3	82.6
张家港保税区	1378938	166308	1212630	160.3	142.8	162.9
宁波保税区	713926	193212	520714	81.0	47.3	97.8
福州保税区	435233	32536	402697	335.0	91.1	385.0
象屿保税区	1662275	460458	1201817	13.0	2.1	17.9
青岛保税区	892562	325024	567537	110.8	73.5	140.3
广州保税区	1559742	438019	1121723	59.4	47.2	64.7
深圳保税区	17877741	9638250	8239491	57.7	63.5	51.4
珠海保税区	708229	200380	507849	157.1	156.8	157.3
汕头保税区	174938	10192	164747	75.3	138.3	72.5
海口保税区	19706	2326	17380	49.0	11.5	56.1
合计	51136600	17125645	34010955	68.1	60.0	72.4

注：深圳保税区包括福田、沙头角、盐田保税区三部分。

（数据来源：海关总署）

中国保税区应往何处去

我国保税区最初的功能定位是以物流为主，十多年来，保税区在引进外资、扩大国际贸易、繁荣地方经济方面取得了一定的成绩，但由于当时条件不具备、政策不到位，保税区现有功能与其它特殊经济区交叉、重叠。国务院发展研究中心“中国保税区转型的目标模式研究”课题组近期完成的调研报告认为，为适应我国进出口贸易和港口集装箱运输规模急剧扩大的新形势，有条件的保税区应当向自由贸易港区转型，充分发挥物流功能，促进我国国际枢纽港的建设。

一、保税区现有功能偏离设计初衷

我国保税区始建于1990年，最初的功能定位是“仓储、转口和加工”，实际上是以物流为主。我国政府批准设立的保税区目前共有15个，主管部门是海关总署。

保税区大多分布在沿海地区，从有关统计数据的比较可以看出，保税区现有功能主要体现在吸引外资、国际贸易、出口加工等方面。目前，各保税区之间差别很大，发展很不平衡。从单位面积产生的GDP来看，最高的是深圳保税区，达到34.1亿元／平方公里，最低的福建马尾，只有0.6亿元／平方公里。从功能上看，保税区进口贸易功能相对较强，吸引外资和发展出口制造业的功能类似于经济技术开发区，而转口贸易基本没有得到发挥，因此，保税区的发展在一定程度上偏离了政策设计的初衷。

保税区现有功能之所以偏离设计初衷，主要基于四个方面的原因：

1.功能定位超前。在20世纪90年代初建立保税区时，虽然将转口贸易作为主要功能，但当时全国主要口岸进出口集装箱运量仅156万标箱（TUM），远洋班轮少，邻区港口主要是中国香港地区和日、韩等国枢纽港口的喂给港，保税区缺乏发展国际物流业的基础物质条件。

2.多数保税区发展进口分拨物流并无明显优势。由于区外有大量的保税工厂、保税仓库，保税区虽有进口延迟纳税的政策，但优势并不明显。

3.保税区考核指标的导向作用。国家在设立保税区时并未建立统一的评价指标，具体运作与考核均由地方政府负责。而地方政府在考核时侧重于吸引外资、增加就业与税收、以及GDP增长等直接效益指标。在这样的导向下，保税区管委会自然会把主要精力放在招商引资和发展工业项目上。

4。发展转口贸易及相关物流业务的政策与管理体制尚未建立起来。

二、保税区功能需要重新定位

目前我国保税区正在面临诸多问题。

问题之一 是法规不健全。现行的国家法律、政府规章、地方法规有关保税区的表述可以概括为“封闭式”、“特殊性”、“综合性”。保税区的功能并没有通过法规加以明确界定，实际发展中偏离政策初衷，已经出现与经济技术开发区、高新技术园区、出口加工区之间的功能交叉、重叠。

问题之二是管理体制和政策不协调。法律依据不完整加上管理体制条块分割，保税区与港口分离，口岸功能受到限制。各部门的政策和监管方式不协调，缺乏稳定性，保税区内企业从事贸易和贸易支持服务活动的自由度很低，“境内关外”和“一线放开，二线管住，区内自由”的原则没有得到落实。

问题之三是保税区之间以及区内各类产业之间发展不平衡。由于设立的保税区过多，各个保税区所在地的产业基础和区位条件差别很大，保税区之间的发展不平衡。许多保税区的运营状况不尽如人意。运营状况较好的保税区主要依靠出口加工业和进口仓储分拨，而口岸贸易、转口贸易、出口仓储和物流加工等产业没有得到发展，没有形成区港联动、相互促进的局面。

问题之四是保税区发展后劲不足。保税区内土地有限，多数保税区已布满加工制造业，发展空间受到制约。我国加入WTO之后，随着关税水平下调，进口保税分拨的政策优势将逐步减弱。

解决目前保税区发展中的问题需要从两方面考虑：一是重新设计保税区政策，实行功能转型；二是对不具备条件转型的保税区重新考虑其发展目标。

保税区新的功能定位要服从我国对外开放的大局，从东亚地区的竞争态势和我国沿海地区贸易物流的布局情况出发，着力于发展重要地区的港口物流业，促进我国沿海几个集装箱运输大港发展成为国际枢纽港。由于全国15个保税区的区位、港口条件、区内产业结构和发展水平有很大差异，各个保税区的发展目标无须强求一致。各个保税区的功能定位可有两种选择：一是多数保税区继续发展区内出口加工业，并入经济技术开发区或向临港出口加工区转型；二是选择几个保税区实行区港一体，在区内实行自由港的某些政策，以口岸国际物流业为核心功能，发展贸易、海运、理货、海运代理、货代、仓储、商展、信息、金融等业务，为进出口贸易、国际转口贸易提供便利、优质和低成本的物流服务，促进我国沿海几个集装箱大港发展成为国际枢纽港，逐步向自由贸易港区转型。

三、三大战略意义促使保税区功能转型

我国保税区功能向港口物流中心转型具有一定战略意义，具体体现在三个方面。

1.以物流服务促进国际枢纽港建设

作为国际物流网络的一个重要节点，国际枢纽港已成为支持世界经济、国际贸易发展的国际大流通体系的重要组成部分，成为连接全世界生产、交换、分配和消费的中心环节。目前，亚洲各主要港口对枢纽港地位的争夺十分激烈。

由于集装箱港的发展存在明显的规模经济效应，枢纽港和喂给港的分工格局一旦形成就会趋于固化，因此我国必须抓住目前内地港口吞吐规模快速增长的有利时机，通过在保税区建设国际物流中心增强内地大型港口对境内外中转箱源的吸引力，吸引国际主力班轮公司挂靠，从而在太平洋西海岸相邻港口城市的竞争中打破原有的分工格局，形成几个可同釜山、高雄相匹敌、甚至取代其地位的国际枢纽港，提升我国的国际经济地位。

2.以服务贸易增强出口加工业的竞争力

我国出口加工业的主要竞争优势在于低廉的劳动力成本，但物流成本也是出口产品成本的重要组成部分，由于内地港口的国际中转业务量小，班轮密度和航线数量有限，造成进出口货物候船期长、运输成本高，制约了出口产品竞争力的提高。港口物流中心的形成，不仅可以扩大服务贸易量，而且可以依靠规模经济提高物流效率、降低成本，巩固和加强我国作为世界制造业中心的地位。物流效率的提高也有助于我国IT制造业更好地适应“生产零库存、采购全球化、订单网络化”的要求，承接对时效性有更高要求的订单，提高我国加工贸易的附加值。同时，分销业跨国公司的进入也会带来国际销售渠道，扩展我出口加工业的市场。

从国际经验来看，凡是制造业大国都拥有或曾经拥有国际枢纽港，如韩国的釜山、比利时的安特卫普、德国的汉堡、日本的东京和横滨、美国的长滩和洛杉矶等。

3.扩大向内陆地区辐射、带动的范围

建设港口物流中心，不仅能“以港兴区”，更重要的是可以“以港兴市”，并通过信息流、人才流、资金流、商品流的辐射，将这种影响力不断向周边和内陆地区延伸。第一，海运集装箱运输业的繁荣必然会带动相关公路、内河及沿海运输业的发展；第二，货物的流通必然涉及资金的周转，带动金融结算行业的发展；第三，商品贸易离不开信息的交流，从而对信息服务产生需求；第四，跨国公司配送中心的建立会带动零售批发行业的发展。

目前，我国珠三角、长三角和环渤海这三大经济圈对外开放的聚集效应已日趋明显，以中心城市为核心，以大型跨国公司为先导，以产业关联为纽带，国内和国际的资源和要素越来越快地向这三个地区集中，同时，市场规模、产业链、企业群、城市群的良性互动也使得三大地区的对外辐射效应日益增强。如果保税区向物流中心的转型能使我国在南部、东部和北部各出现一个国际枢纽港，就将使三大经济圈的发展获得有力的支撑，甚至有可能出现加速度式的发展，从而对整个国民经济的增长产生强大的推动作用。

（隆国强　吕刚）

2003年保税区发展情况

张家港保税区3年超越12年

2003年是张家港保税区投入最大、发展最快的一年。全年完成基础设施投入12.1亿元，同比增长69%；引进生产型外资项目32个，注册外资2.8亿美元，实际到帐外资2.1亿美元；实现工业产品销售收入120亿元，同比增长50%；国内生产总值39亿元，同比增长20%；进出口贸易额19亿美元，同比增长89%；财政收入10亿元，同比增长16%；海关关税及代征税17.6亿元，同比增长225%。

2003年外高桥保税区招商引资情况

2003年外高桥保税区吸引投资总额13.6亿美元，合同外资6.1亿美元，分别同比增长73.25%和12.96％，其中合同外资完成年度计划的122%。2003年外高桥保税区共批准企业1053个，同比增长7.56％。全年增资企业共计241个，增加的合同外资为1.6亿美元，占全年合同外资的25.9%。

2003年宁波保税区发展情况

2003年，宁波保税区实现国内生产总值40.1亿元，同比增长21.8％；合同利用外资4.7亿美元，同比增长25.4%；实际利用外资2亿美元，同比增长10.4%；引进内资注册资金9.6亿元，是去年的4倍；进出口总额12.3亿美元，同比增长99.6%，其中出口6.2亿美元，同比增长97.4%；固定资产投资12.1亿元，同比增长16.3%；财政收入完成10.1亿元，同比增长14.8%。

自1992年建区至2002年底，已累计引进各类企业4147家，其中外资企业658家，总投资22.6109亿美元，协议外资17.2929亿美元，实际利用外资6.2197亿美元。2002年实现国内生产总值32.8779亿元，财政收入8.826亿元，进出口贸易额6.16亿美元，其中出口3.15亿美元，宁波保税区已成为宁波市新的经济增长点、利用外资的主战场和对外贸易的重要窗口。

表一：宁波保税区历年利用外资情况

金额：万美元

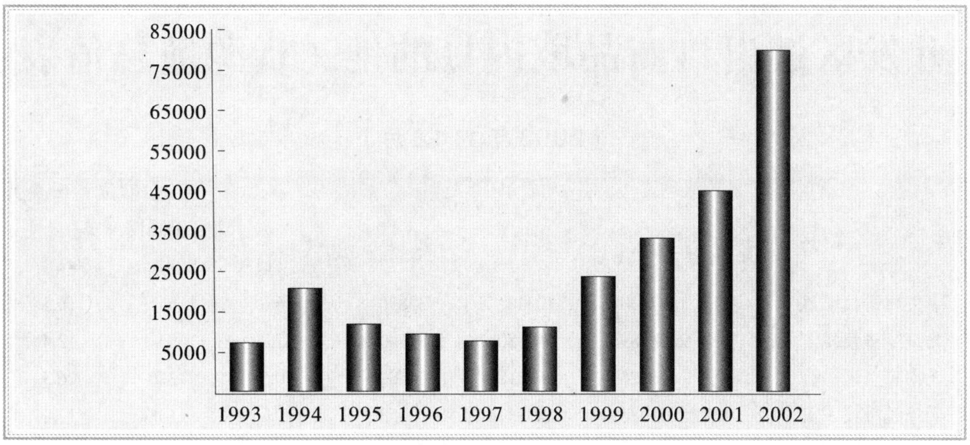

表二：宁波保税区累计利用外资情况（2003年1～12月）

金额：万美元

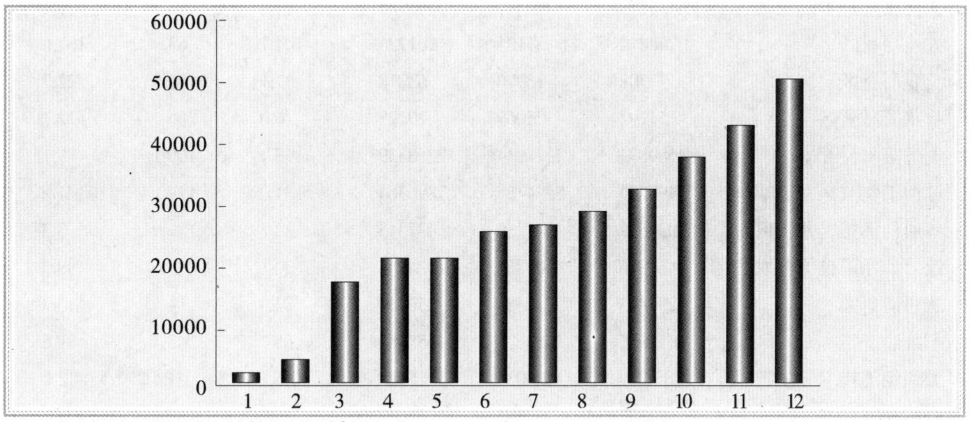

福州保税区经济运行情况（2003年1～10月）

福州保税区2003年1～10月共批准项目36项，同比增长44%，项目总投资1725.47万美元；实现进出区货物总值92765万美元，同比增长76.68%，进出口货物总值5501万美元，同比增长163.33%；海关税收5028万元，同比增长530.87%,财政收入2501万元，工业总产值7604.2万元，同比增长5.09%。

珠海保税区2003年经济总量增幅达130%

2003年珠海保税区经济总量高速增长，各项经济指标增长幅度普遍达到130%以上，2003年，珠海保税区完成国内生产总值4亿元，同比增长122%；工业总产值16亿元，增长60%；物流总值120亿元，增长243%；实际利用外资9261万美元；增长15.6%；进出口总额完成7亿美元，增长159%；税收收入1.9亿美元，增长171.9%。

开发区进出口商品境内目的地/货源地总值表

（2003年1~12月）

单位：千美元

开发区	进出口	出口	进口	累计比去年同期±%		
				进出口	出口	进口
中关村科技园区	1037238	303402	733836	116.3	115.3	116.7
北京经济技术开发区	2028789	640980	1387809	37.7	168.9	12.4
天津高新区	416626	161118	255509	20.5	12.2	26.3
天津经济技术开发区	12853784	6433331	6420453	19.6	21.8	17.4
石家庄高新区	19431	5809	13622	-21.7	55.3	-35.3
秦皇岛经济技术开发区	412646	121928	290718	128.9	27.6	243.3
沈阳高新区	335966	80495	255472	88.4	96.3	86.1
大连经济技术开发区	6453274	3006348	3446926	17.4	14.2	20.4
大连高新区	248412	87185	161226	104.7	63.0	137.6
长春高新区	77708	13990	63718	37.1	195.6	22.7
哈尔滨高新区	54192	25069	29123	6.0	86.4	-22.7
上海漕河泾开发区	4589873	2321034	2268839	98.7	109.1	89.1
苏州工业园区	13490789	5594425	7896364	131.0	117.1	141.9
南通经济技术开发区	1034632	597289	437343	21.3	39.0	3.3
连云港经济技术开发区	467806	163222	304584	90.1	75.6	99.0
杭州高新区	1296833	140386	1156446	84.0	~14.4	113.9
宁波经济技术开发区	2971976	1413623	1558353	65.7	45.4	89.6
温州经济技术开发区	135.219	120038	15180	-6.1	-4.4	-18.0
合肥高新区	84332	49685	34648	30.2	58.4	3.7
福州经济技术开发区	389610	105556	284054	-23.2	17.7	-32.0
厦门高新区	1116812	879982	236831	263.2	437.4	64.8
济南高新区	7780	6245	1535	22.9	29.3	2.3
青岛经济技术开发区	896043	429195	466847	26.3	27.5	25.2
烟台经济技术开发区	1420072	491631	928441	56.2	43.0	64.3
威海高新区	502122	286304	215817	43.7	38.5	51.2
郑州高新区	44768	30601	14168	48.0	73.2	12.5
武汉东湖新技术开发区	316093	188796	127297	29.6	91.1	-12.2
长沙高新区	36637	14349	22288	32.3	-3.8	74.6
广州经济技术开发区	4875372	2297444	2577928	96.7	104.6	90.1
湛江经济技术开发区	212134	151003	61131	57.3	77.0	23.4
桂林高新区	22740	2627	20113	28.0	-3.7	33.8
成都高新区	250020	148080	101940	46.9	72.2	21.1
重庆高新区	28381	13660	14721	31.4	21.2	42.5

（数据来源：海关总署）

第二篇

园区名录

国家级经济技术开发区

北京经济技术开发区
地 址：北京经济技术开发区万源街4号
邮 编：100176
电 话：010-67881380　67881240
网 址：http://www.bda.gov.cn

天津经济技术开发区
地 址：天津经济技术开发区宏达街19号
邮 编：300457
电 话：022-25201874　25201350
网 址：http://www.teda.gov.cn

秦皇岛经济技术开发区
地 址：河北秦皇岛经济技术开发区管委会
邮 编：066004
电 话：0335-8051180　8059045
网 址：http://www.qetdz.com.cn

太原经济技术开发区
地 址：太原经济技术开发区东大街1号
邮 编：030032
电 话：0351-7093269　7098043
网 址：http://www.taiyuan.gov.cn

呼和浩特经济技术开发区
地 址：呼和浩特经济技术开发区管委会
邮 编：010010
电 话：0471-4627630　4616551
网 址：http://www.hetdz.gov.cn

沈阳经济技术开发区
地 址：辽宁省沈阳经济技术开发区花海路
邮 编：110141
电 话：024-25811010　25811100
网 址：http://www.sydz.gov.cn

大连经济技术开发区
地 址：辽宁省大连经济技术开发区管委会
邮 编：116600
电 话：0411-7612785　7613959
网址：http://www.ddz.gov.cn

营口经济技术开发区
地 址：辽宁营口开发区钱塘江路8号
邮 编：115007
电 话：0417-6251222　6251500
网 址：http://www.ykdz.gov.cn

长春经济技术开发区
地 址：长春市自由大路118号开发大厦
邮 编：130031
电 话：0431-4644022　4644027
网 址：http://www.cetdz.com.cn

哈尔滨经济技术开发区
地 址：哈尔滨市南岗区长江路368号
邮 编：150090
电 话：0451-2294322　2302325
网 址：http://www.kaifaqu.com.cn

上海闵行经济技术开发区
地 址：上海市闵行江川路1251号
邮 编：200245
电 话：021-64300888　64300789
网 址：http://www.smudc.com

上海漕河泾新兴技术开发区
地 址：上海市宜山路900号科技大楼17楼
邮 编：200233
电 话：021-64850000　64859900
网 址：http://www.caohejing.com

上海虹桥经济技术开发区
地 址：上海市娄山关路83号新桥虹桥大厦
邮 编：200336
电 话：021-62756888　62194505
网 址：http://www.shudc.com

连云港经济技术开发区
地 址：江苏连云港经济技术开发区管委会
邮 编：222047
电 话：0518-2341427　2345800

网 址：http://www.ldz.gov.cn

南通经济技术开发区
地 址：江苏省南通市富民港
邮 编：226009
电 话：0513-5922110 3596030
网 址：http://www.netda.com

昆山经济技术开发区
地 址：江苏昆山市前进中路167号国际大厦
邮 编：215301
电 话：0512-57331040 57313899
网 址：http://www.ketd.gov.cn

南京经济技术开发区
地 址：南京新生圩外贸港区新港大道
邮 编：210038
电 话：025-85800800 85800900
网 址：http://www.njxg.com

温州经济技术开发区
地 址：浙江温州市汤家桥南路开发区大厦
邮 编：325011
电 话：0577-88910212 88910803
网 址：http://www.wetdz.gov.cn

萧山经济技术开发区
地 址：浙江杭州市萧山区市心北路99号
邮 编：311215
电 话：0571-82835908 82835909
网 址：http://www.xetdz.com

杭州经济技术开发区
地 址：杭州经济技术开发区银都商厦
邮 编：310018
电 话：0571-86913653 86911468
网 址：http://www.heda.gov.cn

宁波经济技术开发区
地 址：宁波北仑明洲路477号科技创业大厦
邮 编：315800
电 话：0574-86850218 86876808

网址：http://www.netd.com.cn

合肥经济技术开发区
地 址：安徽省合肥市南郊明珠广场
邮 编：230601
电 话：0551-3811070 3812989
网 址：http://www.hetda.com

芜湖经济技术开发区
地 址：安徽省芜湖市银湖北路
邮 编：241001
电 话：0553-5841768 5841768
网 址：http://www.weda.gov.cn

福州经济技术开发区
地 址：福建省福州市马尾君竹路172号
邮 编：350015
电 话：0591-3983129 3988305
网 址：http://www.fdz.com.cn

福清融侨经济技术开发区
地 址：福建省福清融侨经济开发区管委会
邮 编：350000
电 话：0591-5377812 5377819
网 址：http://www.fqrq.doe2e.com

福建东山经济技术开发区
地 址：福建省东山经济开发区管委会大楼
邮 编：363400
电 话：0596-5885867 5885007
网 址：http://www.detdz.com

南昌经济技术开发区
地 址：江西省南昌市昌北枫林大街
邮 编：330013
电 话：0791-3805600 3805606
网 址：http://www.nc-tdz.com

青岛经济技术开发区
地 址：山东省青岛市长江中路369号
邮 编：266555
电 话：0532-6988846 6988015

网 址：http://www.qda.gov.cn

威海经济技术开发区
地 址：山东省威海开发区黄山路建设大厦
邮 编：264205
电 话：0631-5980098　5980066
网 址：http://www.eweihai.net.cn

烟台经济技术开发区
地 址：烟台开发区长江路1号行政中心大楼
邮 编：264006
电 话：0535-6396600　6377777
网 址：http://www.yeda.gov.cn

郑州经济技术开发区
地 址：河南省郑州市航海东路
邮 编：450047
电 话：0371-6781251　6781252
网 址：http://www.zz-economy.gov.cn

武汉经济技术开发区
地 址：湖北武汉经济技术开发区管委会
邮 编：430056
电 话：027-84891006　84892700
网 址：http://www.wedz.com.cn

长沙经济技术开发区
地 址：湖南省长沙市东郊星沙镇
邮 编：410001
电 话：0731-4011101　4012685
网 址：http://www.csjk.gov.cn

广州经济技术开发区
地 址：广州经济技术开发区管委会大楼
邮 编：510730
电 话：020-82212159　82212192
网 址：http://www.getdd.gov.cn

大亚湾经济技术开发区
地 址：广东省惠州市大亚湾开发区管委会
邮 编：516081
电 话：0752-5562001　5562002
网 址：http://www.dayawan.gov.cn

南沙经济技术开发区
地 址：广州市南沙
邮 编：511458
总 机：020-84986688　84986017
网 址：http://www.gzns.gov.cn

湛江经济技术开发区
地 址：广东省湛江市人民大道中路二号桥
邮 编：524022
电 话：0759-3380334　3380011
网 址：http://www.zetdz.gov.cn

南宁经济技术开发区
地 址：广西南宁市江南路76号
邮 编：300457
电 话：0771-4516161 4516293
网 址：http://neda.gxi.gov.cn

重庆经济技术开发区
地 址：重庆市南坪万寿路2号
邮 编：400060
电 话：023-67463108　67463533
网 址：http://www.cetz.com

成都经济技术开发区
地 址：成都经济技术开发区龙都南路3号
邮 编：610100
电 话：028-84853233　84858800
网 址：http://www.cdetdz.com

贵阳经济技术开发区
地 址：贵阳经济技术开发区黄河路443号
邮 编：550006
电 话：0851-3833531　3833198
网 址：http://www.geta.gov.cn

昆明经济技术开发区
地 址：云南昆明经济技术开发区昌宏路
邮 编：650217
电 话：0871-7275011　7275003

网 址：http://www.ketdz.gov.cn

拉萨经济技术开发区
地 址：西藏拉萨市金珠西路138号
邮 编：851400
电 话：0891-6820717　6820721
网 址：http://www.lsda.gov.cn

西安经济技术开发区
地 址：陕西省西安市北郊岗家寨
邮 编：710016
电 话：029-6520244　6515975
网 址：http://www.xetdz.com.cn

兰州经济技术开发区
地 址：兰州市安宁区经济技术开发区16号
邮 编：730070
电 话：0931-7672691　7672690
网 址：http://www.lzeda.com

西宁经济技术开发区
地 址：青海省西宁市八一西路36号
邮 编：810007
电 话：0971-8125306　8125196
网 址：http://www.xnkfq.com

银川经济技术开发区
地 址：宁夏银川市城西西桥巷11号
邮 编：750001
电 话：0951-5058618　5058658
网 址：http://www.ycda.gov.cn

乌鲁木齐经济技术开发区
地 址：乌鲁木齐经开区中亚大道68号
邮 编：830026
电 话：0991-3713834　3716656
网 址：http://www.uda.gov.cn

石河子经济技术开发区
地 址：新疆石河子开发区北四东路56号
邮 编：832014
电 话：0993-2622061　2620856

网 址：http://www.xjshz.gov.cn

上海金桥出口加工区
地 址：上海浦东新金桥路28号
邮 编：201206
电 话：021-58991818　58991812
网 址：http://www.jinqiao.gov.cn

上海陆家嘴金融贸易区
地 址：上海市浦东大道981号
邮 编：200135
电 话：021-58878888
网 址：http://www.shld.com

苏州工业园区
地 址：江苏苏州工业园区苏华路2号国际大厦
邮 编：215021
电 话：0512-62881711　62881712
网 址：http://www.sipac.gov.cn

宁波大榭开发区
地 址：浙江省宁波市大榭
邮 编：315812
电 话：0574-86768458　86768227
网 址：http://www.citic-daxie.com

海南洋浦经济开发区
地 址：海南省洋浦经济开发区管理局
邮 编：578101
电 话：0898-28829066　28823666
网 址：http://www.yangpu.gov.cn

国家级高新技术产业开发区

中关村科技园区
地 址：北京市海淀区倒座庙9号（乙）
邮 编：100080
电 话：010-82690500　82690511
网 址：http://www.zgc.gov.cn

天津新技术产业园区
地 址：天津华苑产业区华天道海泰大厦

邮编：300384
电话：022-23709459 23709460
网址：http://www.thip.gov.cn

石家庄高新技术产业开发区
地址：石家庄高新区黄河大道151号
邮编：050035
电话：0311-5961924 5963266
网址：http://www.shidz.com

保定高新技术产业开发区
地址：河北省保定市高新区化纤路118号
邮编：071051
电话：0312-3108801 3108886
网址：http://www.bd-ctp.net.cn

太原高新技术产业开发区
地址：太原市学府西街管委会大楼
邮编：030006
电话：0351-7034672 7028678
网址：http://www.tyctp.com.cn

包头稀土高新技术产业开发区
地址：内蒙古包头稀土高新区青工南路9号
邮编：014030
电话：0472-5128063 5118888
网址：http://www.re-zone.gov.cn

沈阳高新技术产业开发区
地址：辽宁省沈阳浑南产业区世纪路1号
邮编：110179
电话：024-23787666 23787758
网址：http://www.hunnan.gov.cn

大连高新技术产业开发区
地址：大连高新区高新街1号
邮编：116025
电话：0411-4793602 4793613
网址：http://www.ddport.com

鞍山高新技术产业开发区
地址：辽宁省鞍山市千山路288号
邮编：114044
电话：0412-5213380 5211027
网址：http://www.asht-zone.gov.cn

长春高新技术产业开发区
地址：长春市硅谷大街4000号创业大厦
邮编：130012
电话：0431-5530623 5542561
网址：http://www.chida.gov.cn

吉林高新技术产业开发区
地址：吉林省吉林市深圳街6号火炬大厦
邮编：132031
电话：0432-4798013 4798070
网址：http://www.jlhitech.com

哈尔滨高新技术产业开发区
地址：哈尔滨市南岗区长江路368号
邮编：150090
电话：0451-82312267 82296220
网址：http://www.kaifaqu.com.cn

大庆高新技术产业开发区
地址：黑龙江省大庆市高新路1号火炬大厦
邮编：163316
电话：0459-6282082 6282929
网址：http://www.dhp.gov.cn

上海高新技术产业开发区
地址：上海市北京东路668号东楼406室
邮编：200001
电话：021-64850247 53085257
网址：http://www.innofund.sh.cn

南京高新技术产业开发区
地址：江苏省南京市3209信箱
邮编：210061
电话：025-58843666 58641167
网址：http://www.njnhz.com.cn

苏州高新技术产业开发区
地址：江苏省苏州市运河路8号

邮 编：215011
电 话：0512-68251888 68095598
网 址：http://www.snd.gov.cn

无锡高新技术产业开发区
地 址：江苏省无锡市天山路5号
邮 编：214028
电 话：0510-5217777 5213969
网 址：http://www.wnd.gov.cn

常州高新技术产业开发区
地 址：江苏省常州市衡山路8号
邮 编：213022
电 话：0519-5127110 5127206
网 址：http://www.cznd.org.cn

杭州高新技术产业开发区
地 址：浙江省杭州市滨江区中兴路行政中心
邮 编：310051
电 话：0571-88217837 88217835
网 址：http://www.hhtz.gov.cn

合肥高新技术产业开发区
地 址：安徽省合肥市长江西路669号
邮 编：230088
电 话：0551-5313264 5312423
网 址：http://www.hefei-stip.com.cn

福州高新技术产业开发区
地 址：福州市工业路北段548号创业大厦
邮 编：350002
电 话：0591-3733674 3722394
网 址：http://www.fzhitech.com

厦门火炬高技术产业开发区
地 址：厦门火炬高新区火炬大厦南二楼
邮 编：361006
电 话：0592-3923018 3923066
网 址：http://www.xmtorch.gov.cn

南昌高新技术产业开发区
地 址：江西省南昌高新区火炬大街998号
邮 编：330029
电 话：0791-8103024 8161045
网 址：http://www.nchdz.com

济南高新技术产业开发区
地 址：山东省济南市工业南路28号
邮 编：250101
电 话：0531-8871617 8871615
网 址：http://www.jctp.gov.cn

青岛高新技术产业开发区
地 址：山东省青岛市崂山区行政中心
邮 编：266061
电 话：0532-8997797 8997716
网 址：http://www.qdhtz.gov.cn

潍坊高新技术产业开发区
地 址：山东省潍坊市北宫东街火炬大厦
邮 编：261031
电 话：0536-8786610 8786819
网 址：http://www.wfgx.gov.cn

淄博高新技术产业开发区
地 址：山东淄博市张店柳泉路火炬大厦
邮 编：255086
电 话：0533-3580065 3583617
网 址：http://www.china-zibo.com

威海高新技术产业开发区
地 址：山东威海市文化西路288号火炬大厦
邮 编：264209
电 话：0631-5621008 5621020
网 址：http:// www.whctp.gov.cn

郑州高新技术产业开发区
电 话：河南省郑州市国槐街6号
邮 编：450001
电 话：0371-7983654 7981424
网 址：http://www.zzgx.gov.cn

洛阳高新技术产业开发区
地 址：河南省洛阳市南昌路2号牡丹城9层

邮 编：471003
电 话：0379−4902657　4902654
网 址：http://www.lhdz.gov.cn

武汉东湖新技术产业开发区
地 址：湖北省武汉市珞瑜路540号
邮 编：430079
电 话：027−67880038　67880040
网 址：http:/ www.wehdz.gov.cn

襄樊高新技术产业开发区
地 址：湖北省襄樊市春园西路4号
邮 编：441003
电 话：0710−3220246　3212012
网 址：http://www.xfgx.com

长沙高新技术产业开发区
地 址：长沙河西桐梓坡高新区管委会大楼
邮 编：410013
电 话：0731−8806541　8806521
网 址：http://www.cshtz.gov.cn

株洲高新技术产业开发区
地 址：湖南省株洲河西黄河北路火炬大厦
邮 编：412007
电 话：0733−8818549　8837714
网 址：http://www.zzhitech.com

广州高新技术产业开发区
地 址：广州经济技术开发区管委会大楼
邮 编：510730
电 话：020−82212007　82068066
网 址：http://www.getdd.gov.cn

深圳高新技术产业开发区
地 址：深圳高新园区南区虚拟大学园3楼
邮 编：518057
电 话：0755−26551525　26551647
网 址：http://www.ship.gov.cn

珠海高新技术产业开发区
地 址：广东省珠海市红山路230号
邮 编：519001
电 话：0756−2616399　2616299
网 址：http://www.zhuhai−hitech.com

中山火炬高新技术产业开发区
地 址：广东省中山市中山港康乐大道
邮 编：528437
电 话：0760−5597902　5597906
网 址：http://www.zstorch.gov.cn

佛山高新技术产业开发区
地 址：广东佛山市大福路14号市政府10号楼
邮 编：528000
电 话：0757−3386081　3355158
网 址：http://www.fs−hitech.gov.cn

惠州仲恺高新技术产业开发区
地 址：广东惠州仲恺高新区管委会
邮 编：516006
电 话：0752−2600059　2603402
网 址：http://www.hzzk.cn

南宁高新技术产业开发区
地 址：南宁市火炬路1号创业大厦10楼B座
邮 编：530003
电 话：0771−3840929　3823198
网 址：http://www.nnhitech.gov.cn

桂林高新技术产业开发区
地 址：广西桂林市骖鸾路高新开发大厦
邮 编：541000
电 话：0773−5819973　5814389
网 址：http://www.guilin−ctp.net.cn

海口高新技术产业开发区
地 址：海南省海口市科技大道裕科大厦
邮 编：570314
电 话：0898−68664518　68666883
网 址：http://www.haikou.gov.cn

重庆高新技术产业开发区
地 址：重庆市石桥铺科园一路5号

邮 编：400039
电 话：023-68601972 68601984
网 址：http://www.hnzcq.com.cn

成都高新技术产业开发区
地 址：成都市高新区高新大道创业路18号
邮 编：610041
电 话：028-85196451 85196124
网 址：http://www.cdht.gov.cn

绵阳高新技术产业开发区
地 址：四川绵阳市绵兴路西段40号火炬大厦
邮 编：621000
电 话：0816-2531536 2531872
网 址：http://www.myship.gov.cn

贵阳高新技术产业开发区
地 址：贵州省贵阳市新添大道火炬大厦
邮 编：550022
电 话：0851-6402218 6402472
网 址：http://gygxq.ctiwt.com

昆明高新技术产业开发区
地 址：昆明市二环西路中段398号
邮 编：650118
电 话：0871-8311306 8183563
网 址：http://www.kmhnz.gov.cn

西安高新技术产业开发区
地 址：西安高新区科技路48号创业广场
邮 编：710075
电 话：029-88333606 8333601
网 址：http://www.xdz.gov.cn

杨凌农业高新技术产业示范区
地 址：陕西杨凌新桥北路1号国际会展中心
邮 编：712100
电 话：029-7036900 7036935
网 址：http://www.ylagri.gov.cn

宝鸡高新技术产业开发区
地 址：陕西省宝鸡市高新区英达路16号
邮 编：721006
电 话：0917-3312952 3316986
网 址：http://www.bj-hightech.com

兰州高新技术产业开发区
地 址：甘肃兰州市城关区张苏滩555号
邮 编：730010
电 话：0931-8552464 8552469
网 址：http://www.lzhtp.gov.cn

乌鲁木齐高新技术产业开发区
地 址：新疆乌鲁木齐北京南路钻石城5号
邮 编：830011
电 话：0991-3663735 3845642
网 址：http://www.uctp.gov.cn

国家保税区

天津港保税区
地 址：天津市滨海新区新港
邮 编：300456
电 话：022-2570693 225760532
网 址：http://www.tjftz.gov.cn

大连保税区
地 址：辽宁省大连保税区管委会
邮 编：116600
电 话：0411-7302951 7301637
网 址：http://www.dlftz.gov.cn

上海外高桥保税区
地 址：上海浦东外高桥保税区华京路2号
邮 编：200131
电 话：021-50461100 50461441
网 址：http://www.waigaoqiao.gov.cn

海口保税区
地 址：海南省海口市工业大道168号
邮 编：570216
电 话：0898-6817087
网 址：http://www.hkftz.gov.cn

张家港保税区

地 址：江苏省张家港保税区长江大厦
邮 编：215634
电 话：0512-58320592 58320178
网 址：http://www.zjgftz.gov.cn

宁波保税区

地 址：宁波北仑保税区大厦10楼
邮 编：315800
电 话：0574-86820711 86884850
网 址：http://www.nftz.gov.cn

福州保税区

地 址：福建省福州市马尾区罗星塔东段
邮 编：350015
电 话：0591-3984143 3683954
网 址：http://www.fzftz.gov.cn

厦门象屿保税区

地 址：福建省厦门保税区
邮 编：361006
电 话：0592-6035831 6035823
网 址：http://www.xmftz.xm.fj.cn

青岛保税区

地 址：山东省青岛保税区管委会
邮 编：266555
电 话：0532-6699297 6767232
网 址：http://www.qdftz.com

广州保税区

地 址：广州市经济开发区管委会大楼
邮 编：510730
电 话：020-82212159 82212192
网 址：http://www.getdd.gov.cn

珠海保税区

地 址．广东省珠海市洪湾
邮 编：519030
电 话：0756-8686619 8686163
网 址：http://www.zhfreetradezone.org

汕头保税区

地 址：广东省汕头市保税区
邮 编：515071
电 话：0754-7590278 7590221
网 址：http://www.stftz.gov.cn

深圳福田保税区

地 址：深圳福田保税区管理委员会
邮 编：518038
电 话：0755-83480438 83480526
网 址：http://www.szftz.gov.cn

深圳沙头角保税区

地 址：深圳沙头角保税区管理委员会
邮 编：518000
电 话：0755-25260333 25260189
网 址：http://www.szftz.gov.cn

深圳盐田保税区

地 址：深圳市盐田港海港大厦16楼
邮 编：518081
电 话：0755-25291941 25290703
网 址：http://www.ypf.com.cn

省、自治区、直辖市开发区

北京市开发区

中关村科技园区海淀园

地 址：北京市海淀区白石桥路甲7号
邮 编：100081
电 话：010-68915118 68915214
网 址：http://www.zhongguancun.com.cn

中关村科技园区丰台园

地 址：北京市丰台区科兴路1号
邮 编：100070
电 话：010-63726083 6373 4445
网 址：http://www.zgcfsp.gov.cn

中关村科技园区昌平园
地 址：北京市昌平区昌平园超前路9号
邮 编：102200
电 话：010-69744527 69745549
网 址：http://www.zgc-cp.gov.cn

北京天竺出口加工区
地 址：北京首都国际机场西侧
邮 编：101312
电 话：010-80489922 80489266
网 址：http://www.chinabaig.com

北京石龙工业开发区
地 址：北京市门头沟石龙南路6号
邮 编：102308
电 话：010-69803474 69803454
网 址：http://www.shilong.com.cn

北京良乡工业开发区
地 址：北京房山区良乡凯旋大街金光路2号
邮 编：102488
电 话：010-69351878 69372427
网 址：http://www.lxgyq.com.cn

北京通州工业开发区
地 址：北京市通州区张家湾
邮 编：101113
电 话：010-69571700 69571807
网 址：http://www.beijingtidz.com

北京大兴工业开发区
地 址：北京大兴工业开发区广茂大街9号
邮 编：102600
电 话：010-69242995 69243300
网 址：http://www.didz.com.cn

北京林河工业开发区
地 址：北京市顺义区林河工业开发区
邮 编：101300
电 话：010-89492548 89493248
网 址：http://www.bjindustrialzone.com.cn

北京雁栖工业开发区
地 址：北京市怀柔雁栖工业开发区888号
邮 编：101407
电 话：010-61668124 61666617
网 址：http://www.zxjj.com

北京密云县工业开发区
地 址：北京市密云县城西
邮 编：101500
电 话：010-69029453 69044644
网 址：http://www.bmida.com

北京八达岭工业开发区
地 址：北京八达岭工业开发区紫光东路1号
邮 编：102101
电 话：010-61164933 61164939
网 址：http://www.bdlkfq.com.cn

天津市开发区

天津市塘沽海洋高新技术开发区
地 址：天津市塘沽区塘汉路99号
邮 编：300451
电 话：022-25212968 25210108
网 址：http://www.tg-ocean.com

天津市武清开发区
地 址：天津市武清区杨村镇
邮 编：301700
电 话：022-82115688 82111818
网 址：http://www.tjuda.com

天津北辰科技园区
地 址：天津市北辰经济开发区双源道18号
邮 编：300400
电 话：022-26308977 26974909
网 址：http://www.bceda.com

天津东丽经济开发区
地 址：天津东丽经济开发区一经路1号
邮 编：300300
电 话：022-24993730 24990531

网 址：http://www.tjdeda.com

天津津南经济开发区
地 址：天津市津南经济开发区腾飞路
邮 编：300350
电 话：022-28393192　28393193
网 址：http://www.jneda.com

天津宝坻经济开发区
地 址：天津市宝坻经济开发区
邮 编：301800
电 话：022-82666000　82662545
网 址：http://www.ebaodi.com

天津静海经济开发区
地 址：天津市静海经济开发区泰山道9号
邮 编：301600
电 话：022-68685988　68685412
网 址：http://www.tjeda.com

天津宁河经济开发区
地 址：天津市宁河县芦汉路50号
邮 编：301500
电 话：022-69117018　69579091
网 址：http://www.ninghe.com

天津市蓟县经济开发区
地 址：天津市蓟县经济开发区管理委员会
邮 编：301914
电 话：022-29899599　29899895
网 址：http://www.tjjxkfq.com

天津市西青经济开发区
地 址：天津市西青经济开发区七支路
邮 编：300381
电 话：022-83966666　23971259
网 址：http://www.xeda.com

河北省开发区

石家庄经济技术开发区
地 址：河北省石家庄市东郊良村
邮 编：052160
电 话：0311-8086336　8086256
网 址：http://www.sjzetdz.com

廊坊经济技术开发区
地 址：河北省廊坊开发区友谊路会展中心
邮 编：065001
电 话：0316-6089346　6089345
网 址：http://www.lfdz.gov.cn

唐山高新技术产业开发区
地 址：河北省唐山市建设路北口火炬大厦
邮 编：063020
电 话：0315-3178029　3178024
网 址：http://www.tsdz.net

邯郸高新技术开发区
地 址：河北省邯郸市中华北大街98号
邮 编：056002
电 话：0310-3059225　3043168
网 址：http://www.hdkfq.gov.cn

任丘经济技术开发区
地 址：河北省任丘市北环
邮 编：062500
电 话：0317-2296861　2735993
网 址：http://www.retdz.com

沧州经济技术开发区
地 址：河北沧州经济技术开发区渤海路8号
邮 编：061000
电 话：0317-3092340　3090347
网 址：http://www.cedz.gov.cn

沧州市黄骅港开发区
地 址：河北省沧州市黄骅港开发区
邮 编：061110
电 话：0317-5768016　5767172
网 址：http://www.huanghua-port.com

衡水经济技术开发区
地 址：河北省衡水市胜利西路

邮 编：053000
电 话：0318-2130040　2108767
网 址：http://www.hsdz.org

霸州经济技术开发区
地 址：河北省霸州市迎宾道
邮 编：065700
电 话：0316-7228280　7214227
网 址：http://www.bazhoukfq.com

燕郊经济技术开发区
地 址：北京东燕郊迎宾北路2号
邮 编：101601
电 话：010-61590856　0316-3311711
网 址：http://www.yanjiao.gov.cn

唐山海港开发区
地 址：河北省唐山海港开发区管委会
邮 编：063611
电 话：0315-2914123　2914118
网 址：http://www.tshg.gov.cn

涿州市经济开发区
地 址：河北省涿州市范阳东路182号
邮 编：072750
电 话：0312-3850151　3851812
网 址：http://www.zzkfq.com

河北清河国际羊绒科技园区
地 址：河北省清河县新世纪大街8号
邮 编：054800
电 话：0319-8292699　8292828
网 址：http://www.cashmere.gov.cn

邢台高新技术产业开发区
地 址：河北邢台市中兴东大街440号
邮 编：054001
电 话：0319-7312022　7312000
网 址：http://gkq.xingtai.gov.cn

北戴河经济技术开发区
地 址：河北省秦皇岛市北戴河区海宁路225号
邮 编：066102
电 话：0335-4288353　4288338
网 址：http://www.betdz.com.cn

承德市高新技术产业开发区
地 址：河北省承德市高新技术产业开发区
邮 编：067000
电 话：0314-2120477　2120441
网 址：http://www.cdhitech.cn

高碑店经济技术开发区
地 址：河北省高碑店市团结东路156号
邮 编：074000
电 话：0312-2818168　2811582
网 址：http://www.gbd.net.cn

南堡经济技术开发区
地 址：河北省唐山市南堡经济技术开发区
邮 编：063305
电 话：0315-8505888　8505889
网 址：http://www.nanpu.gov.cn

山西省开发区

长治高新技术开发区
地 址：山西省长治市城北街
邮 编：046011
电 话：0355-2014543　2048739
网 址：http://www.czgxq.com

大同经济技术开发区
地 址：山西省大同市文瀛湖畔
邮 编：037300
电 话：0352-6091028　6108209
网 址：http://www.kfq.dt.gov.cn

榆次经济技术开发区
地 址：山西省晋中市安宁大街
邮 编：030600
电 话：0354-3068725　3068726
网 址：http://www.ycetdz.gov.cn

侯马经济技术开发区
地 址：山西省侯马市呈王路56号
邮 编：041506
电 话：0357-4220966 4234652
网 址：http://www.hma.gov.cn

风陵渡经济开发区
地 址：山西省风陵渡经济开发区管委会
邮 编：044602
电 话：0359-3352898 3350629
网 址：http://www.fenglingdu.com

阳泉经济技术开发区
地 址：山西阳泉经济技术开发区大连路1号
邮 编：045000
电 话：0353-2130320
网 址：http://www.yq.gov.cn

临汾经济技术开发区
地 址：山西省临汾市汾河路中段
邮 编：041000
电 话：0357-2882013
网 址：http://www.linfen.gov.cn

晋城经济技术开发区
地 址：山西晋城市凤台东街经济技术开发区
邮 编：048000
电 话：0356-2191142 2191525
网 址：http://kfq.jcei.gov.cn

内蒙古开发区

满洲里边境经济合作区
地 址：内蒙古满洲里市合作区管委会大楼
邮 编：021410
电 话：0470-6223055 6225166
网 址：http://www.metdz.com

锡林郭勒经济技术开发区
地 址：内蒙古自治区锡林浩特市
邮 编：026000
电 话：0479-8267377 8267004
网 址：http://www.xlgl.com.cn

乌兰浩特经济技术开发区
地 址：内蒙古乌兰浩特经济技术开发区
邮 编：137400
电 话：0482-8242803 8242802
网 址：http://www.wlkfq.com

树林召经济技术开发区
地 址：内蒙古鄂尔多斯达拉特旗树林召镇
邮 编：014300
电 话：0477-5229645 5228852
网 址：http://www.slz-etdz.com.cn

通辽市经济技术开发区
地 址：内蒙古通辽市尼罗河大街
邮 编：028000
电 话：0475-8628055 8628050
网 址：http://www.tlkfq8.org

临河经济技术开发区
地 址：内蒙古临河经济技术开发区管委会
邮 编：015000
电 话：0478-8236549 8238323
网 址：http://www.linhedz.gov.cn

辽宁省开发区

丹东边境经济合作区
地 址：辽宁丹东边境经济合作区房坝3号楼
邮 编：118000
电 话：0415-3122384 3142077
网 址：http://www.dbecz.ddptt.ln.cn

沈阳金融商贸开发区
地 址：辽宁省沈阳市沈河北站路208号
邮 编：110013
电 话：024-22526495 22526475
网 址：http://www.syftd.gov.cn

大连旅顺经济开发区
地 址：大连市旅顺经济开发区兴港路30号

邮 编：116052
电 话：0411-6201529 6200223
网 址：http://www.lsedz.com

葫芦岛国家专利技术园区
地 址：辽宁省葫芦岛市国家专利技术园区
邮 编：125000
电 话：0429-3117456 8231092
网 址：http://www.hldptpark.com

东港经济开发区
地 址：辽宁省东港市东港南路九号
邮 编：118300
电 话：0415-7142653 7142042
网 址：http://www.dgeda.com

抚顺经济开发区
地 址：辽宁省抚顺经济开发区顺大街2号
邮 编：113122
电 话：0413-6601650 6601698
网 址：http://www.feda.com.cn

阜新经济技术开发区
地 址：辽宁阜新市中华路西段143号
邮 编：123000
电 话：0418-2284147 2283734
网 址：http://www.fxdz.gov.cn

锦州高新技术产业开发区
地 址：辽宁省锦州高新区雨露街29号
邮 编：121013
电 话：0416-3880442 3883704
网 址：http://www.jinzhouhi-tech.com

盘锦经济技术开发区
地 址：辽宁盘锦市兴隆台区辽河中路55号
邮 编：124013
电 话：0427-2875606 2875608
网 址：http://www.pjedz.com.cn

锦州经济技术开发区
地 址：辽宁锦州经济技术开发区渤海大街
邮 编：121007
电 话：0416-3588225 3589033
网 址：http://www.jz-zhaoshang.com

营口高新技术产业开发区
地 址：辽宁省营口市渤海大街西105号
邮 编：115004
电 话：0417-4801368 4809201
网 址：http://www.ykhi-tech.gov.cn

丹东前阳经济开发区
地 址：辽宁省东港市前阳经济开发区
邮 编：118301
电 话：0415-7162304 7168568
网 址：http://www.ddqykfq.com

吉林省开发区

吉林经济技术开发区
地 址：吉林市九站街工农路一号化纤宾馆
邮 编：132101
电 话：0432-3055138 3451999
网 址：http://www.jeda.gov.cn

延吉经济开发区
地 址：吉林省延吉市长白路371号
邮 编：133000
电 话：0433-8818549 8818549
网 址：http://www.yjeda.gov.cn

长春净月潭旅游经济开发区
地 址：长春净月潭开发区福祉大路1016号
邮 编：130122
电 话：0431-4532383 4532393
网 址：http://www.jingyuedz.com

黑龙江省开发区

佳木斯经济技术开发区
地 址：黑龙江省佳木斯市杏林路307号
邮 编：154002

电 话：0454-8615823　8615807
网 址：http://www.jmshitech.com

哈尔滨阿城经济开发区
地 址：哈尔滨阿城市解放大街
邮 编：150300
电 话：0451-53778111　53778600
网 址：http://www.aczhxx.gov.cn

哈尔滨工程大学国家大学科技园
地 址：哈尔滨市南通大街258号船舶大厦
邮 编：150001
电 话：0451－82518338
网 址：http://www.heusp.com

上海市开发区

上海张江高科技园区
地 址：上海浦东新区龙东大道200号
邮 编：201204
电 话：021-50801818　50800686
网 址：http://www.zjpark.com

上海化学工业区
地 址：上海市化学工业区目华路201号
邮 编：201507
电 话：021-67120670　67120660
网 址：http://www.scip.com.cn

上海普陀长征工业区
地 址：上海市金沙江路1777号
邮 编：200333
电 话：021-52707005　52701001
网 址：http://www.changzheng-iz.com

上海市工业综合开发区
地 址：上海市奉贤区奉浦大道111号
邮 编：201400
电 话：021-67100345　8008200246
网 址：http:/www.fengpu.com

上海嘉定工业区
地 址：上海市嘉定区叶城路555号
邮 编：201821
电 话：021-59160066　59162331
网 址：http://www.jdiz.com

上海宝山城市工业园区
地 址：上海市丰翔路1409号
邮 编：200436
电 话：021-56137198　56136151
网 址：http://www.sbuip.com

上海沪嘉经济发展区
地 址：上海市嘉定区嘉戬公路688号
邮 编：201818
电 话：021-59513220　59512486
网 址：http://www.hujia.com

上海江川经济城
地 址：上海市江川路2017/3号
邮 编：201111
电 话：021-64626081　64636140
网 址：http://www.jcjjc.com

上海静安工业园区
地 址：上海静安延平路69号延平大厦1005室
邮 编：200042
电 话：021-62769192　62278162
网 址：http://www.jgyq.com.cn

上海紫江科技产业园区
地 址：上海七莘路305号莘闵大酒店4楼
邮 编：201100
电 话：021-64981351　54530517
网 址：http://www.chinazijiang.com

上海紫竹科学园区
地 址：上海市剑川路468号
邮 编：201109
电 话：021-64526488　64522643
网 址：http://www.zizhupark.com

上海蓝天经济城
地 址：上海市真南路4268号
邮 编：201802
电 话：021-59124988 59173823
网 址：http://www.cnlantian.com

上海浦东康桥工业区
地 址：上海市浦东沪南路2502号
邮 编：201315
电 话：021-58121488 58121822
网 址：http://www.pudong.com.cn

上海市星火开发区
地 址：上海市星火开发区民乐路88号
邮 编：201419
电 话：021-57502811 62136254
网 址：http://www.shspark.com

上海松江科技园区
地 址：上海市松江区松昆路158号
邮 编：201614
电 话：021-57855236 57854551
网 址：http://www.sjstp.com

上海市工业综合开发区
地 址：上海市奉贤区奉浦大道111号
邮 编：201400
电 话：021-67100518 67100123
网 址：http://www.fscidz.gov.cn

上海市莘庄工业区
地 址：上海市闵行区金都路3688号
邮 编：201108
电 话：021-54425442
网 址：http://www.shxip.com

上海市北工业新区
地 址：上海市江场西路395号
邮 编：200436
电 话：021-56770133 56770134
网 址：http://www.shibei.com

上海希望城经济开发区
地 址：上海市嘉定区马陆镇沪宜公路2585号
邮 编：201801
电 话：021-59155666 59156888
网 址：http://www.mlxwc.com

上海新闵经济区
地 址：上海松江区新桥镇新北街402号
邮 编：202100
电 话：021-57645828 57646168
网 址：http://www.xinmin.com.cn

江苏省开发区

中国宜兴环保科技工业园
地 址：江苏宜兴环保科技工业园绿园路88号
邮 编：214205
电 话：0510-7063771 7064585
网 址：http://www.cyipest.gov.cn

无锡太湖国家旅游度假区
地 址：江苏省无锡市马山梅梁路21号
邮 编：214092
电 话：0510-5995411 5995871
网 址：http://www.taihutour.com

南京溧水经济开发区
地 址：南京市溧水县城宝塔北路8号
邮 编：211200
电 话：025-57214279 57212779
网 址：http://www.njls.gov.cn

南京江宁经济开发区
地 址：南京江宁开发区将军中路166号
邮 编：211100
电 话：025-52110666 52110888
网 址：http://www.njjndz.com

南京六合经济开发区
地 址：江苏省六合县龙池大酒店
邮 编：211500
电 话：025-57153878 57153884

网 址：http://www.lhedz.com

南京江浦经济开发区
地 址：南京市江浦经济开发区天浦路1号
邮 编：211800
电 话：025-58287895 58288616
网 址：http://www.pkedz.com

南通港闸经济开发区
地 址：江苏省南通市城港路118号
邮 编：226002
电 话：0513-5545838 5541132
网 址：http://www.gangzha.com

南通崇川经济开发区
地 址：江苏省南通市崇川路1号
邮 编：226006
电 话：0513-5728700 5728722
网 址：http://www.nantong-ccedz.com

江苏如东经济开发区
地 址：江苏省如东县城日晖西路1号
邮 编：226400
电 话：0513-4199849 4199818
网 址：http://www.rechina.org

江苏海门经济开发区
地 址：江苏省海门市解放东路661号
邮 编：226100
电 话：0513-2216128 2107933
网 址：http://www.hmdz.gov.cn

江苏常熟经济技术开发区
地 址：江苏省常熟市通港路88号
邮 编：215513
电 话：0512-52699806 52699807
网 址：http://www.changshu-china.com

苏州吴中经济开发区
地 址：江苏省苏州市吴中区枫津路40号
邮 编：215128
电 话：0512-65258081 65258109

网 址：http://www.swedz.gov.cn

江苏太仓经济开发区
地 址：江苏省太仓市体育东路1-1号
邮 编：215400
电 话：0512-53595010 53595017
网 址：http://www.jstced.com

江苏张家港经济技术开发区
地 址：江苏省张家港市国泰北路1号
邮 编：215600
电 话：0512-58692271 58673648
网 址：http://www.zjgedz.com

张家港市沿江经济技术开发区
地 址：江苏省张家港市人民中路1号
邮 编：215600
电 话：0512-58671719 58686425
网 址：http://www.yanjiang-dev.com

江苏江阴经济开发区
地 址：江苏省江阴市澄江中路
邮 编：214434
电 话：0510-6401847 6402575
网 址：http://www.jyedz.com.cn

江苏金坛经济开发区
地 址：江苏省金坛市华城中路168号
邮 编：213200
电 话：0519-2327254 2332269
网 址：http://www.hualuogengjt.com

武进高新技术产业开发区
地 址：江苏省常州市武进区人民中路187号
邮 编：213161
电 话：0519-6557091 6550038
网 址：http://www.wujinzone.org

常州东南经济开发区
地 址：江苏省常州市常锡路东段58号
邮 编：213018
电 话：0519-8825606 8813715

网 址：ttp：//www.china-dongnan.com

盐城经济开发区
地 址：江苏盐城开发区开发大道东路18号
邮 编：224002
电 话：0515-8280302 8280668
网 址：http://www.8280666.com

江苏建湖经济开发区
地 址：江苏省建湖县经济开发区明星路6号
邮 编：224700
电 话：0515-6251988 6252191
网 址：http://www.jhedz.gov.cn

江苏射阳经济开发区
地 址：江苏省射阳县人民东路8号
地 址：224300
电 话：0515-2316088 2316080
网 址：http://www.sunnydz.com

镇江经济技术开发区
地 址：江苏省镇江大港港口路8号
邮 编：212132
电 话：0511-3376827 3372276
网 址：http://www.zhenjiang-new-area.org

江苏句容经济开发区
地 址：江苏省句容市华阳西路
邮 编：212400
电 话：0511-7265575 7262226
网 址：http://www.jrkfq.com.cn

江苏宝应经济开发区
地 址：江苏省宝应县叶挺东路
邮 编：225800
电 话：0514-8221217 8221217
网 址：http://www.cnby.net

江苏高邮经济技术开发区
地 址：江苏省高邮市泰北路18号
邮 编：225600
电 话：0514-4611888 4639778

网 址：http://www.jsgy.com

徐州市经济开发区
地 址：江苏省徐州市金山桥开发区办公大厦
邮 编：221004
电 话：0516-7793400 7792200
网 址：http://www.xedz.com

江苏铜山经济开发区
地 址：江苏省徐州市南郊
邮 编：221116
电 话：0516-2735031 2735107
网 址：http://www.tsxq.com

江苏新沂经济技术开发区
地 址：江苏省新沂市大桥西路88号
邮 编：221400
电 话：0516-8959198 8959250
网 址：http://www.xykf.com

江苏宿迁经济开发区
地 址：江苏省宿迁市青岛路301号
邮 编：223800
电 话：0527-4380331 4380329
网 址：http://kfq.suqian.gov.cn

浙江省开发区

杭州之江国家旅游度假区
地 址：杭州市五云中路1号
邮 编：310008
电 话：0571-86653006 86653007
网 址：http://www.hz-zj.com

余杭经济开发区
地 址：浙江余杭经济开发区超丰西路
邮 编：311100
电 话：0571-86238500 86243452
网 址：http://www.yhedz.org

富春江经济开发区
地 址：浙江省富阳市市心北路100号

邮编：311400
电话：0571-63349977 63320844
网址：http:www.fyedz.com

桐庐经济开发区
地址：浙江省桐庐县桐庐镇春江路开发大楼
邮编：311501
电话：0571-64211822 64211828
网址：http://www.tongluedz.com

余姚经济开发区
地址：浙江省余姚市长安路189号
邮编：315400
电话：0574-62814764 62820933
网址：http://www.a-kaifaqu.com

慈溪经济开发区
地址：浙江省慈溪市青少年宫北路2号
邮编：315300
电话：0574-63019146 63018000
网址：http://www.hzwxq.com

宁海经济开发区
地址：宁波宁海城关北斗北路110号
邮编：315600
电话：0574-65595892 65582705
网址：http://www.nhedz.com

镇海经济开发区
地址：浙江省宁波市镇海经济开发区
邮编：315221
电话：0574-86302277 86302255
网址：http://www.zhedz.com

台州经济开发区
地址：浙江省台州经济开发区纬二路28号
邮编：318000
电话：0576-8538837 8204934
网址：http://www.ted.gov.cn

临海经济开发区
地址：浙江省临海市东方大道开发区大厦
邮编：317000
电话：0576-5131637 5131077
网址：http://www.kfdy.com.cn

嘉兴经济开发区
地址：浙江省嘉兴市东升西路1号
邮编：314001
电话：0573-2208501 2208502
网址：http://www.jxedz.com

嘉善经济开发区
地址：浙江省嘉善县谈公北路939号
邮编：314100
电话：0573-4184288 4183868
网址：http://www.jsedz.com

海盐经济开发区
地址：浙江省海盐县武原镇枣园中路128号
邮编：314300
电话：0573-6112009 6112001
网址：http://www.investinhaiyan.com.cn

桐乡经济开发区
地址：浙江省桐乡市振兴东路凤鸣大厦3楼
邮编：314500
电话：0573-8111770 8181770
网址：http://www.txtzq.gov.cn

平湖经济开发区
地址：浙江省平湖市城西路298号
邮编：314200
电话：0573-5092908 5092900
网址：http://www.pinghu.com

乍浦经济开发区
地址：浙江嘉兴市乍浦开发区东方大道1号
邮编：314201
电话：0573-5581735 5581746
网址：http://www.zhapu.gov.cn

湖州经济技术开发区
地址：浙江湖州经济技术开发区龙溪路208号

邮 编：313000
电 话：0572-2102754 2106246
网 址：http://www.hetd.gov.cn

上虞经济开发区
地 址：浙江省上虞市人民中路151号
邮 编：312300
电 话：0575-2117870 2012451
网 址：http://www.sedz.com

诸暨经济开发区
地 址：浙江省诸暨望云路178号
邮 编：311800
电 话：0575-7383788 7383728
网 址：http://www.zhujiedz.com

嵊州经济开发区
地 址：浙江省嵊州市剡兴路1号
邮 编：312400
电 话：0575-3049198 3347501
网 址：http://www.szedz.com

金华经济开发区
地 址：浙江省金华市双溪西路235号
邮 编：321017
电 话：0579-2374632 2394927
网 址：http://www.jk.net.cn

武义经济开发区
地 址：浙江省武义县武阳东路1号
邮 编：321200
电 话：0579-7629463 7629468
网 址：http://www.wykfq.com

绍东阳经济开发区
地 址：浙江省东阳市望江路2号
邮 编：322100
电 话：0579-6813429 6816393
网 址：http://www.dongyang.gov.cn

丽水经济开发区
地 址：浙江省丽水市中东路557号
邮 编：323000
电 话：0578-2137467 2178512
网 址：http://www.ledz.gov.cn

宁波化学工业区
地 址：宁波市镇海区
邮 编：315204
电 话：0574-86509505 86507425
网 址：http://www.ningbochemical.com

奉化经济开发区
地 址：浙江省奉化市南山路162号
邮 编：315500
电 话：0574-88527194
网 址：http://www.fhfip.com

安徽省开发区

蚌埠高新技术产业开发区
地 址：安徽省蚌埠市华光大道1193号
邮 编：233010
电 话：0552-4099850 4090188
网 址：http://www.bbhnz.org.cn

滁州经济技术开发区
地 址：安徽省滁州市全椒路93号
邮 编：239000
电 话：0550-3211359 3211376
网 址：http://www.czetdz.gov.cn

池州经济技术开发区
地 址：安徽省池州市工业大道
邮 编：247000
电 话：0566-2124458 21252000
网 址：http://www.czkfq.com

合肥新站综合开发试验区
地 址：安徽合肥市新胜利路88号
邮 编：230011
电 话：0551-4216868 4222222
网 址：http://www.hfxz.com.cn

淮南经济技术开发区
地 址：安徽省淮南市田东建设路8号
邮 编：232007
电 话：0554-3312573　3310503
网 址：http://www.hnetdz.gov.cn

马鞍山经济技术开发区
地 址：安徽省马鞍山市红旗南路2号
邮 编：243041
电 话：0555-8323158　8323160
网 址：http://www.metd.gov.cn

铜陵经济技术开发区
地 址：安徽铜陵经济技术开发区管委会
邮 编：244000
电 话：0562-2819300　2819301
网 址：http://www.tetda.com

芜湖市高新技术产业开发区
地 址：安徽省芜湖市花津南路
邮 编：241002
电 话：0553-48329190　4911043
网 址：http://www.wuhu-tech.com

宁国经济技术开发区
地 址：安徽省宁国市山门南路25号
邮 编：242300
电 话：0563-4183208　4183210
网 址：http://www.ngkf.com

淮北经济技术开发区
地 址：安徽省淮北市相阳路
邮 编：235000
电 话：0561-3198056　3196765
网 址：http://www.ah-hbkfq.com

阜阳经济技术开发区
地 址：安徽省阜阳市新阳大道9号
邮 编：236000
电 话：0558-2115010　2115086
网 址：http://www.fyinvest.gov.cn

福建省开发区

招商局漳州开发区
地 址：福建招商局漳州开发区招商大厦
邮 编：363105
电 话：0596-6851001　6851030
网 址：http://www.cmzd.com

福清龙田工业区
地 址：福建省福清龙田工业区
邮 编：350000
电 话：0591-5772374　5787348
网 址：http://www.fqltip.com

东侨高新技术工业园
地 址：福建省宁德市东湖路21号
邮 编：352101
电 话：0593-2883855　2868774
网 址：http://www.fjdq.net

福建省漳浦县赤湖工业园区
地 址：福建省漳浦县赤湖镇
邮 编：363209
电 话：0596-3702800　3702005
网 址：http://www.zpchihu.com

福州金山工业区
地 址：福州市金山工业区金洲路7号
邮 编：350002
电 话：0591-3856188　3856588
网 址：http://www.jinshanfz.com

漳州市龙文经济开发区
地 址：福建省漳州市龙文区朝阳镇
邮 编：363005
电 话：0596-2171017　2172588
网 址：http://www.longwen.com.cn

泉州经济技术开发区
地 址：福建泉州经济技术开发区勤政楼
邮 编：362000
电 话：0595-2492885　2480420

网 址：http://www.qingmeng.gov.cn

江西省开发区

九江经济技术开发区
地 址：江西省九江开发区长江大道发展大楼
邮 编：332000
电 话：0792−8368790 8361942
网 址：http://www.jjkfq.gov.cn

抚州金巢工业开发区
地 址：江西省抚州市金巢大道中段
邮 编：344000
电 话：0794−8226634 8220417
网 址：http://www.jxfz.gov.cn

上饶市工业园区
地 址：江西省上饶市上饶工业园区管委会
邮 编：334700
电 话：0793−8265208 8265218
网 址：http://www.srgyy.com

景德镇高新技术产业开发区
地 址：江西省景德镇市瓷都大道264号
邮 编：333000
电 话：0798−8338182 8338661
网 址：http://www.jdzht.com

冯田经济开发区
地 址：江西省奉新县冯田大道
邮 编：330700
电 话：0795−4605118 4605619
网 址：http://www.ftkfq.com

南昌英雄经济技术开发区
地 址：江西省南昌市昌北
邮 编：330044
电 话：0791−3975945
网 址：http://www.herozone.cn

江西温福高科技工业园
地 址：江西省南昌市桃苑西路24号6楼
邮 编：330025
电 话：0791−5546598 6515786
网 址：http://www.jxwf.com

宜丰工业园区
地 址：江西省宜丰县工业大道(良岗)
邮 编：336300
电 话：0795−2901027
网 址：http://yifeng.ncu.com.cn

山东省开发区

泰安高新技术开发区
地 址：山东省泰山泰安高新技术开发区
邮 编：271000
电 话：0538−8938378 8938310
网 址：http://www.taiandz.com

烟台高新技术产业开发区
地 址：山东省烟台市滨海中路58号
邮 编：264003
电 话：0535−6891532 6891551
网 址：http://www.apec−yantai.com

临沂高新技术产业开发区
地 址：山东省临沂市罗庄区工业北路
邮 编：276017
电 话：0539−8241269 8242360
网 址：http://www.lyctp.cn

枣庄高新技术产业开发区
地 址：山东省枣庄市薛城辽河路9号
邮 编：277000
电 话：0632−4413110 4413008
网 址：http://www.zzctp.gov.cn

济南经济开发区
地 址：山东济南长清灵岩路中路
邮 编：250300
电 话：0531−7227668 7227666
网 址：http://www.jnedz.gov.cn

胶州经济开发区
地 址：山东胶州市兰州东路285号
邮 编：266300
电 话：0532-7211045　7218104
网 址：http://www.develop-qd.com.cn

即墨经济开发区
地 址：山东省即墨市鹤山路36号
邮 编：266200
电 话：0532-7552900　7559022
网 址：http://www.jmdvlp.com

平度经济开发区
地 址：山东省平度市长江路1号
邮 编：266700
电 话：0532-8380590　8384257
网 址：http://www.pingdu-invest.com

莱西经济开发区
地 址：山东省莱西开发区滨河路6号
邮 编：266600
电 话：0532-8430007　8430009
网 址：http://www.lxedz.net

东营经济开发区
地 址：山东省东营市府前街268号
邮 编：257091
电 话：0546-8302819　8302826
网 址：http://www.dyedz.gov.cn

曲阜经济开发区
地 址：山东曲阜经济开发区光明路一号
邮 编：273100
电 话：0537-4429983　4414818
网 址：http://www.qufu.gov.cn

莱州经济开发区
地 址：山东省莱州市城港路1187号
邮 编：261400
电 话：0535-2290081　2290238
网 址：http://www.lzedz.gov.cn

德州经济开发区
地 址：山东省德州市经济开发区晶华路
邮 编：253034
电 话：0534-2561860　2561333
网 址：http://www.dzkfq.com

聊城经济开发区
地 址：山东省聊城市东昌东路
邮 编：252000
电 话：0635-8511352　8513384
网 址：http://www.lcdz.net

菏泽经济开发区
地 址：山东省菏泽市人民路6号
邮 编：274000
电 话：0530-5329888　5329887
网 址：http://www.hzkfq.com

邹城经济开发区
地 址：山东省邹城市西环路1519号
邮 编：273500
电 话：0537-5315588　5315569
网 址：http://www.zcidz.com.cn

蓬莱经济开发区
地 址：山东蓬莱经济开发区金创路6号
邮 编：265600
电 话：0535-5617165　5611771
网 址：http://www.plkfq.org.cn

日照经济开发区
地 址：山东省日照市北京路
邮 编：276826
电 话：0633-8334941　8334751
网 址：http://www.cnrizhao.com

兖州经济开发区
地 址：山东兖州经济开发区创业大道6号
邮 编：272100
电 话：0537-3414505　3637788
网 址：http://www.invest-yanzhou.com

河南省开发区

开封经济技术开发区
地 址：河南省开封开发区金明东街中段
邮 编：475004
电 话：0391-3563358　3588818
网 址：http://www.kaifeng.ha.cn

洛阳经济技术开发区
地 址：河南省洛阳市关林大道南
邮 编：471023
电 话：0379-5959103
网 址：http://www.lykfq.com

安阳高新技术产业开发区
地 址：河南安阳市开发区银杏大街1号A座
邮 编：455000
电 话：0372-2997506　2961067
网 址：http://www.anyang.gov.cn

焦作高新技术产业开发区
地 址：河南省焦作高新区神州路
邮 编：454003
电 话：0391-3588818　3563358
网 址：http://www.dsd.ha.cn

新乡高新技术产业开发区
地 址：河南省新乡市五一路东段
邮 编：453000
电 话：0373-5049896　5049900
网 址：http://www.xxtdz.gov.cn

南阳高新技术产业开发区
地 址：河南省南阳市人民北路78号
邮 编：473009
电 话：0377-3295667　3295698
网 址：http://www.nanyang.gov.cn

濮阳高新技术产业开发区
地 址：河南省濮阳市黄河西路
邮 编：457000
电 话：0393-4635146　4635147
网 址：http://www.puyang.gov.cn

驻马店高新技术产业开发区
地 址：河南省驻马店高新区管委会
邮 编：463000
电 话：0396-2612160　2611787
网 址：http://www.zmdgx.gov.cn

漯河高新技术产业开发区
地 址：河南省漯河市湘江路1号
邮 编：462000
电 话：0395-2624608　2682219
网 址：http://www.lgk.gov.cn

鹤壁市经济技术开发区
地 址：河南省鹤壁市经济技术开发区管委会
邮 编：458000
电 话：0392-3979618　3321753
网 址：http://www.hbkfq.gov.cn

湖北省开发区

葛店高新技术产业开发区
地 址：湖北省葛店开发区管委会
邮 编：436070
电 话：0711-3811333　3811962
网 址：http://www.cnmvol.com

黄石高新技术产业开发区
地 址：湖北省黄石市杭州路89号
邮 编：435003
电 话：0714-6351152　6357518
网 址：http://www.ch-hs.com

襄樊汽车产业经济技术开发区
地 址：湖北省襄樊市汽车产业开发区管委会
邮 编：441004
电 话：0710-3320233　3311854
网 址：http://www.adz.org

孝感高新技术产业开发区
地 址：湖北省孝感市交通西路

邮 编：432100
电 话：0712-2327073 2323656
网 址：http://www.xghtdz.com

仙桃经济开发区
地 址：湖北仙桃沔阳大道东端开发区大楼
邮 编：433000
电 话：0728-3221457 3221743
网 址：http://www.hbxtkfq.com.cn

襄樊鱼梁洲旅游经济开发区
地 址：湖北省襄樊市鱼梁洲开发区绿洲大道
邮 编：441000
电 话：0710-3460372 3467255
网 址：http://www.xfylz.gov.cn

武汉吴家山台商投资区
地 址：武汉市东西湖区金山大道
邮 编：430040
电 话：027-83259013 83259127
网 址：http://www.wjs.cn

武汉吴家山海峡两岸科技产业开发园
地 址：武汉市汉口吴家山吴南路4号
邮 编：430040
电 话：027-83892079 83219867
网 址：http://www.whwjshtp.org

武汉青山经济开发区
地 址：湖北省武汉市青山区冶金大道35号
邮 编：430080
电 话：027-86319181 86878410
网 址：http://www.qshb.com

武汉常福新城
地 址：湖北省武汉市蔡甸区
邮 编：430120
电 话：027-69570625 69571279
网 址：http://www.cfct.net.cn

湖北樊城经济开发区
地 址：襄樊市樊城区太平店化纤东路
邮 编：441130
电 话：0710-2112278 2111914
网 址：http://www.fckf.gov.cn

湖北恩施经济技术开发区
地 址：湖北省恩施市开发大道1号
邮 编：445002
电 话：0718-8412861 8413670
网 址：http://www.esedz.gov.cn

湖南省开发区

常德市德山经济科技开发区
地 址：湖南省常德市德山开发区德山中路
邮 编：415001
电 话：0736-7312032 7312721
网 址：http://www.deshandz.com

湖南省耒阳市经济开发区
地 址：湖南省耒阳市经济开发蓝天市场
邮 编：421800
电 话：0734-4364885 4361287
网 址：http://www.lyedz.com

郴州市经济技术开发区
地 址：湖南省郴州市城前岭
邮 编：423000
电 话：0735-2185076 2185127
网 址：http://www.cz-invest.com

岳阳经济技术开发区
地 址：湖南省岳阳市经济技术开发区管委会
邮 编：414000
电 话：0730-8217294 8217279
网 址：http://www.yykfq.com.cn

湘潭高新技术产业开发区
地 址：湖南省湘潭市建设南路
邮 编：411104
电 话：0732-8562901 8560284
网 址：http://www.xiangtan.gov.cn

衡阳高新技术产业开发区
地址：湖南省衡阳市高新技术开发区
邮编：421001
电话：0734-8851661 8853881
网址：http:// www.hhhntd.com

湖南东安经济开发区
地址：湖南省东安县金源大厦
邮编：425900
电话：0746-4231667 4231032
网址：http://www.dazs.gov.cn

宁乡经济技术开发区
地址：湖南省宁乡县城关镇宁乡大道88号
邮编：410600
电话：0731-7800096 7883260
网址：http://www.nxgyy.com

长沙软件园
地址：湖南长沙市河西岳麓山高科技园
邮编：410082
电话：0731-8992788 8992700
网址：http://www.cnsia.com

广东省开发区

东莞松山湖科技产业园区
地址：广东东莞松山湖科技产业园区
邮编：523000
电话：0769-2822222 2822822
网址：http://www.ssl.gov.cn

从化市经济技术开发区
地址：广东从化市太平镇工业大道1号
邮编：510900
电话：020-87811318 87811672
网址：http://www.conghua.gov.cn

广东省茂名石化工业区
地址：广东省茂名乙烯厂区建设银行2楼
邮编：525021
电话：0668-2720378 2766178
网址：http://www.gmpiz.gov.cn

广州市花都区西城经济开发区
地址：广州市花都南北商贸城
邮编：510800
电话：020-86895190 86895146
网址：http://www.hd-xc.com

虎门港开发区
地址 东莞市沙田镇太一路93号
邮编：523980
电话：0769-8689662 8689889
网址：http://www.humenport.com

广东省江门市高新技术产业开发区
地址：广东省江门市金瓯路288号
邮编：529000
电话：0750-3866618 3866660
网址：http://www.jmntiz.com

广东揭阳经济开发试验区
地址：广东省揭阳经济开发试验区
邮编：522013
电话：0663-8775124 8776047
网址：http://www.testingzone.cn

汕尾市高新技术产业开发区
地址：广东省汕尾市科技文化中心左侧附楼
邮编：516600
电话：0660-3388432 3388436
网址：http://www.swht.gov.cn

顺德工业园
地址：广东佛山顺德新城区德民路
邮编：528300
电话：0757-22835726 22835782
网址：http://www.sdip.gov.cn

珠海临港工业区
地址：广东珠海市南水镇
邮编：519040
电话：0756-7268118 7268228

网 址：http://www.zhuhai-port.com

广西壮族自治区开发区

柳州高新技术产业开发区
地 址：广西柳州市高新一路
邮 编：545005
电 话：0772-3998108 3998192
网 址：http://www.lzgxq.com

钦州港经济开发区
地 址：广西钦州港经济开发区管委会
邮 编：535008
电 话：0777-3888410 3888510
网 址：http://www.qzport.com

北海市工业园区
地 址：广西北海市香港路
邮 编：536000
电 话：0779-2083816 2083696
网 址：http://www.bhgyy.com

桂林市西城经济开发区
地 址：广西桂林市临桂县城国土大厦四楼
邮 编：541100
电 话：0773-5597915 5597916
网 址：http://www.xckfq.gov.cn

北海大学经济园
地 址：广西北海市北海大道鸿海大厦
邮 编：536000
电 话：0779-3079933 3079922
网 址：http://www.bued.com

海南省开发区

亚龙湾国家旅游度假区
地 址：海南三亚市亚龙湾国家旅游度假区
邮 编：572016
电 话：0898-88568899 88568898
网 址：http://www.ylb.com

海南儋州国家农业科技园区
地 址：海南儋州云月湖度假村
邮 编：571737
电 话：0898-23309770 23309771
网 址：http://www.hnagr.com

海南省澄迈县老城开发区
地 址：海南省澄迈县老城镇
邮 编：571900
电 话：0898-67488449 67487108
网 址：http://www.lckf.net

三亚科技工业园
地 址：海南省三亚市科技工业园区管委会
邮 编：572000
电 话：0898-88271201 88276485
网 址：http://www.sanyatiz.cn

重庆市开发区

重庆大学国家大学科技园
地 址：重庆市沙坪坝区沙中路
邮 编：400044
电 话：023-65111788 65111780
网 址：http://www.cqustpark.com

重庆茶园新区
地 址：重庆市南岸区茶园新区管委会
邮 编：401336
电 话：023-62452295 62459635
网 址：http://www.cqcy.com.cn

重庆鱼复文化旅游移民开发试验区
地 址：重庆奉节县鱼复文化旅游移民开发区
邮 编：404600
电 话：023-56537713 56538888
网 址：http://www.cqyufu.com

重庆市涪陵桥南开发区
地 址：重庆市涪陵区黎明路3号
邮 编：408000
电 话：023-72242719 72242719

网 址：http://www.fl.gov.cn

重庆高新区九龙园区
地 址：重庆高新区九龙坡区九龙园区
邮 编：400051
电 话：023-68659297　68659297
网 址：http://www.jiulongyuan.com

重庆合川工业园区
地 址：重庆市合川南园路169号
邮 编：401500
电 话：023-42746956　42745869
网 址：http://www.hcgyy.com

四川省开发区

成都高新技术产业开发区西区
地 址：成都高新技术产业开发区西区
邮 编：611731
电 话：028-87846666　87855179
网 址：http://www.ccdmip.com

成都市都江堰工业开发区
地 址：四川省都江堰市
邮 编：611830
电 话：028-7281137　7283938
网 址：http://www.djyiz.gov.cn

成都金牛高科技产业园区
地 址：四川成都市金周路336号
邮 编：610000
电 话：028-87506555　87506222
网 址：http://www.goldenoxht.com

成都海峡两岸科技产业开发园
地 址：四川省成都市温江
邮 编：611130
电 话：028-82630204　82630208
网 址：http://www.wj.com.cn

成都市新都卫星城工业区
地 址：成都市新都卫星城工业区南一路258号
邮 编：601500
电 话：028-83965155　83966794
网 址：http://www.xindudev.org

成都西南航空港经济开发区
地 址：四川省成都市双流机场路
邮 编：610225
电 话：028-5883589　5964187
网 址：http://www.swinvest-cn.org

广安经济技术开发区
地 址：四川省广安市金广大道2号
邮 编：638000
电 话：0826-2346809　2331021
网 址：http://www.gakf.gov.cn

江油市工业开发区
地 址：四川省江油市德胜南路
邮 编：621700
电 话：0816-3362513　3361515
网 址：http://www.jyidz-sc-cn.com

泸州经济技术开发区
地 址：四川省泸州市鱼塘枣林园
邮 编：646000
电 话：0830-2589736　2589733
网 址：http://www.lzda.com

宜宾经济技术开发区
地 址：四川宜宾市南岸酒都路中段59号
邮 编：644002
电 话：0831-2332524
网 址：http://www.ybzs.org

自贡高新开发区
地 址：四川自贡汇东丹桂大街南段1号
邮 编：643000
传 真：0813-8101876　8203813
网 址：http://www.zggxq.com

绵阳经济技术开发区
地 址：四川省绵阳市绵州大道北段13号

邮 编：621000
电 话：0816-6391114　6391277
网 址：http://www.meda.gov.cn

成都高新区武侯科技园
地 址：四川省成都市武青南路38号
邮 编：610045
电 话：028-85030899　85019633
网 址：http://www.whstp.gov.cn

乐山高新技术产业开发区
地 址：四川省乐山高新区管委会
邮 编：614200
电 话：0833-2596000　2440916
网 址：http://www.lsgxq.com

贵州省开发区

贵州白云经济开发区
地 址：贵阳市白云区白云南路12号
邮 编：550014
电 话：0851-4831038　4605392
网 址：http://www.byjjkfq.com

贵州顶效经济开发区
地 址：贵州省顶效经济开发区招商局
邮 编：562409
电 话：0859-3520277
网 址：http://www.gzdx.org

贵州都匀经济开发区
地 址：贵州省都匀市龙山大道
邮 编：558000
电 话：0854-8234516
网 址：http://www.doujun.gov.cn

贵州贵阳国家农业科技园区
地 址：贵阳市乌当区东风镇
邮 编：550018
电 话：0851-56220613
网 址：http://www.gygjnykjy.com

贵州大龙经济开发区
地 址：贵州省玉屏县大龙镇龙井坪
邮 编：554001
电 话：0856-3322728　3322281
网 址：http://www.dalong.gov.cn

贵州遵义经济技术开发区
地 址：贵州省遵义市香港路
邮 编：563000
电 话：0852-8680648　8683232
网 址：http://www.zydz.gov.cn

贵州安顺经济开发区
地 址：贵州省安顺市西航路1号
邮 编：561000
电 话：0853-3460390　3461967
网 址：http://www.anshun.gov.cn

贵州凯里经济开发区
地 址：贵州省凯里市翁义
邮 编：556000
电 话：0851-8556515　8556516
网 址：http://www.kaili.gov.cn

云南省开发区

昆明滇池国家旅游度假区
地 址：云南省昆明市海埂
邮 编：650288
电 话：0871-4311584　4311607
网 址：http://www.kmpg.gov.cn

玉溪高新技术产业开发区
地 址：云南省玉溪市东风南路招商大厦
邮 编：653100
电 话：0877-2064291　2069307
网 址：http://www.high.yn.cninfo.net

曲靖经济技术开发区
地 址：云南省曲靖麒麟区翠峰路
邮 编：655000
电 话：0874-3316918　3317124

网 址：http://www.qjkfq.net

楚雄经济技术开发区

地 址：云南省楚雄市经济技术开发区管委会
邮 编：675000
电 话：0878-3394067 3394438
网 址：http://www.cxsgd.cn

西藏自治区开发区

拉萨经济技术开发区

地 址：西藏拉萨市金珠西路138号
邮 编：851400
电 话：0891-6820717 6820721
网 址：http://www.lsda.gov.cn

陕西省开发区

汉中经济开发区

地 址：陕西省汉中市北郊八里桥
邮 编：723000
电 话：0916-2511208 2822009
网 址：http://www.hzedz.gov.cn

神府经济开发区

地 址：陕西省神木县东兴街北段路西
邮 编：719300
电 话：0912-8334088 8338198
网 址：http://www.sfkfq.com.cn

咸阳市高新技术产业开发区

地 址：陕西省咸阳市渭阳西路
邮 编：712000
电 话：0910-3313823 3337281
网 址：http://www.xygxq.com

西安曲江新区

地 址：陕西省西安市雁南一路三号
邮 编：710061
电 话：029-85599053 85599011
网 址：http://www.qujiang.com.cn

渭南高新技术产业开发区

地 址：陕西省渭南市东风大街西段金城大厦
邮 编：714000
电 话：0913-2115716 2110007
网 址：http://www.whnz.gov.cn

甘肃省开发区

平凉市崆峒区西郊经济开发区

地 址：甘肃平凉市崆峒区西路35号
邮 编：744000
电 话：0933-8714314 8711196
网 址：http://www.plxjdz.com

甘肃张掖工业园区

地 址：甘肃省张掖市东关张火公路什字
邮 编：734000
电 话：0936-5983004 5983005
网 址：http://www.gszygyyq.com

甘肃天水经济技术开发区

地 址：甘肃省天水市北道区渭河大桥南
邮 编：741002
电 话：0938-2725510 2731590
网 址：http://www.tskfq.gov.cn

青海省开发区

格尔木昆仑经济开发区

地 址：青海格尔木市通宁路昆仑经济开发区
邮 编：816000
电 话：0979-8420095
网 址：http://www.kunlun.gov.cn

宁夏回族自治区开发区

宁夏石嘴山河滨工业园区

地 址：宁夏石嘴山市石嘴山河滨街
邮 编：753202
电 话：0952-3681121 3684421
网 址：http://www.hbgyy.com

银川德胜工业园

地 址：宁夏银川市德胜工业园区管委会
邮 编：750200
电 话：0951-8060333　8066333
网 址：http://www.dsip.com.cn

新疆维吾尔自治区开发区

伊宁市边境经济合作区

地 址：新疆伊宁市边境经济合作区管委会
邮 编：835000
电 话：0999-8120443　8128184
网 址：http://www.ynhzq.gov.cn

库尔勒经济技术开发区

地 址：新疆库尔勒经济技术开发区88号
邮 编：841001
电 话：0996-2153605　2151991
网 址：http://www.xjkk.com

奎屯经济开发区

地 址：新疆奎屯市喀什东路17号
邮 编：833200
电 话：0992-3221379　3275419
网 址：http://www.ktkfq.gov.cn

第三篇

开发区发展大事记

2003年开发区发展大事记

一月

康缘公司连云港开发区新厂区一期工程正式竣工

1月1日，江苏康缘药业股份公司开发区新厂区一期工程正式竣工，二期工程同时开工建设。新竣工的一期工程，项目总投资约1亿元，建设规模3万平方米。

台商独资高新复合材料项目落户济宁高新区

1月5日上午，济宁高新区与台湾勤丰国际集团高新复合材料合作项目签字仪式举行。台湾勤丰国际集团公司是一家从事电子、航空、建筑等工业用高级材料生产的国际知名高科技企业，2002年在大陆市场销售额达10亿元。该项目，一期投资1000万美元，占地106亩，建成后预计年产量1.1万吨。

年产6000吨铜箔项目落户南昌高新区

1月6日，经国家批准，江铜集团与美国耶兹公司组建“江铜—耶兹公司”，在南昌高新区合资兴建6000吨/年铜箔项目，在江西南昌正式签约。

第五届中关村项目推介暨投资洽谈会举办

由中关村科技园区管委会、中国科学院高技术产业发展局、北京市发展计划委员会、北京市经济委员会、北京市科委主办的“第五届中关村项目推介暨投资洽谈会”于1月8~9日在北京世纪金源大饭店成功举办。

成都高新区西区新拓面积12.5平方公里

1月9日，总面积约12.5平方公里的成都高新西区西北片基础设施建设开工，工程投资规模约30亿元。按照成都高新西区整体规划，这个以IT和中医药产业为主导的高科技园区，建成后将把成都城区与郫筒卫星城连成一片。

哈尔滨开发区报业印务中心改扩建工程启动

1月9日，中国印刷百强企业——黑龙江日报报业集团印务中心正式与哈尔滨开发区签订《用地协议书》，黑龙江日报报业集团印务中心改扩建工程正式启动，新印务中心占地面积7万平方米，建筑面积4.2万平方米。

海南汽车集团投资10亿元打造汽车工业园

1月12日，海南汽车集团有限公司受让海口保税区土地800亩建设汽车工业园签字仪式在海口举行。海汽集团将在这块土地上投资10亿元人民币，从今年一季度开始全面动工兴建集车体、涂装、总装等四大工艺及现代物流中心、办公园区为一体的新整车厂和零部件园区。

包头稀土高新区在京召开建设中国稀土谷院士专家座谈会

1月12日，一年一度的包头稀土高新区与院士专家座谈会在中国科技会堂隆重举行，院士专家们积极为稀土高新区建设“中国稀土谷”建言献策。

西安高新区国家光电子成果转化及产业化基地授牌

1月12日，“国家光电子成果转化及产业化基地”授牌仪式在西安高新区创业中心举行。这一基地正式运作，将对西安市孵化器及光电子产业发展产生深远影响。

张家港保税区和国家开发银行“握手”

1月14日，张家港保税区向国家开发银行贷款10亿元正式签字，标志着“银区”合作成功地迈出了实质性步伐。该贷款将分三年使用，资金将主要用于保税区、扬子江国际化学工业园13.8平方公里的基础设施建设。

科大科技企业孵化器在铜陵开发区奠基

1月14日，中国科技大学——铜陵科技创业园在铜陵开发区奠基。这是科大与安徽省地方政府联办的第一个科技企业孵化器。该园是铜陵市政府与科大合作的产学研项目试验基地，主要用于科大海外留学人员及其他科技成果持有者创新、创业。

苏州高新区优耐铜材（苏州）有限公司开工

1月16日，美国优耐铜材公司中国苏州工厂投资项目——优耐铜材（苏州）有限公司在苏州高新区破土动工。该项目总投资3250万美元，分二期开发建设，第一期总投资1250万美元，该苏州工厂主要为中国及全球相关行业提供阳极材料和化学品及配套服务。

吉利集团管理总部落户杭州高新区

1月16日，中国吉利集团管理总部乔迁仪式在杭州之江度假村举行，至此，吉利集团的六大总部已有管理、营销和研发等三大总部落户杭州高新区。

国家开发银行20亿贷款促园区高科技产业发展

1月16日，国家开发银行与中新苏州工业园区创业投资有限公司就银企合作事宜举行了签字仪式。根据协议，国家开发银行南京分行将在未来五年内向创投公司提供20亿元人民币的授信贷款，以支持创投公司根据园区产业发展规划进行投资参股，促进园区高科技产业的快速发展。

索尼半导体工厂在无锡新区诞生

1月17日，索尼在中国生产半导体的唯一工厂又将在无锡新区诞生。这是索尼公司继在无锡新区生产聚合物理锂电池、笔记本电脑、背投彩电、新型电子元器件产品群后的又一重大举措。

中行为中关村科技园区丰台园注资1.8亿 支持二期开发建设

1月18日，中国银行北京分行、丰台支行与中关村科技园区丰台园贷款签约仪式在北京举行。中行为丰台园注入1.8亿资金支持二期开发建设，区域金融与高科技产业的合作迈出了重要一步。

中国纺机的研发基地——经纬科技园在北京开发区揭牌

中国纺机集团经纬科技园于1月18日在北京开发区揭牌，该园的创立旨在以科技为先导，广泛招贤引智，组建一支新的技术开发队伍，在全面提升棉纺成套设备技术性能的同时，大力开发研制无梭织机、针织机械等产品。目前，中国纺机集团经纬科技园经过一年多时间的建设，一期工程总投资5200万元，建筑面积15300平方米。

隆鑫摩托车工业园落户重庆开发区回龙工业区

1月20日，重庆隆鑫集团在重庆开发区回龙工业区为隆鑫摩托车工业园举行了隆重的开园仪式，园区项目投资近4亿元，建筑面积达12万平方米，其主厂房建筑面积6.8万平方米，是目前国内最大的单体摩托车连跨厂房。

中天信息技术公司入驻青岛高新区2.5亿元建中天软件园

1月20日，青岛中天信息技术公司入驻青岛软件园签约仪式在青岛高新区举行。根据协议书由中天公司出资2.5亿元建设中天软件科技园。

宁波开发区三菱丽阳腈纶棉项目签约

1月21日，总投资10389万美元的三菱丽阳腈纶棉项目正式签约。这也是宁波开发区今年落户的第一个重大外资项目。

浙大科技园在南昌高新区奠基

1月22日，投资达16亿元的浙江大学国家科技园（江西）在南昌国家高新技术产业开发区正式动工，计划一期建设在2至3年内完成并投入使用。浙大科技园由江西省与浙江大学合作建设，将重点发展信息科学与技术、生命科学与现代农业等产业。

中国西部通信产业基地入驻西安高新区

1月22日，中国西部通信产业基地与西安高新区管委会签订入区协议，该基地是目前国内惟一的通信及信息产业为主题的大型综合性园区，该基地占地2200亩，将建成集通信产品的检测认证、产品研发、生产制造，以及高新产品的演示、会展、学术交流为一体的大型建筑组群。

首期投资5400万美元的厦门火炬高新区建松新厂房隆重奠基

1月23日，由台湾松下电器股份公司投资的厦门建松电器公司新厂房在厦门火炬高新区奠基，项目计划用地37792平方米，首期投资5400万美元。

横河电机中国总公司开工建设

1月24日，横河电机（苏州）有限公司在苏州工业园区的工厂举行开工仪式。横河电机株式会社自1957年以来，在中国陆续设立了6家合资企业及1家独资企业，为了在迅速发展的中国测量、控制产品市场上占得竞争优势，横河电机株式会社2002年10月全额出资40亿日元在园区设立了中国地区综合总公司。

国内最大“即食”蔬菜基地在南京高新区投产

国内最大的即食型蔬菜瓜果生产基地——江苏野生植物科技产业公司1月27日在高淳县高新开发区正式建成投产，年转化蔬菜瓜果将达30000吨。

汇亚俊宝选址成都经济技术开发区打造耀华食品加工基地

1月28日，由四川省汇亚俊宝实业有限公司投资建设的成都耀华食品生产基地项目正式签协落户成都经济技术开发区，该公司将在三年内，投资1.5亿～2亿元，在开发区建设集糖果、糕点及调味品生产基地。

力帆集团落户重庆开发区北部新区经开园

1月30日，重庆经济技术开发区与力帆集团在重庆出口加工区举行了土地受让签字仪式，该项目标志着力帆集团汽车生产项目的正式启动，将形成年产10万辆微型轿车、10万台微型轿车发动机、30万辆摩托车的生产规模，总投资达6.3亿元。

韩国SK集团将在大连高新区发展IT教育

1月31日，大连高新园区、SK（中国）有限公司及大连先河计算机学校就韩国SK（中国）有限公司与大连先河计算机学校合作在高新园区七贤岭产业化基地建立先河SK IT教育总部和大连先河SK信息工程学院相关事宜达成协议，并签订了协议书。

二月

杭州高新区与微软（中国）有限公司签约

2月6日，杭州高新区与微软（中国）有限公司签约共同建设“数字杭州”试点工程，该项目将采用微软公司软件平台及相关技术，总价约800万元。

日本贝尔投资2600万美元在沈阳浑南新区建厂生产网络可视电话

2月10日，日本贝尔网络株式会社与浑南新区管委会就在新区租地建厂事宜签订了协议，这次该企业在浑南建厂，主要开发生产可视网络电话软、硬件产品，一期工程投资约2600万美元。

阿尔派一研发中心落户大连高新区

2月11日，作为大连市赴日招商代表团招商的重要成果，东软集团与日本阿尔派株式会社正式达成合作协议，双方共同建立的东软·日本阿尔派汽车导航及音响技术联合研发中心将入驻位于大连软件园的东软（大连）国际软件园。

清华生物科技人才培养基地落户青岛开发区

2月13日，清华大学代表与烟台麦得津生物工程股份有限公司正式在合作建设“清华大学国家生物科学与技术人才培养基地”协议书上签字。该基地建立后，将不断为山东省培养生物工程应用领域的高素质人才。

见龙化学落户泰达化工区

2月14日，天津开发区化学工业区与外商独资企业见龙化学工业股份有限公司签订4400万美元的投资意向，该项目一期投资2200万美元，占地5万平方米，年产发泡聚苯乙烯10万吨，投产后预计产值高达8亿元人民币。

超群纺织公司落户张家港保税区

2月15日，张家港保税区超群纺织有限公司土地转让签约仪式在江苏省张家港保税区举行，张家港保税区超群纺织有限公司由泰国袜厂有限公司、日本东洋袜厂有限公司和美国东洋国际有限公司合资建办，该项目总投资为2000万美元，注册资本1000万美元。

石家庄高新区天山科技工业园正式开工

2月18日，在石家庄高新区举行天山科技工业园开工仪式，天山科技工业园是石家庄市“十五”期间重大项目之一，由高新区管委会主办，天山集团承办，该项目一期开发300亩，总投资超过4亿元，完全按照国际化工业配套标准，高起点规划、高效能管理，首创OEM定制式建园模式，以高新技术产业发展为导向，主要侧重电子信息、生物制药、及轻加工等中、小型科技企业的规模发展。

我国第一个数字化城市社区服务平台服务软件在西安高新区诞生

2月18日，“数字化城市社区平台软件项目新闻发布会”在西安高新区召开，高新区管委会副主任金乾生在新闻发布会上指出，社区服务一直是高新区社区管理和生活设施建设的重要致力方向，此次陕西利安信息传播有限公司研制成功的数字化城市社区服务平台软件不仅让西安高新区为全国瞩目，而且也会推动全国其他城市社区生活服务数字化。

四川银河落户经开区打造西部最大钢结构生产基地

2月18日，由四川银河金属屋顶有限责任公司投资兴办的钢结构体系设计、制作与安装生产基地正式签协落户经开区，在经开区内构建集银河钢结构体系设计、制作与安装为一体的基地，并建成年产10万吨的宝钢钢材剪切中心和彩涂生产线。

国际一软件巨头将落户杭州高新区

2月20日，杭州高新区（滨江）与Front Range Solution Inc.在浙江世贸中心签署合作意向书，Front Range Solution Inc.将在杭州高新区投资1000万美元设立软件公司，作为面向亚洲市场的总部。

四川汽车工业集团落户成都经开区

2月24日，四川汽车工业集团公司正式签协落户成都经开区。该项目拟总投资2亿~3亿元，在经开区建设以生产中、高档营运客车为主，年产量1万辆以上，产值10亿元以上的汽车生产基地。

苏州工业园区与全球教育管理公司合作办学

2月27日，苏州工业园区管委会与全球教育管理有限公司举行了合作办学签字仪式，此次合作办学的主要内容是由全球教育管理有限公司、园区职业技术学院、园区教育发展投资有限公司合资组建“全球教育（苏州工业园区）管理有限公司”。合资公司注册资金5000万元。

亚洲最大硬盘驱动器支架生产厂家在无锡新区投资建厂

2月28日下午，福群（香港）有限公司落户无锡新区的投资合作签约仪式在无锡新区欣园举行，福群（香港）有限公司是亚洲最大的硬盘驱动器支架生产厂家，此次在无锡投资注册资本2000万美元，主要为希捷、麦托等硬盘厂家提供配套产品。

三月

下村特殊精钢（苏州）有限公司落户苏州高新区

3月3日，日本独资企业下村特殊精钢（苏州）有限公司落户苏州高新区，下村特殊精钢（苏州）有限公司由日本下村特殊精钢株式会社和丰田通商株式会社联合投资，从事各类新型有色金属复合材料、合金金属材料、精密合金等金属型材及其相关产品的研究开发和生产销售，并提供相关的技术和售后服务。

紫江集团安家天津开发区

3月5日，由紫江集团与上海利士包装有限公司、新加坡REX私人控股有限公司三方投资建立的天津利士包装有限公司在天津开发区投资服务中心成立。该公司注册资本518万美元，投资总额1280万美元。

日本霍亚株式会社落户苏州高新区

3月5日，苏州高新区和世界著名的光学玻璃制造商——日本霍亚株式会社苏州新区举行签约仪式。日本霍亚公司是世界著名的生产专业光学玻璃等产品的跨国企业。霍亚苏州公司总投资6600万美元，注册资本2200万美元，第一期用地约20万平方米。主要生产电子光学玻璃产品及相关零部件。

日触化工（张家港）有限公司落户张家港保税区

3月7日，日触化工（张家港）有限公司土地转让签约及投资协议书正式签订，日触化工（张家港）有限公司由日本触媒株式会社投资兴建，该项目总投资4300万美元，注册资金260万美元。

秦皇岛开发区哈动力出海口基地开工建设

3月10日，秦皇岛开发区东区——哈尔滨动力设备股份有限公司出海口加工基地项目一期工程正式开工建设。该项目将征用土地16万平方米及所临海域12万平方米，先期投资约2亿元，计划于2004年建成投产。

全球软件企业第七巨人“埃森哲”落户大连软件园

3月13日，全球领先的管理及信息技术咨询机构埃森哲公司将自己的一个重要支点放在了大连——埃森哲信息技术中心正式落户大连软件园，该中心是埃森哲公司面向全球市场的四大信息技术中心之一。

台湾统一企业大陆第46家企业在福州开发区全面启动

3月15日，台湾统一企业集团在大陆第46家企业——福州统一企业有限公司方便面生产线在福州经济技术开发区内正式投入生产。成立于1967年的台湾统一企业集团是台湾目前最大的食品企业。台湾统一企业集团自1992年在大陆设立了第一家工厂——新疆统一企业食品有限公司至今，在大陆投资总额达17亿美元。

慧智科技（中国）有限公司近日开工建设

3月15日，慧智科技（中国）有限公司在无锡高新区坊前新丰工业配套园举行开工仪式，该项目一期投资1500万美元，投产后将形成年销售逾1亿美元，二期将投入3000万美元，年销售逾2.5亿美元。

汇源果汁成都开发区工厂建成投产

3月18日，由中国最大的果蔬汁饮料企业——北京汇源饮料食品集团公司投资兴建的汇源果汁成都工厂正式在成都经济技术开发区建成投产。

奥斯匹特汽保设备制造（成都）有限公司在成都开发区开工建设

3月18日，韩国奥斯匹特汽保设备制造（成都）有限公司开工典礼在成都经济技术开发区举行。奥斯匹特公司是一家主要研究生产四轮定位仪、动平衡机、换油机、举升机等汽车保修设备和汽车检测设备的现代化知名企业，公司年产值逾5000万美元。

喜开理(中国)有限公司落户无锡新区

3月18日，喜开理(中国)有限公司在无锡新区奠基，喜开理(中国)有限公司由日本喜开理株式会社独资建办，该公司投资总额为2980万美元，注册资本1250万美元。

BHP来实建筑系统（成都）有限公司建成投产

3月19日，世界财富500强企业BHP来实建筑系统（成都）有限公司在成都经济技术开发区正式建成投产并举行了开业庆典。该公司于2002年8月正式落户经开区，是经开区引进的第一家世界财富500强生产型企业，也是BHP集团公司为适应中国西部经济发展的需要、进一步拓展中国西部市场而在内地设立的第一家全资公司。

日本西川印刷株式会社投资天津港保税区

3月20日，天津港保税区管委会和日本西川印刷株式会社签署了合作协议。西川辉男先生此次来津拟在保税区购地3万平方米，投资1000多万美元，与天津市有关单位合作建设高科技印刷工厂。

国发行向芜湖开发区贷款10亿元建设新区

3月22日，国家开发银行向芜湖经济技术开发区建设总公司新区土地开发项目提供10亿元人民币贷款合同签字仪式在芜湖举行，这是迄今为止金融界向芜湖经济技术开发区企业提供的最大一笔贷款。

青岛开发区最大的产学研基地揭牌

3月22日，在山东科技大学青岛创业基地，“山东科技大学澳柯玛商学院”诞生了。此次冠名希望以澳柯玛商学院为载体，全面开展产学研合作，促进科研成果的产业化。

成都经开区2003年中国·成都国际桃花节招商引资洽谈会引资45.6亿

3月23日，2003年中国·成都国际桃花节招商引资洽谈会在成都经济技术开发区落下帷幕。此次洽谈会成都经开区共签约项目33个，协议总投资45.6亿元。

新加坡宇航制造集团第二家工厂在苏州工业园区开工

3月24日，新加坡宇航制造集团在苏州工业园区为其第二家工厂“新宇航空制造(苏州)有限公司举行了奠基典礼，新工厂位于园区出口加工区内，拥有1.2万平方米的厂房，总投资约3600万美元。

我国航空制动和刹车技术中心落户西安高新区

3月26日，西安航空制动科技有限公司在西安高新区成立，成为西安高新区航空产业基地的又一龙头企业。西安航空制动科技有限公司将以航空产品的研发、生产为主，大力开发民机产业，同时延伸航空核心技术应用领域，开发高速列车、汽车ABS、ARS等高科技民用产品。

银联落户张江高科技园区上海市银行卡产业园

3月26日，上海市银行卡产业园开园仪式暨中国银联银行卡全国信息处理中心奠基、开工仪式在位于上海浦东新区唐镇的“张江新发展科学工业园”隆重举行。上海市银行卡产业园是张江高科技园区的一个新的产业板块，是张江高科技园区主导产业由生物医药、IT、IC向金融和金融IT产业的扩展和延伸。

坦萨—凯乐土工合成材料（武汉）公司落户武汉开发区

3月27日，坦萨－凯乐土工合成材料（武汉）公司落户武汉经济技术开发区。该公司由湖北凯乐新材料科技股份公司与英国坦萨集团合资成立，投资总额为2.2亿。

富士康钱塘科技工业园落户杭州开发区

3月27日，全球最大的计算机连接器和计算机准系统生产厂商——富士康企业集团投资兴建的富士康钱塘科技工业园暨宏讯电子工业（杭州）有限公司在开发区奠基。富士康企业集团是台湾鸿海精密工业股份有限公司在大陆投资兴办的专业生产计算机、通讯、消费性电子等产品的高新技术企业。

美国佰电科技开业

3月28日，落户苏州工业园区三区苏春工业坊的美国佰电科技（苏州）有限公司于举行了开业典礼。佰电科技（苏州）有限公司是美国BENCHMARK公司在中国开设的第一个生产基地。佰电在园区的工厂一期注册资金为500万美元，厂房面积10万平方米，未来几年内投资将达3000万美元。

四月

瑞萨半导体在苏州工业园区挂牌

4月1日，位于苏州工业园区金鸡湖路上的日立半导体（苏州）有限公司公司近期挂上了“瑞萨”的公司铭牌。这是最近在全球半导体行业中产品及技术整合的又一次大的举动，瑞萨在全球微芯片市场的排名第二。

嘉盛半导体1.2亿美元投向苏州工业园区

4月1日，总投资1.2亿美元的嘉盛半导体（苏州）有限公司在苏州工业园区二区奠基，该项目是嘉盛集团的第一个海外分厂，主要从事集成电路、半导体产品的装配、测试与销售，工厂占地面积约四万平方米，一期工程预计2003年12月完工。

东芝第一台笔记本电脑在杭州开发区正式下线

4月1日，杭州乃至浙江省的第一台笔记本电脑整机在杭州开发区企业东芝信息机器（杭州）有限公司正式下线。随着近百台笔记本电脑开始出口，3天后，在开发区生产的东芝牌笔记本电脑将出现在欧洲各国的电子市场里。

泰国正大易初莲花购物中心落户西安高新区

4月3日，泰国正大集团的正大易初莲花购物中心计划在西安高新区开设其在西部投资的第一家大型商业设施，并在近期开始建设，总面积5.4万平方米的商业群将按照国际先进的模式为西安市民提供高水平的购物环境与物美价廉的商品，也将对西安的商业零售业带来新的活力。

12个项目同日落户武汉开发区

4月3日，正值武汉国家级经济技术开发区成立10周年之际，总投资22. 6亿元人民币的12个项目在开发区举行投资签约仪式，此次签约，汽车产业项目过半。

天津开发区汽车配套工业园启动

4月7日，天津平和汽车配件有限公司和天津平和机工汽车部件有限公司与天津逸仙园国际有限公司土地使用权有偿转让合同签字仪式在天津开发区举行，标志着天津开发区汽车配套工业园正式启动。

世界500强两企业投资西安高新区建厂

4月8日，在东西部洽谈会上，世界500强企业美国霍尼威尔公司和美国奥的斯电梯公司分别签约投资西安高新区建新厂。

光洋（无锡）密封科技有限公司落户无锡新区

4月8日，光洋集团在无锡的第六家企业——光洋（无锡）密封科技有限公司在无锡新区落户，此举意味着无锡已经成为光洋精工集团在中国最大的生产基地。该公司总投资920万美元，占地面积近3万平方米。

龙鼎电气项目落户秦皇岛开发区

4月10日，吉林龙鼎电气股份有限公司等5家股东共同投资创办了秦皇岛吉林龙鼎电气有限公司在秦皇岛开发区落户。项目一期投资3000万元，注册资本1200万元，项目最终投资总额将达到1亿元。

苏州高新区松下半导体公司开业

4月10日，苏州松下半导体有限公司举行开业典礼，苏州松下半导体有限公司系由日本松下电器产业株式会社投资设立，资本金25亿日元，占地面积3400平方米。

青岛开发区赛轮子午线轮胎信息化工业园奠基

4月18日，总投资10亿元的赛轮子午线轮胎信息化工业园奠基仪式在青岛开发区富源工业园举行，园区占地600亩，园区一期投资3.5亿元。

日本三菱在杭州开发区正式投产

4月18日，日本三菱综合材料公司在杭首次投资的菱庆公司正式在杭州开发区投产，这标志着开发区在打造以IT行业为核心的高新技术产业链方面又推进了一大步。

南昌经济开发区晨鸣纸业江西工业园动工

4月22日，总投资70亿元的晨鸣纸业江西工业园一期工程项目在南昌经济开发区白水湖工业区正式破土动工，预计2004年10月投产。

总投资1.3亿元的捷能汽轮机项目在青岛开发区奠基开工

4月22日，青岛捷能汽轮机项目举行了开工奠基仪式。该项目总投资额为1.3亿元人民币，一、二期项目投产后，年销售收入可达10亿元人民币。该项目是继总投资1.2亿元的莱钢钢结构项目之后落户青岛开发区机械工业园的第二个项目。

中关村丰台科技园将建北京首座总部基地

4月26日，北京市丰台区人民政府正式发布：将在中关村丰台科技园建设北京首座总部基地，同时还首次提出要建立丰台新区的设想，即丰台区沿四环建立丰台新区经济格局，并以此辐射丰台高科技产业链的形成，带动丰台相关区域经济技术的共同发展。据悉，这座“总部基地”占地面积为65公顷、总建筑面积为106万平方米的科技总部基地计划在3至5年内完成。基地建成后将容纳约500家大型企业、2000家中小型企业的总部入驻，预计会形成约450亿元的技工贸总收入和15亿元的税源。

五月

北京汇源果汁饮料集团在成都开发区追加1.5亿投资

5月12日，北京汇源果汁饮料集团总公司成都经济技术开发区生产基地二期投资签协仪式在成都经开区举行。2001年12月，该集团在成都经开区投资2亿元兴建的两条意大利生产线、两条德国生产线及一条瑞典生产线等五条无菌冷灌装果汁生产线已竣工投产，并获得良好的经济效益。

韩国KBC公司落户青岛保税区 首期投资600万美元

5月17日，青岛保税区成功引进韩国KBC摩托车头盘项目，并签订了土地合同。该项目首期投资600万美元，预计年出口额将达到2000万美元。

美国气体化工产品公司落户福州开发区

5月18日，美国气体化工产品有限公司在中国（福州）海峡科技成果交易暨经贸洽谈会上与福州开发区正式签订了投资协议，项目总投资700万美元，美国气体化工产品有限公司是全球工业气体行业最大的跨国集团之一，也是首家在福州落户的世界500强。

大连开发区将建成国内规模最大、技术最先进的线路板基地

5月18日，由中国和日本、新加坡的4家企业（大连大显股份有限公司及其控股的中外合资大连太平洋多层线路板股份公司、日本回路技术株式会社和新加坡SME公司）合资兴建的大连太平洋电子有限公司在大连开发区内奠基。该项目总投资8亿多元人民币，投产后年产值将超过6000万美元。

工行30亿助推天津空港物流加工区

5月20日，从天津港保税区有关部门获悉，由保税区投资公司向工商银行保税区分行申请的30亿元长期基础设施贷款，经中国工商银行总行审核，正式批准。此项贷款是加快空港物流加工区基础设施建设。

5亿美元进广州开发区

5月20日，广州开发区举行了30个项目签约仪式，涉及金额5.3亿美元。从资本性质看，这些项目可分成三类：一是境外资金投资项目，主要有欧美地区、日本等国家和地区；二是民间资本，即民营企业在开发区的投资项目；三是留学生企业。在签约仪式上签定的协议书包括投资协议、土地合同和服务性质协议书。

国家开发行22亿元投入西安高新区基础设施建设

5月20日，西安高新区管委会与国家开发银行在西安高新区签署了新区建设项目贷款合同。国家开发银行将在未来三年内向西安高新区提供10年期总金额22亿元的贷款，用于高新区新区的基础设施建设。

青岛中外运物流有限公司落户青岛开发区

5月21日，总投资1.3亿元人民币的青岛中外运物流有限公司项目正式落户青岛开发区。青岛中外运物流有限公司项目由中国外运股份有限公司及中国外运山东有限公司合资成立，公司注册资本1亿元人民币，总投资1.3亿元，占地285亩，年操作集装箱量有望达到30万标箱，年创利润1000万元。

青岛零点科技产业园落户青岛高新区

5月25日，青岛零点科技产业园建设签约仪式在弄海园举行。零点科技产业园位于高新区软件大厦西侧，规划占地70余亩，计划投资2.5亿元人民币，建设周期3年。产业园投资主体青岛零点电子开发有限公司是山东省最大的从事建筑智能化业务的专业公司，拥有国家建设部甲级系统集成资质。零点科技产业园的落户，将有助于优化青岛高新区产业结构。

本田汽车（中国）有限公司在广州开发区挂牌

5月29日，本田汽车(中国)有限公司在广州开发区挂牌并奠基。该公司起步规模年产五万辆，产品全部出口国外市场，销售地区主要是欧洲和亚洲。

六月

苏州（张家港）精细化工园近日在张家港保税区开工

6月4日，苏州（张家港）精细化工园在江苏扬子江国际化学工业园内正式开工建设，项目总投资146亿元，一期工程投入12亿元，一期工程建设时间为18个月，投产后，可为苏州精细化工有限公司新增销售收入15亿元。

东风日产合资公司在武汉开发区成立

6月9日，东风汽车公司与日产汽车公司在武汉宣布，双方全面战略性合作携手组建的新公司——东风汽车有限公司正式创立，公司总部设在武汉。据悉，这是中国汽车目前规模最大、层次最深、范围最广的合资项目。此举将使东风公司成为具有全球竞争力的汽车制造商，在国际汽车市场扮演重要角色。新建的东风汽车有限公司注册地为武汉，注册资本为人民币167亿元。东风与日产各拥有50%的股份。

北京生物医药基地拿下9亿大单

6月10日，北京双鹤药业、国药公司、三九集团、赛而生物、中融百鸣、济民药业、健力药业、福瑞康药业、鲁银利华等9家生物工程与医药企业与大兴开发区签署入区协议，根据协议，9家企业入区后一期投资就达9亿元人民币，而其计划总投资则达15亿元人民币。

英飞凌公司亚太区最大研发中心落户西安高新区

6月11日，英飞凌科技（西安）有限公司正式落户西安高新区，这是德国英飞凌科技公司在我国设立的第一家研发中心。英飞凌西安公司第一期投资额为420万美金，计划建成英飞凌亚太区第一大研发中心，全球第二大研发中心。

北京开发区瑞典利乐北京新厂开工建设

6月11日，世界包装行业的领先企业瑞典利乐公司宣布，利乐北京新厂开始动工建设。这座集生产、行政办公等功能于一体的新工厂坐落于北京开发区内，建成后占地面积逾7万平米，总投资将达6.2亿元人民币。

泰国正大集团进驻连云港开发区兴办连锁超市

6月12日，世界500强企业——泰国正大集团进驻连云港市，准备在连云港市兴办易初莲花购物中心连锁店。正大集团与连云港外贸包装（集团）有限公司签订了面积约1.75万平方米的房屋租赁意向书，先期投入1500万美元。

广东南海科技工业园挂牌

6月13日，佛山市高新技术产业开发区南海科技工业园正式挂牌。该园位于佛山市南海区中北部，拟建面积85.63平方公里，涵盖南海五个镇区，以南海软件科技园为基础，组建成一个大规模、高标准、突出生态特色的现代化产业园区。

中科纳米在园区设立研发和生产基地

6月14日，中科纳米项目在苏州工业园区新苏国际大酒店举行投资签约仪式，中科纳米（苏州）技术工程中心有限公司将在园区设立纳米研发和生产基地。中科纳米（苏州）注册资本1.5亿元，总投资4.5亿元。

韩国高丽研磨工业株式会社落户萧山开发区

6月18日，由韩国高丽研磨工业株式会社投资的研磨和研磨纸项目在萧山开发区桥南区落户，项目第一期总投资1600万美元，注册资本800万美元，主要生产和销售世界一流的各种研磨布和研磨纸。

霍尼韦尔亚太总部移师张江高科技园区

6月19日，全球多元化技术与制造业知名厂商——美国霍尼韦尔宣布即日起将亚太公司总部从新加坡移至上海浦东张江高科技开发区，霍尼韦尔公司将投资1800万美元用于建设包括研发中心在内的张江基地。

总投资8.6亿元的曦龙生物医药落户张江高科技园区

6月19日，上海曦龙生物医药工程有限公司的APA－BCCs细胞工程生产基地在张江高科技园区动工，项目总投资为8.6亿元人民币。

华西制药落户宝鸡高新区

6月19日，陕西华西制药股份有限公司新厂区进驻宝鸡高新区新区签约仪式在高新区管委会举行。陕西华西制药股份有限公司是以研究、开发、生产中成药和保健品为主的现代化制药企业，企业决定的高新区新区征地70亩，总投资6000万元，建设6800平方米的GMP标准厂房，预计实现销售收入1.1亿元，利税1800多万元。

美国百特公司将投资西安高新区

6月22日，美国百特医疗用品有限公司与西安力邦制药有限公司就双方在西安高新区建立麻醉药基地在上海签署合作意向书。该项目总投资2500万美元，其中外资1500万美元。

世界500强之一落户太原高新区

6月28日，全球著名的自动化软件生产商、世界企业500强之一的Foxboro公司以山西晋能自动化成套有限公司合作伙伴的身份，正式落户到太原高新技术开发区新岛科技园区，这将极大地提高山西省工业自动化控制装置的科研和生产水准。

广西南宁完达山乳品有限公司在南宁开发区正式开工

6月28日，广西乳业产业的”重头戏”——广西南宁完达山乳品有限公司液态奶项目在南宁市经济技术开发区正式开工。该项目总投资1.5亿元，生产能力为日产300吨乳制品，达产后年销售收入可达2.144亿元。

世界最大压花玻璃生产线在青岛开发区点火

6月28日上午，青岛金晶压延三线即世界规模最大的高档压花玻璃生产线点火投产仪式举行。该公司高档压花钢化玻璃生产项目总投资3亿元人民币，年产高档彩色压花钢化玻璃将达到日产750吨的规模，约占全国压花玻璃生产总量的1/3，成为世界规模最大、品种最多的压花玻璃生产基地和供应基地，产品80%以上出口。全部工程将于2005年建成投产。

云南省最大工业物流园区即将新建

6月30日，昆明钢铁控股有限公司与云南浩宏物流有限公司正式签订了合作建设“云南昆钢·浩宏工业物流园区”协议。该园区占地27万多平方米，由民营企业云南浩宏物流有限公司负责融资、投资建设并负责经营。一期建设投资5000万元，全部总投资预计3年后将达1.51亿元。建成后将形成集钢材产品交易、仓储、物流、五金机电产品交易、钢材产品加工、信息交流为一体的综合工业园区。

武汉开发区2号工业园一期工程竣工验收

6月30日，开发区2号工业园一期工程顺利竣工并通过管委会组织的总体验收，开发区2号工业园一期工程总投资2.0046亿元，2号工业园位于开发区西南部，总占地9.67平方公里，共可新增工业用地7900亩，分两期开发。建设2号工业园是开发区二次创业起步阶段的第一个重大举措。

七月

国家商务部加工贸易电子化审批试点项目在园区正式启动

7月1日起，为提高区内企业的国际竞争力，苏州工业园区有关部门积极依托高科技手段探索网上审批办法。国家商务部加工贸易电子化审批试点项目在园区正式启动。

南京开发区管委会顺利通过ISO14001环境管理体系认证

7月1日，经中国认证机构国家认可委员会核准，江苏省环境管理体系审核认证中心向开发区管委会颁发了ISO14001环境管理体系认证证书。至此，开发区管委会顺利通过ISO14001环境管理体系认证。

台湾合勤科技在无锡新区设立全球研发生产基地

7月3日，无锡新区最大的研发中心——合勤科技（无锡）有限公司在新区隆重奠基。合勤科技（无锡）有限公司是由台湾合勤科技股份有限公司出资成立的，此次在无锡设立全球研发、生产基地，注册资本1650万美元，总投资2990万美元，并把上海、天津机构并到无锡，成立了合勤科技（无锡）有限公司。

民生银行向四川省经开区综合授信1亿元

7月3日，民生银行成都分行向经开区授信基础设施建设资金1亿元。此次信贷是该行在四川省内开发区中开展的第一笔信用贷款业务，信贷总额1亿元人民币，为期2年。

玫琳凯将投资1亿元在杭州开发区建新工厂

7月3日，化妆品跨国企业集团玫琳凯公司在京宣布，将通过其中国全资子公司——杭州玫琳凯有限公司投资1亿元人民币，在杭州经济技术开发区内建立一座全新的化妆品生产、技术支持和物流配送中心，预计于2004年底之前建成投入使用。作为玫琳凯公司在全球的第4家工厂，该工厂将按照其达拉斯总部全球生产中心的标准配置，其功能辐射整个亚太市场。

3大项目落户青岛高新区 投资总额过2亿元

7月4日，北京现代汽车展示项目、日本启迪纺织项目、韩国皇冠电子等三大项目与青岛市高新区中韩街道办事处签约，3大项目将于年底启动，投资总额过2亿元。

瑞士SSM公司正式落户中山高新区

7月7日下午，在世界上知名的纺织机械专业公司——瑞士SSM公司与中炬高新公司举行签约仪式，正式落户中山火炬开发区。瑞士SSM司是世界上少数掌握空气纺织处理技术的纺织机械专业公司，在德国、瑞士等国家拥有3家工厂。

韩国明日国际投资株式会社再向无锡新区投资1亿美元

7月7日，韩国明日国际投资株式会社和无锡新区签订了两个项目的合作协议，总金额为1亿美元，其中4000万美元投向已开工建设的玖鼎爱世光电有限公司，另6000万美元则是新建一个通讯项目的注册资本。

中关村科技园区健翔科技园开园仪式举行

7月8日，中关村科技园区健翔科技园开园仪式在北京市朝阳区举行。国内首家以科技商务为特色的健翔科技园，是对中关村科技园区功能的完善，是“一区多园”格局的丰富和发展。健翔科技园定位于原创技术孵化、转化和为国际科技交流与高科技商务活动提供服务，特别是充分利用该地区完备的商务和会展设施，大力发展科技经济、科技会展、科技营销、科技信息咨询、投融资中介和科技人才交流等科技商务服务业

神州数码软件战略落户苏州工业园区

7月9日上午，神州数码软件战略落户苏州新闻发布会隆重举行。此次新闻发布会籍原国信技术（苏州）有限公司正式加盟神州数码，重组更名为神州数码国信信息技术（苏州）有限公司的契机召开，为神州数码与数字化苏州的连通搭建了一条友谊的桥梁，并为神州数码软件战略落户苏州奠定了良好的基础。

比利时钢帘线项目落户威海经济技术开发区

7月10日， 贝卡尔特集团亚洲钢帘线总经理潘得凯先生在新闻发布会上

宣布：贝卡尔特集团已决定在威海开发区投资建立其在中国的第三家钢帘线厂。贝卡尔特集团始建于1880年，是世界著名的生产超细不锈钢纤维产品的跨国公司，其在钢帘线生产领域居世界领先地位，年销售额超过25亿美元。到目前为止，该集团在全球已拥有16家钢帘线厂，中国有江阴、沈阳两个分厂，决定建立的威海分厂是其在中国的第三家分厂。

新加坡工业园区落户浑南高新区

7月11日，沈阳浑南新区与新加坡腾飞集团举行了中国新加坡城沈阳工业园区总协定的签字仪式，同时还签订了关于工业园区的管理合同。这一项目是腾飞集团继苏州工业园后在中国开发建设的又一重大工业园区项目。

韩国注塑机“大鳄”落户宁波开发区

7月15日，由韩国著名的宇进注塑机株式会社投资的宇进注塑机械（宁波）有限公司正式开工建设。该项目总投资1250万美元，将为开发区引进国际上先进的注塑机整机制造技术，从而有效提升开发区注塑机产业以及产品的档次。

萧山开发区三菱重工业注塑机制造工厂隆重开业

7月17日，全球500强企业日本三菱重工业株式会社与萧山开发区杭州佳农机械制造有限公司合作的注塑机委托制造工厂在桥南区隆重开业。三菱注塑机委托制造工厂是三菱重工业与佳农机械公司联手打造的一个项目，主要生产三菱品牌的全电脑中型直压式注塑机，产品100%销往日本及世界各地，年销售额预计可达10亿日元。

农业银行总行与镇江新区合作签约5年授信30亿

7月25日，中国农业银行总行与镇江新区正式签约：在未来5年内，农业银行总行将向新区提供30亿元的综合信用额度。作为镇江新区成立以来贷款规模最大的一次金融合作，此次签约表示新区多渠道筹集开发建设资金又迈出了标志性一步。

志合电脑新厂房投入使用

7月25日，排名全球十大笔记本电脑制造厂商之一的“志合电脑”为在苏州工业园区的新厂房举行启用仪式，志合电脑主要从事笔记本电脑的研发与生产，70%的产品出口欧洲市场，并为清华紫光、北大方正、神州电脑等国内主流电脑品牌进行代工生产。

苏州福田高新粉末公司在苏州高新区成立

7月28日，苏州高新区与日本福田合资项目的签字仪式在苏州新区举行。苏州福田高新粉末有限公司，是苏州高新与日本福田在电解铜泊长期合作项目成功的基础上又一新的起点。项目总投资额为750万美元。

奥力特车辆制造有限公司在青岛开发区开工

7月28日上午，奥力特（青岛）车辆制造有限公司举行开工仪式。该公司是美资在青岛开发区投资开发建设的出口加工企业，总投资300万美元，产品全部出口欧美市场。公司位于出口加工工业园内，一期工程建设规模13118平方米。

韩国世亚产业净水设备落户浑南高新区

7月28日，由韩国世亚产业社和沈阳通宝电子有限公司共同投资1900万美元的环保净化水污水处理设备项目在浑南新区开工奠基。韩国世亚产业社和沈阳通宝电子有限公司共同投资的项目，主要生产净化水、污水处理设备。

八月

世界最大米果商落户哈尔滨开发区

8月5日，台湾旺旺集团与哈尔滨开发区正式签署入区协议，准备一期投入1000万美元，在开发区食品工业园建立“旺旺食品园”。该项目投产后年产值将达4亿元人民币。旺旺集团是目前世界最大的米果产销商，主要生产、销售休闲食品、饮料及相关食品。

中关村科技园区推介会在日本东京举行

8月5日，日本贸易振兴会和中关村科技园区管委会在日本东京港区赤板日本贸易振兴会BSC会场联合举办了中关村科技园区推介会，包括NTT、日立、SMC等知名公司在内的100多家日本企业约150位代表参加了推介会。

西安开发区在深圳引资逾10亿

8月6日，西安经济技术开发区代表团抵达深圳开始招商，在深圳与境内外多家投资商签署投资合作协议，项目总投资达12.17亿元。

昆明经开区顶益食品有限公司和昆明顶津食品有限公司隆重开业

8月8日，昆明顶益食品有限公司和昆明顶津食品有限公司的开业庆典仪式在昆明经济技术开发区举行。昆明顶益食品有限公司和昆明顶津食品有限公司是云南省目前最大的台商投资项目，由顶益（开曼岛）控股有限公司分别与重庆顶益食品有限公司、重庆顶津食品有限公司共同投资建设，项目占地面积53.66亩。

烟台万华年产16万吨MDI工程在大榭开工

8月8日，烟台万华聚氨酯股份有限公司年产16万吨MDI工程在宁波大榭开发区榭北石油化工区开始打桩，与该项目同时开工的还有与其配套的热电联产工程和12万吨/年氯碱工程。这三个项目的开发代表着烟台万华在大榭开发区设立的万华工业园正式开工建设。

法国诺宾与合肥阿力猛在合肥开发区成立合资公司

8月14日，法国诺宾公司与合肥阿力猛金属制造公司共同签订协议，在合肥开发区成立合资公司，新的合资公司一期投资2200万元人民币，用地82.8亩，一期建设面积3000平方米。合资公司将生产具有国际先进技术水平的压力容器运输槽车及各种规格压力容器储罐，并利用诺宾公司在行业内的全球化客户资源为亚洲的客户提供产品和服务。

康姆尼电子（杭州）有限公司开工建设

8月18日，康姆尼电子（杭州）有限公司在杭州开发区东部区块工地现场举行奠基仪式，康姆尼电子（杭州）有限公司是由香港捷华实业有限公司投资创办的外商独资企业，总投资2500万美元，注册资本1000万美元。

汽配专业市场落户武汉开发区

8月19日，武汉市最大的汽配专业市场海天汽配大世界落户沌口汽车城。该项目被武汉市政府列入2003年重点建设项目，总投资达3亿元人民币，建成后将形成集汽车用品超市、物流配送和网络信息服务等经营项目为一体的大型、多功能汽车配件及用品的全国聚散中心。

华歌尔落户大连开发区

8月25日，大连华歌尔时装有限公司土地签约仪式在大连开发区举行，大连华歌尔时装有限公司由日本华歌尔公司投资建立，公司注册资本400万美元，投资总额8800万美元。该公司是日本目前最大的内衣制造商。日本华歌尔公司计划将大连华歌尔时装有限公司建成中国最大的生产基地，以满足不断增长的中国市场需求。

交通部批复同意宁波港口岸大榭港区正式对外开放

8月25日，交通部根据《国务院关于同意宁波港口岸大榭港区对外开放的批复》精神，批复同意宁波港口岸大榭港区正式对外开放。目前，大榭港区已建成泊位18个，吞吐能力达2200万吨，在建泊位7个，即将开建泊位10个。

江苏省最大外资医院落户苏州工业园区

8月26日，江苏省内最大的外资综合医院——苏州九龙医院在苏州工业园区举行了奠基典礼。苏州九龙医院是经国家卫生部和商务部批准，由香港恒生贸易出入口公司投资兴建的江苏省首家大型外资综合医院。医院占地面积13.8万平方米，建筑面积11万平方米，均居江苏省各大医院之首。首期投资约5亿元人民币。

日本综研化学落户苏州工业园区

8月26日上午，由日本综研化学株式会社独资经营的综研化学（苏州）有限公司在苏州工业园区星龙街举行了开业典礼，综研化学（苏州）有限公司由日本综研化学株式会社独资经营，总投资额为780万美元，注册资本为390万美元。

全球最大充气玩具公司——美国合易基业落户青岛开发区

8月26日，青岛开发区引进的全国规模最大的充气玩具公司——青岛合易基业塑胶有限公司在开发区开业。项目注册资金200万美元，预计年销售收入2400万人民币，出口创汇在2004年达到500万美元。

“美的”20亿强势切入汽车业落户昆明高新区

8月26日，美的集团与昆明高新技术产业开发区签订了总金额高达20亿元的“云南美的汽车整合项目”。美的将在未来5年时间投入20亿元整合云南三家客车厂资源，切入客车生产领域，并将在昆明高新区建成整车销售额超过50亿元的“云南美的汽车工业城”。

迪爱生化工有限公司落户张家港保税区

8月28日，张家港迪爱生化工有限公司土地使用权转让合同在张家港保税区开发大厦签约。张家港迪爱生化工有限公司是大日本油墨化学工业株式会社在中国投资的第26家企业，占地300亩，注册资金1500万美元，总投资近300万美元，专业生产合成树脂和应用颜料。

九月

日企“爱发科”落户苏州工业园区

9月2日，爱发科真空技术（苏州）有限公司在园区二期星港街举行了开工典礼，爱发科真空技术（苏州）有限公司由日本株式会社爱发科投资1500万美元兴建，占地面积7万多平方米，一期工程建筑面积为3795平方米，预计将于2004年5月竣工一期工程。

桂林高新区信息产业园奠基

9月7日，来自北京清华同方等高新技术产业的代表与桂林市领导一起为桂林国家高新技术产业开发区信息产业园开工奠基。该产业园重点发展电子、通讯、软件产业，总建设面积1583亩，第一期工程总投资4亿多元。整个产业园工程建设预计3年完成，全部建成投产后，可形成80亿元以上规模的生产能力。

中国投资贸易洽谈会开幕

9月8日，以“投资 合作 发展 共享”为主题的第七届中国投资贸易洽谈会在福建省厦门国际会议展览中心拉开序幕。

黑龙江省农业科技园区开园

9月7日，占地400公顷的黑龙江省农业科技园区举行开园仪式。这个投资5100万元的农业科技园区是国家级农业科技园区，园区内已建成先进的万米智能温室，具有北方寒地特色的日光节能温室群，初步实现了高新技术创新、成果展示、技术培训、科技产品交易、综合服务和旅游观光等6大功能，成为哈尔滨市最大的生物园。

苏州高新区贝原合金（苏州）有限公司奠基

9月9日，贝原合金（苏州）有限公司隆重开工。贝原合金（苏州）有限公司是一家日商独资企业，公司总投资1250万美元，注册资本500万美元，主要经营有色金属复合材料、新型合金材料及附带产品的生产和销售。

国家级第一个新能源产业基地在保定高新区挂牌

9月10日，我国第一个国家级新能源与能源设备产业基地在保定国家高新技术产业开发区正式挂牌。占地6800亩的新能源特色产业基地,以风力发电产业链、太阳能发电产业链、能源设备产业链为主体产业群，到2007

年，将建成国家级技术中心4家，国家级检测中心4家，企业博士后工作站3家。

立昂电子功率半导体集成电路芯片生产基地在杭州开发区建成投产

9月16日，杭州立昂电子有限公司功率半导体集成电路芯片生产基地在杭州经济技术开发区举行开张仪式。该基地是由杭州立昂电子有限公司与美国安森美半导体公司通过在技术、市场方面合作在杭州经济技术开发区成立的一家高新技术企业，该项目首期总投资2200万美元。

英飞凌中国区总部入驻张江高科技园区

9月17日，又一家跨国集团的中国区总部入驻张江。全球第六大半导体制造商德国英飞凌中国区新总部在上海正式宣告成立。英飞凌在上海的公司不仅具有行政功能，也将成为重要的软件中心。

上海制造的第一列城市轨道交通车辆在上海闵行开发区下线

9月18日，上海制造的第一列城市轨道交通车辆在上海闵行经济技术开发区的上海阿尔斯通交通设备有限公司成功下线。这标志着上海轨道交通车辆生产零的突破，为上海轨道交通设备制造业系统化、产业化奠定了坚实的基础。

杜邦公司正式签约张江高科技园区

9月19日，美国杜邦公司与张江高科技园区正式签订杜邦（中国）研发中心土地使用权转让合同，杜邦作为一家年度净收入接近250亿美元、位列财富500强的跨国公司仅在亚太地区的经营活动即覆盖了超过10个国家，收入占到了其年净收入的大约20%。

江苏金桐化学工业有限公司在新港投产

9月20日，江苏金桐化学工业有限公司年产7.2万吨烷基苯项目在南京经济技术开发区内投产。该项目由中国石化集团金陵石油化工有限责任公司与英属维尔京群岛宝智投资有限公司（台湾和桐化学股份有限公司全资子公司）合资成立，项目总投资4.6亿元人民币，注册资本1947万美元，占地面积约205亩。

南京和奇光电科技有限公司在南京开发区奠基

9月20日，南京和奇光电科技有限公司在南京经济技术开发区举行了奠基仪式。该项目由英属维尔京群岛宝智投资有限公司与台湾激态科技股份有限公司合资成立，总投资1182万美元，注册资本500万美元。

中信－三菱化学大榭PTA项目签约

9月22日，中信－三菱化学大榭PTA项目签约仪式在第5届浙江投资贸易洽谈会上举行。该项目一期总投资3.16亿美元，注册资本1.2亿美元，规模为年产精对苯二甲酸（PTA）60万吨。

天津大冢饮料有限公司在泰达开业

9月24日，日本大冢制药株式会社与中国天津实发集团有限公司共同投资经营的天津大冢饮料有限公司在天津开发区举行了开业典礼。天津大冢饮料有限公司于2002年9月6日在开发区注册成立，投资总额12000万元人民币，注册资本6000万人民币。

日立医疗（苏州）产品首次进入中国市场

9月24日据日立医疗系统（苏州）有限公司开业一周年及产品销售会上发布的消息，在苏州工业园区投资3亿美元的日立集团所属第8个项目——日立医疗系统（苏州）有限公司所产的各种医疗影像产品，已开始首次登陆中国市场。

三巨头联手武汉开发区汽车零部件

9月27日，东风集团、上汽集团、美国伟世通公司在汽车零部件行业牵手，在武汉经济技术开发区成立东风伟世通汽车饰件系统控股有限公司，武汉目前规模最大的汽车零部件企业问世。新公司注册资金3000万美元。

南京出口加工区封关运作

9月28日，南京出口加工区胜利通过了由海关总署等国务院八部委的联合验收，领取了验收合格证书并揭牌。至此，南京出口加工区正式封关运作。

四川汽车工业集团客车生产基地在成都经开区举行奠基仪式

9月28日，四川汽车工业集团公司客车生产基地在成都经开区正式破土动工。四川汽车工业集团公司是当前四川省唯一同时拥有整车和底盘生产许可证的汽车制造厂家。客车生产基地项目总投资2.5亿元，以生产中、高档营运客车为主。建成投产后，年产量可达1.5万辆以上，产值可达10亿元以上。

快捷半导体园区厂在苏州工业园区开业

9月29日，超大型半导体封装测试企业——快捷半导体（苏州）有限公司举行了开业庆典，快捷半导体公司是世界上最大的半导体产品的生产商，是全球第一家专为多元化终端设备市场提供专业设计和制造高性能半导体产品的厂商，项目投资额超过了2亿美元。

普尔斯马特合肥会员店落户合肥经济技术开发区

9月30日，普尔中国控股公司、桐山实业开发管理（合肥）有限公司、合肥经济技术开发区管委会三方在合肥经济技术开发区正式签约普尔斯马特合肥会员店项目，一期总投资额将达到两亿元人民币。

十月

苏州工业园区海关实现全天候通关

10月10日，苏州工业园区海关正式对外宣布：自当日起，园区海关将实行三班通关作业制。据悉，此举在全国内陆地区尚属首创。实行24小时通关后，货物随到随报、即验即放。

总投资1.5亿元潍坊高新区污水处理厂举行开工仪式

10月14日，总投资1.5亿元的潍坊高新区污水处理厂开工仪式在潍坊高新区举行。该项目总占地面积12.9公顷，总投资1.5亿元，计划将于2004年9月投入使用，建成后形成日处理污水10万立方米的能力。

招商银行金融电子研发中心落户深圳高新区

10月14日，深圳市2003年重点项目——招商银行金融电子研发中心奠基典礼在深圳高新区举行。招商银行金融电子研发中心项目是该行继招商银行大厦之后在深圳市投资的第二个自用建设项目，项目总占地1.6万平方米，建筑面积约5.6万平方米，计划于2005年6月份建成。

南京LG产业园揭牌

10月14日，南京LC产业园揭牌仪式在南京经济技术开发区举行，南京LG产业园占地约1.8平方公里. 是韩国LG集团在海外兴建的最大生产基地。迄今为止，LG集团在南京经济技术开发区内已有5个投资企业和6个配套企业，已投资近3亿美元。根据计划，上述项目最终投资可达30亿美元。

大连泰达阿尔卑斯物流有限公司在大连保税区正式开业

10月14日，大连泰达阿尔卑斯物流有限公司在大连保税区举行了开业典礼。该公司是天津技术开发区大型国有企业天津泰达投资控股有限公司与日本株式会社阿尔卑斯物流在大连保税区合资设立的物流公司。该公司投资总额480万美元，占地面积8500平方米。

中日合资武汉华通物流公司在武汉开发区成立

10月15日下午，中国铁路物资总公司和日本伊藤忠商事株式会社在武汉开发区签订合资协议，合资组建武汉华通物流公司。这标志着武汉地区目前规模最大、功能设施最完善的物流中心全面启动运转。坐落于武汉经济技术开发区的武汉华通物流中心总投资为8500万元人民币，占地面积12万平方米。

苏州高新区王子制纸公司开业

10月16日，王子制纸妮飘（苏州）有限公司举行开业庆典。王子制纸株式会社是世界知名的制浆造纸企业，系世界500强企业。王子制纸妮飘（苏州）有限公司于2002年11月29日由日本王子制纸株式会社收购原苏州宝洁纸品有限公司而成立。新收购成立的王子制纸妮飘（苏州）有限公司是王子在中国第一次较大规模的投资。公司占地面积6100平方米，注册资金3860万美元，总投资将达到8000万美元。

全球最大的移动通信公司日本NTT DoCoMo落户中关村

10月16日，全球最大的移动通信公司日本NTT DoCoMo与融科资讯中心正式签订租赁合同，落户中关村科技园区。此举标志着继美国硅谷和德国慕尼黑之后，NTT DoCoMo的第三家海外研究中心正式进入中国。日方将在今年内出资530万美元成立北京研发中心。该中心将利用中关村丰富的人力资源优势，以及中关村科技园区的优惠政策，开展对第4代移动通信的研发及今后无线技术为中心的尖端移动通讯技术领域的研究。

合肥金工轴承有限公司新厂在合肥开发区举行奠基仪式

10月18日，合肥金工轴承有限公司在合肥经开区举行了新厂奠基仪式。该项目占地208亩，总投资2.4亿元，分二期实施。一期工程预计于2004年6月建成，当年可实现工业产值1.5亿元。二期工程计划于2005年8月全部建成投产，届时公司将形成年产520万套轴承的生产规模，实现工业产值3亿元。该项目的建成将提升开发区作为合肥乃至安徽省重要的机械制造加工业基地的地位。

日本高端模具落户常州高新区

10月22日，日本高端模具制造商不二精机集团在常州国家高区宣布，集团投资1750万美元的常州不二精机有限公司正式开工投产。新公司占地30亩，是作为超精密注塑成形模具的生产基地而设立的。项目投产后，预计年销售额将达到2亿元，实现利税1000多万人民币。

北人股份公司将整体迁址北京开发区

10月24日，北人股份股票上市10周年暨北京开发区新址落成典礼举行，北人印刷机械股份有限公司成立于1993年，是国内同行业中唯一一家上市公司，其开发区新址占地16万平米，建设面积10万平米。

阿尔卡特决定追加在深圳高新区投资

10日28日，世界第一大电信基础设施供应商阿尔卡特光纤光缆公司总裁布朗先生率代表团访问深圳。由于阿尔卡特公司在深圳发展良好，该公司决定进一步追加在深圳的投资规模，并扩大双方在光纤光缆方面的合作。

联合利华盛装落定上海漕河泾开发区

10月30日，联合利华在上海漕河泾开发区正式落户在上海的漕河泾开发区，联合利华是2002年度排名前20位的世界500强企业，迄今累计在华投资已超过10亿美元。联合利华中国研究所是目前全球第6个研发中心，是联合利华21世纪的战略工程。

英飞凌科技在苏州工业园区建新厂

10月30日，全球第6大半导体制造商英飞凌科技公司在苏州工业园区的生产基地破土动工。据了解，新的英飞凌科技（苏州）有限公司在未来10年内总投资将达10亿美元。英飞凌苏州公司是由英飞凌科技与园区的中新创投合作建立的集成电路内存封装与测试企业，计划于2004年完成厂房建设，预计到2005年初达到规模生产，届时最大年生产能力将达10亿片芯片。

西安出口加工区建成并通过国家海关总署等8部委验收

10月30日，西北地区首家国家级出口加工区——陕西西安出口加工区通过国家海关总署等8部委验收。陕西西安出口加工区位于西安经济开发区内，2002年6月21日经国务院批准设立，总规划2.8平方公里，一期开发0.61平方公里，既是西北首家国家级出口加工区，又是我国对外开放程度最大的特殊经济区域。

三大雅精细化学品（南通）有限公司在南通开发区奠基

10月31日，日本独资企业三大雅精细化工品（南通）有限公司在南通开发区举行奠基仪式，项目总投资2400万美元，用地24000平方米，一期设计年产高吸水性树脂20000吨，该项目为南通市2003年重点推进项目之一。

十一月

2.2亿元项目落户石家庄经济技术开发区

在11月1~11日举行的中国吴桥国际杂技艺术节石家庄投资贸易洽谈会上，石家庄开发区与香港大宇宙集团有限公司利用酶法生产7-氨基头孢烷酸CF-ACA和下游头孢类产品项目签约。该项目占地107亩，投资2.2亿元人民币。该公司产品全部达产后，可实现年产值7亿元，利税2亿元。

东芝三企业在杭州开发区集体开业

11月4日，东芝公司在杭州的投资事业又向前迈进了一步，由其投资的东芝信息机器（杭州）有限公司、东芝杭州有限公司、东芝货物管理（杭州）有限公司3家企业在杭州经济技术开发区集体开业。这标志着浙江省第一个笔记本电脑生产基地已经在杭建成投产。

微软亚洲工程院落户中关村

11月4日，在微软亚洲研究院成立5周年之际，微软在中国乃至全亚洲的又一个重要技术部门——微软亚洲工程院正式落户北京中关村。微软亚洲工程院是微软亚洲研究院下属的、具备一定自主性的机构，是微软亚洲研究院原有职能的扩展和延伸。它将以微软亚洲研究院的科研成果为依托，创造关键技术，孵化核心产品。

美国康普顿公司南京基地隆重开业

11月5日，美国康普顿公司南京基地在南京开发区举行开业仪式。康普顿南京基地于2002年10月在南京开发区注册落户，2003年3月开工建设。该项目总投资将超过2000万美元。

山田模具投资7100万元落户大连开发区

11月5日，日本独资企业——山田模具金属加工（大连）有限公司注册成立，该公司成为首家入驻大连模具工业园的日资企业。该项目注册资本5000万日元，投资总额7100万日元。

韩国LG电线项目签约无锡新区

11月6日下午，无锡新区与LG电线项目签约仪式在无锡新区举行，LG电线无锡公司由LG电线集团独资兴建，总投资1800万美元，主要生产电线、汽车线束及其相关产品。项目占地100亩，预留100亩，计划2004年4月投产。

瑞典SKF集团落户芜湖开发区

11月6日，安徽希尔密封件有限公司在芜湖经济技术开发区举行开业庆典，瑞典SKF集团在全球有80多个制造基地，是世界上最大的轴承、密封件制造商。新厂区占地2.5万平方米，首期建筑面积9000平方米。

无锡新协化学有限公司在无锡新区隆重奠基

11月10日，无锡新协化工有限公司举行奠基仪式。无锡新协化学有限公司是三协株式会社全额出资的独资企业，总投资额为2500万美元，注册资本1000万美元，主要生产精密化工添加剂及电子用高科技产品的研究、开发、生产、销售及提供相应的售后服务。

丘比食品有限公司正式在杭州开发区投产

11月11日，杭州丘比食品有限公司举行正式投产典礼，杭州丘比食品有限公司是日本丘比在中国投资的第二家合资公司，注册资本为1亿人民币，项目总投资2.45亿人民币，占地150亩，一期建筑面积23720平方米。

三洋电子部品（苏州）有限公司在苏州新区开工奠基

11月13日，三洋电子部品（苏州）有限公司开工奠基。三洋电子部品（苏州）有限公司由日本三洋电子部品株式会社投资兴建，第一期注册资本1200万美元，投资总额2999万美元，主要从事以高分子有机半导体电容器等为主的新型片状电子元器件的研发、生产、加工和销售，并提供相关的技术和售后服务。

国家开发银行与成都高新区签订46亿元借款合同

11月14日，成都高新区与国家开发银行四川省分行《开发性金融合作协议》暨《大源组团基础设施建设46亿元项目借款合同》签字仪式在高新孵化园举行。成都高新区大源园区位于府河以西，外环线以南，成昆线以东，华阳组团以北，占地14平方公里，项目总投资70亿元，开发银行贷款46亿元，高新区自筹24亿元，整个项目组团分两期6年建成，届时将成为四川省和成都市经济发展最具活力的区域之一。

北大方正IT制造研发中心落户苏州工业园区

11月19日，北大方正集团将其IT制造研发中心落户到了苏州工业园区，项目投资6亿元在园区设立制造和研发公司。制造公司主要生产电脑、PDA、数码相机、打印机等电子产品，而研发公司则从事软件技术的研发。方正集团将把旗下几个研发机构进行整合，苏州研发基地将成为北大方正的研发中心和最高研究开发机构。

四川成都出口加工区西区正式封关运行

11月21日，由海关总署会同国家发展改革委、财政部、商务部、税务总局、工商总局、质检总局、外汇管理局组成的联合验收组对四川成都出口加工区西区进行了验收。通过听取汇报、现场检查、综合评议，一致同意四川成都出口加工区西区通过验收。目前，四川成都出口加工区进区项目数、投资总额和出口额在中国中西部地区已建成出口加工区中名列第一位。

上海漕河泾出口加工区被国家验收

11月23日，海关总署、国家发展改革委、财政局、商务部、税务总局、工商总局、质检总局、外汇管理局等国家8部门在上海海关以及上海漕河泾开发区发展总公司的陪同下验收了漕河泾出口加工区，海关总署副署长龚正和上海市副市长周禹鹏为漕河泾出口加工区授牌。

杨凌示范区签订3亿元引资合同

11月22日，在上海举行的“2003陕西·上海经贸洽”谈会上，杨凌示范区管委会副主任陈俊代表示范区与浙江华杰投资有限公司、美同德甫斯医药化学有限公司首席执行官应一民签订了3亿元人民币的入区合同，决定在示范区投资成立杨凌葡萄酒城堡有限责任公司。

瑞控机械（南京）有限公司奠基

11月25日，瑞控机械（南京）有限公司在南京开发区举行了奠基仪式。该公司由美国热能与控制集团澳大利亚公司独资成立，投资总额200万美元。

十二月

东风汽车有限公司总部、研发中心完成项目建设正式启动

12月1日，东风汽车有限公司与武汉经济技术开发区管委签订了总部研发中心项目用地的国有土地使用权出让合同，项目用地东临318国道，总

占地面积约280亩。该项目预计2004年6月以前完成规划、设计、报建工作，下半年正式动工建设。

拜耳无锡皮革化工有限公司扩建项目在无锡新区奠基

12月9日上午，拜耳无锡皮革化工有限公司年产5000吨鞣剂扩建项目举行奠基仪式，拜耳无锡皮革化工有限公司是拜耳（中国）有限公司的全资子公司，总投资为2400万美元，注册资本1320万美元。

迪爱生化工在张家港保税区奠基

12月16日，日本油墨化学工业株式会社投资的张家港迪爱生化工有限公司奠基仪式在江苏扬子江国际化学工业园举行。张家港迪爱生化工有限公司一期工程总投资2910万美元，注册资金1570万美元，占地面积约20万平方米，将建成一个年产10000吨应用颜料、18000吨氨基酸乙酯、改性剂和涂料用树脂的生产基地。

世界500强企业新日铁落户苏州工业园区

12月16日，由新日本制铁株式会社和日铁商事株式会社共同出资设立的苏州日铁金属制品有限公司举行了奠基仪式，此次两家公司共同出资1375万美元设立了苏州日铁金属制品有限公司，主要从事镀锌钢板、高耐腐蚀性铝锌合金钢板、表面镀涂钢板及其他表面处理的加工生产。公司预计将于2004年6月投产。

全国第一家昆山开发区出口加工区工会联合会成立

12月17日，昆山出口加工区工会联合会正式成立，这是全国第一家出口加工区工会联合会，首批入会企业有32家。

上海闵行经济技术开发区ISO14001管理体系获得认证

12月18日，上海闵行经济技术开发区、上海闵行联合发展有限公司通过ISO14001认证，上海闵行经济技术开发区于2003年3月份正式启动ISO14000的程序，在已开发的3.5平方公里区域内，以环境管理、服务及相关活动为对象，实施环境管理体系。

谷崧工业正式签约昆山开发区

12月18日，台资谷崧工业（昆山）有限公司举行项目签约仪式，该公司注册资本8000万美元，总投资1.5亿美元，主要生产电脑零部件等IT类产品和手机、数码相机等消费类电子产品的外壳注塑件的生产，并从事精密模具的研发和生产。

三星半导体扎根苏州工业园区

12月19日下午，落户苏州工业园区的三星电子（苏州）半导体有限公司第三条生产线举行竣工典礼，三星半导体中国研究所也在苏州工业园区国际科技园内举行了开业典礼。三星电子是最早进入苏州工业园区发展的外企之一，至今已在园区建立了4家企业，总投资超过了6亿美元。

科技部批准在包头稀土高新区建立稀土材料成果转化及产业化基地

12月20日，国家科技部批准在包头稀土高新区建立稀土材料成果转化及产业化基地。建设“稀土材料成果转化及产业化基地”是指以包头稀土高新区为载体，以包头稀土资源为依托，以有关稀土的科研院所和高等院校为技术支撑，以包头市近百家稀土企业为基础，以强有力的政策支持和良好环境为保证，以发展稀土高新技术产业为目标，以稀土材料和应用产品的研发为重点，建成面向世界的集稀土生产、科研、贸易为一体的企业创业基地。

上海ABB电机有限公司定制厂房在上海闵行开发区奠基

12月22日，位于上海闵行开发区西区的上海ABB电机有限公司定制厂房举行奠基典礼，ABB电机公司定制厂房由上海闵行联合发展有限公司为企业度身定制，位于闵行开发区天宁路以东、江城路以南，占地50000平方米，总建筑面积达20000平方米。全部建筑施工预计2004年12月完成交付使用。

香港承永泰公司投资天津开发区

12月26日，天津开发区管委会与香港承永泰公司签订协议，香港承永泰公司决定在泰达投资设立承永天津公司。项目预计投资总额为1250万美元，注册资本500万美元，计划买地1.5万平方米，建厂7000平方米。

总投资8亿元的“中信万通证券”项目落户青岛高新区

12月27日，总投资8亿元人民币的“中信万通证券”项目正式签约落户青岛高新区，中信证券大厦将于2004年上半年开工建设，坐落于高新区中心商务区，建筑面积6万平方米，为区内引进的第一个证券类项目。建成后将成为青岛市金融与证券服务业的一大中心，对于加快区域性金融中心建设步伐，拉动青岛市经济发展，增强区位竞争力，都具有重要作用。

第四篇

附录

2003年财富全球500家最大公司

（前100家）

排名	中文名称	公司名称	总部所在地	主要业务	营业收入（百万美元）
1	沃尔玛商店	Wal-Mart Stores	美国	一般商品零售	246525.0
2	通用汽车	General Motors	美国	汽车与零件	186763.0
3	埃克森美孚	Exxon Mobil	美国	炼油	182466.0
4	壳牌石油	Royal Dutch/Shell Group	英国/荷兰	炼油	179431.0
5	英国石油	BP	英国	炼油	178721.0
6	福特汽车	Ford Motor	美国	汽车与零件	163871.0
7	戴姆勒克莱斯勒	DaimlerChrysler	德国	汽车与零件	141421.1
8	丰田汽车	Toyota Motor	日本	汽车与零件	131754.2
9	通用电气	General Electric	美国	多元化公司	131698.0
10	三菱商事	Mitsubishi	日本	贸易	109386.1
11	三井物产	Mitsui	日本	贸易	108630.7
12	安联	Allianz	德国	财产意外保险	101930.2
13	花旗集团	Citigroup	美国	商业与储蓄银行	100789.0
14	道达尔	Total	法国	炼油	96944.9
15	雪佛龙德士古	ChevronTexaco	美国	炼油	92043.0
16	日本电报电话	Nippon Telegraph & Telephone	日本	电信	89644.0
17	荷兰国际集团	ING Group	荷兰	人寿健康保险	88102.3
18	伊藤忠	Itochu	日本	贸易	85856.4
19	国际商用机器	Intl. Business Machines	美国	计算机办公设备	83132.0
20	大众汽车	Volkswagen	德国	汽车与零件	82203.7
21	西门子	Siemens	德国	电子、电器设备	77205.2
22	住友商事	Sumitomo	日本	贸易	75745.2
23	丸红	Marubeni	日本	贸易	72164.8
24	弗莱森电讯	Verizon Communications	美国	电信	67625.0
25	美国国际集团	American Intl. Group	美国	财产意外保险	67482.0
26	日立	Hitachi	日本	电子、电器设备	67228.0
27	美国邮政	U.S. Postal Service	美国	邮递包裹货运	66463.0
28	本田汽车	Honda Motor	日本	汽车与零件	65420.4
29	家乐福	Carrefour	法国	食品、药品店	64978.6
30	阿尔特里亚	Altria Group	美国	烟草	62182.0
31	安盛	AXA	法国	人寿健康保险	62050.8
32	索尼	Sony	日本	电子、电器设备	61334.6
33	日本生命	Nippon Life Insurance	日本	人寿健康保险	61174.5
34	松下电器	Matsushita Electric Industrial	日本	电子、电器设备	60744.3

续表

排名	中文名称	公司名称	总部所在地	主要业务	营业收入（百万美元）
35	皇家阿霍德	Royal Ahold	荷兰	食品、药品店	59454.6
36	菲利普斯	ConocoPhillips	美国	炼油	58384.0
37	家居百货	Home Depot	美国	专业零售	58247.0
38	雀巢	Nestle	瑞士	食品	57279.1
39	麦克森	McKesson	美国	保健品批发	57129.2
40	惠普	Hewlett-Packard	美国	计算机办公设备	56588.0
41	日产汽车	Nissan Motor	日本	汽车与零件	56040.8
42	威望迪环球	Vivendi Universal	法国	娱乐	54977.1
43	波音	Boeing	美国	航天国防	54069.0
44	忠利保险	Assicurazioni Generali	意大利	人寿健康保险	53598.9
45	范妮梅	Fannie Mae	美国	多元化金融	52901.1
46	菲亚特	Fiat	意大利	汽车与零件	52612.5
47	德意志银行	Deutsche Bank	德国	商业与储蓄银行	52133.2
48	瑞士信贷	Credit Suisse	瑞士	商业与储蓄银行	52121.7
49	慕尼黑再保险	Munich Re Group	德国	财产意外保险	51980.0
50	默克	Merck	美国	制药	51790.3
51	克罗格	Kroger	美国	食品、药品店	51759.5
52	标致	Peugeot	法国	汽车与零件	51465.7
53	卡地纳健康	Cardinal Health	美国	保健品批发	51135.7
54	法国巴黎银行	BNP Paribas	法国	商业与储蓄银行	51127.3
55	德国电信	Deutsche Telekom	德国	电信	50759.5
56	州立农业保险	State Farm Insurance	美国	财产意外保险	49653.7
57	阿维瓦(商联保险)	Aviva	英国	人寿健康保险	49533.3
58	麦德龙	Metro	德国	食品、药品店	48714.5
59	三星电子	Samsung Electronics	韩国	电子、电器设备	47605.6
60	沃达丰	Vodafone	英国	电信	46987.0
61	美国电话电报	AT&T	美国	电信	46727.0
62	东芝	Toshiba	日本	电子、电器设备	46415.8
63	埃尼	ENI	意大利	炼油	46328.2
64	美国银行	Bank of America Corp.	美国	商业与储蓄银行	45732.0
65	法国电力	Electricite De France	法国	天然气与电力	45720.3
66	联合利华	Unilever	英国 / 荷兰	食品	45636.2
67	美国人伯根	AmerisourceBergen	美国	保健品批发	45234.8
68	欧翁	E. ON	德国	贸易	44941.3
69	中国石油天然气	China National Petroleum	中国	炼油	44864.4
70	中国石化	Sinopec	中国	炼油	44503.2
71	法国电信	France T é l é com	法国	电信	44085.7
72	塔吉特	Target	美国	一般商品零售	43917.0
73	富通	Fortis	比利时 / 荷兰	商业与储蓄银行	43597.5

续表

排名	中文名称	公司名称	总部所在地	主要业务	营业收入（百万美元）
74	苏伊士里昂水务	Suez	法国	能源	43574.9
75	摩根大通	J.P. Morgan Chase	美国	商业与储蓄银行	43372.0
76	西南贝尔电讯	SBC Communications	美国	电信	43138.0
77	第一生命	Dai-ichi Mutual Life Insurance	日本	人寿健康保险	43134.2
78	伯克希尔哈撒韦	Berkshire Hathaway	美国	财产意外保险	42353.0
79	瑞士银行集团	UBS	瑞士	商业与储蓄银行	42329.7
80	美国在线时代华纳	AOL Time Warner	美国	娱乐	41676.0
81	西尔斯罗巴克	Sears Roebuck	美国	一般商品零售	41366.0
82	莱茵集团	Rwe	德国	能源	41114.1
83	苏黎世金融	Zurich Financial Services	瑞士	财产意外保险	40638.0
84	特斯科	Tesco	英国	食品、药品店	40387.2
85	东京电力	Tokyo Electric Power	日本	天然气与电力	40370.1
86	宝洁	Procter & Gamble	美国	家居个人用品	40238.0
87	宝马	BMW	德国	汽车与零件	39974.9
88	德国邮政	Deutsche Post	德国	邮递包裹货运	39956.0
89	汇丰控股	HSBC Holding	英国	商业与储蓄银行	39730.0
90	弗雷迪马克	Freddie Mac	美国	多元化金融	39663.0
91	泰科国际	Tyco International	美国	电子、电器设备	38971.3
92		Costco Wholesale	美国	专业零售	38762.5
93	日本电气公司	NEC	日本	电子、电器设备	38531.2
94	现代汽车	Hyundai Motor	韩国	汽车与零件	38458.5
95	墨西哥石油	Pemex	墨西哥	原油生产	37973.9
96	日商岩井	Nissho Iwai	日本	贸易	37907.8
97	富士通	Fujitsu	日本	计算机办公设备	37895.5
98	农业信贷银行	Cr é dit Agricole	法国	商业与储蓄银行	36745.3
99	抵押银行	HypoVereinsbank	德国	商业与储蓄银行	36355.8
100	住友生命	Sumitomo Life Insurance	日本	人寿健康保险	36304.5

（数据来源：《财富》杂志）

2003年中国企业100强

	企业名称	营业收入(万元)
1	中国石油天然气集团公司	37920000
2	中国石油化工集团公司	37800401
3	中国移动通信集团公司	16373212
4	中国工商银行	16162400
5	中国化工进出口总公司	15528748
6	中国电信集团公司	14907739
7	中国第一汽车集团公司	12724170
8	中国人寿保险公司	12691380
9	中国银行	12618400
10	中国建设银行	11205600
11	中国粮油食品进出口（集团）有限公司	10971000
12	中国农业银行	9645600
13	上海宝钢集团公司	7772773
14	广东省广电集团有限公司	7694619
15	上海汽车工业（集团）总公司	7119620
16	海尔集团公司	7105282
17	中国网络通信集团公司	6603086
18	中国建筑工程总公司	6383166
19	中国平安保险（集团）股份有限公司	6202667
20	中国普天信息产业集团公司	6022793
21	中国远洋运输集团总公司	5948828
22	飞利浦（中国）投资有限公司	5842473
23	东风汽车公司	5336368
24	国家邮政局	5104534
25	中国联合通信有限公司	5033280
26	摩托罗拉（中国）电子有限公司	4710000
27	中国铁路工程总公司	4696258
28	上海电气（集团）总公司	4694307
29	中国五金矿产进出口总公司	4630133
30	中国铁道建筑总公司	4520172
31	北京铁路局	4449193
32	中国兵器工业集团公司	4261471
33	中国兵器装备集团公司	3969218
34	中国华能集团公司	3704009
35	上海大众汽车有限公司	3626528

(续表)

	企业名称	营业收入(万元)
36	中国航空工业第一集团公司	3600000
37	联想控股有限公司	3554249
38	中国海洋石油总公司	3433870
39	玉溪红塔烟草（集团）有限责任公	3359589
40	上海广电（集团）有限公司	3314584
41	中国华源集团有限公司	3200196
42	上海铁路局	2862220
43	中环电子集团有限公司	2841240
44	郑州铁路局	2768033
45	中国南方航空集团公司	2690074
46	中国航空工业第二集团公司	2630000
47	神华集团有限责任公司	2578801
48	辽宁省电力有限公司	2564941
49	首钢总公司	2537459
50	华联（集团）有限公司	2516540
51	中国冶金建设集团公司	2476617
52	鞍山钢铁集团公司	2455612
53	交通银行	2451608
54	本溪钢铁（集团）有限责任公司	2342340
55	中国国际航空公司	2319068
56	上海建工（集团）总公司	2300278
57	中国航天科工集团公司	2267111
58	浙江省物产集团公司	2264828
59	TCL 集团股份有限公司	2211651
60	华为技术有限公司	2200000
61	中国海运（集团）总公司	2160000
62	国家开发银行	2139600
63	中国铝业公司	2079237
64	中国煤炭工业进出口集团公司	2053074
65	中国东方航空集团公司	2047733
66	中国铁路物资总公司	2038812
67	广州汽车工业集团有限公司	2019056
68	成都铁路局	2018219
69	中国港湾建设（集团）总公司	2014821
70	中国船舶重工集团公司	2004818
71	沈阳铁路局	1999548
72	武汉钢铁（集团）公司	1975877
73	中国船舶工业集团公司	1971523
74	海信集团有限公司	1930579

(续表)

	企业名称	营业收入(万元)
75	广州铁路（集团）公司	1871800
76	中国航空油料集团公司	1860560
77	春兰（集团）公司	1860560
78	上海通用汽车有限公司	1858011
79	联华超市股份有限公司	1856297
80	中国对外贸易运输（集团）总公司	1824545
81	广东物资集团公司	1800336
82	济南铁路局	1759000
83	北京城建集团有限责任公司	1758158
84	哈尔滨铁路局	1752960
85	中国机械装备（集团）公司	1732097
86	上海华谊（集团）公司	1654359
87	熊猫电子集团有限公司	1638895
88	上海烟草（集团）公司	1630992
89	广东省广新外贸集团有限公司	1619370
90	黑龙江北大荒农垦集团总公司	1588571
91	长城国际信息产品（深圳）有限公司	1558051
92	上海医药（集团）有限公司	1506788
93	广东美的企业集团	1504872
94	山西省煤炭运销总公司	1468467
95	中国邮电器材集团公司	1466886
96	兖矿集团有限公司	1456763
97	江苏沙钢集团有限公司	1451197
98	北京北大方正集团公司	1450372
99	南京钢铁集团有限公司	1449001
100	深圳市建设投资控股公司	1437535

（数据来源：中国企业家协会）

《中国开发区发展报告》编辑部

地　　址：北京市西城区三里河路58号 国家信息中心
邮　　编：100045
电　　话：010-68558496　68558497
传　　真：010-685584987
电子邮件：sicdata@mx.cei.gov.cn